Mitwirkungspflichten und Sanktionen im Asyl- und Aufenthaltsrecht

Europäische Hochschulschriften Recht

European University Studies in Law

Publications Universitaires Européennes de Droit

Band/ Volume **6298**

Jonas Ganter

Mitwirkungspflichten und Sanktionen im Asyl- und Aufenthaltsrecht

PETER LANG

Bibliografische Information der Deutschen Nationalbibliothek
Die Deutsche Nationalbibliothek verzeichnet diese Publikation in der Deutschen Nationalbibliografie; detaillierte bibliografische Daten sind im Internet über http://dnb.d-nb.de abrufbar.

Zugl.: Speyer, Univ., Diss., 2021

Sp 3
ISSN 0531-7312
ISBN 978-3-631-87653-4 (Print)
E-ISBN 978-3-631-87703-6 (E-PDF)
E-ISBN 978-3-631-87704-3 (EPUB)
DOI 10.3726/b19651

Diese Publikation wurde begutachtet.

www.peterlang.com

Vorwort

Die vorliegende Arbeit wurde im Wintersemester 2021/2022 von der Deutschen Universität für Verwaltungswissenschaften Speyer als Dissertation angenommen. Sie berücksichtigt Literatur und Rechtsprechung bis Mai 2021. Ihr gedanklicher Anstoß war die sogenannte Flüchtlingskrise ab dem Herbst 2015, welche die Migrationsverwaltung in Deutschland vor bisher ungeahnte Herausforderungen stellte. Doch während in der gesamtgesellschaftlichen Diskussion vor allem die Frage dominierte, ob die deutsche Asylverwaltung mit der Bearbeitung hunderttausender Asylanträge überfordert sei und welche Maßnahmen der Gesetzgeber zur Lösung der damit einhergehenden Probleme zu ergreifen habe, geriet darüber hinaus oftmals aus dem Blick, welche Rolle den Geflüchteten selbst in diesem Prozess zukommt. Ziel der Arbeit war es daher zum einen zu analysieren, wie der Gesetzgeber mithilfe des Rechts die Einbindung von Geflüchteten in die verwaltungsrechtliche Steuerung von Migration gestaltet, welche Handlungen er ihnen abverlangt und welche tatsächlichen und rechtlichen Probleme sich dabei ergeben, aber auch, an welche Grenzen des übergeordneten Rechts er dabei stößt. Zur Beantwortung dieser Fragen nimmt die Arbeit auch die Sanktionen des Migrationsrechts in den Blick und damit jene Rechtsnormen, mit denen der Gesetzgeber die Mitwirkungspflichten letztlich durchzusetzen versucht. Den Kern der Arbeit bildet folglich eine systematisierende Untersuchung der für die Mitwirkung und Sanktionierung von Ausländern im Migrationsrecht relevanten Rechtsnormen des Asyl-, Aufenthalts- und Asylbewerberleistungsgesetzes.

Für das Zustandekommen dieser Arbeit bin ich zuvorderst meiner Doktormutter, Frau Prof. Dr. Constanze Janda, zu Dank verpflichtet. Sie gab mir mit ihrer Forschung zu den sozialrechtlichen Sanktionen im Migrationsrecht einen wesentlichen thematischen Impuls und stand mir während der gesamten Bearbeitungszeit stets mit einem offenen Ohr und kluger Beratung zur Seite. Darüber hinaus danke ich Herrn Prof. Dr. Ulrich Stelkens für die zügige Erstellung des Zweitgutachtens. Auch danke ich der Friedrich-Ebert-Stiftung, welche das Gelingen dieser Arbeit durch ein großzügiges Promotionsstipendium ermöglicht und mir zugleich einen anregenden Austausch im Kreise ihrer Stipendiatinnen und Stipendiaten eröffnet hat. Ein großer Dank gebührt zudem Herrn Prof. Dr. Mario Martini und dem gesamten „Programmbereich Digitalisierung" am Deutschen Forschungsinstitut für öffentliche Verwaltung Speyer, in dessen freiem und anregendem Arbeitsumfeld meine Dissertation gedeihen konnte.

Stellvertretend für alle Kolleginnen und Kollegen danke ich an dieser Stelle daher Frau Beate Bukowski, Frau Bianca Thiessen und Herrn Thomas Kienle für viele wunderbare Momente und hilfreiche Gespräche. Auch meiner Mutter Inge Ganter sowie meiner Schwester Eva Ganter danke ich für ihren unerschütterlichen familiären Rückhalt.

Vor allem aber danke ich meiner Frau Luise Ganter. Sie hat mich in der Entstehungszeit dieser Arbeit durch zahlreiche fachliche und emotionale Krisen ge- und dabei oftmals auch geduldig ertragen. Der Dank, den ich ihr dafür schulde, lässt sich nicht in der Kürze eines Vorworts ausdrücken. Ihr ist diese Arbeit in Liebe gewidmet.

Karlsruhe, Jan. 2022
Jonas Ganter

Inhaltsverzeichnis

I. Teil: Einleitung

„Wir schaffen das!" – Angela Merkel, Bundespressekonferenz, 31. August 2015.

„Wenig demoralisiert so sehr wie staatliche Hilflosigkeit" – Heinrich Wefing, *Die Zeit* vom 28. Februar 2019.

A. Leitende Fragestellung

Diese beiden Zitate stehen im zeitlichen Kontext eines gesellschaftlichen Großereignisses, der sogenannten Flüchtlingskrise der Jahre 2015 und 2016. Sie stehen sinnbildlich für einen Grundkonflikt, dem sich die asyl- und aufenthaltsrechtliche Verwaltung ausgesetzt sieht: Die Bewältigung der Ankunft, Aufnahme und Integration mehrerer Hunderttausend Menschen stellte die Bundesrepublik und ihre staatlichen Strukturen vor eine gewaltige Herausforderung, welche sich in Angela Merkels schon heute legendär gewordenem Satz exemplarisch verkörpert. Er versucht im Kern einen gesamtgesellschaftlichen Optimismus zu transportieren, welcher ein politisches Gegengewicht zu Zweifeln und Ängsten darstellt, die durch diese Situation bei vielen Bürgern, aber auch zahlreichen Funktionsträgern in Politik und Verwaltung geweckt wurden.[1] Interessant an dem Satz „Wir schaffen das" ist aber nicht nur sein politischer Inhalt, sondern auch seine semantische Konstruktion. Das „Wir" konzentriert sich in erster Linie auf das Land, die Bevölkerung als Zusammenschluss tatkräftiger Ehrenamtlicher und „anpackender" Mitarbeiter in den staatlichen Verwaltungsstrukturen. Dieses Bild impliziert aber mit seiner Subjektivität des handelnden „Wir" eine Objektivität derer die *be*handelt werden. Dem „Wir" steht ein „die" gegenüber, ein passives Objekt der Hilfsbedürftigkeit und gleichzeitigen Personifizierung der Herausforderung, die es zu schaffen gilt. Durch diese Sichtweise wird aber teilweise der Blick auf die aktive Rolle der geflüchteten Menschen verdeckt, um die es eigentlich geht, und deren tägliche Herausforderungen als Neuankömmlinge in einer fremden Gesellschaft die Frage aufwirft, was es denn alles für sie zu schaffen gilt.

---

1 Beispielhaft sei hier auf das Buch des Tübinger Oberbürgermeisters Boris Palmer mit dem kontradiktorischen Titel „Wir können nicht allen helfen" verwiesen (*Palmer*, Wir können nicht allen helfen, 4. Aufl., 2017).

Die vorliegende Arbeit soll diesbezüglich einen Perspektivwechsel ermöglichen. Im Fokus stehen nicht die Herausforderungen derer, die aufnehmen, sondern derer, die aufgenommen werden sollen. Einen wichtigen Teil dieser Herausforderungen stellt ihr Umgang mit Behörden bzw. ihre rechtliche Stellung gegenüber dem Staat dar. Welche Pflichten treffen Ausländer bei der rechtlichen Begründung eines Aufenthalts? Was verlangt der Staat von ihnen? Und welche Folgen treten ein, wenn sie ihren Pflichten nicht nachkommen? Im Kontext dieser Fragen steht das zweite der eingangs aufgeführten Zitate. Es stammt vom Journalisten Heinrich Wefing und erschien am Ende eines Artikels in der *Zeit* im Februar 2019, also fast vier Jahre nach Angela Merkels Ausspruch. Der Artikel befasst sich mit dem chronischen Defizit bei der Durchsetzung des Aufenthaltsrechts. Demnach sei es nicht verwunderlich, wenn Bürger angesichts des Versagens staatlicher Steuerung von Migration „das Vertrauen in den Rechtsstaat verlieren".[2] Ob tatsächlich eine unmittelbare Verbindung zwischen dem Vollzugsdefizit im Aufenthaltsrecht und der Erosion bürgerlichen Vertrauens in den Staat besteht, kann hier offenbleiben. Jedoch ist kaum bestreitbar, dass der optimistisch formulierte Anspruch Merkels und Wefings ernüchternde Diagnose schwerlich miteinander vereinbar sind. Wie zwei Kontinentalplatten prallen der Anspruch einer zupackenden Willkommenskultur, welche einerseits offen und integrierend auf Migranten zugeht und gleichzeitig effizient und durchsetzungsstark entscheidet, wer bleiben darf und wer gehen muss, und die alltägliche kleinteilige Arbeit der ausländerrechtlichen Verwaltung, bei den bspw. Abschiebungen regelmäßig schlicht an fehlenden Papieren scheitern[3], aufeinander. Diese Kollision erzeugt politischen Druck, welcher zu immer neuen Mitteln und Wegen führt, um die Rechtsfolgen des Asyl- und Aufenthaltsrechts durchzusetzen.[4]

---

2 *Wefing*, Zu viel Geduld, Die Zeit vom 28.02.2019, S. 1.

3 *dpa via tagesspiegel.de*, Duldung für abgelehnte Asylbewerber meist wegen fehlender Papiere vom 27.04.2019.

4 Exemplarisch sei hier auf den „Masterplan Migration" des Bundesministeriums für Inneres, Bau und Heimat vom 04.07.2018 (abrufbar unter https://www.bmi.bund.de/SharedDocs/downloads/DE/veroeffentlichungen/themen/migration/masterplan-migration.pdf?__blob=publicationFile&v=7), sowie das daraus resultierende „Geordnete-Rückkehr-Gesetz" (Zweites Gesetz zur besseren Durchsetzung der Ausreisepflicht, BGBl. 2019, S. 1294-1306) vom 15.08.2019 verwiesen.

I. Mitwirkungspflichten als Ausdruck der Rolle des Ausländers im Recht

Eine zentrale Rolle dabei spielen die betroffenen Ausländer selbst. Auch sie bleiben von innenpolitischen Reformen nicht verschont, ihr Mitwirken an der staatlichen Durchsetzung des Migrationsrechts spielt dabei vielmehr eine zentrale Rolle. So sieht bspw. § 15 AsylG eine umfangreiche Mitwirkung der Asylbewerber im Asylverfahren vor.[5] Diese müssen Auskünfte erteilen und Dokumente vorlegen. Dazu gehören auch Smartphones, auf denen auch höchstpersönliche Informationen gespeichert sein können.[6] Aber auch das pünktliche Erscheinen bei bestimmten Behördenterminen (bspw. §§ 22, 22a, 23 AsylG) gehört zu einer pflichtgemäßen Mitwirkung, ebenso wie die Vorsprache bei der Botschaft des Heimatstaates zur Beschaffung neuer Passpapiere (§ 48 AufenthG). Schließlich arbeitet auch die räumliche Kontrolle des Staates über den Aufenthaltsort von Ausländern mit rechtlichen Pflichten. Ausländer dürfen sich oftmals nur in bestimmten Regionen aufhalten oder müssen dort ihren dauerhaften Wohnsitz innehaben (§§ 56 und 60 AsylG). Bereits diese Beispiele zeigen auf, dass die Mitwirkung von Ausländern bei der staatlichen Regelung von Migration äußerst vielgestaltig ist und sich netzartig durch alle Regelungsbereiche des Migrationsrechts zieht. Darüber hinaus existieren aber auch zahlreiche Normen, welche die Einbindung und Verpflichtung von Ausländern in die Steuerung des Migrationsgeschehens nur mittelbar regeln. Ob eine Norm zu diesem Regelungsgefüge beiträgt und insofern als Mitwirkungspflicht interpretiert werden kann, lässt sich daher oft erst bei näherer Betrachtung und Interpretation im Zusammenhang mit anderen Normen feststellen. Daher wäre eine Beschränkung dieser Untersuchung auf Normen, welche unmittelbar als Mitwirkungspflichten erkennbar sind (z.B., weil bereits die Überschrift der Norm dies vorgibt, vgl. § 15 AsylG oder § 82 AufenthG), nicht sachgerecht. Stattdessen soll zum Zweck dieser Arbeit eine möglichst offene Definition der Pflichten des Ausländers gewählt werden. Betrachtet werden sollen also alle Normen, welche 1. dem Aufenthalts- oder Asylrecht entstammen oder auf welche dieses verweist und 2. dem Ausländer ein Tun, Dulden oder Unterlassen vorschreiben, welches in einem sachlichen Zusammenhang mit der staatlichen Steuerung von Migration steht. Die Arbeit begnügt sich somit nicht mit einem formalistischen und durch Erlass eines bestimmten Verwaltungsakts wirkenden Mitwirkungsbegriff. Stattdessen sollen

5 Siehe dazu S. 111 ff.
6 Siehe dazu S. 120 f.

auch andere, unter Umständen nur mittelbar wirkende Formen der Kooperation untersucht werden. Nur ein derart offenes Begriffsverständnis kann den Themenkomplex von Kooperation und Sanktion vollständig erfassen.

II. Sanktionen als Durchsetzungsinstrument

Mitwirkungspflichten bilden für sich genommen nicht das ganze Spektrum hoheitlicher Migrationssteuerung unter Einbindung von Ausländern ab. Entscheidend ist auch, wie der Gesetzgeber ihre Durchsetzung fördert und absichert. So sieht das Migrationsrecht auch zahlreiche Sanktionen vor, deren Rechtswirkung eintritt, wenn Mitwirkungspflichten verletzt werden. Sie bringen in der Regel einen Rechtsnachteil für die Betroffenen mit sich. So sieht der Gesetzgeber bei mangelhafter Mitwirkung bspw. vor, dass Asylverfahren abgebrochen, vorzeitig beendet oder in beschleunigten Verfahren zu Ende geführt werden (§§ 29–33 AsylG). Auch der aufenthaltsrechtliche Status, und die mit ihm verbundenen Möglichkeiten einer Ausbildung oder Erwerbstätigkeit, können von der Verletzung bzw. Erfüllung von Mitwirkungspflichten abhängen (so bspw. bei der Duldung für Personen mit ungeklärter Identität gem. § 60b AufenthG). Ein aus grundrechtlicher Sicht besonders eingriffsintensives Sanktionsinstrument stellen zudem Sanktionen durch die Kürzung von Sozialleistung dar.[7] Diese Beispiele zeigen, dass auch die Sanktionen im Asyl- und Aufenthaltsrecht verschiedenste Auswirkungen haben können und sich für die Durchsetzung der Mitwirkung und der Befolgung von Pflichten unterschiedlichster Mechanismen bedienen, bis hin zu einer Beendigung des Aufenthalts.[8]

Zugleich ist aber weder der Begriff der Mitwirkung noch der der Sanktion legal definiert. Oftmals verbergen sich auch Sanktionen nur implizit in einer Rechtsnorm oder ergeben sich erst aus dem Kontext oder durch Querverweise in andere Normen. Insbesondere durch die Reformen der letzten Jahre sind das Asyl- und Aufenthaltsrecht mittlerweile von einer stetig zunehmenden Vielzahl kleinteiliger Regelungen durchdrungen.[9] Ein zentrales Ziel der vorliegenden Arbeit ist es daher, Mitwirkungspflichten und Sanktionen innerhalb dieses komplexen Regelungsgeflechts zu erkennen, sichtbar zu machen und zu fragen, welche Funktion sie bei der Steuerung von Migration erfüllen und insbesondere

7 Siehe dazu S. 340 ff.

8 Zur Ausweisung als Sanktion siehe S. 291 ff.

9 *Wapler*, J. Gefahrenabwehr durch Ordnungsverwaltung Teil I: Aufenthaltsrecht, in: Lisken/Denninger (Hrsg.), Handbuch des Polizeirechts, 6. Aufl., 2018, S. 1179 (1183, Rn. 8).

auch, an welche rechtlichen Grenzen sie dabei stoßen. Die damit verbundenen Fragen sollen nicht nur mit Blick auf die Dogmatik des einfachgesetzlichen Asyl- und Aufenthaltsrechts beantwortet werden. Erforderlich ist vielmehr eine Untersuchung auch im Lichte der Erkenntnisse der allgemeinen Verwaltungsrechtswissenschaft. Die Antworten auf diese Fragen sind Ziel der Arbeit und sollen einen Beitrag dazu leisten, die staatliche Steuerung von Ankunft, Aufenthalt und Integration von Menschen besser verstehen und einordnen zu können.

B. Methodisches Vorgehen und Schwerpunktsetzung

Da es sich bei dieser Untersuchung um eine rechtsdogmatische Arbeit handelt, vollzieht sich diese im Kern an einer Betrachtung des einfachgesetzlichen und von den Behörden angewandten Rechts. Ziel der Arbeit ist es insoweit, innerhalb des umfangreichen Asyl- und Aufenthaltsrechts diejenigen Normen zu identifizieren, welche den Ausländer selbst direkt oder indirekt adressieren.[10] Dies umfasst nicht nur die Auslegung und Interpretation der einzelnen Tatbestandsmerkmale einer Norm, sondern auch deren Funktion im Gesamtgefüge des Asyl- und Aufenthaltsrechts sowie die rechtlichen Grenzen der Mitwirkungspflichten und Sanktionen. Die Arbeit verfolgt dabei jedoch nicht den Anspruch, jedes Problem, welches sich bei einzelnen Mitwirkungspflichten oder Sanktionen hinsichtlich der Vereinbarkeit mit höherrangigem Recht stellt, umfassend zu vertiefen. Ziel ist stattdessen, eine breitenwirksame Übersichtsdarstellung und Systematisierung des umfangreichen Katalogs an Mitwirkungspflichten und Sanktionen zu erstellen und so einen Beitrag zur Erschließung eines Rechtsgebiets zu leisten, welches sich gerade durch seine kleinteilige und unübersichtliche Regelungsdichte auszeichnet.[11]

Neben dieser Untersuchung der Normen sollen die Mitwirkungspflichten in einem weiteren Schritt auch anhand der Steuerungsbereiche, in dem sie jeweils wirken, systematisiert werden.[12] So setzen Mitwirkungspflichten nicht nur bei der Schaffung einer inhaltlichen Entscheidungsgrundlage im Verwaltungsverfahren an, sondern auch bei der Kontrolle des räumlichen Aufenthaltsbereichs und damit der Verfügbarkeit über den Ausländer sowie bei seiner Integration an. Auch Sanktionen lassen sich dem entsprechend anhand ihrer jeweiligen

10 Siehe dazu S. 92.

11 Dazu trägt nicht zuletzt der Gesetzgeber selbst durch die stetig „hohe Schlagzahl“ (so *Haubner/Kalin*, Einführung in das Asylrecht, 2017, S. 26, Rn. 16) an Reformen bei.

12 Siehe dazu S. 101 ff.

Wirkungsbereiche systematisieren.[13] Ein weiterer Aspekt, unter dem die Sanktionen untersucht werden, ist ihr Funktionsmechanismus: Soll eine Norm den Adressaten abschrecken und damit präventiv wirken oder dient sie vielmehr repressiven Zwecken in Form einer Strafe oder vereint sie mehrere Funktionsmechanismen in sich? Auch dies sind Fragen, die bei der Analyse der Sanktionen Beachtung finden.

C. Das Asyl- und Aufenthaltsrecht als Forschungsgegenstand der Arbeit

Das Vorhaben der Untersuchung der Mitwirkungspflichten und Sanktionen für Ausländer wirft zunächst die Frage auf, *wo* (also in welchen Normen) nach diesen überhaupt zu suchen ist und welche Gesetze folglich den Untersuchungsgegenstand dieser Arbeit bilden. Denn gerade im Bereich des Migrationsrechts besteht die allgegenwärtige Gefahr einer undifferenzierten Vermischung der Begrifflichkeiten. Dies hat auch mit der politischen Brisanz des Themas zu tun, durch die Begriffe wie „Migranten", „Flüchtlinge", „Geflüchtete", „Asylbewerber", „Asylsuchende" oder „Asylanten" zu politisch eingefärbten Werkzeugen werden, die in der Sache zwar oftmals dieselbe Personengruppe meinen, jedoch stets mit einem anderen politisch-normativen Kontext. Ähnlich komplex verhält es sich mit dem Rechtsgebiet, welches sich mit Personen befasst, die nicht die deutsche Staatsangehörigkeit innehaben.[14] Die definierende Grenzlinie dieses als „Migrationsrecht"[15] bezeichneten Rechtsgebiets ist also die Frage danach, ob die jeweilige Regelung ausschließlich Personen ohne deutsche Staatsangehörigkeit umfasst.[16] Dies gilt vor allem für die Regelungen des Ausländer-, Asyl-, Staatsangehörigkeits-, und Vertriebenenrecht.[17] Eine gewisse Sonderrolle zwischen den binären Polen der Deutschen und Ausländer nehmen die Bürger der Mitgliedstaaten der EU ein, da sie durch Art. 20 AEUV, zusätzlich zur nationalen Staatsbürgerschaft, eine Unionsbürgerschaft innehaben. Diese ist Ausdruck der europäischen politischen Solidargemeinschaft[18] und verpflichtet die Mitgliedstaaten in weiten Teilen zur Gleichbehandlung mit den eigenen Staatsangehörigen. Unionsbürger

13 Siehe dazu S. 249 ff.
14 *Thym*, Migrationsverwaltungsrecht, 2012, S. 13 m. w. N.
15 Begriff nach *Thym* (Fn. 14), S. 8.
16 *Thym* (Fn. 14), S. 11.
17 *Thym* (Fn. 14), S. 8.
18 *Kluth*, in: Callies/Ruffert (Hrsg.), 5. Aufl., 2016, Art. 20 AEUV, Rn. 3.

sind damit, überspitzt ausgedrückt, nur noch partiell Ausländer.[19] Diese Sonderstellung zeigt sich auch im einfachgesetzlichen deutschen Recht, bei dem das AufenthG gem. § 1 Abs. 2 Nr. 1 Unionsbürger ausdrücklich vom Anwendungsbereich ausnimmt. Für Letztere gilt, in Umsetzung der Freizügigkeitsrichtlinie 2004/38/EU, das Freizügigkeitsgesetz/EU (FreizügG/EU). Aufgrund dieser Sonderstellung ist der Aufenthalt von Unionsbürgern grundsätzlich nicht dem strengen Verbot mit Erlaubnisvorbehalt unterworfen, welches für Drittstaatsangehörige mit dem AufenthG gilt.[20] Folglich erfüllen auch Mitwirkungspflichten für die Steuerung des Aufenthalts von Unionsbürgern nicht die gleiche Funktion, sodass das FreizügG/EU kein Untersuchungsgegenstand dieser Arbeit ist.

Eine weitere Unterscheidung der oben angesprochenen Teilgebiete muss zwischen dem Ausländer- und Asylrecht auf der einen sowie dem Staatsangehörigkeits- und Vertriebenenrecht auf der anderen Seite getroffen werden. Denn Letzteres regelt primär die Frage, ob eine Person Staatsbürger ist oder wird bzw. befasst sich mit der historisch bedingten Sonderstellung der sogenannten „Statusdeutschen" gem. Art. 116 Abs. 1 Alt. 2 GG.[21] Dagegen befassen sich Asyl- und Aufenthaltsrecht mit den Regelungen über Einreise und Aufenthalt von Personen. Das Aufenthalts- und das Asylrecht dürfen allerdings nicht als autonome Regelungsregime eigenständiger Lebenssachverhalte missverstanden werden. Sie sind vielmehr in vielfältiger Weise miteinander verbunden und bilden daher letztlich ein gemeinsames Regelungsgeflecht. So regelt etwa das bis 2016 als „Gesetz über das Asylverfahren" (Asylverfahrensgesetz, AsylverfG) bekannte heutige Asylgesetz (AsylG) zum einen die materiellen Voraussetzungen des Flüchtlings- bzw. Asylstatus, zum anderen aber auch formelle Regelungen des asylrechtlichen Verwaltungsverfahrens. Das AufenthG dagegen befasst sich allgemein mit den Regelungen von Einreise, Aufenthalt und Aufenthaltsbeendigung von Ausländern. Die Verbindung beider Gesetze ist daher in einem Stufenverhältnis zu sehen:[22] Asyl- und Schutzsuchende sowie anerkannte Flüchtlinge gem. § 3 AsylG und Asylberechtigte gem. § 2 AsylG unterfallen dem

19 Zur weitreichenden Bedeutung der Unionsbürgerschaft vgl. *Haag*, in: Groeben/Schwarze/Hatje (Hrsg.), EUV/AEUV/GRCh, 7. Aufl., 2015, Art. 20 AEUV, Rn. 10 ff.

20 *Maor*, in: Kluth/Heusch (Hrsg.), BeckOK AuslR, 28. Ed. (01.01.2021), § 4 AufenthG, Rn. 2.

21 *Giegerich*, in: Herzog/Maunz/Dürig (Hrsg.), GG, 92. Erg.-Lfg. (Aug. 2020), Art. 116 GG, Rn. 56; *Gnatzy*, in: Schmidt-Bleibtreu/Klein/Hofmann et al. (Hrsg.), 14. Aufl., 2017, Art. 116 GG, Rn. 12 ff.

22 Zum Verhältnis von Asyl- und Aufenthaltsrecht siehe *Dietz*, Ausländer- und Asylrecht, 3. Aufl., 2019, S. 141 f.

insoweit vorrangigen Sonderreglungen des Asylgesetzes. Darüber hinaus sind sie aber auch Ausländer im Sinne des AufenthG und werden als solche von diesem erfasst. Dies wird bereits durch die Zielsetzung gem. § 1 Abs. 1 S. 3 AufenthG deutlich, wonach das AufenthG auch „der Erfüllung der humanitären Verpflichtungen der Bundesrepublik Deutschland" dient, welche sich in hohem Maße aus dem internationalen Flüchtlingsrecht ergeben.[23]

Über die Frage von Einreise, Aufenthalt und Aufenthaltsbeendigung hinaus umfassen die Regelungen über den temporären Aufenthalt (in Abgrenzung zum Einbürgerungs- und Staatsangehörigkeitsrecht) aber auch Fragen des Sozialstaats und dem, was in der öffentlichen Diskussion gemeinhin als „Integration" diskutiert wird.[24] Für Migranten, die sich noch im Ankunftsprozess (insbesondere im asylrechtlichen Verfahren) befinden, gilt im für die sozialrechtliche Sicherung des Existenzminimums zudem das Asylbewerberleistungsgesetz (AsylbLG). Dieses findet nicht nur zu Beginn des Aufenthalts Anwendung, sondern unter Umständen auch bei dessen Beendigung, etwa bei vollziehbar ausreisepflichtigen Ausländern gem. § 1 Abs. 1 Nr. 5 AsylbLG.[25] Generell kann an dieser Stelle nicht detailliert auf die Einzelheiten des Sozialrechts für Migranten eingegangen werden.[26] Es lassen sich aber einige Prinzipien und Regelungsmuster erkennen. So besteht aus Sicht eines Nationalstaates ein grundlegender Konflikt zwischen Einwanderung und Sozialstaatlichkeit.[27] Dabei wird „Einwanderung in die Sozialsysteme" prinzipiell als Belastung abgelehnt, eine Einwanderung in die Erwerbstätigkeit dagegen als Quelle für Wirtschaftswachstum und damit auch für Sozialabgaben befürwortet.[28] Der Zugang zu den Sozialsystemen für

---

23 *Bender*, in: Hofmann (Hrsg.), AuslR, 2. Aufl., 2016, § 1 AufenthG, Rn. 21.

24 Auch wird in jüngerer Zeit vorgeschlagen, das AsylbLG auch bei Unionsbürgern, deren Freizügigkeitsberechtigung durch Verlustfeststellung entzogen wurde, bis zur Ausreise (analog) zur Anwendung zu bringen, vgl. dazu *Bode*, ZAR 2018, 46 (47).

25 LSG NRW, Beschl. v. 6.10.2017, AZ: L 19 AS 17/61 17 B ER, BeckRS 2017, 130357, Rn. 74; a.A. VG Ansbach, Urt. v. 26.1.2004, AZ: AN 4 K 03.01940, BeckRS 2004, 19803, Rn. 40.

26 Grundlegend dazu *Janda*, Migranten im Sozialstaat, 2012.

27 Pointiert zusammengefasst hat dieses Problem der Ökonom Milton Friedman in einem Vortrag zum Thema „What is america?" am 3.10.1977 an der University of Chicago: „[…] it is one thing, to have free immigration to jobs. It is another thing, to have free immigration to welfare. And you can not have both. If you have a welfare state, if you have a state in wich every resident is promised a certain minimal level of income, or a minimal level of subsistence, regardless of wether he works or not, produces it or not. Than it really is an impossible thing."

28 *Kluth*, DVBl. 2016, 1081 (1082).

Migranten wird daher grundsätzlich im Sinne eines „do ut des“ ausgestaltet. Von Nicht-Deutschen erwartet das Recht, dass sie zunächst wirtschaftliche Anknüpfungspunkte im Ankunftsstaat bilden bzw. jedenfalls ihren Unterhalt ohne Inanspruchnahme von Sozialleistungen finanzieren können. Daher ist die Sicherung des Lebensunterhalts grundsätzliche Voraussetzung für die Erteilung eines Aufenthaltstitels gem. § 5 Abs. 1 Nr. 1 AufenthG. Im Falle humanitärer Aufenthaltstitel kollidiert dieses Erfordernis jedoch mit den völker- und europarechtlichen Verpflichtungen der Bundesrepublik im Bereich des Flüchtlingsrechts und wird daher gem. § 5 Abs. 3 AufenthG für humanitäre Aufenthaltstitel nicht gefordert. Das Erfordernis der Unterhaltssicherung wird aber mit zunehmender Dauer des Aufenthalts und einer andauernden wirtschaftlichen Teilhabe aufgeweicht. Je mehr und je länger sich ein Ausländer also in Wirtschaft und Gesellschaft des Aufnahmestaates verwurzelt, desto stärker soll er auch von dessen Sozialleistungssystem profitieren können.[29] Mit den Aufenthalten aus humanitären Gründen lässt sich dieses System der gestuften sozialstaatlichen Solidarität allerdings nicht stringent vereinbaren, da hier aufgrund der humanitären Dringlichkeit der Aufnahme im Zielstaat eine vorangehende wirtschaftliche Absicherung des Ausländers nicht verlangt werden kann. Diese kurze Skizzierung zeigt daher auch, warum der Gesetzgeber das Sozialrecht der Personen, deren Aufenthalt sich aus humanitären Gründen ergibt, mit dem AsylbLG weitestgehend ausgegliedert hat. Für ein umfassendes Verständnis des Regelungsregimes, welchem Ausländer während ihres Aufenthalts in Deutschland unterliegen, ist auch eine Betrachtung der einschlägigen sozialrechtlichen Normen notwendig. Diese sollen daher auch, insbesondere in Gestalt des AsylbLG, als Rechtsquelle für Mitwirkungspflichten und Sanktionen von der vorliegenden Arbeit in den Blick genommen werden.

Gleiches gilt für das Integrationsrecht.[30] Dieses noch sehr junge Untergebiet des Migrationsrechts wird zuweilen auch als „Migrationsfolgenrecht“[31] oder als „Integrationsverwaltungsrecht“[32] bezeichnet und befasst sich mit sämtlichen „Aufgaben der Verwaltung, die mit dem Ziel einer Förderung der Teilhabe und der Angleichung der Lebensverhältnisse unternommen werden“.[33] Welchen Umfang die darunter fallenden Maßnahmen genau haben und für welche

29 *Janda* (Fn. 26), S. 378 ff.

30 Siehe S. 214 ff.

31 So bei *Kluth* (Fn. 28).

32 *Burgi*, DVBl. 2016, 1015.

33 *Burgi* (Fn. 32), S. 1015.

Lebensbereiche sie einen Gestaltungsanspruch erheben, hängt freilich vom Zweck des Aufenthaltes ab.[34] So erfordert ein temporär kurz angelegter Aufenthalt aus humanitären Gründen andere Konzepte von Integration als ein langjähriger Daueraufenthalt zum Zwecke der Erwerbstätigkeit, der am Ende auch in einen Übergang zur deutschen Staatsbürgerschaft münden kann oder gar soll.[35] Einigkeit herrscht indes dahin gehend, dass Integration ein überaus komplexer und dynamischer Prozess zwischen Migranten und der Aufnahmegesellschaft ist.[36] Diskutiert wird dabei vor allem auch das angemessene Maß zwischen dem, was Migranten von der Aufnahmegesellschaft abverlangt werden kann auf der einen und einer Überregulierung in alle, auch innerste, Lebensbereiche hinein auf der anderen Seite.[37] Allein aus diesem Grund lohnt für die Zwecke der vorliegenden Arbeit auch ein Blick auf die (Mitwirkungs-)Pflichten und Erwartungen, die Migranten durch das Integrationsverwaltungsrecht zugeschrieben werden.

Insgesamt zeigt sich, dass die präzise Eingrenzung der Teilrechtsgebiete, in denen die Mitwirkung von Ausländern und die Sanktionierung eines Rechtsbruchs eine wichtige Rolle für die Migrationssteuerung spielen, nur schwierig möglich ist. Zwar hat die Forschung in jüngerer Zeit verstärkt versucht, ein einheitliches Rechtsgebiet des Rechts für Nichtdeutsche zu definieren[38], dies würde jedoch den Blick auf Rechtsgebiete wie das Sozialrecht, die zwar nicht spezifisch für Ausländer geschaffen und konzipiert wurden, jedoch im Bereich der Migrationsgestaltung große Wirkung entfalten, versperren.[39] Um die Wirkung und

---

34 *Kluth* (Fn. 28), S. 1082.

35 So wirbt bspw. die Stadt Stuttgart aktiv für eine Einbürgerung (https://www.stuttgart.de/einbuergerung).

36 Vgl. dazu auch *Eichenhofer*, § 4 Aufenthalt (Voraussetzungen, Aufenthaltszwecke, Integration) C. Integrationskurse, in: Kluth/Hund/Maaßen (Hrsg.), Handbuch Zuwanderungsrecht, 2. Aufl., 2017 Rn. 1002 ff.; *Burgi* (Fn. 32), S. 1017; *Kluth* (Fn. 28), S. 1083 mit Verweis auf *Heckmann*, Integration von Migranten, 2015, S. 95 ff.; *Buchholtz*, NVwZ 2017, 756 (756).

37 So kann der Staat etwa eine loyale Haltung zu den Werten des Grundgesetzes nicht als tatsächliche Integrationspflicht von Migranten erzwingen, sondern diese nur erwarten, vgl. *Kluth* (Fn. 28), S. 1084.

38 Grundlegend dazu *Thym* (Fn. 14), S. 8-45. Zur Definition des Ausländerrechts als „Sonderrecht für Menschen ohne deutsche Staatsangehörigkeit" vgl. *Sailer*, D. Gefahrenabwehr durch Ordnungsverwaltung Teil I: Ausländerrecht, in: Lisken/Denninger (Hrsg.), Handbuch des Polizeirechts, 4. Aufl., 2007, S. 151 (151).

39 Vgl. dazu auch *Hailbronner*, Asyl- und Ausländerrecht, 4. Aufl., 2017, S. 11, der das Ausländerrecht als „Gefüge von Regelungen auf allen Ebenen der Normhierarchie" bezeichnet.

Funktionsweise der Mitwirkungspflichten und Sanktionen im Asyl- und Aufenthaltsrecht vollständig zu erfassen und verstehen zu können, müssen daher neben den Normen des Asyl- und Aufenthaltsgesetzes auch solche des Asylbewerberleistungsgesetzes und das SGB in den Blick genommen werden. Denn insgesamt legen das Asyl- und Aufenthaltsrecht ein ganzheitliches Verfahrensverständnis an den Tag, welches vom Moment der Einreise an einen hohen Steuerungsanspruch für zahlreiche Lebensbereiche erhebt.[40]

D. Migration zwischen Verfassungsauftrag und politisch-gesellschaftlichem Diskursgegenstand

Das Aufenthalts- und Asylrecht knüpft als spezifisch für Ausländer geltendes Recht stets auch an politische Diskurse an bzw. entsteht aus diesen heraus. Dies gilt sicherlich nicht exklusiv für das Migrationsrecht. Auch das Umweltrecht bspw. wird durch gesamtgesellschaftliche Debatten stark geprägt.[41] Dennoch sticht das Migrations-, und vor allem das Asylrecht, in dieser Frage besonders hervor, da kaum eine Debatte die Gesellschaft in den vergangenen Jahren so polarisiert hat, wie die Frage der deutschen und europäischen Asylpolitik.[42] Dies hängt auch mit einer tradierten Kernfunktion des Migrationsrechts zusammen: Die Gefahrenabwehr ist eine der wichtigsten historischen Keimzellen des staatlichen Umgangs mit Ausländern. Daraus folgt für die Verwaltung auch, dass das Aufenthalts- und auch das Migrationsrecht insgesamt aus seiner historischen Genese heraus betrachtet Teil des besonderen Polizeirechts ist.[43] Dieses wiederum ist Teil des besonderen Verwaltungsrechts, da seine grundlegende Funktion in der Sicherung und Garantie der öffentlichen Sicherheit und Ordnung als zentrale Aufgabe staatlicher Verwaltung besteht.[44] Aus dieser Warte betrachtet, sichert das Polizeirecht vor allem den Schutz grundrechtsrelevanter Rechtspositionen und dient letztlich der „Verwirklichung der Verfassung".[45]

40 Dieses umfassende Verständnis bildet sich auch im begrifflichen Wandel ab, den das Asylverfahrensgesetz 2015 hin zum Asylgesetz vollzogen hat, vgl. dazu die Gesetzesbegründung in BT-Drs. 18/6185, S. 31.

41 *Gärditz*, ZfU 2019, 369.

42 *Leisner*, Der Staat 2016, 213 (213).

43 *Hailbronner* (Fn. 39), S. 11; *Sailer* (Fn. 38) S. 151.

44 *Lisken/Denninger*, C. Die Polizei im Verfassungsgefüge, in: dies. (Hrsg.), Handbuch des Polizeirechts, 4. Aufl., 2007, S. 69 (69 ff.)

45 *Lisken/Denninger* (Fn. 44), S. 70; vgl. dazu auch *Maurer/Waldhoff*, Allgemeines Verwaltungsrecht, 19. Aufl., 2017, S. 13.

Begreift man aber den staatlichen Umgang mit Ausländern im Kern als Verfassungsauftrag im Sinne eines Schutzes der „eigenen" Bevölkerung, so erklärt sich auch dessen großes Polarisierungspotenzial. Das Migrationsrecht wird als Handlungsrahmen staatlicher Gewalt im Umgang mit Nichtdeutschen daher nicht nur durch einen Verfassungsauftrag als solchen, sondern zugleich auch stark von den damit korrespondierenden „politischen, sozialen, wirtschaftlichen, technischen und kulturellen Verhältnissen"[46] geprägt. Verkürzt gesagt: Die grundlegende Bedeutung, die der Verfassungsgesetzgeber dem staatlichen Schutz der Grundrechte seiner Bürger zugesprochen hat, und die sich im Gefahrenabwehrrecht verkörpert, spiegelt sich gleichsam auch in der Erhitzung der gesellschaftlichen Debatten um das Thema Migration. Diese Diskussion um den richtigen Umgang mit hohen Asylantragszahlen und über eine effiziente Rückführungspolitik hat spätestens durch die Straftaten in der Kölner Silvesternacht 2015 und den Anschlag am Berliner Breitscheidplatz am 19.12.2016 ihren Höhepunkt erreicht.

Für die Gesetzgebung im Aufenthalts- und Asylrecht ist dies ein kaum zu unterschätzender Faktor. Die Debatten, Beiträge, Einwürfe und Publikationen, die in jüngster Zeit zum Thema Migration und Flucht[47], aber auch zu den dahinterstehenden Metathemen wie Identität und Heimat[48], in die Öffentlichkeit traten, sind so zahlreich wie vielfältig.[49] Dass die politischen Gewalten in Bund und Ländern durch die damit einhergehende Politisierung der Gesellschaft beeinflusst werden, verwundert daher nicht. So wurde das Bundesministerium des Inneren 2018 sogar um eine explizite Zuständigkeit für das Thema „Heimat" erweitert. Anders als bspw. das Resort „Bau", welches ebenfalls in die Zuständigkeit des BMI fällt, handelt es sich bei „Heimat" jedoch um ein kaum greifbares und höchst subjektives Gefühl und weniger um einen klar abgrenzbaren Aufgabenbereich.[50] Überträgt man ein solches durch Emotionen geprägtes Konstrukt

---

46 *Maurer/Waldhoff* (Fn. 45), S. 13.

47 Depenheuer/Grabenwarter (Hrsg.), Der Staat in der Flüchtlingskrise, 1. Aufl., 2016; *Luft*, Die Flüchtlingskrise, 2. Aufl., 2017; *Johler/Lange*, Konfliktfeld Fluchtmigration, 2019.

48 Etwa *Schüle*, Heimat, 2017; *Scharnowski*, Heimat, 2019; Aydemir/Yaghoobifarah (Hrsg.), Eure Heimat ist unser Albtraum, 2019.

49 Siehe exemplarisch *Space*, Als ich nach Deutschland kam, 1. Auflage, 2019; *Liebsch*, Europäische Ungastlichkeit und „identitäre" Vorstellungen, 2019; Scherschel/Binner (Hrsg.), Fluchtmigration und Gesellschaft, 2020; *Haubl/Wirth*, Grenzerfahrungen, 2019; *Hoerder*, Humane Einwanderungspolitik – ist sie zu schaffen?, 2019; *Steinwede*, Verbindend, nicht trennend, Die Zeit vom 16.05.2019, S. 66.

50 *Schreiber*, Deutschland soll werden, wie es nie war, ZEIT online vom 10.02.2018.

nun auf die offizielle Zuständigkeit eines Bundesministeriums, so wirft dies die Frage auf, wie sich dies mit der rationalen Umsetzung von Verwaltungsrecht als Kernaufgabe staatlicher Behörden vereinbaren lässt. Ein möglicher Erklärungsansatz liegt darin, Heimat gerade als nicht technisches Resort mit eigenem Gesetzgebungs- und Umsetzungsauftrag zu begreifen, sondern als „Administrierung eines Gefühls":[51] Es geht in diesem Sinne weniger um konkrete Aufgaben, die es mittels Gesetzen und Verwaltungsmaßnahmen zu bewältigen gilt, sondern mehr um eine „Gesamtfärbung" der Arbeit des BMI im Lichte der Heimatverbundenheit.[52] Dies verdeutlicht, wie sich die politische Polarisierung der Gesellschaft um das Thema Migration bis in den Aufbau von Verwaltungsstrukturen „hineinfressen" kann, was das Migrationsrecht in gewissem Sinne von anderen, nüchternen Verwaltungsrechtsgebieten abhebt.

Es ist daher naheliegend, dass neben den administrativen Strukturen auch das Migrationsrecht als „geronnene Politik"[53] selbst unmittelbar beeinflusst wird durch den politischen Konflikt zwischen humanitärem Enthusiasmus auf der einen und kommunitaristischer Abschottung auf der anderen Seite, inklusive aller Facetten dazwischen. Dies äußert sich gerade auch im Bereich der Mitwirkungspflichten und Sanktionen: Ob der Staat autoritär gegenüber Asylbewerbern auftritt und diese vielfach zu bestimmten Handlungen verpflichtet oder ob er eine liberale Politik des „laissez faire" betreibt, in der Migration ein ungesteuerter Prozess organischer Entwicklung ist, ist eine wesentliche politische Frage, die über Art und Umfang der Mitwirkungspflichten entscheidet. Gleiches gilt für die Frage, ob der Staat Mitwirkungspflichten mithilfe scharfer Sanktionsinstrumente durchzusetzen versucht oder ob er darauf verzichtet und den Mitwirkungspflichten damit eher einen Appellcharakter verleiht. Besonders interessant für die vorliegende Arbeit ist daher die Frage, ob und wenn ja, welche Mitwirkungspflichten und Sanktionen das Produkt der aus den Migrationskrisen der

---

51 *Smeddink*, DÖV 2020, 253 (258).

52 Dazu passt auch, dass das Resort selbst in der bisherigen Legislaturperiode nur ein einziges Gesetz selbst auf den Weg gebracht hat. Der Ressortleiter erklärt dies jedoch damit, man sehe sich eher als „Aufpasser" im Sinne gleichwertiger Lebensgrundlagen für alle Bürger bei den Gesetzesvorhaben anderer Resorts, vgl. *Scupin*, Nur ein Gesetz in zwei Jahren, ntv.de vom 14.03.2020. Kritiker sehen dagegen in der Einführung des Heimatministeriums nur einen „Marketing-Gag" der CSU, auf deren Wahlprogramm die Ressortschaffung zurückgeht (so bspw. die Bundestagsabgeordnete der FDP, Sandra Bubendorfer-Licht, vgl. *Burmeister*, Seehofer hat als "Heimatminister" nur ein einziges Gesetz erarbeitet, rnd.de vom 14.03.2020.

53 *Grimm*, JuS 1969, 501 (502).

vergangenen Jahrzehnte entstandenen Gesetzespakete sind und inwieweit sich der kontroverse politische Diskurs damit letztlich auch im Recht manifestiert hat.

I. Erwartungen der Gesellschaft an den „Fremden“: Mitwirkungspflichten als spiegelbildlicher Bestandteil des Gastrechts

Mitwirkungspflichten und der Regelungsanspruch des Gesetzgebers im Umgang mit Ausländern, der sich in ihnen ausdrückt, können letztlich auch auf ein grundlegendes Dilemma zurückgeführt werden, dem sich Gesellschaften seit jeher im Umgang mit Ausländern ausgesetzt sehen. Denn die Begegnung mit dem „Fremdem“ weckt stets zwei gegenläufige Impulse.[54] Zum einen birgt das Fremde immer das Potenzial einer Gefahr: Was man nicht kennt, bei dem ist zunächst Vorsicht geboten. Zugleich weckt aber das Bekannte im Fremden Empathie. Ein anderer Mensch, in dem wir uns wiedererkennen, wirft immer auch die Frage auf: Wie möchte ich selbst behandelt werden, wenn ich fern der Heimat um Einlass bitte? Dies gilt umso mehr, wenn der Fremde um Hilfe, also Asyl, nachsucht. Diese grundsätzliche Ambivalenz lässt sich auch sprachgeschichtlich ausmachen. So bedeutet das lateinische Wort „hostis“ zugleich „Fremder“, aber auch „Feind“, auch im Sinne von „Staatsfeind“.[55] Das Wort „Hospes“ dagegen bedeutet ebenfalls „Fremder“, aber auch „Gast“.[56] Beide Wörter haben den gleichen Wortursprung.[57]

Dieses, der Begegnung mit dem „Fremden“ immanente, Spannungsverhältnis lässt sich grundsätzlich in beide Richtungen auflösen. Entweder der Fremde schafft es, das Misstrauen ihm gegenüber zu überwinden. Dann kommt es nicht selten vor, dass aus Misstrauen Vertrauen und ein Ausländer Teil der örtlichen Gemeinschaft wird.[58] Oder aber Vertrauen wird enttäuscht und die Einstufung

---

54 *Leicht*, Der Fremde in uns, Die Zeit vom 20.12.2000.

55 https://de.pons.com/%C3%BCbersetzung/latein-deutsch/Hostis.

56 https://de.pons.com/%C3%BCbersetzung/latein-deutsch/Hospes.

57 *Leicht*, ZAR 2004, 43 (43).

58 Dies kann so weit führen, dass legitime und rechtmäßige Gründe des Staates, den Aufenthalt wieder zu beenden, von der örtlichen aufnehmenden Gemeinschaft empört zurückgewiesen werden, bspw. wenn es um die Abschiebung von Menschen ohne Bleiberecht geht, die aber lokal gut integriert sind, vgl. dazu *Leicht* (Fn. 57), S. 44. Besonders eindrücklich wird diese Konstellation durch den Ausspruch des ehemaligen CSU-Generalsekretärs Andreas Scheuer: „Das Schlimmste ist ein fußballspielender ministrierender Senegalese. Der ist drei Jahre in Deutschland – als Wirtschaftsflüchtling – den kriegen wir nie wieder los“, siehe dazu *Ciesinger*, „Das Schlimmste ist ein fußballspielender, ministrierender Senegalese“, tagesspiegel.de vom 18.09.2016.

als „Feind“ setzt sich durch. Die Verletzung gesetzlicher Pflichten und Verbote durch Ausländer spielt dabei eine wichtige Rolle, vor allem solcher des Gefahrenabwehr- und Strafrechts. Seit den Terroranschlägen des 11. Septembers 2001 wird im öffentlichen Diskurs „Ausländerkriminalität“ auch mit Bedrohungen durch den internationalen Terrorismus assoziiert und verklammert.[59] Hinzu kommt seit den sexuellen Übergriffen in der Silvesternacht 2015/2016 in Köln und anderen deutschen Städten das stereotype Bild des „arabischen Sexualstraftäters“. Verletzt ein Ausländer Strafgesetze, vor allem solche im Bereich staatsgefährdender Straftaten, des Sexualstrafrechts oder des Betäubungsmittelgesetzes, so reproduziert dies im öffentlichen Diskurs daher eben jene Bilder des Fremden als „Terrorist“, „Triebtäter“ oder „Drogendealer“. Diese wirkmächtigen Bilder sind Ausdruck des historisch verwurzelten Misstrauens gegenüber „Fremden“ und ein Grund, warum Pflicht- und Rechtsverletzungen von Ausländern ein derartiges Reizthema (rechts)politischer Diskurse darstellen.

Dies gilt aber nicht nur für das Thema „Ausländerkriminalität“, sondern auch für Mitwirkungspflichten im Verwaltungsverfahren. Auch die Identitätstäuschung im Asylverfahren, das absichtliche „Verschwindenlassen“ des Passes oder das Vortäuschen einer Erkrankung zur Vermeidung einer Abschiebung, sind Verhaltensweisen, welche im öffentlichen Diskurs über Migration für besondere Empörung sorgen. Denn letztlich entscheidet sich die Frage zwischen „Feind“ oder „Gast“ auch daran, ob der Fremde sich an die Regeln der Gesellschaft hält, bei der er Aufnahme begehrt. Dem ist, anders als bei der Einhaltung gesetzlicher Pflichten durch deutsche Staatsbürger, auch ein meritokratischer Gedanke immanent. Denn ein Ausländer muss sich das Recht auf Aufenthalt, anders als ein Staatsbürger, erst „verdienen“, indem er sich an Regeln hält, mitwirkt und die Erwartungen der Aufnahmegesellschaft erfüllt. Die Erfüllung von Mitwirkungspflichten ist daher ein wichtiger Baustein bei der Konstruktion des öffentlichen Bildes vom „guten Migranten“, der keine Straftaten begeht und den von ihm verlangten Anforderungen bereitwillig nachkommt. Die Erfüllung oder Verletzung von Mitwirkungspflichten ist in diesem Sinne Teil des kollektiven emotionalen Balanceaktes zwischen Empathie und Misstrauen bei der Ankunft und Integration von Ausländern in die Gesellschaft.

59 *Mühe*, Rassistische Diskurse im Einwanderungsland Deutschland, 2017, S. 26.

II. Historische Genese der Rolle des Ausländers im Migrationsrecht

Die Rolle des Ausländers im Verwaltungsrecht und damit auch, welche Mitwirkung der Staat ihm abverlangt, ist nicht allein durch den öffentlichen Diskurs über Migration beeinflusst und durch den demokratischen Gesetzgeber bestimmt, sondern auch historisch gewachsen. Für das Verständnis der Bedeutung und Funktion von Mitwirkungspflichten und Sanktionen im Asyl- und Aufenthaltsrecht ist es daher wichtig, zunächst die historische Entwicklung des staatlichen Umgangs mit Ausländern in Deutschland und Europa zu betrachten. Dies kann, angesichts des kaum überschaubaren Umfangs dieser Thematik, nur in einem Überblick geschehen. Dennoch soll dieser Überblick zumindest die wesentlichen Leitlinien und Prinzipien des heutigen Asyl- und Aufenthaltsrechts in einen Bezug zu ihren historischen Wurzeln und Ursprüngen setzen.

Anders als das bürgerliche oder das Strafrecht ist das Recht der Migration ein vergleichsweise junges Rechtsgebiet. Lediglich im Rahmen des Bürgerrechts mittelalterlicher Städte entstand als Gegenstück zum Bewohner der Stadt mit Bürgerrechten quasi spiegelbildlich der „Fremde", über dessen Rechte vor allem anhand der wirtschaftlichen Bedürfnisse der Stadt entschieden wurde.[60] Darüber hinaus war jedoch ein überregionales systematisches[61] „Fremdenrecht" als Vorläufer des Regelungsregimes, welches wir heute unter dem Begriff des Migrationsrechts zusammenfassen können, in dieser Zeit nicht möglich. Eine Ordnung der Gesellschaft erfolgte bis in die Neuzeit über eine Zuordnung in der Ständegesellschaft und nicht über eine stringente Form von Staatsangehörigkeit.[62] Erst das Ende des Dreißigjährigen Krieges schuf aus den vom Krieg zerstörten Herrschaftsgebieten von Adel und Klerus eine Art völkerrechtliches prä-staatliches Subjekt als Anknüpfungspunkt der herrschaftlichen Rechte im Verhältnis zwischen Kleinstaat und Reich.[63] Im ganzen Gebiet des Reichs, insbesondere in Süddeutschland, war zudem mancher Landstrich um 2/3 entvölkert

---

60 *Reinhardt/Kluth*, § 2 Die Entwicklung des Zuwanderungsrechts einschließlich rechtstatsächlicher sowie internationalrechtlicher Bezüge, in: Kluth/Hund/Maaßen (Hrsg.), Handbuch Zuwanderungsrecht, 2. Aufl., 2017, S. 5 (6, Rn. 5).

61 Diesen einheitlichen Gestaltungsanspruch erhebt erst der moderne Nationalstaat, vgl. *Hobsbawm*, Nationen und Nationalismus, 3. Aufl., 2005, S. 97.

62 *Thym* (Fn. 14), S. 51.

63 *Härter*, Grenzen, Streifen, Pässe und Gesetze. Die Steuerung von Migration im frühneuzeitlichen Territorialstaat des Alten Reiches (1648–1806), in: Oltmer (Hrsg.), Handbuch Staat und Migration in Deutschland seit dem 17. Jahrhundert, 2015, S. 45 (46).

worden, sodass hier insbesondere wirtschaftliche Gesichtspunkte die Herrscher zu Maßnahmen der Immigrationspolitik zwangen. Zugleich brachte die Entstehung moderner Staatlichkeit den Merkantilismus als Grundmodell staatlicher Wirtschafts- und Finanzpolitik der damaligen Zeit hervor, welcher ein wesentlicher Faktor einer Migrationspolitik wurde, die unter dem Begriff der „Peuplierung“[64] eine gezielte Ansiedelung von Menschen als wirtschaftliche Arbeitskräfte forcierte.[65] Von einem systematischen Migrationsrecht, welches auch Mitwirkungspflichten und Sanktionen normiert, war das ökonomisch geprägte Migrationsregime jener Zeit aber noch weit entfernt.

Erst aufgrund der politischen Spannungen des ausgehenden 18. Jhd. etablierten sich in den linksrheinischen Gebieten des heutigen Deutschlands zunehmend eine strenge Visa- und Passpolitik nach französischem Vorbild.[66] Zwar hatte es auch zuvor in Europa Versuche gegeben, ein System von legitimierenden Reisedokumenten einzuführen. Diese dienten aber bis dahin entweder dem Schutz des Reisenden, indem dieser sich mit einem hoheitlich beglaubigten Identitätspapier vor dem Misstrauen der einheimischen Bevölkerung schützen konnte, oder aber der Durchsetzung wirtschaftlicher Interessen der Monarchen, da diese durch die Vergabe von Reisedokumenten hofften, die Ein- und Ausreise von Arbeits- und Finanzkapital so besser kontrollieren zu können.[67] Diese Pass- und Visumspflicht setzte sich als Ausdruck des staatlichen Misstrauens gegenüber „feindseligen Ausländern“ auch nach dem Ende der napoleonischen Ära fort.[68] Bereits im juristischen Umgang mit Ausländern jener Zeit waren daher die ordnungs- und polizeirechtlichen Züge des Ausländerrechts deutlich erkennbar. Zugleich gewährten allerdings in der ersten Hälfte des 19. Jhd. viele deutsche Staaten wie Bayern, Baden, Württemberg und Hessen „jedem Einwohner“ grundlegende Rechte wie Sicherheit der Person und des Eigentums sowie Glaubens- und Gewissensfreiheit und näherten sich damit einer menschenrechtlichen (im Gegensatz zur staatsbürgerrechtlichen) Perspektive in

64 Franz. Peuple = das Volk

65 *Niggemann*, ›Peuplierung‹ als merkantilistisches Instrument: Privilegierung von Einwanderern und staatlich gelenkte Ansiedlungen, in: Oltmer (Hrsg.), Handbuch Staat und Migration in Deutschland seit dem 17. Jahrhundert, 2015, S. 171 (176 f.)

66 *Fahrmeir*, Staatliche Abgrenzungen durch Passwesen und Visumzwang, in: Oltmer (Hrsg.), Handbuch Staat und Migration in Deutschland seit dem 17. Jahrhundert, 2015, S. 221 (225).

67 *Fahrmeir* (Fn. 66), S. 222 f.

68 *Fahrmeir* (Fn. 66), S. 226.

ihren Landesverfassungen.[69] Die Frankfurter Reichsverfassung von 1849 dagegen gewährte derlei Grundrechte nur „jedem Deutschen", führte aber zugleich innerhalb der deutschen Staaten zu einer zunehmenden Liberalisierung der Migrationskontrolle innerhalb des Reiches.[70] Im Zuge der Reichseinigung setzte sich diese Entwicklung fort. Art. 3 S. 1 der Verfassung des Deutschen Reichs von 1871 bestimmte „daß der Angehörige (Unterthan, Staatsbürger) eines jeden Bundesstaates in jedem anderen Bundesstaate als Inländer zu behandeln [...] [ist].".[71] Art. 3 S. 3 nahm von diesem Grundsatz jedoch „diejenigen Bestimmungen, welche die Armenversorgung und die Aufnahme in den lokalen Gemeindeverband betreffen" aus.[72] Auch die Ausweisungspolitik dieser Zeit innerhalb des Deutschen Reichs wurde damit maßgeblich durch ökonomische Erwägungen der deutschen Staaten bestimmt.[73] Die Verhaltenspflichten, die aus diesem System für Ausländer folgten, beinhalteten somit letztlich zwei Aspekte: Der Ausländer durfte keine Gefahr für die öffentliche Sicherheit und Ordnung darstellen und gleichsam keine „wirtschaftliche Last" für die Allgemeinheit.

Das frühe 20. Jhd. und die Weimarer Republik brachte zunächst für das Migrationsrecht keine wesentlichen Neuerungen mit sich.[74] Im Jahr 1932, und damit im letzten Jahr vor der „Machtergreifung" der Nationalsozialisten, trat dann jedoch die auf die polizeiliche Generalklausel gestützte preußische Ausländerpolizeiverordnung in Kraft, welche als erstes Fachgesetz des Ausländerrechts gilt und erstmals weitreichende Regelungen zu Aufenthalt, Erwerbstätigkeit und Ausweisung von Ausländern enthielt.[75] Diese normierte den bis dahin historisch gewachsenen Charakter des Ausländerrechts als Ordnungsrecht nun endgültig. Zwar führte diese Verfestigung der Migrationssteuerung im Verwaltungsrecht nicht zu subjektiven Aufenthaltsrechten der Ausländer im Sinne des heutigen Verwaltungsrechts, sondern normierte lediglich objektive tradierte Grundsätze der Migrationsverwaltung. Der Ausländer blieb aber auch in diesem neuen

---

69 *Wollenschläger*, Erster Teil: Rechtsgeschichtlicher Überblick und ausländerpolitische Entwicklung, in: ders. (Hrsg.), Handbuch des Ausländerrechts der Bundesrepublik Deutschland, 57. Erg-Lfg. (Dez. 2012)., S. 10 f.

70 *Wollenschläger* (Fn. 69), S. 11 f.

71 *Reinhardt/Kluth* (Fn. 60), S. 7 f., Rn. 10

72 *Renner*, Ausländerrecht in Deutschland, 1998, S. 8, Rn. 19.

73 *Renner* (Fn. 72), S. 11 ff.

74 *Reinhardt/Kluth* (Fn. 60), S. 8, Rn. 13; *Wollenschläger* (Fn. 69), S. 13 ff.; *Renner* (Fn. 72), S. 14, Rn. 34.

75 *Wollenschläger* (Fn. 69), S. 14, Rn. 21.

Regelungsregime Objekt und nicht Subjekt der Verwaltung.[76] Für die Mitwirkungspflichten und Sanktionen hatte die Preußische Ausländerpolizeiverordnung dennoch zur Folge, dass das zuvor bestehende sehr weite Ermessen der Behörden, welche Handlungen des Ausländers „schädlich“ waren und daher sanktioniert werden durften, nun erst mal reguliert und eingegrenzt wurde.[77] Gegen das vormalige „polizeistaatliche“ Ausländerrecht hatte es in der Literatur bereits kritische Stimmen gegeben.[78]

Die nationalsozialistische Diktatur passte 1938 mit der reichsweiten Ausländerpolizeiverordnung (AuslPolV) den Regelungsanspruch des Ausländerrechts an den nationalsozialistischen Zeitgeist an.[79] Dies hatte die Beseitigung sämtlicher Ansätze eines erstmals rechtsstaatlich normierten Ausländerrechts zur Folge. Der Aufenthalt und das, was man dem Ausländer an Verhalten abverlangte, wurde nun vollständig der politischen Willkür des nationalsozialistischen Staates unterworfen. Diese Politik vollzog sich primär anhand der Generalklausel des § 1 der Ausländerpolizeiverordnung von 1938, wonach der Aufenthalt jenen Ausländern erlaubt sein sollte, die „nach ihrer Persönlichkeit und dem Zweck ihres Aufenthalts die Gewähr dafür bieten, daß sie der ihnen gewährten Gastfreundschaft würdig sind“. Es fällt nicht schwer sich vorzustellen, welche Merkmale der „Persönlichkeit“ oder des Verhaltens eines Ausländers im Nationalsozialismus zu einem unerwünschten Aufenthalt führten. Konkrete Anzeichen dafür finden sich bspw. in § 5 Abs. 1 lit. h) AuslPolVO 1938, wonach der Aufenthalt verboten werden kann, wenn der Ausländer „als Zigeuner oder nach Zigeunerart umherzieht“. Neben derlei rassistischen Sanktionsgründen findet sich aber auch bereits der Tatbestand der Täuschung über die Identität (§ 5 Abs. 1 lit. g)), damals freilich ebenfalls unter dem Gesichtspunkt der „Rasse“. Als Sanktionsinstrumente enthielt die AuslPolVO 1938 neben der Ausweisung

---

76 *Ziekow*, Über Freizügigkeit und Aufenthalt, 1997, S. 309.

77 *Oltmer*, Migration und Politik in der Weimarer Republik, 2005, S. 63 f.; *Renner* (Fn. 72), S. 18.

78 So stellte *Ernst Isay* 1923 fest, dass sich im damaligen Ausländerrecht „ein Stück Polizeistaat bis auf den heutigen Tag erhalten [habe]“, da ein „lästiger“, „unerwünschter“ oder „unliebsamer“ Fremder ohne Bindung an den Grundsatz der Gesetzmäßigkeit der Verwaltung nach freiem Ermessen der Behörden ausgewiesen werden könne, vgl. dazu *Renner* (Fn. 72), S. 14 mit Verweis auf *Isay*, Das deutsche Fremdenrecht, 1923, S. 100.

79 So wurde etwa das Konzept der „Sippenhaft“ auf die Kernfamilie des Ausländers ausgedehnt, vgl. *Thym* (Fn. 14), S. 56, Fn. 34.

und Abschiebung auch bereits Straftatbestände für den illegalen Aufenthalt im Reichsgebiet.

Trotz der deutlichen Elemente nationalsozialistischen Gedankenguts in der AuslPolVO hielt die junge Bundesrepublik zunächst an diesem Regelungsregime fest, wenngleich dieses nun unter den Vorgaben des Grundgesetzes stand und damit das Migrationsrecht erstmals in der Geschichte[80] „in den Bannkreis eines rechtsstaatlichen Verwaltungsrechts“[81] gelangte. Erst 1965 wurde die AuslPolV durch das Ausländergesetz (AuslG) abgelöst.[82] Dieses entwickelte die ordnungsrechtliche Zielrichtung der AuslPolVO fort, differenzierte sie weiter aus und schuf mit § 70 AuslG nun auch eine verfahrensrechtliche „Mitwirkungsgeneralklausel“, wonach der Ausländer die für seinen Aufenthalt notwendigen Informationen und Umstände unverzüglich geltend zu machen hat. Auch enthielt das AuslG bereits einen umfangreichen Katalog an Pflichten bei der Mitwirkung der Identitätsklärung und der Kontrolle über den räumlichen Aufenthalt (Dritter Abschnitt, §§ 36–41a AuslG). Zugleich enthielt das AuslG aber auch erstmals die Möglichkeit eines subjektiven Anspruchs auf die Erteilung eines Aufenthaltsrechts (§ 6 AuslG).

Dieser Paradigmenwechsel weg von einem Aufenthaltsrecht allein im Wege des behördlichen Ermessens und hin zu einer stärkeren Würdigung der Interessen der Ausländer bildete sich in der Bundesrepublik auch in der Entstehung des Asylgrundrechts ab. Die Erfahrungen der Deutschen insbesondere im Zweiten Weltkrieg führten zu der Erkenntnis, dass von ihrem eigenen Staat verfolgten Minderheiten nur Schutz finden könne, wenn sich andere Staaten zur Aufnahme bereit erklären.[83] Folge dieser Erkenntnis war die konstitutionelle Normierung des Asylgrundrechts in Art. 16 GG. Diese Sichtweise eines humanitär motivierten Aufenthaltsrechts war dem deutschen Verfassungsrecht bis dahin weitestgehend fremd geblieben.[84] Zuvor hatte zwar bereits der Erste Weltkrieg und

80 Vgl. dazu auch die Kritik bei *Isay* (Fn. 78), S. 100 f.

81 *Thym* (Fn. 14), S. 56.

82 *Wollenschläger* (Fn. 69), S. 15, Rn. 23.

83 Dieser Gedanke entspricht letztlich Hannah Arendts rechtsphilosophischer Forderung nach einem „Recht, Rechte zu haben“ (siehe dazu *Arendt*, Elemente und Ursprünge totaler Herrschaft, 2. Aufl., 1962, S. 442 ff.). Denn grundlegende Menschenrechte von Personen, die von ihrem eigenen Staat verstoßen oder verfolgt werden, lassen sich nur realisieren, wenn sich zumindest ein anderer Staat für sie „zuständig fühlt“ und sie als Träger von Menschenrechten anerkennt.

84 Lediglich in Art. 18 Abs. 3 S. 2 der Verfassung des Herzogtums Sachsen-Meiningen von 1829 war das Verbot der Auslieferung an einen anderen Staat zum Zwecke der

mit ihm die Fluchtbewegungen ethnischer Minderheiten ein völkerrechtliches Bewusstsein für das Phänomen der politischen Flüchtlinge geschaffen.[85] Ein eigener Verfassungsartikel für ein Recht auf Asyl war dennoch eine wesentliche Neuerung, auch wenn dieser in den ersten Nachkriegsjahren ein „unbeachtetes Schattendasein"[86] führte. Erst die Fluchtbewegungen aus dem sowjetisch dominierten Ostblock im Zuge dortiger politischer Unterdrückung (z.B. des „Prager Frühlings" 1968) führten zu einem Anstieg der Asylbewerberzahlen insbesondere in den 1960er- und 1980er-Jahren.[87] Diese Entwicklungen mündeten 1982 mit dem Asylverfahrensgesetz (AsylVerfG) im gesetzgeberischen Versuch einer effizienteren verwaltungstechnischen Steuerung der Asylmigration und insbesondere einer Bekämpfung der missbräuchlichen Inanspruchnahme des Asylverfahrens.[88] Das AsylVerfG normierte im Sinne einer effektiven Verfahrensdurchführung auch ausdrücklich die Mitwirkung des Antragstellers, indem dieser bspw. Auskünfte über sein Verfolgungsschicksal erteilen (§ 12 Abs. 1 S. 3 AsylVerfG v. 16.07.1982) oder seinen Pass aushändigen muss (§ 26 AsylVerfG v. 16.07.1982). 1993 führte der sogenannte Asylkompromiss dann zu einer derart weitreichenden Beschneidung des Anwendungsbereichs des Art. 16 GG, dass dies ein stetiges Absinken der Antragszahlen im Laufe der 1990er-Jahre zur Folge hatte. Der Gesetzgeber konnte auf diese Weise, indem er die Anzahl der Verfahren insgesamt reduzierte, gleichsam den Reformdruck innerhalb des Asylverfahrensrechts reduzieren.

Anfang der 2000er-Jahre nahm unter der rot-grünen Koalition dafür die reguläre Migration aus Drittstaaten wieder liberalere[89] Züge an, was 2005 schließlich zur Aufhebung des Ausländer- und zur Einführung des Aufenthaltsgesetzes (AufenthG) führte.[90] In diesem „bekennt sich der Gesetzgeber zur Steuerung der Migration nach Deutschland u. damit zu einer kontrollierten Öffnung für neue

---

Verfolgung politischer Straftaten enthalten, vgl. *Gusy*, Asylrecht und Asylverfahren in der Bundesrepublik Deutschland, 1980, S. 14.

85 *Renner* (Fn. 72), S. 17.

86 So *Renner* (Fn. 72), S. 23 mit Verweis auf *Franz*, Das Asylrecht der politisch verfolgten Fremden nach internationalem und deutschem Recht, 1961, S. 82.

87 *Renner* (Fn. 72), S. 30.

88 *Reinhardt/Kluth* (Fn. 60), S. 10.

89 Im Sinne einer Abkehr vom rigorosen „Anwerbestopp" der 70er-Jahre, hin zu einer gesteuerten Erwerbsmigration, vgl. *Hailbronner*, in: dass. (Hrsg.), AuslR, 57. Erg.-Lfg. (April 2008), § 1 AufenthG, Rn. 4.

90 *Huber*, in: dass. (Hrsg.), AufenthG, 2. Aufl., 2016, AufenthG Vorb., Rn. 1.

Einwanderung".[91] Diese Öffnung steht jedoch unter dem Primat der Interessen der Bundesrepublik, sodass sich das Aufenthaltsgesetz keineswegs als „Magna Charta der Staatsfremden"[92] präsentiert, sondern ein strukturelles Spannungsverhältnis zwischen staatlich-ökonomischen und menschenrechtlich-individualistischen Interessen konstruiert. Den ordnungsrechtlichen Charakter hat das Aufenthaltsrecht durch diese Transformation daher insgesamt nicht verloren, auch da das AufenthG den grundlegenden Regelungsmechanismus des Verbots mit (Aufenthalts-)Erlaubnisvorbehalt beibehalten hat.[93] Die bis dato entwickelten Mitwirkungspflichten und Sanktionen haben sich folglich auch im AufenthG erhalten.

Neben dem Aufenthaltsgesetz ist die jüngere Entwicklung des Migrationsrechts vor allem von einer starken Europäisierung geprägt. Die aus Art. 67 Abs. 2 AEUV entwickelte „gemeinsame Politik in den Bereichen Asyl, Einwanderung und Kontrolle an den Außengrenzen" hat insgesamt im Bereich des Flüchtlingsrechts zu einer stetigen Verbesserung der rechtlichen Situation von Asylbewerbern geführt.[94] So wurden etwa durch die Asylverfahrensrichtlinie einheitliche europäische Mindeststandards geschaffen und damit auch Garantien auf Rechtsschutz und ein Verfahren in einer Sprache, die der Asylbewerber versteht, sowie ein Verbot der Ablehnung des Asylantrags, weil dieser verspätet gestellt wurde.[95] Zugleich hat der deutsche Gesetzgeber aber auf die stark gestiegenen Asylbewerberzahlen der jüngeren Zeit (insbesondere 2015 und 2016) mit der Einführung neuer Mitwirkungspflichten und Sanktionen reagiert.[96] Innerhalb des unionsrechtlich überwölbten Migrationsrechts unterliegen Gesetzgeber und Verwaltung daher heute nicht mehr nur den Grenzen der deutschen Grundrechte, sondern gleichsam auch des Europarechts.[97]

Abschließend lässt sich festhalten, dass die Ausländern abverlangten Pflichten und Verhaltensweisen bis weit hinein in das 20. Jhd. hauptsächlich von Wirtschafts- und Sicherheitsinteressen des Staates geprägt waren.[98] Diese beiden

---

91 *Dienelt*, in: Bergmann/Dienelt (Hrsg.), AuslR, 13. Aufl., 2020, § 1 AufenthG, Rn. 2.

92 *Dienelt* (Fn. 91), § 1 AufenthG, Rn. 5.

93 *Thym* (Fn. 14), S. 38.

94 Siehe dazu *Bast*, ZAR 2018, 41 (41).

95 *Renner*, ZAR 2004, 305 (306).

96 Bspw. mit der Ausweitung der Mitwirkungspflichten in § 15 AsylG oder der verstärkten Sanktionierung durch ein Verbot der Erwerbstätigkeit in § 60b AufenthG oder die Kürzung von Sozialleistungen gem. § 1a AsylbLG.

97 Siehe dazu *Hörich*, Abschiebungen nach europäischen Vorgaben, 2015.

98 Zum Ausländerrecht als Teil des Gefahrenabwehrrechts siehe auch *Wapler* (Fn. 9), S. 1180-1183.

grundsätzlichen Pole finden sich auch heute noch im Migrationsrecht wieder, bei dem vor allem die reguläre Migration (gesteuert durch das Aufenthaltsgesetz) wirtschaftlich erwünschten Ausländern eine stetig verbesserte Rechtsstellung zuspricht.[99] Ein entscheidender Schritt für diese Entwicklung war die Anerkennung der Grundrechtsbindung des Staates auch im Umgang mit Ausländern durch die verfassungsgerichtliche Rechtsprechung.[100] Parallel zu dieser wesentlichen Einschränkung der Souveränität des Staates etablierten sich weitere rechtliche Zugeständnisse, zu Beginn vor allem im Arbeits- und Sozialrecht.[101] Dementsprechend war es dann auch der faktisch dauerhafte Aufenthalt der „Gastarbeiter" und ihrer Familien, welcher den Gesetzgeber 1978 erstmals zur Einführung von Daueraufenthaltstiteln bewegte.[102] Hier zeigt sich, dass die Dominanz ökonomischer Aspekte im Migrationsrecht nicht nur den Interessen des Staates dient, sondern letztlich auch zur Verbesserung der individuellen Rechtsstellung von Zuwanderern führen kann.[103] Doch auch wenn das heutige Migrationsrecht durch die Anerkennung der Subjektstellung von Ausländern wesentliche Anteile seiner polizeistaatlichen Eigenschaften verloren hat, so verkörpern doch gerade die zahlreichen Pflichten der Ausländer im Recht und deren Durchsetzung mittels Sanktionen das Ergebnis eines Steuerungskonzepts, welches immer noch vielfach mit Befehl und Zwang operiert, sodass das ordnungsrechtliche Erbe dieses Rechtsgebiets nicht verleugnet werden kann.

III. Asyl- und Aufenthaltsrecht als Teil des Verwaltungsrechts

1. Asyl- und Aufenthaltsrecht und die Grundmodi der Verwaltung

Neben den politischen und historischen Hintergründen ist aber auch der verwaltungstechnische Charakter des Migrationsrechts und damit die Frage nach seiner grundlegenden Einordnung im Rahmen der Verwaltung für das Verständnis der Bedeutung von Mitwirkungspflichten und Sanktionen wesentlich. Hierzu hat

99 Diese hat sich inzwischen so weit verfestigt, dass zwischen dem Ausländer als bloßem Objekt staatlichen Interesses und dem „Citizen" als Souverän des Staates eine dritte Kategorie genannt werden muss, die sogenannte „Denizenship", vgl. dazu *Thym*, Der Staat 2018, 77, S. 85 ff.

100 *BVerfG*, 18.07.1973 – 1 BvR 23, 155/73, BVerfGE 35 (1973), 382 (399).

101 *Thym* (Fn. 99), S. 86.

102 *Thym* (Fn. 99), S. 87.

103 Ein weiteres Beispiel dafür ist die rechtlich starke Stellung der Unionsbürger, welche ursprünglich als reine Arbeitnehmerfreizügigkeit im Rahmen der Europäischen Wirtschaftsgemeinschaft konzipiert war, vgl. *Schönberger*, ZAR 2006, 226 (226).

die Forschung in der Vergangenheit verschiedene Grundmodi herausgearbeitet.[104] In deren Licht kann das Aufenthaltsrecht wiederum besser systematisiert und verstanden werden. Klassische Typen der hoheitlichen Verwaltung sind demgemäß die ordnende, die Leistungs- und die Gewährleistungsverwaltung.[105]

a) Die ordnende Verwaltung

Die ordnende Verwaltung zeichnet sich, vereinfacht ausgedrückt, durch die Wahrnehmung der ursprünglichsten Aufgaben staatlicher Gewalt aus; dem Schutz grundrechtlicher Abwehrpositionen Privater (allen voran Leben und Eigentum) gegenüber der Gewalt des vorgesellschaftlichen Naturzustands.[106] Da der Staat insofern als Monopolinhaber der (physischen) Gewalt agiert, ist es nur folgerichtig, dass in diesem ursprünglichsten aller Verwaltungsbereiche die primäre Handlungsstruktur von einer klassisch-hoheitlichen Rollenverteilung geprägt ist, in der ein durch Macht übergeordneter Staat eine durch Machtverzicht untergeordnete Gesellschaft kontrolliert und durch Ge- und Verbot steuert. Dieses Grundmodell ist zunächst sehr auf die individuelle Interaktion des Staates mit dem Bürger ausgerichtet. Daraus folgen zum einen ein teilweise „verengter" Blick auf den jeweiligen individuellen Sachverhalt und zum anderen ein eher reaktiver Charakter des Rechts, welches gerade im Bereich der Gefahrenabwehr Einzelfälle als mögliche Bedrohung der öffentlichen Sicherheit und Ordnung entsprechend steuert.[107] Jedoch hat sich auch die ordnende Verwaltung im Lauf der Zeit weiterentwickelt und insbesondere im Bereich der Gefahrenabwehr in Gestalt der sogenannten „Risikoverwaltung" präventive Ergänzungen erfahren.[108]

---

104 Diese werden wahlweise als „Grundmodi" (vgl. *Schulze-Fielitz*, § 12 Grundmodi der Aufgabenwahrnehmung, in: Hoffmann-Riem/Schmidt-Aßmann/Voßkuhle (Hrsg.), Grundlagen des Verwaltungsrechts Band I: Methoden, Maßstäbe, Aufgaben, Organisation, 2. Aufl., 2012, S. 823) bzw. als „Verwaltungstypen" (vgl. *Schmidt-Aßmann*, Das allgemeine Verwaltungsrecht als Ordnungsidee, 2. Aufl., 2006) bezeichnet.

105 Siehe dazu umfassend *Schulze-Fielitz* (Fn. 104), S. 834, Rn. 24–63; nach a.A. bilden zunächst die ordnende und die Leistungsverwaltung die übergeordneten Kategorien, speziellere Modi der Verwaltung treten dann erst hinzu, vgl. *Schmidt-Aßmann* (Fn. 104), S. 166 ff.

106 *Schulze-Fielitz* (Fn. 104), S. 834, Rn. 25.

107 *Schulze-Fielitz* (Fn. 104), S. 835 f.

108 *Schulze-Fielitz* (Fn. 104), S. 836 f.

b) *Die Leistungsverwaltung*

Die Leistungsverwaltung stellt demgegenüber vor allem ein System der Gewährung von Ressourcen durch den Staat dar. Vereinfacht ausgedrückt geht es also – im Unterschied zur Ordnungsverwaltung – nicht um primär in grundrechtliche Freiheiten eingreifendes Handeln des Staates, sondern um die Gewährung eines „Mehr" an Rechtspositionen, hauptsächlich in Form von materiellen oder immateriellen Gütern. Darunter fallen als „Klassiker" etwa die Leistungen der öffentlichen Daseinsvorsorge sowie die Leistungen der sozialen Sicherheit.[109] Dies darf freilich nicht zu dem Missverständnis führen, ein rechtswidriges Nichtgewähren sozialer Leistungen sei kein Eingriff (etwa in das Grundrecht auf ein menschenwürdiges Existenzminimum[110]). Jedoch macht es rechtsdogmatisch gerade vor dem Hintergrund des Konzepts der Grundrechte vorrangig als Abwehrrechte[111] dennoch einen wesentlichen Unterschied, ob Verwaltung aktiv eingreifend oder passiv unterlassend den Schutzbereich eines Grundrechts berührt.

c) *Die Gewährleistungsverwaltung*

Diesem gegensätzlichen Verhältnis von Ordnungs- und Leistungsverwaltung entzieht sich der dritte, relativ junge Grundmodus der Gewährleistungsverwaltung. Dieser hat insofern Auffangcharakter, als dass er diejenigen Verwaltungsvorgänge umfasst, welche „Ordnungs- und Leistungsverwaltung überschreiten"[112].[113] Grundlegend charakteristisch ist zudem der präventive und vorbeugende Aspekt der Gewährleistungsverwaltung. Diese schafft durch eine Regulierung typischer Gefahrenfelder (wie etwa der Finanz- oder ähnlicher Märkte) bereits eine geregelte Basis der Handlungsfelder von Privaten, sodass die Ordnungsverwaltung mit ihren Eingriffsinstrumenten nur noch punktuell einschreiten bzw. die Leistungsverwaltung durch Gewähr von Leistungen nur

---

109 *Schulze-Fielitz* (Fn. 104), S. 842 ff.

110 Vgl. dazu *Drohsel*, NZS 2014, 96.

111 *Remmert*, in: Herzog/Maunz/Dürig (Hrsg.), GG, 92. Erg.-Lfg. (Aug. 2020), Art. 19 Abs. 2 GG, Rn. 42 ff.; *Isensee*, § 191 Das Grundrecht als Abwehrrecht und als staatliche Schutzpflicht, in: Isensee/Kirchhof (Hrsg.), Handbuch des Staatsrechts Band V, 3. Aufl., 2011, S. 413, Rn. 10.

112 *Schulze-Fielitz* (Fn. 104), S. 847, Rn. 51.

113 Nach anderer Auffassung ist die Gewährleistungsverwaltung ein Unterfall der Leistungsverwaltung, vgl. *Stober*, § 4 Tätigkeitstypen und Tätigkeitsfelder der öffentlichen Verwaltung, in: Stober/Kluth/Müller et al. (Hrsg.), Verwaltungsrecht I, 2. Aufl., 2007, S. 39, Rn. 16 und S. 44, Rn. 27.

noch punktuell korrigierend eingreifen muss.[114] Typische Anwendungsfelder in diesem Sinne sind zum einen die bereits angesprochene Verwaltung und Regulierung von Märkten und anderen wirtschaftlichen Betätigungsfeldern[115], zum anderen aber auch infrastrukturelle Felder wie das Bauplanungsrecht.[116] Ebenfalls ein wichtiger Aspekt der Gewährleistungsverwaltung ist die Kooperation von Staat und Privaten (oftmals Unternehmen) zur vorausschauenden und kooperativen Regulierung der jeweiligen Tätigkeitsfelder.[117]

d) *Einordnung des Asyl- und Aufenthaltsrechts*

Das Asyl- und Aufenthaltsrecht, sowie das Migrationsrecht im Allgemeinen, in diesen verwaltungstypisierenden Dreiklang entsprechend einzuordnen, ist aufgrund der Vielfalt seiner Aufgaben und der Vielgestaltigkeit seiner Mittel nicht einfach. Thym hat das Migrationsrecht insgesamt als „Grundmodell hoheitlich-imperativer Aufgabenwahrnehmung" bezeichnet.[118] Er begründet dies zum einen mit dem imperativen Befehlsinstrumentarium der Ausländerverwaltung gegenüber dem Ausländer, welches er im Kontrast zu einem kooperativen Aushandlungsverhältnis von Bürger und Staat sieht.[119] Zum anderen führt er aber auf der Ebene der dahinterstehenden grundsätzlichen Konzeption die eigentliche Systematik des Aufenthaltsrechts an: das Verbot mit Genehmigungsvorbehalt.[120] Demnach ist der Aufenthaltstitel als Dreh- und Angelpunkt des rechtmäßigen Aufenthalts ein hoheitlicher Einzelakt und demnach Ausdruck der hoheitlich-imperativen Verwaltung. Dem ist zunächst zuzustimmen, insbesondere im Hinblick auf den hoheitlich-imperativen Charakter des Aufenthaltstitels, welcher im Verwaltungsverfahren typischerweise durch einseitige Ermessensentscheidung der Behörde zustande kommt und nicht durch einen kooperativen Aushandlungsprozess mit dem Ausländer selbst. Darin spiegelt sich auch die nach wie vor nur punktuell angetastete Souveränität des Staates über die Frage, wer einreisen

---

114 *Schulze-Fielitz* (Fn. 104), S. 847, Rn. 52.

115 *Schulze-Fielitz* (Fn. 104), S. 848 ff.; *Schmidt-Aßmann* (Fn. 104), S. 172, R. 115.

116 *Schulze-Fielitz* (Fn. 104), S. 852, Rn. 60 ff.

117 *Stober* (Fn. 113), Rn. 27; *Schmidt-Aßmann* (Fn. 104), S. 172, Rn. 114; *Thym* (Fn. 14), S. 37.

118 *Thym* (Fn. 14), S. 36 ff.

119 *Thym* (Fn. 14), S. 38.

120 *Thym* (Fn. 14), S. 38. Der Autor verweist hier auf § 4 Abs. 1 S. 1 AufenthG, dessen Inhalt lautet: „Ausländer bedürfen für die Einreise und den Aufenthalt im Bundesgebiet eines Aufenthaltstitels".

und sich im Staatsgebiet aufhalten darf und wer nicht.[121] Allerdings folgt die Verfahrenssystematik des Aufenthaltstitels nicht dem Modell einer generellen Erlaubnis mit Verbotsvorbehalt, den die eingreifende Ordnungsverwaltung umsetzt. Denn ein Ausländer darf sich nicht grundsätzlich im Land aufhalten und wird nur ggf. durch eine eingreifende Ordnungsverwaltung des Landes verwiesen und abgeschoben.[122] Vielmehr benötigt er aus dem generellen Verbot des Aufenthalts heraus eine Erlaubnis in Form eines Aufenthaltstitels. Worum es bei der Entscheidung über diesen also geht, ist letztlich die Frage, ob dem Ausländer ein „Mehr" an Rechten in Gestalt des Rechts auf Einreise und Aufenthalt zusteht. Die Gewährung von Aufenthaltsrechten entspricht systematisch somit eher der Leistungs- als der Eingriffsverwaltung. So ist gemeinsames Merkmal der Leistungsverwaltung die Gewähr von „Teilhabe" an den einzelnen Bürger.[123] Nach herkömmlichem Verständnis meint Teilhabe zwar die Teilhabe an gemeinschaftlichen Gütern der öffentlichen Daseinsvorsorge und der sozialen (Geld-)Leistungen.[124] Jedoch besteht in dieser Hinsicht kein struktureller Unterschied zwischen der Gewähr einer Rechtsposition an öffentlichen Gütern und der Gewähr eines Aufenthaltsrechts. Beides sind Rechtspositionen, die weitestgehend zur Disposition der öffentlichen Gemeinschaft stehen, und die somit durch eine Regelung des demokratisch legitimierten Gesetzgebers zu verteilen sind. Und auch für das Verwaltungsverfahren in der Praxis zeigen sich interessante Parallelen.[125] So zeichnet sich das sozialverwaltungsrechtliche Verfahren durch eine Disharmonie zwischen der standardisierten, auf die Verwaltung als „Gravitationszentrum" ausgerichteten Massenverwaltung und der oftmals tiefgreifenden und existenziellen Abhängigkeit des Bürgers von den sozialen Leistungen aus, woraus eine gewisse Distanz der Verwaltung zum Bürger folgt.[126]

---

121 *Cassee*, Globale Bewegungsfreiheit - Ein philosophisches Plädoyer für offene Grenzen, 2016, S. 21 ff.

122 Für den Modellentwurf einer solchen Systematik im Aufenthaltsrecht siehe *Bergmann/Eichenhofer et al.*, Einwanderungsgesetz, 2019.

123 *Schulze-Fielitz* (Fn. 104), S. 842, Rn. 40.

124 *Schulze-Fielitz* (Fn. 104), S. 843, Rn. 42 ff.

125 Dies ist insbesondere interessant, da Verwaltungsrecht durch die Anwendung im direkten Kontakt mit dem betroffenen Bürger (sogenannte „street-level bureaucracy", vgl. *Lipsky*, Street-level bureaucracy, 1980) unter Umständen einen umfassenden Charakterwandel erfahren kann, vgl. *Schneider/Wottrich*, „Ohne 'ne ordentliche Anhörung kann ich keine ordentliche Entscheidung machen…", in: Lahusen/Schneider (Hrsg.), Asyl verwalten, 2017, S. 81 (88).

126 *Schulze-Fielitz* (Fn. 104), S. 843, Rn. 42 f.

Ähnliche Konstellationen finden sich im Asyl- und Aufenthaltsrecht. Auch dort folgt die Verwaltung standardisierten Prüfungsmustern anhand klar definierter übergeordneter Kriterien, während auf der Seite des Ausländers nicht selten eine existenzielle Abhängigkeit vom positiven Ausgang des Verfahrens besteht. Aus diesem Machtgefälle resultiert dann oftmals eine „Atmosphäre des wechselseitigen Misstrauens",[127] welche ebenfalls Ausdruck einer Distanz zwischen Ausländer und Behörde ist. Dieser Entwicklung versuchen die verantwortlichen Stellen, jedenfalls im Bereich der Asylverwaltung, durch eine Sensibilisierung der Mitarbeiter für das eigene Auftreten im Kontakt mit den Antragstellern und eine entsprechende Anregung zur Selbstreflexion zu begegnen.[128] Gleichwohl können derlei Strategien die grundlegende soziale Dynamik eines ausländerrechtlichen Verwaltungsverfahrens nicht auflösen. Der beteiligte Ausländer bleibt im Ergebnis meist Adressat einer Entscheidung, von deren Ausgang er in höchstem Maße abhängig ist. Eine mögliche Verstärkung kann diese Konstellation noch durch die Stellung des bearbeitenden Beamten im Zentrum des Verfahrens erfahren. So trifft, jedenfalls im Bereich der Asylverfahren, der entscheidende Beamte (auch schlicht „Entscheider" genannt) allein die Entscheidung über den Ausgang des Verfahrens und trägt dafür auch die Verantwortung. Eine innerbehördliche Anhörung oder Entscheidungsfindung im Team ist nicht vorgesehen.[129] Somit personifiziert sich die Abhängigkeit des Ausländers von der Macht der entscheidenden Behörde in besonders starker Weise. Diese Abhängigkeit führt zwangsläufig zu einer Anpassungsstrategie, bei der der Ausländer versucht, sein Verhalten und insbesondere seine Antworten auf Fragen an die Erwartungshaltung des prüfenden Entscheiders anzupassen.[130] Diese soziale Dynamik des ausländerrechtlichen Verfahrens ist derart wirkmächtig, dass der Ausländer unter Umständen auch in späteren Gesprächssituationen außerhalb der Verwaltung in die dort entwickelten Erklärungs- und Rechtfertigungsmuster zurückfällt.[131]

Für die Einordnung der aufenthaltsrechtlichen Verwaltung in das Koordinatensystem der verwaltungsrechtlichen Grundmodi ergibt sich aus diesen Befunden ein gemischtes Bild. Insgesamt lässt sich das Aufenthaltsrecht trotz seiner individuellen Besonderheiten aber wohl dem Grunde nach der klassischen Ordnungsverwaltung zuordnen, was zum einen in seiner historischen Verwurzelung

---

127 *Thym* (Fn. 14), S. 40.
128 *Schneider/Wottrich* (Fn. 125), S. 91 f.
129 *Schneider/Wottrich* (Fn. 125), S. 100.
130 Für Asylverfahren siehe diesbezüglich *Thielen*, FQS 2009, Artikel Nr. 39, S. 6 f.
131 *Thielen* (Fn. 130), S. 7.

im Polizeirecht[132] und zum anderen in seiner imperativ-individuellen Funktionsweise begründet liegt.[133] Jedoch weißt das Aufenthalts-, und insbesondere das Asylrecht, in der Konzeption seiner Verfahren deutliche Parallelen zu den Verwaltungsverfahren der Leistungs- und dort speziell der Sozialverwaltung auf. Seine Ähnlichkeit mit der Leistungsverwaltung ist allerdings vor allem der Betrachtung des Rechts auf Einreise und Aufenthalt als zu vergebender staatlicher Ressource geschuldet. Diese Ressource ist bei genauerem Blick jedoch nicht mit den sonstigen, meist materiellen Gütern der Leistungsverwaltung vergleichbar. Aus der Perspektive des Ausländers mag es sich also um die Vergabe einer für ihn wertvollen Ressource handeln, von der er nicht selten abhängig ist. Aus Sicht des agierenden Staates geht es jedoch vorrangig um die Eindämmung potenzieller Gefahrenquellen durch Zuwanderung bzw. um die wirtschaftlichen Vorteile, die sich aus Zuwanderung ergeben können.[134] Diese Interessenlage des Staates wird nur partiell im Asylrecht durchbrochen, wenn es um die Gewährung humanitären Schutzes geht. Hier bestehen durchaus Aspekte der Leistungsverwaltung. Doch sobald klar ist, dass ein Antragsteller keinen Anspruch auf Schutz hat und sein Asylantrag abgelehnt wird, „kippt" das Verfahren mit der Aufenthaltsbeendigung wieder in Richtung des Ordnungsrechts. Seine traditionelle Verankerung im hoheitlich agierenden Ordnungsrecht konnte das Asyl- und Aufenthaltsrecht daher insgesamt nie verlieren. Trotz kooperativer Ansätze, gerade auch im sich entwickelnden Integrationsverwaltungsrecht, bleibt das Aufenthaltsrecht daher letztlich ein Rechtsgebiet der ordnenden hoheitlichen Verwaltung.[135] Dazu trägt auch der Umstand bei, dass der faktische Aufenthalt von Ausländern (nicht das Aufenthalts*recht*) dogmatisch betrachtet einen Bruch des tradierten Dualismus zwischen Eingriffs- und Leistungsverwaltung darstellt. Denn der Ausländer, welcher sich schlicht faktisch im Hoheitsgebiet aufhält, hält sich gem. § 4 Abs. 1 AufenthG zunächst rechtswidrig auf. Er kann daher von den Behörden grundsätzlich ausgewiesen und abgeschoben werden. Bei einer Abschiebung handelt es sich um einen Eingriff in Art. 2 Abs. 1 GG, da auch ein Ausländer ohne Aufenthaltsrecht dennoch Grundrechtsträger ist.[136]

---

132 *Sailer* (Fn. 38), S. 151 f.

133 *Thym* (Fn. 14), S. 36 ff.; so auch *Groß*, AöR 2014, 420 (422).

134 *Sailer* (Fn. 38), S. 151.

135 So auch *Thym* (Fn. 14), S. 37 der aber zugesteht, dass „das ordnungsrechtliche Modell des liberalen Rechtsstaats im Ausländer- und Asylrecht zu keinem Zeitpunkt eine Verwirklichung in Reinform erfuhr".

136 Dass aufenthaltsrechtliche Entscheidungen in Art. 2 Abs. 1 GG eingreifen können und der Ausländer insoweit Grundrechtsträger ist, entschied des BVerfG tatsächlich

Vor einem solchen Eingriff der ordnenden Verwaltung schützt ihn nur ein Aufenthaltstitel als begünstigender Verwaltungsakt der Leistungsverwaltung. Diese Systematik des Ordnungsrechts, bei der ein begünstigender Verwaltungsakt als Schutzschranke vor staatlichen Eingriffen fungiert, findet sich auch in anderen Bereichen des besonderen Verwaltungsrechts, so z.B. im Baurecht, wo ein ohne begünstigende Baugenehmigung errichtetes Gebäude von der Bauordnungsverwaltung beseitigt werden kann. Gleiches gilt für das Waffenrecht, wo vor dem Entzug des Waffenbesitzes nur eine waffenrechtliche Erlaubnis schützt.[137] Letztlich ist also auch eine Aufenthaltserlaubnis nur ein Sicherungsmechanismus für den Ausländer innerhalb der eingreifend regelnden Ordnungsverwaltung des Ausländerrechts, auch wenn es sich aus seiner Perspektive als Gewähr einer Ressource darstellt.

Auch die Mitwirkungspflichten und Sanktionen fügen sich in diesen Befund des Aufenthaltsrechts als Ordnungsrecht mit leistungsrechtlichen Elementen ein. Denn zum einen verkörpern Mitwirkungspflichten in ihrer Ausprägung als Ge- und Verbote klassische Instrumente der Ordnungsverwaltung. Zum anderen dienen aber gerade die Mitwirkungspflichten im asyl- und aufenthaltsrechtlichen Verwaltungsverfahren auch der Gewährung von Aufenthaltsrechten. Nur wenn durch die Mitwirkung des Ausländers sein Sachverhalt geklärt wird, kann der Staat ihm letztlich ein Aufenthaltsrecht zusprechen. Damit sind Mitwirkungspflichten im Ergebnis auch Teil einer migrationsrechtlichen Leistungsverwaltung, die über die Gewährung von Aufenthaltsrechten zu entscheiden hat.

2. *Der Steuerungsansatz und die neue Verwaltungsrechtswissenschaft: Eine Chance für das Asyl- und Aufenthaltsrecht?*

Die Betrachtung des aufenthaltsrechtlichen Verwaltungsverfahrens soll nicht im methodisch entleerten Raum stattfinden. Hier kann ein Blick aus dem Referenzgebiet des Aufenthaltsrechts heraus und damit auch eine Rückbesinnung auf das allgemeine Verwaltungsrecht weiterhelfen.[138] So findet sich in der jüngeren allgemeinen Verwaltungsrechtswissenschaft eine stark ausgeprägte Diskussion über neue Ansätze der Untersuchung von Verwaltung in Form der sogenannten

---

erst 1973, vgl. *BVerfG*, 18.07.1973 – 1 BvR 23, 155/73, BVerfGE 35 (1973), 382; das BVerwG folgte dieser Ansicht 1978, vgl. *Groß* (Fn. 133), S. 433.

137 Zur Systematik dieser Rechtsgebiete im Vergleich mit dem Ausländerrecht siehe auch *Groß* (Fn. 133), S. 428.

138 Zum Referenzgebiet Migrationsrecht und seiner Rückanbindung an das allgemeine Verwaltungsrecht vgl. *Thym* (Fn. 14), S. 45-48.

Steuerungsdiskussion.[139] Dieser Ansatz grenzt sich vor allem von der „klassischen“ sogenannten Juristischen Methode ab, welche sich durch eine strikte Innenansicht des Rechts auszeichnet und damit politische und gesellschaftliche Kontextualisierungen des Rechts weitgehend ausblendet ebenso wie sozialwissenschaftliche Empirie.[140] Dagegen setzt die „neue Verwaltungsrechtswissenschaft“ und mit ihr der erwähnte Steuerungsansatz bei einer ganzheitlichen Betrachtung von Verwaltung an. Wesentlich ist dabei vor allem der Perspektivwechsel weg von einer auf den Rechtsakt ausgerichteten Perspektive des Verwaltungsrichters,[141] und damit den Kategorien „rechtmäßig“ und „rechtswidrig“,[142] hin zu einer aufgabenorientierten Perspektive der Verwaltung selbst.[143] So formuliert Schmidt-Assmann für diesen Ansatz als Prämisse „alles Recht zielt auf Wirksamkeit“.[144] Dementsprechend kommt es bei der Untersuchung des Verwaltungsrechts darauf an, wie die Verwaltung als steuernder Akteur die Wirksamkeit gesetzlicher Vorgaben im System des Rechts erreicht bzw. erreichen kann. Dazu reicht es nicht aus, sich auf das althergebrachte Instrumentarium der Juristischen Methode, also auf imperative Ge- und Verbote eines rein hoheitlich handelnden Staates als Grundmodell[145], zu beschränken. Vielmehr müssen ergänzend auch „informelle“ Instrumente wie etwa Anreize oder Warnungen sowie der gezielte Einsatz von Informationen oder materiellen Ressourcen in den Blick genommen werden.[146]

Darüber hinaus existieren aber auch weitergehende Definitionen des Begriffs der Steuerung.[147] So unterscheidet Bast zwischen einem funktionalistischen und einem pluralistischen Steuerungsverständnis. Ersteres zeichnet sich dabei vor allem durch eine sehr technische Perspektive auf die Steuerung staatlicher Aufgaben aus, was wiederum auf dem Grundverständnis basiert, Steuerung sei letztlich nur die Ausführung der notwendigen Schritte im Sinne einer objektiv

---

139 Grundlegend dazu *Voßkuhle*, § 1 Neue Verwaltungsrechtswissenschaft, in: Hoffmann-Riem/Schmidt-Aßmann/Voßkuhle (Hrsg.), Grundlagen des Verwaltungsrechts Band I: Methoden, Maßstäbe, Aufgaben, Organisation, 2. Aufl., 2012, S. 1 (21 ff.).

140 Vgl. *Schmidt-Aßmann*, Verwaltungsrechtliche Dogmatik, 2013, S. 11 ff.

141 So in der klassischen juristischen Methode, vgl. *Voßkuhle* (Fn. 139), Rn. 4 mit Verweis auf *Schmidt-Aßmann* (Fn. 104), S. 222 f., Rn. 73-75.

142 *Franzius*, Jahrbuch des Öffentlichen Rechts 2017, 441 (443).

143 *Schmidt-Aßmann* (Fn. 104), S. 18, Rn. 33.

144 *Schmidt-Aßmann* (Fn. 104), S. 18, Rn. 33.

145 *Schmidt-Aßmann* (Fn. 140), S. 17.

146 *Schmidt-Aßmann* (Fn. 104), S. 20.

147 *Bast*, Aufenthaltsrecht und Migrationssteuerung, 2011, S. 9-12.

vernünftigen (oftmals ökonomisch begründeten) Staatslenkung.[148] Dagegen bezieht der pluralistische Steuerungsbegriff explizit auch die politische und gesellschaftliche Dynamik des Themas Migration in seine Steuerungsperspektive mit ein[149] ebenso wie die Erkenntnis faktischer Beschränkung steuerungstechnischer Kompetenz des Staates.[150] Der daraus resultierende Steuerungsbegriff bringt den großen Vorteil einer umsichtigen und in gewissem Sinne auch „demütigen" Perspektive mit sich, welcher insoweit die komplexen Herausforderungen von Migration als staatlicher Aufgabe anerkennt.[151] Konsequenz daraus ist auch, dass die Verwaltungsrechtswissenschaft sich nicht mehr auf eine stoische Untersuchung der Dogmatik des positiven Rechts beschränkt, sondern im Lichte sozialwissenschaftlich fundierter Realitäten auch eine De-lege-ferenda-Perspektive einnimmt.[152] Folglich muss die Frage nach der „Zweckmäßigkeit" von Entscheidungen und damit der realen Wirkung von Normen in diesem Zusammenhang erlaubt sein.[153]

Für die Zwecke der vorliegenden Arbeit, welche nach der Funktionsweise und dem Zweck von Mitwirkungspflichten und Sanktionen fragt, ist eine Beachtung der sozialen und politischen Begleitfaktoren ohne Zweifel wesentlich. So mag der Fokus auf das Verwaltungsrecht als Steuerungsinstrument von Migration zunächst als sehr technische Perspektive erscheinen. Dies darf jedoch nicht darüber hinwegtäuschen, dass die damit verbundenen Fragen von zahlreichen Begleitfaktoren außerhalb des Rechts abhängen. Für die Beantwortung der dazu notwendigen Fragen können der Steuerungsansatz und auch die Neue Verwaltungsrechtswissenschaft[154] als übergeordnetes Reformmodell insgesamt, einen möglichen Beitrag liefern. Denn ihr wichtigstes Anliegen ist es, die Untersuchung verwaltungsrechtlicher Vorgänge zum einen nicht nur unter der Prämisse des rein hoheitlich agierenden Staates vorzunehmen, zum anderen aber den Blick auch über die Vielseitigkeit der involvierten Stellen und Akteure schweifen

148 *Bast* (Fn. 147), S. 10 f.; in diesem Sinne kritisch auch *Schönberger*, Jahrbuch des Öffentlichen Rechts 2017, 511 (525).

149 Zu einer möglichen Rolle der Neuen Verwaltungsrechtswissenschaft in diesem Sinne auch *Schönberger* (Fn. 148), S. 529.

150 *Bast* (Fn. 147), S. 11 f.

151 Vgl. dazu auch die sozialwissenschaftlichen Einwände, nach denen eine rein auf Effizienz ausgerichtete „reibungslose" Ausführung aufenthaltsrechtlicher Verwaltung nicht möglich ist, bei *Bast* (Fn. 147), S. 12-20.

152 *Franzius* (Fn. 142), S. 444.

153 *Franzius* (Fn. 142), S. 454.

154 Vgl. dazu *Voßkuhle* (Fn. 139).

zu lassen.[155] Dies ist gerade für die Mitwirkungspflichten ein wichtiger Aspekt, da sie den Ausländer selbst als handelndes Subjekt in den Mittelpunkt einer Regelung stellen. Es kommt hier folglich nicht nur auf die Perspektive des steuernden Staates an, sondern auch auf die des Ausländers selbst: Was sind seine Interessen im Verfahren? Vor welche Entscheidungsprozesse und -dilemmata sieht er sich gestellt?[156] Und können Mitwirkungspflichten abhängig davon ihre Steuerungsfunktion effektiv erfüllen? Dies sind Fragen, welche ein erweiterter Blick abseits des klassischen Fokus auf die Rechtmäßigkeit staatlichen Handelns aufwirft.

Die Mitwirkungspflichten und Sanktionen des Asyl- und Aufenthaltsrechts sind im Lichte der Neuen Verwaltungsrechtswissenschaft und des pluralistischen Steuerungsansatzes betrachtet daher mehr als das bloße Rechtsverhältnis zwischen Ausländer und Staat. Vielmehr geht es dabei auch um soziale Dynamiken, um rechtspolitische Zielsetzungen und Demonstrationen und das Verwaltungsrecht als Werkzeug des Staates zur Migrationssteuerung. Hier zeigt sich, gerade in jüngerer Zeit, ein Spannungsverhältnis zwischen der vom Gesetzgeber konzipierten Form der Migrationssteuerung und der faktischen Realität der globalen Migrationsbewegungen.[157] So ist nach der Konzeption des AufenthG und ausweislich seines Gesetzeszwecks in § 1 AufenthG die Zuwanderung primär eine Angelegenheit geplanter Steuerung.[158] In diesem System bildet die aus humanitären Gründen notwendige und insofern gerade nicht zur individuellen Disposition des Staates gestellte Zuwanderung ausdrücklich die Ausnahme.[159] Dies steht jedoch quantitativ in einem deutlichen Widerspruch zur faktischen Realität, in der allein 2015 von 1,14 Mio. Zuwanderern 890.000 Asylbewerber waren.[160] Bedenkt man nun, dass ein wesentlicher Topos, welcher das Konzept der „Steuerung und Begrenzung" der Zuwanderung begleitet, jener der Kontrolle ist, so liegt der rechtspolitische Druck, der sich aus dem Widerspruch von Theorie und Praxis ergibt, auf der Hand. Den handelnden politischen Akteuren stellt sich eine Einwanderung entgegen dem Konzept des Aufenthaltsrechts

155 *Schmidt-Aßmann* (Fn. 140), S. 20.

156 Siehe dazu bspw. S. 363.

157 Zu den begrenzten Möglichkeiten der Steuerung von Migration siehe auch *Berlit*, ZAR 2018, 229 (230).

158 *Bast* (Fn. 147), S. 6 f.

159 *Bathe*, Asylverfahren – Theorie und Praxis, in: Haedrich (Hrsg.), Flucht, Asyl und Integration aus rechtlicher Perspektive, 2017, S. 55 (61).

160 *Bathe* (Fn. 159), S. 61, wonach „von einem Regel-Ausnahme-Schema [zwischen Asyl- und Aufenthaltsrecht] insoweit nicht mehr gesprochen werden [kann]."

als Kontrollverlust des Staates dar, den es zu beheben gilt.[161] Dabei wird jedoch die Komplexität und Vielschichtigkeit des Themas nur unzureichend beachtet. Vieles spricht dafür, dass ein Steuerungsanspruch des Staates im Bereich der Migration, der sich als hocheffizientes, lückenloses und allumfassendes Regelungssystem versteht, *a priori* zum Scheitern verurteilt ist, da er eine derart hohe Erwartung an die Steuerungsleistung des Rechts weckt, welche auch die effizienteste Verwaltung nicht erfüllen kann.[162] Jedoch können staatliche Steuerungsmaßnahmen über ihre direkte Steuerungs- und Begrenzungsleistung hinaus Wirkung entfalten, etwa indem sie als symbolische rechtspolitische Akte über den öffentlichen Diskurs Einfluss auf Migrationsentscheidungen von Migranten nehmen.[163] Aus diesem Kontext heraus erklären sich möglicherweise einige der Maßnahmen des Gesetzgebers, durch welche die Steuerungsleistung im Bereich der Migration und damit die Kontrolle der Zuwanderung verbessert werden soll, die aber auf den ersten Blick keine unmittelbare Wirkung entfalten, und eher als „Symbolgesetzgebung" erscheinen.

Für das Thema der vorliegenden Arbeit ist der Konflikt zwischen der Konzeption des Rechts und faktischer Praxis, dessen Resultat der allseits bekannte rechtspolitische Druck nach mehr Kontrolle (aber auch nach schnelleren Verfahren[164]) ist, ein wichtiger Aspekt. Eine Perspektive, die abseits des starren Blicks auf Rechtsnormen auch danach fragt, innerhalb welcher faktischer oder politischer Grenzen sich die Steuerung von Migration bewegt, kann daher zu einem besseren Verständnis der Herausforderungen beitragen, die der Gesetzgeber de lege lata durch Mitwirkungspflichten und Sanktionen zu lösen gedenkt.

---

161 *Stumpf*, DÖV 2016, 357 (357); exemplarisch sei auch der Bundesminister des Inneren, für Bau und Heimat, Horst Seehofer, zitiert, welcher die anhaltend hohe Zuwanderung von Asylbewerbern als „Herrschaft des Unrechts" bezeichnete, vgl. Seehofer: "Es ist eine Herrschaft des Unrechts", sueddeutsche.de vom 9.2.2016.

162 *Bathe* (Fn. 159), S. 61, siehe dazu auch die „sozialwissenschaftlichen Einwände" gegen eine Steuerbarkeit von Migration bei *Bast* (Fn. 147), S. 12 ff., sowie *Janda*, JZ 2018, 816 (816 f.) und *Ritgen*, ZAR 2018, 409 (410 f.), der jedoch daraufhin weißt, dass dies nicht bedeute „dass das Recht sich von vorneherein der Macht des Faktischen beugen müsste und keine Chance hätte, Migrationsprozesse zu steuern".

163 *Thym*, ZAR 2018, 193 (194).

164 *Bathe* (Fn. 159), S. 65 f.

3. *Zur Bedeutung des formellen Verfahrens für das materielle Migrationsrecht*

Mitwirkungspflichten und Sanktionen sind Bestandteile des formellen Verfahrens zur Umsetzung migrationsrechtlicher Vorgaben. Sie dienen damit aber zugleich dem materiellen Migrationsrecht. Denn begreift man das Verwaltungsverfahren als Prüfung, *ob* und wenn ja, *welche* Voraussetzungen für einen rechtmäßigen Aufenthalt vorliegen, so erfüllt der Staat damit zugleich auch seine Pflicht, vor der Beendigung eines Aufenthalts den Betroffenen Gehör zu verschaffen. Dies gilt insbesondere für das asylrechtliche Verfahren. Denn zu den völker- und menschenrechtlichen Pflichten des Asylrechts gehört jedenfalls das Verbot einen Menschen „sehenden Auges“ an einen Ort zurückzuschicken, an dem ihm schwerwiegende Menschenrechtsverletzungen drohen (Non-Refoulement-Gebot). Dieser Grundsatz ist unter anderem in Art. 3 EMRK normiert und beinhaltet die Pflicht eines Staates, eine Person nicht in ein Gebiet zurückzuverbringen, in dem ihm Folter, Tod oder unmenschliche Behandlung droht.[165] Hierbei handelt es sich um eine materielle Vorgabe des Völkerrechts. Darüber hinaus ist ein Verfahren aber auch zur Erfüllung organisationsrechtlicher Fragen im Unionsrecht notwendig. So sieht das gemeinsame europäische Asylsystem ein System klar geregelter Kriterien für die Verteilung von Asylsuchenden vor (Art. 3 Abs. 1, 2; Art. 7 ff. Dublin-III-VO). Neben der Frage, in welchem Staat der Asylsuchende zuerst den Boden der EU betreten hat, ist für die Zuständigkeit unter anderem auch entscheidend, ob der Antragsteller in einem Mitgliedstaat Verwandte hat oder ob er minderjährig ist.[166] Diese Regelungen enthalten aber über ihren organisatorischen Charakter zwischen den EU-Mitgliedstaaten hinaus auch subjektive Rechte für Asylsuchende.[167] Diese können einen individuellen Anspruch geltend machen, dass ihr Antrag in dem Mitgliedstaat bearbeitet wird, den die Kriterien der Dublin-III-VO vorsehen.[168] So wirken bspw. Überstellungsfristen, anhand derer sich die Zuständigkeit eines EU-Mitgliedstaates für das Asylverfahren entscheidet, nicht nur zwischen den beteiligten Staaten.[169]

---

165 *Haefeli*, ZAR 2020, 25 (26 f.); *Nettesheim*, AöR 2019, 358 (401 f.).

166 *Hruschka/Maiani*, in: Hailbronner/Thym (Hrsg.), 2. Aufl., 2016, Art. 8 VO 604/2013/EU, Rn. 1 ff.

167 Zur Entwicklung dieser subjektiven Rechte des europäischen Verteilungssystems siehe *Thym*, EuR 2018, 672 (673), sowie *Nettesheim* (Fn. 165), S. 390, der insbesondere die „unsystematische, vor allem vom Europäischen Gerichtshof ausbuchstabierte Subjektivierung“ kritisiert.

168 *Bergmann*, in: Bergmann/Dienelt (Hrsg.), AuslR, 13. Aufl., 2020, § 29 AsylG, Rn. 36.

169 *Hruschka*, ZAR 2018, 281 (286).

Vielmehr kann sich auch ein Asylbewerber selbst unmittelbar auf diese Regeln als subjektives Recht berufen.[170] Dieser subjektiv-materielle Gehalt formeller Verfahrensregeln bedeutet in der Konsequenz auch, dass Mitgliedstaaten der EU Asylbewerber nicht einfach an der (Binnen-)Grenze zurückweisen können. Vielmehr müssen sie zuvor in einem Verfahren die Zuständigkeit eines anderen Mitgliedstaates aktiv prüfen und geltend machen.

a) Verfahren als subjektives Recht

Der Zugang zu einem Verfahren ist daher kein bloßes „Gnadenrecht“, welches die Unterzeichnerstaaten der EMRK und die Mitgliedstaaten der EU gewähren *können*. Vielmehr handelt es sich um eine zwingende Folge des Non-Refoulement-Gebots und der verfahrensrechtlichen Anforderungen des Unionsrechts. Um diesen Rechten in der Praxis Wirksamkeit zu verschaffen, bedarf es einer formellen Prüfung. An dieser Stelle setzt die Bedeutung des Verwaltungsverfahrens ein. Das Verfahren ist damit auch essentieller Bestandteil der grundlegenden menschenrechtlichen Wertung, schutzsuchenden Nichtstaatsangehörigen Rechte zu gewähren. Das materielle „Recht, Rechte zu haben“[171] wird erst vollständig durch ein formelles „Recht, Rechte geltend machen zu können“. Auf die staatlichen Steuerungsmöglichkeiten von Migration gemünzt, bedeutet dies: Erst durch eine Prüfung, ob dem Antragsteller durch die Rückführung eine subjektive Rechtsverletzung droht, kann der Staat sich die notwendige Legitimation verschaffen, Personen zurückzuführen und damit seine Steuerungskompetenz rechtskonform ausüben. Die Durchführung eines Verfahrens und dessen negativer Ausgang dienen damit einerseits der Sicherstellung dieser asyl- und flüchtlingsrechtlichen Rechte, zum anderen aber auch der Rechtfertigung des Eingriffs in die Handlungs- und Bewegungsfreiheit, welcher durch die zwangsweise Rückführung in den Herkunftsstaat entsteht.

Diese zentrale Bedeutung des Verfahrens für die juristische Legitimation staatlicher Migrationssteuerung verursacht ein migrationspolitisches Spannungsfeld.[172] Denn die individuellen menschen- und verfahrensrechtlichen Garantien stehen im Konflikt mit dem staatlichen Primat der Souveränität infragen der Migrationssteuerung.[173] Ein absolut souveräner Staat, der an keinerlei

170 *EuGH*, 26.07.2017 – C-670/16, ZAR (2017), 413 (416).

171 *Arendt* (Fn. 83), S. 613.

172 *Kaufhold*, ZRP 2017, 69 (69), die insbesondere auf die Belastung der Mitgliedstaaten an den EU-Außengrenzen durch den strukturellen Konflikt zwischen Menschenrechtsschutz und Grenzschutz hinweist.

173 *Papier*, NJW 2016, 2391 (2396).

individualschützende Rechte gebunden wäre, müsste vor einer Abschiebung keine Verfahren durchführen und müsste sich bei der Anwendung des Prinzips geschlossener Grenzen gar nicht erst für Zurückweisungen rechtfertigen. Erst die Eröffnung eines Verfahrens zwingt den Staat in eine Rechtfertigungshaltung und gibt damit zugleich den Antragstellern erst die Möglichkeit, ihre individuellen Rechte geltend zu machen. Für die Mitwirkungspflichten folgt daraus, dass sie im Sinne eines Verfahrens als subjektives Recht des Antragstellers auch als Mitwirkungs*rechte* verstanden werden müssen. Dass etwa ein Asylbewerber an der Klärung seines Verfolgungsschicksals umfangreich mitwirken muss (und er bei unzureichender Mitwirkung auch sanktioniert wird), ist daher nicht ausschließlich ein Instrument hoheitlicher Migrationsabwehr, sondern kann zugleich auch ein Pfad hin zu einem Aufenthaltsrecht und damit zu humanitärem Schutz sein.

b) Verfahren als „Schwäche" des souveränen Staates?

Kritiker sehen in diesem subjektiven Anspruch auf ein Verfahren eine fatale Achillesferse der Migrationskontrolle eines starken und souveränen Staates. So wird kritisiert, dass gerade das Asylrecht durch die zwingende Notwendigkeit des Verfahrens Asylbewerbern einen Zugang zum Territorium des Staates eröffne und sich hieraus oftmals ein Dauerzustand verfestigt, der auch nach negativem Abschluss des Verfahrens nicht mehr beendet werden kann.[174] De facto ergebe sich so aus dem temporären Aufenthaltsrecht, welches mit dem Anspruch auf Durchführung eines Verfahrens korrespondiert, ein Daueraufenthaltsrecht. Die Konsequenzen dieser Praxis führen aus Sicht der Kritiker zu einer derart umfassenden Einwanderung und Verfestigung des Aufenthaltes, dass dadurch gar das Wesentlichkeitsprinzip angesprochen sei und der parlamentarische Gesetzgeber dies regeln müsse.[175]

Aber auch wenn man derartige Sorgen vor einer „Massenmigration" durch die Hintertür des Verfahrensrechts nicht teilt, so verdeutlichen diese Stimmen doch das Spannungsfeld, in dem sich das asyl- und aufenthaltsrechtliche Verfahren bewegt: Für die einen ist es notwendige Bedingung der Verwirklichung grund- und menschenrechtlicher Garantien, für die anderen ist es die letzte Bastion staatlicher Souveränität, durch die sich ein unerwünschter Aufenthalt noch rechtsstaatlich in eine Rückführung verwandeln lässt, bevor er zum Daueraufenthalt „mutiert".[176] Es verwundert daher nicht, dass sich in den Regelungen

174 *Papier* (Fn. 173), S. 2394 mit Verweis auf *Hailbronner*, Asyl in Europa - wenn, wie, wann, wo?, faz.net vom 12.10.2015.

175 *Papier* (Fn. 173), S. 2395.

176 So wörtlich *Hailbronner* (Fn. 174).

über das asyl- und aufenthaltsrechtliche Verfahren auch die hohen Erwartungen kristallisieren, die der Gesetzgeber an die Migrationssteuerung stellt. Welche Folgen diese Erwartungshaltung konkret für die Mitwirkung des Antragstellers an diesem Verfahren hat, soll im Hauptteil der Arbeit analysiert werden.

II. Teil: Verwaltungsrecht und Kooperation

Mitwirkungspflichten und Sanktionen sind Ausdruck des Zusammenwirkens von Ausländer und Behörde im Rahmen eines Verwaltungsverfahrens. Ein solches umfasst den gesamten Vorbereitungs- und Durchführungsprozess einer staatlichen Maßnahme (Verwaltungsakt oder Verwaltungsvertrag), welche sich an den einzelnen Bürger als solchen richtet.[177] Mögliche Erkenntnisse für die Funktion und Bedeutung von Mitwirkungspflichten und Sanktionen im Asyl- und Aufenthaltsrecht lassen sich daher auch aus der Frage gewinnen, welche Rolle und Aufgabe das allgemeine Verwaltungsverfahrensrecht dem Bürger zuspricht.

A. Der Amtsermittlungsgrundsatz als Säule des Verwaltungsverfahrens

Das Verwaltungsverfahren als Begegnungsmoment zwischen Individuum und Behörde findet sich in vielen Konstellationen des öffentlichen Rechts. Hierbei ist oftmals die ermittelnde Behörde die eigentliche „Herrin des Verfahrens" und damit wirkende Kraft, während der mitwirkende Beteiligte daran einen (mehr oder weniger erheblichen) Anteil hat. Auf die Bedeutung und Relevanz dieser Mitwirkungspflichten im Verfahren weist zunächst der Begriff der „Pflicht" hin: Die Mitwirkung ist als Mitwirkungs*pflicht* kein freiwilliger Beitrag, sondern aus Sicht des Gesetzgebers notwendig und erforderlich. Eine solche Pflicht stellt grundsätzlich eine Abweichung vom Grundsatz der Amtsermittlung dar, der sich aus § 24 Abs. 1 VwVfG ergibt. Demnach ist es Aufgabe der Behörde, die wesentlichen Grundlagen für eine Entscheidungsfindung zu ermitteln, also auch den Sachverhalt aufzuklären.[178] Als Ausnahme von dieser Grundregel sind Mitwirkungspflichten insoweit erklärungsbedürftig. Für das Verständnis, warum

---

177 *Gerstner-Heck*, in: Bader/Ronellenfitsch (Hrsg.), BeckOK VwVfG, 50. Ed. (01.01.2021), § 9 VwVfG, Rn. 3 ff. Darüber hinaus meint der Begriff Verwaltungsverfahren im weiteren Sinne aber auch weitere, nicht zwingend individuell ausgerichtete Handlungen der Verwaltung, wie etwa die Durchführung von Wahlen oder die Leistung von Amtshilfe an einer andere öffentliche Stelle, vgl. *Maurer/Waldhoff* (Fn. 45), S. 526, Rn. 1.

178 *Heßhaus*, in: Bader/Ronellenfitsch (Hrsg.), BeckOK VwVfG, 50 Ed. (01.01.2021), § 24 VwVfG, Rn. 5.

der Gesetzgeber in bestimmten Fällen von diesem Grundsatz abweicht, kann es zunächst hilfreich sein, die Wurzeln und dogmatischen Bezugspunkte des Amtsermittlungsgrundsatzes im höherrangigen Recht näher zu betrachten.

I. Verfassungsrechtliche Bezugspunkte des Amtsermittlungsgrundsatzes

Obwohl der Amtsermittlungsgrundsatz als wichtiges Prinzip des Verwaltungsrechts lange bekannt ist, werden seine verfassungsrechtlichen Wurzeln aus unterschiedlichen Quellen hergeleitet.

1. Art. 20 Abs. 3 GG und die Bindung an Recht und Gesetz

In der Literatur wird der Amtsermittlungsgrundsatz zunächst mit der Bindung der Verwaltung an Recht und Gesetz gem. Art. 20 Abs. 3 GG und der tiefgreifenden Bedeutung begründet, welche die zugrunde liegenden Fakten beim Handeln einer Behörde spielen.[179] Denn durch die zwingende Verknüpfung von Tatbestand und Rechtsfolge kann eine rechtmäßige Entscheidung nur eine solche sein, die auch aufgrund eines zutreffenden Sachverhalts getroffen wird. Andernfalls darf die Behörde die Rechtsfolge nicht anordnen. Umgekehrt gilt: Wenn ein Tatbestand, etwa im Wege einer Ermessensreduzierung, zwingend ein bestimmtes Handeln gebietet, dann *muss* die Behörde auch entsprechend handeln.[180]

2. Art. 3 Abs. 1 GG und die Gleichheit vor dem Gesetz

Als weiterer verfassungsrechtlicher Anknüpfungspunkt des Amtsermittlungsgrundsatzes erscheint zunächst durch Art. 3 Abs. 1 GG auch das verfassungsrechtliche Gleichheitsgebot einschlägig. Denn die Behörde „schuldet" insofern jedem Bürger das gleiche Maß an sorgfältiger Ermittlung, sie bindet sich also diesbezüglich an einen transparenten und vorausschaubaren Maßstab.[181] Allerdings ist Art. 3 Abs. 1 GG dabei nicht die eigentliche Quelle des Amtsermittlungsgrundsatzes, sondern stellt nur sicher, dass nach einer gewissen durch wiederkehrende Entscheidungspraxis hergestellten Routine der Bürger auch künftig darauf vertrauen darf, bei gleicher Sachlage nicht anders behandelt zu werden, als es die Behörde in ihrer Verwaltungspraxis bisher getan hat. Diese

---

179 *Kobor*, Kooperative Amtsermittlung im Verwaltungsrecht, 2009, S. 46 ff.; *Spilker*, Behördliche Amtsermittlung, 2015, S. 52 ff.

180 *Spilker* (Fn. 179), S. 53.

181 *Pietzker*, NJW 1981, 2087 (2090).

Feststellung enthält zwar die Aussage, *dass* die Bürger im Verwaltungsverfahren gleichzubehandeln sind, aber nicht, was das dogmatische Fundament dieser Behandlung ist. Art. 3 Abs. 1 GG trifft insofern nur eine Aussage über die *relative* Entscheidungspraxis der Behörde gegenüber den Bürgern und deren Verhältnis zueinander, nicht aber über die *absoluten* rechtlichen Grundsätze der Entscheidungsfindung.

3. Art. 20 Abs. 1 GG und das Sozialstaatsprinzip

In der Vergangenheit bestanden darüber hinaus auch Überlegungen, das Sozialstaatsprinzip gem. Art. 20 Abs. 1 GG als Säule des Amtsermittlungsgrundsatzes heranzuziehen.[182] Dafür spricht dessen Nähe zu Art. 3 Abs. 1 GG[183]: Wenn die Behörde als neutrale Instanz für die Anliegen aller Bürger die Ermittlung und Durchführung des Verfahrens betreibt, so schafft sie damit nicht nur einen gleichen Standard für alle im Sinne von Art. 3 Abs. 1 GG, sondern schafft damit auch eine Möglichkeit der Teilhabe an einem Verwaltungsverfahren, welche unabhängig von finanziellen und anderen Ressourcen ist. Jedoch enthält der Amtsermittlungsrundsatz in seiner aktuellen Ausprägung mit diesem Gleichheitsansatz gerade keine Abstufung nach Bedürftigkeit, vielmehr gilt er für den Baugenehmigungsantrag eines DAX-Konzerns ebenso wie für den BaföG-Antrag eines Studenten. Hätte der Gesetzgeber des VwVfG aber die Amtsermittlung primär an Art. 20 Abs. 1 GG orientiert, dann hätte sich dies wohl eher in einem sozialrechtlich abgestuften Anspruch auf Rechtsberatung im Verwaltungsverfahren geäußert. Daher mag der Gedanke, finanziell und kompetenziell schwächere Bürger durch die Amtsermittlung zu entlasten, ein Nebeneffekt der Amtsermittlung sein. Dominierend in der verfassungsdogmatischen Verortung ist er jedoch nicht.

II. Amtsermittlung im europäischen Verwaltungsrecht

Es fragt sich, ob neben dem nationalen Verfassungs- und Verwaltungsrecht auch das Unionsrecht als Quelle des Amtsermittlungsgrundsatzes oder vergleichbarer Prinzipien im Verwaltungsverfahren herangezogen werden kann.

---

182 *Kobor* (Fn. 179), S. 62 f.

183 *Jarass*, in: Jarass/Kment (Hrsg.), GG, 16. Aufl., 2020, Art. 20 GG, Rn. 118.

1. *Verwaltungsrecht der Mitgliedstaaten als Fundament des Verfahrens*

Das Migrationsrecht und insbesondere das Flüchtlingsrecht ist eine hochgradig europarechtlich durchdrungene Materie, deren Grundlage gem. Art. 78 AEUV das gemeinsame europäische Asylsystem (GEAS) bildet.[184] Davon erfasst wird auch das Asylverfahrensrecht gem. Art. 78 Abs. 2 lit. d) AEUV, welches „gemeinsame Verfahren für die Gewährung und den Entzug des einheitlichen Asylstatus [...]" vorsieht. Allerdings darf der Begriff „gemeinsam" hier nicht im Sinne einer Vollharmonisierung missverstanden werden. Er beschreibt vielmehr eine Annäherung der Verfahrensstandards unter Wahrung nationaler Besonderheiten.[185] Da das Asylrecht als wesentlicher Teil des Migrationsrechts somit stark europarechtlich durchdrungen ist, stellt sich dadurch auch die Frage, welche Bedeutung das Unionsrecht für das Verhältnis von Amtsermittlung und Mitwirkungspflichten in der Migrationsverwaltung der Mitgliedstaaten hat.

Grundsätzlich gilt bei der Umsetzung europäischen Rechts das Prinzip des indirekten Vollzugs durch die Mitgliedstaaten, diese sind also der wesentliche Akteur der ausführenden Verwaltung.[186] Mit Art. 291 Abs. 1 AEUV ist dieser Grundsatz auch ausdrücklich im Primärrecht statuiert.[187] Daraus ergibt sich zunächst, dass die Mitgliedstaaten nicht nur das Unionsrecht durchführen, sie tun dies auch „nach dem Recht der Mitgliedstaaten", womit auch das nationale Verfahrensrecht gemeint ist.[188] Die Norm folgt dabei dem Prinzip „so viel Freiraum wie möglich, so viel Vereinheitlichung wie nötig", indem sie in den Abs. 2 bis 4 der Kommission oder dem Rat Kompetenzen zur Vereinheitlichung überträgt, soweit dies für eine einheitliche Erfüllung des Unionsrechts notwendig ist.[189] Als Grundsatz kann allerdings festgehalten werden, dass der Amtsermittlungsgrundsatz der deutschen Verwaltung durch Unionsrecht nicht grundsätzlich aufgelöst oder verschoben wird. Gemäß dem Subsidiaritätsprinzip gelten vielmehr auch derlei Grundsätze des mitgliedstaatlichen

---

184 *Weiß*, in: Streinz (Hrsg.), EUV/AEUV, 3. Aufl., 2018, Art. 78 AEUV, Rn. 1 ff.

185 *Thym*, in: Kluth/Heusch (Hrsg.), BeckOK AuslR, 28. Ed. (01.07.2021), Art. 78 AEUV, Rn. 22.

186 *Danwitz*, Europäisches Verwaltungsrecht, 2008, S. 302.

187 *Gärditz*, DÖV 2010, 453 (461 f.).

188 *Groeben/Schwarze et al.*, in: dies. (Hrsg.), EUV/AEUV/GRCh, 7. Aufl., 2015, Art. 291 AEUV, Rn. 6.

189 *Nettesheim*, in: Grabitz/Hilf/Nettesheim (Hrsg.), 62. Erg.-Lfg. (Jul. 2017), Art. 291 AEUV, Rn. 10.

Verfahrensrechts, soweit die Union keine vorrangige Vorschrift erlassen hat.[190] Der Amtsermittlungsgrundsatz stellt aber als in den Verfahrensordnungen der Mitgliedstaaten weithin etabliertes Prinzip zugleich auch einen Grundsatz des gemeinschaftlichen europäischen Verfahrensrechts selbst dar.[191] Gleichwohl ist er hier keine strenge verwaltungsrechtliche Vorgabe, sondern folgt immer auch einer Zweckmäßigkeit, die vom Inhalt des Verfahrens abhängt. Gerade in technischen Fragen stoßen Behörden oft an ihre Grenzen und sind auf das Spezialwissen der Beteiligten angewiesen.[192] Diesen Umstand erkennt der europäische Gesetzgeber an und statuiert in diesen Fällen spezialgesetzliche Ausnahmen vom Amtsermittlungsgrundsatz.[193]

2. Art. 41 GRCh und die allgemeinen Grundsätze des Unionsrechts als eigenständiges Fundament der Amtsermittlung?

Darüber hinaus enthält aber auch die Europäische Grundrechtecharta Ansätze, die auf eine eigenständige Implementierung des Amtsermittlungsgrundsatzes schließen lassen. Ein Ansatzpunkt dafür ist Art. 41 Abs. 1 GRCh, das „Recht auf eine gute Verwaltung". Dieses wurde auf Initiative des Europäischen Bürgerbeauftragten mit dem Ziel geschaffen, allen Bürgern in der EU einen gemeinsamen Mindeststandard für eine gute Verwaltungspraxis zu garantieren.[194] Es verleiht „jeder Person […] das Recht, dass ihre Angelegenheiten von den Organen und Einrichtungen der Union unparteiisch, gerecht und innerhalb einer angemessenen Frist behandelt werden". Jedoch lässt der Wortlaut der „Organe und Einrichtungen" Zweifel daran ankommen, dass auch die Mitgliedstaaten als Adressaten von den aus Art. 41 GRCh resultierenden Pflichten umfasst sind. Zwar stellt die bereits angesprochene Verlagerung der Verwaltung von Unionsaufgaben auf die Mitgliedstaaten gem. Art. 291 AEUV den vom Unionsgesetzgeber konzipierten Regelfall dar. Demnach wäre es im Sinne eines umfassenden Grundrechtsschutzes im Verwaltungsverfahren nur konsequent, wenn ein für die Verwaltung der Union grundlegendes Prinzip wie das Recht auf gute Verwaltung auch die grundlegenden Verwaltungsstrukturen der Unionsaufgaben adressieren würde. Dies sind die Mitgliedstaaten, welche daher auch an Art. 41 GRCh gebunden

---

190 EuGH, Urt. v. 21.9.1982, 205/82 = NJW 1984, 2024 (2024).

191 *Danwitz* (Fn. 186), S. 533 f.

192 *Baer*, "Der Bürger" im Verwaltungsrecht, 2006, S. 121.

193 *Danwitz* (Fn. 186), S. 533 f. m.w.N.

194 *Frenz*, Handbuch Europarecht Band IV: Europäische Grundrechte, 2009, S. 1360 f., Rn. 4522.

sein müssten, zumindest solange sie Unionsrecht ausführen.[195] Jedoch steht einer Ausdehnung von Art. 41 auf die Mitgliedstaaten der Wortlaut der Vorschrift entgegen. Zwar ließen sich die Mitgliedstaaten unter Umständen als „sonstige Stellen" im Sinne des Art. 41 GRCh verstehen, jedoch müssen dies „sonstige Stellen *der Union*" sein, sodass die Mitgliedstaaten spätestens aufgrund dieses Wortlauts ausscheiden. Zudem hätte der europäische Gesetzgeber die Mitgliedstaaten auch direkt in Art. 41 erwähnen können, wenn eine Geltung für nationale Verwaltungsverfahren gewollt wäre. Dass er dies nicht getan hat, spricht deutlich für eine Beschränkung von Art. 41 auf unionalen Behörden und ähnlichen Stellen. Diese Lesart wird auch vom EuGH so vertreten, welcher einer Anwendung von Art. 41 GRCh auf die nationalen Verwaltungsverfahren eine klare Absage erteilt hat.[196] Allerdings hat der EuGH damit nur die direkte Anwendung von Art. 41 GRCh in den Verwaltungsprozessen der Mitgliedstaaten abgelehnt, nicht jedoch dessen inhaltliche Gewährleistungen generell. So ging es in den einschlägigen Verfahren, die Art. 41 betrafen, speziell um das Recht auf rechtliches Gehör im Verwaltungsverfahren. Dieses sieht der EuGH als derart stark ausgeprägt, dass er es zu den allgemeinen Grundsätzen des Unionsrechts zählt.[197]

Folglich sind diese Grundsätze bei der Durchführung des Unionsrechts auch von den Mitgliedstaaten einzuhalten. Auch das deutsche Asylverfahrensrecht folgt in zahlreichen Regelungen europarechtlichen Vorgaben. Durch die Asylverfahrensrichtlinie (AsylVerfRL, RL 2013/32/EU) regelt die Union gem. Art. 3 Abs. 1 ein einheitliches Verwaltungsverfahren für alle Anträge auf internationalen Schutz, die bei den Mitgliedstaaten gestellt werden. Deren inhaltliche Ausgestaltung wiederum wird durch die Qualifikationsrichtlinie (RL 2011/95/EU) vorgegeben. Beide Richtlinien ergänzen sich insofern in ihrem jeweils prozessualen bzw. materiellen Charakter und sind in Deutschland im AsylG umgesetzt worden. Und auch wenn die Asylverfahrensrichtlinie das Asylverfahren nicht vollständig und in jedem Aspekt harmonisiert[198], so spricht dies nicht per se für eine Beschränkung der unionsrechtlichen Verfahrensgarantien auf die in der RL geregelten Aspekte. Denn wirft man einen Blick auf die Rechtsprechung

---

195 *Klatt*, in: Groeben/Schwarze/Hatje (Hrsg.), EUV/AEUV/GRCh, 7. Aufl., 2015, Art. 41 GRCh, Rn. 6

196 *EuGH*, 11.12.2014 – C-249/13, NVwZ-RR (2015), 233 (234), Rn. 32 mit Verweis auf *EuGH*, 17.07.2014 – C-141/12 und C-372/12, ZD (2014), 515 (518), Rn. 67; so auch *Frenz* (Fn. 194), S. 1365 f., Rn. 4535 f.

197 *EuGH*, 11.12.2014 – C-249/13, NVwZ-RR (2015), 233 (234), Rn. 34.

198 Dazu auch *Renner* (Fn. 95), S. 305.

des EuGH zur Anwendbarkeit der GRCh, so zeigt sich eine bemerkenswert umfassende Definition des Gerichtshofs vom Wirkungsbereich der Charta. Ausgangspunkt dafür ist die Entscheidung *Akerberg-Fransson*, nach der von einer „Durchführung von Unionsrecht" im Sinne des Art. 51 Abs. 1 GRCh auszugehen sei, wann immer ein Sachverhalt in den „Anwendungsbereich des Unionsrechts" fällt.[199] Für die Erfüllung dieses Kriteriums ließ es der Gerichtshof ausreichen, dass eine Norm (in diesem Fall nationales Strafrecht ohne eigene unionsrechtliche Vorgaben) zumindest mittelbar der Erfüllung eines unionsrechtlichen Ziels dient.[200] Im Urteil *Siragusa* präzisiert der Gerichtshof diese Anforderungen und grenzte sie auch teilweise wieder ein, sodass nun für eine Durchführung von Unionsrecht „eine hinreichende Verbindung von einem gewissen Grad" verlangt wird.[201] Für diese sei unter anderem ausschlaggebend „ob mit ihr eine Durchführung einer Bestimmung des Unionsrechts bezweckt wird, welchen Charakter diese Regelung hat und ob mit ihr nicht andere als die unter das Unionsrecht fallenden Ziele verfolgt werden, selbst wenn sie das Unionsrecht mittelbar beeinflussen kann".[202] In einer Gesamtwürdigung der Regelungen über das Asylverfahren scheint dies zutreffend zu sein. Die Normen des Asylgesetzes, welche eine Umsetzung der Vorgaben der Asylverfahrensrichtlinie darstellen, fallen jedenfalls als Durchführung von Unionsrecht unter die Grundrechtecharta. Aber auch die sonstigen Verfahrensregelungen dienen der Umsetzung der Vorgaben aus der Qualifikationsrichtlinie und der Rolle des Mitgliedstaats Deutschland im gemeinsamen europäischen Asylsystem gem. Art. 78 Abs. 1 AEUV. Daher handelt es sich bei einem verwaltungsrechtlichen Asylverfahren (auch) um eine Durchführung von Unionsrecht, bei dem die mitgliedstaatliche Verwaltung zum einen an die Grundrechte der Charta, zum anderen aber auch an die allgemeinen Grundsätze des Unionsrechts gebunden sind. Diese geben der Verwaltung der Mitgliedstaaten bei der Durchführung von Unionsrecht auch vor, unparteiisch zu handeln.[203] Hierin liegt ein eigenständiger rechtlicher Anknüpfungspunkt für eine europäische Amtsermittlungspflicht, den die unionsrechtliche Rechtsprechung entwickelt und der davon ausgehend Eingang in Art. 41 GRCh gefunden hat.[204] So wurde in der Rechtsprechung des Gerichtshofs immer

199 *EuGH*, 26.2.2013 – ECLI:EU:C:2013:105 (2013)., Rn. 20.
200 *EuGH*, 26.2.2013 – ECLI:EU:C:2013:105 (2013)., Rn. 25 f.
201 *EuGH*, 6.3.2014 – ECLI:EU:C:2014:126 (2014)., Rn. 24.
202 *EuGH*, 6.3.2014 – ECLI:EU:C:2014:126 (2014)., Rn. 25.
203 *Frenz* (Fn. 194), S. 1367, Rn. 4543.
204 *Klatt* (Fn. 195), Art. 41 GRCh, Rn. 10.

wieder betont, dass die Behörden für eine unparteiische und gerechte Entscheidung dazu verpflichtet sind „bei der Vorbereitung einer Entscheidung mit aller erforderlichen Sorgfalt vorzugehen und die Entscheidung auf der Grundlage aller Informationen zu treffen, die sich auf das Ergebnis auswirken können".[205] Daher kann aus dieser Vorgabe nur folgen, dass die Behörden, soweit sie Unionsrecht durchführen, sich nicht auf die ihnen vorgelegten und möglicherweise einseitigen Informationen verlassen können. In diesem Sinne hält es das EuG in der RS *Oliveira* auch für korrekt, dass die handelnde Behörde „ihre Ermittlungen wiederaufgenommen und alle relevanten Informationen zusammengetragen hat".[206] An anderer Stelle zählt der Gerichtshof zu den Garantien der Gemeinschaftsrechtsordnung „insbesondere die Verpflichtung des zuständigen Organs, sorgfältig und unparteiisch alle relevanten Gesichtspunkte des Einzelfalles zu untersuchen [...]. Nur so kann der Gerichtshof überprüfen, ob die für die Wahrnehmung des Beurteilungsspielraums maßgeblichen sachlichen und rechtlichen Umstände vorgelegen haben".[207] Gerade die Begründung des Gerichtshofs in diesem Fall ist interessant, da er eine umfassende und objektive Ermittlung der entscheidungserheblichen Tatsachen zur Voraussetzung für eine rechtmäßige Ermessensausübung macht, deren Überprüfung dem Gerichtshof im Wege des Rechtsschutzes sonst unmöglich gemacht würde. Der Gerichtshof sieht eine objektive Amtsermittlung also auch als mittelbare Grundlage seiner eigenen juristischen Kontrollfunktion an.

Diese Beispiele zeigen, welche weitreichende Konsequenzen die Ermittlung der entscheidungserheblichen Tatsachen durch die Behörde hat. Begreift man das Recht auf gute Verwaltung als eine umfassende Garantie eines guten Verwaltungsverfahrens *im Ganzen*, so kann dieses nicht ohne eine pflichtgemäß ermittelnde Behörde gedacht werden. Diese Garantien scheitern auch nicht daran, dass Art. 41 GRCh nach der Rechtsprechung des EuGH auf die Verwaltung der Mitgliedstaaten nicht anwendbar ist. Denn der Grundsatz einer fair und umsichtig ermittelnden Behörde, welche alle relevanten Gesichtspunkte und Umstände in ihre Entscheidung mit einfließen lässt, war nach der Rechtsprechung des Gerichtshofs bereits vor der Einführung des Art. 41 GRCh Bestandteil der allgemeinen Grundsätze des Unionsrechts.[208] Damit folgt aus dem allgemeinen

---

205 *EuG*, 13.3.1997 – T-73/95., Rn. 32.; in diesem Sinne auch *EuGH*, 31.3.1992 – C-255/90 (1992)., Rn. 7; siehe dazu auch *Frenz* (Fn. 194), S. 1367, Rn. 4543.

206 *EuG*, 13.3.1997 – T-73/95., Rn. 32.

207 *EuGH*, 21.11.1991 – C-269/90 (1991)., Rn. 14.

208 *Frenz* (Fn. 194), S. 1367, Rn. 4544.

Grundsatz eines fairen Verfahrens auch, dass die Behörde sorgfältig und unparteiisch alle relevanten Gesichtspunkte untersuchen muss.[209] Doch folgt daraus wirklich ein eigenständiger unionsrechtlicher Amtsermittlungsgrundsatz? Die Vorgaben, die sich aus der unionsrechtlichen Rechtsprechung für das Verfahrensrecht der Mitgliedstaaten ergeben, entsprechen jedenfalls im Ergebnis nicht einem konkret normierten und ausgearbeiteten Amtsermittlungssystem, wie es bspw. § 24 ff. VwVfG darstellt. Somit bleiben die allgemeinen Verfahrensgrundsätze der Union ein abstrakter Rahmen der Amtsermittlung. Die eigentliche Systematik der Sachverhaltsermittlung und Verfahrensbeteiligung ergibt sich jedoch erst aus den Verfahrensordnungen der Mitgliedstaaten.

III. Die Grenzen der Amtsermittlung als Raum der Mitwirkung

Die aus dem Amtsermittlungsgrundsatz folgende Rolle der Behörde als „Herrin des Verfahrens“[210] darf aber nicht darüber hinwegtäuschen, dass auch der Kompetenz der effektivsten Behörde in rechtlicher wie auch faktischer Hinsicht Grenzen gesetzt sind. Dies erkennt der Gesetzgeber auch an, und stellt daher dem Amtsermittlungsgrundsatz als tragender Maxime des Verwaltungsverfahrens im Verwaltungsverfahrensgesetz die Mitwirkung der Beteiligten zur Seite. An dieser Stelle ist dabei bewusst von Mitwirkung und (noch) nicht von Mitwirkungspflicht die Rede. Denn § 26 Abs. 2 VwVfG fordert zunächst nur, dass die Beteiligten an der Aufklärung des Sachverhalts mitwirken *sollen*. Diese Formulierung wird von der h.M so ausgelegt, dass es sich dabei zumindest nicht um eine einklagbare Pflicht handelt.[211] Gleichwohl ist dadurch nicht ausgeschlossen, dass eine Verweigerung der Mitwirkung negative Folgen für die Beteiligten haben kann.[212] Dies gilt allerdings nur, wenn die Mitwirkung auch in die „Sphäre“ des Beteiligten fällt.[213] Bei der Durchführung eines Verwaltungsverfahrens und seiner notwendigen Teilschritte ist jedoch nicht nur die grundsätzlich

209 So auch *Huck*, EuZW 2016, 132 (134) mit Verweis auf *EuGH*, 11.12.2014 - C-249/13, NVwZ-RR (2015), 233.

210 *Spilker* (Fn. 179), S. 271 f.

211 *Ramsauer*, in: Kopp/Ramsauer (Hrsg.), VwVfG, 21. Aufl., 2020, § 26 VwVfG, Rn. 40; *Kallerhoff/Fellenberg*, in: Stelkens/Bonk/Sachs (Hrsg.), VwVfG, 9. Aufl., 2018, § 26 VwVfG, Rn. 46; *Herrmann*, in: Bader/Ronellenfitsch (Hrsg.), BeckOK VwVfG, 50. Ed. (01.01.2021), § 26 VwVfG, Rn. 37.

212 *Ritgen*, in: Knack/Henneke (Hrsg.), VwVfG, 11. Aufl., 2019, § 26 VwVfG, Rn. 35; *Maurer/Waldhoff* (Fn. 45), S. 554, Rn. 39.

213 *BVerwG*, 07.11.1986 - 8 C 27/85, NVwZ (1987), 404.

größere Kompetenz der Verwaltung in finanzieller, personeller und organisatorischer Hinsicht zu beachten. Dies mag zwar im Regelfall einen strukturellen Vorteil der Verwaltung begründen. Allerdings kann gerade bei Einzelfragen im Detail der mitwirkende Bürger derjenige sein, welcher über notwendiges Spezialwissen verfügt oder auf dieses um ein Vielfaches einfacher zugreifen kann als eine Behörde. Gerade unter dem Aspekt eines *relativ* geringeren Aufwands für den Bürger kann eine Verlagerung bestimmter Schritte auf den Beteiligten für das Verfahren insgesamt von großem Vorteil sein. Dieses Verständnis der Rollenverteilung im Verfahren fügt sich auch in ein modernes Konzept der „Verwaltungseffizienz“ ein, wonach die Entscheidung für den Einsatz verschiedener Mittel im immer unter dem Aspekt einer relativen Kosten/Nutzen-Rechnung zu bestimmen ist.[214] In manchen Fällen kann demnach der wichtige Beitrag eines Beteiligten („Nutzen“) durch wesentlich geringeren Aufwand („Kosten“) erbracht werden, als dies für die Behörde möglich wäre. Ob dies auch immer für den Beteiligten selbst von Vorteil ist, ist zweifelhaft.[215] So spricht zunächst dafür, dass die Mitwirkung dem Beteiligten selbst auch einen Einblick und eine aktive Rolle im Verfahren verschafft.[216] Im Falle der Leistungsverwaltung erscheint dies zunächst auch zutreffend. Hier kann der Beteiligte durch eine Mitwirkung aktiv an seiner Interessensdurchsetzung teilhaben und frühzeitig auf eventuelle Fehlerwägungen der Behörde hinweisen und einwirken. Allerdings zeigt sich bei näherer Betrachtung, dass gerade die Mitwirkung an der Aufklärung des Sachverhalts oft primär im Interesse der Behörde und ihrer Informationsgewinnung als Entscheidungsgrundlage und weniger in einer Position der Beteiligten „auf Augenhöhe“ mit der Behörde liegt.[217] Besonders im Falle der Eingriffsverwaltung erscheint eine Qualifizierung der Mitwirkung als Interesse des Beteiligten problematisch. Denn hier geht der Impuls des Verfahrens typischerweise nicht vom Bürger selbst aus, dieser möchte vielmehr vom Staat „in Ruhe gelassen werden“. Die Pflicht zur Mitwirkung an einer ggf. negativen, ihn selbst betreffenden Rechtsfolge kann hier jedenfalls nicht mehr mit dem Argument legitimiert werden, Ziel des Verfahrens sei eine Besserstellung des Betroffenen und verschaffe diesem daher auch einen Anreiz zur Mitwirkung.[218] Allenfalls eine Wertung der Mitwirkung als „Recht zur Verteidigung“ ist in diesem Fall denkbar.

---

214 *Niedobitek*, DÖV 2000, 761 (763); a.A. *Kobor* (Fn. 179), S. 61 f.

215 *Ritgen* (Fn. 212), § 26 VwVfG, Rn. 36.

216 So *Ramsauer* (Fn. 211), § 26 VwVfG, Rn. 40; *Kobor* (Fn. 179), S. 93.

217 *Baer* (Fn. 192), S. 120 f.

218 Jedenfalls für das aufenthaltsrechtliche Verfahren mit dem Ziel der Zuerkennung eines Aufenthaltstitels kann dieses als Gewährung einer rechtlichen Besserstellung

Für die Mitwirkungspflichten im Asyl- und Aufenthaltsrecht ergibt sich dadurch ein gemischtes Bild: Begreift man das Asylverfahren als Weg zu einem Aufenthaltsrecht und damit zu einer rechtlichen Besserstellung des Antragstellers, so liegt die Mitwirkung jedenfalls auch im Interesse des Asylbewerbers, der er erst dadurch Schutz und staatliche Versorgung erhalten kann. Andererseits führt aber die Sachverhaltsermittlung in Fällen, in denen der Asylantrag unbegründet ist oder aus sonstigen Gründen kein Recht zum Aufenthalt besteht, regelmäßig in Richtung einer Ausweisung und Abschiebung. Dann liegt die Sachverhaltsermittlung ausschließlich im Interessenkreis der Behörde. Doch auch wenn die Mitwirkung für den Ausländer in bestimmten Verfahrenskonstellationen kein Recht, sondern einen Zwang bedeutet, so entspricht sie doch dem vom Gesetzgeber konzipierten Verwaltungsverfahren als Zusammenwirken zwischen Behörde und Beteiligtem im Sinne einer objektiven Lösung eines Sachverhalts.[219]

IV. Zwischenfazit: Amtsermittlung als Ausdruck staatlicher Verantwortung

Da die verfassungs- und unionsrechtrechtlichen Wurzeln des Amtsermittlungsgrundsatzes unterschiedlich begründet werden, kann als zielführender Ausgangspunkt der Erklärung des Amtsermittlungsgrundsatzes auch hier der Steuerungsansatz und damit folgende Frage nützlich sein: „Wie dient der Amtsermittlungsgrundsatz der Erfüllung staatlicher Aufgaben und welche Funktion übt er dabei aus?“. Die Antwort darauf findet sich in der Bedeutung des sachlich korrekten Sachverhalts als Grundlage staatlicher Entscheidungen. Es steht dabei außer Frage, dass die Wahrnehmung und Wiedergabe von Umständen, Zuständen und Zusammenhängen eine höchst subjektive Angelegenheit ist, deren Ergebnis immer auch maßgeblich von individuellen Fähigkeiten oder objektivem Vorwissen abhängt.[220] Daher wird durch die Zuschreibung dieser Aufgabe in den Pflichtenkreis der Behörde zwar kein generelles Misstrauen gegenüber dem Bürger bekundet, für Entscheidungs- und daran anknüpfende Handlungsprozesse muss aber stets gewährleistet sein, dass eine Sachverhaltsausforschung

---

für den Betroffenen durch den Staat und mithin als Leistungsverwaltung gesehen werden, vgl. *Thym/Schieber*, Aufenthaltstitel, in: Ezli (Hrsg.), Das neue Deutschland, 2014, S. 211 (211).

219 *Kobor* (Fn. 179), S. 92.

220 In diesem Sinne auch *Kobor* (Fn. 179), S. 48.

sachlich korrekt erfolgt.[221] Insoweit unterscheidet sich die Begründung des Amtsermittlungsgrundsatzes auch von der des Beibringungsgrundsatzes im Zivilprozess. Bei Letzterem tangiert die Lösung eines Sachverhaltes in der Regel nur die subjektiven Interessen der Parteien.[222] Sind also beide Parteien mit der Grundlage eines Sachverhalts einverstanden, so spielt es im Ergebnis für die Lösung des Rechtsstreits der Parteien eine untergeordnete Rolle, ob diese „formelle Wahrheit" auch der materiellen Wahrheit entspricht. Ausnahmen bestehen lediglich in Fällen, in denen ein öffentliches Interesse an der Findung einer objektiven Wahrheit auch im Zivilprozess besteht, bspw. in Angelegenheiten des Kindeswohls (§§ 151 ff. FamFG).[223] Dies verdeutlicht, dass der Amtsermittlungsgrundsatz im Verwaltungsrecht auch damit begründet werden kann, dass hier ein öffentliches Interesse an einer objektiven Wahrheit besteht, da die staatliche Verwaltung den demokratischen Willen der Mehrheit umsetzt und es nicht (nur) um die partikularen Interessen der unmittelbar am Prozess Beteiligten geht.

Da die Sachverhaltsermittlung im Verwaltungsrecht zudem oftmals eine Aufgabe mit a priori kaum überschaubarem Umfang darstellt, kann diese dem Bürger schon aus diesem Grund nicht abverlangt werden. Vielmehr bildet die Hoheit über das Verfahren in der Hand der Behörde das solide Fundament der Entscheidungsfindung. Bedacht werden müssen dabei auch die nicht absehbare Tragweite von Verwaltungsentscheidungen und deren mögliche Folgen, insbesondere da staatliche Verwaltung auch in hochsensible Bereiche (etwa im Sozialrecht) vordringt. Das Prinzip der Verantwortlichkeit gebietet es der Verwaltung für mögliche Schäden, die aus einer fehlerhaften Ausführung der Amtsgeschäfte entstehen, ggf. auch im Wege der Amtshaftung gem. Art. 34 GG einzustehen.[224] Daher kann eine rechtsstaatliche Verwaltung zum einen nicht das Risiko tragen, dass die Feststellung des Sachverhalts auf dem bloßen Vorbringen Dritter beruht, bzw. kann sie entscheidungsrelevante Aufgaben auch nicht an diese übertragen. Zum anderen würde aber auch eine gleichberechtigte Verantwortlichkeit von beteiligtem Bürger und handelnder Behörde für die Richtigkeit des Sachverhalts den komplexen Problemkreis des „Mitverschuldens" und der

221 Eine gewisse Form des Paternalismus sieht darin *Schmidt-Aßmann*, NVwZ 2007, 40 (41).

222 *Musielak*, in: Musielak/Voit (Hrsg.), 18. Aufl., 2021, Einleitung, Rn. 37 f.

223 *Musielak* (Fn. 222), Einleitung, Rn. 38.

224 *Grzeszick*, in: Epping/Hillgruber (Hrsg.), BeckOK GG, 46. Ed. (15.02.2021), Art. 34 GG, Rn. 5 ff.

parallelen Verantwortlichkeit mehrerer Beteiligter eröffnen. Gerade bei Verwaltungsentscheidungen, die oftmals auch externe Dritte berühren (z.B. im Bau- oder Polizeirecht), würde dies zu einer untragbaren Rechtsunsicherheit des geschädigten Dritten führen. Letztlich darf die mögliche Komplexität der Sachverhaltsermittlung auch nicht unterschätzt werden. Sie ist kein singulärer Prozess, bei dem auf der einen Seite rein objektive Fakten und auf der anderen Seite ein juristisch sauberes Ergebnis stehen. Dazwischen findet vielmehr ein vielschichtiges Wechselspiel zwischen Betrachtung der objektiven Realität und präziser Subsumtion unter die dafür geltende Rechtslage statt, sodass Sachverhalt und Rechtslage immer wieder in Bezug zueinander gesetzt, verglichen und damit korrekt eingeordnet werden müssen.[225] Die Bedeutung der Richtigkeit des Sachverhalts als wesentlicher Grundlage der richtigen Rechtsfolge ist somit Fundament und Ausgangspunkt des Amtsermittlungsgrundsatzes.[226] Verfassungsrechtlich knüpft dies vor allem an Art. 20 Abs. 3 GG und die Bindung an Recht und Gesetz und damit dem Erfordernis an, dass nur der vom Tatbestand erfasste Sachverhalt die Rechtsfolge auslösen darf.

B. Zu Begriff und Dogmatik der Mitwirkungspflicht: Zwischen Teilhabe und Zwang

I. Das Konzept der Mitwirkung in der Dogmatik des Verwaltungsrechts

Der Begriff der Mitwirkungspflicht findet sich in juristischen Normen in vielfältigen Konstellationen, so bspw. im Steuerrecht (§ 90 AO), im Sozialrecht (Teil 3 SGB I), im Arzneimittelrecht (§ 66 AMG), im Familienrecht (§ 1451 BGB) und eben auch im Migrationsrecht (beispielhaft § 15 AsylG). Bevor die Bedeutung und Verwendung dieses Begriffs im Recht aber genauer in den Blick genommen werden, ist zunächst eine Auseinandersetzung mit dem Begriff der „Mitwirkung“ als solcher angezeigt.

Der Begriff der „Wirkung“ wird im Duden als „durch eine verursachende Kraft bewirkte Veränderung“, „Beeinflussung“ oder als „bewirktes Ergebnis“ definiert.[227] Was diese drei Definitionen somit gemeinsam haben, ist die aktive Änderung eines Zustands. Der Begriff der „Mitwirkung“ ist dagegen im Duden

225 *Kobor* (Fn. 179), S. 48.

226 *Kallerhoff/Fellenberg*, in: Stelkens/Bonk/Sachs (Hrsg.), VwVfG, 9. Aufl., 2018, § 24 VwVfG, Rn. 1.

227 https://www.duden.de/rechtschreibung/Wirkung.

nicht für den allgemeinen Sprachgebrauch definiert, es finden sich aber zahlreiche und vielfältige Synonyme, darunter „Anteilnahme", „Beteiligung", „Dazutun", „Einsatz" und „Hilfe".[228] Auch die auf juristische Begriffe spezialisierte Literatur nennt keine einheitliche und abstrahierte Definition.[229] Im Verwaltungsrecht hat sich aber jedenfalls für eine Zusammenarbeit von Bürger und Behörde der Begriff der „Kooperation" etabliert.[230] Dies zeigt: Der Begriff der Mitwirkung ist derart vielschichtig, dass es sich dabei im Recht jedenfalls nicht um einen direkt greifbaren und rechtsgebietsübergreifend anwendbaren Terminus handelt.

Bereits das Präfix „Mit" zeigt auf, dass es nicht um die Beschreibung des Wirkenden auf das Objekt geht, auf welches eingewirkt wird, sondern um die Rolle eines Dritten dabei. Dieser wirkt *mit*, wenn er an der Wirkung des aktiv Handelnden beteiligt ist bzw. diesen Vorgang unterstützt. Die unterschiedlichen Profile, die eine solche Einbindung eines Dritten in einen Vorgang haben kann, zeigen sich auch sehr gut an den oben aufgeführten Synonymen. So ist der Begriff der „Beteiligung" noch weitestgehend neutral verständlich, der Begriff der „Hilfe" trägt dagegen schon Züge der Interpretation eines Machtgefüges in sich, da typischerweise der Helfende dem Hilfe Benötigenden zu Hilfe kommt, welcher ansonsten mit der Aufgabe überfordert wäre oder zumindest mit erheblichen Schwierigkeiten zu kämpfen hätte. Dagegen ist der Begriff der Kooperation eher konsensual und im Sinne einer Zusammenarbeit zum gegenseitigen Vorteil angelegt.[231] Im Begriff der Hilfe zeigt sich also eine gewisse Form der Abhängigkeit dessen, dem geholfen wird von dem, der hilft, also an der Bewältigung der Aufgabe mitwirkt. Ob und inwieweit ein solches Machtungleichgewicht auch im aufenthaltsrechtlichen Verwaltungsverfahren als besonderer Beziehung zwischen Ausländer und Aufnahmestaat besteht, wird im Fortgang dieser Arbeit zu untersuchen sein. Gleichwohl kann als erster Ausgangsbefund

228 https://www.duden.de/rechtschreibung/Mitwirkung.

229 *Creienfels* erörtert die Mitwirkung nicht selbstständig, sondern gleich im Kontext der Mitwirkungspflichten in öffentlich-rechtlichen Rechtsverhältnissen. Er charakterisiert diese, führt aber keine allgemeine Definition an, *Creienfels*, Rechtswörterbuch, 22. Aufl., 2017, S. 912. *Köbler* geht ähnlich vor, fokussiert seine Definition von Mitwirkungspflichten aber rein auf das zivilrechtliche Schuldverhältnis und leitet diese aus § 242 BGB ab, vgl. *Köbler*, Juristisches Wörterbuch, 17. Aufl., 2018, S. 294.

230 Zu dessen Vielschichtigkeit vgl. *Schulze-Fielitz*, Kooperatives Recht im Spannungsfeld von Rechtsstaatsprinzip und Verfahrensökonomie, in: Dose/Voigt (Hrsg.), Kooperatives Recht, 1995, S. 225 (225); *Kobor* (Fn. 179).

231 *Schulze-Fielitz* (Fn. 230), S. 225.

zum Begriff der Mitwirkung festgehalten werden: Der Mitwirkende ist nicht das primäre Subjekt, sondern immer nur Teil eines größeren Vorgangs in Form der Interaktion des Wirkenden mit dem Einzuwirkenden selbst.

II. Von der Mitwirkung zur Mitwirkungspflicht

Die Rollenverteilung der Beteiligten im Verwaltungsverfahren mag sich nach einem modernen Verständnis von Verwaltung eher als Kooperation[232] denn als autoritäres Subordinationsverhältnis darstellen.[233] Dies darf aber nicht über die täglichen Interessenskonflikte der beteiligten Parteien hinwegtäuschen, die sich in Verwaltungsverfahren widerspiegeln. So ist oberste und leitende Aufgabe der Verwaltung immer noch der hoheitliche Vollzug von Gesetzen.[234] Diese werden zwar (nach der Optimalvorstellung eines demokratischen Staates) immer mit Bezug auf das Wohl der Gemeinschaft und auch des Individuums geschaffen. Gleichwohl entsprechen zahlreiche gesetzliche Aufgaben staatlicher Verwaltung nicht dem Willen des betroffenen Individuums. Dies fängt bei täglichen Ärgernissen wie der Verhängung eines Ordnungsgeldes wegen Falschparkens an und geht bis hin zu existenzgefährdenden Entscheidungen wie dem Entzug einer Gewerbeerlaubnis. Und auch das Aufenthaltsrecht zählt mit Sicherheit zu jenen Rechtsgebieten, in denen sich häufig menschliche Dramen abspielen, und das auch deshalb politisch so sehr polarisiert. Es braucht nicht viel Fantasie, um sich vorzustellen, dass zumindest bei einer aufenthaltsrechtlichen Sachverhaltsermittlung, die zu einer Ausweisung führen soll, das Interesse des Betroffenen an der Mitwirkung eher gering einzuschätzen ist. Dennoch handelt es sich bei den für die Behörde relevanten Informationen und Verfahrensschritten meist um solche, die in der primären oder sogar ausschließlichen (weil höchstpersönlichen) Sphäre des Betroffenen liegen und ohne die ein Fortgang des Verfahrens oftmals nicht nur erschwert, sondern unmöglich gemacht wird.[235] An dieser Stelle ist die Behörde also auf die Mitwirkung von Personen angewiesen, die

232 So auch bei *Kobor* (Fn. 179), S. 119.

233 BVerfGE 45, 297 (335). Zur Wandlung des Ausgangspunktes verwaltungsrechtlicher Betrachtung siehe auch *Schulze-Fielitz* (Fn. 104), S. 854 ff., Rn. 64 ff.

234 *Schulze-Fielitz* (Fn. 104), S. 834 f., Rn. 24.

235 *Spilker* (Fn. 179), S. 271 mit Verweis auf *Gusy*, § 23 Informationsbeziehungen zwischen Staat und Bürger, in: Hoffmann-Riem/Schmidt-Aßmann/Voßkuhle (Hrsg.), Grundlagen des Verwaltungsrechts Band II: Informationsordnung, Verwaltungsverfahren, Handlungsformen, 2. Aufl., 2012, S. 235 (265, Rn. 40).

nicht mitwirken wollen.[236] Das daraus resultierende Dilemma der Exekutive hat der Gesetzgeber erkannt und darauf normativ reagiert. § 26 Abs. 2 S. 3 VwVfG bildet hier den Anknüpfungspunkt im allgemeinen Verwaltungsrecht und legt fest, dass eine über die Mitwirkung des § 26 Abs. 2 S. 1 VwVfG hinausgehende Pflicht zur Mitwirkung nur besteht, soweit sie durch Rechtsvorschrift besonders vorgesehen ist.[237] Wichtige Aufgabe dieser Regelung ist auch ihre Klarstellungsfunktion für die Mitwirkungslast des § 26 Abs. 2 S. 1 VwVfG, der vor dem Hintergrund des S. 3 den Behörden insoweit Grenzen setzt, als dass diese nicht auf § 26 VwVfG als „Generalklausel" einer Mitwirkung des Beteiligten zurückgreifen können, sondern dafür auf die spezialgesetzlichen Regelungen verwiesen sind. Auch das Aufenthaltsrecht als besonderes Verwaltungsrecht kennt zahlreiche dieser spezialgesetzlichen Mitwirkungspflichten.

1. Mitwirkung als Recht und Pflicht: Das Verwaltungsverfahren zwischen Beteiligung und Verpflichtung

Abseits der Dogmatik von Mitwirkung als notwendigem und daher autoritär verpflichtendem Instrument im Verwaltungsrecht existiert als dessen Gegenstück die Mitwirkung als Recht des beteiligten Individuums. Denn in diesem Sinne ist Mitwirkung nicht nur eine verfahrensrechtliche Last, sondern kann auch als positive Position verstanden werden. Sie verleiht dem Individuum eine Stimme im Verfahren und damit die Möglichkeit, eigene Belange darzulegen, argumentativ zu verteidigen und vor allem Umstände zu erläutern, welche der Behörde sonst verborgen geblieben werden. Kurzum: Die Mitwirkung kann auch eine Ermächtigung des Betroffenen darstellen, den Ausgang des Verfahrens aktiv zu beeinflussen und kann so zu einer Begegnung mit der Behörde „auf Augenhöhe" führen.

Einfachgesetzlich äußert sich dieser Grundsatz in § 28 VwVfG. Demnach ist dem Adressaten eines Verwaltungsakts, welcher in seine Rechte eingreift, vor dem Erlass dessen, Gelegenheit zur Äußerung zu entscheidungserheblichen Tatsachen zu geben. Dieses „Recht auf rechtliches Gehör" ist für das gerichtliche Verfahren gewohnheitsrechtlich lange anerkannt und auch in Art. 103 Abs. 1 GG ausdrücklich normiert, welcher jedoch nicht analog auf das

---

236 So zeichnet sich das Grundmodell des kooperativen Verwaltungsverfahrens gerade durch eine gegenseitige Abhängigkeit der Behörde und des Beteiligten von den Verfahrensbeiträgen des jeweils anderen aus, vgl. *Schulze-Fielitz* (Fn. 104), S. 858, Rn. 74.

237 *Herrmann* (Fn. 211), § 26 VwVfG, Rn. 41.

Verwaltungsverfahren angewendet werden kann.[238] Gleichwohl leitet sich ein grundsätzliches Recht auf Beteiligung am Verfahren für das Verwaltungsverfahren aus dem Rechtsstaatsprinzip aus Art. 20 Abs. 3 GG her.[239] Nur wenn alle entscheidungserheblichen Tatsachen angemessen berücksichtigt wurden, kann die zum Tatbestand passende Rechtsfolge festgestellt werden. Diese Funktion der Beteiligung nach § 28 VwVfG ist selbstredend eine wichtige, jedoch nicht der einzige Begründungsansatz. Ein solcher ist vielmehr auch im Interessenkreis des Betroffenen und seiner Menschenwürde zu suchen. Demnach dient die Beteiligung der Wahrung der Vorgaben des BVerfG gem. der „Objektformel" zu Art. 1 Abs. 1 GG: Der Staat darf einen Grundrechtsträger niemals „zum bloßen Objekt staatlichen Handelns" degradieren, also zu einer passiven und willenlosen Projektionsfläche staatlicher Entscheidungen.[240] Daraus folgt auch, einen mündigen Grundrechtsträger aktiv in einen Entscheidungsprozess mit einzubinden und seine Sicht der Dinge anzuhören, soweit dies im Rahmen der gesetzlichen Aufgabenerfüllung möglich ist.

Die Position der Mitwirkung des Betroffenen zwischen einem Verfahrensrecht einerseits und einer Last andererseits, ist in ihrer Ambivalenz nicht unproblematisch, geht mit ihr doch eine gewisse Unbestimmtheit des „Charakters" von Regelungen einher. So kann eine Mitwirkungsregelung für den Betroffenen ein Recht und ein Vorteil sein, wenn er durch sie die Möglichkeit bekommt, Tatsachen zu seinen Gunsten in das Verfahren einzubringen und dieses so zu einem für ihn positiven Ausgang zu steuern. Umgekehrt kann eine Mitwirkung aber auch zur Last und Gefahr für die eigenen Interessen führen, wenn die dadurch erfolgende Beweisfindung zuungunsten des Mitwirkenden ausfällt. Letztlich ist dies, gerade im Asyl- und Aufenthaltsrecht, sehr von der Ausgangslage des Betroffenen abhängig. Kommt dieser etwa aus einem akuten Kriegsgebiet, so wird seine Mitwirkung am Verfahren unter Darlegung seiner Flucht- und Gewalterlebnisse sehr wahrscheinlich zu einem schnelleren positiven Abschluss des Verfahrens führen, wie wenn die Behörde den Sachverhalt eigenständig

---

238 *Herrmann*, in: Bader/Ronellenfitsch (Hrsg.), BeckOK VwVfG, 50. Ed. (01.01.2021), § 28 VwVfG, Rn. 1; *Kallerhoff/Mayen*, in: Stelkens/Bonk/Sachs (Hrsg.), VwVfG, 9. Aufl., 2018, § 28 VwVfG, Rn. 2.

239 *Kallerhoff/Mayen* (Fn. 238), § 28 VwVfG, Rn. 2; *Herrmann* (Fn. 238), § 28 VwVfG, Rn. 1; *Schwarz*, in: Fehling/Kastner/Störmer et al. (Hrsg.), VwVfG/VwGO, 5. Aufl., 2021, § 28 VwVfG, Rn. 3.

240 *Ramsauer*, in: Kopp/Ramsauer (Hrsg.), VwVfG, 21. Aufl., 2020, § 28 VwVfG, Rn. 3 mit Verweis auf *BVerfG*, 18.01.2000 – 1 BvR 321/96, BVerfGE 101, 397 (405) und *Nehls*, NVwZ 1982, 494 (494).

ausermitteln muss. Mit der Anerkennung und dem Aufenthaltsrecht sind dann für den Mitwirkenden auch alle dazugehörigen Vorteile (Sozialleistungen, Recht auf Erwerbstätigkeit, Familiennachzug etc.) verbunden. Umgekehrt führt die Mitwirkung bei einem Asylbewerber aus einem sicheren Herkunftsstaat eher zur Feststellung, dass dieser wohl keine Verfolgung zu befürchten hat, sein Antrag also unbegründet und er ausreisepflichtig ist. Gerade die *Nicht*mitwirkung, z.B. bei der Passbeschaffung, kann es dann sein, die ihm trotz Ausreisepflicht nicht die Möglichkeit verschafft im Land zu verbleiben. Dieses Beispiel zeigt: Ob die Mitwirkung für den Betroffenen eher ein positives Recht oder eine negative Pflicht darstellt, hängt führ ihn ganz entscheidend von Ausgangslage und Ziel des Verfahrens ab.

2. *Pflichten als Essenz des Rechts? Mitwirkungspflichten im Lichte der Imperativentheorie*

Das Phänomen der Mitwirkung im Recht zeichnet sich insgesamt durch seine Janusköpfigkeit aus, welche die Beteiligungs*möglichkeit* als Recht, jedoch die Mitwirkungs*pflicht* als Zwang enthält. Gerade der Zwang bzw. die Verpflichtung ist jedoch mehr als nur ein bloßer Bestandteil des Rechts. Nach der sogenannten Imperativentheorie besteht letztlich das gesamte Recht aus Befehlen und Pflichten.[241] Denn ausgehend von dem Befund, dass Recht letztlich immer auf Verhaltenssteuerung abzielt, beinhaltet dies automatisch auch die Erkenntnis, dass diese Steuerung über Ge- und Verbote vorgenommen wird. In einem solchen Verhältnis existieren stets ein steuerndes Subjekt und ein zu steuerndes Objekt. Zugleich ist damit bereits eine normative Wertung des Verhältnisses verbunden: Das steuernde Subjekt muss über Macht verfügen, um das zu steuernde Objekt seinem Willen zu unterwerfen. Damit ist die Imperativentheorie letztlich Ausdruck von Recht als Werkzeug sozialer Herrschaft.[242]

Doch wenn man mit dieser Theorie davon ausgeht, dass alles Recht letztlich nur aus Imperativen besteht, handelt es sich dann nicht bei allen Normen letztlich um solche, die Pflichten regeln? Zur Beantwortung dieser Frage ist ein vertiefter Blick auf die Sichtweise der Imperativentheorie erforderlich. Denn

241 Die Theorie findet sich unter anderem bei *Hobbes*, Leviathan, 2013, Kap. XXVI, S. 553 und *Austin*, Lectures on Jurisprudence, 1875, S. 5; vgl. auch *Kelsen*, Hauptprobleme der Staatsrechtslehre, 2. Aufl., 1984, S. 203.

242 So verortet auch Hobbes die Imperativentheorie als Erklärungsmodell staatlicher Herrschaft des Gemeinwesens über die normunterworfenen Individuen, vgl. *Hobbes* (Fn. 241), S. 555.

diese geht davon aus, dass nur *vollständige* Rechtssätze Imperative bilden.[243] Sie erkennt somit an, was ihr auch von Kritikern immer wieder kritisch entgegengehalten wurde: Nicht alle Normen können für sich betrachtet unter die Kategorie „Befehl" subsumiert werden. So enthält bspw. § 5 AufenthG die Grundvoraussetzungen, unter denen einem Ausländer ein Aufenthaltstitel ausgestellt wird. Die Vorschrift gibt u.a. vor, dass dazu der Lebensunterhalt gesichert und die Identität des Ausländers bekannt sein muss. Dies ist an sich kein Imperativ; aus der Norm selbst folgt für einen Ausländer unmittelbar kein Ge- oder Verbot. Dagegen statuiert § 4 AufenthG „Ausländer bedürfen für die Einreise und den Aufenthalt im Bundesgebiet eines Aufenthaltstitels [...]". Das Verb bedürfen lässt sich als „müssen verfügen über" verstehen, es handelt sich also um einen Imperativ. Die Formulierung „für die Einreise und den Aufenthalt" stellt diesen jedoch unter die Bedingung „wenn sie einreisen und sich aufhalten wollen". In diesem Kontext erklärt sich dann auch die Funktion von § 5 AufenthG und ähnlicher Normen: Sie definieren näher, *wann* ein solcher Aufenthaltstitel erteilt wird, üben also eine flankierende und „dienende" Funktion für die primäre Befehlsnorm § 4 AufenthG aus.[244] Erst die eigentliche primäre Befehlsnorm („Du musst über A verfügen") und die sekundären Begleitnormen („Um über A zu verfügen, muss B gegeben sein") ergeben letztlich den *vollständigen* verhaltenssteuernden Imperativ. Daraus folgt, dass nicht alle Rechtsnormen Befehlsregelungen enthalten, aber diejenigen, die *unmittelbar* keinen Befehl enthalten, zumindest *mittelbar* der Ausgestaltung oder Unterstützung der Befehlsnormen dienen.

3. *„Echte" Pflichten und Obliegenheiten*

Eine weitere Differenzierung von Normen, welche das Verhalten von Individuen lenken sollen, kann danach erfolgen, ob es sich um „echte" Pflichten oder bloße Obliegenheiten handelt. Eine trennscharfe Unterscheidung zwischen beiden Rechtsfiguren ist jedoch nicht ohne Weiteres möglich.[245]

243 *Röhl/Röhl*, Allgemeine Rechtslehre, 3. Aufl., 2008, S. 231.

244 Unterkategorien dieser sekundären Begleitnormen sind wiederum Ermächtigungs- und Organisationsnormen, welche die Durchführung und Realisierung des Inhalts der Befehlsnormen erst möglich machen, vgl. *Röhl/Röhl* (Fn. 243), S. 237 f. mit Verweis auf *Kelsen* (Fn. 241), S. 203.

245 *Kment/Berger*, VerwArch 2019, 121 (129 f.).

a) *Pflichten und Obliegenheiten im Zivilrecht: Die Interessenlage als Unterscheidungskriterium*

Nach zivilrechtlicher, (insbesondere schuldrechtlicher) Sichtweise markiert der Begriff der Obliegenheiten vor allem die Unterscheidung zu jenen Pflichten, die einer Person im gegenseitigen Schuldverhältnis zukommen und die vor allem im Interesse der Gegenpartei liegen.[246] So liegt bspw. die Zahlungspflicht des Käufers primär im Interesse des Verkäufers. Diese „echten" Pflichten können dementsprechend auch eingeklagt und mit Zwang durchgesetzt (bzw. vollstreckt) werden. Ist diese Durchsetzung nicht möglich, so ist der Gläubiger einer Rechtspflicht regelmäßig durch einen Schadensersatzanspruch abgesichert, welcher ersatzweise an die Stelle der verletzten Pflichterfüllung tritt. Dem gegenüber stehen die Obliegenheiten. Diese „unechten" Pflichten liegen vor allem im Interesse der verpflichteten Person selbst, eine Verletzung dieser ist daher zumeist für die Gegenpartei irrelevant, sodass keine Notwendigkeit an einer zwangsweisen Durchsetzung besteht.[247] Ein Beispiel dafür ist die Rügeobliegenheit beim Handelskauf gem. § 377 HGB. Demnach hat der Käufer die gelieferte Ware unverzüglich zu untersuchen und eventuelle Mängel anzuzeigen.[248] Unterlässt er dies, so gilt gem. § 377 Abs. 2 HGB die Ware als genehmigt. Diese Pflicht liegt also ausschließlich im Interesse des Verkäufers: Unterlässt er die Prüfung, so verliert er eventuelle Mängelansprüche.[249] Für den Verkäufer dagegen stellt das Ausbleiben der Rüge keine Beeinträchtigung seiner Interessen dar, da die von ihm gelieferte Ware in jedem Fall als genehmigt gilt, seine diesbezügliche Pflicht also als erfüllt gilt.

b) *Pflichten und Obliegenheiten im Sozialrecht*

Aber nicht nur das Zivilrecht, sondern auch das Sozialrecht ist ein klassisches Anwendungsgebiet von Mitwirkungsobliegenheiten, so etwa in den §§ 60 ff. SGB I. Die Erfüllung dieser Pflichten ist nicht zwangsweise durchsetzbar. Dies ergibt sich aus § 66 SGB I, welcher als Folge fehlender Mitwirkung lediglich die Nichtgewährung oder Einstellung der Leistungen regelt.[250] Analog zur schuldrechtlichen Betrachtung fragt sich daher auch für das Sozialrecht, ob die

---

246 *Scheube*, Die Auftraggebermitwirkung im VOB/B-Bauvertrag - Obliegenheit oder Pflicht?, 2003, S. 41 f. m.w.N.

247 Siehe dazu auch *Röhl/Röhl* (Fn. 243), S. 231; *Kment/Berger* (Fn. 245), S. 130.

248 *Leyens*, in: Hopt/Kumpan/Merkt et al. (Hrsg.), 40. Aufl., 2021, § 377 HGB, Rn. 1.

249 *Leyens* (Fn. 248), § 377 HGB, Rn. 45.

250 *Hase*, in: Rolfs/Giesen/Kreikebohm et al. (Hrsg.), 50. Ed. (01.06.2014), § 66 SGB I, Rn. 1.

Erfüllung dieser Pflichten primär im Interesse der Sozialleistungen begehrenden Person liegt oder im Interesse der „Gegenseite", also des Sozialstaates und seiner Behörden. Dies lässt sich wiederum mit Blick auf die Rechtsfolge beurteilen die eintritt, wenn die Pflicht nicht erfüllt wird. Gem. § 66 Abs. 1 SGB I hat dann die Behörde das Recht, das Verfahren ohne weitere Prüfung einzustellen, wenn durch das Ausbleiben der Mitwirkung die Sachverhaltsaufklärung erheblich erschwert wird.[251] Der Behörde entstehen durch die mangelhafte Mitwirkung also keine zusätzlichen Verwaltungslasten, etwa in Form erschwerter Sachverhaltsaufklärung, sondern sie kann sich in diesem Fall einem Verfahren gänzlich entledigen. Daher liegt die Erfüllung der Mitwirkung ausschließlich im Interesse des beantragenden Sozialleistungsempfängers. Auch treffen ausschließlich diesen die Folgen der Nichtmitwirkung, indem das Verfahren, welches erst den Weg zur begehrten Leistung eröffnet, eingestellt wird. Daher trifft auch die Ansicht nicht zu, welche § 66 SGB I als verhaltenssteuernde „Sanktion" begreift.[252] Denn während eine solche Sanktion den Zweck verfolgt, einer Pflichtverletzung eine negative Folge hintenanzustellen, *um so* den Verpflichteten zur Erfüllung der Pflicht zu bewegen bzw. diesen im Vorfeld von einer Pflichtverletzung abzuschrecken[253], dient § 66 SGB I gerade nicht dieser Disziplinierung des Antragstellers, sondern nur der Verfahrensökonomie.[254] Dies zeigt sich gerade auch an der erforderlichen Konnexität zwischen Pflichtverletzung und erschwerter Sachverhaltsaufklärung. Letztere zu verhindern ist der eigentliche Zweck von § 66 Abs. 1 SGB I. Denn für die Behörde als Gegenseite ist es letztlich irrelevant, ob der Antragsteller die Mitwirkung erfüllt, solange sie selbst dadurch keinen höheren Verfahrensaufwand betreiben muss.

Dies gilt jedenfalls dann, wenn man Sozialleistungen als individuelle Option des Beziehenden versteht und nicht als gesamtgesellschaftlich wünschenswerte Mittelvergabe. Denn selbstverständlich zieht die Nichtgewährung von Sozialleistungen unter Umständen auch für den Staat insgesamt negative Folgen mit sich, beispielsweise durch ein Abgleiten des Antragstellers in die Beschaffungskriminalität, oder da dem Staat so die Möglichkeit genommen wird, den Antragsteller

251 Dazu weiterführend auch *Kment/Berger* (Fn. 245), S. 123 ff.

252 Auch die Gesetzesbegründung spricht von einer „Sanktion", vgl. BT-Drs. 7/868, S. 34.

253 Siehe zur Funktion von Sanktionen S. 243 ff.

254 In diesem Sinne auch *Kment/Berger* (Fn. 245), S. 133 f., welche die Mitwirkung im Verfahren als Beitrag zum Erhalt der „Funktionsfähigkeit der Verwaltung" verstehen; a.A. *Hase* (Fn. 250), § 66 SGB I, Rn. 2, der allerdings den Begriff „Sanktion" mangels „Strafcharakter" ebenfalls für verfehlt hält.

nach Möglichkeit am Arbeitsmarkt zu vermitteln.[255] Dies sind jedoch nur mittelbare Folgen einer Nichtgewährung von Sozialleistungen. Demgemäß gibt es auch keine Pflicht, überhaupt Sozialleistungen beantragen zu müssen, da der Gesetzgeber immer noch davon ausgeht, dass dies im alleinigen Interesse des Berechtigten liegt.

c) *Einordnung asyl- und aufenthaltsrechtlicher Mitwirkungspflichten: „echte" Pflichten oder Obliegenheiten?*

Es fragt sich nun, wie die Mitwirkungspflichten des Aufenthaltsrechts unter diesen Dualismus zwischen Pflichten und Obliegenheiten einzuordnen sind. Ähnlich wie im Sozialrecht existieren auch im Asyl- und Aufenthaltsrecht Pflichten zur Mitwirkung am Verwaltungsverfahren, also zur Entscheidungsfindung im Asylverfahren. Grundsätzlich finden sich Obliegenheiten häufig in Antragsverfahren[256], weshalb es zunächst naheliegend erscheint, dass es sich auch bei der Mitwirkung im Asylverfahren um Obliegenheiten handelt. So ist der Asylbewerber gem. § 15 Abs. 1 Nr. 1 AsylG verpflichtet, an der allgemeinen Sachverhaltsaufklärung mitzuwirken.[257] Doch anders als im sozialrechtlichen Verfahren gem. § 60 SGB I liegt diese Pflicht nicht allein im Interesse des Antragstellers. Denn während der Antragsteller im sozialrechtlichen Verfahren bei einer Einstellung gem. § 66 Nr. 1 SGB I in den „status quo" zurückfällt und sich das Verfahren aus behördlicher Sicht damit erledigt hat, ist dies im Aufenthaltsrecht nicht der Fall. Dort ändert die Einstellung des Verfahrens, welche im Asylverfahren gem. § 33 AsylG ebenso wie im Sozialverfahren möglich ist, nichts an der Tatsache, dass sich das Bundesamt für Migration und Flüchtlinge (BAMF) und die Ausländerbehörden mit dem Aufenthalt einer ausländischen Person auseinandersetzen müssen. Denn selbst wenn das Asylverfahren (wegen Nichtbetreibens gem. § 33 AsylG) eingestellt wurde, so bleibt der Ausländer dennoch zunächst im Land. Oftmals erhält er mangels Möglichkeit einer zeitnahen Aufenthaltsbeendigung dann gem. § 60a AufenthG eine Duldung.[258] Die staatliche Steuerung des Aufenthaltes ist in diesen Fällen jedenfalls stark erschwert. Dies liegt in der strukturellen Konzeption des Aufenthaltsrechts begründet: Zwar ist die Erteilung eines

---

255 Wo keine Sozialleistungen im Sinne eines „Förderns" vergeben werden, da fehlt es auch an einem Druckmittel für das „Fordern".

256 *Kment/Berger* (Fn. 245), S. 123.

257 Siehe dazu S. 111 ff.

258 *Kluth/Breidenbach*, in: Kluth/Heusch (Hrsg.), BeckOK AuslR, 28. Ed. (01.01.2021), § 60a AufenthG, Rn. 8.

Aufenthaltstitels (im Asylverfahren also eines humanitären Aufenthalts) eine staatliche Leistung in Form eines begünstigenden Verwaltungsakts. Die Steuerung des Aufenthalts gelingt aber über dieses System nur begrenzt, da für eine faktisch wirksame Steuerung nicht nur der *rechtliche*, sondern auch der *faktische* Aufenthalt beendet werden muss. Daher haben die staatlichen Behörden im Falle aussichtsloser Asylanträge oftmals sogar ein höheres Interesse an der Mitwirkung am Asylverfahren als der Asylbewerber selbst, damit dieses zügig abgeschlossen und der Aufenthalt beendet werden kann.

d) Die Durchsetzbarkeit als Kriterium „echter" Mitwirkungspflichten?

Dieses Interesse an der Pflichterfüllung führt dazu, dass das Recht auch verschiedene Zwangsmittel zur Erfüllung von Pflichten vorsieht. Hier ist jedoch zwischen „physischen" Mitwirkungspflichten, etwa der Pflicht zur Herausgabe des Passes oder anderer relevanter Dokumente und „inneren" Pflichten, also der Darlegung von Informationen oder Auskünften, zu unterscheiden.

aa) Physische Mitwirkungspflichten

So können die Behörden bspw. die Pflicht zur Herausgabe eines physischen Gegenstandes erreichen, indem sie gem. § 15 Abs. 4 AsylG den Asylbewerber und die von ihm mitgeführten Sachen nach relevanten Unterlagen durchsuchen.[259] Da diese Durchsuchung auch gegen den Willen des Asylbewerbers vorgenommen werden kann, ist sie somit auch zwangsweise durchsetzbar, sodass es sich um eine, nach der Definition des Sozialrechts, „echte" Mitwirkungspflicht handelt. Allerdings ist der Begriff der zwangsweisen Durchsetzbarkeit seinerseits im Einzelfall nicht immer klar definiert. Das Vollzugsrecht unterscheidet bei der Durchsetzung gegen den Willen des Betroffenen verschiedene Zwangsmittel, darunter das Zwangsgeld, die Ersatzvornahme und den unmittelbaren Zwang.[260] Während das Zwangsgeld den Mitwirkungsverpflichteten nur psychisch „motivieren" soll, die Handlung gegen seinen Willen vorzunehmen, zielen Ersatzvornahme und unmittelbarer Zwang tatsächlich auf die unmittelbare Umsetzung durch die Behörde selbst ab. Bei der Ersatzvornahme findet dies statt, indem die Behörde anstelle des Verpflichteten die Handlung vornimmt, beim unmittelbaren Zwang bedient sie sich körperlicher Gewalt zur Einwirkung auf Personen

---

259 Siehe S. 116.
260 *Deusch/Burr*, in: Bader/Ronellenfitsch (Hrsg.), BeckOK VwVfG, 50. Ed. (01.01.2021), § 9 VwVG, Rn. 2.

oder Sachen, um so das Ziel der Pflicht zu erreichen.[261] Entscheidend für die Abgrenzung zwischen Ersatzvornahme und unmittelbarem Zwang ist weiterhin, ob die Pflicht nur höchstpersönlich durch den Verpflichteten erfüllt werden kann. Dann entfällt die Methode der Ersatzvornahme und es bleibt nur das Mittel des unmittelbaren Zwangs. Die Abgrenzung ist im Einzelfall oftmals umstritten, so auch bei der zwangsweisen Durchsetzung der Pflicht zur Herausgabe von Dokumenten gem. § 15 Abs. 1 Nr. 4 AsylG. Nach einer Ansicht handelt es sich bei der zwangsweisen Durchsuchung und Abnahme von Dokumenten um unmittelbaren Zwang „im weiteren Sinne“, da die Herausgabe selbst nur durch den Verpflichteten vorgenommen werden kann.[262] Nach anderer Ansicht stellt die Durchsuchung des Verpflichteten und eine Annahme der Dokumente durch die Behörde eine Form der Ersatzvornahme dar, da es diesbezüglich nur auf das Ergebnis der Maßnahme ankommt.[263] In diesem Sinne ist „die Wegnahme das Spiegelbild der Herausgabe“.[264] Bei anderen asyl- und aufenthaltsrechtlichen Pflichten außerhalb des Verwaltungsverfahrens ist die zwangsweise Durchsetzung klarer. So sind etwa räumliche Aufenthaltspflichten höchstpersönlicher Art. Nur der Ausländer selbst kann sich dazu entscheiden, sich an räumliche Aufenthaltsge- und verbote zu halten. Eine Ersatzvornahme scheidet hier also aus. Es kommt unter Umständen aber unmittelbarer Zwang in Betracht, indem die Polizei den Asylbewerber, wenn sie ihn an einem ihm unerlaubten Ort antrifft, mit physischer Gewalt in den ihm erlaubten Aufenthaltsbereich zurückbringt. Gleiches gilt für die Abschiebung. Diese ist nichts anders als der zwangsweise Vollzug der Ausweisung mittels unmittelbaren Zwangs.[265]

---

261 *Graulich*, E. Das Polizeihandeln, in: Lisken/Denninger (Hrsg.), Handbuch des Polizeirechts, 6. Aufl., 2018, S. 319 (609), Rn. 861.

262 Siehe dazu *Patella*, NVwZ 1992, 247 (248), wobei auch dieser kritisch darauf hinweist, dass die zwangsweise Durchsuchung nach einem Dokument weder vollständig dem unmittelbaren Zwang, noch der Ersatzvornahme entspricht.

263 *VGH Kassel*, 30.07.1993 – 7 TM 498/92, NVwZ-RR (1994), 89 (90).

264 *VGH Kassel*, 30.07.1993 – 7 TM 498/92, NVwZ-RR (1994), 89 (90).

265 *Kluth*, in: Kluth/Heusch (Hrsg.), BeckOK AuslR, 28. Ed. (01.01.2021), § 58 AufenthG, Rn. 5. Allerdings finden die allgemeinen Regeln des Verwaltungsvollzugs hier keine unmittelbare Anwendung, da die Abschiebung zumeist nicht auf einem eigenen Verwaltungsakt, sondern auf der allgemeinen Ausreisepflicht des § 50 AufenthG beruht. Es handelt sich nach *Kluth* vielmehr um eine „spezialgesetzlich geregelte Maßnahme der Verwaltungsvollstreckung“.

bb) Innere Mitwirkungspflichten

Das staatliche Interesse an der Mitwirkung beschränkt sich aber nicht nur auf die Vornahme von Handlungen wie der Herausgabe von Gegenständen oder dem Aufenthalt an einem bestimmten Ort. Für die Durchführung von Verfahren sind gerade auch Informationen aus der Wissenssphäre des Ausländers selbst von zentraler Bedeutung. Doch gerade jene Mitwirkungspflichten im Verwaltungsverfahren, bei denen es um die Beisteuerung von Informationen und „inneren Tatsachen" durch den Asylbewerber geht, lassen sich oftmals nicht mit Zwang durchsetzen. Die Behörden können den Ausländer hier lediglich unter Druck setzen, bspw. mit einem Zwangsgeld. Zeigt sich der Betroffene aber von derlei finanziellen Nachteilen unbeeindruckt, kann der Staat sich nicht gewaltsam Zugriff auf das „Forum Internum" des Ausländers verschaffen, ohne damit zugleich rechtsstaatliche Standards zu verletzen. Denn physischer Zwang, der auf die Äußerung von Informationen oder Willenserklärungen abzielt, liefe letztlich auf Folter hinaus und verbietet sich daher bereits aus grund- und menschenrechtlichen Gesichtspunkten. Davon abgesehen versprechen auch die Anwendung oder Androhung physischer Gewalt oder andere Sanktionen nicht zwingend Erfolg. Wer sich weigert, zu reden, aus dem kann der Staat Informationen nicht „herauspressen". Auch wenn sich derlei innere Mitwirkungspflichten im Verfahren nicht mit Zwang durchsetzen lassen, handelt es sich aber aus diesem Grund nicht um Obliegenheiten. Denn dass die Erfüllung nicht erzwungen werden kann, liegt in deren faktischen und rechtlichen Grenzen und nicht in einem mangelnden Vollzugsinteresse des Staates begründet.

e) Zwischenfazit

Diese Ausführungen zeigen, dass das Verhältnis zwischen „echten" Mitwirkungspflichten und bloßen Obliegenheiten, sowie sonstigen, gänzlich „freiwilligen" Beiträgen des Ausländers auch im Asyl- und Aufenthaltsrecht nicht immer trennscharf bestimmt werden kann. So ist gerade das dem Zivilrecht entstammende Kriterium der Einklagbarkeit (und in der Folge zwangsweisen Durchsetzbarkeit) als Charakteristikum einer „echten" Pflicht nicht zielführend. Denn gerade innere Mitwirkungspflichten können nicht mit Zwang durchgesetzt werden. Da es nicht um eine vermögenswerte Leistung geht, ist auch keine zwangsweise Kompensation denkbar. Anders gesagt: Aufgrund der Verweigerung einer bestimmten Information kann ein Ausländer nicht „schadens*ersatz*pflichtig" werden, da eine derart höchstpersönliche Mitwirkung gerade nicht *ersetzt* werden kann. Innere Mitwirkungspflichten aber aus diesem Grund als nicht einklagbare Obliegenheiten zu qualifizieren, erscheint wenig überzeugend.

Als schlüssigeres Kriterium für die Unterscheidung von Pflichten und Obliegenheiten erscheint vielmehr die Frage, in wessen Interessenkreis die Rechtsordnung eine bestimmte Handlung, Duldung oder Unterlassung verortet. Im Asyl- und Aufenthaltsrecht liegt die Mitwirkung des Ausländers an der Steuerung seines Aufenthalts nicht nur im eigenen, sondern vor allem im Interesse des Staates, dem die Durchführung der Verfahren als Bedingung einer steuernden Unterscheidung zwischen rechtmäßigen und rechtswidrigen Aufenthalten ein wichtiges Anliegen ist und um so letztlich auch die Entscheidung zwischen zügiger Rückführung oder längerfristigem Aufenthalt treffen zu können. Spätestens hier verlassen die Mitwirkungspflichten den Boden klassischer Obliegenheiten als reine Verpflichtung im Eigeninteresse und werden zentral relevant als Element staatlicher Migrationssteuerung. Dadurch unterscheiden sich auch die Mitwirkungspflichten bei der Migrationssteuerung im Asyl- und Aufenthaltsrecht von denen des Sozialrechts.[266] Diese Pflichten sind dann oftmals auch zwangsweise unmittelbar durchsetzbar durch die Mittel des allgemeinen Verwaltungsvollzugs oder spezialgesetzlicher Grundlagen im Asyl- und Aufenthaltsrecht. Und auch bei den inneren Pflichten, welche der Willenssphäre des Verpflichteten entstammen und die daher physisch nicht erzwungen werden können, versucht der Gesetzgeber im Rahmen faktischer und rechtlicher Grenzen zumindest deren Durchsetzung durch einen umfangreichen Sanktionskatalog. Daher handelt es sich auch bei diesen Pflichten um „echte“ Rechtspflichten und nicht um Obliegenheiten, die nur um Interessenkreis des Ausländers selbst zu verorten wären.

4. *Pflichten ohne Mitwirkung?*

Der Begriff der Mitwirkung knüpft ursprünglich an einen Vorgang an, bei dem eine Wirkung zwischen Behörde und zu bearbeitendem Sachverhalt in Gestalt eines Verwaltungsverfahrens stattfindet. Nur an einem solchen Vorgang kann vonseiten des Ausländers im eigentlichen Sinne *mit*gewirkt werden. Typisch für dieses verwaltungsrechtliche Konzept ist die Ermittlung des Sachverhalts.[267] Jedoch kennt das Aufenthaltsrecht zahlreiche Pflichten des Ausländers, die

---

266 Eine hybride Rolle nehmen daher diejenigen Pflichten des Asylbewerberleistungsgesetzes ein, die sich erst aus einem Verweis in § 9 Abs. 3 S. 1 AsylbLG in §§ 60 ff. SGB I ergeben, und die daher sowohl der Rechtsnatur einer Obliegenheit im Eigeninteresse des Asylbewerbers, als auch einer Mitwirkungspflicht im Interesse staatlicher Migrationssteuerung entsprechen.

267 So etwa bei *Spilker* (Fn. 179), S. 271.

(zumindest unmittelbar) keinen Einfluss auf das ausländerrechtliche Verwaltungsverfahren als solches ausüben. Exemplarisch genannt sei hier etwa die Pflicht zur Wohnsitznahme in einer Aufnahmeeinrichtung gem. § 47 Abs. 1 AsylG.[268] Das Gebot für Asylbewerber, während eines bestimmten Zeitraums an einem bestimmten Ort seinen Wohnsitz zu nehmen, hat auf den ersten Blick nichts mit der Durchführung des Verfahrens zu tun. Für eine materielle Entscheidung über den Asylantrag ist zunächst irrelevant, wo sich der Antragsteller aufhält. Betrachtet man allerdings auch die praktischen Aspekte eines asylrechtlichen Verfahrens, so ist auch die Erreichbarkeit des Antragstellers von wichtiger Bedeutung. § 47 Abs. 3 AsylG gibt in diesem Sinne vor, dass der Asylbewerber während der Dauer der Wohnsitznahme in der Aufnahmeeinrichtung für die zuständigen Stellen erreichbar zu sein hat. Diese Pflicht findet sich im AsylG nur ausdrücklich an dieser Stelle und weist daher eine systematisch auffällige Stellung im Gesetz auf.[269] Daher liegt es nahe, dass die Erreichbarkeit *ein* (wenn nicht sogar *das*) wesentliche Ziel der Norm ist.[270] Für die prüfende Behörde ist der Antragsteller, gerade im Asylrecht, wichtiger Kooperationspartner und vor allem wesentliche Auskunftsquelle.[271] Erster Schritt zur Teilnahme des Antragstellers am Verfahren ist seine Erreichbarkeit. Somit ist die Pflicht zur Wohnsitznahme und der dortigen Erreichbarkeit gem. § 47 Abs. 1 und 3 AsylG zwar keine verfahrensrechtliche Mitwirkungspflicht im eigentlichen Sinne. Durch ihren Beitrag zur effektiven Kommunikation zwischen Behörde und Antragsteller trägt sie aber als flankierende Maßnahme zum Verfahren bei. Es lässt sich also von einer Mitwirkungspflicht im weiteren Sinne sprechen. Eine trennscharfe Unterscheidung zwischen den verschiedenen Zwecken, die der Gesetzgeber mit einer Verpflichtung von Ausländern verfolgt, ist folglich nicht immer möglich. Dies ist nicht zuletzt der umfangreichen Verschränkung der einzelnen aufenthaltsrechtlichen Regelungsbereiche geschuldet, in denen Aspekte des ausländerrechtlichen Verwaltungsverfahrens, der Gefahrenabwehr, aber auch des Sozialstaates, ineinandergreifen.[272]

---

268 Siehe S. 195.

269 *Bergmann*, in: Bergmann/Dienelt (Hrsg.), AuslR, 13. Aufl., 2020, § 47 AsylG, Rn. 5.

270 *Heusch*, in: Kluth/Heusch (Hrsg.), BeckOK AuslR, 28. Ed. (1.1.2021), § 47 AsylG, Rn. 6.

271 *Marx*, Aufenthalts-, Asyl- und Flüchtlingsrecht, 6. Aufl., 2017, S. 935 f., Rn. 86; *Gieß*, ZAR 2017, 406 (407).

272 So versucht der Gesetzgeber bspw. in jüngerer Zeit verstärkt auch das Sozialrecht als Instrument der Effizienzsteigerung des Ausländerverwaltungsrechts heranzuziehen, vgl. *Voigt*, infoalso 2016, 99 (99). Zum Wandel des Migrationsrechts vom

III. Zwischenfazit: von der Mitwirkung am Verfahren zur Mitwirkung im Recht

Der Begriff der Mitwirkungspflicht bezieht sich in seinem originären Sinn zunächst auf die Rolle des Beteiligten in einem Vorgang zwischen der Behörde und einem ihn betreffenden Verwaltungsverfahren. Das wichtigste Beispiel für diese Konstellation ist die Sachverhaltsaufklärung, getragen durch den Amtsermittlungsgrundsatz der Behörde. Hierbei sieht das Gesetz nun vielfach die Teilnahme des Beteiligten vor. Wie frei diese jeweils ausgestaltet ist, ob es sich also um eine bloße Möglichkeit, eine Obliegenheit oder eine echte, ggf. auch mit Zwangsmitteln durchsetzbare, Mitwirkungspflicht handelt, wird weitestgehend durch das spezialgesetzliche Recht vorgegeben. Das allgemeine Verwaltungsrecht, insbesondere das VwVfG, hält sich hier bis auf die Vorgaben des § 26 Abs. 2 VwVfG zurück. Dies ist auch insofern sachgerecht, als dass die verschiedenen Konstellationen des Verwaltungsrechts in ihrer Unterschiedlichkeit kaum durch eine einheitliche Regelung über den Grad der Mitwirkung sachgerecht erfasst werden könnten. Die Erteilung einer Baugenehmigung etwa ist in ihrer Komplexität und ihren individuellen Anforderungen nicht mit einem straßenverkehrsrechtlichen Bußgeldverfahren vergleichbar und Letzteres wiederum nicht mit einem ausländerrechtlichen Visumsverfahren. Welchen Beitrag der Beteiligte zu diesen Verfahren leisten kann und muss, ist daher im jeweiligen Rechtsgebiet geregelt. Darüber hinaus existieren aber, wie am Beispiel des § 47 AsylG gezeigt wurde, weitere Gebote gegenüber Ausländern, die zumindest nicht unmittelbar der Förderung eines Verwaltungsverfahrens dienen, gleichwohl aber als gesetzlich eingeforderter Beitrag eines Ausländers zur Steuerung von Migration insgesamt und damit ebenfalls als Mitwirkungspflichten anzusehen sind.

---

hoheitlich-imperativen „Ausländerrecht" zum modernen Aufenthaltsrecht siehe auch *Groß* (Fn. 133).

III. Teil: Mitwirkungspflichten im Asyl- und Aufenthaltsrecht

Die Mitwirkungspflichten im Asyl- und Aufenthaltsrecht sind so zahlreich wie vielfältig, was sich schlicht durch den großen Aufgabenumfang des Staates im Umgang mit Ausländern erklärt. Vom Zeitpunkt der Einreise an und oftmals sogar schon davor (bspw. im Visumverfahren), bis zur unter Umständen zwangsweisen Beendigung des Aufenthaltes, finden sich Normen des Asyl- und Aufenthaltsrechts, in denen Ausländer zu Handlungen, Duldungen oder einem Unterlassen verpflichtet werden. Dies gilt sowohl für die beiden wichtigsten Rechtsquellen im Asyl- und Aufenthaltsrecht: dem Aufenthalts- und dem Asylgesetz. Aber auch das Asylbewerberleistungsgesetz enthält Mitwirkungspflichten, die sowohl sozial-, als auch asyl- und aufenthaltsrechtlichen Zwecken dienen. Überformt werden alle Mitwirkungspflichten im deutschen Recht wiederum durch das Unionsrecht, welches in Gestalt diverser Richtlinien ebenfalls Vorgaben für die Einbindung und Mitwirkung von Asylbewerbern trifft.

A. Vorgaben zur asylrechtlichen Mitwirkung im europäischen Sekundärrecht

Da das Asylrecht eine in weiten Teilen unionsrechtlich geregelte Rechtsmaterie ist, finden sich auch im europäischen Sekundärrecht einige Normen, welche Vorgaben zur Mitwirkung von Asylbewerbern enthalten. Den primärrechtlichen Rahmen des gemeinsamen europäischen Asylsystems bildet Art. 78 AEUV. Dieser schafft aber nicht nur die Grundlage für ein materiell vereinheitlichtes Asylregime, sondern gibt zu diesem Zweck in Art 78 Abs. 2 lit. d) AEUV auch „gemeinsame Verfahren für die Gewährung und den Entzug des einheitlichen Asylstatus bzw. des subsidiären Schutzstatus“ vor. Demnach handelt es sich bei den Verfahrensregelungen nicht um vollharmonisiertes Unionsrecht im Wege einer Verordnung, sondern um eine Annäherung der nationalen Verwaltungsregelungen, welche am Grundsatz des „Vollzugs durch das Verfahrensrecht der Mitgliedstaaten“ aus Art. 291 Abs. 1 AEUV orientiert ist.[273] Neben diesem Grundsatz steht der Union aber durch die Übertragung materieller

273 Siehe dazu S. 68 f.; *Gellermann*, in: Streinz (Hrsg.), EUV/AEUV, 3. Aufl., 2018, Art. 291 AEUV, Rn. 8.

Kompetenzen als Annex immer auch die Möglichkeit einer unionalen Regelung der dazugehörigen Verfahrensvorschriften zu.[274] Dieses Zusammenspiel des Verwaltungsrechts der Mitgliedstaaten als Regelfall und der Regelung spezieller Verfahrensbelange durch Unionsrecht erklärt auch im Asyl- und Flüchtlingsrecht die aktuelle Rechtslage in Deutschland: Ausgangspunkt des Verfahrens bilden AsylG, AufenthG und AsylbLG sowie subsidiär die Regelungen des allgemeinen Verwaltungsverfahrensrechts. Einzelne Belange werden aber durch die Qualifikationsrichtlinie, die Asylverfahrensrichtlinie und die Aufnahmerichtlinie vorgegeben.

I. Art. 4 Abs. 1 RL 2011/95/EU (Qualifiktaionsrichtlinie)

Für die Frage der Mitwirkung des Antragstellers ist vor allem Art. 4 Abs. 1 der Qualifikationsrichtlinie (QualifikationsRL) von Bedeutung. Demnach können es die Mitgliedstaaten als Pflicht des Antragstellers betrachten, so schnell wie möglich alle zur Begründung des Antrags auf internationalen Schutz erforderlichen Anhaltspunkten darzulegen. Abs. 2 konkretisiert diese Pflicht insbesondere auf Informationen über Alter, die familiären und sozialen Verhältnisse, Identität, Staatsangehörigkeit, Länder und Orte des früheren Aufenthalts, den Reiseweg (einschließlich diesbezüglich relevanter Dokumente) sowie über die Gründe für den Antrag auf internationalen Schutz und die dafür relevanten Dokumente.

Deutschland hat derartige Pflichten des Antragstellers in den §§ 15[275] und 25[276] AsylG umgesetzt.[277] Allerdings waren diese bereits vor dem Erlass der RL 2011/95/EU Bestandteil des AsylG, die Vorschriften wurden also nicht auf Grundlage der QualifikationsRL erlassen, sind aber konform zu dieser. Gerade auch die besonders relevanten Informationskategorien gem. Art. 4 Abs. 2 QualifikationsRL finden sich so fast identisch in den §§ 15 Abs. 2 Nr. 1 und 5 und 25 AsylG. Daher bildet sich in Art. 4 Abs. 1 QualifikationsRL letztlich auch jener Maßstab der Verteilung von Pflichten im Verwaltungsverfahren ab, den auch die genuin deutsche Kombination aus Amtsermittlungsgrundsatz und Mitwirkungspflicht hervorbringt: Der Asylbewerber muss die Beweislast im Verfahren nicht alleine tragen und der Behörde einen von allen Zweifeln befreiten

---

274 *Thym*, in: Kluth/Heusch (Hrsg.), BeckOK AuslR, 28. Ed. (01.07.2020), Art. 74 AEUV, Rn. 3.

275 Siehe S. 111 ff.

276 Siehe S. 123 ff.

277 *Dörig*, in: Hailbronner/Thym (Hrsg.), 2. Aufl., 2016, Art. 4 RL 2011/95/EU, Rn. 5 mit Verweis auf Fn. 84.

Sachverhalt aufbereiten. Er muss aber die relevanten Informationen aus seiner Wissenssphäre zum Verfahren beisteuern. Die Pflicht der Behörde, in diesem speziellen Wissensbereich erforschend tätig zu werden, ist daher begrenzt. Umgekehrt darf die Behörde abstrakt-generelles Wissen, etwa über Konflikte im Herkunftsstaat und andere politisch relevante Informationen, nicht auch noch in den Pflichtenkreis des Antragstellers verschieben, da sie als staatliche Institution wesentlich einfacher an derlei Informationen gelangen kann.[278] Systematisch bildet Art. 4 QualifikationsRL dieses Zusammenspiel jedoch besser ab, da Art. 4 Abs. 3 lit. a) QualifikationsRL zunächst vorgibt, dass die Behörden die generelle Lage im Herkunftsland berücksichtigen müssen, also eine Information, die nach obigem Maßstab primär in den Informationsbereich der Behörde fällt. Lit. b) dagegen bezieht sich auf die „maßgeblichen Angaben des Antragstellers", Lit. c) auf dessen persönliche Lage. Dass diese verschiedenen Kategorien für die Prüfung durch die Behörde gleichermaßen relevant sind, zeigt die Wichtigkeit des kooperativen Zusammenspiels von Antragsteller und Behörde. Ergebnis dieser Vorgaben soll ein faires Verfahren sein, bei dem auch im Falle von Zweifeln aufseiten der Behörde dem Antragsteller die Gelegenheit gegeben wird, diese durch plausible Ergänzungen auszuräumen.[279]

Auch der Beweismaßstab des deutschen Asylverfahrens, welcher in Form der Glaubwürdigkeitsprüfung an den Antragsteller angelegt wird, findet sich in Art. 4 Abs. 5 QualifikationsRL. Demnach dürfen die Mitgliedstaaten vom Antragsteller für seine Angaben keine Beweise im Sinne letztgültiger Tatsachen verlangen, wenn dieser sich 1. bei der Darlegung der Angaben ernsthaft bemüht hat, 2. das Fehlen von Dokumenten oder Informationen plausibel erklären kann, 3. seine Angaben kohärent und nachvollziehbar sind, 4. er den Antrag auf internationalen Schutz zum frühstmöglichen Zeitpunkt gestellt hat und er 5. insgesamt als glaubwürdig einzuschätzen ist. Insbesondere die Nr. 1, 2, 3 und 5 ähneln sehr dem Erfordernis der Glaubhaftmachung.[280] Insoweit bedeutet eine Begrenzung der dem Antragsteller abverlangten Mitwirkung auf die Glaubhaftmachung jedoch keine grundsätzliche Würdigung von Zweifeln zu seinen Gunsten.[281] Dem Antragsteller verbleibt in jedem Fall die Pflicht, im Rahmen seiner

278 *Dörig* (Fn. 277), Art. 4 RL 2011/95/EU, Rn. 6.

279 *Dörig* (Fn. 277), Art. 4 RL 2011/95/EU, Rn. 26.

280 *Gieß* (Fn. 271), S. 408 f.

281 Es handelt sich also nicht etwa um eine Vorschrift im Sinne des „in dubio pro reo" Grundsatzes des Strafverfahrens, vgl. *Dörig* (Fn. 277), Art. 4 RL 2011/95/EU, Rn. 38.

Möglichkeiten sein Schutzbegehren zu erläutern und die notwendigen Ausführungen zu machen.

II. Art. 13 RL 2013/32/EU (Asylverfahrensrichtlinie)

Neben Art. 4 der Qualifikationsrichtlinie trifft auch die Asylverfahrensrichtlinie (AsylVerfRL) Regelungen über die Mitwirkung des Antragstellers am Verfahren. Betrachtet man nur den Titel der beiden Rechtsakte, so deutet sich an, dass die QualifikationsRL die materiellen Inhalte des europäischen Flüchtlingsschutzes, die VerfahrensRL dagegen die verfahrensrechtlichen Aspekte regelt. Diese Trennung lässt sich jedoch, wie anhand von Art. 4 der QualifikationsRL aufgezeigt wurde, nicht stringent durchhalten. Das Verhältnis der beiden Rechtsakte zueinander ist somit keine strenge Trennung, vielmehr ergänzen sich beide Richtlinien und nehmen auch explizit Bezug aufeinander.

So schreibt Art. 13 Abs. 1 AsylVerfRL den Mitgliedstaaten vor, dass diese die Antragsteller dazu verpflichten, mit den zuständigen Behörden zur Feststellung ihrer Identität und anderer in Art. 4 Abs. 2 QualifikationsRL genannter Angaben zusammenzuarbeiten. Dies ist insoweit interessant, als dass Art. 13 Abs. 1 zwar explizit auf Art. 4 QualifaktionsRL Bezug nimmt, Letzterer jedoch den Mitgliedstaaten nur die *Möglichkeit* einräumt, den Antragsteller zur schnellstmöglichen Mitwirkung zu verpflichten, Art. 13 dies jedoch von den Mitgliedstaaten ausdrücklich einfordert. Der Unterschied zwischen der Mitwirkung nach Art. 4 QualifikationsRL und Art. 13 AsylVerfRL ist dem Wortlaut nach nur die *schnellstmögliche* Mitwirkung. Es ist jedoch nicht davon auszugehen, dass diese Unterscheidung systematisch vom Gesetzgeber gewollt war. Das Kriterium „schnellstmöglich" ist in diesem Sinne nur deklaratorisch zu verstehen, ähnlich wie die Anordnung der „Unverzüglichkeit". Denn einer behördlichen Anordnung ist es immanent, dass der Verpflichtete diese nicht unbegründet ignoriert, sondern ihr im Rahmen seiner Möglichkeiten („ohne schuldhaftes Zögern") nachkommt.

Zusammen mit Art. 4 Abs. 2 QualifikationsRL bildet Art. 13 Abs. 1, Abs. 2 lit. b) AsylVerfRL den unionsrechtlichen Rahmen der §§ 15 und 25 AsylG, also die Pflicht zur Darlegung entscheidungserheblicher Dokumente und Informationen.[282] Die Vorgaben der AsylVerfRL sind jedoch nicht abschließend. Denn gem. Art. 13 Abs. 1 S. 2 AsylVerfRL können die Mitgliedstaaten den

---

282 *Houben*, in: Kluth/Heusch (Hrsg.), BeckOK AuslR, 28. Ed. (01.01.2021), § 15 AsylG, Rn. 2.

Antragstellern „weitere Verpflichtungen zur Zusammenarbeit mit den zuständigen Behörden auferlegen, sofern diese Verpflichtungen für die Bearbeitung des Antrags erforderlich sind." Daher ist bspw. die Pflicht aus § 15 Abs. 6 AsylG zur Aushändigung von Datenträgern mit der AsylVerfRL vereinbar, auch wenn diese nicht durch die AsylVerfRL genannt wird.

Art. 13 Abs. 2 lit. a) AsylVerfRL enthält die Möglichkeit für die Mitgliedstaaten, die Pflicht zur unverzüglichen oder fristgerechten Meldung bei bestimmten Behörden anzuordnen. Diese findet sich im AsylG in der Pflicht zum Asylgesuch gem. § 13 Abs. 3 i.V.m. § 18 bzw. § 19 AsylG sowie in der Pflicht zur Stellung des Asylantrags gem. § 23 AsylG. Fraglich ist aber, ob auch die Pflicht gem. der §§ 20, 22 und 22a AsylG sich zu einer bestimmten Unterkunft zu begeben, von Art. 13 Abs. 2 lit. a) AsylVerfRL umfasst ist. Dagegen spricht, dass eine Aufnahmeeinrichtung schon dem Wortlaut nach nicht als „Behörde" zu verstehen ist. In der englischen Sprachfassung spricht die RL jedoch anstelle der „Behörden" von „competent authorities", womit nicht nur Behörden im klassischen Sinn, sondern auch sonstige Strukturen der für den Entscheidungsprozess erheblichen Verwaltung gemeint sind.[283] Da die Unterbringung in der Aufnahmeeinrichtung unter anderem auch der effektiven Durchführung des Asylverfahrens dient, etwa indem eine dauerhafte Erreichbarkeit des Antragstellers sichergestellt wird, sind auch die Aufnahmeeinrichtungen als „Behörde" im Sinne von Art. 13 Abs. 1 S. 2 und Abs. 2 lit. a) AsylVerfRL zu verstehen. Pflichten, mit denen der Gesetzgeber Asylbewerber bei der räumlichen Verteilung einbindet, sind daher mit der AsylVerfRL grundsätzlich vereinbar.

Art. 13 Abs. 2 lit. c) AsylVerfRL ermöglicht die Verpflichtung des Antragstellers, den Behörden schnellstmöglich seine aktuelle Anschrift mitzuteilen bzw. behördliche Post an seine letzte gemeldete Adresse gegen sich gelten lassen zu müssen. § 10 AsylG macht von dieser Möglichkeit im deutschen Verfahren Gebrauch.

III. Art. 7 RL 2013/33/EU (Aufnahmerichtlinie)

Die Aufnahmerichtlinie (AufnahmeRL) gibt gem. ihrer Erwägungsgründe 11 und 12 europäische Mindeststandards bei der Aufnahme von Asylbewerbern vor, die zum einen dem Schutz grundlegender Menschenrechte dienen, zum anderen aber auch ein einheitliches (Mindest)Niveau der Unterbringung in den

283 *Vedsted-Hansen*, in: Hailbronner/Thym (Hrsg.), 2. Aufl., 2016, Art. 13 RL 2013/32/EU, Rn. 3.

Mitgliedstaaten sicherstellen sollen um so Sekundärmigrationsanreize zwischen den Mitgliedstaaten zu vermeiden. In diesem Rahmen enthält die AufnahmeRL auch Pflichten für den Asylbewerber.

So bildet Art. 7 AufnahmeRL den unionsrechtlichen Rahmen für eine Pflicht des Asylbewerbers, sich nur in einem bestimmten Teil des Staatsgebiets aufzuhalten.[284] Der Antragsteller darf sich gem. Art. 7 Abs. 1 AufnahmeRL entweder im Gebiet des Mitgliedstaates oder „in einem […] zugewiesenen Gebiet frei bewegen". Macht ein Mitgliedstaat von dieser Regelung Gebrauch, so gilt für den Antragsteller folglich eine Pflicht, sich nur in dem ihm zugewiesenen Gebiet aufhalten zu dürfen. Jedoch darf dies nicht darüber hinwegtäuschen, dass Art. 7 AufnahmeRL vom Grundsatz der Freizügigkeit von Flüchtlingen ausgeht.[285] Dieser ist auch in Art. 26 GFK verbürgt, zumindest für jene Flüchtlinge, die sich rechtmäßig im Gebiet des Mitgliedstaates aufhalten.[286] Der Grundsatz der Freizügigkeit gem. Art. 26 GFK gilt jedoch nur vorbehaltlich der Bestimmungen, die allgemein auf Ausländer unter den gleichen Bestimmungen Anwendung finden. So können Aufenthaltstitel generell gem. § 12 Abs. 2 AufenthG mit räumlichen Beschränkungen versehen werden. Wenn dies bei Aufenthaltstiteln als Rechtsform des regulären Aufenthaltsrechts gilt, so muss dies erst recht bei der Aufenthaltsgestattung Anwendung finden, bei der sich die endgültige Rechtmäßigkeit des Aufenthalts noch „in der Schwebe" befindet. Daher ist die Einschränkung des räumlichen Aufenthaltes eine Regelung, die auch für den Aufenthalt während des Asylverfahrens angewendet werden kann. Sie findet somit generell auf Ausländer Anwendung, und ist mithin auch mit Art. 26 GFK vereinbar.

Allerdings ist die räumliche Beschränkung eines Aufenthaltstitels ein Grundrechtseingriff und damit auch rechtfertigungsbedürftig.[287] Gleiches gilt sinngemäß für die Beschränkungen, die auf Grundlage von Art. 7 AufnahmeRL für

---

284 Im deutschen Asylrecht firmiert diese Pflicht in der politischen und juristischen Diskussion unter dem Begriff der „Residenzpflicht".

285 *Peek/Tsourdi*, in: Hailbronner/Thym (Hrsg.), 2. Aufl., 2016, Art. 7 RL 2013/33/EU, Rn. 7.

286 Zwar stellt die Aufenthalts*gestattung* gem. § 55 AsylG als Rechtsstatus der Antragsteller auf humanitären Schutz während des Verfahrens ausdrücklich keinen Aufenthaltstitel und damit kein klassisches Aufenthalts*recht* dar (vgl. dazu *Neundorf*, in: Kluth/Heusch (Hrsg.), BeckOK AuslR, 28. Ed. (01.07.2020), § 55 AsylG, Rn. 5). Dennoch hält der Ausländer sich während des Verfahrens durch die Aufenthaltsgestattung rechtmäßig im Land auf, Art. 26 GFK findet damit Anwendung.

287 *Maor*, in: Kluth/Heusch (Hrsg.), BeckOK AuslR, 28. Ed. (01.01.2021), § 12 AufenthG, Rn. 12.

Aufenthaltsgestattungen erlassen werden, denn diese Eingriffs- und Rechtfertigungssystematik findet sich auch in Art. 7 Abs. 2, wonach die Zuweisung zu einem bestimmten Ort möglich ist, wenn dies aus Gründen des öffentlichen Interesses, der öffentlichen Ordnung oder wenn es für eine zügige Bearbeitung und wirksame Überwachung des Antrags auf internationalen Schutz erforderlich ist. Auch im Unionsrecht ist somit das Ziel effizienterer Verfahren das Motiv räumlicher Aufenthaltspflichten. Diese verfahrensrechtlichen öffentlichen Interessen dürfen die Bewegungsfreiheit gem. Art. 7 Abs. 1 S. 2 RL AufnahmeRL jedoch nur soweit beschränken, wie dadurch nicht die unveräußerliche Privatsphäre des Antragstellers verletzt wird oder ihm die Ausübung seiner aus der RL folgenden Vorteile beeinträchtigt wird. Was genau der europäische Gesetzgeber aber mit der „Schranke der unveräußerlichen Privatsphäre" meint, ist nicht ohne Weiteres erkennbar. Denn das Konzept der Privatsphäre dient typischerweise dem Schutz vor einem Eindringen in den besonders geschützten Nähebereich der Persönlichkeitsentfaltung, bspw. in Form persönlicher Kommunikation oder der räumlichen Intimsphäre in Gestalt der Wohnung.[288] Dagegen geht es bei den räumlichen Beschränkungen des Art. 7 nicht um ein Eindringen in eine geschützte Sphäre, sondern um eine Begrenzung der Ausweitung räumlicher Fortbewegungsfreiheit, also nicht um einen nach *innen* gerichteten Eingriff, sondern um die Beschneidung einer nach *außen* gerichteten Freiheitsausübung. Der Begriff der „Privatsphäre" für dieses Recht ist daher zumindest missverständlich. Die direkte Übersetzung der englischen Fassung des Art. 7, in der von einer „sphere of private life" die Rede ist, deutet darauf hin, dass es nicht um die Privatsphäre, sondern die Sphäre des privaten Lebens, also den Raum der Selbstverwirklichung geht. Der „unalienable", also unveräußerliche Raum in diesem Sinne ist somit der Raum, in dem zumindest die grundlegenden Bedürfnisse der freien Persönlichkeitsentfaltung, etwa der Kontakt zu anderen Menschen, der Zugang zu einem Minimalangebot an Kultur und Bildung und damit zu grundlegenden gesellschaftlichen Partizipationsmöglichkeiten gewährleistet ist. Eine derart weitgehende Einschränkung der Persönlichkeitsentfaltung ist jedoch durch die Residenzpflicht in § 56 AsylG nicht zu befürchten, da diese den Raum des Aufenthalts auf den Bezirk der Ausländerbehörde beschränkt.[289]

---

288 Dies gilt sowohl für das deutsche, wie für das europäische Grundrechtsregime, siehe *Starck*, in: Mangold/Klein/Starck (Hrsg.), 7. Aufl., 2018, Art. 2 GG, Rn. 173 und *Jarass*, in: ders. (Hrsg.), 4. Aufl., 2021, Art. 7 GRCh, Rn. 13.

289 *Neundorf*, in: Kluth/Heusch (Hrsg.), BeckOK AuslR, 28. Ed. (01.07.2020), § 56 AsylG, Rn. 9.

Dieser umfasst in der Regel das Gebiet eines Landkreises oder einer kreisfreien Stadt. Dort bestehen grundsätzlich die Möglichkeit der freien Persönlichkeitsentfaltung durch soziale Kontakte und ein grundlegendes Kultur- und Bildungsangebot. Unzulässig wäre es demnach nur, wenn die Residenzpflicht den Bezirk des Aufenthaltes auf ein stark abgeschiedenes Gebiet begrenzen würde, etwa um aus migrationspolitischen Gründen einen Aufenthalt so unattraktiv wie möglich zu machen. Ein solches de facto „Freiluftgefängniss" wäre mit Art. 7 der RL nicht mehr vereinbar.

Über die Möglichkeit der Beschränkung des Aufenthaltsgebiets hinaus statuiert Art. 7 Abs. 5 AufnahmeRL auch eine Pflicht zur schnellstmöglichen Meldung der aktuellen Adresse und eventueller Adressänderungen. Diese Pflicht hatte Deutschland bereits in der ersten Fassung des Asylverfahrensgesetzes von 1992 in § 10 Abs. 1 S. 2 AsylG umgesetzt.[290] Sie ist somit im nationalen Recht älter als die Aufnahmerichtlinie, gleichwohl aber mit dieser konform.

IV. Art. 13 RL 2013/33/EU (Aufnahmerichtlinie)

Die Vorschrift gibt den Mitgliedstaaten die Möglichkeit, eine Untersuchung der Antragsteller aus Gründen der öffentlichen Gesundheit anzuordnen. Wie auch bei § 62 AsylG, der die Vorgaben der Richtlinie insoweit angemessen umsetzt, folgt bereits aus Art. 13 der Richtlinie eine Pflicht zur Duldung einer solchen Untersuchung.[291] Die Pflicht zur Duldung gebietet es allerdings umgekehrt, dass die Untersuchung geeignet, erforderlich und verhältnismäßig sein muss. Daher sind nur Untersuchungen auf Krankheiten zulässig, bei denen nachvollziehbare Gründe für die Möglichkeit einer Infektion sprechen.[292] Verdachtsunabhängige Untersuchungen sind im Umkehrschluss nicht zulässig.

---

290 BT-Drs. 12/2062, S. 6.

291 Siehe dazu S. 200 f.

292 *Peek/Tsourdi*, in: Hailbronner/Thym (Hrsg.), 2. Aufl., 2016, Art. 13 RL 2013/33/EU, Rn. 5.

B. Mitwirkungspflichten im Asyl-, Aufenthalts- und Asylbewerberleistungsgesetz: Systematisierung und Analyse

I. Untersuchung nach Steuerungsbereichen

Innerhalb der Mitwirkungs- und Kooperationspflichten weisen einige bezüglich ihrer Funktion bei der Steuerung von Migration systematische Gemeinsamkeiten auf. Diese lassen sich letztlich in drei übergeordnete Kategorien einteilen: *verfahrensbezogene*, *räumliche* und *integrationsbezogene* Pflichten.

1. Verfahrensbezogene Mitwirkungspflichten

Die Kategorie der verfahrensbezogenen Pflichten dient der Ermöglichung oder Effizienzsteigerung im asyl- und aufenthaltsrechtlichen Verwaltungsverfahren. Die Mitwirkung des Ausländers soll hier vor allem sicherstellen, dass die Behörden über die notwendigen Daten, Informationen sowie Beweis- und Entscheidungsgrundlagen verfügen. Außerdem soll sichergestellt werden, dass notwendige Anträge vonseiten des Ausländers auch tatsächlich gestellt werden, damit der migrationsrechtliche Steuerungsprozess nicht „ins Stocken" gerät. Diese Kategorie macht quantitativ einen Großteil der Mitwirkungspflichten aus. Daran zeigt sich, dass Mitwirkung aus Sicht des Gesetzgebers besonders im asyl- und aufenthaltsrechtlichen Verwaltungsverfahren zur Herbeiführung rechtlicher Entscheidungen geboten ist. Umgekehrt erklärt dies aber auch, warum, mit Blick auf das Durchsetzungsdefizit im Aufenthaltsrecht, der Gesetzgeber eine ausbleibende Mitwirkung als zentrale Gefährdung einer effizienten Migrationssteuerung wahrnimmt und Mitwirkungspflichtverletzungen entsprechend sanktioniert.

2. Räumliche Mitwirkungspflichten

Eine zweite Kategorie bilden die räumlichen Mitwirkungspflichten. Diese geben dem Verpflichteten vor allem den Aufenthalt oder die Wohnsitznahme an einem bestimmten Ort vor. Dies dient, gerade im Asylverfahrensrecht, zum einen der Verteilung und Organisation der Verfahren auf die Länder und Kommunen und somit einem innerföderalen Lastenausgleich. Durch die Möglichkeit des Zugriffs auf mitwirkungspflichtige Ausländer flankieren räumliche Pflichten letztlich aber auch verfahrensbezogene Pflichten und tragen so zu einer effizienten Migrationssteuerung insgesamt bei. Teilweise verschmelzen verfahrensbezogene und räumliche Pflichten auch, etwa dann, wenn dem Verpflichteten vorgegeben wird, sich zwecks Antragstellung oder Verfahrenseinleitung zu einer bestimmten Stelle zu begeben.

3. Integrationsbezogene Mitwirkungspflichten

Die dritte Gruppe bilden die integrationsbezogenen Mitwirkungspflichten. Sie unterscheiden sich von den Pflichten der ersten beiden Kategorien insoweit, als dass es hier mehr um eine in die Zukunft gerichtete Perspektive der Steuerung von Migrationsfolgen und weniger um eine Bewältigung des „Jetzt", also der Klärung des rechtlichen Status im Verfahren, geht. Dennoch ist auch hier eine trennscharfe Abgrenzung nicht in Gänze möglich, da der Gesetzgeber seit einiger Zeit ein präventives Konzept von Integration verfolgt, welches möglichst ab den ersten Anzeichen eines längeren Aufenthalts („gute Bleibeperspektive") Schritte zur Integration einleitet und den Ausländer selbst dabei einbindet und auch verpflichtet.

II. Untersuchung nach Fachgesetzen

Die zweite Ebene der Systematisierung der Mitwirkungspflichten orientiert sich an Aufbau und Gliederung der einfachgesetzlichen Vorgaben. So soll zunächst für jede Kategorie das AsylG, im Anschluss daran dann das AufenthG untersucht werden. Beide Gesetze zusammen bilden das „Rückgrat" des deutschen Migrationsrechts auf der Ebene des einfachen Gesetzes.[293] Hinzu tritt das Asylbewerberleistungsgesetz, welches die sozialen Rechte und Pflichten für Asylbewerber, aber auch für andere ausreisepflichtige Ausländer, regelt. Auch dieses soll daher auf seine Mitwirkungs- und Kooperationsregelungen hin untersucht werden. Ebenfalls sollen die europarechtlichen Vorgaben zu Mitwirkungspflichten und Sanktionen untersucht und kompakt dargestellt werden.

III. Verfahrensbezogene Mitwirkungspflichten

1. Verfahrensbezogene Mitwirkungspflichten im AsylG

Die Gliederung der mitwirkungsrelevanten Normen anhand ihrer jeweiligen fachgesetzlichen Ausgestaltung ist zunächst aufgrund der gesetzgeberischen Entscheidung bedeutsam, das Asylrecht und das allgemeine Aufenthaltsrecht in zwei getrennten Fachgesetzen zu regeln. Diese Aufspaltung vollzog sich erst 1982 mit der Einführung des Asylverfahrensgesetzes, der Vorgängervorschrift

---

293 Zum Verhältnis von AufenthG und AsylG siehe auch S. 32 f.

des heutigen Asylgesetzes. Zuvor war das Asylrecht in den §§ 28–46 des damaligen Ausländergesetzes von 1965, also als Teil des allgemeinen Ausländerrechts, geregelt.

a) Das AsylG als Antwort auf eine steigende Zahl an Asylverfahren

Maßgeblicher Beweggrund der Regelung des Asylrechts in einem eigenen Fachgesetz war die zunehmende Zahl an Asylanträgen.[294] Dieser Ansatz klingt aus der Position des heutigen Migrationsdiskurses wohl vertraut und überrascht dadurch zugleich. Denn offenbar hat sich seit den 1980er-Jahren weder an den Herausforderungen des Themas Asyl für die nationale Verwaltung noch an den Lösungsstrategien des Gesetzgebers Grundlegendes geändert. Verfahren zu verschlanken und Fehlanreize für die Asylantragstellung abzubauen, gehört auch heute noch zum Standardrepertoire der Migrationsgesetzgebung.[295] Auffällig ist zudem damals wie heute die „aktionistische" Vorgehensweise des Gesetzgebers. Sowohl das Asylverfahrensgesetz des Jahres 1982 als auch die „Asylpakete" I und II von 2015 und 2016 sowie das „Geordnete Rückkehr Gesetz" von 2019 wurden nicht präventiv konzipiert, sondern erst unter dem Druck stark angestiegener Zahlen an Asylanträgen bzw. ausreisepflichtiger Ausländer verabschiedet und auch maßgeblich mit diesen begründet.[296] Dieser reaktive Modus der Gesetzgebung mag letztlich auch zur „Krisenhaftigkeit"[297] der deutschen Asylverwaltung in der jüngeren Zeit beigetragen haben.

b) Die Ausdifferenzierung der Mitwirkung des Asylbewerbers durch das AsylG

Auch die Mitwirkungspflichten im Asylverfahren sind eine Reaktion auf den Anstieg der Antragszahlen zu Beginn der 1980er-Jahre. Sie finden ihre ursprüngliche Quelle daher im Asylverfahrensgesetz von 1982. Zuvor regelten die §§ 29–34 des Ausländergesetzes (AuslG) den Ablauf des Asylverfahrens. Zwar lag bereits damals die institutionelle Zuständigkeit gem. § 29 AuslG beim Bundesamt für Migration und Flüchtlinge (damals noch „Bundesamt für die Anerkennung ausländischer Flüchtlinge"). Gem. § 30 Abs. 1 AuslG traf jedoch ein spezieller Ankerkennungsausschuss die Entscheidung und kein einzelner

294 BT-Drs. 9/221, S. 1.

295 *Thym*, NVwZ 2016, 409 (410 f.); *Kluth*, ZAR 2016, 121(122 f.).

296 Siehe zum Asylpaket I BT-Drs. 18/6185, S. 1, zum Asylpaket II BT-Drs. 18/7538, S.1 und zum „Geordnete-Rückkehr-Gesetz" BT-Drs. 19/10047, S. 1.

297 Siehe dazu auch *Ganter/Zeißler*, DÖV 2018, 447.

Sachbearbeiter wie in heutigen Asylverfahren. Dieser Anerkennungsausschuss hatte gem. § 33 AuslG zudem die Aufgabe, den Sachverhalt aufzuklären und die erforderlichen Beweise zu erheben, was als Ausdruck der klassischen Amtsermittlungspflicht verstanden werden kann.[298] Flankiert wurde diese Regelung durch die Pflicht zur Anwesenheit des Asylbewerbers während des Verfahrens gem. § 31 AuslG. Zwar sprach diese Vorschrift nur von der bloßen Anwesenheit des Antragstellers und nicht davon, welche Mitwirkungspflichten darüber hinaus während der Anwesenheit beim Verfahren zu erfüllen sind. Aus § 31 S. 2 AuslG ergibt sich jedoch zumindest ein Hinweis darauf, dass der Gesetzgeber auch im damaligen Verfahrensrecht eine Mitwirkung des Asylbewerbers vorsah. Denn demnach kann von der Anwesenheit des Antragstellers abgesehen werden, wenn „der Sachverhalt ausreichend geklärt ist". Daraus folgt im Umkehrschluss, dass zumindest ein wesentlicher Grund für die Anwesenheit des Antragstellers dessen Mitwirkung an der Sachverhaltsaufklärung ist. Dieses Verhältnis von Mitwirkung und Amtsermittlung im Asylverfahren konnte jedoch allenfalls mittelbar aus dem Sinn und Zweck der Anwesenheitspflicht geschlossen werden. Eine Klarstellung durch den Wortlaut, wie sie sich heute aus den normierten Mitwirkungspflichten in den §§ 15; 25 im Verhältnis zum Amtsermittlungsgrundsatz aus § 24 AsylG ergibt, fehlte dagegen. Das AsylG hat somit erst zu einer Ausdifferenzierung der Mitwirkungspflichten im Asylverfahren geführt und stellt daher nach aktuellem Stand die wichtigste Rechtsquelle für die Untersuchung der Mitwirkungspflichten im Asylverfahren dar.

c) *Mitwirkung an der Datenerhebung (§ 7 AsylG)*

Chronologisch betrachtet enthält der dritte Abschnitt des AsylG („allgemeine Bestimmungen") mit § 7 AsylG die erste Norm, welche die Mitwirkung des Asylbewerbers im Verfahren adressiert. Diese regelt zunächst allgemein die Befugnis der Behörden zur Erhebung von Daten des Asylbewerbers.[299] Eine Pflicht zur Mitwirkung an der Datenerhebung enthält die Vorschrift nicht, jedoch schreibt § 7 Abs. 2 S. 1 AsylG vor, dass die Daten beim Betroffenen zu erheben sind. Ohne Mitwirkung des Betroffenen dürfen sie bei anderen öffentlichen, ausländischen und nichtöffentlichen Stellen nur erhoben werden, wenn „die Mitwirkung des Betroffenen nicht ausreicht oder einen unverhältnismäßigen Aufwand erfordern würde."

---

298 Siehe dazu S. 65 f.

299 *Kluth*, in: Kluth/Heusch (Hrsg.), BeckOK AuslR, 28. Ed. (01.01.2021), § 7 AsylG, Rn. 1.

Aus dieser Vorgabe des § 7 Abs. 2 Satz 1 AsylG, die Daten beim Betroffenen zu erheben, folgt noch nicht zwingend eine (aktive) Mitwirkungspflicht an der Datenerhebung. Denn die Erhebung der Behörde könnte sich z.B. auch auf eine Nutzung der Daten beschränken, die ohne aktives Zutun des Betroffenen gewonnen werden können (z.B. Personaldaten in einschlägigen Unterlagen, welche der Betroffene mit sich geführt hat). Jedoch gibt zum einen bereits der Wortlaut „beim Betroffenen" deutlich eine Richtung der Datenverarbeitung vor, bei der dem Betroffenen zumindest passive Duldungspflichten übertragen werden. Liest man § 7 Abs. 2 S. 1 AsylG zudem in Verbindung mit den „allgemeinen Mitwirkungspflichten" aus § 15 AsylG,[300] so ergibt sich innerhalb der Datenerhebung des § 7 Abs. 2 S. 1 AsylG folgerichtig eine Mitwirkungspflicht des Asylbewerbers an der bei ihm vorgenommenen Datenerhebung.[301]

Diese wurde bisher auch mit dem datenschutzrechtlichen Grundsatz Direkterhebung von Daten beim Betroffenen selbst gem. § 4 Abs. 2 S. 1 BDSG a.F. begründet.[302] Mit der Reform des Datenschutzrechts und dem Inkrafttreten der Datenschutzgrundverordnung (DSGVO) sowie des neuen Bundesdatenschutzgesetzes ist § 4 Abs. 2 S. 1 BDSG aF und damit auch der Grundsatz der Direkterhebung jedoch entfallen. Die DSGVO selbst, wie auch die zuvor geltende Datenschutzrichtlinie 95/46/EG, enthalten das Gebot der Direkterhebung nicht.[303] Dem Gesetzgeber bleibt es somit durch die unionsrechtlichen Vorgaben überlassen, ob er den Grundsatz der Direkterhebung, und damit auch die Mitwirkungspflichten des Asylbewerbers, weiterhin aufrechterhält oder unter dem neuen europäischen Datenschutzregime künftig den Bezug der Daten aus externen Quellen bevorzugt.[304] Ihre Grenze findet die Pflicht zur Mitwirkung

---

300 Siehe dazu S. 111 ff.

301 *Bergmann/Krämer*, in: Bergmann/Dienelt (Hrsg.), AuslR, 13. Aufl., 2020, § 7 AsylG, Rn. 7; so auch für die insoweit gleichlautende Regelung des früheren § 75 Abs. 2 S. 1 und 2 Ausländergesetz *Bäumler*, NVwZ 1995, 239 (239 f.), welcher zugleich die Unbestimmtheit der Verankerung der Datenerhebung zwischen dem Betroffenen selbst und dritten Stellen kritisiert; die verschärfte Mitwirkungspflicht für die Datenerhebung betonend *Krämer*, VBlBW 1999, 325 (326).

302 *Hilbrans*, in: Hofmann (Hrsg.), AuslR, 2. Aufl., 2016, § 7 AsylG, Rn. 7 mit Verweis auf *Hilbrans*, in: Hofmann (Hrsg.), AuslR, 2. Aufl., 2016, § 86 AufenthG, Rn. 9; *Bäumler* (Fn. 301), S. 239.

303 Siehe dazu auch *Martini/Wenzel*, DVBl. 2017, 749 (750, Fn. 19).

304 Nach a.A. unterliegt das Grundrecht auf informationelle Selbstbestimmung aus Art. 2 Abs. 1 GG i.V.m. Art. 1 Abs. 1 GG einem „besonderen Schrankenregime", aus dem sich bereits verfassungsrechtlich der Vorrang der Direkterhebung ergibt, vgl. *Kluth* (Fn. 299), § 7 AsylG, Rn. 10. Dies erscheint jedoch durch die Kompetenzübertragung

freilich in der Zweckbindung der Datenerhebung.[305] Wenn schon die Behörde bestimmte Daten bereits materiell nicht erheben darf, so kann folgerichtig auch der Betroffene nicht zur Mitwirkung an einem solchen Vorgang verpflichtet werden.[306]

d) Mitwirkung bei der Zustellung postalischer Behördenschreiben (§ 10 AsylG)

Grundlegende Aufgabe der Norm ist die Sicherstellung einer wirksamen Zustellung von Mitteilungen des Bundesamtes, der Ausländerbehörden und der Gerichte an den Ausländer. Dies ist gerade für das asylrechtliche Verwaltungsverfahren zwingend notwendig, da eine wirksame Zustellung gem. § 130 BGB die Grundvoraussetzung der Bekanntgabe eines Verwaltungsakts gem. § 41 Abs. 1 VwVfG ist, ohne die ein VA wiederum keine Wirksamkeit beanspruchen kann.[307] Die Norm ist in diesem Sinne auch auf das asylrechtliche Verfahren beschränkt, eine inhaltliche Ausdehnung auf sonstige ausländerrechtliche Verfahren (bspw. für ein Visums- oder auch Strafverfahren nach dem AufenthG) konnte sich in der Gesetzgebung nicht durchsetzen.[308] Jedoch ist der Begriff des asylrechtlichen Verfahrens in diesem Sinne weit zu verstehen, er umfasst mithin mehr als das Verfahren über die Entscheidung des Asylantrags, sondern erstreckt sich auf den gesamten verwaltungsrechtlichen Vorgang von der Äußerung eines Asylgesuchs bis hin zur Ausreise.[309]

In § 10 Abs. 1 S. 1 AsylG nimmt die Regelung Bezug auf Ausländer und erlegt ihnen Vorsorge- und Mitwirkungspflichten auf (ein Ausländer hat „vorzusorgen,

---

des Datenschutzes an die Union und die damit einhergehende Zurückhaltung des nationalen Grundrechtsschutzes (seit BVerfGE 73, S. 339 ff.) fraglich, da mit Art. 8 GRCh ein eigenständiger europäischer Datenschutzstandard besteht.

305 *Kluth* (Fn. 299), § 7 AsylG, Rn. 3; speziell zur neuen Rechtslage und der Zweckbindung als „Grundstein des Datenschutzrechts“ siehe u.a. *Schantz*, in: Wolff/Brink (Hrsg.), 35. Ed. (01.05.2020), Art. 5 DSGVO, Rn. 12.

306 *Krämer* (Fn. 301), S. 326 f.

307 *Preisner*, in: Kluth/Heusch (Hrsg.), BeckOK AuslR, 28. Ed. (01.01.2021), § 10 AsylG, Rn. 1.

308 *Bergmann*, in: Bergmann/Dienelt (Hrsg.), AuslR, 13. Aufl., 2020, § 10 AsylG, Rn. 5 mit Verweis auf BT-Drs. 12/2718, S. 60.

309 *Göbel-Zimmermann/Eichhorn et al.*, Asyl- und Flüchtlingsrecht, 2018, Rn. 366; die Wirksamkeit der Norm setzt allerdings die wirksame Belehrung gem. Abs. 7 voraus, sodass der Verfahrensbeginn alleine die Pflichten des Ausländers nicht aktiviert, vgl. *Bruns*, in: Hofmann (Hrsg.), AuslR, 2. Aufl., 2016, § 10 AsylG, Rn. 10.

dass ihn Mitteilungen [...] stets erreichen können"). Eine Konkretisierung der Pflichten erfolgt nur bezüglich der Mitteilungspflicht über den Wechsel der Anschrift in Abs. 1 2. HS, darüber hinaus bleibt die Art der Umsetzung dem Ausländer frei überlassen.[310] Ein gewisser Mindeststandard an Erreichbarkeit besteht allerdings in der Sicherstellung der Zustellung mittels eines funktionsfähigen Briefkastens inklusive Namensschild.[311] Eine Ausnahme von dieser konkreten Pflicht besteht gem. § 10 Abs. 4 AsylG aber in Aufnahmeeinrichtungen gem. § 47 AsylG, da hier die Aufnahmeeinrichtung selbst für die Zustellung an die Bewohner verantwortlich ist.[312] Jedoch hat ein Ausländer wiederum gem. § 10 Abs. 4 S. 3 AsylG sicherzustellen, dass ihm Posteingänge vonseiten der Aufnahmeeinrichtung zugestellt werden können.[313]

Diese Mitwirkungspflichten sind eine deutliche Verschiebung der Zustellungsregeln zulasten des Ausländers, da grundsätzlich niemand gesetzlich verpflichtet ist, die Erreichbarkeit gegenüber Behörden besonders sicherzustellen.[314] Diese Verschärfung berücksichtigt § 10 Abs. 7 AsylG. wonach ein Ausländer bei der Antragstellung schriftlich und gegen Empfangsbestätigung auf die verschärften Zustellungsregeln hinzuweisen ist. Diese Belehrung muss in einer für den Ausländer tatsächlich verständlichen Art und Weise vorgenommen werden.[315] Dennoch hat der massive Anstieg der Asylbewerberzahlen in den Jahren 2015 und 2016 und die damit einhergehenden teils chaotischen Zustände in den Behörden in vielen Fällen zu einer (oftmals unverschuldeten) Unerreichbarkeit von Asylbewerbern geführt.[316] Diese bringt für die Betroffenen drastische Nachteile im Verfahren mit sich.

Denn § 10 Abs. 2 AsylG trifft umfangreiche Regelungen darüber, dass ein Ausländer die Zustellung auch gegen sich gelten lassen muss, wenn sie an die letzte bekannte Adresse erfolgt ist und er keinen rechtswirksamen Bevollmächtigten

---

310 *Funke-Kaiser*, in: Fritz/Vormeier (Hrsg.), Gk-AsylVfG, 91. Erg.-Lfg. (Mai 2011), § 10 AsylG, Rn. 216; *Hailbronner*, in: dass. (Hrsg.), AuslR, 109. Erg.-Lfg. (April 2019), § 10 AsylG, Rn. 13.

311 *Preisner* (Fn. 307), § 10 AsylG, Rn. 13 mit Verweis auf *Hailbronner* (Fn. 310), § 10 AsylG, Rn. 14; *Funke-Kaiser* (Fn. 310), § 10 AsylG, Rn. 217; *VG Frankfurt a. M.*, 16.06.1996 – 5 E 30430/94.A.

312 *Hailbronner* (Fn. 310), § 10 AsylG, Rn. 15.

313 *Bruns* (Fn. 309), § 10 AsylG, Rn. 9.

314 *Preisner* (Fn. 307), § 10 AsylG, Rn. 5.; *Funke-Kaiser* (Fn. 310), § 10 AsylG, Rn. 6; a.A. *Hailbronner* (Fn. 310), § 10 AsylG, Rn. 41.

315 *Bergmann* (Fn. 308), § 10 AsylG, Rn. 25.

316 *Göbel-Zimmermann/Eichhorn et al.* (Fn. 309), Rn. 373.

bestellt hat. Gleiches gilt, wenn die Sendung aufgrund postalischer Unzustellbarkeit nicht zugestellt werden konnte.[317] Die Norm knüpft insoweit an die Pflicht zur Bekanntgabe der letzten bekannten Adresse aus Abs. 1 2. HS an und stellt klar, dass die Mitwirkung an der Erreichbarkeit gem. Abs. 1 keine echte Mitwirkungspflicht ist, sondern lediglich eine Obliegenheit, bei deren Nichtbeachtung die Zustellungsfiktion des Abs. 2 eintreten kann.[318] Den Behörden soll auf diesem Weg stets eine Möglichkeit gegeben sein, den Ausländer postalisch und rechtswirksam im Verfahren erreichen zu können bzw. Letzteres zu fingieren. Begründet liegt dies in der Sorge der Verzögerung und Blockade des Verfahrensgangs durch schlichte Nichterreichbarkeit seitens des Ausländers (bspw. durch ein „Untertauchen“ des Antragstellers).[319] Die Mitwirkungspflicht in Gestalt der Erreichbarkeit dient somit vorrangig der Effizienzsteigerung im Verwaltungsverfahren, sowohl in zeitlicher Hinsicht durch Verfahrensbeschleunigung als auch im Hinblick auf den ressourcensparenden Einsatz von Mitteln der Behörden zur Ermittlung des Aufenthaltsortes des Ausländers. Die Grenze dieser Systematik liegt freilich im Vertretenmüssen der gescheiterten Zustellung durch den Ausländer.[320] Die Behörde muss insoweit durch einen Zustellungsnachweis nachweisen, dass sie alle ihr obliegenden Zustellungsschritte auch unternommen hat.[321] Kann sie dies nicht und kommt es in der Folge dennoch, aufgrund des Abs. 2, zu einer (dann fingierten) Zustellung, durch welche letztlich eine Frist abläuft, von der der Ausländer folglich keine Kenntnis haben konnte, so steht ihm dagegen das Rechtsmittel der Wiedereinsetzung in den vorigen Stand gem. § 60 Abs. 1 VwGO offen.[322]

e) Stellung des Asylgesuchs (§ 13 Abs. 3 AsylG)

Die Stellung des Asylantrags mag zunächst als beinahe triviales Moment im Rahmen des Asylverfahrens erscheinen. Dennoch verrät sie einiges über die Rolle des Asylbewerbers im Verfahren. So zeigt bereits der Begriff „Antrag“,

---

317 Gleichwohl darf dies nicht automatisch zu einer Zustellungsfiktion führen, entscheidend sind immer die tatsächlichen Umstände der Nichtzustellbarkeit, vgl. *VG Gelsenkirchen*, 22.04.2016 – 7a L 834/16.A, BeckRS (2016), 47960.

318 *Preisner* (Fn. 307), § 10 AsylG, Rn. 5.

319 *Funke-Kaiser* (Fn. 310), § 10 AsylG, Rn. 7 f.

320 *OVG Bautzen*, 20.04.2012 – A 4 A 516/11., Rn. 4; *Preisner* (Fn. 307), § 10 AsylG, Rn. 26.

321 *VG München*, 06.07.2017 – M 21 K 16.35587, BeckRS (2017), 117910, Rn. 17.

322 *Hailbronner* (Fn. 310), § 10 AsylG, Rn. 49 ff.

dass die Einleitung eines Verfahrens erst durch die Initiative des Betroffenen selbst erfolgt.[323] Dies folgt auch aus den allgemeinen Vorschriften des § 22 VwVfG, wonach der „Antrag" die Verfahrenseinleitung durch den Betroffenen bezeichnet.[324]

Auch wenn „Antrag" an dieser Stelle noch nicht den Beginn des formellen Asylverfahrens vor dem Bundesamt gem. § 23 Abs. 1 AsylG, sondern zunächst nur ein erstes Asylgesuch meint[325], so zeigt § 13 AsylG dennoch, dass die Mitwirkung am Asylverfahren für den Asylbewerber bereits in der „Stunde Null" des Verfahrens beginnt, indem dieser selbst die wesentliche anstoßende Kraft des Verfahrens ist. Gleichwohl ist er dazu, anders als im Rahmen eines Antragsverfahrens und der damit einhergehenden Dispositionsmaxime üblich[326], gem. § 13 Abs. 3 AsylG auch „unverzüglich" verpflichtet, wenn er nicht über die „erforderlichen Einreisepapiere", also Pass und Visum, verfügt.[327] Dies umfasst die Pflicht zur Antragstellung bereits an der Grenze gem. § 18 AsylG, im Falle der bereits erfolgten unerlaubten Einreise jedoch spätestens bei einer zuständigen Aufnahmeeinrichtung oder einer Ausländer- bzw. Polizeibehörde gem. § 19 AsylG.[328] Daraus lässt sich schlussfolgern, dass der Antrag zwar zum einen der Entscheidung über den Schutz vor Verfolgung dient und somit als Instrument

---

323 *Göbel-Zimmermann/Eichhorn et al.* (Fn. 309), Rn. 381; *Bruns*, in: Hofmann (Hrsg.), AuslR, 2. Aufl., 2016, § 13 AsylG, Rn. 8.

324 *Heßhaus*, in: Bader/Ronellenfitsch (Hrsg.), BeckOK VwVfG, 50. Ed. (01.01.2021), § 22 VwVfG, Rn. 13; so auch *Marx*, in: ders. (Hrsg.), AsylG, 10. Aufl., 2019, § 13 AsylG, Rn. 10; *Marx* (Fn. 271), S. 932, Rn. 80.

325 Huber/Eichenhofer/Endres de Oliveira (Hrsg.), Aufenthaltsrecht, 2017, Rn. 1733 f.; *Marx* (Fn. 324), § 13 AsylG, Rn. 6 f.; *Marx* (Fn. 271), S. 882, Rn. 2.

326 Demnach gibt es im Rahmen der Dispositionsmaxime klassischer Antragsverfahren gerade keine Pflicht für den Betroffenen einen Antrag auch zu stellen, dies obliegt vielmehr seiner freien Entscheidung, vgl. *Heßhaus* (Fn. 324), § 22 VwVfG, Rn. 13 mit Verweis auf *Engel/Pfau*, in: Mann/Sennekamp/Uechtritz (Hrsg.), VwVfG, 2. Aufl., 2019, § 22 VwVfG, Rn. 28.

327 *Bergmann*, in: Bergmann/Dienelt (Hrsg.), AuslR, 13. Aufl., 2020, § 13 AsylG, Rn. 20. Insbesondere über Visa verfügen Flüchtlinge typischerweise nicht. Ob das Visum aber für Flüchtlinge überhaupt ein „erforderliches Einreisepapier" ist, ist umstritten (siehe dazu im Detail *Marx* (Fn. 324), § 13 AsylG, Rn. 22). Ein Fehlen führt aber in der Konsequenz lediglich zur späteren Meldepflicht des Abs. 3 S. 3, vgl. *Bruns* (Fn. 323), § 13 AsylG, Rn. 19 m.w.N.

328 *Göbel-Zimmermann/Eichhorn et al.* (Fn. 309), Rn. 381; *Hailbronner* (Fn. 39), S. 453, Rn. 1384.

zur Durchsetzung der humanitären Rechte des Antragstellers.[329] Zugleich zeigt aber die Pflicht zur Antragstellung gem. § 13 Abs. 3 AsylG, dass der Gesetzgeber diese auch als hoheitliches Steuerungs- und Kontrollinstrument über die Zuwanderung versteht. Der Aufenthalt eines Ausländers soll dadurch so früh wie möglich einem festgelegten Aufenthaltszweck zugeordnet werden.

Grundsätzlich werden dem Asylbewerber bei der Stellung des Antrags keine bestimmte Form und auch keine anderen formalisierten Handlungen abverlangt. Der Antrag kann vielmehr in „jeder denkbaren Form"[330] gestellt werden, also auch mündlich, z.B. auch telefonisch oder sogar per Fax.[331] Entscheidend ist bei dieser ersten Kontaktaufnahme mit den Behörden lediglich die inhaltliche Äußerung des Willens in der Bundesrepublik Schutz vor Verfolgung zu begehren.[332]. Daher darf der Antrag auch nicht an fehlenden Deutschkenntnissen scheitern, sodass ggf. ein Dolmetscher hinzuzuziehen ist.[333]

Der Verstoß gegen die Pflicht zur unverzüglichen Stellung des Asylantrags ist mit keinen negativen Folgen im asylrechtlichen Verfahren verbunden[334], jedoch kommt bei verzögerter Meldung bei den Behörden eine Strafbarkeit wegen illegaler Einreise gem. § 95 Abs. 1 und 3 AufenthG sowie eine Anspruchseinschränkung im Rahmen des Asylbewerberleistungsgesetzes in Betracht.[335] Eine wichtige Schutzfunktion für den Antragsteller entfaltet das Asylgesuch des § 13

329 Da das Asylgesuch des § 13 AsylG erst zu einem förmlichen Antrag gem. § 14 AsylG führt, ist den Grenz- und Polizeibehörden, welche für das Asylgesuch zuständig sind, auch eine dem eigentlichen Verfahren vorgeschaltete „Schlüssigkeitsprüfung" nicht gestattet, vgl. *Marx* (Fn. 324), § 13 AsylG, Rn. 8 f.

330 *Hailbronner*, in: dass. (Hrsg.), AuslR, 115. Erg.-Lfg. (März 2020), § 13 AsylG, Rn. 21.

331 *Hailbronner* (Fn. 330), § 13 AsylG, Rn. 21.

332 „Denn die Funktion des § 13 Abs. 1 AsylVfG [Anm. des Autors: heute AsylG] ist es lediglich, überhaupt die Weiche in Richtung Asylverfahren zu stellen und eine Weiterleitung des Ausländers in dieses Verfahren auszulösen", so *Treiber*, in: Fritz/Vormeier (Hrsg.), Gk-AsylVfG, 78. Erg.-Lfg., § 13 AsylG, Rn. 65 f.

333 *Hailbronner* (Fn. 330), § 13 AsylG, Rn. 24.

334 Insbesondere darf davon nicht auf die materielle Unbegründetheit des Antrags geschlossen werden, vgl. *Houben*, in: Kluth/Heusch (Hrsg.), BeckOK AuslR, 28. Ed. (01.01.2021), § 13 AsylG, Rn. 25 mit Verweis auf *BVerfG*, 27.04.2004 – 2 BvR 2020/99. Jedoch könnte eine Behörde in ihrer Beurteilung aufgrund der Nichtstellung des Antrags eine fehlende Verfolgung des Antragstellers zumindest vermuten, vgl. *Bruns* (Fn. 323), § 13 AsylG, Rn. 8; *Marx* (Fn. 324), § 13 AsylG, Rn. 19.

335 *Hadamitzky/Senge*, in: Erbs/Kohlhaas (Hrsg.), 209. Erg.-Lfg., § 13 AsylG, Rn. 6; *Houben* (Fn. 334), § 13 AsylG, Rn. 26b; siehe zu den strafrechtlichen Sanktionen auch S. 233 ff., zu den Sozialleistungskürzungen siehe S. 334 ff.

AsylG auch dahin gehend, dass es gem. § 55 Abs. 1 S. 1 AsylG die Gewährung der Aufenthaltsgestattung auslöst, welche dem Antragsteller ein verfahrensspezifisches Aufenthaltsrecht und damit einen Schutz vor Zurück- bzw. Ausweisung verschafft.[336]

Die Pflicht des Asylbewerbers zur unverzüglichen Antragstellung dient der Steuerung der Zuwanderung, indem das Asylverfahren möglichst früh in Gang gebracht und damit auch möglichst schnell abgeschlossen werden kann.[337] Zum Zeitpunkt der Gesetzgebung wurde dies insbesondere mit einer wirksamen Durchsetzung der Drittstaatenregelung gem. Art. 16a Abs. 2 GG begründet.[338] Dieses Telos fügt sich heute auch in das geltende gemeinsame europäische Asylsystem (GEAS) ein, wonach im Verfahren schnellstmöglich festgestellt werden soll, ob Deutschland für die Bearbeitung des Asylantrags zuständig ist oder eine Überstellung an einen anderen zuständigen Mitgliedstaat erfolgt.[339] Auch dazu ist ein frühzeitiger Verfahrensbeginn notwendig um eine Verfestigung des Aufenthalts in einem eigentlich nicht zuständigen Mitgliedstaat zu verhindern. Die Vorschrift leistet somit auch einen Beitrag zur Effizienzsteigerung im Rahmen der gemeinsamen europäischen Asylverwaltung, denn erst nach Klärung der Zuständigkeit kann die eigentliche materielle Prüfung des Asylantrags beginnen.[340]

f) Allgemeine Mitwirkungspflichten im Verfahren (§ 15 AsylG)

aa) Allgemeines

Der Mitwirkung des Asylbewerbers kommt im Asylverfahren insgesamt eine wesentliche Bedeutung für die Entscheidung über den Antrag zu.[341] Aus diesem Grund hat der Gesetzgeber wichtige Mitwirkungspflichten in § 15 AsylG gebündelt und so im Vergleich zur vorherigen Rechtslage übersichtlicher dargestellt.[342]

---

336 *Marx* (Fn. 271), S. 882, Rn. 3 f.

337 *Hailbronner* (Fn. 330), § 13 AsylG, Rn. 49 mit Verweis auf BT-Drs. 12/4450, S. 17; so auch *Houben* (Fn. 334), § 13 AsylG, Rn. 22; *Hadamitzky/Senge* (Fn. 335), § 13 AsylG, Rn. 6; *Bruns* (Fn. 323), § 13 AsylG, Rn. 18.

338 BT Drs. 12/4450, S. 17.

339 *Thym* (Fn. 185), Art. 78 AEUV, Rn. 25, vgl. auch Erwägungsgrund Nr. 5 der Dublin-III-VO (VO (EU) 604/2013).

340 Huber/Eichenhofer/Endres de Oliveira (Hrsg.), Aufenthaltsrecht, 2017, Rn. 1774.

341 *Houben* (Fn. 282), § 15 AsylG, Rn. 4 f.

342 *Houben* (Fn. 282), § 15 AsylG, Rn. 1; Kritisch dazu *Marx*, in: ders. (Hrsg.), AsylG, 10. Aufl., 2019, § 15 AsylG, Rn. 1 mit Verweis auf *Funke-Kaiser*, in: Fritz/Vormeier (Hrsg.), Gk-AsylVfG, 88. Erg.-Lfg. (Feb. 2010), § 15 AsylG, Rn. 5.

Die Aufzählung der Mitwirkungspflichten in § 15 AsylG ist jedoch alles andere als abschließend. Dass der Gesetzgeber den Mitwirkungspflichten des § 15 AsylG dennoch einen eigenen und auch so benannten Paragraphen gewidmet hat, zeigt die herausgehobene Bedeutung der dort normierten Pflichten.[343]

bb) Abs. 1: allgemeine Sachverhaltsaufklärungspflicht

Gemäß § 15 Abs. 1 S. 1 AsylG ist der Antragsteller zunächst zur persönlichen Mitwirkung bei der Aufklärung des Sachverhalts verpflichtet. Die Verortung des § 15 AsylG im Abschnitt 4 „Asylverfahren" und dort im Unterabschnitt 1 „Allgemeine Verfahrensvorschriften" zeigt, dass damit die Aufklärung des für das Asylverfahren relevanten Sachverhalts gemeint ist[344], für welchen den Antragsteller insoweit vor allem eine Darlegungsverpflichtung[345] trifft, also eine Pflicht zur An- und Weitergabe von Informationen an die zuständigen Behörden.

Obwohl u.a. § 15 AsylG umfangreiche Mitwirkungspflichten für das Verfahren statuiert, gilt dennoch auch im Asylverfahren der aus dem allgemeinen Verwaltungsrecht bekannte Grundsatz der Amtsermittlung gem. § 24 Abs. 1 S. 1 AsylG.[346] Indem § 15 AsylG dem Antragsteller besondere Pflichten im Verfahren aufgibt, entlastet er dadurch zugleich die handelnden Behörden von deren Amtsermittlungspflichten. Amtsermittlung und Mitwirkung treten also im Asylverfahren in ein gegensätzliches Verhältnis, in welchem die Pflicht des einen zugleich die Entlastung des anderen bedeutet.[347] Das Ringen um die Verortung

---

343 So bezeichnet *Marx* § 15 AsylG in seiner Funktion für das Thema der Mitwirkungspflichten als „Supervorschrift", vgl. *Marx* (Fn. 342), § 15 AsylG, Rn. 1.

344 *Hailbronner*, in: dass. (Hrsg.), AuslR, 105. Erg.-Lfg. (Jan. 2018), § 15 AsylG, Rn. 3.

345 *Marx* (Fn. 342), § 15 AsylG, Rn. 4.

346 *Fränkel*, in: Hofmann (Hrsg.), AuslR, 2. Aufl., 2016, § 24 AsylG, Rn. 4; zum Amtsermittlungsgrundsatz allgemein siehe S. 65.

347 *Koch*, in: Hofmann (Hrsg.), AuslR, 2. Aufl., 2016, § 15 AsylG, Rn. 9; *Kossen*, Die Tatsachenfeststellung im Asylverfahren, 1999, S. 99; nach anderer Betrachtungsweise ist das Hinwirken auf die Mitwirkung des Antragstellers nur ein Instrument unter vielen im Portfolio der Behörde, sodass demnach die Mitwirkungspflichten keine Abweichung von der Amtsermittlung darstellen, sondern spezieller Teil dieser sind, vgl. *Hailbronner* (Fn. 344), § 15 AsylG, Rn. 9a. *Bergmann* führt für die Notwendigkeit einer Ausgewogenheit der Pflichtenkreise der Beteiligten die „Eigenarten" bzw. „Besonderheiten des AsylR" an, ohne diese jedoch näher zu skizzieren, vgl. *Bergmann*, in: Bergmann/Dienelt (Hrsg.), AuslR, 13. Aufl., 2020, § 15 AsylG, Rn. 3 mit Verweis auf *Bergmann*, in: Bergmann/Dienelt (Hrsg.), AuslR, 13. Aufl., 2020, § 74 AsylG, Rn. 25. Zum Verhältnis von Amtsermittlung und Mitwirkung im Asylrecht allgemein siehe auch *Heusch/Haderlein et al.*, Das neue Asylrecht, 2016, S. 85, Rn. 172.

einer Pflicht in den Rechtskreis der jeweiligen Partei führt daher oftmals zu einer Spannungslage.[348] Denn letztlich entscheidet vor allem die Frage, ob der Antragsteller zur Mitwirkung verpflichtet ist, gerade in den Fällen über den effektiven Fortgang des Verfahrens, in denen den Behörden ohne die Mitwirkung des Betroffenen „die Hände gebunden" sind.[349] Der effektive und vor allem schnelle Fortschritt des Verfahrens ist jedoch tragender Gedanke des Asylverfahrensrechts.[350] Unter diesem Aspekt kann auch nicht davon gesprochen werden, die Mitwirkungspflichten lägen vorrangig im Sinne des Antragstellers selbst, da dieser so seine Interessen im Verfahren durchsetzen könne.[351] Denn dafür wäre eine hoheitlich verordnete Pflicht, welche den Ermittlungsaufwand der Behörde erheblich reduziert[352], keine Notwendigkeit. Ein Beteiligungs*recht* im Verfahren wäre ausreichend. Daher ist § 15 AsylG vorrangig als effizienzsteigerndes Werkzeug der Behörde im Verfahren durch die Nutzung der materiellen und immateriellen Ressourcen (vor allem Informationen) des Antragstellers anzusehen.

cc) Abs. 2: Konkretisierung der Sachverhaltsaufklärungspflicht

Während § 15 Abs. 1 AsylG allgemein von der Pflicht zur „Mitwirkung an der Aufklärung des Sachverhalts" spricht, konkretisiert Abs. 2 diese durch mehrere Beispiele. Zu diesen Mitwirkungshandlungen ist der Antragsteller „insbesondere" verpflichtet. Es handelt sich daher um Regelbeispiele, die aus Sicht des Gesetzgebers von besonderer Bedeutung sind, die aber keinesfalls die Mitwirkungspflichten abschließend regeln.[353]

(1) Nr. 1: Pflicht, die erforderlichen Angaben zu machen

Zu einer der wichtigsten Pflichten gehört es für den Antragsteller, gem. § 15 Abs. 2 Nr. 1 AsylG den Behörden „die erforderlichen Angaben mündlich und nach Aufforderung auch schriftlich" zu machen. Da die Mitwirkung auf die Entscheidungsfindung im Asylverfahren zielt, sind als erforderlich insbesondere

---

348 *Marx* (Fn. 271), S. 938, Rn. 90.

349 *Hailbronner* (Fn. 344), § 15 AsylG, Rn. 5.

350 Dies zeigte sich bereits in der Begründung der Asylverfahrensrechtsreform von 1993 (vgl. BT-Drs. 12/4450, S.18) und 2015 auch in der Begründung (und der Benennung) des Asylverfahrensbeschleunigungsgesetzes (vgl. BT-Drs. 16/6185, S. 1).

351 So aber *Schmidt-Sommerfeld*, in: Joecks/Miebach (Hrsg.), MüKo StGB, 3. Aufl., 2018, § 15 AsylG, Rn. 1.

352 *Koch* (Fn. 347), § 15 AsylG, Rn. 9.

353 *Houben* (Fn. 282), § 15 AsylG, Rn. 3; *Hailbronner* (Fn. 344), § 15 AsylG, Rn. 7

diejenigen Informationen anzusehen, welche eine geltend gemachte Verfolgung untermauern können.[354] Dies ergibt sich auch aus der Mitwirkungspflicht des § 25 Abs. 1 AsylG[355], welche speziell die Darlegung der Fluchtgründe noch einmal als eigenständige Mitwirkungspflicht hervorhebt.[356] Darüber hinaus ist die Formulierung der „erforderlichen Angaben" jedoch so unbestimmt, dass der Antragsteller von sich aus nicht wissen kann, welche seiner Erfahrungen und Erlebnisse nun tatsächlich relevant für die Bearbeitung seines Antrags sind. Die Erforderlichkeit der Angaben muss daher im Einzelfall immer von der ermittelnden Behörde nach pflichtgemäßem Ermessen festgelegt werden.[357] Daraus folgt, dass die Mitwirkungspflicht des § 15 Abs. 1 S. 1 AsylG kein einseitiger Vorgang seitens des Antragstellers sein kann. Vielmehr kann eine sachgemäße Ermittlung des Sachverhalts nur in einem Austausch und einer gemeinsamen Erörterung der relevanten Fragen zwischen Antragsteller und Behörde stattfinden. Dies zeigt exemplarisch, dass die Mitwirkungspflichten nur als Bestandteil eines nach wie vor durch die Behörde geführten Verfahrens angesehen werden können.[358]

(2) Nr. 2: Mitteilungspflicht über Aufenthaltstitel

§ 15 Abs. 2 Nr. 2 AsylG verpflichtet den Antragsteller zur unverzüglichen Mitteilung an das BAMF, wenn ihm ein Aufenthaltstitel[359] erteilt wurde. Diese Information ist für das Bundesamt bei der Einschätzung diverser wichtiger Rechtsfragen bedeutsam, darunter die Anwendung einer Wohnsitzverpflichtung oder auch Passfragen.[360] Zudem schützt die Kenntnis des Bundesamtes über

---

354 *Houben* (Fn. 282), § 15 AsylG, Rn.6.

355 Siehe dazu S. 123 ff.

356 *Bergmann* (Fn. 347), § 15 AsylG, Rn. 6; *Hadamitzky/Senge*, in: Erbs/Kohlhaas (Hrsg.), 233. Erg.-Lfg. (Okt. 2020), § 15 AsylG, Rn. 5; *Funke-Kaiser* (Fn. 342), § 15 AsylG, Rn. 14.

357 *Hailbronner* (Fn. 344), § 15 AsylG, Rn. 17; *VGH Mannheim*, 06.10.1998 – A 9 S 856/98, InfAuslR (1999), 287 (288); die Zuständigkeit für die Konkretisierung der Mitwirkungspflicht ergibt sich dabei aus dem Zuständigkeitsbereich der Behörde, in dessen Verfahren die konkrete Mitwirkungshandlung erforderlich ist, vgl. *Funke-Kaiser* (Fn. 342), § 15 AsylG, Rn. 16.

358 *Funke-Kaiser* (Fn. 342), § 15 AsylG, Rn. 14 mit Verweis auf BVerwGE 109, 174 (177).

359 Mit „Aufenthaltstitel" in diesem Sinne sind nicht die Duldung und die Aufenthaltsgestattung gemeint, über diese muss der Antragsteller das BAMF also nicht informieren, vgl. statt vieler *Marx* (Fn. 324), § 13 AsylG, Rn. 8.

360 *Houben* (Fn. 282), § 15 AsylG, Rn. 9; *Funke-Kaiser* (Fn. 342), § 15 AsylG, Rn. 22; *Hailbronner* (Fn. 344), § 15 AsylG, Rn. 22.

die Erteilung eines Aufenthaltstitels den Antragsteller vor einer auf schlichter Unwissenheit gründenden Abschiebungsandrohung durch das BAMF.[361] Zweifel bestehen jedoch an der Effektivität der Informationsweitergabe an das BAMF über den Umweg des Antragstellers selbst. Hier wäre eine direkte Weitergabe der Informationen über die Erteilung eines Titels seitens der ausführenden Ausländerbehörde an das Bundesamt der direktere und daher auch effizientere Weg.[362]

(3) Nr. 3: Pflicht zu Meldung und persönlichem Erscheinen

§ 15 Abs. 2 Nr. 3 AsylG enthält die grundsätzliche Pflicht, der Anordnung zur Meldung oder dem persönlichen Erscheinen bei Behörden oder Einrichtungen, Folge zu leisten. Die Pflicht, einer Anordnung Folge zu leisten, ergibt sich bereits aus dem Charakter der Anordnung selbst[363], da diese sonst nur eine Empfehlung wäre. Die Vorschrift wird somit teilweise als überflüssig angesehen.[364] Auch wenn § 15 Abs. 2 Nr. 3 AsylG aber demnach nur deklaratorischer Natur ist, so ist im Sinne der Transparenz und Rechtsklarheit für den Antragsteller dennoch hervorzuheben, dass die Regelung an zentraler Stelle wichtige Pflichten noch einmal deutlich macht. Für die Bewältigung der staatlichen Großaufgabe „Asylverwaltung" leistet die Meldepflicht des Abs. 2 Nr. 3 zudem einen Beitrag, indem die (persönliche) Meldung des Antragstellers den Behörden einen Überblick verschafft, wann sich welcher Antragsteller wo aufhält. Die handelnden Behörden und Einrichtungen werden von der Sammlung dieser Informationen somit ein Stück weit entlastet. Durch die Meldung des Asylbewerbers kann ein „Untertauchen" seinerseits außerdem frühzeitig verhindert werden.[365] Dies ist gerade aufgrund der vielfach unübersichtlichen Verteilungsvorgänge zwischen Grenzübertritt, Erstaufnahme und Folgeunterbringung ein wichtiger Steuerungsmechanismus. Auch die Pflicht zum persönlichen Erscheinen ist für die Durchführung des Asylverfahrens eine wichtige Grundvoraussetzung[366], da ohne sie eine direkte Konsultation des Antragstellers als „Erkenntnisquelle" im Verfahren nicht möglich ist. Jedoch bezieht sich die Pflicht, behördlichen Anordnungen Folge zu leisten, nur auf konkrete Anordnungen, nicht aber auf die generell geltenden räumlichen Beschränkungen gem. § 56 AsylG.[367]

---

361 *Funke-Kaiser* (Fn. 342), § 15 AsylG, Rn. 22.
362 So auch *Bergmann* (Fn. 308), § 10 AsylG, Rn. 7.
363 So auch *Marx* (Fn. 342), § 15 AsylG, Rn. 9; *Bergmann* (Fn. 347), § 15 AsylG, Rn. 8.
364 *Koch* (Fn. 347), § 15 AsylG, Rn. 13.
365 *VG München*, 16.06.2016 – M 25 S 16.31216, BeckRS (2016), 127218, Rn. 53.
366 *VG München*, 16.06.2016 – M 25 S 16.31216, BeckRS (2016), 127218, Rn. 53.
367 *VG Regensburg*, 17.09.2014 – RO 4 S 14.30650, BeckRS (2014), 56579.

(4) Nr. 4: Pflicht zur Passaushändigung

§ 15 Abs. 2 Nr. 4 AsylG verpflichtet den Antragsteller den zuständigen Behörden seinen Pass oder Passersatz vorzulegen. Neben dem Nachweis der Staatsangehörigkeit enthält der Pass vor allem auch die Personalien und damit die Identität des Antragstellers. Diese zählen zu den wichtigsten Informationen des Antragstellers, welche die Behörde für die Antragsprüfung benötigt.[368] Zu diesem Zweck würden jedoch eine Vorlage und Echtheitsprüfung des Passes ausreichen, Abs. 2 Nr. 4 verlangt jedoch darüber hinaus, den Behörden den Pass „auszuhändigen und zu überlassen". Zwar hat sich der Antragsteller durch die Flucht aus seinem Heimatstaat dem Schutz des Aufnahmestaates unterstellt und somit die Schutzfunktion seiner Staatsangehörigkeit ein Stück weit freiwillig aufgegeben[369], sodass der temporäre Verlust seines Staatsangehörigkeitsdokuments keine unmittelbaren negativen Folgen zeitigt. Gleichwohl ist die Beschlagnahmung des Passes ein Eingriff in den Besitz des Antragstellers, der insoweit rechtfertigungsbedürftig ist. Diese Rechtfertigung des Gesetzgebers liegt in der Verhinderung der Verzögerung aufenthaltsbeendender Maßnahmen durch Vernichtung oder Verbergen des Passes, welcher eine wichtige Voraussetzung für die Abschiebung darstellt.[370] In der Praxis stellt das Fehlen des Passes eines der größten Hindernisse dar, an dem Abschiebungen scheitern.[371] Daher ist die Verwahrung vorhandener Passpapiere zur Sicherung späterer Verfahrensschritte erforderlich und mithin auch verhältnismäßig.[372] Diese Pflicht setzt jedoch voraus, dass der Asylbewerber sich auch tatsächlich im Besitz eines gültigen Passes befindet.[373] Die Pflicht zur Aushändigung darf insbesondere nicht in der Weise externalisiert und überdehnt werden, dass sie bereits auf der Fluchtroute oder im Heimatstaat besteht.[374] Dies hätte zur Folge, dass der Antragsteller

---

368 *Houben* (Fn. 282), § 15 AsylG, Rn. 11.

369 *Marx* (Fn. 342), § 15 AsylG, Rn. 10.

370 *Haderlein*, in: Kluth/Heusch (Hrsg.), BeckOK AuslR, 28. Ed. (01.01.2021), § 21 AsylG, Rn. 1 mit Verweis auf BT-Drs. 12/2062, S. 31 f.; *Hadamitzky/Senge*, in: Erbs/Kohlhaas (Hrsg.), 233. Erg.-Lfg. (Okt. 2020), § 21 AsylG, Rn. 1.

371 *Haderlein* (Fn. 370), § 21 AsylG, Rn. 1; siehe dazu auch "Mehr Duldungen wegen fehlender Papiere", sueddeutsche.de vom 26.03.2018.

372 *Bergmann*, in: Bergmann/Dienelt (Hrsg.), AuslR, 13. Aufl., 2020, § 21 AsylG, Rn. 2.

373 *Houben* (Fn. 282), § 15 AsylG, Rn. 11.

374 *BGH*, 16.02.2017 – V ZB 116/16, BeckRS (2017), 104859, Rn. 5; *BGH*, 19.1.2017 – V ZB 99/16, FGPrax (2017), 88 (89, Rn. 13), wonach es für eine wirksame Mitwirkungspflicht einer Belehrung und zuvor überhaupt erst der Einleitung eines Verfahrens bedarf; a.A. *LG Traunstein*, 15.06.2016 – 4 T 1933/16, BeckRS (2016), 114890, Rn. 20.

sicherzustellen hätte, dass ihm der Pass auf der Flucht nicht abhandenkommt. Eine derartige zeitliche Ausdehnung der Pflicht bis weit vor das eigentliche Asylverfahren ist von § 15 Abs. 2 Nr. 4 AsylG jedoch nicht umfasst.[375] Umgekehrt gilt aber auch, dass der Antragsteller seine Pflicht zur Herausgabe von Identitätsdokumenten nicht bis hinter das abgeschlossene Verfahren verschleppen darf. Eine verspätete Nachreichung von Identitätsdokumenten gleicht eine vorangegangene Mitwirkungsverweigerung insoweit nicht aus.[376]

Zeitlich wird die Pflicht des § 15 Abs. 1 Nr. 4 AsylG nicht erst bei der Prüfung des eigentlichen Asylantrags, sondern bereits bei der Stellung des erstmaligen Asylgesuchs gem. § 13 AsylG relevant. Denn gem. § 21 Abs. 1 AsylG nimmt die Behörde, bei welcher der Asylbewerber erstmals sein Asylgesuch äußert, und die diesen anschließend an die zuständige Aufnahmeeinrichtung weiterleitet, den Pass und die in § 15 Abs. 1 Nr. 5 AsylG genannten Unterlagen in Verwahrung. Bereits hier setzt im Verfahren der Grundsatz der Effizienzsteigerung und Beschleunigung durch Sicherstellung der Unterlagen ein, indem zum einen ein missbräuchliches Hinauszögern des Verfahrens durch Vorenthalten der Dokumente verhindert wird, zum anderen aber die Behörde frühzeitig Kenntnis über relevante Informationen zu Person und Reiseweg erlangen kann.[377]

(5) Nr. 5: Pflicht zur Aushändigung von Dokumenten

In engem Kontext mit Abs. 4 steht Abs. 5, welcher den Antragsteller verpflichtet, alle „erforderlichen Urkunden und sonstigen Unterlagen" vorzulegen und den Behörden zu überlassen. Die Erforderlichkeit bezieht sich auch hier auf die für die Bearbeitung des Verfahrens erforderlichen Dokumente und Unterlagen.[378] Wie auch bei den „erforderlichen Angaben" des § 15 Abs. 2 Nr. 1 AsylG[379] muss die Behörde im Einzelfall konkretisieren, welche Dokumente für das Verfahren erforderlich sind, da der Antragsteller dies nicht vollumfänglich beurteilen kann. Aber auch der Antragsteller selbst trägt zur Konkretisierung der im Einzelfall erforderlichen Unterlagen bei, wenn er sich auf deren Inhalt beruft und diese dann auch gem. Abs. 3 Nr. 5 vorlegen muss.[380] Abs. 3 enthält darüber

375 *VG München*, 06.03.2018 – M 23 S 17.70510, BeckRS (2018), 7566, Rn. 12, a.A. (jedenfalls für den Fall bewusster Vernichtung von Dokumenten) *VG Ansbach*, 07.09.2016 – AN 11 K 15.50451, BeckRS (2016), 52354, Rn. 2 a).

376 *VG Bayreuth*, 05.12.2017 – B 6 E 17.938, BeckRS (2017), 142255, Rn. 34 f.

377 *Hailbronner*, in: dass. (Hrsg.), AuslR, 50. Erg.-Lfg. (Dez. 2006), § 21 AsylG, Rn. 3.

378 *Houben* (Fn. 282), § 15 AsylG, Rn. 12.

379 Siehe dazu S. 113 f.

380 *Hailbronner* (Fn. 344), § 15 AsylG, Rn. 32.

hinaus eine (nicht abschließende) Aufzählung der wichtigsten Dokumenttypen, darunter etwa Visa und sonstige Grenzübertrittspapiere, aber auch Flugtickets. Demnach handelt es sich auch hier um Dokumente, aus denen die Behörde die Identität, die Herkunft, den Reiseweg und insbesondere auch die Verfolgungsgeschichte erkennen kann.[381]

(6) Nr. 6: Mitwirkung an der Passbeschaffung und Aushändigung von Datenträgern

Da das Fehlen gültiger Passpapiere eine Achillesferse bei der Durchsetzung aufenthaltsbeendender Maßnahmen ist, hat der Gesetzgeber die Pflicht zur Mitwirkung an der Passbeschaffung in Abs. 2 Nr. 6 Eigenes statuiert.

(a) Pflicht zur Mitwirkung an der Passbeschaffung

Auch hier meint die Pflicht zur Mitwirkung keine allgemeine Pflicht zur eigenständigen und autonomen Beschaffung eines Passes durch den Asylbewerber[382], sondern nur die Vornahme insbesondere der Handlungen, die für die Beschaffung eines Passes zwingend erforderlich sind und nur durch den Asylbewerber vorgenommen werden können.[383] Dabei darf die Behörde flankierende Maßnahmen, wie etwa die Begleitung durch Polizeibeamte zur Botschaft des Heimatstaates, nur anordnen, wenn tatsächliche Gründe für deren Notwendigkeit sprechen.[384]

Problematisch ist die Frage, ob die Mitwirkung an der Passbeschaffung auch bereits im laufenden Verfahren, also noch vor einer Entscheidung der Behörde über die Begründetheit des Antrags, verlangt werden kann.[385] Denn der

381 *Marx* (Fn. 342), § 15 AsylG, Rn. 12; *Hailbronner* (Fn. 344), § 15 AsylG, Rn. 30.

382 Der Asylbewerber schuldet also nur die „Leistung“ und nicht den „Erfolg“, vgl. *Marx* (Fn. 342), § 15 AsylG, Rn. 15; *Hailbronner* (Fn. 344), § 15 AsylG, Rn. 34a.

383 So etwa die Anfertigung von Lichtbildern oder die persönliche Vorsprache bei der Botschaft des Heimatstaates, vgl. *Houben* (Fn. 282), § 15 AsylG, Rn. 13b.

384 *BVerwG*, 08.05.2014 – 1 C 3.13, BVerwGE 149, 320 (329).

385 So soll nach einer Ansicht die Pflicht des Abs. 6 erst mit Wegfall der Aufenthaltsgestattung, also dem rechtskräftigen Ende des legalen Aufenthalts, eingreifen können, vgl. *Marx* (Fn. 342), § 15 AsylG, Rn. 18 f., ähnlich *Huber* und *Bergmann*, welche die rechtskräftige Ablehnung des Asylantrags als auslösendes Moment ansehen, *Huber*, NVwZ 1993, 736 (739); *Bergmann* (Fn. 347), § 15 AsylG, Rn. 11; *Becker/Saborowski*, Asyl-Magazin 2018, 16 (19); auch das BAMF selbst hält die Beantragung eines Passes beim geltend gemachten Verfolgerstaat für unzumutbar, vgl. *Heinhold*, AsylMagazin 2018, 7 (8 f.); nach a.A. ist die Mitwirkung im laufenden Verfahren nicht pauschal unzumutbar, sondern nur bei einer dadurch verursachten konkreten Verfolgungsgefahr,

Umstand, dass der Asylbewerber der Sache nach die Verfolgung oder Bedrohung von Leib und Leben *durch seinen Heimatstaat* geltend macht, er aber zugleich einen Pass bei eben diesem (vermeintlichen) Verfolgerstaat beantragen müsste, führt für ihn unweigerlich zu einem kaum auflösbaren Interessenkonflikt: Um Schutz zu finden, müsste er sich zuvor in das Hoheitsgebiet jenes Staates begeben, vor dessen Gewalt er Schutz sucht. Freilich ist zu diesem Verfahrenszeitpunkt die geltend gemachte Verfolgung noch nicht nachgewiesen, sodass es sich bei der Verpflichtung zur Passbeschaffung im laufenden Asylverfahren letztlich um eine präkludierte Entscheidungsfindung der Behörde gegen den Antragsteller handelt.[386] Denn nur bei Zweifeln an der Verfolgungslage kann der Kontakt mit den Behörden des Heimatstaates als für den Antragsteller objektiv zumutbar angesehen werden. Da eine solche „Vorprüfung" der Verfolgungslage jedoch nur summarischer Art sein kann, garantiert sie dem Antragsteller nicht die gleiche qualitative und quantitative Sorgfalt wie das eigentliche Asylverfahren.[387] Mithin überwiegen die Nachteile, die dem Asylbewerber dadurch entstünden, wenn sich die Behörde bei ihrer summarischen „Zumutbarkeitsprüfung" irrt.[388] Daher kann die Pflicht zur Beschaffung des Passes bei der Botschaft des Herkunftsstaates erst greifen, wenn durch das Verfahren sichergestellt wurde, dass keine Verfolgung besteht und der Asylantrag rechtskräftig abgelehnt wurde.[389]

Die Unterscheidung zwischen der Passbeschaffung im laufenden und abgeschlossenen Verfahren wirkt sich auch auf die zwangsweise Durchsetzbarkeit der Pflicht und deren mögliche Rechtsgrundlage aus. Auch hier herrscht Uneinigkeit darüber, ob die Pflicht zur Passbeschaffung bei der Botschaft des Heimatstaates im laufenden Verfahren gem. § 15 Abs. 2 Nr. 6 AsylG mit Zwangsmitteln durchgesetzt werden kann[390] oder ob dies nur im Rahmen der allgemeinen

---

so *Hailbronner* (Fn. 344), § 15 AsylG, Rn. 28 und *Hadamitzky/Senge* (Fn. 356), § 15 AsylG, Rn. 11. Dieser Ansicht folgt auch das Bayerische Ministerium des Inneren, vgl. *Heinhold* (Fn. 385), S. 9.

386 *Marx* (Fn. 342), § 15 AsylG, Rn. 18.

387 Kritisch dazu (mit Blick auf die Überlastung des BAMF) auch *Marx* (Fn. 342), § 15 AsylG, Rn. 18.

388 So gelangt dadurch die Botschaft des Verfolgerstaats an wesentliche Daten und Informationen des Antragstellers, was der Gesetzgeber in § 18 Abs. 1a BVerfSchG ausdrücklich untersagt, *Marx* (Fn. 342), § 15 AsylG, Rn. 18.

389 *Koch* (Fn. 347), § 15 AsylG, Rn. 20.

390 Sowohl die h.M., siehe *Marx* (Fn. 342), § 15 AsylG, Rn. 20 mit Verweis auf *VGH Mannheim*, 10.03.1995 – A 13 S 571/95, OpenJur (2013), 9589, Rn. 5; *VG Sigmaringen*, 16.10.1995 – A 3 K 11774/95, AuAS (1995), 59 (60); *VGH Mannheim*, 06.10.1998 – A 9 S 856/98, infoalso (1999), 287 (288).

ausländerrechtlichen Passbeschaffungspflicht gem. §§ 48 Abs. 3; 82 Abs. 4 S. 2 AufenthG[391] zulässig ist. Für letztere Ansicht spricht insbesondere die grundlegende Aufgabentrennung zwischen Asyl- und AufenthG. Während es bei den Mitwirkungspflichten des § 15 AsylG um die Ermittlung materieller Verfahrensbeweise geht, handelt es sich demgegenüber bei § 82 Abs. 4 S. 2 AufenthG um eine allgemeine ausländerrechtliche Vorschrift, welche insoweit keine Rücksicht nimmt auf die besondere Vulnerabilität des Asylbewerbers gegenüber einem möglichen Verfolgerstaat. Im laufenden Asylverfahren verbietet sich daher ein Rückgriff auf die „Generalklausel" des § 82 Abs. 4 S. 2 AufenthG.[392] Ebenfalls darf zur Durchsetzung der Mitwirkung an der Passbeschaffung nicht auf die Vorschriften des allgemeinen Polizei- und Ordnungsrechts zurückgegriffen werden, da sonst die spezialgesetzlichen Mitwirkungsregelungen des Asylrechts unterlaufen werden.[393] Die Mitwirkungspflichten sind insoweit „polizeifest".[394]

(b) Pflicht zur Aushändigung von Datenträgern

Ebenfalls in § 15 Abs. 1 Nr. 6 AsylG ist seit dem 20.07.2017 durch das „Gesetz zur besseren Durchsetzung der Ausreisepflicht"[395] die Pflicht zur Aushändigung von Datenträgern normiert, deren Inhalt Rückschlüsse auf die Identität und Staatsangehörigkeit erlauben. Auffällig ist zunächst die systematische Stellung der Aushändigungspflicht in Nr. 6 und damit neben der Mitwirkungspflicht an der Passbeschaffung. Wesentlich naheliegender wären § 15 Abs. 1 Nr. 4 oder 5 AsylG gewesen. Denn inhaltlich stellen Datenträger, worunter nach allgemeinem Verständnis vor allem auch Smartphones fallen[396], im heutigen digitalen

391 Siehe dazu S. 163 ff.

392 So auch *Marx* (Fn. 342), § 15 AsylG, Rn. 21.

393 *AG Lennestadt*, 21.02.2018 – 8 XIV(L) 7/18 A, BeckRS (2018), 7514, Rn. 48.

394 Zur Rechtsfigur der Polizeifestigkeit siehe *Unterreitmeier*, in: Möstl/Schwabenbauer (Hrsg.), BeckOK PolR Bayern, 8. Ed., Art. 74 PAG, Rn. 15.

395 Die Gesetzesbenennung ist insoweit irreführend, als dass es bei der Identitätsfeststellung durch Datenträgerauswertung nicht nur um die Durchsetzung der Ausreisepflicht, sondern auch um eine Verbesserung der Asylverfahren allgemein geht; a.A. *Hailbronner* (Fn. 344), § 15 AsylG, Rn. 33.

396 *Bergmann*, in: Bergmann/Dienelt (Hrsg.), AuslR, 13. Aufl., 2020, § 15a AsylG, Rn. 2; *Houben* (Fn. 282), § 15 AsylG, Rn. 13e. Insoweit bedarf es eines (im Lichte des Bestimmtheitsgebots höchst zweifelhaften) Rückgriffs auf § 15 Abs. 2 Nr. 5 AsylG jedenfalls nicht mehr, vgl. *VG Darmstadt*, 10.02.2015 – 5 K 2083/14.DA.A, ZAR (2016), 39 (39).

Zeitalter ein wichtiges Pendant zu Dokumenten in Papierform dar.[397] Allerdings sind Smartphones mehr als nur einfaches Speichergerät, was auch durch den Gesetzesterminus des „Datenträgers“ verdeckt wird. Sie sind für viele flüchtende Menschen zentrales Kommunikationsmedium, Fotoapparat, Zahlungsmittel und vieles mehr.[398] Viele Asylbewerber tragen in derlei Geräten „ihr Leben und ihre Heimat“ mit sich.[399] Dieser Aspekt muss, gerade auch im Sinne der Angemessenheit einer Herausgabepflicht, beachtet werden. Die Abhängigkeit des Antragstellers von seinem Smartphone im Rahmen der privaten Lebensgestaltung ist daher bei dem zeitlichen Umfang der Herausgabe zu beachten. Ebenfalls muss die Behörde die strikte Zweckbindung des § 15 Abs. 6 AsylG beachten, welcher auf die „Feststellung seiner Identität“ begrenzt ist.[400] Auch wenn Smartphones und andere Datenträger also oftmals eine nahezu vollständige Dokumentation der Flucht- und Verfolgungsgeschichte enthalten und das Bundesamt somit bei der Entscheidung im Asylverfahren sehr von diesen Informationen profitieren könnte, so verbietet sich ein solches Vorgehen durch den Zweck der Norm.[401] Dies lässt befürchten, dass im Zuge der Identitätsfeststellung gefundene Daten über Fluchtgeschichte etc. als „Frucht des verbotenen Baumes“ dennoch in eine Entscheidung einfließen könnten. Allerdings ist die Auswertung der Daten gem. § 15a Abs. 1 S. 2 AsylG i.V.m. § 48 Abs. 3a S. 4 AufenthG nur Personen mit der Befähigung zum Richteramt gestattet. Da es sich hierbei also typischerweise nicht um den Entscheider im Asylverfahren, sondern eine gesonderte Person handelt, wird die Gefahr durch diese personelle Trennung wesentlich gemildert.

(7) Nr. 7: Duldung der erkennungsdienstlichen Maßnahmen

Gem. § 15 Abs. 2 Nr. 7 AsylG hat der Asylbewerber vorgeschriebene erkennungsdienstliche Maßnahmen zu dulden. Diese sind zunächst in § 16 AsylG normiert[402] und umfassen vor allem die Anfertigung von Lichtbildern und die Abnahme von Fingerabdrücken, Letzteres jedoch nur bei Personen, die mindestens 14 Jahre alt sind. Die in § 16 AsylG genannten Identifizierungsmaßnahmen

---

397 So zum Beispiel elektronische Flug- oder Zugtickets, vgl. auch *Bergmann* (Fn. 347), § 15 AsylG, Rn. 9.

398 *Meier-Braun*, ZAR 2016, 288 (290).

399 So *Bergmann* (Fn. 396), § 15a AsylG, Rn. 2.

400 *Hörich/Tewocht*, NVwZ 2017, 1153 (1158).

401 *Hailbronner*, in: dass. (Hrsg.), AuslR, 115. Erg.-Lfg. (März 2020), § 15a AsylG, Rn. 4.

402 *Houben* (Fn. 282), § 15 AsylG, Rn. 14; *Funke-Kaiser* (Fn. 342), § 15 AsylG, Rn. 44; *Hailbronner* (Fn. 344), § 15 AsylG, Rn. 49.

sind nicht abschließend.[403] Die Pflicht des Betroffenen zur Duldung dieser Maßnahmen ergibt sich bereits aus der Rechtmäßigkeit der Maßnahmen selbst, da diese faktisch nur mit Duldung des Antragstellers durchgeführt werden können, was insbesondere für die Anfertigung von Lichtbildern und die Abnahme von Fingerabdrücken gilt.[404] Auch hier ist wieder die Frage aufgeworfen, in welchem zeitlichen und sachlichen Umfang der Asylbewerber zur Mitwirkung und damit zur Vornahme oder zum Unterlassen bestimmter Handlungen verpflichtet ist. Keinesfalls darf eine solche Pflicht so weit gehen, dass der Asylbewerber für die Qualität der abgenommenen Fingerabdrücke aktiv einstehen muss.[405] Die Pflicht zur Duldung der Abnahme von Fingerabdrücken umfasst aber jedenfalls im bereits laufenden Verfahren die Pflicht, die Fingerkuppen nicht aktiv zu verletzen und so eine Lesbarkeit zu vereiteln.[406] Abzulehnen ist jedoch eine zeitliche Ausdehnung dieser Pflicht bereits vor das Asylverfahren. Dies folgt bereits aus der zu diesem Zeitpunkt noch fehlenden Belehrung des Asylbewerbers über dessen Mitwirkungspflichten und die drohenden Folgen, welche wesentliche Voraussetzung des Inkrafttretens der Mitwirkungspflichten ist.[407]

dd) Abs. 4: Duldung der Durchsuchung

Wenn der Asylbewerber seinen Verpflichtungen gem. § 15 Abs. 2 Nr. 4, 5 und 6 AsylG nicht nachkommt, so haben die zuständigen Behörden gem. § 15 Abs. 4 AsylG das Recht, diesen nach den betreffenden Unterlagen, Datenträgern und Dokumenten zu durchsuchen. An dieser Stelle hat der Gesetzgeber keine konkrete Mitwirkungspflicht des Antragstellers normiert. Allerdings erfolgt, wie auch bei § 15 Abs. 2 Nr. 3 AsylG, die Pflicht zur Duldung der Maßnahme bereits aus deren Rechtmäßigkeit[408] sowie aus der systematischen Positionierung des Abs. 4 in § 15 AsylG, welcher die wichtigsten Mitwirkungspflichten gebündelt wiedergibt.

---

403 *Marx* (Fn. 342), § 15 AsylG, Rn. 24.

404 *Bergmann* (Fn. 347), § 15 AsylG, Rn. 12.

405 *BVerwG*, 05.09.2013 – BVerwG 10 C 1.13, ZAR (2014), 166 (168 f.); *Bergmann* (Fn. 347), § 15 AsylG, Rn. 12.

406 *BVerwG*, 05.09.2013 – BVerwG 10 C 1.13, ZAR (2014), 166 (166).

407 *BVerwG*, 05.09.2013 – BVerwG 10 C 1.13, ZAR (2014), 166 (169).

408 Dazu *Marx* (Fn. 342), § 15 AsylG, Rn. 9 und *Bergmann* (Fn. 347), § 15 AsylG, Rn. 8.

ee) Abs. 5: Dauer der Mitwirkungspflichten

Die Vorschrift stellt klar, dass die Mitwirkungspflichten des § 15 AsylG nicht durch die Rücknahme des Asylantrags durch den Antragsteller enden. Dies bezieht sich auch auf die fingierte Rücknahme der §§ 32a Abs. 2; 33 Abs. 1 AsylG.[409] Auch diese Vorschrift ist jedoch nur deklaratorischer Natur, da eine Rücknahme die Mitwirkungspflichten nicht beendet.[410] Denn durch das Ende der materiellen Prüfung des Asylantrags endet nicht zugleich das gesamte auf den Asylbewerber bezogene Verwaltungsverfahren.[411]

Diese Fortdauer der Mitwirkungspflichten über die Entscheidung über den Asylantrag hinaus wird zum Teil als überschießend und nicht sachgerecht kritisiert, da bestimmte Pflichten des § 15 AsylG nur im Kontext des materiellen Asylverfahrens Sinn ergäben.[412] Jedoch stellt die Beendigung des Aufenthalts nach negativ abgeschlossenem Asylverfahren, also auch im Falle einer Rücknahme, eine der größten Herausforderungen für die Behörden dar. Gerade bei der Beschaffung von für die Aufenthaltsbeendigung notwendigen Passpapiere ist die Mitwirkung des Antragstellers unerlässlich.[413] Da die Voraussetzungen der Passausstellung oftmals erst im Verfahren festgestellt werden könne, ist es sachgerecht, dass den Behörden weiterhin der gesamte Maßnahmenkatalog der Mitwirkung des Antragstellers erhalten bleibt.[414] Ausweislich der Gesetzesbegründung soll so verhindert werden, dass sich der Asylbewerber durch das Ende des materiellen Verfahrens seiner Mitwirkungspflichten „entledigen“ kann.[415] Denn der gesetzgeberische Steuerungsauftrag für den Aufenthalt eines Ausländers endet nicht per se mit der Zu- oder Aberkennung eines Aufenthaltsrechts.

g) Mitwirkung an der asylrechtlichen Anhörung (§ 25 AsylG)

Der Grundsatz der Amtsermittlung[416] gibt gem. § 24 Abs. 1 S. 1 AsylG für das Asylverfahren vor, dass das Bundesamt für Migration und Flüchtlinge den Sachverhalt aufklärt und die erforderlichen Beweise erhebt. Zugleich wird diese

---

409 *Hailbronner* (Fn. 344), § 15 AsylG, Rn. 54; zu § 32a AsylG siehe S.273 f., zu § 33 AsylG siehe S.274 ff.

410 *Funke-Kaiser* (Fn. 342), § 15 AsylG, Rn. 50.

411 *Hailbronner* (Fn. 344), § 15 AsylG, Rn. 57.

412 *Bergmann* (Fn. 347), § 15 AsylG, Rn. 14.

413 Siehe dazu auch S. 116.

414 Für Beispiele dazu siehe *Hailbronner* (Fn. 344), § 15 AsylG, Rn. 60.

415 BT-Drs. 12/2062, S. 30.

416 Siehe S. 65 ff.

Regelung aber in § 25 Abs. 1 AsylG umgehend wieder durch die Vorgabe eingeschränkt: „Der Ausländer muss selbst die Tatsachen vortragen, die seine Furcht vor Verfolgung oder die Gefahr eines ihm drohenden ernsthaften Schadens begründen, und die erforderlichen Angaben machen". Beide Normen stehen insoweit in einem Regel-Ausnahme-Verhältnis, bei dem die Amtsermittlung des BAMF das Fundament des Verfahrens bildet, wesentliche Teile der Beweislast allerdings dem Asylbewerber übertragen werden.

aa) Der Umfang der Mitwirkungslast des Asylbewerbers

Da jedes Asylverfahren individuell ist, jeder Sachverhalt also in seinen Einzelheiten ausermittelt und geklärt werden muss, besteht auch in jedem Verfahren ein individueller Bedarf für die Mitwirkung des Asylbewerbers. So gibt es Verfahren, insbesondere bei Angehörigen von Staaten, die sich in einem allgemein bekannten Kriegszustand befinden, bei denen zumindest das Vorliegen der Voraussetzungen des subsidiären Schutzes gem. § 4 AsylG nur in Ausnahmefällen strittig ist (bspw. in der Vergangenheit Syrien). Treten diese Fälle in der Praxis zudem in großer Zahl auf, so ist es möglich, dass die verwaltungsleitenden Regierungsverantwortlichen die Geschwindigkeit der Verfahren derart erhöhen, dass nur noch eine summarische schriftliche Prüfung mittels eines Fragebogens durchgeführt wird.[417] In solchen Fällen beschränkt sich die Mitwirkungspflicht des Antragstellers gem. § 25 Abs. 1 AsylG auf das bloße Ausfüllen der vorgegebenen Frage. Hier fügen sich Amtsermittlung und Mitwirkung daher unproblematisch zusammen. Im Gegensatz dazu werfen Anhörungen umso mehr und umso komplexere Beweisfragen auf, je weniger die allgemeine Verfolgungsgefahr in einem bestimmten Herkunftsstaat angenommen werden kann. So kommt es gerade bei Staaten, die der Gesetzgeber gem. § 29a AsylG als „sicher" eingestuft hat, in der Anhörung auf jedes Detail an, um die antizipierte Beweiswürdigung der Nichtverfolgung gem. § 29a Abs. 1 AsylG[418] zu widerlegen. Da die Behörde gerade in diesen Fällen schon ohne Ermittlungen davon ausgehen darf, dass keine Verfolgung oder sonstige Gefahr für Leib und Leben vorliegt,[419] führt dies zur nahezu vollständigen Beweislastverschiebung zulasten des Asylbewerbers.[420] Bei der Anhörung kann es in der Gesamtschau also einerseits Fälle geben, bei denen die

417 Siehe dazu bspw. *VG Sigmaringen*, 23.11.2016 – A 5 K 1495/16, via juris, Rn. 2.

418 *BVerfG*, 14.05.1996 – 2 BvR 1507; 2 BvR 1508/93, NVwZ (1996), 691 (693).

419 *Heusch*, in: Kluth/Heusch (Hrsg.), BeckOK AuslR, 28. Ed. (1.1.2021), § 29a AsylG, Rn. 1.

420 Bzw. zu einer Beweiserleichterung des BAMF, vgl. *Heusch* (Fn. 419), § 29a AsylG, Rn. 2.

offensichtliche Plausibilität der geltend gemachten Verfolgung eine Darlegung durch den Antragsteller nahezu entbehrlich macht und anderseits Konstellationen, in denen der Asylbewerber ein in § 29a AsylG festgelegtes „Misstrauen" des Gesetzgebers in die geltend gemachte Verfolgung durch umfangreiche Darlegung überwinden muss. Zwischen diesen beiden Extrempolen kommt es im Einzelfall darauf an, was und wie viel an Wahrheitsfindung dem Asylbewerber übertragen werden kann und welche Aspekte Aufgabe der Behörde bleiben. Aus § 24 Abs. 1 AsylG ergibt sich jedenfalls eine Pflicht des Bundesamtes, den Asylbewerber überhaupt anzuhören.[421] Auch wenn also Mitwirkungspflichten des Asylbewerbers bestehen, so obliegt es den Behörden, die verfahrenstechnischen Rahmenbedingungen zu schaffen, damit dieser seinen Pflichten überhaupt Genüge tun kann.

bb) Zeitliche und räumliche Umstände der Anhörung

§ 25 Abs. 4 und 5 AsylG regeln die Anhörung in zeitlicher und räumlicher Hinsicht. So soll diese bei Personen, die verpflichtet sind in einer Aufnahmeeinrichtung zu wohnen, „in zeitlichem Zusammenhang" mit der Stellung des formellen Asylantrags gem. § 23 AsylG erfolgen. Es bedarf somit keiner zwingenden Anhörung bei dem Termin der Antragstellung, auch wenn dies die Regel ist.[422] Personen, die nach § 14 Abs. 2 AsylG nicht verpflichtet sind in einer Aufnahmeeinrichtung zu wohnen, sind gem. § 25 Abs. 5 AsylG schriftlich zur Anhörung zu laden. Kommt der Asylbewerber dieser Ladung nicht nach, kann ganz auf eine Anhörung verzichtet werden und es verbleibt dem Antragsteller lediglich die Möglichkeit einer schriftlichen Stellungnahme binnen eines Monats.

cc) Die Anhörung als „Herzstück" des Asylverfahrens

Die Anhörung des Asylbewerbers ist das „zentrale Herzstück des Asylverfahrens".[423] Sie ist vor allem dann bedeutsam, wenn sich die Frage nach der Bedrohung des Antragstellers nicht bereits aus dritten Quellen, wie etwa Medienberichten oder Sachverständigengutachten ergibt, was vor allem bei der Verfolgung bestimmter Gruppen der Fall ist.[424] In anderen Konstellationen kommt als zentrale Quelle der Verfolgungsgeschichte primär der Asylbewerber selbst in Betracht. Seine wesentliche Aufgabe besteht dann in der wahrheitsgetreuen

---

421 *Heusch/Haderlein et al.* (Fn. 347), S. 89, Rn. 180.

422 *Bergmann*, in: Bergmann/Dienelt (Hrsg.), AuslR, 13. Aufl., 2020, § 25 AsylG, Rn. 19.

423 *Marx* (Fn. 271), S. 938, Rn. 91.

424 *BVerfG*, 02.07.1980 – 1 BvR 147, 181, 182/80, BVerfGE 54, 341 (359).

und schlüssigen Schilderung der Gründe und Umstände seiner Verfolgung.[425] Über die Pflicht zur Schilderung seiner Flucht- und Verfolgungsgeschichte hinaus hat der Antragsteller gem. § 25 Abs. 2 AsylG auch alle sonstigen Tatsachen und Umstände anzugeben, die einer Abschiebung in einen bestimmten Staat entgegenstehen. Dies ergibt sich aus der einheitlichen Prüfungskompetenz des BAMF, welches neben Asyl und Flüchtlingseigenschaft auch über das Vorliegen von Abschiebungsverboten entscheidet.[426] Doch wie bei den Meldepflichten gilt auch hier: Der Asylbewerber kann nur die Pflicht erfüllen, von der er auch weiß, dass sie ihm obliegt. Die Pflicht muss im Einzelfall also hinreichend bestimmt sein, es kann vom Antragsteller daher nicht verlangt werden, dass er willkürlich Details aus seiner Fluchtgeschichte nennt.[427] Daher ist es Aufgabe der anhörenden Behörde, ggf. nachzufragen, um insbesondere zweifelhafte Angaben durch kritische Nachfragen als glaubhaft oder unglaubhaft einschätzen zu können.

(1) Die Anhörung aus der Sphäre des Antragstellers: zwischen Chance und psychischer Belastung

Die Bedeutung der Anhörung als Grundlage der Entscheidung des BAMF macht diese für den Antragsteller zum wichtigsten Punkt des Verfahrens. Er kann an dieser Stelle durch seine Mitwirkung den größten Einfluss auf sein weiteres bleiberechtliches Schicksal ausüben und sich durch eine glaubhafte Schilderung seiner Verfolgung für einen rechtmäßigen humanitären Aufenthaltstitel qualifizieren. Gleichzeitig führt eine unzureichende Schilderung der Verfolgung u.U. zur Unglaubwürdigkeit seines Vorbringens und damit zur Ablehnung des Antrags. Diese Situation begründet für den Asylbewerber eine hohe Verantwortung und einen psychischen Druck, alles „richtig" machen zu wollen. Manch ein Antragsteller mag mit dieser Situation überfordert sein. Aus diesem Grund dürfen die Anforderungen an die Schilderungen des Antragstellers nicht überstrapaziert werden. Seine Mitwirkung vollzieht sich aus seiner Sphäre heraus, daher bilden seine intellektuellen Fähigkeiten, darunter insbesondere sein Erinnerungsvermögen, den Rahmen seines Beitrags zum Verfahren.[428] Dabei sind auch persönliche Aspekte zu beachten, die auf der formellen Ebene des Gesetzes

---

425 *Schönenbroicher/Dickten*, in: Kluth/Heusch (Hrsg.), BeckOK AuslR, 28. Ed. (01.01.2021), § 25 AsylG, Rn. 5.

426 *Bergmann* (Fn. 422), § 25 AsylG, Rn. 7.

427 *Fränkel*, in: Hofmann (Hrsg.), AuslR, 2. Aufl., 2016, § 25 AsylG, Rn. 7; *Gieß* (Fn. 271), S. 407.

428 Dazu im allgemeinen *Kobor* (Fn. 179), S. 42.

zunächst keine Rolle spielen, für den Asylbewerber jedoch eine wichtige Bedeutung haben. Hier ist zunächst die grundsätzliche Haltung des Asylbewerbers gegenüber staatlichen Behörden zu nennen. Für viele Asylbewerber ist ihre Sichtweise auf die Akteure staatlicher Gewalt eng mit ihrer eigenen Verfolgung durch einen Staat verbunden.[429] Zwar muss dies nicht zwingend pathologische Zustände im Sinne einer psychischen Erkrankung mit sich bringen, welche an einer Handlungsfähigkeit im Verwaltungsverfahren gem. § 12 VwVfG zweifeln ließe. Allerdings kann das Klima der Anhörung, der formalisierte Gesprächsrahmen oder die „Sterilität" eines Verwaltungsgebäudes, den Ausländer in eine Situation des Misstrauens versetzen, welche eine offene Erzählhaltung stark einschränken kann. Dies gilt insbesondere für traumatisierte Antragsteller, deren Erzählungen aufgrund der psychisch hoch belastenden Situation häufig unvollständig oder verzerrt wirken.[430] Dem versucht das BAMF gezielt durch Schulungen seiner Mitarbeiter zu begegnen, um diese besser auf die Anhörungen vorzubereiten und so einen professionellen und für den Asylbewerber sicheren Gesprächsrahmen zu schaffen.[431] Zudem bestehen für Asylbewerber Unsicherheiten hinsichtlich der Weitergabe von Informationen. Mag die Behörde noch so sehr beteuern, dass die angegebenen Daten vertraulich behandelt werden, so kann die Sorge darüber, dass Daten möglicherweise über Umwege an Verfolger im Herkunftsland gelangen, ein Vertrauen in die ermittelnde Behörde dennoch stören. Dies gilt insbesondere, wenn der Antragsteller noch Familie oder Gesinnungsgenossen im Heimatstaat hat, deren Verfolgung er fürchten muss.

Ein Unsicherheitsfaktor ist hier auch der Dolmetscher während der Anhörung.[432] Dieser ist gem. § 17 Abs. 1 AsylG (in Umsetzung von Art. 15 Abs. 3 lit. c) der RL 2013/32/EU) bei der Anhörung hinzuzuziehen und dient in erster Linie dem Interesse des Asylbewerbers, damit die Darlegung seiner Fluchtgründe nicht aufgrund mangelnder Sprachkenntnisse unberücksichtigt bleibt und der Asylbewerber alle Nachfragen des Entscheiders auch verstehen kann.[433]

---

429 *Kossen* (Fn. 347), S. 104.

430 *Fränkel* (Fn. 127), § 25 AsylG, Rn. 8; *Hailbronner*, in: dass. (Hrsg.), AuslR, 87. Erg-Lfg. (Sept. 2014), § 25 AsylG, Rn. 9.

431 *Schneider/Wottrich* (Fn. 125), S. 90 f.

432 Kritisch zur Qualifikation der Dolmetscher in der Praxis *Haubner/Kalin* (Fn. 11), S. 52, Rn. 12.

433 Gleichwohl können bei der Übersetzung bereits feine Unterschiede, etwa im jeweiligen regionalen Dialekt von Antragsteller und Dolmetscher, zu vermeintlichen Widersprüchen in der Erzählung des Asylbewerbers, und damit zu einem Mangel an

Allerdings wurden in der Vergangenheit Berichte bekannt, wonach Dolmetscher aktiv Kritik gegenüber Asylbewerbern äußerten, etwa aufgrund deren sexueller Orientierung oder sogar deren Daten an den Geheimdienst des Verfolgerstaates weitergegeben haben sollen.[434] Aber auch jenseits solcher politisch brisanter Fälle kann der Einsatz des Dolmetschers für den Asylbewerber nachteilhaft sein. Dies gilt insbesondere bei dessen mangelhafter Qualifikation. Durch die hohen Asylbewerberzahlen der Jahre 2015 und 2016 ging das BAMF mehr und mehr dazu über, auch Sprachmittler einzusetzen, die nicht über eine angemessene Qualifikation verfügen.[435] Eine falsche Übersetzung durch einen mangelhaft qualifizierten Dolmetscher ist insoweit problematisch, als hieraus widersprüchliche und somit unglaubhafte Angaben entstehen können. Zwar hat der Antragsteller aufgrund seines Grundrechts auf rechtliches Gehör und gem. der unionsrechtlichen Grundsätze einer guten Verwaltung einen Anspruch darauf, dass seine Angaben so in die Entscheidung einfließen, wie er sie geäußert hat.[436] Jedoch kann der anhörende Sachbearbeiter eine Äußerung nicht zweifelsfrei den ursprünglichen Äußerungen des Antragstellers oder der Übersetzung des Dolmetschers zuordnen, da er letztlich nur vom Dolmetscher das Ergebnis der Übersetzung bekommt. In Verbindung mit der Beweislastverschiebung zulasten des Asylbewerbers und dessen Pflicht, plausible und schlüssige Angaben zu machen, ist der Antragsteller daher der Übersetzungsleistung des Dolmetschers weithin „ausgeliefert". Diesen Umstand gilt es für die anhörende Behörde, bei der Verwertung der übersetzten Angaben des Dolmetschers unbedingt zu beachten.

Auch die Privatsphäre setzt der Mitwirkungspflicht des Antragstellers im Asylverfahren Grenzen. So dürfen etwa die nationalen Behörden vom Antragsteller

---

Glaubwürdigkeit führen, vgl. *ProAsyl*, Was im Asylverfahren passiert – und was dabei alles falsch läuft, 15.02.2016.

434 Im konkreten Fall ging es um türkische Dolmetscher, welche Asylbewerber, die sich als Anhänger der Gülen-Bewegung durch den türkischen Staat verfolgt sahen, dem türkischen Geheimdienst gemeldet haben sollen, vgl. *Amjahid/Middelhoff*, Feind hört mit, Die Zeit vom 23.11.2017, S. 11; dazu auch bereits *Kossen* (Fn. 347), S. 106. Zum Problem aus dem Heimatstaat „importierter" Konflikte zwischen Dolmetscher und Antragsteller siehe auch *Jaber*, ZAR 2017, 318 (319).

435 Warum 2100 Dolmetscher nicht mehr für das Bamf arbeiten dürfen, sueddeutsche.de vom 21.04.2018.

436 Zur Anwendbarkeit dieser Grundsätze über den Anwendungsbereich der Art. 41 GRCh hinaus siehe S. 69 ff. Zur dogmatischen Herleitung des Grundrechts auf rechtliches Gehör im Verwaltungsverfahren siehe *Jaber* (Fn. 434), S. 321 f.

nicht verlangen, dass sich dieser entwürdigenden „Tests" seiner Sexualität unterzieht, wenn er als Grund der Verfolgung im Heimatstaat seine Homosexualität angibt. Ein solcher „Beweis" der sexuellen Orientierung mittels detaillierter Beschreibungen der eigenen Intimsphäre oder gar das „Vorführen" bestimmter Praktiken ist mit der Menschenwürde aus Art. 1 GRCh nicht vereinbar.[437]

Die individuelle Fluchtgeschichte und damit einhergehende psychische Situation des Antragstellers erfordern von den Behörden, jeden Asylbewerber mit der individuell notwendigen Sorgsamkeit und Sensibilität zu behandeln. Daher sind schon der Sache nach vollständig standardisierte Befragungsabläufe ausgeschlossen.[438] Die anhörende Behörde hat die Befragung des Antragstellers vielmehr möglichst offen und „einladend" zu gestalten. Dies dient zum einen einer psychisch und sozial freundlichen Atmosphäre, welche insoweit gerade bei Antragsteller als Korrektiv wirken kann, die Behörden grundsätzlich misstrauisch eingestellt sind. Ein solches Vorgehen dient damit auch einer offenen Erzählhaltung des Antragstellers und damit letztlich der behördlichen Aufgabe der Wahrheitsfindung. Denn die Wahrheitsfindung im Rahmen des Asylverfahrens ist und bleibt das Ziel des Verfahrens und obliegt somit beiden Beteiligten. Sicherlich muss die Behörde gegenüber vehementen Mitwirkungsverweigerern keinen unzumutbaren Aufwand unternehmen, oder gar dessen Schweigen zu seinen Gunsten interpretieren. Jedoch bei Widersprüchen und möglichen Missverständnissen zielgerichtet nachzufragen und insgesamt eine offene und in jedem Fall nicht „feindselige" Befragungssituation zu schaffen, ist der Behörde in jedem Fall zumutbar.

(2) Der sachtypische Beweisnotstand und die Bedeutung der „Glaubwürdigkeit": eine besondere Anforderung an den Antragsteller

Die bereits psychisch hoch anspruchsvolle Situation der Befragung des Antragstellers wird für diesen durch einen weiteren Faktor erschwert, welcher zugleich auch die Behörden regelmäßig vor große Herausforderungen stellt: den sogenannten sachtypischen Beweisnotstand des Asylverfahrens. Da die Antragsteller meist mittellos im Zielstaat der Flucht ankommt und oft keine Identitätspapiere

---

437 *EuGH*, 02.12.2014 – C-148/13, NVwZ (2015), 132 (134), Rn. 65. Da die Anforderungen des Asylverfahrens auch durch die RL 2013/32/EU geregelt sind, fällt das Asylverfahren insoweit in den Anwendungsbereich der Europäischen Grundrechtecharta gem. Art. 51 GRCh.

438 *BVerfG*, 14.05.1996 – 2 BvR 1516/93, NVwZ (1996), 678 (682 f.); zum Verhältnis der Sphären von Behörde und Antragsteller siehe auch *Gieß* (Fn. 271), S. 407.

mit sich führen, geschweige denn andere Dokumente, aus welchen die Richtigkeit einer geltend gemachten Verfolgung hervorgehen könnte,[439] beschränkt die Rechtsprechung das Maß der Beweisführung durch den Asylbewerber auf eine Glaubhaftmachung der Verfolgung.[440] Dieser gilt aber im umgekehrten Sinn auch für die Behörde. Auch sie unterliegt aufgrund des ausschließlichen Auslandsbezugs des Sachverhalts einem sachtypischen Beweisnotstand und ist daher in weiten Teilen auf die Schilderungen des Asylbewerbers angewiesen.[441] Die Lücke an faktischen Beweismitteln versuchen, Gerichte und Verwaltung in ständiger Praxis durch das Kriterium der Glaubhaftigkeit zu füllen.[442] Entscheidungsgrundlage ist damit letztlich das Wort des Antragstellers, eventuell gestützt von einigen wenigen Urkundsbeweisen wie etwa dem Reisepass oder Fahrscheinen und umrahmt von einem generellen Überblick über den Fluchtstaat, welchen sich das BAMF aus externen Quellen verschaffen kann.

Problematisch am Konzept der Glaubhaftmachung ist jedoch das oftmals verkürzte Verständnis von psychologischen und sozialwissenschaftlichen Konzepten der Aussagepsychologie. So ist etwa zu beobachten, dass öffentliche Stellen dazu neigen können, für die Glaubhaftigkeitsprüfung von (Opfer-)Zeugen entwickelte psychologische Gutachtentechniken auch für Asylverfahren einzusetzen bzw. mit derartigen Anliegen an psychologische Gutachter heranzutreten.[443] Eine undifferenzierte Übertragung dieser Techniken auf Asylverfahren ist jedoch mit medizinischen und psychologischen Fachstandards nicht vereinbar, da zahlreiche Faktoren im Asylverfahren von denen im Strafverfahren abweichen. So können diese Techniken zum einen keine individuellen Besonderheiten von Asylbewerbern berücksichtigen, darunter etwa den Erzählstil, bestimmte Werthaltungen oder Wahrnehmungshorizonte für einzelne Ereignisse.[444] Ebenfalls sind diese Techniken nicht speziell für traumatisierte Personen entwickelt worden. Gerade Asylbewerber fallen jedoch häufig[445] unter dieses Kriterium, ihre Wahrnehmung und Aussagefähigkeit ist dementsprechend anders zu

---

439 So z.B. ein Parteibuch, welches die Mitgliedschaft in einer durch die Regierung verfolgten Oppositionspartei nachweist oder behördliche Schreiben, in denen der Asylbewerber zum Unterlassen bestimmter politischer Betätigungen aufgefordert wird.

440 *BVerwG*, 29. 11. 1977 – 1 C 33/71, NJW (1978), 2463 (2464).

441 *Kossen* (Fn. 347), S. 91; zur Praxis auch *Schneider/Wottrich* (Fn. 125), S. 89 ff.

442 *Marx* (Fn. 271), S. 938 f., Rn. 91.

443 *Gierlichs/van Keuk et al.*, ZAR 2005, 158 (159 f.).

444 *Gierlichs/van Keuk et al.* (Fn. 443), S. 160.

445 So sind etwa 30-45% der Asylbewerber traumatisiert, vgl. *Gierlichs/van Keuk et al.* (Fn. 443), S. 163 m.w.N.

beurteilen.[446] Auch wenn der Antragsteller also im Asylverfahren dazu verpflichtet ist, die ihm widerfahrenen Ereignisse plausibel wiederzugeben und so, wie sie sich tatsächlich ereignet haben, so ist ihm dies nie vollständig möglich. Denn die Wahrnehmung eines Menschen wird immer durch verschiedene objektive Faktoren, wie etwa die Dauer eines Ereignisses oder die Position des Beobachters, aber auch durch subjektive Faktoren wie die Erwartung einer bestimmten Wahrnehmung („Erwartungseffekt") beeinflusst.[447] Auch der Fokus der Wahrnehmung auf bestimmte Objekte (bspw. eine Waffe in einer Bedrohungssituation) kann dazu führen, dass andere wichtige Informationen (wie das Aussehen oder die Worte des bedrohenden Täters) nahezu vollständig ausgeblendet werden.[448] Dazu kommt die nachlassende Gedächtnisleistung. So werden von biographisch relevanten Informationen bereits nach drei Jahren 20% wieder vergessen.[449] Bedenkt man, dass sich eine Fluchtbiographie häufig über Jahre hinziehen kann, in denen sich Personen zunächst in Drittstaaten aufhalten, so erscheint es naheliegend, dass auch durch schlichtes Vergessen wichtige Details in der Anhörung nicht mehr präsent sind.

Für die anhörende Behörde vereinfacht dies die Bearbeitung des Asylantrags in keiner Weise. Ihr obliegt die schwierige Aufgabe, aus dem Gespräch mit dem Antragsteller unter Berücksichtigung der zahlreichen Faktoren, welche Wahrnehmung, Erinnerung und Erzählverhalten jeweils individuell beeinflussen, am Ende eine Glaubwürdigkeitsprognose zu erstellen. Diese ermöglicht dann auch keine, im Sinne der oben genannten Faktoren eigentlich notwendige, graduelle Abstufung der Glaubwürdigkeit. Verlangt wird vom Gesetzgeber vielmehr eine eindeutige Wahl zwischen Begründetheit oder Unbegründetheit des Asylgesuchs, also zwischen Glaubwürdigkeit und Unglaubwürdigkeit der Fluchtgeschichte. Da diese aber in den seltensten Fällen eindeutig belegt oder widerlegt werden kann, verlangt die Rechtsprechung vom Antragsteller nicht, dass er durch seine Darlegung jeden letzten Zweifel ausräumt, sondern nur, dass die von ihm geschilderten Ereignisse mit einer „beachtlichen Wahrscheinlichkeit" zutreffen.[450] Dabei besteht jedoch kein quantitativ bestimmbarer Prognosemaßstab, sodass insbesondere nicht in jedem Fall eine Wahrscheinlichkeit über 50% vorliegen muss.[451] Eine solch starre Grenze wäre auch unter Berücksichtigung

---

446 *Gierlichs/van Keuk et al.* (Fn. 443), S. 160.

447 *Ludewig/Tavor et al.*, AJP 2011, 1415 (1418).

448 *Ludewig/Tavor et al.* (Fn. 447), S. 1419.

449 *Ludewig/Tavor et al.* (Fn. 447), S. 1419.

450 *Gieß* (Fn. 271), S. 408 mit Verweis auf *Marx*, ZAR 2012, 417 (419).

451 *Hruschka/Löhr*, ZAR 2007, 180 (182).

nicht mit den individuellen Faktoren des Asylverfahrens vereinbar. So kann es durchaus vorkommen, dass die Geschichte des einen Antragstellers in einem bestimmten Detail unmöglich so passiert sein kann, während die übrigen Schilderungen durchaus plausibel erscheinen. In einem anderen Fall mag dagegen die Erzählung nicht offensichtlich unwahr sein, jedoch insgesamt detailarm und daher wenig nachvollziehbar.[452] Aus derlei unterschiedlichen Vorträgen dann eine konkret quantifizierbare Wahrscheinlichkeitsprognose zu „errechnen", erscheint schwer möglich. Hinzu kommt, dass es in der gebotenen beweisrechtlichen Gesamtwürdigung einen wesentlichen Unterschied macht, ob der Antragsteller „nur" etwa eine Gefängnisstrafe als Verfolgungshandlung geltend macht, oder die Bedrohung seines Lebens.[453] Daher muss die Behörde immer im Einzelfall entscheiden, ob sie unter Berücksichtigung aller relevanten Umstände von einer hinreichend plausiblen Verfolgungsgeschichte ausgeht.

Hinzu kommt, dass der Asylbewerber, soweit er Verfolgung oder Bedrohung durch einen Staat geltend macht, die Repressionen eines Regimes nachweisen muss, welches selbstverständlich vor den Augen der Weltgemeinschaft alles dafür tun wird, die Offenlegung eben solcher Menschenrechtsverletzungen zu verhindern.[454] Strukturell wird es daher dem Asylbewerber kaum möglich sein, eine systematische Verfolgung durch den Verfolgerstaat eindeutig zu beweisen. Die Behörde ist insoweit gehalten, die Mitwirkung des Antragstellers durch externe Quellen (z.B. Berichte des Auswärtigen Amts) zu unterstützen bzw. diese Informationen mit den Angaben des Antragstellers abzugleichen.

(3) Mitwirkungspflicht und rechtliche Vertretung in der Anhörung

Eine Möglichkeit für den Antragsteller, die Herausforderungen des Verfahrens besser bewältigen zu können, ist die Konsultation eines Rechtsbeistands. Zwar spricht § 25 Abs. 1 AsylG davon, dass der Asylbewerber „selbst" die Tatsachen und Umstände seiner geltend gemachten Verfolgung vortragen muss. Der Antragsteller kann sich aufgrund dieses Höchstpersönlichkeitsgrundsatzes also nicht vollständig von einem Dritten vertreten lassen oder gar der Anhörung gänzlich fern bleiben.[455] Dies schließt jedoch die Anwendung des allgemeinen verwaltungsrechtlichen Grundsatzes aus § 14 Abs. 1 VwVfG nicht aus, wonach

---

452 *OVG Münster*, 31.07.2018 – 19 A 2650/18.A, BeckRS, 18650, Rn. 2.

453 *Hruschka/Löhr* (Fn. 451), S. 182 f.

454 *Hailbronner* (Fn. 430), § 25 AsylG, Rn. 7.

455 *Hailbronner* (Fn. 430), § 25 AsylG, Rn. 22; *Marx*, in: ders. (Hrsg.), AsylG, 10. Aufl., 2019, § 25 AsylG, Rn. 14.

sich der Antragsteller als Beteiligter im Verwaltungsverfahren grundsätzlich von einem Verfahrensbevollmächtigten vertreten lassen kann.[456] Auch Art. 20 der RL 2013/32/EU gibt dem Antragsteller das Recht, auf seine Kosten einen Rechtsbeistand zu Fragen des Asylverfahrens zu konsultieren.[457] Jedoch gilt diese rechtliche Unterstützung nicht uneingeschränkt. Insbesondere hat ein Rechtsanwalt nicht das Recht, sich bei der Anhörung nach seinem Ermessen zwischen den Antragsteller und die anhörende Behörde zu „stellen" und zu sämtlichen Fragen des Bundesamtes unmittelbar Stellung zu nehmen bzw. die Antwort auf die Frage zuvor jeweils mit seinem Mandanten abzusprechen. Denn nach wie vor ist die Behörde aus ihrem Amtsermittlungsgrundsatz heraus „Herrin des Verfahrens". Sie entscheidet daher, wie sie die Anhörung des Antragstellers durchführt, damit diese der Wahrheitsfindung bestmöglich dient.[458] Dies folgt auch aus § 14 Abs. 3 S. 2 VwVfG, welcher insoweit den Grundsatz der Verhandlung mit dem Prozessbevollmächtigten für die Fälle aufhebt, in denen Mitwirkungspflichten des Beteiligten selbst besonders vorgesehen sind. So verhält es sich auch bei § 25 AsylG. Die Behörde hat das Recht, den Antragsteller zunächst ohne direkte Einmischung des Rechtsbeistands zu befragen, freilich aber in dessen Anwesenheit. Der Rechtsbeistand kann anschließend zu der Anhörung Stellung nehmen. Dadurch läuft die Funktion eines Rechtsbeistandes auch nicht leer. Vielmehr kann er in jedem Fall auf die Art und Weise der Befragung insgesamt sowie die Einhaltung einer korrekten Form der Anhörung (und auch des Protokolls) hinwirken.[459]

Der Gesetzgeber hat 2019 mit § 12a AsylG zudem die Möglichkeit einer freiwilligen Verfahrensberatung im Vorfeld der eigentlichen Anhörung geschaffen.[460] Ziel dieser Beratungen ist auch, mögliche Gerüchte, die unter Asylbewerbern über die Anhörung kursieren, die letztlich auch der Glaubwürdigkeit in der

456 *Marx* (Fn. 455), § 25 AsylG, Rn. 11; *BVerwG*, 02.11.1990 – 9 B 121.90, NVwZ (1991), 487 (488).

457 *Marx* (Fn. 455), § 25 AsylG, Rn. 11.

458 *BVerwG*, 02.11.1990 – 9 B 121.90, NVwZ (1991), 487 (488).

459 *Marx* (Fn. 455), § 25 AsylG, Rn. 14.

460 Nach der ursprünglichen Beschlussempfehlung des Innenausschusses des Bundestages sollte die Beratung bis zum „Abschluss des Behördenverfahrens" erfolgen können (BT-Drs. 19/10706, S. 15). Dies würde dem Wortlaut nach auch noch eine Beratung nach der Anhörung ermöglichen. Da die Anhörung aber für den Antragsteller den kritischsten Punkt des Asylverfahrens darstellt, ist für diesen eine Beratung nur sinnvoll, wenn sie zeitlich vor der Anhörung erfolgt; so auch *Houben*, in: Kluth/Heusch (Hrsg.), BeckOK AuslR, 28. Ed. (01.01.2021), § 12a AsylG, Rn. 57 ff.

Anhörung schaden können, auszuräumen.[461] Die Beratung erfolgt gem. § 12a S. 2 bis 4 AsylG in zwei Stufen, wobei die erste Stufe eine allgemeine Information über das Verfahren in Gruppengesprächen umfasst, die zweite Stufe dagegen eine individuelle Verfahrensberatung durch Wohlfahrtsverbände oder das BAMF. In letzterem Fall schließt das Neutralitätsgebot jedoch aus, dass die Mitarbeiter des BAMF selbst Asylbewerber beraten.[462] Vielmehr ist die Formulierung des § 12a S. 4 „durch das Bundesamt durchgeführt" so zu verstehen, dass das BAMF für die Organisation und Durchführung der Beratung verantwortlich ist.

(4) Die „sicheren Herkunftsstaaten": Eine Ausweitung der Mitwirkungspflicht?

Seit dem sogenannten Asylkompromiss[463] ermöglicht es Art. 16a Abs. 3 GG dem Gesetzgeber, bestimmte Herkunftsstaaten, in denen es als gewährleistet erscheint, dass dort keine Verfolgung herrscht, als „sicher" zu deklarieren.[464] In der Folge wird bei einem aus einem solchen Staat stammenden Ausländer vermutet, dass dieser nicht verfolgt wird, solange er nicht Tatsachen vorträgt, die diese Vermutung widerlegen. Die Bedeutung dieser Regelung zeigt sich im Vergleich mit Art. 16a Abs. 2 GG, nach welchem sich ein Ausländer, der über einen sicheren *Dritt*staat in die BRD eingereist ist, auf das Grundrecht auf Asyl *nicht berufen kann*. Dies stellt nach allgemeiner Auffassung und Rechtsprechung des BVerfG eine Verkürzung des Schutzbereichs des Asylgrundrechts und damit einen materiellrechtlichen Aspekt dar.[465] Dagegen spricht Abs. 3 nur von einer „Vermutung", welche widerlegbar ist. Es handelt sich somit um eine antizipierte Beweiswürdigung und folglich ein Problem der Beweislastverteilung im Verwaltungs- bzw. Gerichtsverfahren.[466] Damit ist auch die Frage aufgeworfen, wie sich das Konzept der sicheren Herkunftsstaaten auf die beweisrechtliche Mitwirkungspflicht des Antragstellers auswirkt. Bereits die allgemeinen Pflichten des Antragstellers im Rahmen der Anhörung verlangen von diesem, die „beachtliche Wahrscheinlichkeit" seiner Verfolgung darzulegen. Entscheidender

461 *Bergmann*, in: Bergmann/Dienelt (Hrsg.), AuslR, 13. Aufl., 2020, § 12a AsylG, Rn. 2
462 *Houben* (Fn. 460), § 12a AsylG, Rn. 24.
463 Zu Hintergrund und Entwicklung dieser Reform des Asylrechts siehe *Gärditz*, in: Herzog/Maunz/Dürig (Hrsg.), GG, 92. Erg.-Lfg. (Aug. 2020), Art. 16a GG, Rn. 34 ff.
464 *Will*, in: Sachs (Hrsg.), GG, 9. Aufl., 2021, Art. 16a GG, Rn. 87 f.
465 *Möller*, in: Hofmann (Hrsg.), AuslR, 2. Aufl., 2016, Art. 16a GG, Rn. 21; *Lübbe-Wolff*, in: Dreier (Hrsg.), GG, 3. Aufl., 2013, Art. 16a GG, Rn. 71; *BVerfG*, 14.05.1996 – 2 BvR 1507; 2 BvR 1508/93, NVwZ (1996), 691 (702).
466 *BVerfG*, 14.05.1996 – 2 BvR 1507; 2 BvR 1508/93, NVwZ (1996), 691 (692 f.).

Unterschied zum Verfahren im Fall eines sicheren Herkunftsstaates ist aber, auf welche Ausgangssituation in der Anhörung der Antragsteller trifft: Im regulären Verfahren begegnet ihm in der Regel eine „unvoreingenommene" Behörde. In Fällen, in denen die Bedrohung von Personen aus einem bestimmten Staat bereits als „Regelfall" gelten kann, muss der Antragsteller sogar davon ausgehen, dass bereits aufgrund seiner Staatsangehörigkeit ein Verfolgungsschicksal als glaubwürdig angesehen wird. Ganz gegenteilig verhält es sich bei sicheren Herkunftsstaaten. Hier ist die Behörde de lege lata dazu verpflichtet, die vorgebrachte Verfolgung des Asylbewerbers zunächst als unzutreffend anzunehmen. Der zu überwindende „Berg des Misstrauens" ist somit um ein Vielfaches höher. In der Praxis zeigt sich dies dadurch, dass etwa die Begründung eines individuellen Verfolgungsschicksals mittels Verweises auf eine gruppenbezogene Verfolgung kaum mehr möglich ist, da die Behörde de lega lata davon ausgehen muss, dass gruppenbezogene Verfolgung in dem betreffenden Staat nicht stattfindet.[467]

Jedoch darf die Verschärfung der beweisrechtlichen Hürden zulasten des Antragstellers nicht dazu führen, dass ihm die Berufung auf das Asylgrundrecht gänzlich unmöglich gemacht wird. Hätte der Gesetzgeber dies gewollt, so hätte er die sicheren Herkunftsstaaten des Art. 16a Abs. 3 GG genau wie die sicheren Drittstaaten des Abs. 2 als Ausschluss des Schutzbereichs ausgestaltet und nicht als Beweislastverschärfung. So gelten auch für Antragsteller aus sicheren Herkunftsstaaten die rechtsstaatlichen Garantien des regulären Asylverfahrens, insbesondere das Grundrecht auf rechtliches Gehör und das Recht auf eine persönliche Anhörung gem. Art. 14 der AsylverfahrensRL 20132/32/EU. Daher muss auch hier der Asylbewerber seine Verfolgung nicht beweisen im Sinne eindeutiger und unwiderlegbarer Beweismittel, welche ihm aufgrund des sachtypischen Beweisnotstands in der Regel nicht zur Verfügung stehen.[468] Auf der anderen Seite darf die beweisrechtliche Verschärfung des Art. 16a Abs. 3 GG aber auch nicht dadurch leerlaufen, dass vom Antragsteller letztlich nur das gleiche Maß an Glaubhaftmachung wie bei nicht sicheren Herkunftsstaaten verlangt wird. Nicht ausreichend ist in jedem Fall eine bloße Behauptung einer Verfolgung.[469] In der Gesamtschau der Argumente lässt sich daher festhalten, dass die Qualifizierung eines Herkunftsstaates als „sicher" i.S.d. Art. 16a Abs. 3 GG zwar keine unmittelbar erhöhte Beweislast des Asylbewerbers anordnet. Da

467 *Marx*, in: ders. (Hrsg.), AsylG, 10. Aufl., 2019, § 29a AsylG, Rn. 30; *Hailbronner*, in: dass. (Hrsg.), AuslR, 96. Erg.-Lfg. (April 2016), § 29a AsylG, Rn. 24.

468 So auch *Genrich*, VBlBW 1994, 182 (182).

469 *Genrich* (Fn. 468), S. 182.

jedoch eine Begründung seines Verfolgungsschicksals durch den Verweis auf allgemeine oder gruppenbezogene Verfolgung im Heimatstaat nicht möglich ist, muss er eine individuelle Verfolgung nachweisen können. Dies führt faktisch zu einer erhöhten Mitwirkungslast bzw. einem verschärften Beweismaßstab bei der Sachverhaltsaufklärung.

(a) *Anwendbarkeit des verschärften Beweismaßstabs auf die Flüchtlingseigenschaft und den subsidiären Schutz gem. §§ 3 und 4 AsylG*

Da die Gewährung des politischen Asyls nach Art. 16a GG aufgrund der sicheren Drittstaatenklausel ohnehin nur selten zur Anwendung kommt, bezieht sich die Vermutung der Nichtverfolgung im Falle sicherer Herkunftsstaaten über das politische Asyl hinaus auch auf die Flüchtlingseigenschaft gem. § 3 AsylG sowie seit der letzten Änderung des § 29a AsylG vom 31.07.2016 auch auf den subsidiären Schutz gem. § 4 AsylG, sodass für diese Schutzstatus ebenfalls die Beweislastverschärfung greift.[470] Diese Regelung erscheint auch sinnvoll, da der wesentliche Beweggrund des Konzepts der sicheren Herkunftsstaaten ein Abbau der Belastung der Asylbehörden durch verkürzte inhaltliche Prüfungsverfahren war.[471] Würde man nun diese Belastung nur für die Prüfung des politischen Asyls gem. Art. 16a GG reduzieren, dagegen aber den Großteil der Verfahren, also die Prüfung der Flüchtlingseigenschaft bzw. des subsidiären Schutzes, weiterhin im Rahmen des allgemeinen Beweismaßstabs durchführen, so ließe sich keine wesentliche Effizienzsteigerung erreichen.[472] Daraus folgt aber auch, dass der Gesetzgeber bei der Klassifizierung sicherer Herkunftsstaaten nicht mehr nur die Frage der (politischen) Verfolgung im Sinne von Art. 16a GG bzw. der Genfer Flüchtlingskonvention in den Blick nehmen muss, sondern darüber hinaus auch sicherstellen muss, dass in dem betreffenden Herkunftsstaat keine sonstige Gefahr von Folter, erniedrigender oder unmenschlicher Behandlung sowie willkürlicher lebensbedrohlicher Kriegsgewalt herrscht.

---

470 *Heusch* (Fn. 419), § 29a AsylG, Rn. 33 ff.

471 *Heusch* (Fn. 419), § 29a AsylG, Rn. 1.

472 Generelle Zweifel an der Effizienzsteigerung durch das Konzept der sicheren Herkunftsstaaten bei *Bader*, infoalso 2015, 69 (71).

(b) Anwendbarkeit des verschärften Beweismaßstabs auf die nationalen Abschiebungsverbote des § 60 AufenthG?

Allerdings bezieht sich die Widerlegungssystematik des § 29a Abs. 1 AsylG dem Wortlaut nach nur auf die Flüchtlingseigenschaft gem. §3 Abs. 1 und den subsidiären Schutz gem. § 4 Abs. 1 AsylG. Es fragt sich daher, ob die Vermutung der Nichtverfolgung für die Prüfung der Abschiebungsverbote gem. § 60 Abs. 5 und 7 AufenthG ebenfalls Anwendung findet.[473] § 60 Abs. 5 AufenthG verbietet eine Abschiebung, wenn dadurch Menschenrechte aus der Europäischen Menschenrechtskonvention verletzt würden. Insbesondere Art. 3 EMRK ist hier relevant, da diese Norm das Verbot erniedrigender und unmenschlicher Behandlung statuiert. Ebenfalls relevant ist Art. 6 EMRK, das Recht auf ein faires Verfahren. Freilich wird sich in einem Staat, in dem nach sorgfältiger Prüfung durch den Gesetzgeber keine Verfolgungsgefahr festgestellt wurde, nur selten eine Verletzung von Art. 6 EMRK finden. Dennoch stellt sich die Frage, ob auch die Abschiebungsverbote des § 60 AufenthG der Vermutung der Nichtverfolgung unterfallen, insbesondere mit Blick auf die dann verschobene Beweislast. Zwar verlangt die Rechtsprechung vom Antragsteller nicht, dass er die Widerlegung der Annahme des Art. 16a Abs. 3 GG zweifelsfrei beweisen kann.[474] Jedoch gelingt die Begründung der Verfolgung im Falle eines sicheren Herkunftsstaates wesentlich schwieriger als in einem „regulären" Asylverfahren. Würde man nun die Abschiebungsverbote vom Anwendungsbereich der Vermutung der Nichtverfolgung ausnehmen, so könnte sich der Antragsteller aus einem sicheren Herkunftsstaat durch die Geltendmachung einer Verfolgungshandlung als Verletzung eines Rechts aus der EMRK wieder der allgemeinen Beweislast des regulären Asylverfahrens unterstellen und so die vom Gesetzgeber ausdrücklich gewollte antizipierte Beweiswürdigung unterlaufen. Auf der anderen Seite schließt § 29a AsylG die Prüfung der Abschiebungsverbote auch nicht dem Grunde nach aus, diese ist also weiterhin geboten. Eine sinnvolle Lösung scheint daher zu sein, die Prüfung der Abschiebungsverbote des § 60 AufenthG auch im Falle sicherer Drittstaaten durchzuführen, die Vermutung der Nichtverfolgung aber als Indiz dafür heranzuziehen, dass neben gruppenbezogener Verfolgung

---

473 Dies befürwortend *Heusch* (Fn. 419), § 29a AsylG, Rn. 35 mit Verweis auf *VG Düsseldorf*, 22.12.2015 – 7 L 3863/15.A, BeckRS (2015), 40065; *Marx* (Fn. 467), § 29a AsylG, Rn. 25; a.A. *Hailbronner* (Fn. 467), § 29a AsylG, Rn. 10.

474 *BVerfG*, 14.05.1996 – 2 BvR 1507; 2 BvR 1508/93, NVwZ (1996), 691 (697); *Genrich* (Fn. 468), S. 183; *Lübbe-Wolff*, DVBl. 1996, 829 (836).

und willkürlicher Kriegsgefahr auch keine sonstigen Gefahren für die Verletzung von Menschenrechten drohen.[475]

(5) Art. 3 und 4 der RL 2011/95/EU als Maßstab der Beweislastverteilung bei der Anhörung

Auch das Unionsrecht trägt mit Art. 4 QualifikationsRL zum Maßstab der Mitwirkung bei der Anhörung bei.[476] Art. 4 Abs. 1 und 2 QualifikationsRL konkretisieren die Angaben, welche der Antragsteller zu machen hat, darunter Name, Herkunft, Wohnort, Reiseweg sowie die Gründe seiner Flucht. Art. 4 Abs. 3 QualifikationsRL beschreibt ergänzend dazu die Modalitäten der Prüfung des Asylantrags durch die Behörden der Mitgliedstaaten, wobei diese vor allem auch „alle mit dem Herkunftsland verbundenen Tatsachen, die zum Zeitpunkt der Entscheidung über den Antrag relevant sind, einschließlich der Rechts- und Verwaltungsvorschriften des Herkunftslands und der Weise, in der sie angewandt werden" zu beachten haben.

Die Begrenzung der notwendigen Angaben des Antragstellers in Art. 4 Abs. 1 und 2 QualifikationsRL im Vergleich zur Beachtung der allgemeinen fluchtstaatsbezogenen Informationen des Art. 4 Abs. 3 QualifikationsRL zeigt also, dass dem Antragsteller nur Angaben über die Umstände auferlegt werden können, die unmittelbar in seine Sphäre und sein persönlich erlebtes Umfeld fallen. Die Aufklärung aller weiteren relevanten Informationen, insbesondere also allgemeine politische Umstände und die Situation bestimmter Gruppen und Minderheiten im Fluchtstaat, obliegt demnach bei richtlinienkonformer Auslegung der §§ 24 Abs. 1; 25 Abs. 1 AsylG dem Bundesamt.[477] Gleichwohl sind eine strikte Trennung in individuellen Umständen des Antragstellers und allgemeinen Informationen über den Herkunftsstaat nicht möglich. Oftmals knüpfen individuelle Erlebnisse und Berichte des Antragstellers unmittelbar an grundsätzliche politische Geschehnisse an, während gleichzeitig allgemeine Informationen über die politische Lage erst unter Betrachtung individueller Erlebnisse als für das Asylverfahren relevant erkannt werden können. Auch wenn also Antragsteller und Behörde in der Anhörung jeweils ihre Sphäre der Mitwirkung verantworten, so kann sich eine schlüssige Entscheidungsgrundlage nur aus dem Zusammenspiel beider Seiten ergeben. Aus der Mitwirkungspflicht des Antragstellers und der

---

475 So auch *Marx* (Fn. 467), § 29a AsylG, Rn. 25 mit Verweis auf *Lübbe-Wolff* (Fn. 474), S. 836 und *Göbel-Zimmermann/Masuch*, infoalso 1996, 404 (413).

476 Siehe dazu auch bereits S. 94 ff.

477 *Marx* (Fn. 455), § 25 AsylG, Rn. 5 f.

Amtsermittlungspflicht des BAMF folgt also gleichsam eine Kooperationspflicht zur gegenseitigen konstruktiven Zusammenarbeit. Denn letztlich, und das sollte trotz der komplexen Ansprüche des Asylverfahrensrechts und der schwierigen Aufgabe für die Beteiligten nicht vergessen werden, ist das Ziel des Asylverfahrens Wahrheitsfindung auf einem rechtsstaatlichen und fairen Weg.

dd) Zwischenfazit: Die Anhörung als Balanceakt zwischen Rechtsgarantie und Mitwirkungspflicht

Abschließend lässt sich zusammenfassen, dass die Anhörung aufgrund ihrer Bedeutung für das Asylverfahren nicht als einfacher Beteiligungsprozess im Verwaltungsverfahren verstanden werden kann. Der sachtypische Beweisnotstand und die daraus folgende Wichtigkeit der Äußerungen des Antragstellers erfordern es vielmehr, dass dem Antragsteller Gelegenheit zu einer detaillierten und offenen Erzählung gegeben wird. Gerade vor dem Hintergrund möglicher Traumata und Erinnerungslücken muss die anhörende Behörde mit dem Asylbewerber als oftmals einzigem „Beweismittel" äußerst sorgsam verfahren. Dies ist vor allem auch in ihrem eigenen Interesse, da sie trotz der Verlagerung der Beweislast auf den Antragsteller letztlich an einer umfassenden Beweisgrundlage für ihre Entscheidung interessiert ist. Hierfür lassen sich jedoch, außer der Forderung nach einem offenen und unterstützenden Erzählumfeld, keine allgemeinen und standardisierten Befragungsabläufe festlegen. Denn abseits der wichtigsten Fragen zu Identität, Herkunft und Fluchtgrund bedarf jede Anhörung einer eigenen Würdigung der individuellen Gesprächssituation. An dieser Stelle können Qualifikation und Erfahrung der BAMF-Mitarbeiter nicht wichtig genug geschätzt werden.[478] Gerade vor dem Hintergrund hoher Flüchtlingszahlen in den Jahren 2015 und 2016 und der damit verbundenen Antragszahl war das BAMF gezwungen, im Schnellverfahren neue Mitarbeiter einzustellen und zu schulen. Ob diese immer in der Lage waren, das hohe Niveau der beschriebenen sozialen und verwaltungstechnischen Anforderungen zu erfüllen, darf bezweifelt werden.[479] Dies soll nicht als generelle Kritik an Struktur und Arbeit des BAMF missverstanden werden. Jedoch müssen diese besonderen Umstände bei der Beurteilung der Asylbescheide im gerichtlichen Verfahren Beachtung finden. Für die Verwaltungsgerichte gilt es daher, die Glaubhaftigkeit des Antragstellers, insbesondere unter Berücksichtigung der psychisch und sozial höchst anspruchsvollen Situation für den Antragsteller, kritisch zu überprüfen.

---

478 Siehe dazu auch *Haubner/Kalin* (Fn. 11), S. 53, Rn. 13.

479 Vgl. dazu BT-Drs. 18/9895, S. 2; *Haubner/Kalin* (Fn. 11), S. 53, Rn. 13.

Umgekehrt muss sich aber auch der Antragsteller selbst der besonderen Bedeutung seiner Äußerungen bewusst sein, insbesondere wenn er aus einem „sicheren Herkunftsstaat" kommt. Gerade dann sind sein individuelles Schicksal und die schlüssige Schilderung seiner eigenen Erlebnisse zentrale Elemente, um den hohen beweisrechtlichen Anforderungen an seine Mitwirkung gerecht zu werden und so die Vermutung der Unbegründetheit seines Asylbegehrens entkräften zu können.

h) Mitwirkungspflichten bei einem Folgeantrag (§ 71 AsylG)

Wird der Asylantrag zurückgenommen oder unanfechtbar abgelehnt, so hat der Antragsteller die Möglichkeit, gem. § 71 AsylG einen Folgeantrag zu stellen. Bei diesem Verfahren sind die Mitwirkungspflichten, insbesondere die Darlegungs- und Beweislast, im Vergleich zum Erstantrag noch einmal erhöht. Denn zum einen muss der Antragsteller zunächst nach § 51 Abs. 1 bis 3 AsylG umfassend darlegen, warum eine geänderte Sachlage oder das Vorliegen neuer Beweise eine Wiederaufnahme des Verfahrens begründen.[480] Knüpft der Sachvortrag im Folgeverfahren an die Begründung des Ursprungsantrags an, so steht der Antragsteller vor der besonderen Herausforderung darzulegen, warum eine ursprünglich als unzureichend qualifizierte Verfolgungsgeschichte nun im Folgeverfahren einen Schutzstatus zu begründen vermag.[481] Trägt der Antragsteller dagegen neue Aspekte und Argumente vor, die aber an die ursprüngliche Schilderung anknüpfen, so ist die Behörde gehalten die Schilderungen in einer Gesamtschau zu überprüfen, also auch eventuell im Ursprungsverfahren bereits angenommene Schilderungen erneut auf Plausibilität zu überprüfen.[482] Auch ist davon auszugehen, dass das Bundesamt in einem solchen Fall besonders kritisch prüfen wird, ob die Angaben des Antragstellers wirklich die zuvor abgelehnte Möglichkeit einer positiven Entscheidung eröffnen oder ob es sich nur um einen (bewussten) Versuch der Verlängerung des unrechtmäßigen Aufenthalts handelt. Dabei fließt auch mit ein, dass die neu vorgebrachten Änderungen der Sach- und Rechtslage oder Beweismittel vom Bundesamt nur zu berücksichtigen sind, wenn der Antragsteller gem. § 51 Abs. 2 VwVfG ohne grobes Verschulden außerstande war, die für den Folgeantrag ausschlaggebenden

---

480 *Dickten*, in: Kluth/Heusch (Hrsg.), BeckOK AuslR, 28. Ed. (01.01.2021), § 71 AsylG, Rn. 13.

481 *Marx*, in: ders. (Hrsg.), AsylG, 10. Aufl., 2019, § 71 AsylG, Rn. 48.

482 *Funke-Kaiser*, in: Fritz/Vormeier (Hrsg.), Gk-AsylVfG, 90. Erg.-Lfg. (Feb. 2011), § 71 AsylG, Rn. 152.

Gründe bereits im Ursprungsverfahren geltend zu machen. Dabei verlangt das Gesetz aber nicht, dass der Antragsteller im Ursprungsverfahren jedwede mögliche Änderung der Sach- und Rechtslage oder auch jede Beweisqualität einer Urkunde kennen muss. Grobes Verschulden meint hier vielmehr, dass ihm das Bestehen eines solchen Beweismittels oder Umstands positiv bekannt war oder sich ihm unter Beachtung seiner besonderen Mitwirkungspflichten hätte aufdrängen müssen.[483] Es ist also auch entscheidend, inwieweit das Bundesamt ihn im Verfahren zur Herausgabe bestimmter Beweismittel oder zur Aussage über bestimmte Tatsachen aufgefordert hat.[484] Ob der Antragsteller sich während des laufenden Verfahrens aktiv über die Lage in seinem Heimatland zu informieren hat, ist umstritten.[485] Dagegen spricht, dass der Asylbewerber auch trotz seiner umfangreichen Mitwirkungspflichten immer nur aus „seiner Sphäre" zu berichten hat. Eine Pflicht zur aktiven Information bei Kontaktpersonen im Heimatstaat würde diese Sphäre überdehnen und von einer Sphäre des Wissens zu einer Sphäre des *möglichen* Wissens ausweiten.

i) Mitwirkungspflichten bei Erlöschen, Widerruf oder Rücknahme der Anerkennung als Schutzberechtigter

aa) Die Pflicht zur Herausgabe des Anerkennungsbescheids bei Erlöschen der Anerkennung (§ 72 Abs. 2 AsylG)

Die Vorschrift findet sich im achten Teil des AsylG, welcher sich mit dem Erlöschen der Rechtsstellung von anerkannten Asylbewerbern und Flüchtlingen befasst. Zunächst werden in Abs. 1 die materiellen Gründe aufgezählt, bei deren Vorliegen die Rechtsstellung der Anerkennung erlischt. Dazu zählt unter anderem, wenn der Ausländer sich wieder dem Schutz des Nationalstaates unterstellt, dessen Verfolgung er zuvor geltend gemacht hat oder auch, wenn er die Staatsangehörigkeit eines anderen Staates erlangt hat, der bereit ist, ihn zu schützen. § 72 Abs. 2 AsylG schreibt für diese Fälle vor, dass der Ausländer verpflichtet ist, den an ihn erteilten Aufenthaltsbescheid sowie einen möglichen Reiseausweis für anerkannte Flüchtlinge, unverzüglich bei der zuständigen Ausländerbehörde abzugeben. Dies dient der Verhinderung von Täuschung und Missbrauch mittels des ab dem Moment des Erlöschens unwirksam gewordenen Anerkennungsbescheids, aber auch der generellen Übersicht der Behörden über ihre in Umlauf

---

483 *Marx* (Fn. 481), § 71 AsylG, Rn. 80.

484 *Marx* (Fn. 481), § 71 AsylG, Rn. 81.

485 So *Hailbronner*, in: dass. (Hrsg.), AuslR, 98. Erg-Lfg. (Okt. 2016), § 71 AsylG, Rn. 55; a.A. *Marx* (Fn. 481), § 71 AsylG, Rn. 81.

gebrachten aufenthaltsrelevanten Papiere. Die Herausgabepflicht hat somit verwaltungsorganisatorischen Charakter. Ob diese Pflicht bereits zusammen mit dem Wegfall der Rechtsstellung eintritt[486] oder erst durch einen Verwaltungsakt der Behörde ausgelöst wird, ist umstritten. Für die Notwendigkeit eines eigenen Verwaltungsakts spricht aber die dadurch erzeugte Rechtsklarheit für die Beteiligten. Denn das Erlöschen nach § 72 AsylG tritt bei Vorliegen einer der Voraussetzungen automatisch ein. Der Ausländer kann sich aber nur dementsprechend rechtskonform verhalten und die Papiere herausgeben, wenn er durch die Behörde durch einen deklaratorischen Verwaltungsakt über das Erlöschen in Kenntnis gesetzt wird. In diesem Sinne ist die Herausgabepflicht des § 72 AsylG dann als Rechtsgrundlage für die Behörde für den Erlass eines zur Herausgabe auffordernden Verwaltungsaktes zu verstehen.[487] Es erscheint daher zweckmäßig, diesen VA mit einem Verwaltungsakt zu verbinden, der den Ausländer zur Herausgabe des Anerkennungsbescheids und eines eventuellen Flüchtlingsausweises auffordert.[488]

bb) Die Pflicht zur Herausgabe des Anerkennungsbescheids bei Widerruf und Rücknahme der Flüchtlingseigenschaft (§ 73 Abs. 6 AsylG)

Eng verwandt mit der Herausgabepflicht des § 72 AsylG ist die des § 73 Abs. 6 AsylG. Dies zeigt sich bereits in dem Verweis in § 73 Abs. 6 AsylG auf die Herausgabepflicht des § 72 AsylG. Jedoch unterscheiden sich die Modalitäten der Herausgabepflicht aufgrund der unterschiedlichen Systematik der §§ 72 und 73: Während bei § 72 AsylG ein „Erlöschen", also der Entfall der Anerkennung als Flüchtling qua Gesetz geregelt ist, regelt § 73 den „Entzug oder Widerruf", also ein aktives Verfahren, an dessen Ende ein Verwaltungsakt steht, der dem Betroffenen das Ergebnis dieses Verfahrens mitteilt. Daher handelt es sich, anders als bei § 72 AsylG, bei einem Verwaltungsakt nach § 73 AsylG auch nicht bloß um eine deklaratorische Konkretisierung. Die Pflicht zur Herausgabe entsteht

---

486 Dafür *Fleuß*, in: Kluth/Heusch (Hrsg.), BeckOK AuslR, 28. Ed. (01.01.2021), § 72 AsylG, Rn. 32; wohl auch *Bergmann*, in: Bergmann/Dienelt (Hrsg.), AuslR, 13. Aufl., 2020, § 72 AsylG, Rn. 32, wonach ein diesbezüglicher VA nur deklaratorischer Natur ist. Nach a.A. begründet erst der VA selbst die Rückgabepflicht, so *Hailbronner*, in: dass. (Hrsg.), AuslR, 70. Erg.-Lfg. (Aug. 2010), § 72 AsylG, Rn. 32; *Marx*, in: ders. (Hrsg.), AsylG, 10. Aufl., 2019, § 72 AsylG, Rn. 43.

487 *Hailbronner* (Fn. 486), § 72 AsylG, Rn. 31. In diesem Sinne auch *Fleuß* (Fn. 486), § 72 AsylG, Rn. 32, der jedoch von einem deklaratorischen VA ausgeht, welcher die de iure bereits bestehende Herausgabepflicht lediglich „konkretisiert".

488 *Hailbronner* (Fn. 486), § 72 AsylG, Rn. 31.

vielmehr erst mit dem Verwaltungsakt, welcher den Widerruf der Anerkennung enthält. Der Verweis auf die Anwendbarkeit des § 72 Abs. 2 enthält daher auch die Formulierung „entsprechend“, sodass dieser systematische Unterschied zwischen dem Erlöschen nach § 72 und dem Widerruf nach § 73 auch bei der Rückgabepflicht der einschlägigen Dokumente berücksichtigt werden muss.

cc) *Die Mitwirkungspflicht beim Widerrufs- oder Rücknahmeverfahren (§ 73 Abs. 3a AsylG)*

§ 73 Abs. 3a AsylG regelt seit Dezember 2018 auch die Mitwirkungspflicht von anerkannt schutzberechtigten Ausländern bei der Prüfung des Widerrufs oder der Rücknahme des humanitären Schutzes. Dazu verweist § 73 Abs. 3a AsylG auf die Mitwirkungspflichten nach § 15 Abs. 2 Nr. 1, 4, 5 und 7. Der Gesetzgeber begründet dies mit der vergleichbaren Ausgangslage im Asylverfahren: Auch dort sei der Asylbewerber gem. § 15 AsylG umfangreich zur Mitwirkung verpflichtet, dieses Bedürfnis der Behörden nach Mitwirkung bestünde grundsätzlich auch im „umgekehrten Fall“, also bei der Prüfung des Entzugs der Anerkennung. Bisher seien in diesen Fällen die Behörden auf die Lageberichte des Auswärtigen Amtes und andere externe Quellen beschränkt.[489] Die damit den Behörden als Entscheidungsgrundlage zur Verfügung stehenden Informationen sind somit der Natur der Sache nach begrenzt.

Die Einführung einer verstärkten Mitwirkung des Schutzberechtigten bei der Prüfung von Widerruf und Rücknahme ist grundsätzlich konsequent. Bisher beschränkt sich die Mitwirkungsmöglichkeit des Ausländers auf eine schriftliche Anhörung zur Sache gem. § 73 Abs. 4 AsylG. Darüber hinaus kann die Behörde aber nach den allgemeinen Regeln der Einbindung der Beteiligten im Verwaltungsverfahren den Betroffenen persönlich anhören, da ihr dies jedenfalls nicht verboten ist.[490] Eine Orientierung des Umfangs der Mitwirkungspflicht an § 15 AsylG ist aber auch im Widerrufs- und Rücknahmeverfahren geboten. Denn der Entzug humanitären Schutzes entfaltet für den Betroffenen die gleichen Konsequenzen wie die Nichtgewährung im ursprünglichen Asylverfahren: Er verliert die Legitimation seines Aufenthaltes und wird, wenn keine Ausreisehindernisse gegeben sind, ausreisepflichtig. Um also sicherzustellen, dass eine derart gravierende Rechtsfolge nur dann eintritt, wenn die den Schutzstatus begründende Gefahr auch wirklich entfallen ist, muss die Behörde in einem solchen Verfahren

---

489 BT-Drs. 19/4456, S. 10.

490 Für eine Anhörung ausdrücklich auch *Marx*, in: ders. (Hrsg.), AsylG, 10. Aufl., 2019, § 73 AsylG, Rn. 111.

besonders umfangreich prüfen. Dafür muss sie aber in bestimmten Fragen auf das exklusive Wissen des Betroffenen selbst oder zumindest auf dessen „Wissenssphäre" (Namen, Daten etc.) zurückgreifen. Die allgemeine Möglichkeit zur Stellungnahme reicht dafür nicht aus. Zudem verhindert eine Mitwirkungspflicht auch im Widerrufs- und Rücknahmeverfahren, dass etwaige Fehler aus dem Ausgangsverfahren (z.B. die falsche Feststellung des Namens oder der Staatsangehörigkeit) sich als Tatsachen nicht mehr korrigieren lassen, auch wenn der Behörde Hinweise auf Fehler vorliegen.[491] Denn nur die Mitwirkung des Betroffenen kann in vielen Fällen diese wichtigen Informationen zutage fördern.

2. *Verfahrensbezogene Mitwirkungspflichten im AsylbLG i.V.m. SGB I*

Auch das Asylbewerberleistungsgesetz bedarf in seiner Umsetzung eines Verwaltungsverfahrens unter Beteiligung des Leistungsempfängers. Hier ist, wie in vielen anderen Bereichen des öffentlichen Rechts auch, in gewissem Maße dessen Mitwirkung erforderlich, wenn es um die Einholung von Informationen geht.[492] Trotz der Ausgliederung des Asylsozialrechts aus dem allgemeinen Sozialrecht und damit auch dem System des SGB, hat der Gesetzgeber aber die verfahrensrechtlichen Parallelen erkannt und entsprechend genutzt. Das AsylbLG arbeitet dementsprechend in § 9 Abs. 3 mit einem Verweis in die §§ 60 bis 67 SGB I, in denen die grundsätzlichen Mitwirkungsregeln für das sozialrechtliche Verwaltungsverfahren (§§ 60-64 SGB I), sowie die Grenzen der Mitwirkung (§ 65 SGB I) und die Rechtsfolgen von Mitwirkungspflichtverletzungen (§§ 66 und 67 SGB I) bereits normiert sind. Diese Verweisregel bietet auf der einen Seite den Vorteil, dass sich Behörden und Gerichte auf die umfangreiche Literatur und Rechtsprechung des Sozialrechts stützen können. Auf der anderen Seite sind die §§ 60 ff. SGB I aber gem. § 9 Abs. 3 S. 1 AsylbLG nur „entsprechend" anwendbar. Dem Gesetzgeber war also durchaus bewusst, dass es bei der Übertragung verfahrensrechtlicher Mitwirkungsstandards aus dem allgemeinen in das spezielle Asylsozialrecht auch Situationen geben kann, die eine bereichsspezifische Auslegung erfordern. Darüber hinaus ist aber nicht klar, ob der Gesetzgeber neben dem Verweis in die §§ 60 ff. SGB I andere Normen des SGB I bewusst ausgeklammert hat. Denn die Mitwirkungspflichten werden im Sozialrecht bspw. gem. § 17 SGB

491 BT-Drs. 19/4456, S. 10.

492 *Bringewat*, NStZ 2011, 131 (135); *Gitter*, Die Mitwirkung des Leistungsberechtigten im Sozialrecht, in: Töpper (Hrsg.), Wie würden Sie entscheiden?, 1990, S. 79 (80).

I durch das behördliche Gebot einer möglichst „dienstleistungsfreundlichen" Verwaltung flankiert.[493] Dieser Verweis fehlt jedoch im AsylbLG. Es fragt sich daher, ob der Gesetzgeber den Antragsteller im AsylbLG bewusst schlechterstellen wollte, als solche im allgemeinen Sozialrecht oder ob derlei Unterschiede auf eine ungenaue Verweisungstechnik des Gesetzgebers zurückzuführen sind.

Die Rechtsnatur der §§ 60–64 SGB I erweist sich als Obliegenheit. Denn ihre Durchsetzung liegt, anders als bei der Mitwirkung im Asyl- oder aufenthaltsrechtlichen Verfahren[494], primär im Interesse der verpflichtenden Person selbst. Auch können die Pflichten nicht zwangsweise durchgesetzt werden.[495] Denn die Behörden können hier mittels der Vorenthaltung oder dem Entzug von Leistungen allenfalls Druck auf den Betroffenen ausüben.

Umstritten ist aber, ob es sich bei den §§ 60–64 SGB I überhaupt um Verwaltungsakte handelt, da es ihnen an einer *Regelungs*wirkung fehle.[496] Eine Regelungswirkung ist jedoch nicht nur bei einer unmittelbar zwingenden Anordnung gegeben, sondern immer dann, wenn durch einen Rechtsakt eine verbindliche Rechtsfolge geregelt wird, „d.h. wenn Rechte des Betroffenen unmittelbar begründet, geändert, aufgehoben, mit bindender Wirkung festgestellt oder verneint werden"[497]. Eine solche Änderung der Rechte des Betroffenen tritt durch Mitwirkungspflichten der §§ 60 ff. SGB I in Verbindung mit § 66 SGB I ein, da die Mitwirkung sich direkt auf seine Chancen für den Ausgang des Verfahrens auswirkt. Denn hat der Antragsteller seine Mitwirkungspflichten nicht ausreichend erbracht, so kann die Behörde gem. § 66 Abs. 1 S. 1 SGB I das Verfahren ohne weitere Ermittlungen ganz oder teilweise einstellen.[498] Die Rechte des Betroffenen werden also durch die Mitwirkungspflichten dahin gehend geändert, dass er bei fehlender Mitwirkung nicht mehr von der Behörde verlangen kann, dass

---

493 *Marburger*, VR 2015, 400 (400).

494 Siehe dazu S. 86 f.

495 *Spellbrink*, in: Körner/Leitherer/Mutschler et al. (Hrsg.), 112. Erg.-Lfg. (Sept. 2020), Vorbemerkung zu §§ 60-67 SGB I, Rn. 6.

496 So *Spellbrink*, in: Körner/Leitherer/Mutschler et al. (Hrsg.), 112. Erg.-Lfg. (Sept. 2020), § 61 SGB I, Rn. 8; a.A. noch *Seewald*, in: Körner/Leitherer/Mutschler et al. (Hrsg.), 68. Erg.-Lfg. (2010), § 61 SGB I, Rn. 6a, wonach für eine Regelungswirkung nicht entscheidend ist, ob diese auch zwangsweise durchgesetzt werden kann.

497 *Alemann/Scheffczyk*, in: Bader/Ronellenfitsch (Hrsg.), BeckOK VwVfG, 50. Ed. (01.01.2021), § 35 VwVfG, Rn. 141.

498 a.A. *Mrozynski*, in: ders. (Hrsg.), 6. Aufl., 2019, § 61 SGB I, Rn. 3, wonach selbst die Kombination der Mitwirkungsobliegenheiten mit der Rechtsfolge des § 66 SGB I keine Verwaltungsaktqualität schafft.

diese das Verfahren zu einem Abschluss führt. Durch diese Regelungswirkung liegt im Ergebnis trotz fehlender zwangsweiser Durchsetzbarkeit, die im Übrigen kein zwingendes Merkmal eines VA ist[499], ein Verwaltungsakt vor.

a) Die sozialrechtliche Pflicht zur Darlegung von Tatsachen (§ 9 Abs. 3 AsylbLG i.V.m. § 60 SGB I)

Zu den wichtigsten Mitwirkungspflichten gehört auch im Verwaltungsverfahren des AsylbLG zunächst die Ergründung und Schaffung einer hinreichenden Tatsachengrundlage. Die Norm beinhaltet damit zunächst gem. § 60 Abs. 1 Nr. 1 SGB I eine der zentralen Mitwirkungspflichten des Antragstellers: die Pflicht zur Angabe entscheidungsrelevanter Tatsachen. Ähnlich wie im Asylverfahrens-[500] und im allgemeinen Aufenthaltsrecht[501] ist die Behörde für die Bearbeitung des Sachverhalts, in diesem Fall der Gewährung von Leistungen nach dem AsylbLG, oftmals auf Wissen aus dem „Informationsmonopol" des Leistungsberechtigten angewiesen. Grundsätzlich gilt aber auch im Sozialrecht gem. § 20 SGB X der Amtsermittlungsgrundsatz.[502] Zwar unterfällt das AsylbLG mangels Zugehörigkeit zum SGB nicht dem SGB X, der Amtsermittlungsgrundsatz ergibt sich in diesem Fall aber aus § 24 VwVfG, welcher grundsätzlich das Verwaltungsverfahren im AsylbLG mangels speziellerer Regelungen umfasst.[503] Die Mitwirkungspflichten der §§ 60–67 SGB X sind daher als spezialgesetzliche Abweichung vom Amtsermittlungsgrundsatz gem. § 26 Abs. 2 VwVfG zu verstehen.

Der Begriff der „Tatsachen" ist in Abgrenzung von der bloßen „Meinung", also Werturteilen oder Rechtsauffassungen etc., zu bestimmen.[504] Im Umkehrschluss folgt daraus, dass Tatsachen grundsätzlich objektiv dem Beweise zugänglich sein müssen, z.B. durch Urkunden.[505] Dies kann allerdings in begrenztem

---

499 *Seewald* (Fn. 496), § 61 SGB I, Rn. 6a.

500 Siehe S. 111 ff.

501 Siehe S. 177 ff.

502 *Spellbrink* (Fn. 495), Vorbemerkung zu §§ 60-67 SGB I, Rn. 1.

503 *Siefert*, in: dies. (Hrsg.), 2018, § 9 AsylblG, Rn. 18.

504 *Joussen*, in: Knickrehm/Kreikebohm/Waltermann (Hrsg.), 6. Aufl., 2019, § 60 SGB I, Rn. 4; ähnlich auch im Verfassungsrecht *Schemmer*, in: Epping/Hillgruber (Hrsg.), BeckOK GG, 46. Ed. (15.02.2021), Art. 5 GG, Rn. 5 und im Strafrecht *Perron*, in: Schönke/Schröder (Hrsg.), 30. Aufl., 2019, § 263 StGB, Rn. 8 f.

505 Ein praxisrelevantes Beispiel sind Kontoauszüge, da sie den finanziellen Status des Antragstellers als Tatsache dokumentieren, vgl. *LSG Baden-Württemberg*, 22.03.2018 – L 7 AS 2969/17, ZD (2018), 330 (331 f.).

Umfang auch Prognosen des Antragstellers umfassen.[506] Die Zumutbarkeit der Mitwirkungspflicht beschränkt den Kreis der Tatsachen jedoch auf solche in der Wahrnehmungs- oder Einflusssphäre des Antragstellers.[507] Er hat also nicht von sich aus umfangreiche Ermittlungen vorzunehmen, um eventuelle Tatsachen in Erfahrung zu bringen, die ihm bei der Antragstellung sonst nicht bekannt waren.[508] Die Pflicht zur Darlegung von Tatsachen ist zwar an sich bereits per Gesetz angeordnet, gleichwohl gebieten der Amtsermittlungsgrundsatz und die Stellung der Behörde als „Herrin des Verfahrens", dass diese dem Antragsteller ggf. Hinweise oder konkretisierende Informationen zukommen lässt, damit das Verfahren möglichst zeitnah zu einem sachgerechten Ergebnis kommen kann.[509] Auch im SGB ist die Beweis- und Tatsachenermittlung daher letztlich ein „Dialog" zwischen Antragsteller und Behörde.

Darüber hinaus verpflichtet § 60 Abs. 1 Nr. 2 SGB I den Antragsteller auch, Änderungen der Verhältnisse, welche für den Leistungsbezug erheblich sind oder die bei dessen Gewährung zugrunde lagen den Behörden unverzüglich mitzuteilen. Der Begriff des „Verhältnisses" ist weiter als der „Tatsache" und umfasst auch Rechtsverhältnisse.[510] Bedeutsam ist diese Pflicht vor allem für fortlaufend bezogene Sozialleistungen, da die Sozialbehörden nur so erfahren können, ob die Tatbestandsvoraussetzungen einer Sozialleistung auch weiterhin noch vorliegen.[511] Ebenso hat der Antragsteller gem. § 60 Abs. 1 Nr. 3 SGB I für seinen Antrag erforderliche Beweismittel und auf Verlangen des Leistungsträgers hin auch Beweisurkunden vorzulegen.

b) Die Pflicht zum persönlichen Erscheinen (§ 9 Abs. 3 AsylbLG i.V.m. § 61 SGB I)

Während im allgemeinen Verwaltungsverfahren die Antragsteller im Regelfall nicht persönlich zur Antragstellung oder zur Besprechung des Antrags erscheinen müssen, kann dies bei der Beantragung von Sozialleistungen (durch den

---

506 *Hase*, in: Rolfs/Giesen/Kreikebohm et al. (Hrsg.), 54. Ed. (01.09.2019), § 60 SGB I, Rn. 7.

507 *Gutzler*, in: Lilge/Gutzler (Hrsg.), 5. Aufl., 2019, § 60 SGB I, Rn. 19.

508 *Joussen* (Fn. 504), § 60 SGB I, Rn. 4; *Spellbrink*, in: Körner/Leitherer/Mutschler et al. (Hrsg.), 112. Erg.-LfG. (Sept. 2020), § 60 SGB I, Rn. 13; a.A. *BayObLG*, 30.07.1993 – 3 OBOWi 63/93, NZS (1993), 559 (560); für eine Übersicht des Meinungsstands und einzelne konkrete Beispiele siehe *Gutzler* (Fn. 507), § 60 SGB I, Rn. 23.

509 *Gutzler* (Fn. 507), § 60 SGB I, Rn. 22; *Hase* (Fn. 506), § 60 SGB I, Rn. 7.

510 *Spellbrink* (Fn. 508), § 60 SGB I, Rn. 20 f.; *Hase* (Fn. 506), § 60 SGB I, Rn. 9.

511 *Spellbrink* (Fn. 508), § 60 SGB I, Rn. 20.

Verweis des § 9 AsylbLG auch nach dem AsylbLG) von der zuständigen Behörde angeordnet werden.[512] Die Formulierung, der Antragsteller „soll" auf Verlangen erscheinen, verdeutlicht jedoch, dass das Erscheinen nicht zwangsweise durchsetzbar ist. „Soll" meint in diesem Kontext also kein intendiertes Ermessen der Behörde, sondern umgekehrt, des Adressaten.[513]

Die Norm betont die Pflicht zum *persönlichen* Erscheinen, da es der Behörde oftmals um Informationen aus dem Wissensmonopol des Antragstellers geht.[514] Dies schränkt aber zugleich die Möglichkeiten ein, wann die Behörde das Erscheinen anordnen kann: Nur wenn diese Informationen bzw. die persönliche Befragung des Antragstellers auch erforderlich sind, kann die Behörde diese anordnen.[515] Darüber hinaus kann das persönliche Gespräch aber nicht nur der Informationsabfrage oder Begutachtung durch die Behörde dienen, sondern z.B. auch der Anregung zur Stellung einschlägiger Anträge im Sinne des Betroffenen.[516]

c) *Die Pflicht des Antragstellers, sich einer ärztlichen oder psychologischen Untersuchung zu unterziehen (§ 9 Abs. 3 AsylbLG i.V.m. § 62 SGB I)*

Ähnlich wie § 61 SGB I ermöglicht auch § 62 SGB I die Aufforderung an den Antragsteller, dieser möge der Behörde für eine genauere Informationsgewinnung zur Verfügung stehen. Diese erfolgt allerdings nicht wie bei § 61 SGB I im Rahmen einer mündlichen Erörterung des Geschehens, sondern durch eine medizinische Untersuchung. Inhalt der Pflicht ist es daher, diese zu dulden bzw. dabei mitzuwirken. Aufgrund der besonderen Sensibilität von Gesundheitsdaten muss das Kriterium der Erforderlichkeit jedoch hier besonders beachtet werden.[517] Für die Verknüpfung dieser Mitwirkungspflicht mit dem AsylbLG gilt es zudem zu beachten, dass § 4 AsylbLG die Gewährung von Gesundheitsleistungen

---

512 *Hase*, in: Rolfs/Giesen/Kreikebohm et al. (Hrsg.), 55. Ed. (01.06.2014), § 61 SGB I, Rn. 1.

513 *Spellbrink* (Fn. 496), § 61 SGB I, Rn. 9.

514 *Joussen*, in: Knickrehm/Kreikebohm/Waltermann (Hrsg.), 6. Aufl., 2019, § 61 SGB I, Rn. 2.

515 *Joussen* (Fn. 514), § 61 SGB I, Rn. 3; *Mrozynski* (Fn. 498), § 61 SGB I, Rn. 7.

516 *Mrozynski* (Fn. 498), § 61 SGB I, Rn. 2.

517 Auch das Datenschutzrecht stellt Gesundheitsdaten unter einen besonderen Schutz und erlaubt deren Verarbeitung gem. Art. 9 DSGVO nur in eng begrenzten Ausnahmefällen, vgl. *Albers/Veit*, in: Wolff/Brink (Hrsg.), 35. Ed. (01.05.2020), Art. 9 DSGVO, Rn. 40 und 45 ff.

im Regelfall auf akute Erkrankungen und Schmerzzustände beschränkt.[518] Die Anordnung einer ärztlichen Untersuchung gem. § 62 SGB I hat sich daher ebenfalls auf die Untersuchung dieser Zustände zu beschränken.

Grundsätzlich umfasst die Pflicht zur Teilnahme an einer Gesundheitsuntersuchung auch das Dulden potenziell nicht ungefährlicher Methoden wie etwa Röntgenstrahlung.[519] Unklar ist jedoch, ob Röntgentechnik neben der Erkennung von Erkrankungen auch zum Zweck der Altersfeststellung eingesetzt werden darf. Dies ist insbesondere im Fall von unbegleiteten minderjährigen Asylbewerbern umstritten.[520] Hier hat der Gesetzgeber 2015 mit dem Gesetz zur Verbesserung der Unterbringung, Versorgung und Betreuung ausländischer Kinder und Jugendlicher[521] zwar mit § 42f Abs. 2 SGB VIII grundsätzlich eine Rechtsgrundlage für eine medizinische Untersuchung geschaffen. Aus medizinisch fachlicher Sicht ist jedoch umstritten, ob Röntgen ein geeignetes Mittel zur Altersfeststellung darstellt.[522] Die Rechtsprechung erkennt den Einsatz von Röntgentechnik aber trotz dieser Kritik als zulässiges Mittel der Altersfeststellung an.[523] Denn auch wenn durch Röntgen nicht das genaue Alter festgestellt werden kann, so sei es doch ein geeignetes Mittel, um zumindest die Minderjährigkeit *ausschließen* zu können.[524]

Für die Zwecke des AsylbLG ist eine Altersfeststellung vor allem für die Höhe der Regelsätze gem. § 3a Abs. 1 AsylbLG relevant, welche für Kinder und Jugendliche deutlich niedriger ausfällt. Außerdem ist die Mitwirkung an der Altersfeststellung notwendig, um die Berechtigung der Leistungen der Kinder- und Jugendhilfe zu prüfen.[525] Auch wenn § 9 Abs. 1 AsybLG i.V.m. § 62 SGB I also keine ausdrückliche Regelung der Altersfeststellung durch Röntgen enthält, so kann anhand der Rechtsprechung zu § 42f SGB VIII davon ausgegangen

---

518 Von einzelnen Sonderleistungen (z.B. für Schwangere) abgesehen.

519 *Gutzler*, in: Lilge/Gutzler (Hrsg.), 5. Aufl., 2019, § 62 SGB I, Rn. 15.

520 Vgl. dazu *Gundelach*, NVwZ 2018, 1849 (1850 f.); *Haubner/Kalin* (Fn. 11), S. 162, Rn. 13; *Klein*, KJ 2015, 405 (410).

521 BGBl. 2015, S. 1802-1805.

522 *Gundelach* (Fn. 520), S. 1850.

523 *OVG Bremen*, 04.06.2018 – 1 B 82/18, NVwZ (2018), 1899 (1900 f.); *OLG Hamm*, 23.10.2018 – 9 UF 104/18, NJW-RR (2019), 262 (263); *OLG Karlsruhe*, 26.08.2015 – 18 UF 92/15, NJW (2016), 87 (89).

524 *OVG Bremen*, 04.06.2018 – 1 B 82/18, NVwZ (2018), 1899 (1901). Zur genauen medizinischen Methodik siehe *OLG Hamm*, 23.10.2018 – 9 UF 104/18, NJW-RR (2019), 262 (263).

525 *Haubner/Kalin* (Fn. 11), S. 162, Rn. 12.

werden, dass die Altersfeststellung durch Röntgen auch für das Verfahren nach dem AsylbLG zulässig ist.

d) *Die Pflicht zur Teilnahme an einer Heilbehandlung (§ 9 Abs. 3 AsylbLG i.V.m. § 63 SGB I)*

Gemäß § 4 AsylbLG können Asylbewerber nicht nur Leistungen des täglichen Lebens, sondern auch solche zur Linderung von Schmerzen und akuten Krankheiten erhalten. In diesen Fällen kann sie die zuständige Behörde gem. § 9 Abs. 3 AsylbLG i.V.m. § 63 SGB I dazu auffordern, sich einer Heilbehandlung zu unterziehen, wenn zu erwarten ist, dass sie eine Besserung des Gesundheitszustands herbeiführt oder eine Verschlechterung verhindert.

Dazu ist jedoch anzumerken, dass § 4 Abs. 1 AsylbLG im Krankheitsfall nur Leistungen zur Bekämpfung akuter Erkrankungen und zur Schmerzlinderung beinhaltet. Für langfristige oder gar chronische Erkrankungen sieht der Gesetzgeber in § 4 AsylbLG nur dann Leistungen vor, wenn diese auch zu akuten Erkrankungen führen oder aber die Behandlung des akuten Zustands nur gelingt, wenn zugleich die chronische Krankheit behandelt wird.[526]

Liegt ein solcher Fall vor, so kann die Behörde den Antragsteller dazu auffordern, an der Beseitigung bzw. Milderung seiner Erkrankung mitzuwirken. Letztlich handelt es sich dabei also um eine „Schadensgeringhaltungsobliegenheit" des Antragstellers. Dies ist auch Ausdruck des Prinzips der Solidargemeinschaft, in der niemand die gemeinschaftlich finanzierten Gesundheitsressourcen ohne Notwendigkeit nutzen darf.[527] Allerdings setzt die Verhältnismäßigkeit dieser Mitwirkungspflicht Grenzen. Der Erfolg der verlangten Heilbehandlung darf nicht außer Verhältnis zu den Risiken und Rechtsgutsverletzungen stehen, die der Antragsteller zu erdulden hat.[528] Bei dieser Beurteilung ist auch die Meinung des betroffenen Antragstellers maßgeblich. So kann bspw. die Folge des

---

526 *Korff*, in: Rolfs/Giesen/Kreikebohm et al. (Hrsg.), 55. Ed. (01.12.2019), § 4 AsylbLG, Rn. 5; kritisch zur tatbestandlichen Unterscheidung von „akuten" und „chronischen" Krankheiten *Cantzler*, in: ders. (Hrsg.), 2019, § 4 AsylbLG, Rn. 22 f., der stattdessen eine Unterscheidung auf der Rechtsfolgenseite (also der Behandlung) treffen will. Demnach könnten über § 4 AsylbLG nur die Folgen der akuten Erkrankung, nicht aber die des chronischen Zustands behandelt werden.

527 *Gutzler*, in: Lilge/Gutzler (Hrsg.), 5. Aufl., 2019, § 63 SGB I, Rn. 3.

528 So ist etwa eine schmerzhafte und unter Umständen auch mit Gesundheitsrisiken verbundene Operation nicht zumutbar, wenn diese für die Gewährung einer vergleichsweise kleinen Geldrente gefordert wird, vgl. *BSG*, 19.05.1983 – 2 RU 17/82 (1983), 30710119.

Ausbleibens der Heilbehandlung vom Erkrankten als weniger beeinträchtigend wahrgenommen werden im Vergleich zu den Risiken, die mit der verordneten Heilbehandlung verbunden sind. Eine solche subjektive Einschätzung muss bei den Folgen der Verweigerung[529] einer Heilbehandlung in jedem Fall beachtet werden.[530]

e) *Die Pflicht zur Teilnahme an Leistungen zur Teilhabe am Arbeitsleben (§ 9 Abs. 3 AsylbLG i. V.m. § 64 SGB I)*

Gemäß dieser Vorschrift sollen Empfänger von Leistungen aufgrund von Erwerbsfähigkeitsminderung, anerkannter Schädigungsfolgen oder wegen Arbeitslosigkeit auf Verlangen der zuständigen Behörde an Maßnahmen der Förderung zur Teilhabe am Arbeitsleben teilnehmen. Damit dient die Regelung dem Grundsatz der Selbsthilfe, indem der Antragsteller aufgefordert ist, sich auch um eine Wiedereingliederung in das Erwerbsleben zu bemühen.

Der Verweis aus § 9 Abs. 3 AsylbLG in § 64 SGB I läuft jedoch faktisch ins Leere, da im AsylbLG keine Leistungen aufgrund von Erwerbsfähigkeitsminderung, anerkannter Schädigungsfolgen oder aufgrund von Arbeitslosigkeit vorgesehen sind.[531]

f) *Grenzen der Mitwirkung im Asylsozialrecht (§ 9 Abs. 3 AsylbLG i. V.m. § 65 SGB I)*

Anders als in den zentralen verwaltungsverfahrensrechtlichen Mitwirkungsregelungen der § 15 AsylG und § 82 AufenthG, in denen die Zumutbarkeit lediglich ein ungeschriebenes verfassungsrechtliches Gebot darstellt, welches aus dem Verhältnismäßigkeitsgrundsatz folgt, normiert § 65 SGB I für das Asylsozialrecht ausdrückliche Grenzen der Mitwirkung.[532] Möglicherweise ist dies vor dem Hintergrund des strukturellen Unterschieds zwischen Migrations- und Sozialrecht zu erklären: Während das Migrationsrecht dem Polizei- und Ordnungsrecht entstammt und insoweit auch heute noch dessen hoheitliche Züge trägt und stärker mit Befehl und Gehorsam arbeitet, trägt das Sozialrecht als Leitgedanken einen grundsätzlichen Anspruch aller Mitglieder des Sozialstaats auf die Solidarität der Gemeinschaft in sich. Will der Staat diesen Anspruch durch die Pflicht zur Mitwirkung erschweren, so muss er dies wiederum in

529 Siehe dazu S. 350.
530 *Gutzler* (Fn. 527), § 63 SGB I, Rn. 23.
531 *Siefert* (Fn. 503), § 9 AsylblG, Rn. 25.
532 *Mrozynski*, in: ders. (Hrsg.), 6. Aufl., 2019, § 65 SGB I, Rn. 1.

besonderer Weise rechtfertigen bzw. die Erschwernis durch eine Begrenzung der Mitwirkungspflichten möglichst eindämmen.

§ 65 SGB I gliedert die Grenzen der Mitwirkung in drei Absätze. Zunächst beschreibt Abs. 1 die Ausschlussgründe für die Mitwirkung anhand allgemeiner Kriterien, während Abs. 2 speziell Bezug auf die Grenzen medizinischer Mitwirkung nimmt und Abs. 3 die strafprozessualen Grenzen der Mitwirkung formuliert.

aa) Angemessenheit, Zumutbarkeit und Erforderlichkeit der Mitwirkung

§ 65 SGB I Abs. 1 Nr. 1 fordert zunächst eine Verhältnismäßigkeit zwischen der Erfüllung der Mitwirkungspflicht und der in Anspruch genommenen Sozialleistung. Diese Zweck-Mittel-Relation umfasst grundsätzlich alle Nachteile, welche durch die Mitwirkung im Verhältnis zu den erlangten Vorteilen infrage kommen. Klassischer Fall ist die Unverhältnismäßigkeit eines hohen organisatorischen und zeitlichen Aufwands für eine der Höhe nach geringe Sozialleistung.[533] Für das Asylsozialrecht, welches die Höhe der Leistungen generell vergleichsweise niedrig hält, wirft dies die Frage auf, welcher Aufwand bzw. welche Nachteile dem Antragsteller nach dem AsylbLG überhaupt abverlangt werden können. Problematisch dabei ist zudem, dass die h.M. die Angemessenheit bzw. Zumutbarkeit der Mitwirkungshandlung *subjektiv* danach bestimmen will, ob die Vorteile der Sozialleistung die Nachteile der Mitwirkungspflichten für den Antragsteller insgesamt überwiegen.[534] Bedenkt man nun, dass die Leistungen nach dem AsylbLG für den Empfänger in den meisten Fällen die einzige Ressource eines menschenwürdigen Existenzminimums darstellen, so würde dies zu dem Ergebnis führen, dass diese wichtige subjektive Bedeutung der Leistung für den Antragsteller der Behörde erlaubt, ihm fast jede Mitwirkung abzuverlangen, da er in der Gesamtschau auf die Sozialleistung dringend angewiesen ist und dieser bedeutsame Vorteil die Nachteile einer jeden Form der Mitwirkung stets überwiegen würde. Aus der Abhängigkeit des Betroffenen darf aber kein schrankloses Mitwirkungsregime folgen. Die Grenzen der Mitwirkung im

---

533 *Gutzler*, in: Lilge/Gutzler (Hrsg.), 5. Aufl., 2019, § 65 SGB I, Rn. 11.

534 *Baier*, in: Wagner/Knittel (Hrsg.), 10. Erg.-Lfg. (Jan. 2021), § 65 SGB I, Rn. 5; *Hase*, in: Rolfs/Giesen/Kreikebohm et al. (Hrsg.), 55. Ed. (01.06.2014), § 65 SGB I, Rn. 1; *Gutzler* (Fn. 533), § 65 SGB I, Rn. 15 m.w.N.

Verfahren des AsylbLG müssen daher eigenständig und immer im Einzelfall bestimmt werden.[535]

§ 65 Abs. 1 Nr. 2 nennt die Unzumutbarkeit der Mitwirkung „aus wichtigem Grund" als Grenze. Wie bei der Verhältnismäßigkeit ist auch dieses Kriterium eigenständig zu bestimmen und kann nicht abstrakt-generell für jede Form der Mitwirkung und jede beantragte Sozialleistung festgelegt werden.[536] Beispiele können gesundheitliche Beeinträchtigungen sein, etwa Bettlägerigkeit, die das Erscheinen zu einem behördlichen Termin unmöglich machen.[537] Ein „wichtiger Grund" muss jedoch nicht zwingend allein objektiv nachvollziehbar sein. Insbesondere im sensiblen Bereich der körperlichen und psychischen Gesundheit reicht es aus, wenn die für den Betroffenen abzuwägenden Rechtsgüter objektiv jedenfalls nicht völlig fernliegend in einem Spannungsverhältnis zueinanderstehen und sich der Antragsteller dann subjektiv aus persönlichen Beweggründen gegen eine Mitwirkung entscheidet.[538]

Zuletzt nennt § 65 Abs. 1 Nr. 3 das Kriterium des *relativ* geringeren Aufwands der Behörde im Vergleich zu dem des Antragstellers als Grenze für dessen Mitwirkung. Kann der zuständige Leistungsträger für das Verfahren notwendige Kenntnisse einfacher selbst beschaffen, so darf er diese Aufgabe nicht dem Antragsteller aufbürden. Dabei ist insbesondere die Möglichkeit der Amtshilfe zu berücksichtigen.[539]

bb) Unzumutbarkeit körperlicher Eingriffe (Abs. 2)

Speziell im Kontext des § 62 SGB I, welcher die Mitwirkung an Heilbehandlungen regelt, formuliert § 65 Abs. 2 SGB I Grenzen. Diese liegen vor, wenn

---

535 Siehe dazu auch *Mrozynski* (Fn. 532), § 65 SGB I, Rn. 2 f., der darauf hinweist, dass die Grenzen des § 65 SGB I nicht verallgemeinernd definiert werden können, gerade weil die Norm eine Vielzahl an Sozialleistungen höchst unterschiedlicher Art erfasst.

536 *Mrozynski* (Fn. 532), § 65 SGB I, Rn. 2.

537 *Hase* (Fn. 534), § 65 SGB I, Rn. 2.

538 *BSG*, 20.03.1981 – 8/8a RU 46/80, BeckRS (1981), 30707815.

539 *Hase* (Fn. 534), § 65 SGB I, Rn. 3. Neben den Sozialleistungsträgern haben Ausländer vor allem mit dem BAMF und den lokalen Ausländerbehörden zu tun. Gem. § 18a des Ausländerzentralregistergesetzes (AZRG) dürfen zur Prüfung von Leistungsansprüchen auch ausdrücklich Daten aus dem Ausländerzentralregister an die Träger des AsylbLG übermittelt werden, darunter die Personalien sowie der Familienstand und Daten aus dem Asylverfahren, soweit dies zur Bearbeitung der Leistung erforderlich ist. Die Behörde ist gem. § 65 Abs. 1 Nr. 3 SGB I auch verpflichtet, diese Daten entsprechend zu nutzen.

im Einzelfall bei einer Heilbehandlung ein Schaden für Leben oder Gesundheit nicht mit hoher Wahrscheinlichkeit ausgeschlossen werden kann (Nr. 1), wenn dabei mit erheblichen Schmerzen zu rechnen ist (Nr. 2) oder dieser einen erheblichen Eingriff in die körperliche Unversehrtheit bedeutet (Nr. 3). Diese Vorgaben können daher im Kontext des Asylsozialrechts primär für Leistungen bei Krankheit gem. § 4 AsylbLG Wirkung entfalten. Ebenfalls diskutiert wird die Norm aber auch als Grenze der medizinischen Altersuntersuchung unbegleiteter minderjähriger Flüchtlinge mittels Röntgenstrahlung.[540]

cc) Unzumutbarkeit der Selbstbelastung (Abs. 3)

Ein Grund zur berechtigten Verweigerung der Mitwirkung kann auch darin liegen, dass sich aus der Mitwirkungshandlung für den Antragsteller oder seine Angehörigen die Gefahr der Verfolgung einer Straftat oder Ordnungswidrigkeit ergibt. Für Asylbewerber kann eine solche Verfolgung insbesondere auf Normen beruhen, die dem gesetzlichen Tatbestand nach nur durch Ausländer begangen werden können, so etwa die unerlaubte Einreise gem. § 95 Abs. 1 Nr. 3 AufenthG. Für eine Verweigerung der Mitwirkung gem. der §§ 60 ff. SGB I ist es ausreichend, dass die verweigerten Informationen oder Handlungen *Rückschlüsse* auf strafbares Verhalten zulassen.[541] Das heißt, der Antragsteller kann die Preisgabe einer Information auch schon dann verweigern, wenn diese noch kein unmittelbares „Geständnis“ einer strafbaren Handlung enthält, jedoch in Kombination mit dem (Erfahrungs)Wissen der aufenthaltsrechtlich zuständigen Behörde auf eine solche schließen lässt. Fragt die Behörde bspw. nach Tag und Ort der Einreise, um den zuständigen Träger einer Sozialleistung oder den Beginn des Leistungsanspruchs zu bestimmten, so muss der Antragsteller darauf nicht antworten, wenn aus diesen Informationen hervorgeht, dass er bereits zeitlich deutlich vor der Asylantragstellung eingereist ist und sich offensichtlich längere Zeit unerlaubt im Land aufgehalten hat. Denn dies eröffnet erst den Tatbestand der illegalen Einreise, welcher grundsätzlich durch eine unverzügliche Meldung an der Grenze vermieden wird.[542] Allerdings darf er die Auskunft nicht

540 *Klein* (Fn. 520), S. 411.

541 *Spellbrink*, in: Körner/Leitherer/Mutschler et al. (Hrsg.), 112. Erg.-Lfg. (Sept. 2020), § 65 SGB I, Rn. 44.

542 *Hohoff*, in: Kluth/Heusch (Hrsg.), BeckOK AuslR, 28. Ed. (01.01.2021), § 95 AufenthG, Rn. 33. Gleiches gilt für Informationen über den zeitlichen Aufenthalt vor der Antragstellung in einem anderen EU-Mitgliedstaat, vgl. *Hohoff* (Fn. 542), § 95 AufenthG, Rn. 33a.

mit einem pauschalen Verweis auf § 65 Abs. 3 SGB I verweigern, sondern muss ausdrücklich geltend machen, warum durch die geforderte Information eine Strafverfolgung droht.[543] Dabei ist auch zu beachten, dass gem. § 35 SGB I der datenschutzrechtliche Grundsatz des „Sozialgeheimnisses" eine Weitergabe von Daten an andere Behörden stark einschränkt.[544] Dass trotz dieser datenschutzrechtlichen Hürde die Gefahr einer Informationsweitergabe an die Strafverfolgungsbehörden besteht, muss der Antragsteller insoweit sachlich begründen.

3. *Verfahrensbezogene Mitwirkungspflichten im AufenthG*

Nicht nur das Asylgesetz und das AsylbLG, sondern auch das Aufenthaltsgesetz enthält Pflichten, die auf einen inhaltlichen Beitrag im Verwaltungsverfahren abzielen. Für welchen Personenkreis genau diese gelten, ist jedoch nicht auf den ersten Blick ersichtlich. Denn auf der einen Seite trennt der Gesetzgeber zwar konzeptionell zwischen dem „allgemeinen" Ausländerrecht für Drittstaatsangehörige, deren Status er im Aufenthaltsgesetz regelt und dem rechtlichen Status von Asylbewerbern, der im AsylG geregelt wird.[545] Zum anderen regelt das AufenthG aber gem. § 1 Abs. 1 S. 4 AufenthG generell „die Einreise, den Aufenthalt, die Erwerbstätigkeit und die Integration *von Ausländern*". Das Gesetz differenziert dem Wortlaut nach nicht nach regulär eingewanderten Migranten und ohne Aufenthaltstitel eingereisten irregulären Personen. Dafür spricht auch § 1 Abs. 2 Nr. 1 AufenthG, wonach Bürger eines Mitgliedstaats der EU ausdrücklich vom Anwendungsbereich des AufenthG ausgenommen sind. Eine solche Klarstellung fehlt im Hinblick auf Asylbewerber, sodass davon auszugehen ist, dass diese als Drittstaatsangehörige zunächst auch vom Anwendungsbereich des AufenthG umfasst sind. § 1 Abs. 1 S. 5 AufenthG stellt jedoch klar, dass die Regelungen in anderen Gesetzen unberührt bleiben. Daher ist zwischen Aufenthalts- und Asylgesetz von einem Spezialitätsverhältnis auszugehen: Das AsylG regelt vorrangig den Status und insbesondere das zum Aufenthaltsrecht oder der Ausreisepflicht führende Verfahren, das AufenthG als generelle Rechtsnorm für Drittstaatsangehörige findet jedoch subsidiär ebenfalls Anwendung. Eine zeitliche Zäsur zwischen den Gesetzen findet sich in jedem Fall in der Unterscheidung zwischen Asylbewerbern vor und nach dem (positiven) Abschluss des Verfahrens. Führt das Verfahren zum Erlangen eines humanitären Aufenthaltstitels gem. §§ 22

543 *Hase* (Fn. 534), § 65 SGB I, Rn. 9.

544 *Joussen*, in: Knickrehm/Kreikebohm/Waltermann (Hrsg.), 6. Aufl., 2019, § 65 SG I, Rn. 12.

545 *Huber*, in: dass. (Hrsg.), AufenthG, 2. Aufl., 2016, Vorb. zum AufenthG, Rn. 13.

ff. AufenthG, so geht der Aufenthalt des anerkannten Antragstellers gleichsam in das Regime des Aufenthaltsrechts über. Dennoch verbleiben auch nach Abschluss des Asylverfahrens einige Anwendungsbereiche dem AsylG, darunter insbesondere die Prüfung von Widerruf und Rücknahme des Asylstatus gem. § 72 AsylG, da diese als actus contrarius dem Asylverfahren komplementär gegenüberstehen.[546] Dies wirft für die Mitwirkungspflichten in beiden Gesetzen die Fragen auf, ob diese, zumindest für das Asylverfahren, im AsylG abschließend geregelt sind, ob die Pflichten des AsylG jene des AufenthG überlagern oder ob Letztere neben denen des AsylG zusätzlich Anwendung finden.

a) Die Pflicht zum Besitz eines gültigen Passes (§ 3 AufenthG)

Das deutsche Aufenthaltsrecht verlangt als grundlegendes Erfordernis eines rechtmäßigen Aufenthalts den Besitz eines gültigen Passes.[547] Diese Pflicht ist Ausdruck des Gedankens, dass für den Aufenthalt eines Ausländers im Ausland immer zwei Dokumente über den Rechtsstatus vorhanden sein müssen: ein gültiger Pass als Nachweis der Identität bzw. Staatsangehörigkeit und ein gültiger Aufenthaltstitel als Legitimationsnachweis durch den Aufnahmestaat.[548] Neben dem Pass als individuellem Identitätsnachweis[549] erklärt sich diese Systematik auch vor einem völkerrechtlichen und außenpolitischen Hintergrund, da jeder Aufenthalt eines Ausländers auch immer das Verhältnis der Bundesrepublik zum Heimatstaat des Ausländers tangiert. Für die Bundesrepublik erfüllt der Pass daher auch die wichtige Funktion, dass aus ihm das Rechtsverhältnis des Ausländers zu seinem Staat als völkerrechtlichem Zuordnungssubjekt hervorgeht.[550] Dieses Wissen kann für die Abschätzung der außenpolitischen Folgen des Umgangs mit bestimmten Staatsbürgern sehr wichtig sein. Zudem sind die Lenkung und Steuerung von Migration mittels Ausweisung nur möglich, wenn ein für den Ausländer „zuständiger" Staat existiert, in den ausgewiesen

546 *Preisner*, in: Kluth/Heusch (Hrsg.), BeckOK AuslR, 28. Ed. (01.01.2021), § 1 AsylG, Rn. 13.

547 Dies wird bereits aus der exponierten Stellung der Norm gleich zu Beginn des AufenthG deutlich, vgl. *Winkelmann/Kolber*, in: Bergmann/Dienelt (Hrsg.), AuslR, 13. Aufl., 2020, § 3 AufenthG, Rn. 2.

548 *Maor*, in: Kluth/Heusch (Hrsg.), BeckOK AuslR, 28. Ed. (01.01.2021), § 3 AufenthG, Rn. 1.

549 *Maor* (Fn. 548), § 3 AufenthG, Rn. 2.

550 So die allgemeine VwV zum AufenthaltG unter § 3.0.4; Kluth/Hund/Maaßen (Hrsg.), Handbuch Zuwanderungsrecht, 2. Aufl., 2017, Rn. 154 f.; *Schulze Zumkley*, ZAR 2008, 289 (290).

werden kann.[551] Auch dafür erfüllt der Pass des Heimatstaates eine wesentliche Nachweisfunktion.

Ein Ausländer muss einen gültigen Pass zwar besitzen[552], diesen jedoch nicht dauerhaft mit sich führen.[553] Eine Führungspflicht gilt lediglich für den Grenzübertritt selbst, da sonst den Grenzbehörden eine Identitätskontrolle nicht möglich ist.[554] Der Gesetzgeber erlegt mit dem Verzicht auf eine dauerhafte Mitführungspflicht Ausländern insoweit keine strengeren Identitätsnachweispflichten auf als deutschen Staatsbürgern. Auch diese sind gem. § 1 Abs. 1 Personalausweisgesetz (PAuswG) dazu verpflichtet, einen gültigen Personalausweis als Identitätsdokument zu besitzen, müssen diesen jedoch ebenfalls nicht dauerhaft mit sich führen.[555]

Gem. § 3 Abs. 1 S. 2 AufenthG genügt ein Ausländer für den Aufenthalt im Bundesgebiet seiner Passpflicht auch durch einen Ausweisersatz gem. § 48 Abs. 2 AufenthG. Demnach genügt als Ersatz für einen gültigen Pass ein Nachweis über die Ausstellung eines gültigen Aufenthaltstitels oder über die Aussetzung der Abschiebung. Diese Regelung greift jedoch gem. § 48 Abs. 1 S. 1 AufenthG nur, soweit der Ausländer den Pass nicht besitzt und auch nicht in zumutbarer Weise erlangen kann. Dies weist auf eine weitere wichtige Mitwirkungspflicht von Ausländern hin; die Pflicht zur Mitwirkung an der Beschaffung eines Passes gem. § 48 Abs. 3 AufenthG[556] bzw. im Fall von Asylbewerbern gem. § 15 Abs. 2 Nr. 6 AsylG[557].

b) Die Verpflichtung des Aufenthalts mit gültigem Aufenthaltstitel (§ 4 AufenthG)

aa) Allgemeines

Wie oben angesprochen, besteht neben der Pflicht zum Besitz eines gültigen Passes des Heimatstaates auch die Verpflichtung des Ausländers, über ein gültiges Legitimationspapier des Aufnahmestaates zu verfügen.[558] Diese Legitimation

551 Kluth/Hund/Maaßen (Hrsg.), Handbuch Zuwanderungsrecht, 2. Aufl., 2017, Rn. 168 mit Verweis auf *BVerwG*, 17.06.2013 – 10 B 1.13, BeckRS 2013, 52672, Rn. 4.

552 „Besitzen" meint dabei kein Eigentum am Pass; Eigentümer ist der ausstellende Nationalstaat, vgl. *Westphal*, in: Huber (Hrsg.), AufenthG, 2. Aufl., 2016, § 3 AufenthG, Rn. 6.

553 Kluth/Hund/Maaßen (Hrsg.), Handbuch Zuwanderungsrecht, 2. Aufl., 2017, Rn. 168.

554 *Westphal* (Fn. 552), § 3 AufenthG, Rn. 5.

555 *Beimowski/Gawron*, in: dies. (Hrsg.), 2018, § 1 PauswG, Rn. 1.

556 Siehe dazu S. 163 ff.

557 Siehe dazu S. 118 ff.

558 *Maor* (Fn. 548), § 3 AufenthG, Rn. 1.

verkörpert der Aufenthaltstitel. Die Pflicht über einen solchen Titel zu verfügen, ergibt sich aus der Grundsystematik des Aufenthaltsrechts. Demnach unterliegen alle Aufenthalte von Ausländern, die unter das Aufenthaltsgesetz fallen (Unionsbürger sind also ausgenommen), grundsätzlich einem Verbot, welches im Einzelfall durch eine Erlaubnis in Form eines Aufenthaltstitels erlaubt werden kann.[559] Jeder Aufenthaltstitel bedarf aber bei seiner Erteilung des Vorliegens bestimmter Tatbestandsmerkmale, welche dem vom Gesetzgeber festgelegten Zweck eines erwünschten Aufenthalts entsprechen. Dabei handelt es sich bspw. um Aufenthalte zum Zwecke der Erwerbstätigkeit, der Ausbildung oder der Familienzusammenführung in Deutschland. Somit ein Aufenthaltstitel letztlich immer auch das Ergebnis einer bestimmten Vorstellung des Gesetzgebers von erwünschter Zuwanderung.

bb) Besonderheiten bei Asylbewerbern

§ 4 Abs. 1 S. 1 AufenthG gibt vor, dass der Aufenthaltstitel bereits bei der Einreise vorliegen muss. Darin kommt eine planende und präventive Migrationssteuerung zum Ausdruck, bei welcher der souveräne Staat den Zugang zu seinem Territorium nur Personen erlaubt, die er sich im Vorfeld „ausgesucht" und mit einem Titel ausgestattet hat. Eine Ausnahme vom Grundsatz dieses Konzepts stellt das Asylrecht dar.[560] Der Asylbewerber verfügt typischerweise gerade nicht über einen Aufenthaltstitel, er überquert die Grenze mithin irregulär. Erst sein Asylgesuch gem. § 13 AsylG[561] und das daraufhin gem. §§ 18 Abs. 1, 20 Abs. 1[562] und § 23 AsylG[563] eingeleitete Asylverfahren verschaffen ihm eine schrittweise Legalisierung des Aufenthaltes, zunächst in Gestalt der temporäreren und nicht mit vollen Rechten behafteten Aufenthaltsgestattung gem. § 55 AsylG. Daher muss bei Asylbewerbern die Systematik des Aufenthaltsrechts differenzierter betrachtet werden. Zwar unterliegen auch sie als Drittstaatsangehörige grundsätzlich der Verpflichtung eines Aufenthaltstitels. Ihr Asylantrag drückt jedoch ein individuelles Schutzgesuch aus, dessen Prüfung die Lockerung der zwingenden

559 Es handelt sich also um ein klassisches verwaltungsrechtliches Verbot mit Erlaubnisvorbehalt, vgl. *Maor* (Fn. 20), § 4 AufenthG, Rn. 2.

560 Die Mitgliedstaaten sind auch unionsrechtlich nicht verpflichtet ein Visum zum Zwecke des humanitären Aufenthalts bereits vor der Einreise zu erteilen, vgl. dazu *EuGH*, 07.03.2017 – C-638/16, NVwZ (2017), 611 (613, Rn. 51).

561 Siehe S. 108 f.

562 Siehe S. 187 ff.

563 Siehe S. 193 f.

Notwendigkeit eines Aufenthalts erforderlich macht. Anders ausgedrückt: Der grundsätzlich rechtmäßige Anspruch eines Staates auf die Migrationssteuerung nach seinen Interessen wird dann temporär überlagert durch die Notwendigkeit der Prüfung des Schutzgesuchs und der möglichen Bedrohung grundlegender Menschenrechte im Falle einer Einreiseverweigerung bzw. Zurückweisung. Ergibt das Asylverfahren jedoch, dass die Voraussetzungen für einen (humanitären) Aufenthaltstitel nicht vorliegen, so greift unmittelbar wieder die grundsätzliche Systematik des Aufenthaltsrechts: Der Ausländer, der dann über keinen den Aufenthalt legalisierenden Titel verfügt, ist ausreisepflichtig.

c) *Die Pflicht zur Mitführung des Passes bei der Grenzüberschreitung (§ 13 Abs. 1 S. 2 AufenthG)*

Entgegen dem allgemeinen passrechtlichen Grundsatz, dass ein gültiger Pass nur besessen, nicht aber mitgeführt werden muss[564], statuiert § 13 Abs. 1 S. 2 AufenthG eine solche Pflicht für den Grenzübertritt. Entfällt jedoch gem. § 3 Abs. 2 AufenthG die Pflicht zum Besitz eines Passes, so lässt dies auch die Pflicht zur Passmitführung beim Grenzübertritt entfallen.[565] Dies wird zwar von § 13 AufenthG nicht ausdrücklich so festgehalten, folgt aber aus der Logik der Sache. Generell greift die Mitführungspflicht aber nicht nur an europäischen Außengrenzen, sondern auch innerhalb des Schengenraums.[566] Da jedoch eine Personenkontrolle auch bei Drittstaatsangehörigen an den Binnengrenzen grundsätzlich gem. Art. 22 VO 2016/399/EU unzulässig ist[567], führt dies zu der zunächst etwas absurden Rechtslage, dass der Ausländer zwar nicht kontrolliert werden darf, gleichwohl aber einen gültigen Pass mitzuführen hat. Erklärbar wird dies durch Art. 23 VO 2016/399/EU, wonach vom Verbot der Grenzkontrollen nicht die allgemeine Aufgabenwahrnehmung der Polizei umfasst ist, insbesondere nicht die Wahrung der öffentlichen Sicherheit und Ordnung, solange diese Maßnahmen nicht selbst Grenzkontrollen oder Maßnahmen gleicher Wirkung darstellen. Dies gilt ausweislich des Wortlauts der Vorschrift auch innerhalb des Grenzbereichs. Insbesondere unter Berücksichtigung des Dublin-Systems und einer möglichst frühzeitigen Feststellung, welcher Staat nun für das

564 Siehe zu § 3 AufenthG S. 156 f.
565 *Fränkel*, in: Hofmann (Hrsg.), AuslR, 2. Aufl., 2016, § 13 AufenthG, Rn. 9.
566 *Dollinger*, in: Kluth/Heusch (Hrsg.), BeckOK AuslR, 28. Ed. (01.07.2020), § 13 AufenthG, Rn. 15; *Hailbronner*, in: dass. (Hrsg.), AuslR, 71. Erg.-Lfg. (Okt. 2010), § 13 AufenthG, Rn. 10; a.A. *VGH Kassel*, 19.11.2003 – 12 TG 2668/03, via juris.
567 *VG Stuttgart*, 22.10.2015 – 1 K 5060/13, InfAuslR (2016), 84.

Asylverfahren zuständig ist, ergibt sich hieraus, dass zwar Ausländer nicht systematisch an der Grenze kontrolliert werden dürfen, gerade aber zum Zwecke der Einleitung eines Asylverfahrens eine möglichst frühzeitige Feststellung der Personalien notwendig ist. Daher mag die Pflicht zur Passmitführung bereits an der Grenze gem. § 13 Abs. 1 S. 2 AufenthG zeitlich zu früh ansetzen, unmittelbar danach kann sie aber für die Durchführung eines Asylverfahrens relevant sein. Daher stellt auch Art. 23 Abs. 1 lit. c) VO 2016/399/EU ausdrücklich klar: „Das Ausbleiben der Grenzkontrollen an den Binnengrenzen berührt nicht die den Mitgliedstaaten eingeräumte Möglichkeit, in ihren Rechtsvorschriften die Verpflichtung zum Besitz oder Mitführen von Urkunden und Bescheinigungen vorzusehen.“. Daran zeigt sich, dass auch dem europäischen Gesetzgeber die Bedeutung von Pässen und anderen Nachweisdokumenten durchaus bewusst war, auch wenn diese mangels Grenzkontrollen in der Regel erst nach der Einreise relevant werden.

d) Pflicht zur Mitwirkung an der Identifizierung (§ 47a AufenthG)

Diese vergleichsweise junge Vorschrift[568] enthält die Pflicht für Ausländer, auf Verlangen der Behörde seinen Pass oder ein vergleichbares Identitätsdokument vorzulegen und der Behörde zu ermöglichen, das Gesicht mit diesem Dokument abzugleichen. Die Vorschrift stellt keine eigene Rechtsgrundlage für eine Personenkontrolle dar, bildet jedoch die rechtliche Basis für den Zwang zur Lichtung einer Vermummung oder Ähnlichem bei in anderen Vorschriften vorgesehenen Kontrollen von Identitätsdokumenten.[569] Dies stellt einen Eingriff in das allgemeine Persönlichkeitsrecht gem. Art. 2 Abs. 1 S. 1 GG dar, welches grundsätzlich auch die freie Entscheidung umfasst, das Gesicht zu verhüllen. Erfolgt die Gesichtsbedeckung aus religiösen Gründen, so liegt auch ein Eingriff in die Religionsfreiheit aus Art. 4 Abs. 2 GG vor.[570] Die Wahrnehmung staatlicher Aufgaben durch hoheitliche Institutionen kann jedoch eine Identifizierung gebieten,

568 Eingeführt durch das Gesetz zu bereichsspezifischen Regelungen der Gesichtsverhüllung, BT-Drs. 18/11180, S. 7 v. 15.02.2017.

569 *Hruschka*, in: Kluth/Heusch (Hrsg.), BeckOK AuslR, 28. Ed. (01.07.2020), § 47a AufenthG, Rn. 2 ff.; *Winkelmann/Wunderle*, in: Bergmann/Dienelt (Hrsg.), AuslR, 13. Aufl., 2020, § 47a AufenthG, Rn. 3 f.

570 *Kokott*, in: Sachs (Hrsg.), GG, 9. Aufl., 2021, Art. 4, Rn. 63. Zur „umgekehrten“ Konstellation, bei der es nicht um das Abnehmen, sondern das Anlegen eines Kopftuchs geht, siehe S. 166.

für die ein kurzzeitiger Verzicht auf die Verhüllung unverzichtbar ist.[571] Daher ist ein möglicher Eingriff, wenn er für die Identifizierung erforderlich ist, grundsätzlich verhältnismäßig.

e) Ausweisrechtliche Mitwirkungspflichten (§ 48 AufenthG)

Die Norm regelt die Pflichten von Ausländern im Zusammenhang mit der Vorlage von Dokumenten im ausländerrechtlichen Verwaltungsverfahren. Sie dient somit zur Herstellung von Rechtssicherheit infragen der Identität[572] und damit der effektiven Verwaltungsarbeit der zuständigen Behörden.

Der erfasste Personenkreis bezieht sich dem Wortlaut nach auf „Ausländer", gem. Abs. 1 S. 2 gilt die Vorschrift sogar für Deutsche, wenn diese über eine zweite Staatsbürgerschaft verfügen.[573] Allerdings existieren im Asyl- und Aufenthaltsrecht Vorschriften, die als lex specialis zu § 48 AufenthG anzusehen sind. So sind zum einen Unionsbürger vom Regelungsbereich ausgenommen, da deren ausweisrechtliche Pflichten abschließend in § 8 FreizügG/EU geregelt sind.[574] Gleiches gilt für Asylbewerber im Verfahren. Deren ausweisrechtliche Pflichten ergeben sich aus § 15 Abs. 2 Nr. 6[575] und §§ 63–65 AsylG.[576]

aa) Abs. 1: Pflicht zur Vorlage eines Identitätsdokuments

Gem. § 48 Abs. 1 AufenthG ist ein Ausländer zunächst verpflichtet, auf Verlangen der Behörden seinen Pass oder Passersatz, sowie seinen Aufenthaltstitel vorzulegen, auszuhändigen oder vorübergehend zu überlassen, wenn dies für Maßnahmen nach dem Aufenthaltsgesetz erforderlich ist. Dies umfasst jedoch keine vollständige Besitz- oder gar Eigentumsübertragung an die Ausländerbehörde, da ein Pass immer Ausdruck der nationalstaatlichen Souveränität über seine Bürger ist.[577] Umstritten ist aber, ob bereits die zeitweise Überlassung und Inbesitznahme durch die Ausländerbehörde die passrechtliche Souveränität des

---

571 Für eine Gerichtsverhandlung bspw. hat das BVerfG die Zulässigkeit eines Kopftuchs ausdrücklich unter den Vorbehalt der Identifizierbarkeit gestellt, vgl. *BVerfG*, 27.06.2006 – 2 BvR 677/05, NJW (2006), 56 (57), Rn. 20.

572 *Hailbronner*, in: dass. (Hrsg.), AuslR, 113. Erg.-Lfg. (Jan. 2020), § 48 AufenthG, Rn. 3.

573 *Hailbronner* (Fn. 572), § 48 AufenthG, Rn. 19.

574 *Hruschka*, in: Kluth/Heusch (Hrsg.), BeckOK AuslR, 28. Ed. (01.07.2020), § 48 AufenthG, Rn. 1.

575 Siehe dazu S. 118 f. Zum Verhältnis von § 15 AsylG und § 48 AufenthG nach dem Asylverfahren siehe S. 164 f.

576 *Hruschka* (Fn. 574), § 48 AufenthG, Rn. 3.

577 *Sauerland*, ZAR 2000, 122 (122); *Hruschka* (Fn. 574), § 48 AufenthG, Rn. 9.2.

Heimatstaates und damit ein völkerrechtliches Gebot gem. Art. 25 Abs. 1 GG verletzt.[578] Dagegen spricht jedoch, dass der Pass nicht im Eigentum des Ausländers steht, sondern in dem seines Heimatstaates. Zwar ist er letztlich Ausdruck der Staatsbürgerschaft des Passinhabers selbst und damit eines Rechtsverhältnisses zwischen ihm und seinem Heimatstaat. Dieses wird aber als solches durch den zeitlich befristeten Einzug des Passes nicht tangiert.[579] So ist eine zeitweise Hinterlegung an einem Ort, auf den der Ausländer keinen unmittelbaren Zugriff hat (z.B. ein Bankschließfach), an sich rechtlich unproblematisch. Eine permanente „Führungspflicht" besteht gerade nicht. Denn der Pass erfüllt im Wesentlichen eine zentrale Funktion für den Ausländer: Er ist die manifestierte Verdeutlichung der staatsbürgerlichen Beziehung zu seinem Heimatstaat *gegenüber* den Behörden des Staates, in dem er sich gerade aufhält.[580] Nun sind es aber genau jene Behörden, die den Pass im Fall des § 48 Abs. 1 AufenthG einziehen. Ihnen gegenüber legitimiert sich der Ausländer gerade durch die Vorlage des Identitätspapiers. Die wesentliche Funktion wird somit durch einen Einzug nicht verletzt, sondern gerade erfüllt. Daher ist eine zeitweise Verwahrung kein Eingriff in völkerrechtliche Passhoheit des ausstellenden Heimatstaates.[581]

Diese Pflichten gelten allgemein, wenn die Vorlage des Identitätsdokuments für die Zwecke des AufenthG erforderlich ist, und sind somit nicht identisch mit der spezielleren Passmitwirkungspflicht beim Grenzübertritt gem. § 13 Abs. 1 S. 2 AufenthG.[582] Der Ausländer muss den Pass jedoch nicht dauerhaft mit sich führen. Er genügt der Pflicht, wenn er einen Pass oder ein anderes in § 48 AufenthG aufgezähltes Identitätsdokument besitzt und dieses in angemessener Zeit vorlegen kann.[583] Überlassen muss er das Dokument z.B. dann, wenn die Behörde Zeit braucht, um dieses eingehend auf seine Echtheit zu untersuchen.[584] Abs. 1 bildet daher für derartige Einzelfälle die Rechtsgrundlage, jeweils einen konkretisierten Verwaltungsakt zu erlassen, der dann auch mit den Mitteln der Verwaltungsvollstreckung durchgesetzt werden kann.[585]

---

578 So *OVG Münster*, 12.07.1972 – IV B 280/72, NJW (1972), 2199 (2199).

579 *Sauerland* (Fn. 577), S. 126.

580 Eben da.

581 So auch *Hruschka* (Fn. 574), § 48 AufenthG, Rn. 9.1.

582 *Weichert/Stoppa*, in: Huber (Hrsg.), AufenthG, 2. Aufl., 2016, § 48 AufenthG, Rn. 1.

583 *Weichert/Stoppa* (Fn. 582), § 48 AufenthG, Rn. 2.

584 *Hailbronner* (Fn. 572), § 48 AufenthG, Rn. 8.

585 *Hailbronner* (Fn. 572), § 48 AufenthG, Rn. 9.

bb) Abs. 3: Pflicht zur Mitwirkung an der Passbeschaffung

Da die Abschiebung ausreisepflichtiger Ausländer in der Praxis häufig an einem fehlenden Reisepass scheitert[586], ist die Pflicht gem. § 48 Abs. 3 AufenthG bei der Beschaffung eines Passes mitzuwirken, in der Praxis von zentraler Bedeutung.[587] Denn das Fehlen gültiger Passpapiere bildet oftmals das Nadelöhr im Verfahren, an dem die aufenthaltsrechtlichen Verfahrensmechanismen ins Stocken geraten.[588] Dieses Problem ist keinesfalls ein Phänomen der jüngeren Zeit und besteht insbesondere nicht erst seit der sogenannten Flüchtlingskrise der Jahre 2015 und 2016.[589] Gleichwohl tritt dieser Umstand in Zeiten hoher Asylantragszahlen in der öffentlichen Wahrnehmung besonders hervor. So konnten im Jahr 2017 insgesamt 65.000 ausreisepflichtige Ausländer nicht abgeschoben werden, weil keine gültigen Dokumente vorlagen.[590] Kann die Abschiebung aufgrund fehlender Passpapiere nicht nur vorübergehend nicht durchgeführt werden, so stellt dies eine tatsächliche Unmöglichkeit der Abschiebung im Sinne von § 60a Abs. 2 S. 1 AufenthG dar, sodass eine Duldung durch die Ausländerbehörde zu erteilen ist.[591] Durch die 2019 eingeführte Duldung für Personen mit ungeklärter Identität gem. § 60b AufenthG wird ein Automatismus, welcher unmittelbar von einer Unmöglichkeit der Abschiebung zur Duldung führt, nun durchbrochen.[592] Ausländer erhalten bei der Unmöglichkeit einer Abschiebung aus rechtlichen oder tatsächlichen Gründen eine Duldung nur noch, wenn diese Gründe „sämtlich dem Ausländer nicht zuzurechnen sind".[593] Damit soll stärker Druck auf diejenigen Ausländer aufgebaut werden, deren Abschiebung bisher an einer fehlenden Mitwirkung scheitert.

---

586 *Wissenschaftlicher Dienst des Bundestages*, Zur Möglichkeit der Abschiebung ohne Ausweisdokumente, WD 3 - 3000 - 335/18, 21.09.2018, S. 3.

587 Siehe S. 156 f.; *Schulze Zumkley* (Fn. 550), S. 290.

588 *Hruschka* (Fn. 574), § 48 AufenthG, Rn. 32.

589 Vgl. zur Diskussion des Problems in den 1990er-Jahren *Hailbronner*, Rückübernahme eigener und fremder Staatsangehöriger, 1996, S. 3 f.

590 *Hille*, Asyl: Pass weg - keine Abschiebung?, Deutsche Welle vom 28.03.2018.

591 *Kluth/Breidenbach* (Fn. 258), § 60a AufenthG, Rn. 10; *Dietz*, EuGRZ 2011, 365 (366).

592 Siehe dazu S. 285 ff.

593 Entwurf eines Zweiten Gesetzes zur besseren Durchsetzung der Ausreisepflicht (Geordnete-Rückkehr-Gesetz) (Stand: 01.02.2019), S. 9.

(1) Umfang der Mitwirkung und Abgrenzung zu § 15 Abs. 2 Nr. 6 AsylG

Auch wenn sich vor diesem Hintergrund der grundlegende Regelungsgehalt der Mitwirkungspflicht bei der Passbeschaffung erschließt, sind jedoch einzelne Fragen, insbesondere zum zeitlichen und personellen Anwendungsbereich von § 48 AufenthG, umstritten.[594] Dies gilt speziell für die Mitwirkungspflichten von Ausländern, deren Asylverfahren bereits rechtskräftig abgeschlossen ist. Nach einer Ansicht wird dies, nach dem Wortlaut und der Systematik von AsylG und AufenthG, anhand der Beendigung des Asylverfahrens unterschieden.[595] Ist dieses noch nicht rechtskräftig abgeschlossen, gilt § 15 Abs. 2 Nr. 6 AsylG, danach § 48 Abs. 3 AufenthG. Nach anderer Ansicht gilt § 15 Abs. 2 Nr. 6 AsylG auch über das Ende des Asylverfahrens hinaus. Denn zum einen habe der Gesetzgeber in § 15 Abs. 5 AsylG festgehalten, dass die Rücknahme des Asylantrags nicht zu einem Entfallen der Mitwirkungspflichten gem. § 15 Abs. 2 AsylG führe. Dies müsse dann erst recht für abgeschlossene Asylverfahren gelten.[596] Zudem sei es demnach ein Wertungswiderspruch, wenn die verschärften Rechtsschutzregelungen des Asylverfahrens gem. § 74 AsylG im laufenden Verfahren für Asylbewerber gelten, die mit der Aufenthaltsgestattung einen rechtmäßigen Aufenthalt genießen, nach negativem Abschluss des Asylverfahrens aber, also bei einem rechtlich „schwächeren" Aufenthalt, der „stärkere" Rechtsschutz des allgemeinen Aufenthaltsrechts Anwendung finden sollte.[597] Daher müssten bei einem negativen Abschluss des Asylverfahrens weiterhin die Verfahrensregeln des AsylG gelten, also auch § 15 Abs. 2 Nr. 6 AsylG.

Diese Ansicht ist jedoch abzulehnen, da sie aus Wertungsgesichtspunkten die vom Gesetzgeber gewählte systematisch klare Unterscheidung zwischen Asylverfahrensrecht und Aufenthaltsrecht aufhebt. So hätte der Gesetzgeber ohne Weiteres ein eigenes Aufenthaltsbeendigungsrecht in das AsylG integrieren können. Er hat sich jedoch entschieden, ein allgemeines Aufenthalts- und Ausweisungsrecht für alle Ausländer (ausgenommen Unionsbürger) zu schaffen. Auch die Duldung hat er bspw. dem AufenthG und nicht dem AsylG zugewiesen. Gleiches gilt für § 15 Abs. 5 AsylG. Die Rücknahme des Asylantrags wird vom Gesetzgeber dort als spezieller Umstand genannt, der ausdrücklich nicht zu einem Wegfall der Pflichten des § 15 Abs. 2 AsylG führen soll. Der Gesetzgeber

594 Siehe zur Übersicht dazu auch *Stockmann*, AsylMagazin 2018, 15 (15).

595 *OVG Magdeburg*, 12.05.2011 – 2 M 23/11, BeckRS (2011), 50644.

596 *VG Greifswald*, 18.10.2018 – 6 A 2244/17 As HGW, BeckRS (2018), 27225, Rn. 18 mit Verweis auf *OVG Hamburg*, 29.09.2014 – 2 So 76/14, EZAR 95, Nr. 42, S. 3 f.

597 *OVG Hamburg*, 29.09.2014 – 2 So 76/14, EZAR 95, Nr. 42, S. 4.

hätte hier ohne Weiteres den weitaus häufigeren Fall des negativen Ausgangs eines Asylverfahrens mit in Abs. 5 aufnehmen können. Dass er dies nicht getan hat, scheint angesichts der grundlegenden Bedeutung einer Klarheit der einschlägigen Regelung unwahrscheinlich. Daher sprechen insgesamt die besseren Argumente für eine saubere Trennung der Verfahrenssphären. Demnach ist für die Mitwirkung bei der Passbeschaffung nach Abschluss des Asylverfahrens § 48 Abs. 3 AufenthG auch für ehemalige Asylbewerber einschlägig.

(2) Konkrete Mitwirkungshandlungen bei der Passbeschaffung

Umstritten ist auch, welche Pflichten genau dem Ausländer gem. § 48 Abs. 3 AufenthG zufallen. Einigkeit herrscht jedenfalls über die in § 56 Abs. 1 Nr. 1–4 AufenthV konkretisierten Handlungen, darunter vor allem die Pflicht zur Antragstellung für einen neuen Pass bei der Botschaft des Heimatstaates und die damit zusammenhängenden Handlungen, z.B. die Angabe der Personalien oder das Anfertigen eines gültigen Passbildes.[598] Darüber hinaus hat der Gesetzgeber (systematisch etwas verunglückt) weitere regelmäßig zumutbare Mitwirkungspflichten in § 60b AufenthG konkretisiert und diese damit zugleich (im Sinne der Wesentlichkeitstheorie) in den Rang eines parlamentarischen Gesetzes erhoben.[599] Dazu gehört bspw. die Vorsprache bei der Botschaft des mutmaßlichen Heimatstaates (§ 60b Abs. 3 Nr. 2 AufenthG) und die Behandlung des entsprechenden Passantrags nach dem Recht des Heimatstaates zu dulden, soweit dies nicht zu unzumutbaren Härten führt (§ 60b Abs. 3 Nr. 1 AufenthG). Wann genau eine unzumutbare Härte vorliegt und welche Behandlung durch den Heimatstaat folglich zu dulden ist, ist wiederum eine Frage des Einzelfalls, sodass auch die Konkretisierung der Mitwirkungshandlungen durch § 60b AufenthG nicht alle Detailfragen der Zumutbarkeit der Mitwirkung zu klären vermag. Auch kommt es immer darauf an, welche Handlungen konkret erforderlich sind. Dies kann die Ausländerbehörde regelmäßig besser beurteilen als der Verpflichtete selbst. Sie ist daher gehalten, diesen durch Hinweise und Informationen bei der Erfüllung seiner Mitwirkungspflichten zu unterstützen.[600]

---

598 *Hruschka* (Fn. 574), § 48 AufenthG, Rn. 34; *Möller*, in: Hofmann (Hrsg.), AuslR, 2. Aufl., 2016, § 48 AufenthG, Rn. 31; *Weichert/Stoppa* (Fn. 582), § 48 AufenthG, Rn. 16; *Hailbronner* (Fn. 572), § 48 AufenthG, Rn. 65; So auch die allgemeine VwV zum AufenthG unter § 48.3.1.

599 Vgl. dazu *Dollinger*, in: Bergmann/Dienelt (Hrsg.), AuslR, 13. Aufl., 2020, § 60b AufenthG, Rn. 15.

600 *OVG Berlin-Brandenburg*, 21.02.2017 – OVG 3 B 14.16, via juris, Rn. 24; *LSG Niedersachsen*, 16.04.2020 – L 8 AY 4/20 B ER, asyl.net, M28258.

(a) *Mitwirkungshandlungen als Eingriff in die negative Religionsfreiheit*

Umstritten sind im Einzelnen insbesondere Fälle, in denen der den Pass ausstellende Heimatstaat Kriterien für die Beschaffenheit des Fotos aufstellt, die als Eingriff in grundrechtlich geschützte Selbstbestimmungsrechte der Person angesehen werden können. Dies gilt etwa für die Pflicht, für das Foto ein religiös konnotiertes Kleidungsstück, also insbesondere ein Kopftuch, tragen zu müssen.[601] Migrationsrechtlicher Anknüpfungspunkt dieser Frage ist zum einen die Anforderung der „Zumutbarkeit" der Mitwirkungshandlungen bei der Passbeschaffung in § 48 Abs. 2 AufenthG.[602] Bedeutung in der Praxis hat diese Frage nun zusätzlich dadurch erfahren, dass der Gesetzgeber es mit § 60b Abs. 3 Nr. 2 AufenthG seit 2019 de lege lata ausdrücklich als zumutbar erklärt hat „Bei Behörden des Herkunftsstaates [...] Lichtbilder *nach Anforderung*" anfertigen zu lassen, worunter auch die Anforderung des Tragens eines Kopftuchs fällt.[603] Das Kriterium der Zumutbarkeit deutet an, dass es letztlich um die Rechtfertigung eines Eingriffs bzw. darum geht, ob ein solcher zumutbar, also verhältnismäßig ist. Verfassungsdogmatisch ist jedoch zunächst die Frage zu klären, ob die Pflicht zum Tragen eines Kopftuches überhaupt einen Eingriff in Art. 4 GG darstellt. Der Schutzbereich der Religionsfreiheit ist beim Tragen eines Kopftuchs als religiöses Symbol jedenfalls eröffnet, da die Religionsfreiheit nicht nur den inneren Glauben, sondern auch nach außen gerichteten Handlungen als Ausdruck des Bekenntnisses zu eben diesem umfasst, was bei gläubigen Muslimas insbesondere auch das Tragen eines Kopftuchs umfassen kann.[604] Im Umkehrschluss folgt daraus aber auch, dass das Tragen*müssen* eines Kopftuchs als religiöses Symbol ebenfalls die Religionsfreiheit berühren kann. Denn Art. 4 Abs. 1 GG schützt auch die negative Religionsfreiheit und insbesondere die Freiheit, sich gerade nicht zu einer bestimmten Religion bekennen zu müssen.[605]

---

601 *Weichert/Stoppa* (Fn. 582), § 48 AufenthG, Rn. 16.

602 *Winkelmann/Wunderle*, in: Bergmann/Dienelt (Hrsg.), AuslR, 13. Aufl., 2020, § 48 AufenthG, Rn. 6 f.

603 *Kluth*, in: Kluth/Heusch (Hrsg.), BeckOK AuslR, 28. Ed. (01.01.2021), § 60b AufenthG, Rn. 29.

604 *BVerfG*, 14.01.2020 – 2 BvR 1333/17, NJW (2020), 1049 (1051), Rn. 80 m.w.N.

605 *Mager*, in: Münch/Kunig (Hrsg.), GG, 7. Aufl., 2021, Art. 4 GG, Rn. 27; *BVerfG*, 08.02.1977 – 1 BvR 329/71, 217, 2237/73, 199, 217/74, BVerfGE 44, 37 (49); *BVerfG*, 16.10.1979 – 1 BvR 647/70, 7/74, BVerfGE 52, 223 (238).

(i) Eingriff in das Grundrecht und Verfassungsmäßigkeit

Nicht ausreichend für einen Eingriff ist jedenfalls allein die Tatsache, für ein Foto ein Kopftuch anlegen zu müssen.[606] Erst wenn zusätzlich zu dieser Aufforderung Gründe vorgebracht werden, warum eine solche Pflicht mit dem eigenen religiösen Bekenntnis kollidiert, wird die Maßnahme zum Grundrechtseingriff. Dies kann bspw. der Fall sein, wenn die Verpflichtete ausdrücklich geltend macht, das Kopftuch sei für sie Ausdruck eines religiösen Zwangs durch den Staat (was etwa für die Islamische Republik Iran gelten kann) oder greife gar die eigene religiöse Überzeugung inhaltlich an. Dies ist spätestens dann der Fall, wenn eine Atheistin oder Angehörige einer anderen Religion gezwungen wird, ein Kopftuch zu tragen und dies als erniedrige Geste des „Abschwörens" von der eigenen Religion empfindet. Dann jedenfalls ist die Schwelle zum Grundrechtseingriff überschritten.[607]

(ii) Die Rechtfertigung aufenthaltsrechtlicher Eingriffe in die Religionsfreiheit

An der Rechtfertigung eines solchen Grundrechtseingriffs bestehen insgesamt Zweifel. Denn die Religionsfreiheit ist grundsätzlich vorbehaltslos gewährleistet, kann also nur durch kollidierendes Verfassungsrecht eingeschränkt werden.[608] Dies umfasst insbesondere die Grundrechte Dritter sowie Verfassungsrechtsgüter von vergleichbarer Bedeutung.[609] Die Durchsetzung migrationsrechtlicher Rückführungsentscheidungen ist in diesem Sinne kein Rechtsgut von Verfassungsrang. Auch ein aus dem Rechtsstaatsprinzip hergeleiteter Grundsatz der „Funktionsfähigkeit der Rechtsordnung"[610] vermag einen solchen nicht zu begründen. Denn die „Funktionsfähigkeit der Rechtsordnung" als Ganzes wird jedenfalls nicht dadurch beeinträchtigt, dass einzelne Mitwirkungspflichten in bestimmten Fallkonstellationen nicht erfüllt werden können. Etwas anderes mag gelten, wenn durch den Nichtvollzug des Ausländerrechts aufgrund der negativen Religionsfreiheit der Staat insgesamt an eine Überlastungsgrenze gerät. Da das Problem aktuell aber nur die wenigen Staatsbürgerinnen des Iran betrifft,

606 *VGH München*, 23.03.2000 – 24 CS 00.12, NVwZ (2000), 952 (953).

607 So auch *Koch* (Fn. 347), § 15 AsylG, Rn. 25 m.w.N.

608 *Germann*, in: Epping/Hillgruber (Hrsg.), BeckOK GG, 46. Ed. (15.02.2021), Art. 4 GG, Rn. 48; *BVerfG*, 27.01.2015 – 1 BvR 471, 1181/10, BVerfGE 138, 296 (333).

609 *Kokott* (Fn. 570), Art. 4, Rn. 137 f.

610 So zu finden bei *Siering*, Die negative Religionsfreiheit und ihre Bedeutung bei aufenthaltsbeendenden Maßnahmen, 2011, S. 290.

die sich in Deutschland aufhalten und sich bei der Verweigerung von Passbildern mit Kopftuch zugleich explizit auf die negative Religionsfreiheit berufen, ist hier eine Gefährdung der Funktionsfähigkeit des Staatswesens aktuell nicht gegeben.[611] Dies gilt umso mehr, als dass die Systematik des Asylverfahrens diese Fallkonstellation in der Praxis weitgehend ausschließt. Denn bei einer weiblichen iranischen Staatsangehörigen, die als Nichtmuslima die Verletzung ihrer Religionsfreiheit geltend macht, ist in der Regel aufgrund ihrer Abkehr vom Islam bereits das *materielle* Verfolgungsmerkmal der Religion gem. § 3 Abs. 1 Nr. 1 AsylG gegeben, das insoweit in einer Zuerkennung humanitären Schutzes resultiert. Die Frage nach einer Unmöglichkeit der Passbeschaffung für die Ausreise aufgrund der Verletzung der Religionsfreiheit stellt sich dann nicht mehr, da eine verfolgte Person nicht ausgewiesen wird. Eine Notwendigkeit, die Religionsfreiheit den Interessen der Ausländerverwaltung unterzuordnen, lässt sich auch mit der Bindung der Verwaltung an Recht und Gesetz aus dem Rechtsstaatsprinzip in Art. 20 Abs. 3 2. HS GG nicht begründen. Denn sicher ist eine vollziehbare Rückkehrentscheidung Teil des Rechts, an das die Verwaltung gebunden ist. Genauso Teil des Rechts ist aber auch die Religionsfreiheit aus Art. 4 GG, sodass das Rechtsstaatsprinzip im Ergebnis keinen Beitrag zur Entscheidungsfindung bei der Problematik kollidierenden Rechts zu leisten vermag. Im Ergebnis bleibt es daher dabei, dass sich der Vollzug des Aufenthaltsrechts nicht auf ein Rechtsgut von Verfassungsrang stützen lässt, sodass es an einer verfassungsmäßigen Schranke für den Eingriff in Art. 4 Abs. 1 GG fehlt.[612]

Darüber hinaus müssten ein solcher Grundrechtseingriff und die ihm zugrunde liegenden Normen aber auch formale Kriterien der Verfassungsmäßigkeit erfüllen. So gibt das Zitiergebot aus Art. 19 Abs. 1 S. 2 GG vor, dass das einschränkende Gesetz das jeweilige Grundrecht ausdrücklich aufzählen muss, in das eingegriffen wird. § 106 AufenthG nennt als Grundrechte, in die das AufenthG eingreift, jedoch nur die körperliche Unversehrtheit und die Freiheit der Person aus Art. 2 GG. Die Religionsfreiheit aus Art. 4 GG findet dagegen keine Erwähnung. Bei einer zwangsweisen Anordnung gegen den ausdrücklich geäußerten Willen der Betroffenen handelt es sich um einen Eingriff in Art. 4 GG, für den es an einer verfassungsgemäßen Rechtsgrundlage mangelt. § 82 Abs. 4 AufenthG ist daher in verfassungskonformer Weise derart auszulegen, dass er

---

611 *Siering* (Fn. 610), S. 297 f.

612 So im Ergebnis auch *Siering* (Fn. 610), S. 302.

nur eine Anordnung zum Tragen eines Kopftuches deckt, die nicht trotz des entgegenstehenden Willens der Person ausgesprochen wird.[613]

Das Beispiel der Verpflichtung zum Tragen eines Kopftuchs zeigt anschaulich auf, dass der Staat bei Mitwirkungspflichten, welche den Bereich der höchstpersönlichen Lebensführung betreffen (wie etwa, neben der Religion, auch die politische Meinungsbildung oder sexuelle Orientierung), mit besonderer Sensibilität agieren muss. Insbesondere kann er nicht Pflichten, die ursprünglich den Vorgaben des Heimatstaates entstammen, als „verlängerter Arm" im deutschen Verwaltungsverfahren umsetzen. Führt die Unvereinbarkeit ausländisch determinierter Mitwirkungspflichten mit dem Grundgesetz letztlich dazu, dass die Staaten Passpapiere nicht anerkennen, so ist dies ein zwischenstaatlicher Konflikt des Völkerrechts über die Reichweite der Rücknahmeverpflichtungen bei eigenen Staatsbürgern, dessen Lösung jedenfalls nicht im deutschen aufenthaltsrechtlichen Verwaltungsverfahren zu suchen ist.[614]

(b) Die Problematik sogenannter Freiwilligkeitserklärungen

Ein besonderes Problem der Zumutbarkeit stellt sich auch im Kontext sogenannter Freiwilligkeitserklärungen. So verpflichtet bspw. die Islamische Republik Iran ihre Staatsbürger, bei der Beantragung eines neuen Passes eine Erklärung abzugeben, dass die mit dem Pass beabsichtigte Rückkehr freiwillig geschieht.[615] Der Gesetzgeber hat die Zumutbarkeit dieser Pflicht nun auch ausdrücklich in § 60b Abs. 3 Nr. 3 AufenthG normiert. Der rechtliche Umgang mit diesem Phänomen ist nach bisheriger Rechtsprechung unter den obersten deutschen Gerichten

---

613 *Remmert*, in: Herzog/Maunz/Dürig (Hrsg.), GG, 92. Erg.-Lfg. (Aug. 2020), Art. 19 Abs. 1 GG, Rn. 47; *Jarass*, in: Jarass/Kment (Hrsg.), GG, 16. Aufl., 2020, Art. 19 GG, Rn. 7a; *Singer*, DÖV 2007, 496 (502); nach a.A. ist eine Norm, die gegen das Zitiergebot verstößt, einer verfassungskonformen Reduktion nicht zugänglich und insgesamt nichtig, so *Enders*, in: Epping/Hillgruber (Hrsg.), BeckOK GG, 46. Ed. (15.05.2021), Art. 19 GG, Rn. 18; *Sachs*, in: ders. (Hrsg.), GG, 9. Aufl., 2021, Art. 19 GG, Rn. 32; *Hofmann*, in: Schmidt-Bleibtreu/Klein/Hofmann et al. (Hrsg.), 14. Aufl., 2017, Art. 19 GG, Rn. 12. In Fällen grundlegender Bedeutung des durch die Norm geschützten Rechtsguts gilt diese jedoch trotz Verstoßes gegen das Zitiergebot bis zur Änderung durch den Gesetzgeber weiter, die Vorschrift ist dann nicht „nichtig", sondern „unvereinbar" mit dem Grundgesetz, so *BVerfG*, 18.12.2018 – 1 BvR 2795/09, 1 BvR 3187/10, NVwZ (2019), 398 (404).

614 Selbiges gilt auch für die Pflicht zur Abgabe von „Freiwilligkeitserklärungen", siehe dazu S. 173.

615 *VG Bayreuth*, 02.08.2018 – B 6 S 18.695, via juris, Rn. 23.

gleichwohl umstritten.[616] Kritiker wenden ein, dass die Pflicht zu einer solche Erklärung, wenn sie nicht der Wahrheit entspricht, einem staatlichen „Zwang zur Lüge“ gleichkommt und daher unzumutbar sei.[617] Konkret wird auch angeführt, der Zwang zur Lüge sei deshalb mit dem Persönlichkeitsrecht unvereinbar, weil die Lüge nach allgemeiner Ansicht eine ehrenrührige Handlung sei. Der Staat dürfe insofern niemanden zwingen, die eigene Ehre zu verletzen.[618] Nach der Gegenansicht kommt es auf die subjektive tatsächliche Freiwilligkeit des Betroffenen nicht an. Vielmehr gehe die Systematik des Aufenthaltsrechts vorrangig von einer generellen Zumutbarkeit der freiwilligen Ausreise bei Nichtvorliegen eines Aufenthaltsrechts aus.[619] Nur in Ausnahmefällen sei die Ausreisepflicht zwangsweise als Abschiebung durch den Staat zu vollziehen. Bestehe kein Aufenthaltsrecht, so sei eine Ausreise grundsätzlich als freiwillige Handlung zumutbar.

Diese Ansicht verkennt jedoch, dass es bei der Frage der Freiwilligkeitserklärungen nicht um die Zumutbarkeit der Ausreise selbst geht. Denn dies ist eine objektiv vom Gesetzgeber festgelegte Wertentscheidung. Diese kann aber nicht mit dem subjektiven Willen des Ausreisepflichtigen gleichgesetzt werden. Zwar versucht das BVerwG genau diesen gedanklichen Transfer, wenn es argumentiert zumutbar sei, „zur Ausreise bereit zu sein und einen dahinter liegenden Willen zu bilden“.[620] Ein solches Eindringen des Staates in die innere Überzeugungs- und Gewissenssphäre entspräche jedoch, mit den Worten des BSG, „einem dem Grundgesetz fremden totalitären Staatsverständnis“[621].[622] Auch nach Ansicht des BGH greift der Zwang zu einer Aussage „deren Inhalt sowohl der objektiven Wahrheit wie der subjektiven Überzeugung des Erklärenden widersprechen kann“ in das allgemeine Persönlichkeitsrecht aus Art. 2 Abs. 1 i.V.m. Art. 1 Abs. 1 GG ein.[623] Da sich der inhaltliche Schutz dieses Grundrechts auch aus

---

616 Für einen Überblick dazu siehe auch *Deibel*, ZAR 2014, 312 (313 f.).

617 So sieht das BSG eine solche Erklärung als Verstoß gegen das Allgemeine Persönlichkeitsrecht aus Art. 2 Abs. 1 i.V.m. Art. 1 Abs. 1 GG an, vgl. *BSG*, 30.10.2013 – B 7 AY 7/12 R, NVwZ-RR (2014), 649 (652), Rn. 26 f.; ebenso *VG Frankfurt a. M.*, 23.01.2008 – 1 E 3668/07, EZAR 33 (2009), S. 4 f.; *Becker/Saborowski* (Fn. 385), S. 20.

618 *VG Frankfurt a. M.*, 23.01.2008 – 1 E 3668/07, EZAR 33 (2009)., S. 5.

619 *BVerwG*, 10.11.2009 – 1 C 19/08, NVwZ (2010), 918 (918 f.), Rn. 14; *Dietz* (Fn. 591), S. 369.

620 Eben da.

621 *BSG*, 30.10.2013 – B 7 AY 7/12 R, NVwZ-RR (2014), 649 (652), Rn. 28.

622 So auch *Koch* (Fn. 347), § 15 AsylG, Rn. 25 mit Verweis auf *OVG Bautzen*, 21.06.2007 – A 2 B 258/06, asyl.net (2007), M12038.

623 *BGH*, 05.06.1962 – VI ZR 236/61, BGHZ 37, 187 (190).

der Menschenwürde ergibt, sind an einen Eingriff entsprechend höhere Anforderungen zu stellen als bei der allgemeinen Handlungsfreiheit.[624] Das BVerfG hat dazu konkret die sogenannte Sphärentheorie etabliert, wonach ein Eingriff in eine äußere, dem sozialen Gemeinschaftsleben zugängliche Sphäre gerechtfertigt werden kann. Dem gegenüber steht ein innerster Kern der Intimsphäre, welcher staatlichem Zugriff entzogen ist.[625] Die Grenze zwischen diesen beiden Sphären verläuft fließend, sodass bei der Möglichkeit der Rechtfertigung eines Eingriffs von einer „je-desto"-Formel auszugehen ist: Je näher ein staatlicher Eingriff am innersten Kern der Intimsphäre liegt, desto weniger lässt sich dieser, auch unter Beachtung wichtiger Interessen der Allgemeinheit, noch rechtfertigen.[626] Wann durch einen Eingriff die Schwelle zur innersten Intimsphäre betroffen ist, lässt sich nicht abstrakt, sondern immer nur für den konkreten Einzelfall bestimmen.[627] Elemente dieses innersten Kerns sind jedoch „innere Vorgänge wie Empfindungen und Gefühle sowie Überlegungen, Ansichten und Erlebnisse höchstpersönlicher Art".[628]

Die Frage, ob auch der freie Wille zur Ausreise zu diesem „innersten Kern" zählt, ist nicht einfach zu beantworten. Der Sache nach ist dies wohl abzulehnen. Ob ein Mensch in seine Heimat zurückkehren möchte, ist keine Frage von einer derartigen Intimität, dass sie etwa mit der sexuellen Orientierung, der politischen oder religiösen Ansicht oder anderen höchst privaten Fragen vergleichbar wäre. Problematisch im Hinblick auf die innerste Sphäre ist beim „Zwang zur Lüge" jedoch weniger das „was", sondern das „wie". Denn höchstpersönlich ist in diesem Sinne bereits die Freiheit des Willens an sich. Der Staat mag bestimmte Handlungen verlangen können. Er kann aber nicht verlangen, dass diese freiwillig vorgenommen werden. So hat das BVerfG für den Fall einer gerichtlich angeordnete Korrekturdarstellung in der Presse entschieden, dass eine solche nur die Pflicht zur Klarstellung der objektiv vom Gericht festgestellten Tatsachen beinhalten dürfe, nicht aber, dass der zur Klarstellung Verurteilte auch einen „nicht vorhandenen Überzeugungswandel nach außen" bekennen müsse.[629] Er

---

624 *Murswiek*, in: Sachs (Hrsg.), GG, 8. Aufl., 2018, Art. 2 GG, Rn. 103 ff.; *Dreier*, in: ders. (Hrsg.), GG, 3. Aufl., 2013, Art. 2 Abs. 1 GG, Rn. 91 ff.; *Horn*, in: Stern/Becker (Hrsg.), GG, 3. Aufl., 2019, Art. 2 GG, Rn. 106 ff.

625 *Dreier* (Fn. 624), Art. 2 Abs. 1 GG, Rn. 93; *BVerfG*, 15.01.1970 – 1 BvR 13/68, BVerfGE 27, 344 (350 f.); *BVerfG*, 31.01.1973 – 2 BvR 454/71, BVerfGE 34, 238 (245).

626 *Horn* (Fn. 624), Art. 2 GG, Rn. 106; *Dreier* (Fn. 624), Art. 2 Abs. 1 GG, Rn. 92.

627 *BVerfG*, 31.01.1973 – 2 BvR 454/71, BVerfGE 34, 238 (248).

628 *BVerfG*, 01.07.2003 – 1 BvR 2378/98, 1084/99, BVerfGE 109, 279 (313).

629 *BVerfG*, 28.01.1970 – 1 BvR 719/68, BVerfGE 28, 1 (10).

könne vielmehr mit der Korrekturdarstellung gleichzeitig eine Erklärung abgeben, dass die Darstellung nur als Reaktion auf das ergangene verpflichtende Urteil, nicht aber aus freiem Willen erfolge. Es gehe nur um die Klarstellung in der Sache, sein „Wille soll nicht gebrochen werden", sodass hier keine Verletzung von Art. 1 Abs. 1 GG vorliege.[630] Gänzlich anders verhält es sich allerdings bei den Freiwilligkeitserklärungen im Rahmen von § 48 Abs. 3 AufenthG bzw. § 60b Abs. 3 Nr. 3 AufenthG, denn hier kommt es gerade auf den Willen selbst an. Eine Freiwilligkeitserklärung zu unterzeichnen, wäre nach der Rechtsprechung des BVerfG also nur dann zumutbar, wenn der Verpflichtete schriftlich unter der Erklärung ergänzen könnte: „Hiermit erkläre ich, dass meine oben erklärte freiwillige Rückreise nicht freiwillig, sondern gegen meinen Willen und nur aufgrund behördlichen Rechtszwangs geschieht".[631] Die Widersprüchlichkeit einer solchen Erklärung liegt auf der Hand, sodass nicht davon auszugehen ist, dass die Botschaft des Heimatstaates aufgrund einer solchen Erklärung einen Pass ausstellen würde.

Eine Erklärung ohne die Möglichkeit der Klarstellung, dass diese erzwungen wurde, verletzt dagegen das allgemeine Persönlichkeitsrecht aus Art. 2 Abs. 1 i.V.m. Art. 1 Abs. 1 GG. Denn etwas wirklich zu wollen, also die Freiheit, sich autonom von staatlichem Zwang einen eigenen Willen bilden zu können, ist gerade Ausdruck der inneren Autonomie des Menschen. Erst dadurch unterscheidet er sich vom willenlosen Objekt.[632] Eine erzwungene Freiwilligkeitserklärung ist demnach nicht nur dem Wortlaut nach ein Paradoxon, sondern auch nicht mehr von § 48 Abs. 3 AufenthG umfasst, da der Verpflichtete gem. § 49 Abs. 1 AufenthG nur solche Erklärungen abgeben muss, die mit dem deutschen Recht vereinbar sind.[633] Dieser Umstand wirkt sich im Ergebnis nicht nur auf die Zumutbarkeit der Mitwirkung bei der verwaltungsrechtlichen Passbeschaffung aus, sondern auch auf die Zumutbarkeit im Rahmen des § 60b Abs. 3 Nr. 3 AufenthG, sowie auf die Strafbarkeit der Nichtmitwirkung an der Passbeschaffung gem. § 95 Abs. 1 Nr. 1 AufenthG.[634] Denn im Ergebnis stellt die Verweigerung

630 *BVerfG*, 28.01.1970 – 1 BvR 719/68, BVerfGE 28, 1 (10).

631 *VG Frankfurt a. M.*, 23.01.2008 – 1 E 3668/07, EZAR 33 (2009)., S. 5.

632 Eine Übergehung des tatsächlichen inneren Willens durch ein erzwungenes wahrheitswidriges Bekenntnis kann demnach auch als Objektivierung des Menschen angesehen werden. Zur Objektformel siehe *BVerfG*, 16.07.1969 – 1 BvL 19/63, BVerfGE 27, 1 (6).

633 *VG Frankfurt a. M.*, 23.01.2008 – 1 E 3668/07, EZAR 33 (2009)., S. 4.

634 Siehe hierzu S. 315 f.

einer unzumutbaren Freiwilligkeitserklärung folglich keine strafbare Mitwirkungspflichtverletzung dar.[635]

Doch, selbst wenn man mit der Gegenansicht im „Zwang zur Lüge" keine an sich unzumutbare Verletzung der inneren Willenssphäre sieht,[636] so verbleiben darüber hinaus Zweifel, ob eine solche Freiwilligkeitserklärung überhaupt erforderlich ist. Denn ähnlich wie bei der Pflicht zum Tragen eines Kopftuchs[637] ist auch das Erfordernis der Abgabe einer Freiwilligkeitserklärung letztlich eine Frage darüber, ob der Heimatstaat seinen Staatsbürger zurücknimmt. Die Rücknahme eines Staatsbürgers durch seinen Heimatstaat ist aber zunächst eine völkerrechtliche Angelegenheit zwischen dem Herkunfts- und dem Aufnahmestaat. Viele Staaten weigern sich regelmäßig, der ihnen obliegenden Pflicht zur Rücknahme der eigenen Staatsbürger nachzukommen.[638] Derlei zwischenstaatliche Konflikte dürfen jedoch nicht auf die individuell betroffenen Ausländer abgewälzt werden. Die Bundesrepublik muss vielmehr bei den zuständigen Staaten darauf hinwirken, dass diese auf Freiwilligkeitserklärungen verzichten und ihrer Rücknahmepflicht nachkommen.[639] Denn das eigentliche Vollzugshindernis liegt hier nicht im Verhalten des Ausländers, sondern in der völkerrechtswidrigen Weigerung des Herkunftsstaates[640], nur bei einer Freiwilligkeitserklärung einen Pass auszustellen.

---

635 *OLG München*, 09.03.2010 – 4 St RR 102/09, BeckRS (2010), 8694; *Hohoff* (Fn. 542), § 95 AufenthG, Rn. 6 m.w.N.

636 So *Dietz* (Fn. 591), S. 367 ff., der neben dem Grundgesetz auch die GR aus GRCh und EMRK nicht als verletzt ansieht; ähnlich *Deibel* (Fn. 616), S. 315, wonach dem Interesse des Ausländers, nicht zu einer Lüge gezwungen zu werden „keine nennenswerte Bedeutung" zukommt.

637 Siehe S. 166.

638 *Bundesamt für Migration und Flüchtlinge*, Umgang mit abgelehnten Asylbewerbern in Deutschland, 2016, S. 16. Sieh zur Pflicht der Rücknahme eigener Staatsbürger auch umfassend *Hailbronner* (Fn. 589).

639 *OVG Bautzen*, 21.06.2007 – A 2 B 258/06, asyl.net (2007), M12038. Derlei diplomatischen Druck auf Staaten, die ihren Rücknahmeverpflichtungen nicht nachkommen, hat die BRD in der Vergangenheit auch bereits ausgeübt, siehe *Dahlkamp/Stark*, Achse der Aussitzer, der Spiegel vom 06.11.2006, S. 36.

640 In diesem Sinne auch *LG München II*, 11.03.2009 – 8 Ns 26 Js 6425/08, asyl.net, M16741; *Hailbronner*, D. Staatsangehörigkeit und Völkerrecht, in: Hailbronner/Maaßen/Hecker et al. (Hrsg.), Staatsangehörigkeitsrecht, 6. Aufl., 2017, Rn. 99 ff.

(c) Praktische und finanzielle Grenzen der Passbeschaffungspflicht

Nicht verlangt werden kann vom Ausländer darüber hinaus, dass er der Ausländerbehörde einen gültigen Pass vorlegt. Eine sogenannte Passbeschaffungsanordnung, also ein Verwaltungsakt, der keine spezifische Mitwirkungs*leistung*, sondern einen *Erfolg* in Gestalt eines Passes vorschreibt, ist daher nicht mehr von § 48 Abs. 3 AufenthG gedeckt.[641] Denn der Ausländer kann sich noch so sehr um einen Pass bemühen, ob ein solcher tatsächlich ausgestellt wird, liegt letztlich immer in der Souveränität des ausstellenden Staates, auf welche der Ausländer keinen Einfluss hat.[642] Umstritten ist aus diesem Grund auch, ob und inwieweit der Ausländer über das ihm persönlich Mögliche hinaus Bemühungen unternehmen, also Einfluss auf und über Dritte, ggf. auch im Heimatstaat, ausüben muss.[643] Diese Frage kann nicht pauschal beantwortet werden. Ob der Ausländer auch verpflichtet ist, sich der Hilfe Dritter zu bedienen, kommt maßgeblich auf die Zumutbarkeit und das Verhältnis von Aufwand und Erfolgsaussichten an. So ist es wohl als zumutbar anzusehen, eine Vertrauensperson im Heimatstaat zu bitten, im Auftrag des Verpflichteten einen Antrag bei einer Behörde abzugeben. Lehnt die Person die Bitte ab, so kann dies dem Ausländer jedoch nicht als Versagung seiner Mitwirkung zugerechnet werden, da gerade kein erfolgreiches Bemühen geschuldet ist. Unzumutbar dürfte es dagegen sein, für einen hohen Geldbetrag einen Anwalt im Heimatstaat beauftragen zu müssen.[644] Denn da die Pflicht dem Ausländer selbst obliegt, darf dessen Pflichtenkreis nicht beliebig auf externe Personen ausgedehnt werden, auf die der Ausländer nur unter erheblichen Anstrengungen oder durch Zahlung finanzieller Leistungen Einfluss nehmen kann. Vor diesem Hintergrund ist es selbstverständlich auch unzumutbar, illegale Handlungen vorzunehmen, selbst wenn diese mit hoher Wahrscheinlichkeit zu einem Erfolg führen würden.[645]

---

641 *Hruschka* (Fn. 574), § 48 AufenthG, Rn. 35; *Möller* (Fn. 598), § 48 AufenthG, Rn. 41. Die Ausländerbehörde muss also die gewünschte Mitwirkungshandlung in der Verfügung konkretisieren, vgl. *Weichert/Stoppa* (Fn. 582), § 48 AufenthG, Rn. 16.

642 *Dietz* (Fn. 591), S. 366.

643 So *BayObLG*, 07.11.2000 – 3Z BR 335/00, BeckRS (2000), 30141297; *OVG Münster*, 20.05.2008 – 18 A 209/07, BeckRS (2008), 36067; *Weichert/Stoppa* (Fn. 582), § 48 AufenthG, Rn. 16; a.A. *Möller* (Fn. 598), § 48 AufenthG, Rn. 31; offen gelassen bei *Hruschka* (Fn. 574), § 48 AufenthG, Rn. 35.1.

644 a.A. *OVG Münster*, 20.05.2008 – 18 A 209/07, BeckRS (2008), 36067; *Heinhold*, ZAR 2003, 218 (221).

645 Dies gilt insbesondere für Korruption gegenüber einer Behörde im Heimatstaat.

f) Mitwirkung bei der Überprüfung, Feststellung und Sicherung der Identität (§ 49 AufenthG)

Die Norm enthält einen Kanon von insgesamt 10 Absätzen, in denen verschiedenen Maßnahmen geregelt sind, die alle der Verifizierung der Identität dienen. Die Bedeutung der Identitätsklärung ergibt sich zum einen aus der gefahrenabwehrrechtlichen Komponente des Aufenthaltsrechts, da nur so ein Abgleich mit dem Erkenntnisstand der Sicherheitsbehörden zu einzelnen Personen erfolgen kann. Die Identität von Ausländern ist einer der Aspekte, die aufgrund der medialen Berichterstattung auch in der politischen Debatte besonders polarisieren. Fälle wie der des Attentäters vom Berliner Breitscheidplatz Anis Amri, der sich in Deutschland unter neun verschiedenen Identitäten aufhielt[646], sorgen in der öffentlichen Wahrnehmung für Ängste vor einer „Blackbox" Migration, bei der niemand wirklich wisse, welche Bedrohungen Migration mit sich bringe. Es handelt sich bei fehlenden Informationen über die Identitäten von Ausländern somit letztlich um das alte Narrativ der „Angst vor dem Unbekannten". Dies erklärt die politische Sprengkraft der Thematik und den dementsprechenden Druck in der Migrationspolitik, unbekannte Identitäten schnell und wirksam aufzuklären. Staatliches Wissen kommt demnach staatlicher Kontrolle und der Gewährleistung von Sicherheit gleich.

Zum anderen ist die Identität aber auch ein zentrales Nadelöhr bei der Aufenthaltsbeendigung, da Staaten nur Personen zurücknehmen, die zweifelsfrei ihre Staatsbürger sind.[647] Die Identitätsklärung ist dabei zentrales Beweismittel, um einen Staat zur Rücknahme einer Person zu bewegen und die Abschiebung zu ermöglichen.

aa) Persönlicher Anwendungsbereich

Auch bei § 49 AufenthG ist strittig, wie weit der persönliche Anwendungsbereich der Vorschrift reicht. Nach einer Ansicht sind Asylbewerber vom Anwendungsbereich des § 49 AufenthG ausgenommen, da für ihre Identitätsklärung die §§ 15 und 16 AsylG als lex specialis anzuwenden seien.[648] Die Gegenansicht bringt § 49 AufenthG jedoch zumindest als subsidiäre Auffangregelung ins

---

646 *Bundesministerium für Justiz und Verbraucherschutz*, Behördenhandeln um die Person des Attentäters vom Breitscheidplatz Anis AMRI, Feb. 2017, S. 15.

647 Siehe auch bereits S. 163.

648 *Hörich/Hruschka*, in: Kluth/Heusch (Hrsg.), BeckOK AuslR, 28. Ed. (01.07.2021), § 49 AufenthG, Rn. 2 f.; *Möller*, in: Hofmann (Hrsg.), AuslR, 2. Aufl., 2016, § 49 AufenthG, Rn. 4 m.w.N.

Spiel.[649] Dagegen ist jedoch einzuwenden, dass der Gesetzgeber etwaige Spezialregelungen zur Datenerhebung in § 16 Abs. 1a AsylG extra eingeführt hat. Würde er von einer Anwendbarkeit von § 49 auf Asylbewerber ausgehen, wäre dies unnötig gewesen.[650] Daher ist der h.M. zuzustimmen; § 49 AufenthG greift dann nicht für Drittstaatsangehörige, wenn diese sich in einem Asylverfahren befinden und das AsylG anwendbar ist.

bb) Abs. 2: Mitwirkung bei der Identitätsfeststellung und Beantragung von Passpapieren

In diesem Absatz ist zunächst die Pflicht des Ausländers geregelt, den mit dem Vollzug des AufenthG betrauten Behörden die erforderlichen Angaben zu seinem Alter, seiner Identität (darunter fallen gem. AVwV-AufenthG Nr. 49.4.2 auch Geburts- und Wohnort[651]) und seiner Staatsangehörigkeit zu machen. Für die Identifizierung der Person und vor allem für die Rückführung sind dies die entscheidenden Angaben. Die Angaben muss der Ausländer jedoch nur machen, wenn er von der Behörde explizit dazu aufgefordert wird.[652]

Darüber hinaus verpflichtet Abs. 2 den Ausländer gegenüber der Vertretung des Staates, dessen Staatsangehörigkeit er vermutlich besitzt, die geforderten und mit dem deutschen Recht vereinbaren Erklärungen abzugeben.[653] Dazu zählt vor allem die Erklärung, einen Pass beantragen zu wollen.[654] Dabei ist eine objektive Einschätzung erforderlich, ob ein Staat als Heimatstaat infrage kommt, nicht nur die subjektive Angabe des Betroffenen.[655] Dies darf jedoch nicht dazu

---

649 *Hailbronner*, in: dass. (Hrsg.), AuslR, 113. Erg.-Lfg. (Jan. 2020), § 49 AufenthG, Rn. 11, der die Anwendbarkeit auf Asylbewerber mit § 49 Abs. 9 begründet, wonach „Ausländer, die sich ohne erforderlichen Aufenthaltstitel im Land aufhalten" erfasst werden. Bei diesen Personen muss es sich jedoch nicht zwangsläufig um Asylbewerber handeln.

650 So auch *Hörich/Hruschka* (Fn. 648), § 49 AufenthG, Rn. 2.1.

651 Nicht umfasst sind dagegen Angaben zum Personenstand, es sei denn, diese sind in Ausnahmefällen zwingend notwendig, um eine zweifelsfreie Identifizierung zu gewährleisten, vgl. *Hörich/Hruschka* (Fn. 648), § 49 AufenthG, Rn. 10.1; a.A. *Hailbronner* (Fn. 649), § 49 AufenthG, Rn. 22.

652 *Hörich/Hruschka* (Fn. 648), § 49 AufenthG, Rn. 10 mit Verweis auf *BGH*, 19.01.2017 – V ZB 99/16, NVwZ (2017), 732, S. 732 (732), Rn. 13.

653 Als unvereinbar mit deutschem Recht sind insbesondere sogenannte Freiwilligkeitserklärungen anzusehen, siehe dazu S. 169 ff.

654 *Hörich/Hruschka* (Fn. 648), § 49 AufenthG, Rn. 11 mit Verweis auf *VG Augsburg*, 25.05.2009 – 1 S 09.537, BeckRS (2010), 54889.

655 *Hailbronner* (Fn. 649), § 49 AufenthG, Rn. 23.

führen, dass die Behörde den Ausländer zu den Auslandsvertretungen beliebig vieler Staaten schickt, in der Hoffnung, irgendein Staat werde sich seiner annehmen. Ziel der Vorschrift ist vielmehr, dass die Behörde zuvor den zuständigen Staat objektiv identifiziert hat.

cc) Abs. 10: Duldungspflicht bei Identitätsfeststellungsmaßnahmen

§ 49 Abs. 1 und 3 bis 9 AufenthG erlaubt der Behörde einen umfassenden Kanon an Maßnahmen zur Identitäts- und Altersfeststellung. Nach Abs. 10 hat der Ausländer diese zu dulden. Diese Pflicht bezieht sich gem. Abs. 6 zunächst auf die Anfertigung von Lichtbildern, Fingerabdrücken, sowie auf „Messungen und ähnliche Maßnahmen, einschließlich körperlicher Eingriffe, die von einem Arzt nach den Regeln der ärztlichen Kunst zum Zweck der Feststellung des Alters vorgenommen werden". Hierunter fallen etwa die Vermessungen von Gliedmaßen oder die Feststellung äußerer Merkmale wie Narben o.ä.[656]

g) Die Generalklausel zur Mitwirkung im Aufenthaltsrecht (§ 82 AufenthG)

Bestimmte Informationen (bspw. über die Personalien, die Ausbildung oder die Fluchtgeschichte), welche die Behörde selbst nicht im Rahmen ihrer Amtsermittlung ergründen kann, schaffen eine generelle Abhängigkeit staatlicher Migrationssteuerung von der Mitwirkung des Beteiligten.[657] Diesem „sachtypischen Beweisnotstand", der über das Asylrecht hinaus[658] auch im allgemeinen Aufenthaltsrecht besteht, trägt § 82 AufenthG Rechnung. Die Vorschrift dient als Generalklausel einer Umverteilung der Beweislast von der Behörde auf den Ausländer. Auch wenn der Amtsermittlungsgrundsatz aus § 24 Abs. 1 VwVfG für die Ausländerbehörden damit nicht vollständig aufgehoben, sondern lediglich modifiziert wird[659], so bedeutet die Verschiebung doch einen gravierenden Unterschied bei der Aufgabenverteilung im Verfahren zwischen Behörde und Betroffenem im Vergleich zu Verwaltungsverfahren, die allein § 24 Abs. 1

656 *Hörich/Hruschka* (Fn. 648), § 49 AufenthG, Rn. 32.

657 *Wollenschläger*, III. Erläuterungen, in: ders. (Hrsg.), Handbuch des Ausländerrechts der Bundesrepublik Deutschland, 57. Erg.-Lfg. (Dez. 2012), S. 247, Rn. 939.

658 Die spezielleren Vorschriften für das Asylrecht diesbezüglich sind §§ 10; 15; 15; 23; 25 AsylG. § 82 Abs. 1 AufenthG findet daher auf Asylbewerber keine Anwendung, vgl. *Kluth*, in: Kluth/Heusch (Hrsg.), BeckOK AuslR, 28. Ed. (01.01.2021), § 82 AufenthG, Rn. 7.

659 *Franßen-de la Cerda*, ZAR 2010, 81 (81).

VwVfG unterfallen. Entsprechend pointiert fasst die allgemeine Verwaltungsvorschrift zu § 82 AufenthG zusammen: „Die Darlegungslast liegt beim Ausländer“ (§ 82.1.1 der VerwVorschrift zum AufenthG).

§ 82 Abs. 1 S. 1 AufenthG stellt zunächst generalklauselartig klar, dass der Ausländer verpflichtet ist, seine Belange und für ihn günstige Umstände, soweit sie nicht offenkundig oder bekannt sind, unter Angabe nachprüfbarer Umstände unverzüglich geltend zu machen und die erforderlichen Nachweise über seine persönlichen Verhältnisse, sonstige erforderliche Bescheinigungen und Erlaubnisse, sowie sonstige erforderliche Nachweise die er erbringen kann, unverzüglich beizubringen.

Dabei entsteht diese Geltendmachungspflicht nur durch einen „verfahrensmäßigen Anlass“,[660] also ein Verwaltungsverfahren.[661] Der Wortlaut der Vorschrift allein deckt diese engere Interpretation jedoch nicht. Vielmehr deutet die weite Formulierung des § 82 Abs. 1 S. 1 AufenthG darauf hin, dass Ausländer ab dem Moment, in dem sie mit rechtlich relevanten Regelungsbereichen in Kontakt kommen, verpflichtet sind, aus eigener Initiative sämtliche für sie günstigen Belange geltend zu machen, also bspw. auch Anträge zu stellen. Eine derart weite Lesart ist aber nicht nur im Lichte des Bestimmtheitsgebots kaum haltbar, sie passt auch systematisch nicht zur Stellung von § 82 AufenthG in Kapitel 7 Abschnitt 3 des AufenthG, welcher das Verwaltungsverfahren regelt. Dieser Umstand und die daraus folgende „ratio der Norm“[662] beschränken die Pflichten des § 82 AufenthG auf aufenthaltsrechtliche Verwaltungsverfahren.

Inhaltlich beschränkt § 82 AufenthG die Geltendmachung nicht auf das bloße plausible Schildern von Umständen[663], sondern enthält auch die Pflicht zur Vorlage von Beweisen, bspw. Urkunden o.ä.[664] Diese hat der Verpflichtete gem. § 23 VwVfG in der Amtssprache Deutsch vorzulegen, sodass er gem. § 82.1.2 der allgemeinen Verwaltungsvorschrift zum AufenthG auch eventuelle Übersetzungen vornehmen lassen muss. Der Ausländer muss dem Wortlaut der Vorschrift nach aber grundsätzlich nur Umstände darlegen, die für ihn günstig sind. Daraus folgt, dass er sich nicht selbst belasten muss oder Umstände schildern muss,

---

660 *Hofmann*, in: ders. (Hrsg.), AuslR, 2. Aufl., 2016, § 82 AufenthG, Rn. 7.

661 So u.a. *Kluth* (Fn. 658), § 82 AufenthG, Rn. 11; Hofmann (Hrsg.), AuslR, 2. Aufl., 2016, Rn. 7; *Hailbronner*, in: dass. (Hrsg.), AuslR, 115. Erg.-Lfg. (März 2020), § 82 AufenthG, Rn. 11.

662 So *Kluth* (Fn. 658), § 82 AufenthG, Rn. 11.

663 *Kluth* (Fn. 658), § 82 AufenthG, Rn. 12.

664 So auch § 82.1.2 der allgemeinen Verwaltungsvorschrift zum AufenthG; *Wollenschläger* (Fn. 657), S. 247, Rn. 940.

die seine Chancen im Verwaltungsverfahren verschlechtern.[665] Zudem muss er nur solche Umstände darlegen, die im *konkreten* Fall für ihn günstig sind. Das Bestimmtheitsgebot verbietet es, dass er sämtliche Auskünfte (etwa über seine Vermögensverhältnisse o.ä.) immer schon „prophylaktisch" darlegen muss.[666]

aa) Die Möglichkeit der Vereinbarung weitergehender Mitwirkungspflichten

Umstritten ist aber, ob abseits der gesetzlichen Mitwirkungspflichten des § 82 AufenthG durch individuelle Abreden zwischen Behörde und Ausländer zusätzliche Mitwirkungs- und Mitteilungspflichten geschaffen werden können.[667] Die Stimmen, die sich für die Möglichkeiten solcher individuell vereinbarter Mitwirkungspflichten aussprechen, argumentieren vor allem mit der Freiwilligkeit einer zugrunde liegenden Übereinkunft. Wer eine solche unterschreibe, der nehme die daraus folgenden Pflichten als autonome Entscheidung an.[668] Rechtsgrundlage für die Behörde, eine solche Verpflichtungserklärung vorzuschlagen, sei § 26 Abs. 2 S. 1 VwVfG, wonach die Beteiligten an der Aufklärung des Sachverhalts mitwirken sollen.[669] Diese Ansicht verkennt jedoch zweierlei: Zum einen ist das Unterzeichnen einer Mitteilungsverpflichtung gegenüber einer Behörde gerade keine freie Entscheidung. Das Machtungleichgewicht zwischen Behörde und Bürger verbietet es, deren Rechtsbeziehung etwa mit einem Vertragsverhältnis im Zivilrecht gleichzusetzen, in dem von einer Gleichordnung der Rechtssubjekte und damit einer Zurechenbarkeit der Konsequenzen einer freien Willensentscheidung zum jeweiligen Vertragspartner auszugehen ist. So begründet ein Verwaltungsverfahren kein ausgewogenes Rechtsverhältnis mit gegenseitigen Rechten und Pflichten, sondern die Behörde entscheidet hoheitlich über ein Begehr des Bürgers. Sie befindet sich damit „am längeren Hebel". Dem Bürger ist in der Regel bewusst, dass er das Wohlwollen der Behörde im Rahmen der Ermessensausübung nur erlangen kann, wenn er eine von dieser

665 *Hofmann* (Fn. 660), § 82 AufenthG, Rn. 12. Nach a.A. beziehen sich die „für ihn günstigen Umstände" auf den angestrebten Rechtsakt selber, da dieser für den Ausländer „günstig" ist. Demnach sei der Ausländer verpflichtet, zur Erlangung dieses für ihn günstigen Titels sämtliche Informationen vollständig dazulegen, so *Hailbronner* (Fn. 661), § 82 AufenthG, Rn. 23.

666 So *Kluth* (Fn. 658), § 82 AufenthG, Rn. 11; sehr anschaulich dazu auch *Hofmann* (Fn. 660), § 82 AufenthG, Rn. 12.

667 Zum Sachverhalt siehe *VGH Kassel*, 09.02.2012 – 9 A 1864/10., Rn. 3.

668 In diesem Sinne *VGH Kassel*, 09.02.2012 – 9 A 1864/10., Rn. 47, via juris.

669 *VGH Kassel*, 09.02.2012 – 9 A 1864/10., Rn. 49, via juris.

geforderte Mitwirkungsverpflichtung unterschreibt. Daher ist eine solche keine freiwillige Entscheidung des Verpflichteten. Auch taugt § 26 Abs. 2 S. 1 VwVfG nicht als Rechtsgrundlage. Denn der Systematik und dem Wortlaut nach betrifft § 26 VwVfG ausschließlich die inhaltliche Mitwirkung im Verwaltungsverfahren. In diesem sollen die Beteiligten Angaben machen. Eine Verpflichtung zur Mitteilung auch über das Verwaltungsverfahren hinaus über die Änderung künftiger Umstände ist bereits aus diesem Grund nicht mehr von § 26 Abs. 2 S. 1 VwVfG gedeckt. Weitergehende Pflichten dürfen gem. § 26 Abs. 2 S. 3 VwVfG nur durch spezialgesetzliche Regelungen aufgestellt werden. Ein solcher spezieller Regelungsbereich wird durch § 82 AufenthG geregelt. Hätte der Gesetzgeber also über das Verwaltungsverfahren hinausgehende Möglichkeiten der Mitwirkungsverpflichtung aufstellen wollen, so hätte er diese systematisch in § 82 AufenthG verankert. Ein Rückgriff auf die allgemeine Mitwirkungsobliegenheit des § 26 Abs. 2 VwVfG ist daher nicht ausreichend.[670] Auch das BVerwG erkennt dies an[671], jedoch braucht es nach dessen Ansicht für Vereinbarungen zu einer über das Gesetz hinausgehenden Mitwirkung ohnehin keine Rechtsgrundlage. Denn eine solche sei nur bei einseitig hoheitlichen Handlungen der Behörde erforderlich, nicht aber bei einer Selbstverpflichtung des Betroffenen.[672] Dies verkennt aber ebenfalls das Machtungleichgewicht zwischen Behörde und Bürger. Formell mag es sich bei einer solchen Verpflichtung um eine freiwillige Selbstverpflichtung handeln. De facto entspringt diese aber der übergeordnet-hoheitlichen Stellung der Behörde. Dies zeigt sich auch daran, dass die Vereinbarung in der Sache nur die Möglichkeit der Behörde ersetzt, einen Verwaltungsakt mit einer einseitig-hoheitlichen Auflage gem. § 12 Abs. 2 AufenthG i.V.m. § 36 VwVfG zu versehen.[673] Dass die Behörde grundsätzlich diese Möglichkeit hat, erlaubt es ihr aber im Umkehrschluss nicht diese durch eine Vereinbarung und damit durch einen beliebigen anderen Rechtsakt zu ersetzen, für den es an einer rechtlichen Grundlage mangelt.[674]

670 So auch *Hofmann* (Fn. 660), § 82 AufenthG, Rn. 7.

671 *BVerwG*, 14.05.2013 – 1 C 16.12., Rn. 22.

672 *BVerwG*, 14.05.2013 – 1 C 16.12., Rn. 22.

673 So auch *BVerwG*, 14.05.2013 – 1 C 16.12., Rn.22.

674 So auch *Samel*, in: Bergmann/Dienelt (Hrsg.), AuslR, 13. Aufl., 2020, § 82 AufenthG, Rn. 7. Zu denken wäre bei der „Ersetzung" einer Auflage durch eine Vereinbarung allenfalls an einen öffentlich-rechtlichen Vertrag gem. § 54 VwVfG. Einen solchen hat das BVerwG im vorliegenden Fall aber ausdrücklich nicht als Rechtsgrundlage der Vereinbarung genannt.

bb) Abs. 4: Pflicht zum persönlichen Erscheinen bei Behörden und Auslandsvertretungen

§ 82 Abs. 4 AufenthG regelt die Pflicht des Ausländers, persönlich bei den zuständigen Behörden sowie der Vertretung des Staates, dessen Staatsangehörigkeit er vermutlich besitzt, zu erscheinen, soweit dies für die Durchführung von Maßnahmen nach dem AufenthG oder nach ausländerrechtlichen Bestimmungen in anderen Gesetzen erforderlich ist.

(1) Vorsprache bei deutschen Behörden

Zuständige Behörden sind in diesem Sinne nicht nur die Ausländerbehörde, sondern alle mit dem Vollzug ausländerrechtlicher Bestimmungen beauftragten Behörden.[675] Dies ergibt sich bereits aus der Ausdehnung des Anwendungsbereichs auf die „ausländerrechtlichen Bestimmungen in anderen Gesetzen", für die die Ausländerbehörde nicht exklusiv zuständig ist. Dies gilt vor allem für das Bundesamt für Migration und Flüchtlinge, wenn dieses Maßnahmen des AsylG umsetzt, bei denen die persönliche Anwesenheit des Asylbewerbers notwendig ist. In der Regel ist die Pflicht zum persönlichen Erscheinen dann aber bereits durch einschlägige Vorschriften des spezielleren AsylG erfasst, so etwa die §§ 15[676] und 25 AsylG[677].

(2) Vorsprache bei der Auslandsvertretung des vermuteten Heimatstaates

Ein wichtiger Anwendungsbereich des § 82 Abs. 4 AufenthG ist die Erscheinenspflicht bei der Vertretung des Heimatstaates oder ermächtigten Bediensteten zum Zweck der Passbeschaffung.[678] Die Ausweitung auf die „ermächtigten Bediensteten" erfolgte erst 2007, und war eine Reaktion auf die Unklarheit, ob die Pflicht des Abs. 4 auf das Erscheinen vor der formellen Institution der Auslandsvertretung beschränkt ist oder ob Herkunftsstaaten auch spezielle Delegationen für die Identifizierung eigener Staatsbürger entsenden können.[679] Die Erscheinenspflicht kann aber nur angeordnet werden, soweit sie „zur Vorbereitung und Durchführung von Maßnahmen [...]" erforderlich ist. Damit sind regelmäßig die Ausweisung und Abschiebung in den Heimatstaat gemeint. Der

---

675 *Kluth* (Fn. 658), § 82 AufenthG, Rn. 38; a.A. *Hofmann* (Fn. 660), § 82 AufenthG, Rn. 43.

676 Siehe S. 111 ff.

677 Siehe S. 123 ff.

678 *Hailbronner* (Fn. 661), § 82 AufenthG, Rn. 68 ff.

679 *Schulze Zumkley* (Fn. 550), S. 291 f.

Begriff der „Vorbereitung“ zeigt, dass die Maßnahme nicht unmittelbar bevorstehen muss oder dass bereits mit letzter Sicherheit klar sein muss, ob und wann die Abschiebung stattfinden wird.[680] Auch impliziert die Erforderlichkeit nicht, dass die Maßnahme nur und ausschließlich mithilfe des persönlichen Erscheinens umgesetzt werden kann. Es reicht bereits aus, dass das Erscheinen jedenfalls in der Sache dienlich ist.[681] Dies ist vor allem dann der Fall, wenn es um die Förderung der Durchsetzung der Passbeschaffungspflicht aus § 48 Abs. 3 AufenthG geht.[682] § 82 Abs. 4 AufenthG ist insoweit nur eine begleitende Norm zur Förderung der eigentlichen Pflicht aus § 48 Abs. 3 AufenthG.[683]

(3) Duldung einer ärztlichen Untersuchung

Zusätzlich zur Pflicht der Vorstellung bei Behörden und Auslandsvertretungen kann über Abs. 4 auch eine ärztliche Untersuchung zur Feststellung der Reisefähigkeit angeordnet werden. Diese hat der Ausländer entsprechend zu dulden.[684] Sie umfasst „alle herkömmlichen physiologisch-medizinischen Untersuchungsmethoden, die nach den Regeln der ärztlichen Kunst durchgeführt werden“.[685] Sinn und Zweck der Vorschrift ist, dass eine zwangsweise Aufenthaltsbeendigung den Ausländer nicht einer erheblichen Gefahr für seine körperliche Unversehrtheit oder gar sein Leben aussetzen darf.[686] Ein Anhaltspunkt dafür kann sein, dass der Ausländer selbst sich auf eine medizinisch bedingte Reisunfähigkeit beruft.[687] Da es sich bei einer ärztlichen Untersuchung um einen nicht unerheblichen Eingriff in die körperliche Intimsphäre handelt, darf die Untersuchung nur unter strenger Beachtung der Erforderlichkeit angeordnet werden. Voraussetzung dafür ist jedenfalls, dass die Behörde sich bereits zur Durchführung einer zwangsweisen Beendigung des Aufenthalts entschlossen hat. Auch wenn eine solche Untersuchung den Betroffenen schützen kann, in dem sie möglicherweise gesundheitliche Aspekte offenlegt, die einer Abschiebung entgegenstehen können, bedeutet doch bereits die Untersuchung für sich

---

680 *OVG Bremen*, 23.03.2010 – 1 B 397/09, 1 S 398/09, EZAR NF 50, Nr. 6, S. 2.
681 *Hailbronner* (Fn. 661), § 82 AufenthG, Rn. 72.
682 Siehe S. 163 ff.
683 *Schulze Zumkley* (Fn. 550), S. 292.
684 Kritisch dazu *Hofmann* (Fn. 660), § 82 AufenthG, Rn. 54.
685 *Kluth*, in: Kluth/Heusch (Hrsg.), BeckOK AuslR, 28. Ed. (01.01.2021), § 82 AufenthG, Rn. 43. Das Gebot der ärztlichen Kunst betonend auch *Hofmann* (Fn. 660), § 82 AufenthG, Rn. 55.
686 *Hailbronner* (Fn. 661), § 82 AufenthG, Rn. 80.
687 *Samel* (Fn. 674), § 82 AufenthG, Rn. 17.

genommen einen relevanten Eingriff in die körperliche Intimsphäre. Für dessen Rechtmäßigkeit bedarf es jedenfalls eines konkreten Anlasses. Eine rein vorsorgliche Untersuchung für eine möglicherweise in Zukunft stattfindende Abschiebung ist daher nicht zulässig.[688]

(4) Zwangsweise Durchsetzbarkeit der Pflichten gem. § 82 Abs. 4 S. 2, 3 i.V.m. §§ 40, 41, 42 BPolG

Die Mitwirkungspflicht des § 82 Abs. 4 ist grundsätzlich nicht durch das Strafrecht oder sozialrechtliche Leistungskürzungen sanktioniert. Kommt der Ausländer der Anordnung zur Vorsprache allerdings nicht nach, kann diese zwangsweise durchgesetzt werden. Die Behörde kann den Ausländer festnehmen und unter Anwendung körperlichen Zwangs zu der zuständigen Behörde oder Auslandsvertretung verbringen.[689] Da dies aber einen schweren Eingriff in die räumliche Freiheit und eventuell auch die körperliche Unversehrtheit darstellt, dürfen solche Maßnahmen nur unter Anwendung des Richtervorbehalts gem. § 40 BPolG[690] angeordnet werden.

Anzumerken ist jedoch, dass die Vorführung bei den einschlägigen Stellen zunächst nur die *Möglichkeit* einer Kooperation des Ausländers mit den Behörden eröffnet, diese aber nicht sicherstellt. Denn es ist nicht davon auszugehen, dass ein Ausländer, der sich einer Vorsprachenanordnung widersetzt, und der daher zwangsweise vorgeführt werden muss, inhaltlich mit den Behörden kooperieren möchte, indem er diesen bspw. Informationen preisgibt. Daher kann durch die zwangsweise Vorführung zwar das physische Erscheinen vor einer bestimmten Stelle zwangsweise durchgesetzt werden. Die Kooperation des Ausländers durch Preisgabe von Informationen, die das eigentliche Ziel des Erscheinens ist, kann über § 82 Abs. 4 dagegen gerade nicht erzwungen werden. Ist also bereits absehbar, dass ein Ausländer jedwede Kooperation mit der Botschaft des Heimatstaates verweigert, so ist zumindest fraglich, ob die zwangsweise Vorführung dann noch ein geeignetes Mittel für die Identitätsfeststellung darstellt. Anders verhält es sich bei der Duldung einer medizinischen Untersuchung, die im Zweifel auch durch physischen Zwang durchgesetzt werden kann.

---

688 Ähnlich auch *Hailbronner* (Fn. 661), § 82 AufenthG, Rn. 78, wonach die Ausländerbehörde zumindest erwägen muss, eine Abschiebung durchzuführen.

689 *Senge*, in: Erbs/Kohlhaas (Hrsg.), 199. Erg.-Lfg. (Juli 2014), § 82 AufenthG, Rn. 5.

690 Der Verweis in das BPolG ändert jedoch nichts an der Zuständigkeit der Ausländerbehörde für die Zwangsmittel, vgl. *Kluth* (Fn. 658), § 82 AufenthG, Rn. 45; *Hailbronner* (Fn. 661), § 82 AufenthG, Rn. 82.

cc) *Abs. 5: Mitwirkungsverpflichtung bei der Erstellung eines Lichtbildes und von Fingerabdrücken*

§ 82 Abs. 5 AufenthG regelt noch einmal ausdrücklich die Pflicht zur Mitwirkung bei der Erstellung von Lichtbildern und der Abnahme von Fingerabdrücken. Die eigenständige Regelung dieser Mitwirkungspflichten ist der Tatsache geschuldet, dass einige Verwaltungsgerichte Zweifel daran hatten, ob die Erscheinenspflicht aus Abs. 4 auch die Pflicht umfasst, während der Vorsprache bei der Behörde an der Erstellung von Lichtbildern und Fingerabdrücken mitzuwirken.[691] Der Gesetzgeber hat diese Diskussion durch die Schaffung des Abs. 5 beendet. Zugleich ist die Regelung aber auch eine Konkretisierung der Mitwirkungspflichten bei der Passbeschaffung aus § 48 Abs. 3 AufenthG. Diese umfassen zwar bereits sämtliche Beiträge, die zur Ausstellung eines Passes notwendig sind, also zumeist auch die Abgabe von Lichtbildern. Diese doppelte Regelung in § 48 und § 82 AufenthG ist der Tatsache geschuldet, dass beide Vorschriften systematisch unterschiedliche Regelungsansätze verfolgen: § 48 AufenthG knüpft an das Erfordernis der Passbeschaffung als solche, also an das *was* an, § 82 AufenthG dagegen generell an den Komplex der Mitwirkung, also an das *wie*. Beide Vorschriften kollidieren somit nicht miteinander, sondern verfolgen das gleiche Ziel, wenn auch mit unterschiedlichem Aufbau und Regelungsschwerpunkt.

§ 82 Abs. 5 AufenthG normiert zunächst die Pflicht, entweder den Behörden ein entsprechendes Lichtbild vorzulegen oder an der Erstellung eines solchen mitzuwirken. Dies umfasst vor allem die Duldung des Fotografierens, also dem Unterlassen störender und sabotierender Handlungen. Strittig ist (wie auch bei der Pflicht zur Mitwirkung an der Passbeschaffung in § 48 Abs. 3 AufenthG), inwieweit der Verpflichtete darüber hinaus mitwirken muss, indem er bspw. Kleidungsvorschriften seines Heimatstaates erfüllt.[692]

Die Pflicht zur Mitwirkung an der Abnahme von Fingerabdrücken bezieht sich ausweislich des Wortlauts von § 82 Abs. 5 AufenthG nicht nur auf Maßnahmen des Aufenthalts-, sondern auch das AsylG und die entsprechenden Durchführungsvorschriften. Daher korrespondiert sie auch mit den Maßnahmen der Identitätsfeststellung in § 16 AsylG. Zusätzlich dazu verweist aber auch § 15 Abs. 2 Nr. 7 AsylG auf § 16 AsylG, indem er vorschreibt, dass der Asylbewerber „die

---

691 *Hailbronner* (Fn. 661), § 82 AufenthG, Rn. 93 mit Verweis auf *VG Aachen*, 27.04.2005 – 3 L 245/05, asyl.net (2005), M6710 und *OVG Münster*, 09.02.2004 – 18 B 811/03, asyl.net (2004), M5067. Das *VG Aachen* wollte die Mitwirkungspflicht im Übrigen subsidiär auf die gefahrenabwehrrechtliche Generalklausel in § 14 OBG NRW stützen.

692 Siehe S. 166.

vorgeschriebenen erkennungsdienstlichen Maßnahmen zu dulden [hat]". Das Zusammenspiel von § 82 Abs. 5 AufenthG mit §§ 15 Abs. 2 Nr. 7 und 16 AsylG macht es nicht leicht zu definieren, welchen Umfang an Mitwirkung bei der Fingerabdruckerstellung die Behörden nun genau verlangen können. Ein Hinweis findet sich in der Rechtsprechung des BVerwG, wonach zwar Mitwirkung keine Pflicht zur Abgabe verwertbarer Fingerabdrücke umfasst, jedoch eine Pflicht zum Unterlassen aktiver Manipulation der Fingerkuppen.[693] Diese Eingrenzung der Mitwirkung überzeugt. Sie beschränkt sich nicht auf ein bloßes „Dulden müssen" der Fingerabdruckabnahme, statuiert aber zugleich keine Einstandspflicht für auslesbare Fingerabdrücke. Eine solche wäre insbesondere vor dem Hintergrund problematisch, dass Fingerabdrücke nicht nur durch aktive Manipulation, sondern auch durch Umwelteinflüsse oder Krankheiten nicht lesbar sein können. Müssten Asylbewerber stets die Auswertbarkeit ihrer Fingerabdrücke garantieren, so bedeutete dies de facto eine Beweislastumkehr bei der Frage, ob die Fingerabdrücke bewusst in rechtsmissbräuchlicher Absicht manipuliert wurden oder nicht. Da mit der Feststellung einer Pflichtverletzung aber empfindliche Sanktionen verbunden sein können,[694] muss es dem Asylbewerber auch möglich sein darzulegen, dass er keine aktive Beeinträchtigung vorgenommen hat.

h) *Zwischenfazit: Verfahrensbezogene Mitwirkungspflichten als Ausdruck staatlicher Abhängigkeit von Informationen und höchstpersönlichen Verfahrenshandlungen*

Die Untersuchung der verfahrensbezogenen Pflichten hat zum einen deren Notwendigkeit und Konzeption aus Sicht des Gesetzgebers, zum anderen aber auch deren (grundrechtliche) Grenzen aus der Perspektive des verpflichteten Ausländers aufgezeigt.

So ist als eine der wichtigsten Funktionen der verfahrensbezogenen Pflichten die Informationsbeschaffung aus der Sphäre des Ausländers zu nennen. Durchführung und Abschluss des Verfahrens hängen in hohem Maße von Informationen ab, die aus seinem Wissensmonopol stammen. Dies gilt im Asylverfahren gem. §§ 15; 25 AsylG für die Gründe, die zur Flucht geführt haben und letztlich darüber entscheiden, ob ein materieller Fluchtgrund vorliegt. Zentrales Moment ist hier die Anhörung im Asylverfahren, auf deren Grundlage das BAMF über die Zuerkennung humanitären Schutzes bzw. möglicher Abschiebungsverbote entscheidet. Da es sich beim Asylverfahren um ein Antragsverfahren handelt, ist

693 *BVerwG*, 05.09.2013 – BVerwG 10 C 1.13, ZAR (2014), 166 (167), Rn. 19.
694 *BVerwG*, 05.09.2013 – BVerwG 10 C 1.13, ZAR (2014), 166 (167), Rn. 15 f.

die Mitwirkung des Antragstellers zudem erforderlich, um überhaupt ein Verfahren einzuleiten.

Aber auch das aufenthaltsrechtliche Verfahrensrecht ist auf Informationen angewiesen, die oftmals aus dem Wissensmonopol des Antragstellers stammen. Dies betrifft bspw. Nachweise über die berufliche Eignung für ein Visum zum Zwecke der Erwerbstätigkeit oder auch Informationen über Familienbeziehungen für ein Visum zum Zwecke des Ehegattennachzugs. Einen Pass zu besitzen und diesen auch bei sich zu führen, gehört darüber hinaus zu jenen ausländerrechtlichen Pflichten, welche eine Identifizierung von Ausländern und damit die Kontrolle und praktische Umsetzung migrationsrechtlicher Vorgaben in der Verwaltungspraxis erst möglich machen. Da das AufenthG auch die Aufenthaltsbeendigung regelt und diese in der Praxis oft an fehlenden Passpapieren scheitert, ist zudem die Mitwirkung bei der Passbeschaffung ein wichtiges Anwendungsfeld von Mitwirkungspflichten. Entsprechend finden sich hier Ansätze des Gesetzgebers,[695] Anforderungen der Heimatstaaten bei der Mitwirkung an der Passbeschaffung ausdrücklich als zumutbar zu erklären, und so die Rechtssicherheit zu stärken und die Durchsetzung der Passbeschaffung zu fördern. Die dort genannten Pflichten können jedoch teilweise mit deutschem (Verfassungs)Recht kollidieren.[696]

IV. Räumliche Pflichten

Die Steuerung von Einreise und Aufenthalt ist letztlich vor allem auch Ausdruck staatlicher Kontrolle über den Raum, in dem sich Ausländer legal bewegen und aufhalten dürfen. Diese Frage erschöpft sich nicht in der Entscheidung, *ob* sich ein Ausländer legal in Deutschland aufhalten darf. Vielmehr kann auch ein legaler Aufenthalt durch eine Vielzahl an räumlichen Einschränkungen und Geboten beschränkt werden.

1. Räumliche Pflichten im AsylG

Normen im AsylG, welche räumliche Ge- und Verbote enthalten, finden sich zum einen in den Verfahrensregeln im 3. Abschnitt. Sie schreiben vor, wo sich ein Asylbewerber für bestimmte Verfahrensschritte (bspw. die Vorsprache bei

---

695 Siehe dazu § 54 AufenthV sowie § 60b Abs. 3 AufenthG.

696 Dies betrifft vor allem die Pflicht zur Anfertigung von Lichtbildern mit einer religiösen Kopfbedeckung (S. 166 ff.) sowie die Abgabe sogenannter Freiwilligkeitserklärungen (S. 169 ff.).

einer Behörde oder die Stellung eines Asylantrags) einzufinden hat. Darüber hinaus regelt das AsylG im 5. Abschnitt die Unterbringung und damit den Ort, an dem ein Ausländer im Asylverfahren zu wohnen hat. Im 6. Abschnitt finden sich weitere Regeln über den erlaubten räumlichen Aufenthaltsbereich. Bereits der Umfang und die Detailliertheit der Regelungen zeigen, dass das Thema räumlicher Aufenthalt und Unterbringung eine wesentliche Rolle im Asylrecht einnimmt.

a) Folgeleistungspflicht bezüglich der Weiterleitung in die Aufnahmeeinrichtung (§ 20 AsylG)

Gem. §§ 18 bzw. 19 AsylG haben die Grenz- oder Polizeibehörden, bei denen der Asylbewerber sein erstes Asylgesuch äußert, diesen unverzüglich an eine zuständige Aufnahmeeinrichtung weiterzuleiten. § 20 AsylG regelt in diesem Kontext, dass der Asylbewerber der Weiterleitung Folge zu leisten hat. Die Vorschrift knüpft also direkt an die Weiterleitungspflicht der handelnden Behörden an,[697] und dient in erster Linie einem Überblick des Staates darüber, welcher Asylbewerber sich wann wo aufhält. Sie verhindert damit auch ein mögliches Untertauchen. Dass Asylbewerber aus der Wahrnehmungssphäre der staatlichen Behörden verschwinden, ist in der Praxis vor allem in Phasen mit hohen Asylantragszahlen ein Problem. So verlor der Staat in der Ausnahmesituation des Jahres 2015, als Hunderttausende Menschen in die Aufnahmeeinrichtungen verteilt werden mussten, auch deshalb den Überblick, weil 13 % der Asylbewerber der Meldepflicht des § 20 Abs. 1 AsylG nicht nachkamen. [698] Auch kann ein Untertauchen dazu führen, dass der Ausländer seinen Asylantrag erst bei einem erneuten Aufgreifen stellt, sodass erst dann das eigentliche Verfahren eingeleitet und der (möglicherweise unrechtmäßige) Aufenthalt dadurch verlängert wird.[699] Solche und ähnliche Probleme wollte der Gesetzgeber mit der Einführung von § 20 AsylG verhindern.[700] Die Pflicht, einer rechtmäßigen Anordnung Folge zu leisten, folgt der Sachlogik nach bereits aus der Anordnung selbst, da deren Regelungswirkung sonst keine Anordnung, sondern eine bloße Empfehlung wäre. Dass der Gesetzgeber die Folgeleistungspflicht noch einmal ausdrücklich normiert hat, zeigt deren besondere Wichtigkeit im Asylverfahren.

---

697 *Bruns*, in: Hofmann (Hrsg.), AuslR, 2. Aufl., 2016, § 20 AsylG, Rn. 4.

698 BT-Drs. 18/7625, S. 26; *Thym* (Fn. 295), S. 411.

699 *Haderlein*, in: Kluth/Heusch (Hrsg.), BeckOK AuslR, 28. Ed. (01.01.2021), § 20 AsylG, Rn. 1.

700 BT-Drs. 15/420, S. 108.

Die Vorschrift verpflichtet den Asylbewerber aber nicht nur, der Weiterleitung Folge zu leisten, sie verleiht ihm auch den subjektiven Anspruch darauf, weitergeleitet zu werden.[701] Dies ist gerade bei strittiger Zuständigkeit zwischen den Behörden ein wichtiges subjektives Recht, um zügig Zugang zu einem Verfahren zu erhalten.

Ein Asylbewerber ist gem. § 20 Abs. 1 S. 1 AsylG verpflichtet, der Weiterleitungsanordnung „unverzüglich" Folge zu leisten, wobei damit „ohne schuldhaftes Zögern" (vgl. § 121 BGB) gemeint ist.[702] Wann genau ein Zögern „schuldhaft" ist, kann immer nur im Einzelfall entschieden werden. Jedoch gibt es allgemein anerkannte Gründe, die eine spätere Folgeleistung rechtfertigen können, etwa die Konsultation von Verfahrensbeiständen oder dringende gesundheitliche Gründe wie eine Schwangerschaft.[703] Abhängig von Reisedauer, verfügbaren Verkehrsmitteln und der Größe einer gemeinsam reisenden Familie ist der Zeitraum einer unverzüglichen Folgeleistung im Regelfall aber nicht länger, als zwei Wochen zu bemessen.[704] Im Sinne der Rechtsklarheit kann und sollte die zuständige Behörde daher von ihrer Möglichkeit gem. § 20 Abs. 1 S. 1 2. HS AsylG Gebrauch machen und dem Asylbewerber eine Frist zur Meldung setzen.[705] Da es sich bei einer solchen Frist um eine Nebenbestimmung zur Weiterleitungsanordnung handelt, hat die Behörde im Rahmen ihres pflichtgemäßen Ermessens gem. § 36 Abs. 1 1. HS VwVfG den Verhältnismäßigkeitsgrundsatz zu beachten.[706] Auch in dessen Rahmen müssen dann die oben genannten persönlichen Gründe für eine spätere Meldung Beachtung finden.

Der Asylbewerber kann jedoch auch bei verspäteter Meldung negative Folgen[707] abwenden, wenn er gem. § 20 Abs. 1 S. 3 AsylG unverzüglich nachweist, „dass das Versäumnis auf Umstände zurückzuführen war, auf die er keinen Einfluss hatte". Diese offene Formulierung ist problematisch, da sie nicht hinreichend klarstellt, welche Bemühungen dem Verpflichteten im Einzelnen

701 *Marx*, in: ders. (Hrsg.), AsylG, 10. Aufl., 2019, § 20 AsylG, Rn. 4; dazu weiterführend auch *Marx*, in: ders. (Hrsg.), AsylG, 10. Aufl., 2019, § 22 AsylG, Rn. 5.

702 *Bergmann*, in: Bergmann/Dienelt (Hrsg.), AuslR, 13. Aufl., 2020, § 20 AsylG, Rn. 5; *Bruns* (Fn. 697), § 20 AsylG, Rn. 7; *Marx* (Fn. 701), § 20 AsylG, Rn. 5.

703 *Marx* (Fn. 701), § 20 AsylG, Rn. 5 m.w.N; *Hailbronner*, in: dass. (Hrsg.), AuslR, 97. Erg-Lfg. (Aug. 2016), § 20 AsylG, Rn. 6.

704 *Marx* (Fn. 701), § 20 AsylG, Rn. 5; a.A. *Hailbronner* (Fn. 703), § 20 AsylG, Rn. 7, der eine „erheblich" kürzere Frist als angemessen ansieht.

705 *Hailbronner* (Fn. 703), § 20 AsylG, Rn. 10.

706 *Haderlein* (Fn. 699), § 20 AsylG, Rn. 5.

707 Zur Sanktionierung eines „Untertauchens", also der Nichtauffindbarkeit, siehe S. 276.

abverlangt werden. Dies gilt insbesondere für Fälle, in denen ihm durch die Behörden klare und zumutbare Anweisungen gegeben werden (bspw. bezüglich des Reisewegs), im Folgenden aber diese ohne Verschulden des Asylbewerbers nicht befolgt werden können, etwa, weil die genannte Zugverbindung durch die Deutsche Bahn nicht durchgeführt wird.[708] Wie sehr muss sich der Antragsteller dann selbstständig um Ersatz bemühen? Kann von ihm verlangt werden, sich eigenständig mit dem Beförderungsunternehmen auseinanderzusetzen, auch wenn er der deutschen Sprache nicht mächtig ist? Solche und ähnliche Fragen gilt es bei der Entscheidung, ob der Asylbewerber auf die Umstände der Verspätung Einfluss hatte, zu beachten. Daher ist es auch zu kurz gegriffen, wenn die Behörde den Antragsteller gem. § 20 Abs. 1 S. 4 AsylG über seine Folgeleistungspflicht und die damit korrespondierenden Sanktionen pauschal hinweist. Eine standardisierte Belehrung macht die Folgeleistung nicht automatisch zumutbar.[709] Dies erkennt der Gesetzgeber dem Grunde nach auch an, und ordnet in S. 5 an, dass der Antragsteller in die Aufnahmeeinrichtung zu begleiten ist, wenn die Belehrung nach S. 4 nicht erfolgen kann. Dies ist jedenfalls der Fall, wenn schon kein geeigneter Dolmetscher für die Sprache des Antragstellers zur Verfügung steht[710] oder eine schriftliche Belehrung aufgrund von Analphabetismus nicht erfolgen kann.[711] Darüber hinaus muss die Behörde aber im Rahmen ihrer pflichtgemäßen Amtsausübung sicherstellen, dass auch keine „inneren" Vermittlungshindernisse vorliegen. Denn gerade eine schriftliche Belehrung und entsprechende Reaktion des Asylbewerbers heißt noch nicht, dass dieser seine Pflichten auch wirklich verstanden hat. Dies kann durch gezieltes Nachfragen sichergestellt werden. Gem. § 20 Abs. 2 S. 1 AsylG hat die weiterleitende Behörde die Aufnahmeeinrichtung über die Weiterleitung, die Stellung des Asylgesuchs und über die Belehrung des Asylbewerbers zu informieren. Letzteres dient insbesondere der Absicherung, dass die Belehrung auch wirksam durchgeführt wurde, und entspricht damit dem „Vier-Augen-Prinzip".[712] Umgekehrt hat nach § 20 Abs. 2 S. 2 AufenthG die Aufnahmeeinrichtung die Behörde zu informieren, ob der Asylbewerber auch wirklich angekommen ist. Gerade mit Blick auf

708 *Marx* (Fn. 701), § 20 AsylG, Rn. 5.
709 Ähnliche Bedenken bei *Thym* (Fn. 295), S. 411; siehe auch *Hailbronner* (Fn. 703), § 20 AsylG, Rn. 15.
710 *Marx* (Fn. 701), § 20 AsylG, Rn. 9.
711 *Haderlein* (Fn. 699), § 20 AsylG, Rn. 8 mit Verweis auf *Hailbronner* (Fn. 703), § 20 AsylG, Rn. 15.
712 *Marx* (Fn. 701), § 20 AsylG, Rn. 12.

die weitreichenden Folgen einer möglichen Sanktionierung der Verletzung von Meldepflichten[713] sind derlei Maßnahmen im Sinne größtmöglicher Rechtssicherheit für alle Beteiligten zu begrüßen.

b) *Meldepflicht (§ 22 AsylG)*

Unmittelbar zeitlich und sachlich knüpft § 22 AsylG an § 20 AsylG an[714], welcher Asylbewerber verpflichtet, sich bei der Aufnahmeeinrichtung, in welche sie weitergeleitet wurden, auch zu melden. Dies gilt jedoch nur für diejenigen Asylbewerber, die ihren Antrag gem. § 14 Abs. 1 AsylG bei einer Außenstelle des BAMF stellen müssen, die also gem. § 14 Abs. 2 AsylG keinen Aufenthaltstitel für länger als sechs Monate innehaben, sich nicht in Haft, einem Krankhaus oder einer Jugendhilfeeinrichtung befinden, die nicht minderjährig sind und keinen gesetzlichen Vertreter haben, der bereits in einer Aufnahmeeinrichtung wohnt.[715]

Die Vorschrift dient mehreren Zwecken. Zum einen wird durch die Meldung in der zuständigen Behörde die angemessene Unterbringung sichergestellt. Die Norm dient damit auch der Durchsetzung subjektiver sozialer Rechte.[716] Zum anderen soll aber durch die Regelung sichergestellt werden, dass sich ein Asylbewerber nicht, nachdem er der Weiterleitung pflichtgemäß nachgekommen ist, durch schlichte Nichtmeldung einer Fortsetzung des Verfahrens entzieht.[717] Im Zusammenhang mit der Folgeleistungspflicht aus § 20 AsylG wirkt die Vorschrift des § 22 AsylG zunächst überflüssig. Denn bei sachgerechter Auslegung umfasst die Weiterleitung auch die dortige Meldung. Dies wird durch §§ 18 Abs. 1; 19 Abs. 1 AsylG klargestellt, wonach ein Asylbewerber an die Aufnahmeeinrichtung „zur Meldung" weiterzuleiten ist. Da § 20 Abs. 1 AsylG bereits auf §§ 18; 19 AsylG verweist, hat der Asylbewerber somit gem. § 20 Abs. 1 AsylG der Weiterleitung „zur Meldung" Folge zu leisten.[718] Der expliziten Klarstellung in § 22 AsylG bedarf es daher für diese Fälle nicht, auch wenn diese (im Sinne der Rechtsklarheit) zu begrüßen ist. Darüber hinaus greift die Vorschrift aber auch

---

713 Siehe dazu S. 277 f.

714 *Haderlein*, in: Kluth/Heusch (Hrsg.), BeckOK AuslR, 28. Ed. (01.01.2021), § 22 AsylG, Rn. 1.

715 *Marx* (Fn. 271), S. 886, Rn. 9.

716 *Schmidt-Sommerfeld*, in: Erbs/Kohlhaas (Hrsg.), 233. Erg.-Lfg. (Okt. 2020), § 22 AsylG, Rn. 1.

717 *Haderlein* (Fn. 714), § 22 AsylG, Rn. 2.

718 So wohl auch *Fränkel*, in: Hofmann (Hrsg.), AuslR, 2. Aufl., 2016, § 22 AsylG, Rn. 1.

für jene gem. § 13 Abs. 2 AsylG unerlaubt eingereisten Ausländer, die bei Polizei oder Grenzbehörden kein Asylgesuch formuliert haben.[719] Mangels Asylgesuch können hier die Behörden keine Weiterleitung an die Aufnahmeeinrichtung durchführen, demnach gibt es für den Asylbewerber auch keine Folgeleistungspflicht. § 22 AsylG füllt diese Lücke und fordert den Asylbewerber zur eigenständigen Meldung auf. Die Vorschrift konkretisiert und ergänzt insoweit § 13 Abs. 3 AsylG, welcher auch auf § 22 AsylG verweist. Auch § 22 AsylG dient insgesamt dem Zweck der Verfahrensbeschleunigung und Effizienzsteigerung.[720]

Die Norm selbst gibt Asylbewerbern keine bestimmte Aufnahmeeinrichtung vor, sondern fordert sie nur auf, sich bei „einer Aufnahmeeinrichtung" zu melden. Daher genügt es für die Erfüllung der Mitwirkungspflicht dem Wortlaut nach, wenn sie sich an eine beliebige Einrichtung wenden oder alternativ gem. § 18 AsylG bei den Grenzbehörden oder gem. § 19 AsylG bei einer Ausländer- oder Polizeibehörde.[721] Die genaue Zuständigkeit kann dann mithilfe des IT-Systems EASY (Erstverteilung von Asylbegehrenden) durch die Aufnahmeeinrichtung ermittelt werden.[722] Da § 55 Abs. 1 S. 2 AsylG klarstellt, dass Asylbewerber keinen Anspruch darauf haben sich an einem bestimmten Ort aufzuhalten, können sie sich im Rahmen von § 22 Abs. 1 AsylG auch keine Aufnahmeeinrichtung aussuchen.[723] Dagegen kann die Landesregierung gem. § 22 Abs. 2 Nr. 1 und 2 AsylG bestimmen, dass sich Asylbewerber bei einer bestimmten Aufnahmeeinrichtung melden müssen und diese dazu entsprechend weiterleiten. Allerdings müssen dabei eventuelle gesundheitliche Gründe beachtet werden, wonach eine die Gesundheit erheblich gefährdende Weiterleitung unterbleiben muss.[724] Gem. § 22 Abs. 3 AsylG müssen Asylbewerber einer solchen Weiterleitung unverzüglich nachkommen. [725] Tun sie dies nicht, so kann

---

719 Siehe dazu S. 109.

720 *Haderlein* (Fn. 714), § 22 AsylG, Rn. 3.

721 Dann tritt der bereits beschriebene Weiterleitungsmechanismus in Kraft.

722 *Marx* (Fn. 701), § 22 AsylG, Rn. 2; EASY greift dafür auf die Verteilungsquoten des sogenannten „Königsteiner Schlüssels" zurück, vgl. *Bundesamt für Migration und Flüchtlinge*, Erstverteilung der Asylsuchenden (EASY), http://www.bamf.de/DE/Fluechtlingsschutz/AblaufAsylv/Erstverteilung/erstverteilung-node.html (03.07.2018); *Haderlein* (Fn. 714), § 22 AsylG, Rn. 5.

723 *VG Saarlouis*, 23.06.2015 – 3 L 108/15, BeckRS (2015), 49787.

724 *VG München*, 10.02.2015 – M 24 K 14.5502, BeckRS (2015), 44707, Rn. 31 ff.; *VG Schwerin*, 18.04.2013 – 3 B 693/12 As, BeckRS (2015), 46176.

725 Siehe dazu S. 188.

auch dies zur Einstellung des Verfahrens führen.[726] Diese Vorgabe zieht sich insgesamt „wie ein roter Faden"[727] durch sämtliche Meldepflichten und verdeutlicht den konstanten Druck, mit dem der Gesetzgeber Asylbewerber zum Betreiben der ihnen auferlegten Verfahrensschritte anhält.

Darüber hinaus enthält § 22 Abs. 1 S. 2 AsylG die Pflicht zur Duldung erkennungsdienstlicher Maßnahmen.[728] Können diese nicht durchgeführt werden, so sind sie gem. § 22 Abs. 2 S. 2 AsylG spätestens von der schlussendlich zuständigen Aufnahmeeinrichtung durchzuführen.[729]

c) Meldepflicht für nach Unions- und Völkerrecht übernommene Verfahren (§ 22a AsylG)

§ 22a AsylG beinhaltet eine weitere Meldepflicht, in diesem Fall für Asylbewerber im Rahmen sogenannter „Dublin-Fälle", also jener Asylbewerber, für deren Verfahren die BRD nach den Regeln der Dublin-III-Verordnung zuständig ist.[730] Diese werden von der Meldesystematik der §§ 18; 19; 20 und 22 AsylG nicht erfasst, da sie nicht als Asylsuchende nach Deutschland einreisen, sondern von einem anderen Staat überstellt werden. Daher bedarf es für deren Aufnahme eigene Mitwirkungspflichten. Dementsprechend sind auch die Sanktionen der §§ 20; 33 AsylG nicht auf § 22a AsylG übertragbar.[731]

Als zuständige Meldestelle nennt § 22a AsylG nur die „Stelle […], die vom Bundesministerium des Innern […] bezeichnet ist". Ausweislich der Gesetzesbegründung[732] sind damit die bereits genannten Stellen der §§ 18, 19 und 20 AsylG gemeint, also Grenz- und Polizeibehörden sowie Aufnahmeeinrichtungen.[733] Die Überstellung hat insoweit über den Wortlaut des § 22a AsylG hinaus Fiktionswirkung, als dass sie nicht nur ein Asylgesuch fingiert, sondern auch den formellen Asylantrag, da erst dieser die Zuständigkeit Deutschlands im Dublin-System rechtssicher zuweist.[734] Für die Meldepflicht des Asylbewerbers

---

726 § 22 Abs. 3 S. 2 AsylG verweist für die Sanktionierung auf § 33 AsylG, siehe dazu S. 274 ff.

727 *Marx* (Fn. 701), § 22 AsylG, Rn. 3.

728 Siehe dazu S. 121 f.

729 *Fränkel* (Fn. 718), § 22 AsylG, Rn. 5.

730 *Haderlein*, in: Kluth/Heusch (Hrsg.), BeckOK AuslR, 28. Ed. (01.01.2021), § 22a AsylG, Rn. 3.

731 *Bruns*, in: Hofmann (Hrsg.), AuslR, 2. Aufl., 2016, § 22a AsylG, Rn. 6.

732 BT-Drs. 12/4450, S. 20.

733 *Marx*, in: ders. (Hrsg.), AsylG, 10. Aufl., 2019, § 22a AsylG, Rn. 7.

734 *Bruns* (Fn. 731), § 22a AsylG, Rn. 3.

hat dies die etwas kuriose Auswirkung, dass dieser sich bei einer Aufnahmeeinrichtung melden muss, um dort gem. § 22 Abs. 1 S. 1 AsylG bei der Außenstelle des Bundesamtes seinen förmlichen Asylantrag zu stellen, der aber aufgrund der Dublin-Zuweisung bereits als gestellt gilt.

d) Pflicht zur Stellung des formellen Asylantrags (§ 23 AsylG)

Ähnlich wie § 13 Abs. 3 AsylG für das erste informelle Asylgesuch verlangt § 23 AsylG, dass der Asylbewerber seinen formellen Asylantrag in der zuständigen Außenstelle des BAMF auch tatsächlich stellt. Die Vorschrift erfüllt damit eine ähnliche Ordnungsfunktion im Verfahren und soll so verhindern, dass der Asylbewerber durch bloße Nichtstellung des Antrags seinen Aufenthalt möglicherweise unrechtmäßig verlängert.[735] Zugleich soll sie auch zu einem möglichst schnellen Verfahren beitragen, da eine zeitnahe Klarheit über die Asylberechtigung auch der „humanitären Zielsetzung" des Asylrechts entspricht.[736]

Der Asylbewerber ist dem Wortlaut der Vorschrift nach zum „persönlichen" Erscheinen verpflichtet, er kann sich daher für die Antragstellung nicht vertreten lassen. Dies ist auch sachgerecht, da einige der Handlungen, bei denen der Asylbewerber ihm Rahmen der Antragstellung mitwirken muss, nur durch ihn persönlich wahrgenommen werden können (z.B. die Mitwirkung an der Identitätsfeststellung durch die Abgabe von Fingerabdrücken oder Lichtbildern).[737] Da die Behörde im Vorfeld nie sicher prognostizieren kann, welche Daten und Angaben im Einzelfall gemacht werden müssen, würde die Möglichkeit der Vertretung des Asylbewerbers das Risiko in sich tragen, dass der Vertreter bestimmte höchstpersönliche Handlungen nicht vornehmen kann. Dies würde einen erneuten Termin (diesmal mit Erscheinen des Asylbewerbers) erforderlich machen und das Verfahren so unnötig in die Länge ziehen. Daher fügt sich die Anordnung des persönlichen Erscheinens in den Kanon der effizienzsteigernden Instrumente des Verfahrens ein. Der Antragsteller hat „unverzüglich oder zu dem von der Aufnahmeeinrichtung genannten Termin bei der Außenstelle des

---

735 *Schönenbroicher/Dickten*, in: Kluth/Heusch (Hrsg.), BeckOK AuslR, 28. Ed. (01.01.2021), § 23 AsylG, Rn. 2.

736 *Hailbronner*, in: dass. (Hrsg.), AuslR, 97. Erg-Lfg. (Aug. 2016), § 23 AsylG, Rn. 2 mit Verweis auf *BVerfG*, 25.02.1981 – 1 BvR 413, 768, 820/80, BVerfGE 56, 216 (236). Versteht man die Charakterisierung des Asylrechts als „humanitär" jedoch im engeren Sinne als „im Interesse des Asylbewerbers liegend", so gilt dies freilich nur für eine schnelle Klarheit über *positive* Asylentscheidungen.

737 *Hailbronner* (Fn. 736), § 23 AsylG, Rn. 10.

Bundesamtes" zu erscheinen. Letzteres bildet den Regelfall, sodass eine „unverzügliche" Meldung nur als Auffangregelung[738] zur Anwendung kommt, um zu verhindern, dass ein Asylbewerber im Falle der Untätigkeit der Außenstelle ebenfalls untätig bleibt und das Verfahren so ins Stocken kommt. Hier zeigt sich erneut das gesetzgeberische Ziel der Verfahrensbeschleunigung.[739] Jedoch stellt ein Abwarten auf einen Termin durch die Behörde nicht per se ein „schuldhaftes Zögern" im Sinne der Unverzüglichkeit dar.[740]

Die Antragstellung des § 23 AsylG markiert den Beginn des materiellen Asylverfahrens, also der eigentlichen Prüfung der Begründetheit des Antrags auf humanitären Schutz.[741] Darin liegt der Unterschied zum formlosen Asylgesuch gem. § 13 AsylG.[742] Die Pflicht zur persönlichen Antragstellung bei der zuständigen Außenstelle des BAMF gem. § 23 Abs. 1 AsylG setzt die vorherige Aufnahme in einer Aufnahmeeinrichtung gem. § 22 AsylG voraus.[743] Der Gesetzgeber hat mit diesen beiden Normen den räumlichen Aufenthalt während des Verfahrens und die Mitwirkung am asylrechtlichen Verwaltungsverfahren eng miteinander verknüpft.[744] Zu beachten ist aber, dass der Regelungskomplex der §§ 22; 23 AsylG zwar den Regelfall darstellt, aber nicht für alle Asylbewerber greift.[745] Eine zweite Kategorie von Asylbewerbern (darunter auch unbegleitete Minderjährige) hat den Antrag gem. § 14 Abs. 2 AsylG direkt schriftlich beim BAMF zu stellen, sodass auch keine Wohnpflicht in einer zu einer Außenstelle gehörenden Aufnahmeeinrichtung besteht.[746]

---

738 *Hailbronner* (Fn. 736), § 23 AsylG, Rn. 12; *Marx*, in: ders. (Hrsg.), AsylG, 10. Aufl., 2019, § 23 AsylG, Rn. 7.

739 *Hailbronner* (Fn. 736), § 23 AsylG, Rn. 12.

740 *Fränkel*, in: Hofmann (Hrsg.), AuslR, 2. Aufl., 2016, § 23 AsylG, Rn. 2.

741 *Marx* (Fn. 738), § 23 AsylG, Rn. 4.

742 *Bergmann*, in: Bergmann/Dienelt (Hrsg.), AuslR, 13. Aufl., 2020, § 23 AsylG, Rn. 2; siehe auch S. 108 f.; *Marx* (Fn. 738), § 23 AsylG, Rn. 8.

743 *Bergmann* (Fn. 742), § 23 AsylG, Rn. 3.

744 Eine Vertiefung dieses Gedankens stellen die sogenannten „AnKER-Zentren" dar, in denen Aufenthalt, Entscheidung und Rückführung zentralisiert werden. Vgl. dazu *CDU/CSU/SPD*, Ein neuer Aufbruch für Europa Eine neue Dynamik für Deutschland Ein neuer Zusammenhalt für unser Land, 12.03.2018, S. 107.

745 Siehe dazu S. 190 ff.

746 *Marx* (Fn. 738), § 23 AsylG, Rn. 5.

e) Pflicht zum Aufenthalt in Aufnahmeeinrichtungen (§ 47 AsylG)

§ 47 AsylG trifft Regelungen über die Pflicht des Asylbewerbers zur Wohnsitznahme in bestimmten Aufnahmeeinrichtungen. In chronologischer und systematischer Hinsicht knüpft § 47 AsylG unmittelbar an die Weiterleitungs- und Meldesystematik der §§ 14; 20 und 22 AsylG an. Denn die Pflicht der Weiterleitung nachzukommen und sich bei der zuständigen Aufnahmeeinrichtung zu melden, ergibt nur Sinn, wenn der Ausländer anschließend auch dort wohnhaft wird. Dadurch ergibt sich ein lückenloses System, bei dem die zuständigen Behörden jederzeit wissen, wo sie den Asylbewerber erreichen und demnach auch sicherstellen können, dass das Verfahren zügig bearbeitet werden kann. Obwohl sich also die Wohnpflicht zunächst nicht auf die Prüfung des Asylantrags bezieht, trägt auch diese Vorschrift zum effektiven Ablauf des Verfahrens bei.[747] In der ursprünglichen Fassung der Norm von 1992 betrug die Dauer der Wohnverpflichtung noch 3 Monate, durch das Asylverfahrensbeschleunigungsgesetz wurde dieser Zeitraum 2015 auf sechs Monate ausgedehnt. Zudem wurde mit § 47 Abs. 1a AsylG die Wohnpflicht für Antragsteller aus einem sicheren Herkunftsstaat für die Dauer des gesamten Asylverfahrens festgelegt. Diese Regelung fügt sich in das erklärte Ziel des Gesetzgebers ein, Ausländer aus sicheren Herkunftsstaaten nach zügiger Prüfung und Ablehnung auch zügig wieder zurückzuführen und eine Verwurzelung in einem neuen Wohnumfeld zu verhindern.[748] Auch § 47 Abs. 1b AsylG zielt auf die effektive Beendigung des Aufenthalts abgelehnter Asylbewerber ab, stellt es diesbezüglich aber den Ländern frei, ob sie den Aufenthalt in den Einrichtungen auf bis zu 24 Monate verlängern wollen.[749] Ausweislich der Gesetzesbegründung soll dies aber nur für Ausländer mit geringer Bleibeperspektive gelten.[750] Es fragt sich aber, warum der Gesetzgeber dies nicht als Tatbestandsmerkmal in die Norm selbst mit aufgenommen hat. Nach dem Wortlaut der Vorschrift kann diese auf jeden Asylbewerber angewandt werden, auch wenn er eine hohe Bleibeperspektive aufweist. In diesem Fall fehlt es jedoch für eine solche Freiheitsbeschränkung am legitimen Zweck der Sicherung einer zügigen Rückführung.[751]

---

747 *Heusch*, in: Kluth/Heusch (Hrsg.), BeckOK AuslR, 18. Ed. (01.05.2018), § 47 AsylG, Rn. 1.

748 *Bergmann* (Fn. 269), § 47 AsylG, Rn. 1.

749 *Heusch* (Fn. 747), § 47 AsylG, Rn. 12b; *Neundorf*, ZAR 2018, 437 (441 ff.).

750 BT-Drs. 18/11546, S. 23 f.

751 Ebenfalls kritisch dazu *Neundorf* (Fn. 749), S. 443.

Gem. § 48 AsylG endet die Pflicht zur Wohnsitznahme vor Ablauf der Sechsmonatsfrist, wenn der Asylbewerber gem. § 48 Nr. 1 AsylG einer anderen Einrichtung zugewiesen wird (damit ist vor allem die Anschlussunterbringung nach § 50 AsylG gemeint[752]), sein Asylantrag gem. § 48 Nr. 2 AsylG positiv beschieden wird oder er gem. § 48 Nr. 3 AsylG aufgrund einer Eheschließung einen Aufenthaltstitel als Ehegatte eines/einer Deutschen gem. § 28 AufenthG erlangt. Dass die Wohnverpflichtung gem. Nr. 2 und 3 endet, folgt konsequent daraus, dass in diesen Fällen mit der Erteilung eines Titels auch das Asylverfahren als solches endet und es aus staatlicher Sicht somit keiner Bearbeitung dieses Falls mehr bedarf. Auch darin kommt noch einmal das gesetzgeberische Konzept einer ganzheitlichen Einbindung von Asylbewerbern in das Verfahren zum Ausdruck, bei dem eine verfahrensbezogene Mitwirkung durch räumliche Aufenthaltsgebote ergänzt wird.

f) Pflicht zur Folgeleistung einer Weiterleitung in eine Anschlussunterbringung (§ 50 Abs. 6 AsylG)

Auch diese Vorschrift bindet Asylbewerber bei der räumlichen Weiterleitung an ihre Unterbringungseinrichtungen mit ein. Anders als § 20 AsylG bezieht sich § 50 Abs. 6 AsylG jedoch auch die sogenannte Anschlussunterbringung, welche auf die Unterbringung in der Erstaufnahmeeinrichtung folgt. Die Unterscheidung zwischen beiden Unterbringungsformen dient grundsätzlich einer effizienteren Durchführung des Verfahrens, da nur diejenigen Asylbewerber in die Anschlussunterbringung der Länder verteilt werden, deren Verfahren nicht zeitnah in den Erstaufnahmeeinrichtungen abgeschlossen werden können.[753] Dadurch sollen Ressourcen in der Erstaufnahmeeinrichtung für die Bearbeitung „unproblematischer" Fälle frei werden. Jedoch hat sich die Hoffnung, dass ein Großteil der Verfahren in der Erstaufnahmeeinrichtung abgeschlossen werden kann, in der Praxis bisher nicht erfüllt, sodass in der Regel eine Weiterleitung in die Anschlussunterbringung stattfindet.[754] Diese soll gem. § 53 AsylG in einer Gemeinschaftsunterkunft erfolgen.

Gem. § 50 Abs. 6 AsylG ist der Asylbewerber verpflichtet, der Zuweisung in eine Anschlussunterbringung unverzüglich (also ohne schuldhaftes Zögern[755])

---

752 *Heusch*, in: Kluth/Heusch (Hrsg.), BeckOK AuslR, 28. Ed. (01.01.2021), § 48 AsylG, Rn. 7.

753 *Hailbronner*, in: dass. (Hrsg.), AuslR, 117. Erg.-Lfg. (Jun. 2020), § 50 AsylG, Rn. 1.

754 *Bergmann*, in: Bergmann/Dienelt (Hrsg.), AuslR, 13. Aufl., 2020, § 50 AsylG, Rn. 2.

755 *Hailbronner* (Fn. 753), § 50 AsylG, Rn. 53.

nachzukommen. Welcher Zeitraum für Vorbereitung und Durchführung eines Umzugs angemessen ist, hängt von Faktoren wie Alter, Gesundheitszustand, Größe des Hausstands und der Möglichkeit, auf externe Hilfe für den Umzug zurückgreifen zu können, ab.[756] Die pauschale Aussage, zumindest für den Auszug seien in der Regel ein paar Stunden ausreichend, greift daher zu kurz.[757]

g) Die „Residenzpflicht" (§ 56 AsylG)

Die Norm findet sich in Abschnitt 6 des AsylG, welcher den „Aufenthalt während des Asylverfahrens" regelt. Sie knüpft direkt an § 55 AsylG an, welcher den Aufenthalt während des Asylverfahrens durch eine Aufenthaltsgestattung legalisiert. § 56 AsylG beschränkt den räumlichen Geltungsbereich dieser Gestattung auf den Bezirk der Ausländerbehörde, in welchem die ihm zugewiesene Aufnahmeeinrichtung liegt. Diesen räumlichen Bereich darf der Asylbewerber nur in Ausnahmefällen verlassen. Er ist also verpflichtet, sich dort aufzuhalten. Auf den ersten Blick ist § 56 AsylG daher keine klassische Mitwirkungspflicht. Dem Ausländer wird weniger ein aktives Tun, also auch kein Beitrag zum Verfahren, vorgeschrieben. Vielmehr statuiert § 56 AsylG das Verbot, einen bestimmten Bezirk zu verlassen. Die Zielsetzung dieses sehr erheblichen Eingriffs in die allgemeine Handlungsfreiheit aus Art. 2 Abs. 1 GG[758] erschließt sich daher nicht mit dem Blick auf das individuelle Asylverfahren, sondern nur unter Betrachtung der gesellschaftlichen „Großaufgabe Migration" insgesamt. Denn

---

756 *Marx*, in: ders. (Hrsg.), AsylG, 10. Aufl., 2019, § 50 AsylG, Rn. 41.

757 So aber *Hailbronner* (Fn. 753), § 50 AsylG, Rn. 53.

758 Ob eine räumliche Begrenzung des Aufenthaltsrechts auf ein bestimmtes Gebiet spezieller durch die Freiheit der Person gem. Art. 2 Abs. 2 S. 2 GG geschützt wird, ist umstritten (dafür *Tiemann*, NVwZ 1987, 11 (15); *Correll*, in: Denninger/Hoffmann-Riem/Schneider et al. (Hrsg.), AK-GG, 3. Aufl., 2001, Art. 2 Abs. 2 GG, Rn. 160). Gegen die Anwendbarkeit wird angeführt, dass der Betroffene in seiner räumlichen Freiheit nicht eingeschränkt sei, da er jederzeit ausreisen könne (so etwa *Di Fabio*, in: Herzog/Maunz/Dürig (Hrsg.), GG, 92. Erg.-Lfg. (Aug. 2020), Art. 2 Abs. 2 GG, Rn. 40 m.w.N.). Dies mag für Ausländer im Allgemeinen vertretbar sein, greift jedoch nicht bei Asylbewerbern. Denn diese können gerade nicht in den für sie eigentlich zuständigen Heimatstaat ausreisen, da sie geltend machen, dass ihnen genau dort Gefahr droht. Zwischen der räumlichen Freiheit im Ausland und der freien Menschenrechtsausübung in Deutschland entscheiden zu müssen, wäre dann ein unzumutbares Dilemma, welches dem Betroffenen bei seiner Grundrechtsausübung nicht abverlangt werden kann. Daher ist zumindest für die Fälle des § 12a AufenthG auch ein Eingriff in Art. 2 Abs. 2 S. 2 GG anzunehmen.

die Begrenzung des Aufenthaltsbereichs ermöglicht der Verwaltung ein Stück Kontrolle und Steuerung über die Verteilung, und damit vor allem der Folgen und gesamtgesellschaftlichen Aufgaben, die der Aufenthalt eines Asylbewerbers mit sich bringt.[759] Dazu zählt auch die Möglichkeit der zügigen Aufenthaltsbeendigung nach negativem Abschluss des Verfahrens.[760] Diese scheitert oft daran, dass ausreisepflichtige Ausländer für die Behörden nicht auffindbar sind.[761] Auch ist es kein Zufall, dass gerade im Zusammenhang mit den gestiegenen Flüchtlingszahlen der Jahre 2015 und 2016 die Residenzpflicht wieder stärker in den rechtspolitischen Diskurs drängte.[762] Zuvor wurde diese durch den Koalitionsvertrag der Bundesregierung aus CDU/CSU und SPD in der 18. Legislaturperiode (2013–2017) des Bundestages vom Bereich der Ausländerbehörde auf das gesamte Bundesland ausgeweitet.[763] Ergänzt wurde diese Änderung im Januar 2015 durch eine zeitliche Befristung der Residenzpflicht auf drei Monate. Die Regelung findet sich in § 51a Abs. 1 S. 1 AsylG, jedoch wurde diese Liberalisierung der Residenzpflicht bereits im Oktober 2015 gem. dem neu eingefügten S. 2 wieder eingeschränkt durch eine Geltung der Residenzpflicht auch über drei Monate hinaus, soweit der Asylbewerber verpflichtet ist, in der ihm zugewiesenen Aufnahmeeinrichtung zu wohnen. Daher ist die Residenzpflicht des § 56 AsylG auch direkt mit der durch das Asylpaket I verlängerten Pflicht zur Wohnsitznahme in einer Erstaufnahmeeinrichtung gem. § 47 AsylG verbunden.[764]

Gem. § 57 Abs. 1 AsylG kann das Bundesamt aus „zwingenden Gründen" eine Ausnahmeerlaubnis von der Residenzpflicht erteilen. Erlaubnisfrei ist für den Asylbewerber lediglich das Verlassen des zugewiesenen Gebiets zur Terminwahrnehmung bei Behörden gem. § 57 Abs. 3 AsylG.[765] Dann besteht für ihn jedoch die Mitwirkungspflicht, diese Termine dem Bundesamt unverzüglich anzuzeigen. Diese Ausnahmevorschrift schafft insoweit einen Interessenausgleich zwischen Steuerung und Überblick des Bundesamtes über den Aufenthaltsort der

759 *Ruge*, ZAR 2016, 85 (90 ff.)

760 *Neundorf* (Fn. 749), S. 438.

761 Vgl. dazu *VGH München*, 19.07.2018 – 4 B 18.30514, BeckRS (2018), 17233.

762 Siehe dazu *Ruge* (Fn. 759); *Pelzer/Pichl*, ZAR 2016, 96.

763 *CDU/CSU/SPD*, Deutschlands Zukunft gestalten: Koalitionsvertrag zwischen CDU, CSU und SPD in der 18. Legislaturperiode, 17.12.2013, S. 109.

764 *Pelzer/Pichl* (Fn. 762), S. 99.

765 Wobei „Behörde" in diesem Sinne weit zu verstehen ist, und auch Konsulate (des Heimatstaates) darunter fallen, vgl. *Marx*, in: ders. (Hrsg.), AsylG, 10. Aufl., 2019, § 57 AsylG, Rn. 8; *Hailbronner*, in: dass. (Hrsg.), AuslR, 51. Erg.-Lfg. (Feb. 2007), § 57 AsylG, Rn. 21.

Asylbewerber einerseits und dem berechtigten und wichtigen Interesse des Asylbewerbers, seine behördlichen Termine pflichtgemäß wahrzunehmen. Denn müsste er diese immer erst im Vorfeld vom Bundesamt genehmigen lassen, so kann dies gerade bei kurzfristigen Terminen zu einer unzumutbaren Pflichtenkollision zwischen Terminwahrnehmung und Residenzpflicht führen.

Die Durchsetzung der räumlichen Beschränkung aus § 56 AsylG ist in § 59 AsylG geregelt, welcher wiederum auf § 12 Abs. 3 AufenthG verweist. § 12 Abs. 3 AufenthG etabliert für Ausländer ausdrücklich eine Verlassenspflicht für den Teil des Bundesgebiets, auf deren Bereich ihr Aufenthaltstitel keine Gültigkeit erstreckt. Ausweislich dieses Wortlauts gilt § 12 AufenthG also zunächst nur für die räumliche Beschränkung von Aufenthalts*titeln*, welche im Asylverfahren, in dem § 56 AsylG zur Anwendung kommt, noch keine Bedeutung haben (hier liegt lediglich eine Aufenthaltsgestattung vor). Der Verweis aus § 59 AsylG in § 12 AufenthG zeigt jedoch, dass der Gesetzgeber die Verlassenspflicht des § 12 AufenthG auch auf Aufenthaltsgestattungen erstreckt. Daher kann an dieser Stelle auf die Ausführungen zu § 12 AufenthG verwiesen werden.[766]

h) Wohnsitzauflagen (§ 60 AsylG)

Ist der Antragsteller nicht oder nicht mehr verpflichtet in einer Aufenthaltseinrichtung gem. § 47 AsylG zu wohnen, so schreibt § 60 AsylG dennoch eine Pflicht zur Wohnsitznahme am Ort der Anschlussunterbringung gem. § 50 Abs. 4 AsylG vor. Voraussetzung dafür ist, dass der Lebensunterhalt des Asylbewerbers nicht gesichert ist. Im Vergleich zur Residenzpflicht in der Erstaufnahmeeinrichtung stellt die Regelung eine deutliche Lockerung der räumlichen Beschränkungen dar. Gleichwohl behält sich das Bundesamt durch diese Pflicht ein Stück Kontrolle über den räumlichen Aufenthalt vor, da der Asylbewerber zumeist an seinen zugewiesenen Wohnsitz gebunden bleibt. Dies ermöglicht den Behörden ein gewisses Maß an Organisation und Steuerung bei der Verteilung der Ressource Wohnraum. Auch die Höhe der sozialen Leistungen und die Frage, welche Körperschaft diese zu erbringen hat, hängt vom Wohnort des Asylbewerbers ab. Somit erlaubt die Vorschrift auch eine Kontrolle und faire Verteilung dieser Kosten.[767] Zudem hat die Wohnsitzpflicht auch Effekte auf das Asylverfahren, da durch eine Kontrolle über die Adresse des Asylbewerbers auch eine bessere (postalische) Erreichbarkeit sichergestellt werden kann.

---

766 Siehe S. 201 f.

767 *Neundorf*, in: Kluth/Heusch (Hrsg.), BeckOK AuslR, 28. Ed. (01.01.2021), § 60 AsylG, Rn. 2; *Göbel-Zimmermann/Eichhorn et al.* (Fn. 309), Rn. 772.

i) Die Pflicht zur Duldung einer Gesundheitsuntersuchung (§ 62 AsylG)

Mit der Pflicht zur Wohnsitznahme in einer Gemeinschaftsunterkunft korrespondiert eine Pflicht zur Duldung einer ärztlichen Gesundheitsuntersuchung auf übertragbare Infektionskrankheiten einschließlich eines Röntgens[768] der Atmungsorgane. Da Röntgenstrahlung Körperzellen schädigen kann, stellt diese Behandlung einen erheblichen Eingriff in die körperliche Unversehrtheit gem. Art. 2 Abs. 2 S. 1 GG und eine auch strafrechtlich rechtfertigungsbedürftige Körperverletzung dar.[769] Zu diesem Zweck wurde die Vorschrift erst 1992 eingeführt, bereits zuvor waren aber Gesundheitsuntersuchungen bei Asylbewerbern übliche Praxis in der Ausländerverwaltung.[770] § 62 AsylG steht in direktem Bezug zur Wohnsitznahmepflicht in Gemeinschaftsunterkünften gem. § 47 AsylG, woraus sich auch die wesentliche Bedeutung der Gesundheitsuntersuchung erklärt. Denn Infektionskrankheiten stellen in Unterkünften, in denen eine große Zahl an Menschen auf relativ engem Raum untergebracht ist, ein großes Risiko für andere Bewohner dar. So hat bspw. die Corona-Pandemie im Jahr 2020 gezeigt, dass gerade Sammelunterkünfte für Asylbewerber potenzielle „Hotspots" für die Verbreitung von Covid-19 darstellen können, da dort Abstands- und Hygienegebote häufig nur schwer einzuhalten sind.[771] Daher sind auch erforderliche Eingriffe in die körperliche Unversehrtheit, etwa durch Röntgen, vor dem Hintergrund der Abwehr schwerwiegender Gesundheitsgefahren gerechtfertigt.[772] Die Pflicht zur Duldung der Untersuchung folgt zwar bereits aus dem Wortlaut der Norm selbst, jedoch ist sie im Einzelfall durch Verwaltungsakt immer auch individuell anzuordnen.[773]

Neben dem Grundrecht auf körperliche Unversehrtheit aus Art. 2 Abs. 2 S. 1 GG[774] schafft § 62 Abs. 2 AufenthG aber auch die Grundlage für die Erhebung und Weitergabe der bei der Untersuchung festgestellten Gesundheitsdaten.

---

768 Siehe dazu S. 149.

769 *Sommer/Tsambikakis*, § 3 Strafrechtliche Arzthaftung, in: Terbille/Clausen/Schroeder-Printzen (Hrsg.), Münchener Anwaltshandbuch Medizinrecht, 2. Aufl., 2013, Rn. 21; nach a.A. ist der ärztliche Heileingriff bereits tatbestandlich keine Körperverletzung, vgl. zum Meinungsstand insgesamt *Eschelbach*, in: Heintschel-Heinegg (Hrsg.), 49. Ed. (01.02.2021), § 223 StGB, Rn. 5ff.

770 *Marx*, in: ders. (Hrsg.), AsylG, 10. Aufl., 2019, § 62 AsylG, Rn.1.

771 Vgl. dazu *Röhling*, Die Angst vor dem Hotspot Asylbewerberheim, spiegel.de vom 24.10.2020

772 *Bergmann*, in: Bergmann/Dienelt (Hrsg.), AuslR, 13. Aufl., 2020, § 62 AsylG, Rn. 2.

773 *Marx* (Fn. 770), § 62 AsylG, Rn. 7.

774 *Hailbronner*, in: dass. (Hrsg.), AuslR, 96. Erg.-Lfg. (April 2016), § 62 AsylG, Rn. 2.

Daher liegt auch ein Eingriff in das Recht auf informationelle Selbstbestimmung gem. Art. 2 Abs. 1 i.V.m. Art. 1 Abs. 1 GG vor. Seit der europäischen Datenschutzreform 2018 werden Gesundheitsdaten zudem von Art. 9 DSGVO besonders geschützt, ihre Erhebung und Verarbeitung ist dem Grunde nach verboten.[775] Jedoch statuiert Art. 9 Abs. 2 lit. i) DSGVO die Rechtmäßigkeit der Verarbeitung, wenn diese durch das Recht der Union oder der Mitgliedstaaten vorgesehen und aus Gründen des öffentlichen Interesses im Bereich der öffentlichen Gesundheit, wie dem Schutz vor schwerwiegenden grenzüberschreitenden Gesundheitsgefahren erforderlich ist. Darunter fällt jedenfalls auch der Schutz von Leib und Leben anderer Bewohner einer Gemeinschaftsunterkunft. Durch § 60 Abs. 2 AsylG ist die Datenverarbeitung zu diesem Zweck auch durch das Recht eines Mitgliedstaates explizit vorgesehen, sodass die datenschutzrechtlichen Anforderungen des Art. 9 Abs. 2 lit. i) DSGVO hier erfüllt sind.

2. *Räumliche Pflichten im AufenthG*

a) *Verlassenspflicht bei räumlicher Beschränkung (§ 12 Abs. 3 AufenthG)*

Ähnlich wie § 56 AsylG kennt auch § 12 Abs. 2 AufenthG räumliche Beschränkungsregelungen in Gestalt von Auflagen. Komplementär zu diesen Beschränkungen enthält Abs. 3 die Rechtsfolge, die eintritt, wenn der Verpflichtete sich in einen Teil des Bundesgebiets begibt, in dem er sich nicht aufhalten darf: Er hat diesen Ort unverzüglich zu verlassen.

§ 12 Abs. 2 AufenthG spricht selbst nur von der Beschränkungsmöglichkeit von Visum und Aufenthaltserlaubnis. Die systematische Nähe von Abs. 3 zu Abs. 2 deutet daher zunächst an, dass sich auch die Verlassenspflicht des Abs. 3 vor allem auf diese beiden Aufenthaltstitel bezieht. Allerdings beschränkt sich § 12 Abs. 3 AufenthG dem Wortlaut nach nicht auf Visum und Aufenthaltserlaubnis, sondern spricht insgesamt von Fällen, in denen sich ein Ausländer „einer räumlichen Beschränkung zuwider" an einem Ort aufhält. Daher kann die Vorschrift auch auf Ausländer angewendet werden, deren Aufenthalt nicht durch eine Aufenthaltserlaubnis oder ein Visum geregelt wird, z.B. auch auf den Aufenthalt von Asylbewerbern im laufenden Verfahren, wenn diese (noch) nicht über eine Aufenthaltserlaubnis, sondern nur über eine Aufenthaltsgestattung verfügen.[776] Gleiches gilt für Ausländer, deren Aufenthaltserlaubnis nicht mehr

---

775 Zuvor war dies ähnlich bereits in Art. 8 der Datenschutzrichtlinie geregelt, siehe *Albers/Veit* (Fn. 517), Art. 9 DSGVO, Rn. 10.

776 *Müller*, in: Hofmann (Hrsg.), AuslR, 2. Aufl., 2016, § 12 AufenthG, Rn. 19.

besteht, die also ausreisepflichtig und ggf. nur geduldet sind.[777] In dieser Systematik wirkt § 12 Abs. 3 AufenthG somit wie eine Generalklausel und verdeutlicht zugleich den subsidiären Charakter des AufenthG, welches (wie im Falle der Pflicht nach Abs. 3) auch Asylbewerber im laufenden Verfahren (in dem primär das AsylG Anwendung findet) oder in der Phase der Aufenthaltsbeendigung erfassen kann.

b) *Wohnsitzverpflichtung für anerkannt Schutzbedürftige (§ 12a AufenthG)*

§ 12a AufenthG statuiert eine Pflicht zur Wohnsitznahme in einem bestimmten Gebiet und weist damit Parallelen zu §§ 47, 56 und 60 AsylG auf. Die Ähnlichkeit dieser Normen erklärt sich aus ihrem Adressatenkreis. Denn betroffen sind gem. § 12a Abs. 1 nur Ausländer, die entweder als asylberechtigt bzw. humanitär schutzberechtigt anerkannt sind, oder sogar schon über einen dazugehörigen humanitären Aufenthaltstitel gem. §§ 22, 23 oder 25 Abs. 3 AufenthG verfügen. Die Regelung knüpft also unmittelbar an den positiven Abschluss eines Asylverfahrens an, und setzt die dort bereits etablierten räumlichen Verpflichtungen fort.

Die Regelung des § 12a AufenthG verpflichtet die betroffene Person zunächst in Abs. 1, ihren Wohnsitz für einen Zeitraum von drei Jahren in dem Bundesland zu nehmen, welches für die Durchführung des Asylverfahrens zuständig war. Gem. § 12a Abs. 2, 3 und 4 AufenthG können zudem aus Gründen der Integration auch innerhalb eines Landes zusätzlich speziellere Wohnsitzverpflichtungen statuiert werden, etwa dann, wenn der Verpflichtete gem. Abs. 2 noch in einer Aufnahmeeinrichtung gem. § 44 AsylG lebt, nun aber angemessener Wohnraum zur Verfügung steht. Umgekehrt kann der Ausländer auch gem. § 12a Abs. 4 AufenthG dazu verpflichtet werden, seinen Wohnsitz gerade nicht an einem bestimmten Ort zu nehmen, insbesondere wenn dort eine Beeinträchtigung seiner Integration droht.

Der in § 12a Abs. 1 S. 1 AufenthG genannte Normzweck der „Förderung der nachhaltigen Integration" erklärt sich vor dem Hintergrund europarechtlicher Einschränkungen der Möglichkeit von Wohnsitzverpflichtungen. Die in § 12a Abs. 1 AufenthG angesprochene Zuständigkeit der Länder ergibt sich gem. § 45 Abs. 1 S. 2 AsylG nach dem sogenannten Königsteiner Schlüssel, einer Berechnungsformel, welche eine möglichst angemessene Zahl aufzunehmender Asylbewerber durch ein Bundesland anhand dessen Steuereinnahmen und Bevölkerungszahl aus dem Vorjahr errechnet.[778] Zunächst folgerichtig

---

777 So auch die allgemeine VwV zum AufenthG unter § 12.3.1.

778 *Bender/Bethke*, in: Hofmann (Hrsg.), AuslR, 2. Aufl., 2016, § 45 AsylG, Rn. 1.

scheint es daher, die finanziellen und infrastrukturellen Belastungen, welche auch aus dem Aufenthalt anerkannt Schutzberechtigter in einem Bundesland entstehen, ebenfalls mittelbar mit der ursprünglichen Verteilungsquote zu verknüpfen. Allerdings schreibt Art. 29 RL 2011/95/EG für anerkannt humanitär Schutzberechtigte den Mitgliedstaaten eine sozialrechtliche Gleichbehandlung mit den eigenen Staatsbürgern vor. § 12a Abs. 1 S. 2 AufenthG nimmt von der räumlichen Beschränkung jedoch die Personen aus, die über eigene Einkünfte in Höhe von mindestens durchschnittlichem Monatsbedarf einer Einzelperson gem. §§ 20 und 22 SGB II verfügen, also sozialrechtlich weniger bedürftig sind. Dies stellt eine Verknüpfung der räumlichen Beschränkung mit der Gewährung von Sozialleistungen her, welche für Deutsche nicht besteht, da diese auch als SGB II-Leistungsempfänger ihren Wohnort im Bundesgebiet frei wählen können. Gemäß der Rechtsprechung des EuGH liegt in einer mit der sozialrechtlichen Lastenverteilung begründeten räumlichen Einschränkung des § 12a Abs. 1 AufenthG eine Ungleichbehandlung zu Deutschen und damit ein Verstoß gegen Art. 29 RL 2011/95/EG.[779] Zuvor hatte bereits das BVerwG entschieden, dass eine Wohnsitzauflage aus Gründen sozialrechtlicher Lastenverteilung nicht mit der Freizügigkeit für anerkannte Flüchtlinge aus Art. 26 GFK und dem sozialrechtlichen Gleichbehandlungsgebot aus Art. 23 GFK vereinbar ist.[780] Daher stellt der Bundesgesetzgeber klar, dass die sozialrechtliche Lastenverteilung nicht der Zweck der Norm ist, sondern (ausweislich des Wortlauts von § 12a Abs. 1 S. 1 AufenthG) die „nachhaltige Integration in die Lebensverhältnisse der Bundesrepublik Deutschland“.[781] Demnach habe der betroffene Personenkreis der humanitär Schutzberechtigten im Vergleich zu anderen Ausländern einen besonderen Integrationsbedarf, da sie zum einen oftmals durch Krieg und Verfolgung geprägt seien und daher eine besondere soziale Fürsorge benötigten und zum anderen im Gegensatz zu regulär aufhältigen Drittstaatsangehörigen erst seit kurzer Zeit in Deutschland seien und daher noch kaum über berufliche oder soziale Kontakte verfügten.[782] Für die Befriedigung dieses besonderen Integrationsbedarfs sei eine angemessene Finanz- und Ressourcenstärke der Länder ein

779 *EuGH*, 01.03.2016 – C-443/14, C-444/14, NVwZ (2016), 445 (447 f.), Rn. 55; *Maor*, in: Kluth/Heusch (Hrsg.), BeckOK AuslR, 28. Ed. (01.01.2021), § 12a AufenthG, Rn. 3.

780 *BVerwG*, 15.01.2008 – 1 C 17/07, NVwZ (2008), 796 (798), Rn. 20.

781 Diese Begründung findet sich nicht nur im Wortlaut der Vorschrift, sondern unter Bezugnahme auf die oben genannte Rechtsprechung des EuGH auch ausdrücklich in der Gesetzesbegründung, vgl. BT-Drs. 18/8615, S. 43.

782 BT-Drs. 18/8615, S. 43.

„wesentliches integrationspolitisches Element", was bei der Verteilung nach dem Königssteiner Schlüssel beachtet werde.[783] Der Gesetzgeber hat somit die nach der Rechtsprechung des EuGH verbotene Rechtfertigung einer Wohnsitzauflage mit einer sozialrechtlichen Lastenverteilung nicht verworfen, er begründet diese nur anders, nämlich mit ihrer mittelbaren Notwendigkeit für das dahinterstehende Ziel der Integration. Ob diese Argumentation überzeugt, ist zweifelhaft. Denn letztlich sind binnenstaatliche Lastenverteilungen und andere Haushaltsfragen immer nur Mittel zum Zweck, um andere politische Ziele finanzieren und umsetzen zu können. Eher überzeugt schon das Argument des Gesetzgebers, dass Integration im Sinne staatlicher Förderung eine gewisse Planbarkeit für die Kommunen voraussetzt, die nur gewährleistet ist, wenn diese ungefähr wissen, wie viele Personen sie aufnehmen und fördern müssen.[784] Dennoch stellt der umfangreiche Pflichtenkatalog des § 12a AufenthG einen erheblichen Eingriff in die freie Entfaltung der Persönlichkeit und vor allem in den Grundsatz der Freizügigkeit gem. Art. 33 RL 2011/95/EG dar. Daher hat der Gesetzgeber auch mit § 12a Abs. 5 AufenthG die Möglichkeit der Aufhebung solcher Wohnsitzverpflichtungen geschaffen, zum einen aus Gründen der wirtschaftlichen oder familiären Bindung an einem anderen Ort, zum anderen aber auch zur Vermeidung einer „unbilligen Härte". Liegt eine dieser Voraussetzungen vor, so hat der Betroffene einen Anspruch auf die Aufhebung der Wohnsitzverpflichtung. Der Behörde steht insoweit kein Ermessen zu, und die Entscheidung ist vollständig gerichtlich überprüfbar.[785] Die Regelung ermöglicht die freie Wohnortwahl, wenn an diesem Ort die in § 12a Abs. 5 AufenthG definierten Integrationskriterien vorliegen. Somit wird sichergestellt, dass tatsächlich die Integration des Verpflichteten Ziel einer Maßnahme ist und die Pflicht nicht aufgrund der sozialrechtlichen Lastenverteilung angeordnet wird.

c) *Pflicht zur Folgeleistung bei der Verteilung unerlaubt eingereister Ausländer (§ 15a AufenthG)*

Wie für anerkannt humanitär Schutzberechtigte, kennt das AufenthG mit § 15a AufenthG auch für unerlaubt eingereiste Ausländer die keinen Asylantrag stellen eine Norm, welche deren Verteilung auf die Länder bis zum Zeitpunkt der Ausreise regelt.[786] Zweck der Norm ist also ein Lastenausgleich zwischen den

783 BT-Drs. 18/8615, S. 44.

784 BT-Drs. 18/8615, S. 44.

785 *Maor* (Fn. 779), § 12a AufenthG, Rn. 32; zu diesem Argument im Allgemeinen auch *Ritgen* (Fn. 162), S. 412.

786 Siehe zu den entsprechenden Regelungen im Asylverfahren S. 186 ff. und S. 196 f.

Ländern auch abseits der Asylverwaltung.[787] Dazu kann ein Ausländer zum einen durch § 15a Abs. 2 S. 1 AufenthG durch die Ausländerbehörde verpflichtet werden, sich zu der für seine Weiterverteilung zuständigen Behörde zu begeben. Diese kann ihn dann wiederum gem. § 15a Abs. 4 S. 1 AufenthG dazu verpflichten, sich zu der zuständigen Aufnahmeeinrichtung zu begeben, in der er dann gem. § 15a Abs. 4 S. 4 AufenthG seinen Wohnsitz zu nehmen hat. Auch für unerlaubt eingereiste Ausländer, die keinen Asylantrag stellen wollen und daher nicht unter das AsylG fallen, kennt das Recht somit einen umfangreichen und genau aufeinander abgestimmten Katalog an Mitwirkungspflichten bei der räumlichen Verteilung und dem Aufenthalt an einem bestimmten Ort.

d) Pflichten für ausreisepflichtige Ausländer (§ 46 Abs. 1 AufenthG)

§ 46 AufenthG enthält in zwei Absätzen jeweils voneinander unabhängige, eigenständige Regelungen. Abs. 1 bildet dabei eine Generalsklausel für „Maßnahmen zur Förderung der Ausreise". Als Regelbeispiel („insbesondere") führt die Vorschrift die Verpflichtung zur Wohnsitznahme an einem bestimmten Ort an. Beschränkungen des Aufenthaltsortes und andere Pflichten für ausreisepflichtige Ausländer regelt allerdings auch § 61 AufenthG. Dies ist normhistorisch dadurch begründet, dass der Gesetzgeber ursprünglich die Duldung aus § 60a AufenthG, und damit auch die systematisch dazugehörigen Pflichten aus § 61 AufenthG, streichen wollte und § 46 AufenthG dafür als „Auffangvorschrift" konstruiert wurde.[788] Obwohl der Gesetzgeber letztlich auf die Streichung der §§ 60a ff. AufenthG verzichtete, blieb § 46 AufenthG dennoch bestehen. Da im Regelfall Verpflichtungen zur Förderung der Ausreise aber auf beide Normen gestützt werden können, bleibt eine Normenkollision rein theoretischer Natur.[789]

Inhaltlich definiert§ 46 Abs. 1 AufenthG nur den Zweck einer möglichen Verpflichtung (Förderung der Ausreise), nicht aber deren Inhalt. Der offene Wortlaut und die unklare Reichweite machen die Handhabung der Vorschrift nicht einfach.[790] In der Praxis haben sich aber, neben der im Gesetzeswortlaut

---

787 *Dollinger*, in: Kluth/Heusch (Hrsg.), BeckOK AuslR, 28. Ed. (01.07.2020), § 15a AufenthG, Rn. 1 f.

788 *Hruschka*, in: Kluth/Heusch (Hrsg.), BeckOK AuslR, 28. Ed. (01.07.2020), § 46 AufenthG, Rn. 2.1.

789 *Hruschka* (Fn. 788), § 46 AufenthG, Rn. 2.1 mit Verweis auf *VG Münster*, 01.03.2010 – 8 K 2134/08, BeckRS (2010), 47114; *VG Münster*, 22.05.2017 – 8 L 906/17, BeckRS (2017), 110903; *OVG Lüneburg*, 23.11.2012 – 8 LA 149/12, BeckRS (2012), 60075.

790 So ist bspw. umstritten, ob unter „Maßnahmen zur Förderung der Ausreise" auch die Beschaffung von Passbildern fällt und ob dazu ergänzend § 48 Abs. 3 AufenthG

erwähnten Wohnsitzverpflichtung[791], weitere Regelbeispiele herausgebildet, z.B. die Verpflichtung zur regelmäßigen Meldung bei den Behörden[792], zur Aushändigung von Passpapieren oder zum Aufenthalt in einem bestimmten Teil des Bundesgebiets.[793] Derlei Pflichten verschaffen den Behörden notwendige Informationen über den Aufenthaltsort des Ausreisepflichtigen und ermöglichen so den Zugriff zur Vollstreckung der Ausreisepflicht.[794] Sie dienen somit nicht der freiwilligen Ausreise, sondern ihrer zwangsweisen Durchsetzung. Beides ist jedoch vom weiten Wortlaut des § 46 Abs. 1 AufenthG umfasst.[795] Zur Förderung der freiwilligen Ausreise kann darüber hinaus auch die Pflicht zur Teilnahme an einer Beratung über Möglichkeiten und finanzielle Unterstützung der freiwilligen Rückkehr angeordnet werden[796], oder aber auch die Pflicht zur Ansparung ausreichender finanzieller Ressourcen, die eine Rückreise ermöglichen, soweit dadurch nicht das menschenwürdige Existenzminimum gefährdet wird.[797]

e) *Ausreisepflicht (§ 50 Abs. 1 AufenthG)*

Die Ausreisepflicht stellt eine zentrale Säule der ausländerrechtlichen Dogmatik dar. Sie ist gem. § 50 Abs. 1 AufenthG die Rechtsfolge des Fehlens eines Aufenthaltstitels und zugleich komplementäres Gegenstück zur Pflicht gem. § 4 AufenthG, für den Aufenthalt über einen Aufenthaltstitel zu verfügen.[798] Damit ist § 50 Abs. 1 AufenthG unmittelbar Ausdruck der Systematik eines Verbots mit Erlaubnisvorbehalt. In diesem Sinne stellt die Ausreisepflicht dogmatisch betrachtet sogar den „Regelfall" dar, welcher nur durch den Aufenthaltstitel als „Ausnahme" durchbrochen wird.

---

herangezogen werden kann, vgl. dazu *Winkelmann/Wunderle*, in: Bergmann/Dienelt (Hrsg.), AuslR, 13. Aufl., 2020, § 46 AufenthG, Rn. 6.

791 Dabei ist umstritten, ob der Begriff „Wohnsitz" eine genaue Adresse, also die „Wohnung", meint (so *VGH München*, 21.12.2006 – 24 CS 06.2958, BeckRS (2007), 20247) oder nur die Kommune, in der sich der Wohnsitz befindet (so *Möller*, in: Hofmann (Hrsg.), AuslR, 2. Aufl., 2016, § 46 AufenthG, Rn. 7).

792 Darunter kann auch die Anzeigepflicht bei einer nächtlichen Abwesenheit vom zugewiesenen Wohnort fallen, *OVG Lüneburg*, 15.01.2019 – 8 ME 93/18, BeckRS (2019), 598, Rn. 4.

793 So auch die allgemeine VwV zum AufenthG unter § 46.1.4 ff.

794 *Hruschka* (Fn. 788), § 46 AufenthG, Rn. 12.

795 *OVG Lüneburg*, 15.01.2019 – 8 ME 93/18, BeckRS (2019), 598, Rn. 4.

796 Siehe dazu S. 361 f., sowie *Möller* (Fn. 791), § 46 AufenthG, Rn. 10.

797 So die allgemeine VwV zum AufenthG unter § 46.1.4.3.

798 Siehe dazu S. 157.

Dass der Wegfall eines Aufenthaltsrechts zunächst zur Ausreisepflicht führt und eine Abschiebung nur die Vollstreckung dieser darstellt, folgt auch den Vorgaben der für Rückführungen illegal aufhältiger Drittstaatsangehöriger einschlägigen Richtlinie 2008/115/EG. Nach deren Art. 3 Nr. 8 ist die „freiwillige Ausreise […] die Erfüllung der Rückkehrverpflichtung innerhalb der dafür in der Rückkehrentscheidung festgesetzten Frist". Der Begriff der „freiwilligen" Ausreise ist jedoch missverständlich, meint er doch gerade nicht die Ausreise, welche einer freiwilligen Entscheidung des Betroffenen entspricht, sondern nur, dass die Ausreise durch diesen aktiv selbst vorgenommen wird, im Gegensatz zu einem passiven „außer Landes gebracht werden" bei einer Abschiebung.

Die Tatsache, dass der europäische Gesetzgeber für die freiwillige Ausreise eine Frist ermöglicht, zeigt deutlich, dass er von einem Vorrang der freiwilligen Ausreise vor der Abschiebung ausgeht.[799] In diesem Sinne ist die Pflicht zur Ausreise auch ein Recht des Ausländers, vermag sie ihm doch die Sanktionierung der Pflichtverletzung (wie die Abschiebungshaft[800] oder strafrechtliche Sanktionen[801]) zu ersparen. Die Möglichkeit zur freiwilligen Ausreise ist im System der Aufenthaltsbeendigung daher auch beim Kriterium der Erforderlichkeit einer Abschiebung zu beachten, da sie gegenüber einer Abschiebung jedenfalls das mildere Mittel darstellt. Aus der Perspektive der Verwaltung ist sie zudem wesentlich ressourcenschonender. Daher priorisieren auch Gesetzgeber[802] und Verwaltung[803] bei der Rückkehrpolitik die freiwillige Rückkehr vor der zwangsweisen Abschiebung. In diesem Licht betrachtet stellt die freiwillige Ausreise eine wesentliche Säule der Migrationssteuerung dar, bei welcher der Ausländer aktiv eingebunden wird.

---

799 So auch *Hörich* (Fn. 97), S. 101, der zudem auf EG 10 S. 3 der RL verweist.

800 Siehe S. 301 ff.

801 Siehe S. 313 ff.

802 Dazu ordnet § 11 Abs. 1 AsylbLG an, dass Leistungsempfänger nach dem AsylbLG auf die freiwilligen Rückkehrprogramme des Bundes und der Länder hinzuweisen sind und dass in geeigneten Fällen auf die Inanspruchnahme dieser hinzuwirken ist, siehe dazu S. 361 f.

803 *BMI*, Instrumente des Rechtsstaats im Einklang: Rückkehr und Rückführungen, https://www.bmi.bund.de/DE/themen/migration/rueckkehrpolitik/rueckkehr-und-rueckfuehrungen/rueckkehr-und-rueckfuehrungen-artikel.html (zuletzt abgerufen am 04.04.2019).

f) Besondere Pflichten Ausreisepflichtiger aus Gründen der inneren Sicherheit (§ 56 AufenthG)

Ein schwerwiegender Grund für den Entzug eines Aufenthaltsrechts und damit für eine Ausreisepflicht ist die Bedrohung der inneren Sicherheit des Bundes und der Länder. Dazu zählen gem. § 54 Abs. 1 Nr. 2 AufenthG vor allem terroristische Bedrohungen durch einen Ausländer, aber gem. § 54 Abs. 1 Nr. 5 auch Hetze gegen religiöse oder ethnische Gruppen. Wurde einem Ausländer aus einem dieser Gründe das Aufenthaltsrecht entzogen, so statuiert § 56 Abs. 1 AufenthG zusätzliche Pflichten, welche zum Schutz der öffentlichen Sicherheit bis zur Ausreise beitragen sollen. Damit erweisen sich die Pflichten des § 56 AufenthG zugleich als Sanktionen im Sinne einer negativen Rechtsfolge für ein bestimmtes Fehlverhalten. Dieses Beispiel zeigt, dass sich Mitwirkungspflichten und Sanktionen auch zu mehrgliedrigen Ketten verbinden können: Aus einer Pflicht bzw. ihrer Verletzung resultiert eine Sanktion, die selbst wieder eine Pflicht statuiert, deren Verletzung dann ihrerseits wieder sanktioniert werden kann.

Abs. 1 schreibt zunächst eine wöchentliche Pflicht zur Meldung bei der örtlich zuständigen Polizeidienststelle vor. Zweck einer solchen Pflicht ist (angesichts ihrer systematischen Verortung in § 56 AufenthG) der Schutz der inneren Sicherheit vor solchen Bedrohungslagen, welche in sachlichem Zusammenhang zum Entzug des Aufenthaltstitels stehen, indem den Sicherheitsbehörden ein aktueller Überblick über den Aufenthaltsort des Ausländers verschafft wird.[804] Zwar muss sich die dafür ursächliche Gefahr nicht zwingend als terroristische Bedrohung äußern[805], jede beliebige Bedrohung für die öffentliche Sicherheit und Ordnung ist jedoch angesichts einer derart gravierenden Einschränkung der allgemeinen Handlungsfreiheit nicht ausreichend.[806]

Durch § 56 Abs. 2 AufenthG ist der Ausländer zudem verpflichtet, sich nur im Bezirk der für ihn zuständigen Ausländerbehörde aufzuhalten. Der Wortlaut der Vorschrift verknüpft Abs. 2 mit Abs. 1 („*sein* [= des Ausländers gem. Abs. 1] Aufenthalt ist…“). Unklar bleibt jedoch, ob damit jeder Ausländer gemeint, dessen Aufenthaltsrecht gem. Abs. 1 S. 1 aus Gründen der öffentlichen Sicherheit

---

804 So auch die Gesetzesbegründung, dazu näher *Beichel-Benedetti*, in: Huber (Hrsg.), AufenthG, 2. Aufl., 2016, § 56 AufenthG, Rn. 1.

805 So *Hailbronner* zur Vorgängervorschrift des § 54a AufenthG, vgl. *Hailbronner*, in: dass. (Hrsg.), AuslR, 72. Erg.-Lfg. (Juni 2011), § 54a AufenthG, Rn. 9.

806 So aber noch *Tanneberger*, in: Kluth/Heusch (Hrsg.), BeckOK AuslR, 23. Ed. (01.08.2019), § 56 AufenthG, Rn. 7.

entzogen wurde, oder nur derjenige, für den die Meldepflicht nach Abs. 1 S. 2 ausdrücklich angeordnet wurde.[807]

§ 56 Abs. 3 AufenthG statuiert die Möglichkeit einer Wohnsitzpflicht für einen von der Ausländerbehörde bestimmten Ort. Ziel ist, wie auch bei anderen ausländerrechtlichen Wohnsitzverpflichtungen[808], die Kontrolle der Behörde über den regelmäßigen Aufenthaltsort, jedoch nicht zu Zwecken der Durchführung eines Verfahrens (wie etwa bei § 47 AsylG zur Durchführung des Asylverfahrens oder bei § 46 AufenthG zur Sicherstellung der Abschiebung), sondern zur Gefahrenabwehr: Durch die Information über den Wohnort soll es den Behörden erleichtert werden, jene Gefahren, die zum Verlust des Aufenthaltsrechts geführt haben, bis zur Ausreise unterbinden zu können.[809]

Dass bei § 56 AufenthG die Abwehr der Gefahren im Vordergrund steht, die zum Entzug der Aufenthaltserlaubnis geführt haben, wird besonders durch die Pflicht des § 56 Abs. 4 AufenthG deutlich. Demnach kann der Ausländer bis zur Ausreise auch verpflichtet werden, zu bestimmten Personen oder Gruppen keinen Kontakt zu suchen und mit ihnen „nicht zu verkehren, sie nicht zu beschäftigen, auszubilden oder sie zu beherbergen". Bereits diese Aufzählung verdeutlicht, dass es um ein umfassendes Kontaktverbot geht. Der Ausländer soll keine Möglichkeit haben, konspirative Pläne, die eine Gefahr für essentielle Rechtsgüter i.S.d. § 56 Abs. 1 AufenthG darstellen können, fortzusetzen. Daher kann er sogar verpflichtet werden, bestimmte Kommunikationsmittel nicht zu verwenden. Dies stellt einen erheblichen Eingriff in die kommunikative Entfaltung des Individuums dar, sodass die Vorschrift ausweislich ihres Wortlauts nur greift, soweit ihm (andere) Kommunikationsmittel verbleiben.[810] Wie ein solches Verbot technisch umgesetzt werden kann, bleibt unklar. Insbesondere moderne Kommunikationsmittel (bspw. Messengerdienste und soziale Netzwerke) befinden sich zentral auf dem Smartphone bzw. PC. Eine sichere Durchsetzung dieser Pflicht ließe sich insoweit nur durch ein vollständiges Nutzungsverbot dieser Geräte bzw. eine grundrechtlich tiefgreifende digitale Kontrolle durch die Behörden realisieren. Derartige Maßnahmen dürfen im Lichte des

807 So (in der Altauflage) noch *Tanneberger* (Fn. 806), § 56 AufenthG, Rn. 12, der zustimmungswürdig für eine Begrenzung auf Ausländer nach Abs. 1 S.1 argumentiert; a.A. *Fleuß*, in: Kluth/Heusch (Hrsg.), BeckOK AuslR, 28. Ed. (01.01.2021), § 56 AufenthG, Rn. 38.

808 Siehe zu § 47 AsylG S. 195, zu § 60 AsylG S. 199 und zu § 46 Abs. 1 S. 205.

809 *Tanneberger* (Fn. 806), § 56 AufenthG, Rn. 16.

810 *Bauer*, in: Bergmann/Dienelt (Hrsg.), AuslR, 13. Aufl., 2020, § 56 AufenthG, Rn. 17; *Cziersky-Reis*, in: Hofmann (Hrsg.), AuslR, 2. Aufl., 2016, § 56 AufenthG, Rn. 18.

Verhältnismäßigkeitsgrundsatzes nur besonders zurückhaltend bzw. als „Ultima ratio" angewandt werden.[811] Dies gilt etwa dann, wenn durch die Nutzung des Kommunikationskanals schwerwiegende Gefahren für hochrangige Rechtsgüter wie Leib und Leben entstehen, bspw. durch die Gefahr eines terroristischen Anschlags.

Kritisch zu sehen ist darüber hinaus aber, dass die Pflichten der Abs. 1 bis 4 auch greifen, wenn die Ausreisepflicht nicht vollziehbar ist.[812] Denn Umstände, welche die Vollziehbarkeit hemmen, liegen häufig auch über längere Zeiträume bis hin zu Jahrzehnten vor. Die Systematik des § 56 AufenthG zeigt jedoch, dass diese Maßnahmen als Übergangslösung bis zur Ausreise entwickelt wurden. Daher darf sich dieser grundrechtlich sensible Pflichtenkatalog bei einer längerfristigen Nichtvollziehbarkeit der Ausreise nicht zum polizeirechtlichen Dauerzustand entwickeln.

g) Pflichten bei der elektronischen Aufenthaltsüberwachung (§ 56a AufenthG)

Ergänzend zur Meldepflicht des § 56 AufenthG erlaubt § 56a AufenthG eine Kontrolle dieser Pflicht mittels elektronischer Überwachung des Aufenthaltsortes. Die Vorschrift wurde erst 2017 mit dem Gesetz zur besseren Durchsetzung der Ausreisepflicht neu geschaffen und orientiert sich an § 56 BKAG.[813] Nach § 56a Abs. 1 AufenthG kann ein Ausländer, welcher einer räumlichen Aufenthaltspflicht gem. § 56 Abs. 2 oder 3 AufenthG, bzw. einem Kontaktverbot gem. § 56 Abs. 4 AufenthG unterliegt, dazu verpflichtet werden „1. die für eine elektronische Überwachung seines Aufenthaltsortes erforderlichen technischen Mittel ständig in betriebsbereitem Zustand bei sich zu führen und 2. deren Funktionsfähigkeit nicht zu beeinträchtigen". Welche Sorgfaltspflichten aus Nr. 1 im Einzelnen folgen, ist angesichts der sehr jungen Vorschrift noch weitgehend ungeklärt. Aus dem Grundsatz der Verhältnismäßigkeit folgt aber, dass die Handhabung eines solchen Überwachungsgeräts für den Verpflichteten zumutbar und verständlich sein muss. Daher verbinden sich mit der Anordnung einer solchen Pflicht der Sache nach Aufklärungspflichten der Behörden. Nr. 2 zielt durch den aktiven Wortlaut des „beeinträchtigen" vor allem auf ein Verbot der aktiven Beschädigung oder Sabotage der Technik ab.

---

811 *Bauer* (Fn. 810), § 56 AufenthG, Rn. 17.

812 *Bauer* (Fn. 810), § 56 AufenthG, Rn. 9.

813 So die Gesetzesbegründung zu § 56a AufenthG in BT- Drs. 18/11546, S. 19; siehe zur Gesetzesbegründung von § 56 BKAG BT-Drs. 109/17, S. 143 ff.

Anders als die Pflichten des § 56 AufenthG darf § 56a AufenthG nur bei vollziehbar ausreisepflichtigen Ausländern zur Anwendung kommen und ist zudem gem. § 56 Abs. 2 AufenthG auf drei Monate befristet. Damit verhindert die Vorschrift eine Daueranwendung, wie sie bei § 56 u.U. drohen kann.[814] Eine solche Beschränkung scheint angesichts des gravierenden Eingriffs in die informationelle Selbstbestimmung, den eine dauerhafte staatliche Aufenthaltsüberwachung mit sich bringt, auch angemessen. Jedoch stellt die elektronische Erfassung des Aufenthaltsorts im Vergleich zur audiovisuellen Dauerobservation durch Polizeibeamte insgesamt das mildere Mittel dar, da über den bloßen Ort hinaus keine weiteren Daten erfasst werden.[815]

h) *Wohnsitz- und Aufenthaltspflichten ausreisepflichtiger Ausländer (§ 61 AufenthG)*

Für vollziehbar ausreisepflichtige Ausländer normiert § 61 AufenthG zusätzliche Möglichkeiten räumlicher Aufenthaltspflichten. Gem. § 61 Abs. 1 AufenthG darf sich ein ausreisepflichtiger Ausländer nur in dem für seinen Aufenthalt zuständigen Bundesland aufhalten. Gem. § 61 Abs. 1a AufenthG verkleinert sich dieses erlaubte Territorium auf das Gebiet der zuletzt zuständigen Ausländerbehörde (meist der Stadt- oder Landkreis). Dies gilt für Fälle, in denen gem. § 60a Abs. 2a AufenthG eine Zurückschiebung gem. § 57 AufenthG gescheitert ist. Eine Zurückschiebung in diesem Sinne meint die Aufenthaltsbeendigung, die nach dem Übertritt der Grenze, aber vor dem Abschluss des Einreisevorgangs ansetzt, also de facto während eines sich vollziehenden Grenzübertrittsprozesses.[816]

---

814 Siehe dazu S. 210.

815 *Fleuß*, in: Kluth/Heusch (Hrsg.), BeckOK AuslR, 28. Ed. (01.01.2021), § 56a AufenthG, Rn. 3; zur Verhältnismäßigkeit der Norm siehe auch *Dollinger*, in: Bergmann/Dienelt (Hrsg.), AuslR, 13. Aufl., 2020, § 56a AufenthG, Rn. 6 ff.

816 *Kluth*, in: Kluth/Heusch (Hrsg.), BeckOK AuslR, 28. Ed. (01.01.2021), § 61 AufenthG, Rn. 3. Dafür ist allerdings ein Verständnis des Grenzübertritts nicht nur als „juristische Sekunde", in der der Ausländer von Land A in Land B wechselt, notwendig, sondern als zumindest eine gewisse Zeit andauernderer Prozess, in dem die Behörden reagieren können. Wie lange genau dieser Einreiseprozess andauert und wie weit in das Inland hinein die Behörden den Ausländer demnach noch „abfangen" und zurückschieben können, bleibt dabei unklar. Vgl. dazu auch die Kritik von *Hruschka*, der die Fiktion eines rechtlichen Zwischenraums im Grenzgebiet zweier Staaten satirisch als „border spell" (Grenzzauber) bezeichnet, siehe *Hruschka*, The border spell: Dublin arrangements or bilateral agreements? Reflections on the cooperation between Germany and Greece / Spain in the context of control at the German-Austrian border, eumigrationlawblog.eu vom 26.02.2019.

Eine verschärfte Begrenzung des Aufenthaltsgebots auf das Gebiet der Ausländerbehörde kann in diesem Sinne als Versuch verstanden werden, die Einreise und Bewegungsfreiheit im Inland möglichst früh zu unterbinden. Die Aufenthaltspflicht nach § 61 Abs. 1 und Abs. 1a AufenthG ist gem. Abs. 1b auf drei Monate beschränkt, soweit sich der Ausländer in dieser Zeit erlaubt, geduldet oder gestattet im Land aufhält.

Gem. § 61 Abs. 1c AufenthG kann zudem eine räumliche Beschränkung im Wege des behördlichen Ermessens festgesetzt werden, wenn der Ausländer rechtskräftig strafrechtlich verurteilt wurde oder „Tatsachen die Schlussfolgerung rechtfertigen, dass der Ausländer gegen Vorschriften des Betäubungsmittelgesetzes verstoßen hat". Auch in diesem Fall dient die räumliche Aufenthaltspflicht somit der Sanktionierung eines bestimmten Fehlverhaltens.[817] Die Regelung ist vor dem Hintergrund der gesetzlichen Unschuldsvermutung jedoch kritisch zu sehen.[818] Denn das Ausländerrecht ist zwar grundsätzlich als Instrument der Gefahrenabwehr anzusehen. Im Fall von Abs. 1c knüpft es jedoch mit den Regelungen des Betäubungsmittelgesetzes ersichtlich nicht an einen präventiv-gefahrenabwehrrechtlichen, sondern an einen strafrechtlichen Regelungskomplex an. Daher ist das Erfordernis der „Tatsachen", die auf einen BtmG-Verstoß schließen lassen, streng auszulegen[819], sodass hier eine gewisse Offensichtlichkeit der Tatsachen notwendig ist. Dies kann bspw. der Fall sein, wenn bei dem Betroffenen Betäubungsmittel in größerem Umfang sichergestellt werden, die eine strafrechtliche Verurteilung als überwiegend wahrscheinlich erscheinen lassen. Wenn aufgrund der Tatsachenfeststellung zudem eine gewisse Wiederholungsgefahr wahrscheinlich erscheint (bspw., weil die Menge der sichergestellten Betäubungsmittel mit hoher Wahrscheinlichkeit auf eine regelmäßige Gewinnerzielungsabsicht schließen lässt), dann dient die Sanktion auch der Prävention künftiger Verstöße gegen das BtMG, und fügt sich so in die gefahrenabwehrrechtliche Funktion des Aufenthaltsrechts ein. So verstanden handelt es sich bei der Beschränkung des Aufenthaltsbereichs dann nicht um ein repressives „Strafrecht durch die Hintertür" über den Umweg des Ausländerrechts.

§ 61 Abs. 1c S. 2 AufenthG sieht die Beschränkung des erlaubten Aufenthaltsbereichs zudem für Fälle vor, in denen der Ausländer die Gründe, welche eine Abschiebung verhindern, durch vorsätzliche falsche Angaben oder eine Täuschung über seine Identität vorsätzlich herbeigeführt oder zumutbare

817 Zu den räumlich wirkenden Sanktionen siehe auch S. 290 ff.
818 So auch *Keßler*, in: Hofmann (Hrsg.), AuslR, 2. Aufl., 2016, § 61 AufenthG, Rn. 23.
819 *Kluth* (Fn. 816), § 61 AufenthG, Rn. 23.

Anforderungen an die Mitwirkung bei der Beseitigung von Ausreisehindernissen nicht erfüllt hat. Damit erweist sich die räumliche Beschränkung und das Aufenthaltsgebot des § 61 AufenthG auch hier nicht nur als Pflicht des Ausländers, sondern zugleich als Sanktion, die aus der Verletzung von Mitwirkungspflichten resultiert. Auch an diesem Beispiel lässt sich daher das Phänomen einer Verkettung von Mitwirkungspflichten mit Sanktionen erkennen, die ihrerseits weitere Pflichten statuieren.

Über § 61 Abs. 1d AufenthG kann zudem eine Wohnsitzverpflichtung statuiert werden, wenn der ausreisepflichtige Ausländer nicht über eigene Mittel des Unterhalts verfügt. Weitere Bedingungen und Auflagen können gem. Abs. 1e angeordnet werden. Nach Abs. 2 können die Länder zudem spezielle Aufnahmeeinrichtungen errichten, in denen „durch Betreuung und Beratung die Bereitschaft zur freiwilligen Ausreise gefördert und die Erreichbarkeit für Behörden und Gerichte, sowie die Durchführung der Ausreise gesichert werden". Eine Pflicht in eine solcher Einrichtung dann auch zu wohnen, ergibt sich allerdings aus Abs. 2 nicht direkt, sondern erst über eine entsprechende Anordnung gem. Abs. 1e.[820] Die Wohnsitzpflicht muss sachlich durch die Förderung oder Sicherstellung der Ausreise begründet sein, sie darf in keinem Fall als bloße „Strafe" oder Druckmittel zur Beugung des inneren Willens des Ausländers eingesetzt werden.[821]

3. *Zwischenfazit: räumliche Mitwirkungs- und Aufenthaltspflichten zwischen Verfahrenseffizienz und Gefahrenabwehr*

Die Erlaubnis oder Gestattung eines Aufenthalts kann mit zahlreichen Ge- und Verboten verknüpft werden, die regeln, *wo genau* sich Ausländer aufhalten dürfen. Gerade im Asylverfahren macht der Gesetzgeber vielfache Vorgaben über den räumlichen Aufenthalt. Diese haben sich bspw. zu bestimmten Terminen bei Behörden einzufinden[822], ihren Wohnsitz an gesetzlich definierten Orten zu nehmen[823] und dürfen sich generell in der Bundesrepublik nur in begrenztem Maße frei bewegen[824]. Die Motivation des Gesetzgebers bei derlei Geboten besteht im Asylverfahren insbesondere in einem effizienten Verfahrensablauf: Wenn der

---

820 *Keßler* (Fn. 818), § 61 AufenthG, Rn. 39.

821 *Keßler* (Fn. 818), § 61 AufenthG, Rn. 39 mit Verweis auf *OVG Koblenz*, 19.11.2003 – 10 B 11432/03.OVG, InfAuslR (2004), 255 (255).

822 Siehe S. 193.

823 Siehe S. 199.

824 Siehe S. 197.

Bewegungsradius eines Asylbewerbers beschränkt ist, so ermöglicht dies den Behörden einen leichteren Zugriff auf die Person. Dass sich der Asylbewerber darüber hinaus für die Antragstellung oder sonstige Vorsprachen selbstständig zur zuständigen Behörde begeben muss, entlastet diese zusätzlich. Der Aufenthalt in einer zentralen Sammelunterkunft für die Dauer des Verfahrens ermöglicht nach der Vorstellung des Gesetzgebers insbesondere für Antragsteller mit geringer Bleibeperspektive schnellere Verfahren, bei denen Ankunft, Antragstellung, Entscheidung und Rückführung möglichst räumlich gebündelt werden, auch um so eine individuelle Aufenthaltsverfestigung unterbinden zu können.[825] Darüber hinaus dienen räumliche Aufenthaltspflichten aber auch dem innerföderalen Lastenausgleich zwischen den Bundesländern. Bei anerkannt schutzberechtigten Personen können räumliche Beschränkungen jedoch mit deren unionsrechtlichem Recht auf Freizügigkeit im Aufnahmestaat in Konflikt geraten.

Aber auch das Aufenthaltsrecht, insbesondere das Recht der Aufenthaltsbeendigung, kennt räumliche Pflichten. Diese dienen zum einen der Durchsetzung der Ausreisepflicht, indem ein „Untertauchen" verhindert und der behördliche Zugriff auf den Ausreisepflichtigen erleichtert wird. Wurde ein Ausländer aus Gründen der öffentlichen Sicherheit und Ordnung ausgewiesen, so dienen räumliche Aufenthaltspflichten und die sie flankierenden Überwachungsmaßnahmen aber auch der Gefahrenabwehr und der Verhinderung von Straftaten bis zum Zeitpunkt der Ausreise.[826]

V. Integrationsbezogene Mitwirkungspflichten im Integrationsverwaltungsrecht

Ein ganz eigenes und noch vergleichsweise junges Kapitel des Migrationsrechts stellt das Integrationsverwaltungsrecht dar.[827] Es handelt sich dabei um ein eigenes Unterrechtsgebiet, welches sich mit den Voraussetzungen eines individuell-sozialen, aber auch gesamtgesellschaftlichen Zusammenhalts der Einwanderungsgesellschaft befasst.[828]

---

825 Siehe S. 195 f.

826 Siehe S. 208 ff.

827 Siehe dazu umfassend *Buchholtz*, Der Staat 2018, 407 (407 f.).

828 Dazu *Farahat*, Inklusion in der superdiversen Einwanderungsgesellschaft, in: Baer/Lepsius/Schönberger et al. (Hrsg.), Jahrbuch des öffentlichen Rechts der Gegenwart, 2018, S. 437.

1. Dogmatische Grundlagen und Herausforderungen der Steuerung von Integration durch das AufenthG

Das Aufenthaltsgesetz von 2004 enthält als erstes deutsches Gesetz ausdrückliche Bestimmungen über Integration und erfasst den Begriff bereits in seinem vollständigen Titel[829], beinhaltet selbst jedoch keine Legaldefinition.[830] Dies ist, auch vor dem Hintergrund des verfassungsrechtlichen Bestimmtheitsgebots, nicht unproblematisch, vermag doch der Normadressat die an ihn gestellten Integrationserwartungen und Mitwirkungspflichten nur zu erfüllen, wenn er auch klar erkennen kann, was dabei von ihm erwartet wird.[831] Dies gilt im Übrigen nicht nur für die rechtliche Steuerung der Integration auf Bundesebene, sondern gleichsam auch für die Integrationsgesetze der Länder.[832]

Ein Erklärungsansatz für eine fehlende Legaldefinition kann die überaus hohe Komplexität und vor allem inhaltlich Breite des Begriffs Integration sein, erfasst dieser doch zahlreiche Lebenssachverhalte und Regelungsbereiche.[833] Hinzu kommt, dass der Begriff keine originär juristische Konstruktion ist, sondern vielmehr den Sozialwissenschaften entstammt.[834] Daher ist es aus juristischer Perspektive durchaus sinnvoll, keine eigene Legaldefinition zu formulieren, welche die Komplexität des Begriffs notwendigerweise auf den Umfang einer generalklauselartigen Norm herunterbrechen müsste, sondern vielmehr die sozialwissenschaftliche Tiefe der Integrationsforschung ernst zu nehmen und für eine rechtliche Steuerung von Integration diese nur als abstraktes Leitmotiv eines Rechtsgebiets zu verstehen, dessen Ziele und Systematik sich

829 Gesetz über den Aufenthalt, die Erwerbstätigkeit und *die Integration* von Ausländern im Bundesgebiet v. 30.07.2004.

830 *Eichenhofer*, Begriff und Konzept der Integration im Aufenthaltsgesetz, 2013, S. 111.

831 *Eichenhofer*, DÖV 2014, 776 (778).

832 Aus diesem Grund hat der Bayerische Verfassungsgerichtshof Art. 13 Abs. 1 des Bayerischen Integrationsgesetzes für verfassungswidrig erklärt, da aus der Norm selbst nicht hinreichend klar erkennbar war, welches Verhalten der Gesetzgeber im Einzelnen als Verstoß gegen die Werteordnung des Grundgesetzes und damit als sanktionswürdig ansieht, vgl. *BayVerfGH*, 03.12.2019 – Vf. 6-VIII-17, Vf. 7-VIII-17, NVwZ-RR (2020), 273 (290), Rn. 211-214.

833 *Eichenhofer* (Fn. 830), S. 112; den Versuch einer möglichst weiten Definition gewagt hat *Burgi* (Fn. 32), S. 1015 mit der Zusammenfassung von „Integration" als „sämtliche staatlich wahrgenommenen Tätigkeitsbereiche, also einzelne Aufgaben der Verwaltung, die mit dem Ziel einer Förderung der Teilhabe und der Angleichung der Lebensverhältnisse unternommen werden"; siehe auch *Buchholtz* (Fn. 827), S. 415.

834 *Eichenhofer* (Fn. 830), S. 195 ff.; ähnlich auch *Eichenhofer* (Fn. 831), S. 777.

an vielen unterschiedlichen Normen zeigen. Dies stellt nicht notwendigerweise eine Gefährdung des Bestimmtheitsgebots dar. Ganz im Gegenteil vermag ein Verzicht auf eine begriffliche Vereinfachung von Integration sogar dazu beitragen, dass wiederum einzelne Normen, die sich dann mit den speziellen Einzelfragen von Integration befassen, ausreichend präzise gestaltet und formuliert werden können, anstatt der Verwaltung zunächst lediglich einen groben und unscharfen Integrationsbegriff als Werkzeug an die Hand zu geben.[835] Damit kann auch dem Umstand Rechnung getragen werden, dass auch eine scharfe Grenzziehung zwischen dem allgemeinen Migrationsrecht und dem Integrationsrecht als „Migrationsfolgenrecht“[836] schwer bis unmöglich ist.[837] Zwischen „Migration“ und ihren „Folgen“ lässt sich also, anders als die oben genannten Begrifflichkeiten suggerieren, nicht scharf trennen. Dies zeigt sich etwa daran, dass in chronologischer Hinsicht bereits in einem frühen Stadium des Migrationsprozesses, bspw. im laufenden Asylverfahren, der Gedanke der Integration beachtet werden muss, um so ein gutes gesamtgesellschaftliches Zusammenleben frühzeitig als Ziel in den Blick zu nehmen. Und auch die klare Trennung zwischen Deutschen und Ausländern droht im Integrationsrecht zu verschwimmen, knüpft dieses doch, anders als das klassische Aufenthaltsrecht, nicht an eindeutig definierte rechtliche Status, wie etwa Aufenthaltstitel, an, sondern oftmals an vielschichtige und schwer greifbare Kriterien wie „Kultur“ und „Zugehörigkeit“. Dies sorgt zunächst dafür, dass das Integrationsverwaltungsrecht nicht mehr ausschließlich Ausländer erfasst, sondern unter Umständen auch Deutsche mit „Migrationshintergrund“.[838] Dieser Umstand stellt insoweit einen Bruch mit der eingangs dieser Arbeit aufgestellten Definition von Aufenthaltsrecht als „Recht für Nichtdeutsche“[839], dar.

Der Bundesgesetzgeber scheint sich dieser besonderen Herausforderungen einer Transformation des Integrationsbegriffs in juristisch handhabbare Tatbestände beim Erlass des Aufenthaltsgesetzes bewusst gewesen zu sei. Jedenfalls beschränkt sich dort der Anspruch des Gesetzes in § 43 Abs. 1 AufenthG

835 Im Sinne einer Bestimmung des jeweiligen Inhalts des Integrationsbegriffs auf der Ebene der konkreten Norm auch *Eichenhofer* (Fn. 830), S. 273.

836 Begriff nach *Kluth* (Fn. 28).

837 *Thym* (Fn. 14), S. 257 f.

838 Nach der amtlichen Definition des Statistischen Bundesamtes hat eine Person einen Migrationshintergrund „wenn sie selbst oder mindestens ein Elternteil die deutsche Staatsangehörigkeit nicht durch Geburt besitzt“, vgl. *Statistisches Bundesamt*, Bevölkerung und Erwerbstätigkeit, 14.11.2014, S. 4.

839 Siehe auch S. 36.

auf ein „fördern und fordern" von Integration, erfasst also keine ganzheitliche Steuerung aller für den sozialen und gesellschaftlichen Zusammenhalt erforderlichen Faktoren.[840] Diese Selbstbegrenzung des gesetzgeberischen Steuerungsanspruchs entspricht auch dem verfassungsrechtlichen Leitbild, wonach insbesondere in Fragen „der Kultur, der Religion, der Erziehung und überhaupt der Entwicklung ethischer Vorstellungen [...] staatliche Enthaltsamkeit geboten [ist]"[841]. Die freiheitlich-demokratische Grundordnung verbietet demnach einen Zwang zu gesellschaftlicher Homogenität, die bis in die innere Haltung eines Menschen reicht und von ihm ein Gewissensbekenntnis verlangt, dass er nicht freiwillig abgeben möchte.[842] Denn ganz im Sinne des alten Volkslieds sind unter dem Grundgesetz die Gedanken frei und können auch von der demokratisch legitimierten Mehrheit nicht in staatlich erwünschte Schranken gezwungen werden.[843]

Abseits dieses hoch sensiblen Bereichs der Integration existieren aber auch deutlich greifbarere Faktoren gesellschaftlicher Teilhabe, in denen der Staat durchaus den Anspruch erheben kann, dass Menschen sich als soziale Wesen in die Gesellschaft einbringen. In bestimmten Fragen kann der Gesetzgeber daher einfacher die Mitwirkung des Individuums verlangen als in anderen. Hierunter zählen z.B. die Sprache und die Bildung der Bevölkerung. Grundsätzlich ist auch hier die Sorge vor eine paternalistisch-autoritären Staat nicht ausgeschlossen, sodass auch z.B. gegen die allgemeine Schulpflicht und im speziellen gegen die verpflichtende Teilnahme an bestimmten Unterrichtsfächern vereinzelt rechtlich vorgegangen wird.[844] Es lässt sich jedoch festhalten, dass die Kenntnis der deutschen Sprache, das Verfügen über eine grundlegende schulische Allgemeinbildung oder das grundsätzliche Bemühen um einen Arbeitsplatz verfassungsrechtlich wesentlich unproblematischer sind, als der Zwang zu einem inneren Werte- und Haltungsbekenntnis.[845] Dem Grundgesetz und auch dem

840 *Thym* (Fn. 14), S. 259.

841 *Buchholtz* (Fn. 827), S. 412 f.

842 Siehe dazu auch S. 166 f.

843 Siehe dazu auch das sogenannte Böckenförde-Diktum, wonach „der Rechtsstaat von Voraussetzungen lebt [z.B. dem Bekenntnis seiner Bürger zur freiheitlich demokratischen Grundordnung und einem gesellschaftlichen Miteinander], die er selbst nicht garantieren kann.", *Böckenförde*, Staat, Gesellschaft, Freiheit, 1976, S. 60.

844 Siehe dazu bspw. *VG Minden*, 13.09.2013 – 8 K 1623/12, via juris.

845 Auch wenn gerade im Bereich des Sozialrechts die jüngeren Diskussionen um die Verfassungsmäßigkeit der Mitwirkungspflichten und Sanktionen im SGB II, und einem damit zusammenhängenden „Recht, nicht arbeiten zu müssen", auch hier die

einfachgesetzlichen Integrationsrecht liegt daher kein Verständnis von „Integration" als vollumfänglichem Transformationsvorgang zugrunde, welcher den „Fremden" in eine zur Mehrheitsgesellschaft kompatible Form presst, sondern vielmehr als Gewährleistung der für eine soziale Teilhabe an Bildung, Arbeit und Zivilgesellschaft erforderlichen Ressourcen[846], die zugleich die innere Freiheit des Individuums respektiert.

2. *Integration auch bei „prekärem" Aufenthaltsstatus?*

Die Integrationsregelungen des AufenthG fügen sich in den etablierten Ansatz des Gesetzgebers ein, alle Instrumente, die zu einer Verfestigung des Aufenthalts beitragen können, nur dann einzusetzen, wenn es sich um einen regularisierten und staatlich erwünschten Aufenthalt handelt. Diese migrationspolitische Zielsetzung verdeutlicht sich bereits an der integrationspolitischen Generalklausel des § 43 Abs. 1 AufenthG, wonach nur „rechtmäßig und auf Dauer" im Bundesgebiet lebende Ausländer integriert werden sollen.

Daher erfasste das Integrationsrecht lange Zeit keine Asylbewerber im noch laufenden Verfahren, bei denen also noch nicht feststand, ob ihnen ein Schutzstatus und damit eine längerfristige Bleibeperspektive eröffnet sind. Auch ausreisepflichtige aber geduldete Personen waren keine Zielgruppe einer aufenthaltsverfestigenden Gesetzgebung. Rechtsnormen, die auf die Integration von Asylbewerbern im laufenden Verfahren abzielen oder aber auf Ausländer, die sich zwar noch geduldet im Land befinden, aber über kein Aufenthaltsrecht (mehr) verfügen, passten daher nicht in das integrationspolitische Konzept des Gesetzgebers, da ihr Aufenthalt unter keinen Umständen durch Maßnahmen der Integration gestärkt werden sollte. Genau dieser Personenkreis ist es aber, der vom Asylbewerberleistungsgesetz erfasst wird. Daher verwundert es kaum, dass das AsylbLG keine etablierte Bastion integrationsbezogener Regelungen ist. Obwohl auch Leistungsempfänger nach dem AsylbLG nach 18 Monaten Leistungen analog zu denen des SGB XII erhalten, und sie damit im Hinblick auf die existenzsichernden Leistungen deutschen Staatsbürgern faktisch gleichgestellt sind, ging das AsylbLG in seinem Anwendungsbereich dennoch bisher von einem nur vorübergehenden Aufenthalt aus, bei dem eine soziale und

---

verfassungsrechtliche Brisanz verdeutlichen, siehe dazu *Steinbeis*, Das Minus zum Minimum: Hartz-IV-Sanktionen vor dem Bundesverfassungsgericht, verfassungsblog.de vom 15.01.2019.

846 *Buchholtz* (Fn. 827), S. 414 f.; in diesem Sinne auch *Berlit* (Fn. 157), S. 232.

wirtschaftliche Integration in die Gesellschaft aus Sicht des Gesetzgebers nicht wünschenswert war.

Diese Herangehensweise tritt jedoch oftmals in ein Spannungsverhältnis mit der Realität des Verwaltungsvollzugs.[847] Insbesondere Personen, deren Duldung über einen langen Zeitraum (teilweise über Jahrzehnte) durch sogenannte „Kettenduldungen“[848] immer wieder verlängert wird, bleiben von integrationspolitischen Maßnahmen ausgenommen. Denn rechtlich gelten sie in der gesamten Zeit als „kurz vor der Ausreise stehend“. Eine Ausnahme besteht gem. § 44 Abs. 4 Nr. 2 AufenthG nur für geduldete Personen, deren Duldung gem. § 60a Abs. 2 S. 3 AufenthG aus dringenden persönlichen oder humanitären Gründen erteilt wurde. Dazu zählt gem. § 60a Abs. 3 S. 4 AufenthG auch die sogenannte „Ausbildungsduldung“. Da hier zumindest für die Dauer einer Berufsausbildung und eventuell für eine anschließende Beschäftigung ein rechtmäßiger Aufenthalt zu erwarten ist, durchbricht diese Form der Duldung ein Stück weit das grundsätzlich streng getrennte System des erwünschten dauerhaften Aufenthalts einerseits und der nur vorübergehend bis zur Ausreise erteilten Duldung andererseits. Dass eine solche Duldung nun durch integrationspolitische Maßnahmen flankiert werden kann, ist daher folgerichtig.

Neben dem Anerkenntnis der grundsätzlichen Möglichkeit eines Integrationsbedarfs auch bei formell zu beendenden Aufenthalten hat der Gesetzgeber auch bei Personen im noch laufenden Asylverfahren einen möglichen Integrationsbedarf festgestellt. Denn deren Teilhabe an der deutschen Gesellschaft mag formell noch am Anfang stehen. Integration und Teilhabe bilden jedoch kein rein formalistisches Arbeitsprogramm, welches ohne Konsequenzen zu jedem beliebigen Zeitpunkt an- und abgeschaltet werden kann. Die Teilhabechancen einer Person am gesellschaftlichen Leben üben vielmehr vom ersten Tag des Aufenthalts an direkten Einfluss auf die langfristigen sozialen Perspektiven aus. So mag ein humanitärer Aufenthalt während der Dauer des Asylverfahrens rein formaljuristisch noch „in den Kinderschuhen stecken“. In der Realität der Verwaltungspraxis kann sich diese Phase bei starker Auslastung der Behörden

847 So übernahm durch den mangelhaften Vollzug der Ausreisepflicht insbesondere das Rechtsinstitut der Duldung in der Praxis eine immer wichtigere Rolle und wurde von der Einzelfall- zur Standardlösung im Umgang mit ausreisepflichtige Personen deren Ausreise nicht durchgesetzt werden kann, vgl. *Rosenstein/Koehler*, ZAR 2019, 222 (222).

848 *Gutmann*, NJW 2010, 666 (666).

jedoch teilweise über Monate erstrecken.[849] Daher hat der Gesetzgeber die bestehenden Regelungen der §§ 43–45a AufenthG um die Möglichkeit und Pflicht der Teilhabe an integrationsfördernden Maßnahmen bereits während des Asylverfahrens ergänzt.[850] Die dafür einschlägigen Normen hat er im Asylbewerberleistungsgesetz normiert. Durch diese Entscheidung für das AsylbLG und gegen eine Verortung im AsylG wird zum einen der soziale bzw. sozialrechtliche Aspekt von Integrationsleistungen noch einmal hervorgehoben. Zum anderen ermöglicht diese Systematik aber auch die Konnexität zur sozialrechtlichen Sanktionierung mangelhafter Mitwirkung an den Integrationsmaßnahmen.

Vor diesem Hintergrund stellt sich nun also die Frage: Welche (Mitwirkungs-)Pflichten erlegt der Gesetzgeber einem Ausländer zum Zweck der Integration auf? Und weichen diese in ihrer dogmatischen Konstruktion von denen des allgemeinen Ausländer- und Asylrechts ab? An dieser Stelle fragt sich insbesondere, ob die Pflichten des Integrationsrechts denselben gefahrenabwehrrechtlichen, also hoheitlich-imperativen, Charakter haben wie die des allgemeinen Asyl- und Aufenthaltsrechts oder ob der Gesetzgeber im Integrationsrecht eventuell (ergänzend) einen kooperativen Ansatz zwischen Individuum und Behörde entwickelt hat.[851]

3. *Die Pflicht zur Teilnahme an einem Integrationskurs (§§ 43, 44a AufenthG)*

Durch die Möglichkeit der Teilnahme an einem Integrationskurs stellt der Gesetzgeber gem. § 43 Abs. 2 S. 1 AufenthG zunächst ein „Grundangebot zur Integration" zur Verfügung. Der Begriff der Integration ist, wie oben diskutiert, alles andere als eindeutig und wird daher auch in den Vorschriften über Integrationskurse im AufenthG nicht definiert.[852] § 43 Abs. 1 AufenthG spricht lediglich vom Ziel des Integrationskurses, einem Ausländer „die Sprache, die Rechtsordnung, die Kultur und die Geschichte" Deutschlands zu vermitteln, wodurch

---

849 So dauerte ein Asylverfahren im dritten Quartal 2018 im Durchschnitt immer noch 6,1 Monate, vgl. BT-Drs. 19/7552, S. 3.

850 Hatte die Große Koalition die Möglichkeit der Teilnahme an Integrationskursen für Asylbewerber bereits 2015 mit dem Asylverfahrensbeschleunigungsgesetz geschaffen, so folgte 2016 mit dem Integrationsgesetz auch die Pflicht der Teilnahme, vgl. *Harbou*, NVwZ 2016, 1193 (1196).

851 Ein Vorschlag für ein primär „förderndes" und nur partiell „forderndes" Integrationsrecht findet sich bei *Buchholtz* (Fn. 827), S. 418 f.

852 *Eichenhofer* (Fn. 830), S. 111.

Ausländer „mit den Lebensverhältnissen im Bundesgebiet so weit vertraut werden, dass sie ohne die Hilfe oder Vermittlung Dritter in allen Angelegenheiten des täglichen Lebens selbstständig handeln können". Beachtet man die Breite und die zahlreichen erfassten Lebenssachverhalte dieses Ziels, so ist der Ansatz des Gesetzgebers, das dazu notwendige Wissen in einem Kurs zu vermitteln, durchaus ambitioniert. In diesem Sinne ist daher auf das Prinzip der Integrationsverwaltung zu verweisen, wonach gem. § 43 Abs. 1 die Integration lediglich *gefördert* (und gefordert) wird. Zur genauen Ausgestaltung der Kursinhalte durch Rechtsverordnung wird die Bundesregierung gem. § 43 Abs. 4 ermächtigt. Diese Ermächtigung wurde durch die Integrationskursverordnung (IntV) umgesetzt und teilt den Kurs in zwei Phasen ein. Zunächst ist gem. § 11 IntV ein Sprachkurs zu absolvieren, welcher 600 Stunden umfasst.[853] Anschließend findet gem. § 12 IntV der Orientierungskurs statt, welcher 100 Stunden umfasst. Über dessen genauen Inhalt trifft die IntV keine weitergehende Aussage.

a) Adressatenkreis einer Verpflichtung zur Kursteilnahme

Welche Personen zur Kursteilnahme verpflichtet werden können, ist in § 44a AufenthG geregelt. Der Adressatenkreis ergibt sich aus mehreren Voraussetzungen und erfasst verschiedene Zielgruppen. Mit § 44a Abs. 1 Nr. 1 AufenthG werden zunächst die zur Teilnahme an einem Integrationskurs Berechtigten erfasst, soweit sie gem. § 44a Abs. 1 Nr. 1 a) nicht über „*einfache* Deutschkenntnisse" verfügen[854] oder, die zum Zeitpunkt der Erteilung eines Aufenthaltstitels nach den §§ 23 Abs. 2, 28 Abs. 1 S. 1 Nr. 1, 30 oder 36a Abs. 1 S. 1 nicht über „*ausreichende* Kenntnisse der deutschen Sprache" verfügen.[855] Darüber hinaus sind Personen gem. § 44a Abs. 1 Nr. 2 zur Teilnahme verpflichtet, die Leistungen nach dem SGB II beziehen und deren sprachliche Integration Teil ihrer Eingliederung in den Arbeitsmarkt ist, sowie gem. Nr. 3 Ausländer, die in besonderer Weise „integrationsbedürftig" sind. Dieses Kriterium ist in § 4 Abs. 3 IntV durch ein Regelbeispiel näher definiert. Es geht dabei insbesondere um Personen, die

---

853 Dieser große Umfang erklärt sich vor dem Hintergrund der Sprache als „Schlüssel" zur Integration, *Röcker*, in: Bergmann/Dienelt (Hrsg.), AuslR, 13. Aufl., 2020, § 44a AufenthG, Rn. 1; zum Leitbild einer sprachlich-kulturellen Integration siehe auch *Bolat*, Integration als Leitbild im deutschen Migrationsrecht, 2016, S. 103 f.

854 Hiermit ist das Sprachniveau A1 des Europäischen Referenzrahmens gemeint, siehe *Eichenhofer*, in: Kluth/Heusch (Hrsg.), BeckOK AuslR, 28. Ed. (01.07.2020), § 44a AufenthG, Rn. 5.

855 Ausreichend sind Kenntnisse die dem Sprachniveau B1 entsprechen, siehe *Röcker* (Fn. 853), § 44a AufenthG, Rn. 4.

nicht den nötigen Integrationsgrad aufweisen, aber z.B. sorgeberechtigt für ein in Deutschland lebendes Kind sind. Die staatlich verordnete Integration zielt in diesen Fällen dann im Ergebnis mittelbar auf das Kind ab und soll so insbesondere dessen Bildung und Erziehung unterstützen. Als letzte Gruppe können gem. Nr. 4 auch Ausländer verpflichtet werden, die als Geduldete oder Asylbewerber Anspruch auf Leistungen nach dem AsylbLG haben.[856]

b) Konkrete Pflichten bei der Kursteilnahme

Auch wenn § 43 Abs. 1 AufenthG noch von einem „Grundangebot zur Integration" spricht, kann durch die Pflicht zur Teilnahme gem. § 44a AufenthG von einem bloßen Angebot keine Rede mehr sein. Der Begriff der Teilnahme wird in § 44a selbst nicht näher definiert, jedoch spricht § 14 Abs. 6 IntV von einer ordnungsgemäßen Teilnahme „wenn ein Teilnehmer so regelmäßig am Kurs teilnimmt, dass ein Kurserfolg möglich ist und der Lernerfolg insbesondere nicht durch Kursabbruch oder häufige Nichtteilnahme gefährdet ist, und er am Abschlusstest nach § 17 Abs. 1 IntV teilnimmt". Die Pflicht zur Teilnahme ist somit in zwei Phasen eingeteilt. Erstere spricht nur von einer regelmäßigen Teilnahme, die einen Kurserfolg ermöglicht. Dem Wortlaut nach ist dies bereits der Fall, wenn der Verpflichtete während des Kurses anwesend ist, sodass ihm prinzipiell Kursinhalte vermittelt werden können. Dem Gesetzgeber ging es aber wohl nicht nur um eine physische Anwesenheit, sondern auch um aktive Teilnahme am Kurs. Dies wird deutlich durch das zweite Kriterium, die Teilnahme am Abschlusstest. Dieser soll sicherstellen, dass der Ausländer die Inhalte des Kurses auch verstanden und verinnerlicht hat.

Ziel der Kurse ist es, dass der Ausländer gem. § 3 IntV über ausreichende Kenntnisse der deutschen Sprache, sowie über die „Werte des demokratischen Staatswesens der Bundesrepublik Deutschland und die Prinzipien der Rechtsstaatlichkeit, Gleichberechtigung, Toleranz und Religionsfreiheit" verfügt. Während die Vermittlung von Sprachkenntnissen noch als überindividuelle Voraussetzung eines Mindestmaßes an gesellschaftlicher Partizipation angesehen wird, und insoweit als Sachwissen auch eingefordert werden kann, muss bei der Vermittlung der gesellschaftspolitischen Werte kritisch hinterfragt werden, ob eine Teilnahme*pflicht* ein geeignetes Mittel der Integration darstellt. Denn letztlich handelt es sich beim Bekenntnis des Individuums zu einem politischen Wertegefüge um jenes innere Gewissensrefugium eines Menschen, in welches der Staat nicht durch Zwang vordringen darf.[857] Was sich dadurch nicht

856 Siehe dazu S. 227.
857 Siehe dazu Fn. 843.

verbietet, und was im Sinne einer verantwortungsvollen Integrationspolitik auch geboten erscheint, ist das Angebot des Staates, den Zugang zu Sprache und gesellschaftspolitischem Wissen zu eröffnen, indem die Teilnahme an einem Integrationskurs ermöglicht wird.[858] Auch die Verpflichtung zur Teilnahme bewegt sich für sich betrachtet noch nicht im Rahmen einer unzulässigen „Willensbeugung". Einfordern kann der Staat hier aber immer nur die „Leistung" und nicht den „Erfolg". Er kann verlangen, dass der Verpflichtete physisch und geistig am Kurs teilnimmt und auch einen Nachweis darüber in Gestalt einer Prüfung erbringt. Was er nicht verlangen kann, ist die Erfüllung einer inneren Bringschuld des Ausländers über sein freies und aufrichtiges Bekenntnis zur freiheitlich-demokratischen Grundordnung. Daher darf der Gesetzgeber die Pflicht zur Teilnahme an einem Integrationskurs auch nicht als Sanktion für die Ablehnung der freiheitlich demokratischen Grundordnung verhängen, da er damit das Nichtbekenntnis gerade als Anlass eines Zwangs zur Meinungsänderung betrachtet und damit letztlich unverhältnismäßig in das Grundrecht auf freie Meinungsbildung eingreift.[859] Hier endet der Bereich, den der Staat durch Integrationsverwaltung noch aktiv steuern kann und es beginnt die innere Sphäre, in der der Mensch nur noch sich selbst verantwortlich ist.[860]

4. *Pflicht zur Teilnahme an einem berufsbezogenen Deutschförderungskurs (§ 45a AufenthG)*

Abseits des allgemeinen Sprachunterrichts als Bestandteil des Integrationskurses bietet § 45a AufenthG die Möglichkeit, dass der Ausländer (zusätzlich zum Integrationskurs) an einem berufsbezogenen Deutschkurs teilnimmt.[861] Gem. § 45a Abs. 2 S. 1 AufenthG kann er dazu auch verpflichtet werden, wenn er Leistungen nach dem SGB II bezieht und die Teilnahme am Deutschkurs Teil der Eingliederungsvereinbarung ist.[862] Voraussetzung ist zudem, dass der Ausländer über eine gute Bleibeperspektive verfügt[863] oder (bei unklarer Bleibeperspektive) sein

858 *Buchholtz* (Fn. 827), S. 412.

859 So der *BayVerfGH*, 03.12.2019 – Vf. 6-VIII-17, Vf. 7-VIII-17, NVwZ-RR (2020), 273 (291, Rn. 224) zu Art. 13 des Bayerischen Integrationsgesetzes; ebenso *Leven/Strahl*, ZAR 2020, 36 (43); *Metzner*, GSZ 2020, 38 (45).

860 *Buchholtz* (Fn. 827), S. 417.

861 *Eichenhofer*, in: Kluth/Heusch (Hrsg.), BeckOK AuslR, 28. Ed. (01.07.2020), § 45a AufenthG, Rn. 2.

862 Zur Eingliederungsvereinbarung insgesamt siehe *Lang*, NZS 2006, 176.

863 Diese Einschätzung kann regelmäßig auch schon im laufenden Asylverfahren erfolgen, vgl. *Eichenhofer*, ZAR (2016), 251 (257).

Aufenthalt seit mindestens drei Monaten gestattet ist und er bei der Bundesagentur für Arbeit arbeitssuchend, ausbildungssuchend oder arbeitslos gemeldet ist.[864] Ausschlussgrund für die Pflicht bzw. Möglichkeit zur Teilnahme ist dagegen, dass der Ausländer aus einem sicheren Herkunftsstaat gem. § 29a AsylG stammt und ein dauerhafter rechtmäßiger Aufenthalt daher gem. § 45a Abs. 2 S. 4 AufenthG nicht zu erwarten ist.

5. *Pflicht zur Wahrnehmung von Arbeitsgelegenheiten in der Unterkunft (§ 5 Abs. 4 AsylbLG)*

Im AsylbLG hat der Gesetzgeber als verpflichtende Integrationsmaßnahmen vor allem die Wahrnehmung arbeitsmarktorientierter Arbeitsgelegenheiten gem. § 5a AsylbLG sowie die Teilnahme an Integrationskursen gem. § 5b AsylbLG vorgesehen. Darüber hinaus statuiert aber auch § 5 AsylbLG eine Pflicht zur Wahrnehmung von Arbeitsgelegenheiten. Diese beziehen sich zwar der Sache nach nur auf Arbeitsgelegenheiten in der Aufnahmeeinrichtung und dienen der Erledigung von Aufgaben, die in der Unterkunft anfallen. Asylbewerber tragen so zunächst einmal zu ihrer eigenen Versorgung und Unterbringung bei.[865] Darüber hinaus hat der Gesetzgeber aber ausdrücklich klargestellt, dass er in diesen Arbeitsgelegenheiten auch einen Beitrag zur „gesellschaftlichen Teilhabe“ und die Möglichkeit einer „ersten Heranführung an den Arbeitsmarkt“ sieht.[866] Daher kann auch die Wahrnehmung dieser niedrigschwelligen Arbeitsgelegenheiten bereits als Teil der integrationsbezogenen Pflichten verstanden werden.

a) *Erfasster Personenkreis*

Nach dem Wortlaut der Vorschrift sind zunächst lediglich „nicht arbeitsfähige, bereits erwerbstätige und schulpflichtige“ Personen von der Verpflichtung zur Wahrnehmung von Arbeitsgelegenheiten ausgenommen.[867] Seit 2016 gilt zudem gem. § 5 Abs. 3 S. 3 AsylbLG die Aufnahme einer Beschäftigung sowie einer Berufsausbildung oder eines Studiums als wichtiger Grund. Darüber hinaus ist der Personenkreis, der zur Arbeit verpflichtet werden kann, auch durch den

---

864 *Röcker*, in: Bergmann/Dienelt (Hrsg.), AuslR, 13. Aufl., 2020, § 45a AufenthG, Rn. 3.
865 *Korff*, in: Rolfs/Giesen/Kreikebohm et al. (Hrsg.), 53. Ed. (01.06.2019), § 5 AsylblG, Rn. 2.
866 BT-Drs. 18/8615, S. 36.
867 *Cantzler*, in: ders. (Hrsg.), 2019, § 5 AsylblG, Rn. 31 ff.; *Wahrendorf*, in: Grube/Wahrendorf/Flint (Hrsg.), 7. Aufl., 2020, § 5 AsylblG, Rn. 24.

Verweis von § 5 Abs. 3 S. 2 in § 11 Abs. 4 SGB XII eingeschränkt.[868] Demnach ist eine Tätigkeit insbesondere für Personen, die das gesetzliche Renteneintrittsalter erreicht haben, oder bei denen durch die Tätigkeit die ordnungsgemäße Erziehung eines Kindes gefährdet werden würde, unzumutbar. Dies heißt aber nicht, dass Kindererziehung pauschal dazu führt, dass die Aufnahme einer Arbeitsgelegenheit immer unzumutbar ist. Denn gem. § 5 Abs. 3 S. 1 AsylbLG ist die Tätigkeit so auszugestalten, dass sie nicht nur zumutbar ist, sondern auch „zumindest Stundenweise" ausgeübt werden kann. Damit verdeutlicht der Gesetzgeber, dass es ihm weniger um eine umfassende Tätigkeit und mehr darum geht, auch kleine Möglichkeiten zur Eingliederung in Arbeit und Gesellschaft zu nutzen.[869] Im Übrigen darf eine Arbeitsgelegenheit aber generell nicht den Umfang einer Vollzeitbeschäftigung erreichen. Als Faustregel können 20-25 Stunden/Woche noch als angemessen gelten.[870]

b) Die subjektive Zumutbarkeit der Arbeitsgelegenheit

Eine Sonderproblematik innerhalb der Frage, wann eine Arbeitsgelegenheit zumutbar ist, ergibt sich aus dem grundsätzlichen Problem, ob die Zumutbarkeit nach objektiven Kriterien oder (auch) aus der subjektiven Situation der Betroffenen heraus zu bestimmen ist. Dies manifestiert sich u.a. am Beispiel der Kindererziehung als Hindernisgrund. Hier gilt zunächst als objektiver Grundsatz: Besteht die Möglichkeit einer unterstützenden Kinderbetreuung, so kann in diesem Sinne zumindest eine kleine Tätigkeit insgesamt zumutbar sein. Dies gilt jedenfalls dann, wenn das Kind nicht jünger als 3 Jahre ist. Dann ist eine solche de facto zwangsweise Fremdbetreuung des Kindes zum Zwecke der Wahrnehmung einer Arbeitsgelegenheit in jedem Fall unzumutbar.[871] Umstritten ist aber, inwieweit der Staat grundlegende Vorstellungen über die soziale Rollenverteilung der Geschlechter zum objektiven Maßstab der Zumutbarkeit machen darf. So hatte in einem Fall die zuständige Behörde die Arbeitsaufnahme einer Mutter zweier zwei- und vierjähriger Kinder für zumutbar gehalten, da sich der Vater in dieser Zeit um die Kinder kümmern könne.[872] Dass dieser aufgrund seiner patriarchalen Einstellung („Männer kümmern sich nicht um Kinder") dazu nicht bereit war, hat die Behörde nicht als ausreichenden Verhinderungsgrund

868 *Siefert*, in: dies. (Hrsg.), 2018, § 5 AsylblG, Rn. 27.
869 *Siefert* (Fn. 868), § 5 AsylblG, Rn. 23.
870 *Korff* (Fn. 865), § 5 AsylblG, Rn. 7; *Wahrendorf* (Fn. 867), § 5 AsylblG, Rn. 17.
871 *Wahrendorf* (Fn. 867), § 5 AsylblG, Rn. 19.
872 *OVG Hamburg*, 01.07.2002 – 4 Bs 190/02, NJW (2003), 3723 (3723).

angesehen und diese subjektive Haltung des Vaters insgesamt nicht in ihre Entscheidung mit einfließen lassen. Denn grundsätzlich wäre es dem Vater objektiv zumutbar, dass er sich an der Erziehung und Beaufsichtigung der Kinder beteiligt. Diese Ansicht übersieht jedoch, dass es der Mutter nicht zumutbar ist, ihre beiden Kinder in die Obhut des Vaters zu geben, wenn dieser offenkundig signalisiert hat, an Erziehung und Obhut keinerlei Interesse zu haben. Denn die Mutter war in diesem Fall berechtigterweise um das Wohl ihrer Kinder in Sorge. Anknüpfungspunkt der Zumutbarkeitsprüfung kann aber nur die Mutter sein. Eine Durchsetzung über den Willen des Vaters hinweg darf in keinem Fall zu ihren Lasten oder der Kinder ausgehen. Daher müssen in einem solchen Fall die inneren Einstellungen des Vaters in der Abwägung Berücksichtigung finden; nicht um seinetwillen, sondern für das Wohl von Mutter und Kindern.[873]

6. *Die Pflicht zur Teilnahme an arbeitsmarktbezogenen Integrationsmaßnahmen (§ 5a Abs. 2 AsylbLG)*

Ähnlich wie § 5 AsylbLG entstammt auch § 5a AsylbLG dem Konzept „Integration durch Arbeit". Der Gesetzgeber hat im Zuge des Integrationsgesetzes 2015 durch eine Verwaltungsvereinbarung gem. § 368 Abs. 3 S. 2 SGB III der Bundesagentur für Arbeit die Durchführung eines „Arbeitsmarktprogramms Flüchtlingsintegrationsmaßnahmen" übertragen.[874] § 5a AsylbLG verankert dieses Beschäftigungsprogramm auf der rechtlichen Ebene und etabliert in § 5a Abs. 2 AsylbLG auch die Pflicht zur Wahrnehmung einer für sie zumutbaren Integrationsmaßnahme. Der Maßstab der Zumutbarkeit orientiert sich wie auch § 5 AsylbLG an § 11 Abs. 4 SGB XII, daher kann auf die diesbezüglichen Ausführungen zu § 5 AsylbLG verwiesen werden. Unklar ist jedoch die Systematik der Nachweispflicht zwischen Behörde und Leistungsberechtigtem. Einerseits hat die Behörde im Wege der Amtsermittlung (mangels spezieller Verlagerung der

873 So auch *OVG Hamburg*, 01.07.2002 – 4 Bs 190/02, NJW (2003), 3723 (3724); a.A. *Wahrendorf* (Fn. 867), § 5 AsylblG, Rn. 21, sowie *LSG Hessen*, 29.09.2006 – L 9 AS 179/06 ER, BeckRS (2006), 136425, Rn. 8, welches sich ausdrücklich von dem zuvor genannten Beschluss des OVG Hamburg abgrenzt und darauf hinweist, dass eine Verweigerung der väterlichen Erziehung dann nicht infrage komme, wenn dieser sorgeberechtigt sei. In der Sache macht es jedoch für das Wohl der Kinder keinen Unterschied, ob der Vater rechtlich sorgepflichtig ist. Wenn er offen ankündigt, für die Kinder nicht sorgen zu können und zu wollen, so ist jedenfalls der Mutter die Abgabe der Kinder in seine alleinige Obhut nicht zumutbar.

874 BT-Drs. 80/8615, S.23.

Nachweislast auf den Leistungsbezieher) zu prüfen, ob die Tätigkeit zumutbar ist. Andererseits tritt aber die Leistungsabsenkung als Sanktionierung einer verweigerten Pflichterfüllung gem. § 5a Abs. 3 S. 3 AsylbLG dann nicht ein, wenn der Leistungsbezieher nachweist, dass ein wichtiger Hindernisgrund vorliegt. Daher kann ein wichtiger Grund auf zwei Ebenen Bedeutung erlangen: Zum einen ist er von der Behörde zu ermittelndes Tatbestandsmerkmal der Unzumutbarkeit, zum anderen kann er aber auch ein zu berücksichtigender Einwand gegen eine Sanktionsentscheidung der Behörde sein.[875]

Ein Unterschied zwischen den §§ 5 und 5a AsylbLG besteht aber im Ziel und damit auch dem Umfang der Tätigkeit. Während § 5 AsylG eine hybride Beschäftigungsform zwischen Selbstversorgung in der Unterkunft und einem ersten „Herantasten" an den Arbeitsmarkt darstellt, ist § 5a AsylbLG bereits vollwertiger Teil der arbeitsmarktpolitischen Integration. Daher ist hier auch eine Tätigkeit mit bis zu 30 Stunden Umfang zumutbar.[876] Diese Zielsetzung ergibt sich auch daraus, dass § 5a Abs. 2 AsylbLG als Hindernisgrund explizit eine anderweitige Beschäftigung auf dem allgemeinen Arbeitsmarkt, sowie eine Berufsausbildung und ein Studium anerkennt, welche ebenfalls regelmäßig in größerem zeitlichem Umfang erfolgen.

7. Pflicht zur Teilnahme an Integrationskursen (§ 5b AsylbLG)

Arbeitsfähige Asylbewerber können nicht nur zu Arbeitsgelegenheiten oder berufsbezogenen Maßnahmen, sondern auch zur Teilnahme an Integrationskursen gem. § 44 AufenthG verpflichtet werden.[877] Ziel der Pflicht ist allem voran der Spracherwerb als grundlegende Voraussetzung der Integration.[878]

Unklar ist mithin das Verhältnis zu § 44a Abs. 1 Nr. 4 AufenthG und die Frage, warum der Gesetzgeber die Möglichkeit zur Teilnahmeverpflichtung doppelt geregelt hat. Ein Erklärungsansatz dafür kann die Verbindung der Teilnahmepflicht mit den sozialrechtlichen Sanktionen des § 5b Abs. 2 AsylbLG sein: Durch die im Kern systemfremde zusätzliche Platzierung der Teilnahmeverpflichtung im AsylbLG stellt der Gesetzgeber Pflicht und sozialrechtliche Sanktion in einen direkten systematischen Zusammenhang. Die Norm ist daher ein aktuelles Beispiel für die Tendenz des Gesetzgebers, Maßnahmen des Verwaltungsvollzugs mit Sanktionen des Sozialrechts zu verklammern.[879]

---

875 *Siefert*, in: dies. (Hrsg.), 2018, § 5a AsylblG, Rn. 34 f.
876 *Siefert* (Fn. 875), § 5a AsylblG, Rn. 38.
877 Siehe dazu auf S. 220 ff. die Ausführungen zu § 44a AufenthG.
878 *Cantzler*, in: ders. (Hrsg.), 2019, § 5b AsylblG, Rn. 11.
879 Siehe dazu auch *Janda*, SGb 2018, 344 (350).

8. *Pflicht zur Meldung der Aufnahme einer Erwerbstätigkeit (§ 8a AsylbLG)*

Die Vorschrift verpflichtet Leistungsempfänger, die Aufnahme einer selbstständigen oder unselbstständigen Erwerbstätigkeit spätestens am dritten Tag nach der Aufnahme der zuständigen Behörde zu melden. Die Regelung dient dem Grundsatz der Subsidiarität von Sozialleistungen und dem Vorrang de Selbsthilfe. Denn sobald ein Leistungsempfänger selbst für seinen Unterhalt durch Erwerbstätigkeit sorgen kann, ist er grundsätzlich nicht mehr auf Sozialleistungen angewiesen, sodass die Behörde die Zahlungen einstellen kann.[880] Dazu muss sie aber zunächst Kenntnis von der Erwerbstätigkeit erlangen. Diesem Zweck dient § 8a AsylbLG.

Der so Verpflichtete kann die Mitteilung grundsätzlich formfrei vornehmen.[881] Inhaltlich muss die Meldung alle sozialrechtlich relevanten Angaben enthalten, also vor allem Art und Dauer der Tätigkeit, sowie die Höhe des Einkommens.[882] Umstritten ist, ob die Meldepflicht nur bei erstmaliger Aufnahme der Erwerbstätigkeit besteht oder auch bei inhaltlicher Änderung. Der eindeutige Wortlaut spricht hier zunächst gegen die inhaltliche Erweiterung einer solchen Pflicht. Dagegen spricht außerdem, dass die Verletzung der Pflicht gem. § 13 AsylbLG als Ordnungswidrigkeit mit einem Bußgeld sanktionsbewehrt ist. Dies gebietet eine enge Auslegung der Vorschrift, welche daher auf die tatsächliche Aufnahme der Erwerbstätigkeit zu beschränken ist.[883] Aus dem Umstand der Sanktionierung zeigt sich aber auch die besonders wichtige Bedeutung, die der Gesetzgeber der Meldung dieser Daten beigemessen hat.

VI. Allgemeine Grenzen der Mitwirkung

Neben den bereits tatbestandlich konkret normierten Grenzen der einzelnen Mitwirkungspflichten lassen sich darüber hinaus auch allgemeine Grenzen der Mitwirkung ausmachen. Deren konkreter Umfang muss zwar jeweils im Einzelfall bestimmt werden. Die dahinterstehenden Wertungen und Prinzipien des Rechts lassen sich jedoch abstrakt ausmachen und untersuchen. Im Sinne des lateinischen Rechtsgrundsatzes, dass von niemandem etwas verlangt werden

880 *Wahrendorf*, in: Grube/Wahrendorf/Flint (Hrsg.), 7. Aufl., 2020, § 8a AsylblG, Rn. 2.

881 *Cantzler*, in: ders. (Hrsg.), 2019, § 8a AsylblG, Rn. 10.

882 *Korff*, in: Rolfs/Giesen/Kreikebohm et al. (Hrsg.), 54. Ed. (09.09.2019), § 8a AsylblG, Rn. 6.

883 a.A. *Korff* (Fn. 882), § 8a AsylblG, Rn. 4.

kann, was ihm unmöglich ist („ultra posse nemo obligatur"), ist daher danach zu fragen, welche (subjektiven) Grenzen des einzelnen der Erfüllung von Mitwirkungspflichten entgegenstehen und inwieweit dies das Bild von einer mangelhaften Mitwirkung, die lediglich am Unwillen des Verpflichteten scheitert, infrage stellt.[884]

1. Der Nemo-Tenetur-Grundsatz und die Pflicht zur Mitwirkung an der eigenen Aufenthaltsbeendigung

Aus der Perspektive des Verwaltungsrechts stellt die Beendigung des Aufenthalts eines Ausländers ohne Aufenthaltsrecht die legitime Durchsetzung eines Verwaltungsaktes (der Ausweisung) dar, wenn zuvor nach rechtsstaatlichen Kriterien ein Verfahren durchlaufen und der Rechtsweg erfolglos ausgeschöpft wurde. Gleiches gilt auch für die Durchsetzung von Strafhaft oder anderen strafrechtlichen Sanktionen nach einem rechtsstaatlichen Strafverfahren. Allerdings unterscheiden sich diese beiden juristischen Felder in einem ganz entscheidenden Punkt: Während es das Verwaltungs- und damit auch das Migrationsverwaltungsrecht für grundsätzlich legitim und für den Beteiligten als zumutbar erachten, zur Durchführung des Verfahrens aktiv beizutragen, ist dies im Strafrecht genau umgekehrt. Der Grundsatz „Nemo tenetur se ipsum accusare" verbietet es den Behörden, den Beschuldigten zur Mitwirkung an seiner eigenen Verurteilung zu verpflichten.[885] Ein wesentlicher Begründungsansatz ist die Rückführung auf die Annahme, es würde den Beschuldigten in einen für ihn unlösbaren inneren Konflikt zwischen Selbsterhaltung seiner Freiheit (oder seines Vermögens im Fall von Geldstrafen) und seiner bürgerlichen Mitwirkungspflicht als Beteiligter an einem rechtsstaatlichen Verfahren stürzen. Dieser Ansatz verortet den Selbsterhaltungstrieb des Menschen im allgemeinen Persönlichkeitsrecht in Art. 2 Abs. 1 GG[886] und auch in der Menschenwürde aus Art. 1 Abs. 1 GG.[887] Hier kann auch die Objektformel des BVerfG[888] anknüpfen: Der Beschuldigte würde durch eine Mitwirkung an der eigenen Verurteilung gleichzeitig zu einem Werkzeug des Verfahrens gegen sich selbst werden.

884 Instruktiv dazu *Hassemer*, ZRP 2011, 192 (192).

885 Siehe zu den verfassungsrechtlichen Hintergründen *Frister*, F. Polizeihandeln im Strafverfahren, in: Lisken/Denninger (Hrsg.), Handbuch des Polizeirechts, 6. Aufl., 2018, S. 643 (654 f., Rn. 23).

886 *BVerfG*, 13.01.1981 – 1 BvR 116/77, BVerfGE 56, 37 (43).

887 *Rogall*, Der Beschuldigte als Beweismittel gegen sich selbst, 1977, S. 124 ff.

888 *BVerfG*, 18.01.2000 – 1 BvR 321/96, BVerfGE 101, 397 (405); *Nehls* (Fn. 240), S. 494.

Der Staat würde damit diesen subjektiven Gewissenskonflikt des Beschuldigten vollständig ignorieren und diesen zum „bloßen Objekt“ des staatlichen Strafverfahrens machen.

Bedenkt man diese grundsätzlichen Interessen der Beteiligten und die am Maßstab der genannten Grundrechte zu treffende Abwägung, so wirft dies die Frage auf, warum der Nemo-Tenetur-Grundsatz bisher nur für das Strafverfahren angewendet wird, wo doch eben dieser Konflikt auch in anderen Verfahrenssituationen denkbar ist, so bspw. auch im Fall der zwangsweisen Aufenthaltsbeendigung.[889] Denn würde man einen auszuweisenden Ausländer vor die Wahl stellen, ob er lieber für einige Monate ins Gefängnis gehen (und anschließend in Deutschland bleiben dürfte) oder dauerhaft ausreisen würde, so würde ein erheblicher Teil sicher die erste Alternative bevorzugen. Für viele Menschen stellt ein zeitweiliger Gefängnisaufenthalt mit anschließender Perspektive eines Lebens in Mitteleuropa das wesentlich geringere Übel im Vergleich zur wirtschaftlichen oder sozialen Perspektivlosigkeit im Herkunftsstaat dar. Dennoch wertet das Recht selbst einen kurzen Gefängnisaufenthalt oder eine Geldstrafe als ein solches Übel, dass ein Beitrag dazu dem Beschuldigten nicht zumutbar sei. Die Mitwirkung an der Aufenthaltsbeendigung wird dagegen nicht als unzumutbares Übel gesehen. Warum das so ist, muss diskutiert werden. Ein möglicher Grund könnte in einer objektivierenden Perspektive der jeweiligen Rechtsgüter liegen. Dies würde bedeuten, dass sich die Zumutbarkeit nicht anhand der subjektiven Wirkung der Maßnahme für den Betroffenen bestimmt, sondern objektiv Freiheitsentzug und Geldstrafe als „Übel“ und die Aufenthaltsbeendigung als „zumutbar“ gelten. Denn tatsächlich ist die Aufenthaltsbeendigung nicht immer ein Übel. Wenn etwa ein Mensch aus einem Urlaubsland in seine wohlhabende Heimat ausgewiesen wird, so mag dies ein Ärgernis sein, mit der Ausweisung in die wirtschaftliche Perspektivlosigkeit des Heimatstaates in anderen Fällen ist dies jedoch nicht vergleichbar.

Diese Erklärung einer objektiven Unzumutbarkeit der Mitwirkung im Strafverfahren mag die Exklusivität des Nemo-Tenetur-Grundsatzes im Strafrecht erklären. Sie passt aber nicht zur dessen dogmatischer Verortung in Art. 1 Abs. 1 GG und Art. 2 Abs. 1 GG. Denn wollte der Gesetzgeber wirklich auf die Unzumutbarkeit und den inneren Konflikt des Betroffenen abstellen, dann kann dies nur ein subjektiver Maßstab sein. Die vermehrt vorkommenden Suizide von Menschen, die von ihrer drohenden Abschiebung erfahren, zeigen deutlich, welch psychische Qualen die Perspektive der Aufenthaltsbeendigung

889 Dazu auch umfassend *Bärlein/Pananis et al.*, NJW 2002, 1825 ff.

bei Menschen auslösen können.[890] Würde man den Nemo-Tenetur-Grundsatz in seiner Begründung durch Art. 2 Abs. 1 GG und Art. 1 Abs. 1 GG stringent anwenden und wollte man wirklich einen unlösbaren inneren Gewissenskonflikt der Beteiligten vermeiden, so müsste eine zwangsweise Mitwirkung an der eigenen Aufenthaltsbeendigung als unvereinbar mit dem Prinzip der Selbstbelastungsfreiheit angesehen werden. Eine solch strikte Sichtweise wirft aber ihrerseits Zweifel auf. So ist zum einen nicht jede Aufenthaltsbeendigung für den Betroffenen subjektiv eine unzumutbare staatliche Entscheidung, sodass sie nicht immer als Verstoß gegen den Selbsterhaltungstrieb des Menschen angesehen werden müsste. Zudem sind die staatliche Verwaltung und die Gerichte keine isoliert agierenden Konstrukte ohne jede Rückbindung in die Lebensrealität. Die Freiheit liberaler Demokratien besteht auch deshalb, weil es dem Staat ausdrücklich nicht gestattet ist, seine Aufgabe mittels allumfassender inquisitorischer Vorgehensweise zu erfüllen. Aus diesem Aspekt heraus gedacht stellen Mitwirkungspflichten daher auch einen legitimen Raum notwendiger Beiträge zum Prozess dar, den der Staat ausdrücklich den betreffenden Personen überlässt. Im Gegenzug sind dem Staat aber im Bereich dieser Mitwirkungspflichten auch ein Stück weit die Hände gebunden, er ist daher auf die Mitwirkung angewiesen. Bestimmte Mitwirkungspflichten (z.B. bei der Passbeschaffung, siehe S. 163 ff.) werden daher zum Dreh- und Angelpunkt eines Verfahrens: Verweigert der Betroffene die Mitwirkung, so kommt u.U. das gesamte Verfahren zum Stillstand. Die Konsequenz zeigt sich im Ausländerrecht nicht selten in jahrzehntelangen Kettenduldungen ohne Fortschritt in der eigentlichen Sache. Dies ist bei der Abwägung des Interessenkonflikts zwischen dem Selbsterhaltungstrieb des Betroffenen und dem staatlichen Interesse an der ordnungsgemäßen Durchführung des Verwaltungsverfahrens unbedingt zu berücksichtigen. Dennoch sind Fälle denkbar, in denen diese Interessensabwägung zulasten des Staates ausfällt, gerade wenn unbestritten ist, dass eine konkrete Form der Mitwirkung den Betroffenen in einen unlösbaren inneren Konflikt bringt und es objektiv erkennbare Anzeichen bspw. für eine durch die Abschiebung (mit-)verursachte Suizidabsicht gibt. Verwaltungsdogmatisch sollte dieser Aspekt bei der Ermessensentscheidung der Behörde mit einfließen, konkret bei der Zumutbarkeit von

---

890 *Bronisch*, ZAR 2020, 369 (369); *Weber*, Suizid in Abschiebungshaft, in: Müller-Heidelberg/Finckh/Steven et al. (Hrsg.), Grundrechte-Report, 2011, S. 61; *Mittler/Schnell*, Wenn die Angst vor Abschiebung in den Suizid treibt, sueddeutsche.de vom 09.01.2018.

Mitwirkungspflichten.[891] Die Gesundheitsuntersuchung vor der Abschiebung kann ein möglicher Anknüpfungspunkt sein, die Auswirkungen der Mitwirkung des Betroffenen auf seine psychische Verfassung eingehend zu untersuchen und unbedingt zu berücksichtigen.

2. *Die Pflicht zur Duldung rechtswidrigen Verwaltungshandelns*

Zahlreiche Pflichten von Ausländern bestehen aus der Duldung behördlicher Maßnahmen. Diese greifen teilweise tief in die grundrechtlich geschützte Sphäre der Betroffenen ein.[892] Dies wirft die Frage auf, ob ein Ausländer eine solche Maßnahme auch dulden muss, wenn diese rechtswidrig ist. Grundsätzlich ist jeder Grundrechtsträger dazu berechtigt, seine grundrechtlichen Interessen gegen rechtswidrige Eingriffe zu verteidigen. Im Strafrecht ist jedermann grundsätzlich zur Notwehr gem. § 32 StGB gegen einen drohenden rechtswidrigen Angriff befugt. Er darf einen solchen also auch mit Mitteln abwehren, die selbst den Tatbestand eines strafbaren Delikts erfüllen. Nach Ansicht des BGH ist jedoch behördliches Handeln, welches zwar verwaltungsrechtlich rechtswidrig ist, nicht deshalb auch strafrechtlich rechtswidrig und daher auch nicht notwehrfähig.[893] Diese als „strafrechtlicher Rechtmäßigkeitsbegriff“ bekannte Ansicht steht nach Ansicht des BVerfG auch im Einklang mit dem Grundgesetz.[894] Die Gegenansicht, welche von einem ganzheitlichen Rechtmäßigkeitsbegriff ausgeht, differenziert nicht zwischen einer verwaltungs- und einer strafrechtlichen Rechtmäßigkeit. Argumentiert wird hier vor allem mit der Einheit der Rechtsordnung.[895] Zudem gebe es keinen Grund für ein pauschales „Beamtenprivileg“, wonach die Vollstreckung eines verwaltungsrechtlich rechtswidrigen VA strafrechtlich trotzdem immer als rechtmäßig anzusehen sei.[896] Andere Stimmen wollen die Rechtmäßigkeit danach bestimmen, ob die Anforderungen des Vollstreckungsrechts eingehalten wurden. Demnach ist das Handeln der Beamten

891 Siehe auch BVerwG, Beschluss v. 15.06.2006, AZ.: 1 B 54.06., wonach die Unzumutbarkeit nicht generell-abstrakt, sondern immer konkret für den Einzelfall beantwortet werden muss.

892 So etwa Gesundheitsuntersuchungen (siehe S. 200 f.) oder eine ärztliche Vermessung zur Identitätsfeststellung (siehe S. 177).

893 *BGH*, 09.06.2015 – 1 StR 606/14, NStZ (2015), 574 (575), Rn. 25 ff.; bereits bei *BGH*, 31.03.1953 – 1 StR 670/52, BGHSt 4, 161 (163).

894 *BVerfG*, 30.04.2007 – 1 BvR 1090/06, NVwZ (2007), 1180 (1181).

895 *Zimmermann*, JR 2010, 363 (365).

896 *Niehaus/Achelpöhler*, StV 2008, 71 (74).

auch dann rechtmäßig, wenn zwar der eigentliche VA rechtswidrig war, seine Vollstreckung aber regelkonform abgelaufen ist.[897] Eine weitere Ansicht lehnt auch diese Einschränkung über das Vollstreckungsrecht ab, sodass der Betroffene behördliche Maßnahmen selbst dann hinzunehmen habe, wenn auch die Voraussetzungen des Vollstreckungsrechts nicht erfüllt seien. Dies gelte nur dann nicht, wenn der zugrunde liegende Verwaltungsakt derart fehlerhaft sei, dass er nicht mehr „wirksam" gem. § 44 Abs. 1 VwVfG sei.[898] Diese Ansicht argumentiert auch damit, dass § 44 VwVfG nicht die „Basis" eines behördlichen Handelns automatisch entfallen lasse, nur weil dieses materiell rechtswidrig sei. Stattdessen könne ein fehlerhafter, aber wirksamer VA durch nachträglichen Rechtsschutz angegriffen werden. Der Verweis auf diesen nachträglichen Rechtsschutz sei dem Betroffenen also zumutbar. Dies müsse daher auch im Strafrecht gelten, sodass ein Recht auf Notwehr gegen das behördliche Handeln entfalle.[899] Dieser Ansicht ist jedoch entgegen zu halten, dass bei vielen rechtswidrigen Eingriffen in Grundrechte nachträglicher Rechtsschutz den Eingriff nicht rückgängig machen kann. Gerade bei Eingriffen in die körperliche Intimsphäre oder das Recht auf informationelle Selbstbestimmung kann nachträglicher Rechtsschutz zwar zu Schadensersatz in Geld oder einem datenschutzrechtlichen Löschungsanspruch führen. Dies kommt jedoch einem Zustand, bei dem nie ein Eingriff stattfand, nicht gleich.

Zustimmungswürdig erscheint vielmehr jene Ansicht, die ein behördliches Rechtswidrigkeitsprivileg ablehnt. Im freiheitlich-demokratischen Staat erscheint es wenig überzeugend, Polizeibeamte in derlei Fällen pauschal über die Bindung an das Strafrecht zu erheben. Das Rechtsstaatsprinzip und die „Bindung an Recht und Gesetz" aus Art. 1 Abs. 3 GG stehen einer derartigen Lösung entgegen. Den Befürwortern einer solchen geht es aber letztlich wohl auch eher darum, dass Polizeibeamte bei Ausübung ihres Dienstes nicht fürchten sollen, dauerhaft „mit einem Bein im Gefängnis" zu stehen. Denn letztlich kann eine rechtmäßige Notwehr des von einem rechtswidrigen VA Betroffenen immer nur gegen einen „drohenden rechtswidrigen Angriff" erfolgen und erfordert daher auch immer zugleich eine Rechtswidrigkeit des Handelns der Vollstreckungsorgane, was insoweit deren Strafbarkeit indiziert.[900] Dies ist insbesondere in

---

897 *Dallmeyer*, in: Heintschel-Heinegg (Hrsg.), 49. Ed. (01.02.2021), § 113 StGB, Rn. 15.3; *Paeffgen*, in: Kindhäuser/Neumann/Paeffgen (Hrsg.), 5. Aufl., 2017, § 113 StGB, Rn. 40.

898 Sogenannte Wirksamkeitslehre, vgl. *Paeffgen* (Fn. 897), § 113 StGB, Rn. 38.

899 *Engländer*, NStZ 2015, 577 (578).

900 *Simon*, JuS 2001, 639 (643).

Dreieckskonstellationen zwischen Ausländerbehörde, Polizei und Ausländer problematisch: Eine eigenständige Prüfung der aufenthaltsrechtlichen Rechtmäßigkeit der Vollstreckung (bspw. der Ausreisepflicht durch die Abschiebung) ist der Polizei im Regelfall nicht möglich. Wenn die Ausländerbehörde die Polizei zur Vollstreckung einer (Ausreise)pflicht anfordert, so müssen sich die Polizeibeamten auf die Informationen der sachlich zuständigen Ausländerbehörde verlassen dürfen, auch dann, wenn der Behörde ein grober Fehler unterlaufen und die Vollstreckung der Pflicht rechtswidrig ist. Vollstreckt die Polizei die Abschiebung schließlich, und realisiert dadurch einen strafrechtlichen Tatbestand (z.B. eine Körperverletzung oder Freiheitsberaubung), so liegt aus strafrechtlicher Sicht der klassische Fall eines Erlaubnistatbestandsirrtums vor: Die Beamten irren darüber, durch die ausländerrechtliche Rechtslage in ihrem Handeln gerechtfertigt zu sein. Die Lösung eines solchen Erlaubnistatbestandsirrtums gehört zu den viel diskutierten Problemen des Strafrechts und soll hier nicht in all ihren Feinheiten dargestellt werden. Die dominierenden Ansichten gehen jedoch einstimmig von einer Nichtstrafbarkeit der Vorsatztat bei einem Erlaubnistatbestandsirrtum aus, nach einer Ansicht, weil durch den Irrtum der Vorsatz entfällt[901], nach anderer Ansicht, weil es an der „Vorsatzschuld"[902] und damit an der Schuld insgesamt fehlt. Umgekehrt darf aus dieser mangelnden Strafbarkeit aber nicht zugleich die Rechtmäßigkeit des polizeilichen Handelns geschlossen und somit der Weg für eine Notwehr des vom rechtswidrigen Verwaltungshandeln Betroffenen versperrt werden. Denn für den Betroffenen bleibt es bei einem rechtswidrigen Angriff auf seine Rechtsgüter, darunter körperliche Freiheit und Unversehrtheit. Einen solchen Angriff „sehenden Auges" erdulden zu müssen, ist nicht zumutbar.

3. *Recht als Kommunikation und die Verantwortlichkeit für Mitwirkung*

Die schematische Unterscheidung zwischen „guten" (d.h. mitwirkungswilligen) und „schlechten" (d.h. mitwirkungsunwilligen) Ausländern geht implizit von der Annahme aus, dass der Verpflichtete die Wahl hat, mitzuwirken oder nicht mitzuwirken und sich bewusst gegen eine Mitwirkung entscheidet. Die drohende Sanktionierung der Nichtmitwirkung soll ihn folglich bei dieser Entscheidung

901 So die „Lehre von den negativen Tatbestandsmerkmalen", die „eingeschränkte Schuldtheorie" sowie die „rechtsfolgenverweisende Schuldtheorie", vgl. dazu *Roxin*, Strafrecht Allgemeiner Teil I, 1997, S. 522, Rn. 51-58.

902 So die „strenge Schuldtheorie", vgl. *Roxin* (Fn. 901), S. 525, Rn. 59.

dazu bewegen, sich für die Mitwirkung zu entscheiden. Wie also fast überall im Recht geht auch das System der Mitwirkungspflichten und Sanktionen von einer solchen Entscheidungsfreiheit des Menschen aus. Es ist aber fraglich, ob diese Grundannahme eines bewusst und damit absichtlich gut oder schlecht handelnden Individuums stets der Realität entspricht. Denn die Möglichkeit, sich entscheiden zu können, setzt voraus, dass der Verpflichtete auch Kenntnis über die Bedeutung der Entscheidung, ihren Kontext und vor allem ihre Konsequenzen hat und diese versteht. Eine Grenze der Mitwirkung, die einem Ausländer zumutbar abverlangt werden kann, liegt also möglicherweise auch darin, dass dieser nicht immer versteht, was von ihm verlangt wird. Der Entscheidung vorausgehen muss daher ein informativer Prozess. Im Aufenthalts- und ganz besonders im Asylrecht liegt die besondere Problematik vor, dass sich die betroffenen Personen erst seit sehr kurzer Zeit in einem umfassenden Verwaltungsverfahren und damit in einem völlig neuen Umfeld voller hochgradig relevanter Entscheidungen befinden und dort auf kein tradiertes Kompetenz- und Entscheidungsfundament zurückgreifen können. Das Flüchtlingsrecht erkennt dieses Problem grundsätzlich an und schafft für die Behörden diverse Aufklärungs- und Informationspflichten gegenüber dem Asylbewerber. Als „Generalklausel“ kann in diesem Sinne die Aufklärungspflicht des § 24 Abs. 1 S. 2 AsylG angesehen werden, wonach das Bundesamt den Antragsteller über „seine Rechte und Pflichten im Verfahren, insbesondere auch über Fristen und Folgen einer Fristversäumung“ informieren muss. Diese Vorschrift überträgt also dem Bundesamt die Aufgabe, dem Antragsteller die Wissensgrundlage über die Tragweite und Bedeutung seiner (Nicht-)Mitwirkung im Verfahren zu verschaffen. Somit lässt sich letztlich auch das System der Pflichtverletzung und korrespondierenden Sanktionierung im Verhältnis der Pflichtenverteilung zwischen Antragsteller und Behörde legitimieren: Wer von der Behörde umfassend über seine Pflichten aufgeklärt wird und dennoch nicht am Verfahren mitwirkt, dem kann insoweit eine willentliche Verweigerung unterstellt werden, bei der eine Sanktionierung dann keine willkürliche Bestrafung darstellt, sondern eine angemessene Reaktion auf die bewusste Missachtung des Willens des Gesetzgebers.

a) Die Regelungswirkung von Recht aus transkultureller Perspektive

In der Dogmatik des Verwaltungsverfahrensrechts folgt diese Argumentation einer in sich schlüssigen Logik. Und auch aus grundsätzlichen Erwägungen allgemeiner Fairness erscheint dieses System nachvollziehbar, vor allem vor dem Hintergrund, dass es sich bei Asylverfahren um eine Anspruchsprüfung auf Schutz und Aufnahme durch die staatliche Gemeinschaft und damit auch um eine staatliche Leistung handelt. Wer diese begehrt, also etwas „vom Staat will", dem ist es wohl auch zuzumuten, dass er bei der Erbringung dieser allein in seinem Interesse liegenden Leistung mitwirkt.

Es fragt sich aber, ob die Formel „Aufklärung + Pflichtverletzung = bewusste Pflichtverletzung" die Komplexität realer Lebenssachverhalte immer angemessen erfassen kann. Denn die Umsetzung von Recht ist immer Kommunikation und Sprache.[903] Dies gilt auch für das asyl- und aufenthaltsrechtliche Verwaltungsverfahren zwischen staatlichen Behörden und Ausländern. Im Sinne einer Verwaltungsrechtswissenschaft, die auch die sozialen Realitäten des zu steuernden Referenzgebiets im Blick behalten will[904], muss daher gefragt werden, ob die Vorstellung einer Weitergabe eines Steuerungsanliegens durch das Recht an das Individuum immer reibungslos gelingen kann.

Insbesondere die Verteilung der konkreten Rechte und Pflichten der Beteiligten ist ein Prozess, der ohne kommunikative Aushandlung nicht denkbar ist. Jedoch ist Sprache nicht statisch und damit auch nicht eindeutig. Dies liegt schlicht daran, dass zwar ein Objekt statisch ist (oder sein kann), nicht aber dessen Beschreibung, im Sinne seines sprachlichen Ausdrucks. Eine der strukturellen Herausforderungen des Rechts ist daher die Erzeugung einer eindeutigen Regelungswirkung mittels uneindeutiger sprachlicher Regelungen. Erst die Uneindeutigkeit von Begriffen und Worten macht eine juristische Hermeneutik überhaupt notwendig. Dabei ist jede Äußerung eines Inhalts und deren Aufnahme durch den Adressaten bereits für sich genommen ein Prozess der „inneren Übersetzung".[905] Die Interpretation einer Rechtsnorm ist immer geprägt vom eigenen biographischen Hintergrund und den damit verbundenen Werten, Überzeugungen und vor allem den aus ihnen abgeleiteten Handlungsweisen. Diese „Praktiken [...], durch welche die Menschen ein menschentypisches Leben herstellen" kann man insgesamt als das zusammenfassen, was gemeinhin unter dem Begriff „Kultur" verstanden wird.[906] Die Kultur eines Menschen wird unter anderem durch Erziehung, Bildung und weiteren Faktoren beeinflusst. Und auch Behörden als Institutionen im weiten Sinne, also als „gesellschaftliche Teilbereiche mit einer spezifischen Struktur, mit bestimmten Verbindlichkeiten für die darin Handelnden, mit bestimmten Konventionen, mit einem

903 *Röhl/Röhl* (Fn. 243), S. 19.

904 Siehe dazu S. 56 ff.

905 *Rüthers/Fischer et al.*, Rechtstheorie, 10. Aufl., 2018, S. 104, Rn. 155.

906 *Welsch*, Was ist eigentlich Transkulturalität?, in: Darowska/Lüttenberg/Machold (Hrsg.), Hochschule als transkultureller Raum?, 2010, S. 39 (39).

spezifischen Personal, z.T. mit eigenen Gebäuden und Geräten“[907], verfügen über einen eigenen Kanon an Werten und Praktiken, den man folgerichtig als „Verwaltungskultur“ bezeichnen kann.[908]

Die Prägung der Kultur eines Menschen hängt auch mit dessen geographischer Herkunft zusammen. Allerdings darf dieser Aspekt und die ihm zugeordneten Faktoren, wie etwa die Religion, für die Prägung der Kultur nicht überbewertet werden.[909] Die Grundkonstellation der Ausländerverwaltung verführt dazu, Ausländer als Klienten der Verwaltung aufgrund ihrer geographischen Herkunft stereotyp als Angehörige einer „anderen Kultur“ einzuordnen und anders zu behandeln, als dies gegenüber deutschen Bürgern in Verwaltungsverfahren der Fall ist.[910] Insbesondere der Begriff der „interkulturellen Kompetenz“ verleitet dazu, das asyl- bzw. aufenthaltsrechtliche Verwaltungsverfahren als einen „Dialog der Kulturen“ zwischen deutschen Sachbearbeitern und ausländischen Antragstellern zu begreifen[911], bei dem sich grundsätzlich, geographisch bedingt, verschiedene Kultursphären gegenüberstehen.[912] Andere Faktoren, wie etwa der Bildungshintergrund oder der soziale Status im Herkunftsland, drohen durch eine derart stereotype Sichtweise in den Hintergrund gedrängt zu werden. Ein statischer und rein auf die geographische Herkunft bezogener Kulturbegriff ist aufgrund der Globalisierungs- und Diversifizierungsentwicklungen der letzten Jahrzehnte nicht mehr praktikabel. Kulturen sind in der heutigen globalisierten Welt so divers, dass nicht mehr klar abgrenzbar ist, welche

---

907 *Ehlich/Rehbein*, Sprache in Institutionen, in: Althaus/Henne/Wiegand (Hrsg.), Lexikon der germanistischen Linguistik, 2. Aufl., 1980, S. 338 (338).

908 *König*, Verwaltungskulturen und Verwaltungswissenschaften, in: König/Reichard (Hrsg.), Theoretische Aspekte einer managerialistischen Verwaltungskultur, 2007, S. 1 ff.

909 *Farahat* (Fn. 828), S. 454.

910 Zu Entwicklung und Ausprägung kulturrassistischer Praxis in der Kommunalverwaltung siehe *Bukow/Cudak*, Zur Entwicklung von institutionellem Rassismus: Rassistische Routinen in der kommunalen Praxis, in: Fereidooni/El (Hrsg.), Rassismuskritik und Widerstandsformen, 2017, S. 385 (388 f.).

911 Diese stereotype Vorstellung findet sich sehr plastisch beschrieben bei *Kreft*, Die Kommunalverwaltung aus dem Blickwinkel der Bürgerinnen und Bürger mit Migrationshintergrund, in: Uske/Scheitza/Düring-Hesse et al. (Hrsg.), Interkulturelle Öffnung der Verwaltung, 2013, S. 15 (15).

912 Ganz im Sinne von *Herders* Kugelmodell, bei dem „Kulturen“ als in sich abgeschlossene Gebilde eigener Ordnung verstanden werden, die bei einer Begegnung „wie Billardkugeln aufeinander prallen“, vgl. *Welsch* (Fn. 906), S. 40 ff.; *Frank*, Herders Kugelmodell der Kultur die Kugel geben – eine runde Sache, Tabula rasa vom 19.02.2015, Rn. 1.2.

Aspekte einer ursprüngliche lokal zuordenbar „Mehrheitskultur" entstammen und welche durch äußere Einflüsse quasi in eine Kultur „eingesickert" sind.[913] Diese Einflüsse sind oftmals mit Migrationsprozessen verbunden. Auch durch die Digitalisierung und eine globale Kommunikation werden Werte und Wissen global weitergegeben, sodass letztlich nicht mehr zwingend nachvollziehbar ist, woher ein bestimmter kultureller Aspekt letztlich stammt. Kulturen sollten daher insgesamt nicht als statische und abgeschlossene Systeme verstanden werden, sondern als offene und fluide Felder, die sich gegenseitig überlappen, beeinflussen und so ergänzen. Diesen kulturübergreifenden Austauschprozessen wird der Begriff der „Transkulturalität"[914] gerecht. Die Offenheit der Gesellschaft hat insgesamt zu einer immer größeren Individualisierung und Ausdifferenzierung der Bevölkerung geführt, sodass sich auch staatliche Institutionen heute mehr und mehr auf diese unterschiedlichen Hintergründe, Werte und letztlich auch Kulturen der Bürger einstellen müssen. Gerade weil die deutsche Verwaltung ihre Kultur immer strukturell unabhängig von jeweils herrschenden politischen Systemen gepflegt hat[915], stellt ein gesellschaftlicher Strukturwandel durch eine zunehmende Diversität der Bevölkerung die Behörden bei der Umsetzung rechtlicher Vorgaben vor eine besondere Herausforderung. Für die Einbindung von Ausländern in die Umsetzung rechtlicher Vorgaben mittels Mitwirkungspflichten wirft dies die Frage auf, welchen Einfluss kulturelle Vorbedingungen darauf haben. Welche Handlungen können für Personen eines bestimmten Bildungsmilieus oder für Anhänger einer bestimmten Religion als „zumutbar" angesehen werden? Wann erfolgt die Erfüllung einer Mitwirkungspflicht vor diesem Hintergrund „unverzüglich" bzw. ohne „schuldhaftes Zögern"? Dies sind Fragen, die im Einzelfall sehr von den kulturellen Prägungen abhängen, die ein Mensch im Laufe seines Lebens erfahren hat, und deren Bedeutung gerade auch für die Verwaltung oft nicht auf den ersten Blick erkennbar ist.

b) Die Integrationsgesetze der Länder Baden-Württemberg, Berlin und Nordrhein-Westfalen als Anerkennung der diversen Gesellschaft

Da sich aber auch die Verwaltung nicht der Realität einer „superdiversen Einwanderungsgesellschaft"[916] verschließen kann, fragt es sich, inwieweit das immer noch sehr am traditionellen Ordnungsrecht orientierte Asyl- und

913 *Farahat* (Fn. 828), S. 438.
914 *Welsch* (Fn. 906).
915 *König* (Fn. 908).
916 Siehe zu diesem Begriff *Farahat* (Fn. 828).

Aufenthaltsrecht diesen Entwicklungen gerecht werden kann und wie die Umsetzung der Vorschriften in einer transkulturellen Gesellschaft gelingen kann.[917] Die Länder Berlin, Baden-Württemberg und Nordrhein-Westfalen haben auf diese Entwicklung mit spezifischen Gesetzen reagiert, so z.B. Baden-Württemberg mit dem Partizipations- und Integrationsgesetz (PartIntG BW). In § 6 Abs. 1 Nr. 1 PartIntG gibt sich die Landesregierung für die landeseigene Verwaltung „die Ziele, eine Verwaltungskultur, -struktur und Organisationsentwicklung zu etablieren, die der kulturellen Vielfalt Rechnung tragen und mit der Entwicklung angemessener Angebote, Kommunikationsformen und Verfahren einhergehen." Es muss auch hier betont werden, dass diese Regelungen der Landesgesetzgeber ebenfalls von einem fast ausschließlich auf die Herkunft ausgerichteten Kulturbegriff ausgehen. Der grundlegende Ansatz, nämlich kulturelle Vielfalt und Differenz als Faktor staatlichen Verwaltungshandelns anzuerkennen, wird davon jedoch nicht berührt. Wie genau die Entwicklung einer die kulturelle Vielfalt anerkennenden Verwaltungskultur aber vonstattengehen soll und vor allem wie die „damit einhergehenden Verfahren" genau ablaufen sollen, lässt das Gesetz unbeantwortet. Insgesamt gleicht der Wortlaut eher einer abstrakten Zielvorgabe und weniger einer konkreten Maßnahme, die messbar umgesetzt werden kann. Daher ist auch fraglich, ob aus diesem Gesetz und den ähnlich formulierten Integrations- und Teilhabegesetzen Berlins und Nordrhein-Westfalens konkrete subjektive Rechte von Ausländern im Verwaltungsverfahren folgen. Auf der anderen Seite gerät aber ein derart ambitionierter Kulturwandel der Landesverwaltungen zum bloßen Lippenbekenntnis und letztlich zur politischen Symbolgesetzgebung, wenn die Bevölkerung keinen Achtungsanspruch ihrer vielfältigen Hintergründe und damit auch keine konkrete subjektive Verbesserung bei der Beachtung ihrer Belange im Kontakt mit dem Staat verspürt. In diesem Sinne führt auch die Gesetzesbegründung des PartIntG BW als Beispiel für „angemessene Angebote" etwa die Beachtung religiöser Speisevorschriften bei der Durchführung staatlicher Veranstaltungen an. Daher ist es naheliegend, dass derartige Aspekte auch im Verwaltungsverfahren als wichtigstem Kontaktpunkt zwischen Staat und Bürger Beachtung finden müssen. Bezüglich der Mitwirkung von Ausländern am Verwaltungsverfahren kann sich dies etwa äußern, indem die Behörde bei der Terminierung Rücksicht auf religiöse Feiertage nimmt.

---

917 *Holtmann*, Verwaltungsstrukturen und Bürgerorientierung, in: Kluth (Hrsg.), Verwaltungskultur, 2001, S. 57 (59), der ebenfalls einen grundlegenden Konflikt zwischen hierarchischem Recht und einer bürgerfreundlichen Intention erkennt.

Gerade abstrakte Rechtsbegriffe des Aufenthalts- und Asylverfahrensrechts müssen unter Beachtung kultureller Diversität und unterschiedlicher Hintergründe differenziert ausgelegt werden. Dies gilt z.B. für das Kriterium der „Unverzüglichkeit“, welches in verschiedenen Rechtsnormen als Maß angemessener Mitwirkung vom Gesetzgeber verlangt wird. Denn unverzüglich meint nach h.M. „ohne schuldhaftes Zögern“. Im Sinne eines partizipativen und kulturell sensiblen Ansatzes der Verwaltung müssten bei der Vorwerfbarkeit einer Verzögerung auch derartige Aspekte Berücksichtigung finden. Anders gesagt: Es kann nach einem derart sensiblen Verständnis keinen absoluten und unverrückbaren Maßstab der Unverzüglichkeit geben, sondern diese muss im Einzelfall immer unter Beachtung der Möglichkeiten, und damit auch des kulturellen Horizonts und der Werte und Praktiken, der Verpflichteten bestimmt werden. Das behördliche Ermessen und die Verhältnismäßigkeit einer Entscheidung sind hier die verfahrenstechnischen Anknüpfungspunkte.[918] Zu beachten ist allerdings, dass ein großer Teil der Mitwirkungspflichten im Rahmen des AsylG durch das Bundesamt, und damit in bundeseigener Verwaltung durchgeführt wird. Hier greift also das Gebot der Berücksichtigung kultureller Aspekte durch die genannten Landesgesetze de lege lata nicht. De lege ferenda ist jedoch auch der Bundesgesetzgeber nicht gehindert, ähnliche Vorgaben für die Durchführung des AsylG durch das BAMF als Bundesbehörde zu etablieren.

c) Die Mitwirkung im Spannungsfeld zwischen Verhältnismäßigkeit im Einzelfall und objektiven Verfahrensstandards im Lichte des Art. 3 Abs. 3 S. 1 GG

Die Herausforderungen der superdiversen Einwanderungsgesellschaft[919] sind allerdings mit der Etablierung einer kultursensiblen Verwaltung keinesfalls gelöst. Ganz im Gegenteil tun sich durch eine konsequente Beachtung und Anerkennung unterschiedlicher kultureller Hintergründe neue Probleme für das Recht auf. Denn Recht als verbindliche Regelung sozialer Belange funktioniert vor allem auch mittels gleicher Wirkung. Dieser in Art. 3 Abs. 3 S. 1 GG verbürgte Grundsatz verbietet dem Staat jedwede Bevorzugung oder Benachteiligung aufgrund von Abstammung, „Rasse“, Heimat und Herkunft. Dies steht auf den ersten Blick in einem Spannungsverhältnis zu dem Anliegen, unterschiedliche biographische Hintergründe anzuerkennen und bei der

918 Grundlegend zu einem derartigen Konzept der „Bürgerorientierung“ siehe *Holtmann* (Fn. 917), S. 59.

919 *Farahat* (Fn. 828).

Rechtsanwendung zu achten. Denn dieser Aushandlungsprozess bezieht sich zunächst nur auf die Verteilung von Rechten und Pflichten zwischen einem Individuum und dem Staat. Dort kann es angemessen sein, dass die Verwaltung ein Stück weit von ihren Interessen und ihrer Deutungshoheit abrückt, um den Interessen und dem Hintergrund eines Individuums angemessen Rechnung zu tragen. Damit ist aber noch keine Aussage über das Verhältnis des Individuums zu anderen Individuen getroffen. Denn eine faire Berücksichtigung der Interessen des einen Individuums kann zugleich eine unfaire Behandlung des anderen Individuums bedeuten, wenn nämlich die Achtung kultureller Unterschiede de facto zu einer Besserstellung führt. Wenn die Verwaltung in einem Fall auf der strengen Beachtung objektiver Vorgaben beharrt, sie im anderen Fall aber aus Rücksicht auf individuell andere Maßstäbe davon abweicht, gerät letztlich die soziale Akzeptanz von Recht, deren Basis immer die Gleichheit als Ausdruck von Fairness ist, in Gefahr. Zudem droht das Recht durch eine unüberschaubare Zahl an Einzelinteressen und -bedürfnissen zu zerfasern und so ein Wesentliches seiner Effizienz einzubüßen. Wenn die Verwaltung in jedem Einzelfall eine umfassende Prüfung vornehmen muss, um unbestimmte Rechtsbegriffe wie „zumutbar" oder „unverzüglich" zu definieren, dann ist eine effiziente und ein Stück weit auch auf standardisierte Verfahren angewiesene Verwaltung nicht mehr möglich. Die Lösung dieses strukturellen Dilemmas kann in einer kooperativ angelegten Verwaltungspraxis liegen. Wenn Behörden für die individuellen Belange und deren Bedeutung für ihr Gegenüber sensibilisiert sind, so können sie die Gründe, die einer Erfüllung oder Verletzung von Mitwirkungspflichten entgegenstehen, besser einordnen und berücksichtigen. Zugleich können sie so aber auch den Verpflichteten umfassend aufklären und darauf hinweisen, dass das Recht bestimmte objektive Anforderungen an sie stellt, die im Sinne einer fairen Gleichbehandlung aller Bürger von allen zu beachten sind. Im besten Fall lässt sich daraus ein Dialog zwischen Bürger und Behörde entwickeln, in dessen Verlauf Lösungen gefunden werden, die sowohl das staatliche Verwaltungsinteresse als auch die individuellen Interessen des Bürgers wahren und bestmöglich berücksichtigen. In diesem Lichte betrachtet ist auch in der Ausländerverwaltung ein kooperativer Verwaltungsansatz möglich, der sich ein Stück weit von seinen polizeirechtlichen Wurzeln entfernt.

IV. Teil: Sanktionen im Asyl- und Aufenthaltsrecht

Die Einbindung von Ausländern als Normadressaten bei der Migrationssteuerung gestaltet der Gesetzgeber nicht nur mithilfe von Mitwirkungspflichten, sondern er ergänzt diese auch um Sanktionen. Beide Normkategorien schaffen gemeinsam ein ineinandergreifendes Steuerungssystem.

A. Definition des Sanktionsbegriffs

Auch wenn das Nachdenken über Sinn, Funktion und Notwendigkeit von Sanktionen einer langen Tradition in der Rechtstheorie folgt, hat sich bis heute kein einheitlicher Sanktionsbegriff herausbilden können.[920] Angesichts der Vielschichtigkeit dieses Begriffs[921] erscheint es auch fraglich, ob in Zukunft eine einfache Formel entwickelt werden kann, die jede Ausprägung von Sanktionen, unabhängig von ihrer konkreten Ausgestaltung und Wirkungsweise, übergreifend erfassen kann. Allerdings finden sich bei der Betrachtung von Sanktionen wiederkehrende Bilder und Motive, darunter vor allem der „sekundierende Charakter" von Sanktionsnormen.[922] Schon der römische Rechtsgelehrte Ulpian (ca. 200 n. Chr.) bezeichnete Rechtsgeschäfte, die zwar verboten waren, jedoch trotz Verbots als wirksam angesehen wurden, als „leges imperfectae", also als unvollständige Rechtsvorschriften.[923] Dagegen handele es sich bei verbotenen Rechtsgeschäften, die gerade aufgrund ihres Verbots als unwirksam gelten, um „leges perfectae". Ulpians Unterscheidung zwischen „vollständigen" und „unvollständigen" Rechtsnormen vollzieht sich also anhand einer bestehenden oder fehlenden negativen Rechtsfolge für denjenigen, welcher gegen eine Verhaltensnorm verstößt. In diesem Sinne sind Sanktionen der „Schlussstein" einer rechtlichen Regelung, durch den diese erst vollständig wird.[924] Darüber hinaus beinhaltet seine Kategorisierung zwei weitere Abstufungen: Verbotene Rechtsgeschäfte, die weiterhin gültig waren, jedoch bestraft wurden, bezeichnete er als „minus quam perfectae" (weniger als vollständig), solche, die sowohl

920 *Irmscher*, Öffentlichkeit als Sanktion, 2019, S. 19.

921 *Raiser*, Grundlagen der Rechtssoziologie, 6. Aufl., 2013, S. 223.

922 *Waldhoff*, Staat und Zwang, 2008, S. 20.

923 *Röhl/Röhl* (Fn. 243), S. 222.

924 *Bitter*, Die Sanktion im Recht der Europäischen Union, 2011, S. 12 f.

unwirksam als auch strafbar waren, als „plus quam perfectae" (mehr als vollständig). Der Maßstab der Vollständigkeit einer Norm ist demnach, dass eine verbotene Handlung dem Handelnden zumindest keinen rechtlichen Vorteil aus der Handlung selbst verschaffen darf. Wenn sie darüber hinaus auch noch straft, so ist sie mehr als „vollständig". Fragt man nun danach, warum eine Verbotsnorm, deren Bruch keinen Nachteil mit sich bringt, als unvollständig beschrieben wird, so ist die naheliegende Antwort: Weil ein Verbot seine Wirkung, also das Verhindern der verbotenen Handlung, nicht entfalten kann, wenn es für den Normadressaten keinerlei Nachteile mit sich bringt, die Norm zu verletzen und ihm im Umkehrschluss sogar ein Vorteil winkt (aus dem verbotenen Rechtsgeschäft), wenn er die Norm bricht. Ge- und Verbotsnormen brauchen also Vorschriften, die ihre Durchsetzung unterstützen bzw. erst möglich machen, indem sie positive Anreize zur Einhaltung von Normen statuieren oder negative Folgen für deren Bruch mit sich bringen.[925] Genau diese Funktion erfüllen Sanktionsnormen. Im umgekehrten Sinne lässt sich aber auch festhalten: Rechtsvorschriften, die einen rechtlichen Nachteil für den Adressaten mit sich bringen, ohne an eine vorgelagerte Verhaltensvorschrift anzuknüpfen, fehlt es nicht nur an jeder sozialen Steuerungswirkung, sie sind auch prototypischer Ausdruck von Unrecht. So wäre ein Herrscher, der seine Untertanen nicht etwa aufgrund von Regelverletzungen sanktioniert, sondern weil ihm aus Lust und Laune der Sinn danach steht, der Inbegriff dessen, was man als Tyrannen beschreiben würde. Damit eine Sanktionsnorm also überhaupt grundlegende Anforderungen eines gerechten Normsystems erfüllen kann, muss sie immer an eine Verhaltensnorm anschließen (auch wenn sie dann immer noch als ungerecht empfunden werden kann, weil sie als „zu weich" oder „zu hart" verstanden wird oder weil die Verhaltensnorm selbst bereits als ungerecht empfunden wird). Denn nur dann erlauben sie dem Normadressaten, dass er durch Einhaltung der Verhaltensnorm der Sanktion entgehen kann. Dies zeigt einen weiteren, etwas kuriosen, Charakterzug von Sanktionsnormen: Die wirksamste Sanktion ist die, die niemals zur Anwendung kommt, weil sie einen derart starken (positiven oder negativen) Anreiz setzt, die Verhaltensnorm einzuhalten, dass diese nicht gebrochen

---

925 *Lampe*, Verhaltensnormen und Sanktionsnormen, in: Instituto de Investigaciones de Juridicas (Hrsg.), Memoria del X congresso mundial ordinario de filosofia del derecho y filosofia social, 1982, S. 113 (113). So auch als Definition für den Sanktionsbegriff bei *Creienfels* (Fn. 229), S. 1136.

wird.[926] Sanktionen können in diesem Sinne niemals Selbstzweck, sondern immer nur Unterstützungswerkzeug eines Ge- oder Verbots sein.

Die Umsetzung dieses Ziels kann jedoch auf vielfältige Weise geschehen.[927] Als erste grobe Unterscheidung kann hier die Differenzierung zwischen positiven und negativen Sanktionen gelten, also die Unterscheidung zwischen „Lohn und Strafe".[928] Hans Kelsen weist jedoch darauf hin, dass nach herkömmlicher Ansicht unter dem Begriff Sanktion nur die Strafe, also „ein als Folge eines bestimmten Verhaltens zuzufügendes Übel" verstanden wird.[929] Zentral für die Funktion der Sanktion ist sein Verständnis des Grundcharakters von Rechtsnormen an sich. Für Kelsen entspringt dieser seiner strengen Unterscheidung zwischen „Sein und Sollen", wobei Rechtsnormen letztlich immer Ausdruck eines „Sollen" und damit einer normativen Ordnung menschlichen Verhaltens sind.[930] Nun kann der Zustand des „Seins" und der des „Sollens" auch zusammenfallen: Wenn die Norm lautet „die Tür soll geschlossen sein" und die Tür bereits geschlossen ist, dann fehlt es am faktisch zu erreichenden Normziel, die Norm entfaltet dann konkret keine Wirkung.[931] In einer Welt, in der alle Türen immer geschlossen sind, wäre eine solche Rechtsnorm sinnlos und würde vermutlich auch nicht aufgestellt werden. Dies zeigt, dass das System der Normen grundsätzlich von mehreren Optionen ausgeht (Tür auf oder Tür zu). Der Sinn der Normen ist es dann, zwischen derlei Optionen steuernd, also entscheidend,

---

926 So auch *Waldhoff* (Fn. 922), S.15. Einen ähnlichen Ansatz zum Dualismus von Verhaltensnorm und Sanktion wählt *Rostalski*, indem er betont, dass nicht die Sanktionsnorm selbst den Schutz eines Rechtsguts bezwecken kann, da Sanktionen immer nur Reaktionen auf eine bereits eingetretene Verletzung des Schutzguts sein können. Schützend wirke also vor allem die Drohung mit der Sanktion und nicht ihr Vollzug, vgl. *Rostalski*, Alternativ legitimierte Verhaltensnormen, 2019, S. 9.

927 *Raiser* (Fn. 921), S. 226, der insbesondere auf die Herausforderung hinweist, zivilrechtliche Rechtsinstitute als Sanktionen zu interpretieren. So nennt er als Beispiel den Formzwang eines Rechtsakts (z.B. der Schenkung), dessen Nichteinhaltung durch die Ungültigkeit des Rechtsakts sanktioniert wird.

928 Nach *Kelsen*, Reine Rechtslehre, 2017, S. 62.

929 *Kelsen* (Fn. 928), S. 62; so auch *Rüthers/Fischer et al.* (Fn. 905), S. 63, Rn. 97a und *Röhl/Röhl* (Fn. 243), S. 218; ähnlich auch *Waldhoff* (Fn. 922), S. 19; *Irmscher* (Fn. 920), S. 19.

930 *Kelsen* (Fn. 928), S. 26 f.

931 Was nicht heißt, dass sie dann funktionslos ist. *Kelsen* unterscheidet hier zwischen einer generell-abstrakten „Geltung" der Norm und ihrer konkreten „Wirksamkeit", vgl. *Kelsen* (Fn. 928), S. 37. Zur „Gültigkeit" trotz mangelnder „Wirksamkeit" siehe auch *Rüthers/Fischer et al.* (Fn. 905), S. 61, Rn. 95.

zu wirken. Adressat von Normen ist dabei immer, in verschiedenen Ausprägungen[932], der Mensch als handelndes Individuum. Sein Verhalten soll durch Normen geordnet und gesteuert werden.[933] Ausgehend von diesem Befund fragt sich daher, *wie* diese Steuerung erfolgen kann. Denn wie bereits Ulpian festgestellt hat, ist eine bloße Sollensvorschrift allein für die Steuerung menschlichen Verhaltens unzureichend.[934] Sie mag zwar, unter Beachtung der Unterscheidung von „sein" und „sollen", gültig sein. Zur Steuerung von Verhalten muss sie aber auch wirksam sein, also im „Sein", in der Realität, Änderungen herbeiführen können.[935] Auch aus rechtssoziologischer (und damit überindividueller) Perspektive kann als zentrale Funktion von Sanktionen eine Steuerung der Wirklichkeit verstanden werden, jedoch nicht beim adressierten Individuum, sondern in der Aufrechterhaltung sozialer Systeme insgesamt.[936] Demnach verfolgen Sanktionen weniger das Ziel, einen bestimmten individuellen Zustand zu erhalten oder Wiederherzustellen, als vielmehr die Erwartung an die Einhaltung und Stabilität des Rechtssystems an sich sicherzustellen.[937]

Gerade diese unterschiedlichen Sichtweisen mit ihrem jeweiligen Fokus auf Individuum oder Gesellschaft zeigen, dass die meisten Sanktionen mehrfach wirken. So soll die Zahlung von Schadensersatz zwar vor allem den Zustand wiederherstellen, der bestünde, wenn das schädigende Ereignis nicht eingetreten wäre. Zugleich ist der Schadensersatz aber für den Geschädigten ein Symbol der Anerkennung des ihm widerfahrenen Unrechts, welches dadurch getilgt wird. Schadensersatz wirkt also auch repressiv. Und zuletzt „motiviert" das Wissen um mögliche Schadensersatzpflichten auch zur Einhaltung der erforderlichen Sorgfaltspflichten, wodurch die Norm auch präventiv wirkt. Trotz dieser Mehrfachwirkung von Sanktionen lässt sich aber zumeist eine Primärwirkung im Sinne eines dominanten Zwecks, aus dem die Vorschrift geschaffen wurde, ausmachen. Daher bietet sich hier die Unterscheidung zwischen „Zweck" und „Funktion"

---

932 So kann Normadressat zwar auch eine nichtmenschliche juristische Person sein, an deren Verantwortungspositionen befinden sich aber letztlich doch immer natürliche Personen (Geschäftsführer, Gesellschafter, Mitglieder etc.).

933 *Kelsen* (Fn. 928), S. 60 f.

934 Daher wird *Kelsen* teilweise auch so interpretiert, dass für ihn erst die Sollensvorschrift und die dazugehörige Sanktion zusammen die eigentliche Rechtsnorm bilden, vgl. *Römer*, 4. Die Kelsensche Lehre vom Zwangscharakter des Rechts, in: Leser (Hrsg.), Reine Rechtslehre und marxistische Rechtstheorie, 1978, S. 66 (68 f.).

935 *Waldhoff* (Fn. 922), S. 13.

936 *Bitter* (Fn. 924), S. 15 f.

937 *Bitter* (Fn. 924), S. 16.

einer Sanktion an.[938] Der Zweck liegt immer in der primär beabsichtigten Wirkung einer Norm, Funktionen dagegen können auch nur (beabsichtigte) Nebenfolgen sein. Worin der Zweck einer Sanktion liegt und was „nur" zusätzliche Funktionen sind, ist von der jeweiligen Ausgestaltung und Stellung einer Sanktionsnorm im Rechtssystem und der Frage abhängig, *wie* eine Sanktionsnorm die Durchsetzung und Bewahrung der dahinterstehenden Verhaltensnorm fördert.

Allerdings darf dieser Grundsatz der „dienenden" Funktion der Sanktion gegenüber der Norm nicht darüber hinwegtäuschen, dass beides zunächst eigenständige Phänomene sind, deren Verbindung nicht immer hinreichend klar und transparent ist. So existieren auch Normen, die für ihre Wirksamkeit gar keiner Sanktionen bedürfen.[939] Denn ihr Inhalt wird nicht aus Angst vor einer Sanktion eingehalten, sondern bspw. aus Tradition oder „Respekt vor der Norm". Freilich sind hier Sanktionen denkbar, die sich auf einer nichtgesetzlichen Ebene abspielen. Ein Normbruch kann dann bspw. durch soziale Ächtung sanktioniert werden. Dies zeigt aber auch, dass Norm und Sanktion nicht immer auf derselben Ebene bestehen und dennoch miteinander verbunden sein können. Der Automatismus zwischen Norm und Sanktion wird aber auch dadurch infrage gestellt, dass die Sanktion einem eigenen formellen Verfahren unterworfen ist (z.B. Straf-, Verwaltungs- oder Gerichtsverfahren), dessen Regeln auch der Findung einer materiell „angemessenen" Sanktion dienen. Im Optimalfall besteht zwar zwischen Norm und Sanktion eine inhaltlich enge Verbindung.[940] Dies bedeutet jedoch nicht, dass dieser Konnex auch für eine eindeutige Realisierbarkeit sorgt. Welche Sanktion genau auf welche Norm folgt, ist keinesfalls ein bloßer Automatismus. Denn der Grundgedanke des „Auge um Auge, Zahn um Zahn" stößt in grund- und menschenrechtlich verpflichteten Gesellschaften an Grenzen. Bspw. kann eine Verletzung der Menschenwürde durch Folter nicht durch eine Verletzung der Menschenwürde des Täters ausgeglichen werden, da die Menschenwürde als absolutes Schutzgut einer relativen „Gegenverletzung" im Bezug zum begangenen Unrecht nicht zugänglich ist. Auf der anderen Seite droht aber eine Sanktion, welche sich objektiv als weniger schwer als das Unrecht der Tat erweist (bspw. eine Haftstrafe für ein Tötungsdelikt), die Tat immer auch ein Stück weit zu bagatellisieren. Dies gilt jedenfalls für die repressive Wirkung von Sanktionen, also der Sanktion um der Wiederherstellung des Rechts willen. Was hier eine „angemessene" Sanktion ist, erweist sich in diesem Sinne als eine

---

938 So auch schon *Röhl/Röhl* (Fn. 243), S. 219.

939 *Möllers*, Die Möglichkeit der Normen, 2018, S. 173.

940 *Möllers* (Fn. 939), S. 175.

komplexe Frage, die im Einzelfall sogar schon dazu geführt hat, dass Gerichte das vorgegebene gesetzliche Maß der Sanktion derart weit gedehnt haben, dass ihnen eine Verletzung der Bindung an Recht und Gesetz vorgeworfen wurde.[941]

I. Sanktionen zwischen Durchsetzungsnorm und Strafe

Ausgehend von der Definition nach Kelsen fällt bei näherer Betrachtung auf, dass das Recht die „als Folge eines bestimmten Verhaltens zuzufügenden Rechtsnachteile" in verschiedene Rechtsbereiche gliedert. Gerade das Strafrecht dreht sich als eigenständige Unterdisziplin der Rechtswissenschaft fast ausschließlich um Dogmatik, Geschichte und den rechtstheoretischen, -soziologischen und -philosophischen Rahmen der Strafen als besonderer Form des staatlich angeordneten Rechtsnachteils. Die besondere Bedeutung des Strafrechts wirft die Frage auf, worin genau der Unterschied zwischen Sanktionen im Verwaltungsrecht, und damit auch im Asyl- und Aufenthaltsrecht, einerseits und im Strafrecht andererseits besteht.

Die Ordnung des Gesetzgebers, Strafrecht von anderem Sanktionsrecht abzugrenzen, zeigt sich nicht nur in einzelnen einfachen Parlamentsgesetzen wie dem StGB, sondern bereits im Grundgesetz. Art. 103 Abs. 2 GG bestimmt, dass eine Tat nur *bestraft* werden kann, wenn die Strafbarkeit gesetzlich bestimmt war, bevor die Tat begangen wurde. Die Norm bestimmt jedoch nicht, was genau unter „bestrafen" zu verstehen ist. Nach Ansicht der Kommentarliteratur und des Bundesverfassungsgerichts versteht der Verfassungsgesetzgeber unter „Strafe" jede Maßnahme zu verstehen, die eine „missbilligende hoheitliche Reaktion auf ein schuldhaftes Verhalten"[942] darstellt.[943]

941 Vgl. dazu bspw. die sogenannte „Rechtsfolgenlösung" des BGH, in der dieser zwar den Mordtatbestand des § 211 StGB als erfüllt, die Verhängung der gesetzlich zwingenden lebenslangen Freiheitsstrafe aber aufgrund „außergewöhnlicher Umstände" als unverhältnismäßig ansah, siehe *Neumann*, in: Kindhäuser/Neumann/Paeffgen (Hrsg.), 5. Aufl., 2017, vor § 211 StGB, Rn. 161 m.w.N.

942 *BVerfG*, 11.06.1969 – 2 BvR 518/66, NJW (1969), 2192 (2195).

943 *Radtke*, in: Epping/Hillgruber (Hrsg.), BeckOK GG, 46. Ed. (15.11.2021), Art. 103 GG, Rn. 19; *Degenhart*, in: Sachs (Hrsg.), GG, 9. Aufl., 2021, Art. 103 GG, Rn. 57; *Aust/Nolte*, in: Huber/Voßkuhle (Hrsg.), 7. Aufl., 2018, Art. 103 GG, Rn. 104; *Schulze-Fielitz*, in: Dreier (Hrsg.), GG, 3. Aufl., 2018, Art. 103 GG, Rn. 19; *Kunig/Saliger*, in: Münch/Kunig (Hrsg.), GG, 7. Aufl., 2021, Art. 103 GG, Rn. 32.

II. Sanktionszwecke als Unterscheidungskriterium zwischen Strafe und verwaltungsrechtlicher Durchsetzungsnorm

Ein möglicher Ansatz, Strafen im Sinne des Strafrechts von anderen Sanktionen zu unterscheiden, kann die Gliederung anhand ihres repressiven, restitutiven und präventiven Sanktionszwecks sein.[944] Dabei ist jedoch zu beachten, dass diese Gliederung sich nur am dominierenden Zweck einer Sanktion orientiert. Die meisten Sanktionen verfolgen mehrere Zwecke bzw. ihre Funktion bedient diese, wenn auch nicht immer vom Gesetzgeber so intendiert.

1. Repressive Sanktionen

Repressive Sanktionen verfolgen zunächst den Zweck, dass dem begangenen Unrecht ein „Gegenunrecht" gegenübergestellt wird.[945] Dies kann letztlich als „Vergeltung"[946] verstanden werden, also als Zufügung eines Rechtsnachteils, durch den das begangene Unrecht „getilgt" wird.[947] Dieser Tilgung des Unrechts durch ein Gegenunrecht mag moralisch eine Wiederherstellung des Zustands vor dem Rechtsbruch darstellen und daher zum „Rechtsfrieden" durch Lösung eines Rechtsungleichgewichts beitragen. Sie darf aber nicht mit einer tatsächlichen materiellen Wiederherstellung des Zustands vor dem Rechtsbruch verwechselt werden (siehe dazu die restitutiven Sanktionen[948]). So kann das Recht, welches durch das Unrecht eines Tötungsdelikts verletzte wurde, moralisch und auf einer Ebene des Rechtsgefühls wiederhergestellt werden, indem der Täter bestraft wird. Das Opfer wird dadurch jedoch nicht wieder lebendig. Dies zeigt: Repressive Sanktionen verfolgen ihren Zweck zunächst auf einer abstrakt moralischen Ebene. Vor diesem Hintergrund erklärt sich auch die verfassungsrechtliche Definition der Strafe als Reaktion auf ein „schuldhaftes" Verhalten.[949] Denn Schuld meint individuelle Vorwerfbarkeit[950] und damit genau jenen moralisch aufgeladenen Unwertgehalt einer Tat, aufgrund dessen der Gesetzgeber das Verhalten

---

944 *Rüthers/Fischer et al.* (Fn. 905), S. 63, Rn. 97b; *Bitter* (Fn. 924), S. 33.

945 Ähnlich auch *Koch*, Naming and shaming im Kapitalmarktrecht, 2019, S. 72.

946 Zum Verständnis von Vergeltung als „tatproportionale Strafe" siehe *Müller*, Vergeltungsstrafe und Gerechtsigkeitsforschung, 2019, S. 17 f.; *Röhl/Röhl* (Fn. 243), S. 219.

947 Vgl. *Rengier*, Strafrecht Allgmeiner Teil, 2009, S. 12, Rn. 10; *Krey*, Deutsches Strafrecht Allgemeiner Teil, 3. Aufl., 2008, S. 45, Rn. 120 ff.

948 S. 251 ff.

949 *Degenhart* (Fn. 943), Art. 103 GG, Rn. 57.

950 So die Definition nach *Frank*, Festschrift für die Juristische Fakultät in Giessen zum Universitäts-Jubiläum, 1907, S. 519 (529).

unter Strafe stellt. Gleichwohl erfüllen Strafen darüber hinaus noch weitere Zwecke, welche die Strafzwecklehre in der Vergangenheit bereits umfangreich erörtert hat.[951] So dient etwa die Strafe der Freiheitsentziehung auch der Wiedereingliederung des Täters in die Gesellschaft und damit der restitutiven Wiederherstellung eines sozialkonformen Zustands.[952] Zugleich schrecken Strafen aber selbstverständlich auch ab und wirken damit gleichsam präventiv.[953] Alleinstellungsmerkmal von Strafen im Vergleich zu sonstigen Sanktionen ist jedoch der besondere Unrechtsgehalt und der damit einhergehende Schuldvorwurf, der es rechtfertigt zusätzlich zur restitutiven Wiederherstellung des Zustands vor dem Normbruch oder präventiven Maßnahmen zur Verhütung künftiger Normbrüche auch repressiv wirkende, auf die Vergeltung begangenen Unrechts gerichtete, Nachteile anzuordnen. Daher lassen sich Strafen trotz ihrer flankierenden präventiven und ggf. restitutiven Wirkung immer noch als Ausdruck repressiver Sanktionen begreifen.

Losgelöst von dieser individuellen Perspektive auf die Vergeltung des moralischen Unrechts verfolgen repressive Sanktionen jedoch auch den bereits angesprochenen Zweck, den Bestand und die Wirksamkeit von Rechtsregeln insgesamt präventiv zu schützen und zu erhalten. Da es für bestimmte Normbrüche an der Möglichkeit der Wiederherstellung des vorherigen Zustands fehlt (z.B. bei Tötungsdelikten), fehlte es hier sonst für einzelne Normadressaten auch an einem Grund, die Norm zu achten. Bricht nun ein einzelnes Individuum die Regel und folgen darauf keine Konsequenzen, so stellt dies die universelle Gültigkeit des Rechtssystems insgesamt infrage. Daher stellen repressive Sanktionen neben dem individuell-präventiven Zweck, den einzelnen Normbrecher vor seiner Tat abzuschrecken und so die dahinerstehende Norm zu

---

951 Siehe dazu die Übersicht bei *Hörnle*, Straftheorien, 2. Aufl., 2017, S. 17 ff. Die herrschende Lehre in der Strafrechtswissenschaft und in der Rechtsprechung folgen in diesem Sinne der „Vereinigungslehre", welche keinen Strafzweck explizit ablehnt, sondern versucht, diese in ein angemessenes Verhältnis zu setzen, vgl. *Krey* (Fn. 947), S. 50, Rn. 134; *Rengier* (Fn. 947), S. 14, Rn. 21 f. Dagegen stellt *Kaspar* nur auf die präventiven Strafzwecke ab, vgl. *Kaspar*, Strafrecht Allgemeiner Teil, 2. Aufl., 2017, S. 26, Rn. 16. *Rostalski* wiederum kritisiert den Fokus auf die in die Zukunft gerichtete Prävention und plädiert für einen Fokus auf das in der Vergangenheit begangene Unrecht, vgl. *Rostalski* (Fn. 926), S. 18 ff.

952 Dies ergibt sich auch grundrechtlich aus dem allgemeinen Persönlichkeitsrecht in Art. 2 Abs. 1 GG, vgl. *Di Fabio*, in: Herzog/Maunz/Dürig (Hrsg.), GG, 92. Erg.-Lfg. (Aug. 2020), Art. 2 Abs. 1 GG, Rn. 217.

953 *Krey* (Fn. 947), S. 48, Rn. 129.

schützen, auch eine Vergewisserung des Rechtssystems *insgesamt* gegenüber der Allgemeinheit dar.

2. *Restitutive Sanktionen*

Im Gegensatz zu repressiven Sanktionen geht es bei restitutiven Sanktionen um für den Adressaten negative Rechtsfolgen, die den Zweck verfolgen, den Zustand herzustellen, der bestünde, wenn der Normbruch nicht eingetreten wäre bzw. einen Zustand zu schaffen, der dem möglichst nahekommt. Restitutive Sanktionen können daher als „Ersatz" für die eigentlich zu erfüllende Pflicht gesehen werden.

a) *Die Wiederherstellung des ursprünglichen Zustands als Sanktionszweck*

So dient der zivilrechtliche Schadensersatz in Deutschland primär restitutiven Zwecken, was bereits aus dem Prinzip der Naturalrestitution gem. § 249 Abs. 1 BGB deutlich wird, wonach durch den Schadensersatz „nur" der Zustand herzustellen ist, der bestünde, wenn das schädigende Ereignis nicht eingetreten wäre.[954] Darüber hinausgehend ist der Schädiger zu keiner Leistung verpflichtet. Jedoch kann auch der restitutive Charakter des Schadensersatzes durch andere Sanktionszwecke ergänzt werden. So existieren auch Schadensersatzkonzepte, die als „Strafschadensersatz" neben der Kompensation erlittener Schäden auch deutlich einem repressiven Straf- bzw. präventiven Abschreckungszweck dienen.[955] Eine Schadensersatzpflicht erfüllt diese Funktionen jedoch nur, wenn sie dem Verurteilten auch „weh tut". Daraus resultieren dann (etwa im US-amerikanischen Recht) teilweise astronomisch hohe zivilrechtliche Schadensersatzzahlungen, da insbesondere für sehr kapitalstarke Unternehmen eine Geldstrafe, die nur den Schaden ausgleicht, bloß ein „Nadelstich" wäre und demnach keine strafende oder abschreckende Wirkung hätte.[956] Mit ein in die Entscheidung über die Höhe des Schadensersatzes fließt auch, wie „verwerflich" das Verhalten des Schädigers war, ob dieser bspw. zuvor ausgesprochene Warnungen bezüglich einer von ihm verursachten Gefahr wissentlich ignoriert hatte.[957] Im Gegensatz dazu kennt das deutsche Schadensersatzrecht eine

954 *Flume*, in: Hau/Poseck (Hrsg.), 57. Ed. (01.02.2021), § 249 BGB, Rn. 55.

955 Dazu näher *Wenglorz/Ryan*, RIW 2003, 598.

956 *Wenglorz/Ryan* (Fn. 955), S. 601.

957 So geschehen im bekannten „coffee spill case", bei dem der Fast-Food-Konzern McDonalds für die durch Kaffee versursachten Verbrühungsverletzungen einer Kundin in erster Instanz zu 480.000 Dollar Strafschadensersatz verurteilt wurde, unter anderem,

Berücksichtigung der Kenntnis einer Gefahrenquelle nur im Rahmen des Vertretenmüssens, also Verantwortlichkeit des Schädigers für einen Schaden.[958] Das moralisch aufgeladene Element der Verwerflichkeit eines Handelns ist hier deutlich weniger präsent. Das Beispiel der Schadensersatzsysteme in Deutschland und den USA im Vergleich zeigt, wie sich Sanktionszwecke und -funktionen vermischen und überschneiden, teilweise vom Gesetzgeber objektiv so gewollt, teilweise aber auch nur vom Betroffenen subjektiv so empfunden. Eine trennscharfe Unterscheidung von Sanktionen nach Zweck und Funktion für die Rechtsfigur des Schadensersatzes ist daher äußerst schwierig.

b) Restitution im Verwaltungsrecht: Die Wiederherstellung staatlicher Steuerungskompetenz

Im Verwaltungsrecht gestaltet sich die Identifizierung von restitutiven Sanktionszwecken nicht ganz so einfach. Denn anders als im Zivilrecht, wo es um den Schutz einer individuellen Rechtsposition geht (ein Schädiger schuldet z.B. die Geldsumme X, da der Wert der zerstörten Sache X betrug), befasst sich das Verwaltungsrecht in der Regel mit der ganzheitlichen Steuerung hoheitlicher Aufgaben, für das der Gesetzgeber ein Steuerungsinstrumentarium vorgesehen hat. Gerät dessen Funktionsweise nun durch die Verletzung einer Mitwirkungspflicht in Bedrängnis, so lässt sich argumentieren, dass restitutive Sanktionen der Wiederherstellung der Funktionsweise des Steuerungssystems dienen. Dies kann im Ausländerrecht bspw. der Fall sein, wenn die eigentlich erforderliche Mitwirkungshandlung eines Antragstellers durch eine andere Maßnahme ersetzt wird, die jedoch für ihn rechtliche Nachteile mit sich bringt, etwa dadurch, dass eine erforderliche Information in der Beweisführung ignoriert werden kann und sich der Betroffene nicht mehr zur Sache äußern darf. Eine restitutive Wirkung auf die vom Gesetzgeber konzipierte Migrationssteuerung kann sich aber auch aus dem Blick auf das Steuerungssystem im Ganzen ergeben. Bspw. kann die Einstellung eines Asylverfahrens, dessen Bearbeitung der Antragsteller durch Verweigerung der Mitwirkung verzögert, die Behörde entlasten und damit Verwaltungskapazitäten freimachen, die dann für andere Verfahren herangezogen werden können. Die Einstellung des Asylverfahrens trägt so in der Gesamtperspektive zur Wiederherstellung staatlicher Verwaltungskapazitäten bei.

---

weil er zuvor Warnungen über die Temperatur seines Kaffees mehrfach ignoriert hatte, siehe *Wenglorz/Ryan* (Fn. 955), S. 603 f.

958 *Lorenz*, in: Hau/Poseck (Hrsg.), 57. Ed. (01.02.2021), § 276 BGB, Rn. 8

3. *Präventive Sanktionen*

Der grundlegende Zweck präventiver Sanktionen ist die Verhinderung eines Normbruchs in der Zukunft. Dies erweist sich ein Stück weit als paradox, ist eine Sanktion doch stets eine Reaktion auf einen Normbruch in der Vergangenheit, der nicht mehr verhindert werden kann. Präventive Sanktionen zielen daher entweder auf die Prävention der Wiederholung des Normbruchs beim adressierten Individuum (Spezialprävention) oder aber auch auf die Verhinderung des Normbruchs durch Dritte (Generalprävention), indem diese durch die Sanktion die Folgen eines Normbruchs abschreckend vor Augen geführt bekommen. Insbesondere im Strafrecht werden präventive Sanktionszwecke gemeinsam mit der repressiven Vergeltung von Unrecht als dominierender Sanktionszweck verstanden.

a) *Die Vorverlagerung der Gefahrenabwehr als Anwendungsfall präventiver Sanktionen*

Dabei verschmilzt das Strafrecht jedoch in jüngerer Zeit immer stärker mit dem präventiven Gefahrenabwehrrecht.[959] Angestoßen durch die Bedrohungen des internationalen Terrorismus verdichten die jüngsten Entwicklungen im Polizei- und Ordnungsrecht das Prinzip der präventiven Gefahrenabwehr zudem in Gestalt der Rechtsfigur der „drohenden Gefahr“.[960] Anders als bei der bisher notwendigen „konkreten Gefahr“ bedarf es dann für präventive Maßnahmen keiner hinreichenden Wahrscheinlichkeit eines *konkreten* Normbruchs, sondern es reicht bereits aus, dass eine Straftat *abstrakt* zu befürchten ist.[961] Anders gesagt: Notwendig ist nicht mehr, dass das „wie“, „wann“ oder „wo“ schon feststeht, sondern allein das „ob“ ist ausreichend.[962] Für die Betroffenen sind solche präventiven Sanktionen als Reaktion auf eine Gefahrenlage indes besonders problematisch, da sie nicht an das Moment eines *konkreten* Normbruchs anknüpfen. Es fehlt daher an einem Zurechnungszusammenhang zum Verhalten der Betroffenen[963], für die somit kaum berechenbar ist, wann ihnen Sanktionen drohen.[964]

---

959 *Jasch*, KJ 2014, 237 (238 f.).

960 *Shirvani*, DVBl. 2018, 1393 (1393).

961 *Leisner-Egensperger*, DÖV 2018, 677 (678).

962 In diesem Sinne auch *Möstl*, DVBl. 2020, 160 (165).

963 *Denninger*, D. Polizeiaufgaben, in: Lisken/Denninger (Hrsg.), Handbuch des Polizeirechts, 6. Aufl., 2018, S. 217 (220, Rn. 2). Denninger möchte daher die präventive Polizeiarbeit noch einmal untergliedern in eine „Gefahrenabwehr“, die an konkrete bevorstehende Straftaten anknüpft und eine „Prävention“ (i.e.S.), die der allgemeinen und abstrakten Vorbeugung von Straftaten dient (z.B. durch dauerhafte Videoüberwachung öffentlicher Plätze), vgl. *Denninger* (Fn. 963), S. 221, Rn. 5.

964 *Hanschmann*, KJ 2017, 434 (438).

b) *Präventive Sanktionen zwischen Gefahrenabwehr- und Migrationsrecht*

Neben den Entwicklungen um die Rechtsfigur der „drohenden Gefahr“ im Polizeirecht finden sich präventive Sanktionen aber auch zunehmend im Migrationsrecht, da diese maßgeblich eine Reaktion auf den internationalen Terrorismus darstellen und damit auch mit dem Aufenthalt ausländischer Personen in Deutschland verknüpft sind.[965] So kann seit 2017 durch das „Gesetz zur besseren Durchsetzung der Ausreisepflicht“ gem. § 59b Abs. 1 Nr. 4 AsylG eine Residenzpflicht für Asylbewerber auch dann verhängt werden, wenn „von dem Ausländer eine erhebliche Gefahr für die innere Sicherheit oder für Leib und Leben Dritter ausgeht“. Hierfür ist jedoch gerade keine „drohende Gefahr“ ausreichend, vielmehr muss es sich um eine auf Tatsachen gestützte konkrete Gefahr handeln.[966] Gleiches gilt für die ebenfalls 2017 eingeführte Sanktion des § 56a AufenthG, der unter denselben Bedingungen das Tragen einer elektronischen Fußfessel vorschreiben kann.[967] Beide Normen sind Ausdruck einer Tendenz in der jüngeren Gesetzgebung, schwerer Kriminalität erstens präventiv gegenüberzutreten und dementsprechende Maßnahmen zweitens im Migrationsrecht zu verorten. Diese Verschmelzung von Migrationsrecht mit dem allgemeinen Gefahrenabwehr- bzw. Strafrecht firmiert auch unter dem Schachtelwort „Krimmigration“.[968] Diese Entwicklungen werfen eine Reihe an Fragen auf, unter anderem zur Betrachtung von Sanktionen im Lichte von Art. 3 GG. Denn eine Sanktion als Grundrechtseingriff darf jedenfalls nicht willkürlich an die Staatsangehörigkeit anknüpfen, indem diese nur Ausländer betrifft. Besteht hierfür kein sachlicher Grund, so ist dies nicht mit dem Gleichbehandlungsgebot vereinbar.[969] Daher ist bei präventiven Sanktionen insbesondere die Frage zu stellen, *warum* der Gesetzgeber diese gerade im Asyl- und Aufenthaltsrecht platziert und nicht im allgemeinen Gefahrenabwehrrecht.

---

965 So bereits *Volkmann*, NVwZ 2009, 216 (218); ebenso *Hanschmann* (Fn. 964), S. 444 zur Rechtsfigur des Gefährders als „personifizierte drohende Gefahr“.

966 *Neundorf*, in: Kluth/Heusch (Hrsg.), BeckOK AuslR, 28. Ed. (01.01.2021), § 59b AsylG, Rn. 8a; *Marx*, in: ders. (Hrsg.), AsylG, 10. Aufl., 2019, § 59b AsylG, Rn. 8.

967 Siehe dazu S. 210 f.

968 *Graebsch*, KrimOJ 2019, 75.

969 *Kischel*, in: Epping/Hillgruber (Hrsg.), BeckOK GG, 46. Ed. (15.02.2021), Art. 3 GG, Rn. 132.

III. Zwischenfazit: Sanktionen als staatlich angeordneter Rechtsnachteil

Trotz aller komplexen Fragen bei der Unterscheidung von Sanktionszwecken und -funktionen besteht aber jedenfalls weitgehend Einigkeit darüber, dass Sanktionen Verhalten steuern. Geht man mit Kelsen u.a.[970] von der negativen Sanktion als „Zufügung eines Übels aus“, sei es aktiv durch Entzug einer Rechtsposition oder passiv durch Versagung eines Anspruchs, so erfolgt diese Verhaltenssteuerung überwiegend durch Abschreckung. Präventive Sanktionen tragen diese Steuerung besonders deutlich als Zweck in sich, können allerdings neben der psychologischen Verhaltenssteuerung durch Abschreckung auch physisch ein bestimmtes Verhalten präventiv unterbinden (z.B. durch Sicherungshaft). Und auch restitutive Sanktionen schrecken den Schädiger ab, da niemand bspw. freiwillig für die Wiederherstellung des ohne Schädigung bestehenden Zustands aufkommen möchte, also von schädigendem Verhalten abgeschreckt wird. Einzig bei den repressiven Sanktionen, namentlich im Strafrecht, lässt sich über einen Strafzweck ohne verhaltenssteuernde Elemente diskutieren, wenn man von einem Zweck der Strafe als Vergeltung um der Wiederherstellung des Rechts willen ausgeht.[971]

Abseits dieser Fragen um Zweck und Funktion von Sanktionen liegt der Fokus der vorliegenden Arbeit aber auf der dogmatischen Konzeption der Verhaltenssteuerung von Sanktionen im Asyl- und Aufenthaltsrecht. Hier besteht zunächst vor allem eine grundlegende Erkenntnis: Sanktionen treten ein, weil der Normadressat das Ge- oder Verbot der Norm verletzt hat. Ob die daraus folgende Sanktion primär das begangene Unrecht ausgleicht (repressive Sanktionen), eine erneute Verletzung verhindern (Prävention) oder zunächst nur den „Status quo“ wiederherstellen soll (Restitution), ist erst auf einer nächsten

---

970 Siehe Fn. 929.

971 So die sogenannte absolute Straftheorie, wonach der Täter schlicht deshalb bestraft wird, weil er eine Straftat begangen hat und dieses Unrecht durch ein Gegenunrecht „getilgt“ werden muss, vgl. dazu *Krey* (Fn. 947), S. 47, Rn. 120. Die absolute Straftheorie wird jedoch heute kaum noch vertreten. Das BVerfG und die in Deutschland herrschende Meinung vertreten mit der Vereinigungstheorie vielmehr eine Zwischenlösung, welche sowohl den Charakter der Strafzufügung als Vergeltung, als auch die präventiven Motive anerkennt, vgl. *BVerfG*, 21.06.1977 – 1 BvL 14/76, BVerfGE 45 (1977), 187 (253 ff.); *Rengier* (Fn. 947), S. 14, Rn. 24 ff. m.w.N.; *Krey* (Fn. 947), S. 50, Rn. 134. Demnach geht es auch im Strafrecht (zumindest auch) um Verhaltenssteuerung durch eine abschreckende Wirkung strafrechtlicher Sanktionen.

Ebene zu beantworten. Als Definition des Sanktionsbegriffs, basierend auf dieser gemeinsamen Systematik, kann für die Zwecke der vorliegenden Arbeit somit, in Anlehnung an Kelsens Begriff der Strafe[972], ein als Folge eines bestimmten (Fehl-)verhaltens zuzufügender Rechtsnachteil festgesetzt werden.

Die Normen im Asyl- und Aufenthaltsrecht, welche eine solche Rechtsfolge beinhalten, sollen im Folgenden herausgearbeitet, untersucht und systematisiert werden. Dabei sollen zwei Kriterien im Fokus stehen. Zunächst soll jede Sanktion anhand der repressiven, restitutiven und präventiven Zwecke und Funktionen untersucht werden.[973] Eine eindeutige Zuweisung ist dabei, wie erwähnt, nicht möglich, soll aber auch nicht angestrebt werden. Stattdessen geht es mehr um eine Verortung der jeweiligen Sanktionsnorm im Koordinatensystem von Repression, Restitution und Prävention.

B. Analyse und Systematisierung nach Steuerungsbereichen

Die Zufügung eines rechtlichen Nachteils kann der Gesetzgeber in verschiedenen Wirkungsbereichen vornehmen, die staatlichem Steuerungseinfluss unterliegen. So kann er z.B. die physische Fortbewegungsfreiheit einschränken, z.B. durch das Gebot, sich nur in einem bestimmten Bereich des Bundesgebiets aufzuhalten (s.g. „Residenzpflicht"). Er kann aber auch soziale Leistungen oder andere staatlich gewährte Vorteile entziehen oder verweigern (Sozialleistungskürzungen). Gerade in der Systematik des Aufenthaltsrechts, in der aufgrund des Verbots mit Erlaubnisvorbehalt immer ein positiver Verwaltungsakt (Aufenthaltserlaubnis) als Schutz vor staatlichem Zugriff (Ausweisung und Abschiebung) notwendig ist[974], kommt zudem der Sanktionierung mittels eines derartigen Entzugs oder der Nichtgewährung von Aufenthaltsrechten eine zentrale Möglichkeit der Einflussnahme auf das individuelle Verhalten von Ausländern zu.[975]

Daher bietet sich auch für die Sanktionen (wie bei der Analyse der Mitwirkungspflichten) zunächst eine Einteilung in verfahrensbezogene- und räumliche Sanktionen an.[976] Denn der Gesetzgeber greift mittels Sanktionen zum einen unmittelbar in Ablauf und Ausgang des asyl- und aufenthaltsrechtlichen

972 *Kelsen* (Fn. 928), S. 62.
973 Für diese Kategorisierung auch *Bitter* (Fn. 924), S. 33 f.
974 *Samel*, in: Bergmann/Dienelt (Hrsg.), AuslR, 13. Aufl., 2020, § 4 AufenthG, Rn. 2 ff.
975 Siehe dazu S. 52 f.
976 Siehe S. 101 ff.

Verwaltungsverfahrens ein.[977] Zum anderen arbeitet er ebenfalls mit räumlichen Beschränkungen und ordnet diese als Reaktion auf die Verletzung von Mitwirkungspflichten an.[978]

Anders verhält es sich dagegen mit der dritten Kategorie. Für die integrationsbezogenen Mitwirkungspflichten besteht bei den Sanktionen kein direktes Pendant. Dies gilt zumindest dann, wenn man als Integrationsleistungen nur die integrationsspezifischen Leistungen wie Sprachkurse und Bildungsangebote erfasst, nicht aber allgemeine Sozialleistungen, etwa für Unterkunft und Freizeit. Dies liegt vor allem daran, dass eine Sanktionierung durch den Entzug spezifischer Integrationsleistungen kontraproduktiv für die Integration der betroffenen Personen ist und der Staat daher mit einer dort anknüpfenden Sanktionspraxis die eigenen Ziele in der Migrationspolitik konterkarieren würde. Versteht man unter Integrationsleistungen dagegen neben spezifischen Integrationsangeboten auch allgemeine Leistungen des Staates, etwa Sozialleistungen zur Teilhabe am gesellschaftlichen Leben, nutzt der Gesetzgeber durchaus auch dieses Feld als Sanktionsressource. Betrachtet man die juristischen und rechtspolitischen Diskurse der letzten Jahre, gehört die Sanktionierung von Migranten durch den Entzug von Sozialleistungen zu den kontroversesten Themen des Migrations- und Sozialrechts.[979] Die Frage, ob und wie der Staat Migration durch Gewährung und Entzug von Sozialleistungen steuern darf, hat nicht zuletzt durch die Rechtsprechung des BVerfG, und insbesondere durch dessen jüngstes Urteil zur Verfassungsmäßigkeit der Sanktionen im SGB II[980], an neuer Dynamik gewonnen.

Eine gewisse Sonderrolle nehmen darüber hinaus die strafrechtlichen Sanktionen ein. Denn auch wenn zahlreiche Sanktionen im Asyl- und Aufenthaltsrecht ebenfalls einen „strafenden" Teilcharakter haben, so hat der Gesetzgeber auch explizit Sanktionen in Gestalt von Geld- und Freiheitsstrafen im Asyl- und AufenthG geschaffen. Diese strafrechtliche Normierung ist Ausdruck der gesetzgeberischen Qualifizierung eines Verhaltens als „über sein Verbotensein hinaus in besonderer Weise sozialschädlich und für das geordnete Zusammenleben der

---

977 Siehe für die verfahrensrechtlichen Mitwirkungspflichten S. 102-186.

978 Zu den räumlichen Mitwirkungspflichten siehe S. 186-214.

979 Siehe dazu etwa *Brings/Oehl*, ZAR 2016, 22; *Janda* (Fn. 26); *Janda* (Fn. 879); *Kanalan*, NZS 2018, 641; *Cantzler*, in: ders. (Hrsg.), 2019, § 1a AsylbLG, Rn. 8; *Werther*, InfAuslR 2017, 461; *Dietz*, DÖV 2015, 727; zur Diskussion um die Sanktionen im SGB II siehe *Kreßel*, NZS 2019, 730; *Drohsel* (Fn. 110).

980 *BVerfG*, 05.11.2019 – 1 BvL 7/16, NJW (2019), 3703.

Menschen unerträglich ist“[981], dessen „Verhinderung daher besonders dringlich ist“[982]. Diese besondere Sanktionierung bestimmter Verhaltensweisen gebietet es daher, die strafrechtlichen Sanktionen im Asyl- und Aufenthaltsrecht als eigenständige Kategorie zu erfassen.

I. Verfahrensbezogene Sanktionen

Im Asylverfahren sieht der Gesetzgeber mehrere Instrumente vor, welche sich unmittelbar auf den Ausgang des Verfahrens und auf die Frage auswirken, *ob* überhaupt ein positiver Bescheid als Grundlage eines legalen Aufenthalts erlassen wird und wenn ja, *wie* dieser inhaltlich ausgestaltet ist. Dabei folgt vor allem das Asylverfahrensrecht dem Grundsatz der notwendigen Partizipation des Antragstellers: Wirkt dieser nicht ausreichend mit, so kann das Verfahren auf verschiedene Art und Weise „abgekürzt“ oder beendet werden. Für Asylbewerber erweisen sich derartige Rechtsfolgen in der Regel als Rechtsnachteil aufgrund eines unzureichenden Verhaltens und damit als Sanktion. Aus Sicht der Migrationsverwaltung spielt aber auch die restitutive Wirkung für die Verfahrensökonomie eine wichtige Rolle. Aussichtsloser oder langwieriger Verfahren, die aufgrund der mangelnden Mitwirkung des Antragstellers wertvolle Verwaltungsressourcen in Anspruch nehmen, können sich die Behörden so entledigen.

1. Die Entscheidung der Behörde „nach Aktenlage“ und die Ablehnung des Asylantrags als unzulässig (§ 29 Abs. 3 AsylG)

Das BAMF hat den Asylbewerber gem. § 29 Abs. 2 AsylG vor der Entscheidung über die Zulässigkeit eines Asylantrags anzuhören. Verletzt er diese Obliegenheit und erscheint nicht zur Anhörung, so entscheidet die Behörde gem. § 29 Abs. 3 AsylG nach Aktenlage. Diese Regelung wurde 2016 mit dem Integrationsgesetz des Bundes eingeführt und kann daher als Reaktion auf die steigenden Asylantragszahlen der Jahre 2015/2016 verstanden werden.[983] Die Ablehnung eines Asylantrags als „unzulässig“ ist jedoch an sich keine neue Erfindung. Die Norm fasst vielmehr frühere Unzulässigkeitsgründe aus § 27a AsylG a.F. mit

981 *Hörich*, in: Huber (Hrsg.), AufenthG, 2. Aufl., 2016, Vorbemerkung zu § 95 AufenthG, Rn. 5 mit Verweis auf *BVerfG*, 26.02.2008 – 2 BvR 392/07, NJW (2008), 1137 (1138).

982 Eben da.

983 Siehe dazu BGBl. I 2016 (Nr. 39), S. 1946.

den Tatbeständen der „Unbeachtlichkeit“ eines Asylantrags aus § 29 AsylG a.F. zusammen.[984]

Als rechtlicher Nachteil (und damit als Sanktion) für den Antragsteller erweist sich die Norm, da die Entscheidung nach Aktenlage für den Asylbewerber in der Regel nachteilhaft ist. Zwar ist das BAMF aufgrund des Amtsermittlungsgrundsatzes grundsätzlich zur neutralen Ermittlung der Zulässigkeitsgründe angehalten und muss daher Nachweise für die Unzulässigkeit darlegen. Aus dem Versäumnis der Anhörung selbst darf die Behörde jedenfalls nicht per se auf die Unzulässigkeit des Antrags schließen.[985] Die Entscheidung nach Aktenlage ist jedoch in der Regel für den Antragsteller zumindest nicht vorteilhaft, da sie diesem die Möglichkeit nimmt, Gründe für die Zulässigkeit des Asylantrags vorzubringen. Der Antragsteller kann der Behörde in der Regel insbesondere Informationen liefern, auf die sie sonst keinen Zugriff hat, da sie auf der individuellen Fluchtgeschichte des Antragstellers beruhen. Für die Zulässigkeit eines Asylantrags ist in der Praxis vor allem die Fluchtroute relevant, da sich aus den Durchreiseländern häufig die Zuständigkeit eines anderen EU-Staates gem. der VO 604/2013/EU („Dublin-III-Verordnung“) und damit die Unzulässigkeit des Antrags gem. § 29 Abs. 1 a) AsylG ergeben kann.[986] In der Regel ist dies gem. Art. 13 VO 604/2013/EU der EU-Mitgliedsstaat, in den der Antragsteller als Erstes eingereist ist. Jedoch greift das Kriterium des Ersteinreisestaates nur dann, wenn der Antragsteller in keinem anderen Mitgliedstaat Familienangehörige hat (Art. 8-11 VO 604/2013/EU), oder wenn er über ein Visum für einen anderen Mitgliedstaat verfügt (Art. 12 VO 604/2013/EU).[987] All diese Informationen stehen der Behörde aber in der Regel nicht durch eigene Nachforschung im Rahmen der Amtsermittlung zur Verfügung, vielmehr kann der Antragsteller diese nur in einer persönlichen Anhörung geltend machen und so verhindern, dass die Behörde aufgrund unzureichender Informationslage eine Entscheidung trifft und den Asylantrag als unzulässig ablehnt. In diesem Lichte betrachtet, erweist sich § 29 Abs. 3 AsylG daher als Sanktionsnorm, da sie dem Antragsteller aufgrund unzureichender Mitwirkung den rechtlichen Vorteil der Darlegung seiner Fluchtgeschichte entzieht. Dafür spricht auch die Tatsache, dass gem. § 29 Abs. 3 S. 2 AsylG die Behörde nicht auf die Anhörung verzichten darf, wenn

984 *Heusch/Günther*, in: Kluth/Heusch (Hrsg.), BeckOK AuslR, 28. Ed. (01.01.2021), § 29 AsylG, Rn. 1.

985 *Marx*, in: ders. (Hrsg.), AsylG, 10. Aufl., 2019, § 29 AsylG, Rn. 129.

986 *Bergmann* (Fn. 168), § 29 AsylG, Rn. 6.

987 Huber/Eichenhofer/Endres de Oliveira (Hrsg.), Aufenthaltsrecht, 2017, Rn. 1781.

der Antragsteller unverzüglich nachweist, dass das Versäumnis auf Umstände zurückzuführen war, auf die er keinen Einfluss hatte. Die Behörde muss dem Antragsteller vor einer Entscheidung auch ausreichend Zeit gewähren, diese Umstände darzulegen und mit Beweisen zu untermauern.[988] Dies zeigt, dass sich der Gesetzgeber des sanktionierenden Charakters der Rechtsfolge des § 29 Abs. 3 AsylG durchaus bewusst war.

In der Praxis kann es jedoch Fälle geben, in denen der Verlust der Anhörungsmöglichkeit für den Antragsteller keinen Nachteil bedeutet, sondern der Mangel an Informationen seitens der Behörde gerade einen Vorteil im Sinne des Antragstellers darstellt. Denn wenn die Behörde bspw. die Zuständigkeit eines anderen EU-Mitgliedstaates für das Verfahren nicht ermitteln kann, so ist gem. Art. 3 Abs. 2 VO 604/2013/EU der Mitgliedstaat für das Verfahren zuständig, in dem der erste Antrag auf internationalen Schutz gestellt wurde.[989] Die Zulässigkeit eines Antrags in Deutschland kann der Antragsteller also unter Umständen dadurch erreichen, indem er die Anhörung bewusst vermeidet und so der Behörde keine Anhaltspunkte für die Zuständigkeit eines anderen Mitgliedstaates liefert. In diesen Fällen handelt es sich bei dem Verlust der Anhörung für den Antragsteller dann zumindest subjektiv um keinen rechtlichen Nachteil und daher auch um keine Sanktion. Es ist allerdings fraglich, ob ein Asylantrag bei fehlender Mitwirkung des Antragstellers dann nicht als unbegründet abgelehnt würde.

Der Zweck dieser Sanktion ist restitutiv, da § 29 Abs. 3 AsylG der Behörde trotz der pflichtwidrigen Nichtteilnahme an der Anhörung der Entscheidung über die Zulässigkeit ermöglicht und damit die Funktion des Asylverfahrens wiederherstellt. Gleichwohl wird durch die Sanktion nicht der Zustand hergestellt, der bestünde, wenn die Obliegenheit zur Teilnahme an der Anhörung nicht verletzt worden wäre. Dies wäre nur der Fall, wenn die Sanktion darin bestünde, den Asylbewerber durch unmittelbaren Zwang vorladen zu lassen und dann zu befragen. Die Entscheidung nach Aktenlage stellt somit nicht das gleiche Ergebnis her, wie es dem Gesetzgeber bei einer Mitwirkung des Asylbewerbers vor Augen stand, wahrt aber zumindest die Möglichkeit, das Verfahren abzuschließen. Zugleich kann die Regelung aber auch davor abschrecken, die Anhörung zu versäumen. Damit hat sie auch präventiven Charakter.

---

988 *Marx* (Fn. 985), § 29 AsylG, Rn. 128.

989 *Hruschka/Maiani* (Fn. 166), Art. 8 VO 604/2013/EU, S. 1497, Rn. 6.

2. *Die Ablehnung des Antrags als „offensichtlich unbegründet" (§ 30 AsylG)*

Neben der Unzulässigkeit und der Unbegründetheit eines Antrags kann das Bundesamt diesen auch als „offensichtlich unbegründet" ablehnen. Diese Regelung beschreibt ausweislich des Wortlauts zunächst Fälle, in denen das Nichtvorliegen von Verfolgungsgründen besonders wahrscheinlich erscheint. Dies kann gem. § 29a AsylG bspw. der Fall sein, wenn der Ausländer aus einem „sicheren Herkunftsstaat" stammt, in dem die Gefahr von gruppenbezogener Verfolgung durch den Gesetzgeber als besonders unwahrscheinlich eingeschätzt wird oder aber auch, wenn sich der Ausländer gem. § 30 Abs. 2 AsylG „offensichtlich"[990] nur aus wirtschaftlichen Gründen im Bundesgebiet aufhält. In diesen Fällen stellt die Ablehnung als „offensichtlich unbegründet" keine Sanktion im engeren Sinne dar, da sie nicht an ein konkretes Fehlverhalten anknüpft. Wer aus einem „sicheren Herkunftsstaat" stammt, hat trotz aller Einschränkungen das Recht einen Asylantrag zu stellen. Die Rechtsfolge der offensichtlichen Unbegründetheit ist dann lediglich eine verfahrensökonomische Folge (dazu unten) und kein auf einem individuellen Vorwurf basierender Rechtsnachteil.

a) *Pflichtverletzungen als Ablehnungsgrund (§ 30 Abs. 3 AsylG)*

Darüber hinaus nennt § 30 Abs. 3 AsylG jedoch eine Reihe an Tatbeständen, die direkt an ein vorwerfbares Fehlverhalten anknüpfen.[991] Neben die Verfahrensbeschleunigung tritt in diesen Fällen daher auch eine Sanktionswirkung.[992] Dies gilt ausweislich des Wortlauts von § 30 Abs. 3 S. 1 aber nur für „unbegründete" Asylanträge. Das BAMF muss den Antrag also zuvor bereits als unbegründet eingestuft haben.[993] Die Rechtsfolge der *offensichtlichen* Unbegründetheit ist in diesen Fällen dennoch missverständlich, da die offensichtliche Unbegründetheit eine Frage des offensichtlichen Nichtvorliegens der materiellen Verfolgungsgründe

---

990 An dieses Kriterium sind jedoch hohe Hürden zu stellen: Die Unbegründetheit darf nicht nur naheliegen oder muss wahrscheinlich sein, sie muss sich dem Bundesamt vielmehr „geradezu aufdrängen", vgl. *BVerfG*, 18.04.1984 – 1 BvR 869/83, BVerfGE 67, 43 (52). Insgesamt kann dafür jedoch keine abstrakte Formel aufgestellt werden, es handelt sich mithin um eine Frage des Einzelfalls, vgl. *Bergmann*, in: Bergmann/Dienelt (Hrsg.), AuslR, 13. Aufl., 2020, § 30 AsylG, Rn. 3.

991 *Heusch*, in: Kluth/Heusch (Hrsg.), BeckOK AuslR, 28. Ed. (01.01.2021), § 30 AsylG, vor Rn. 1.

992 *Fuerst*, NVwZ 2012, 213 (214).

993 *Bergmann* (Fn. 990), § 30 AsylG, Rn. 10.

ist, die nicht von der Mitwirkung des Antragstellers abhängt. Daher ist bei einer offensichtlichen Unbegründetheit i.S.v. § 30 Abs. 3 AsylG von einer fingierenden Wirkung dieses Tatbestandes auszugehen, die auf einer Abwägung der verfahrensökonomischen Interessen des Bundesamtes mit den Schutzinteressen des Antragstellers beruht.[994] Anders ausgedrückt: Wer nicht ausreichend mitwirkt, bei dem unterstellt der Gesetzgeber, dass sein Antrag offensichtlich nicht begründet sein könne.

aa) Unzureichende oder widersprüchliche Tatsachenangaben (Abs. 3 Nr. 1)

So ist ein Asylantrag gem. § 30 Abs. 3 Nr. 1 AsylG dann als unbegründet anzusehen, wenn das Vorbringen des Antragstellers in „wesentlichen Punkten nicht substanziiert oder in sich widersprüchlich“ ist oder auf „gefälschte oder verfälschte Beweismittel“ gestützt wird. Bei der Frage, ob es sich in diesen Fällen um eine Sanktionierung handelt, muss differenziert werden. So kann ein Asylbewerber seine Fluchtgeschichte nach bestem Wissen und Gewissen vortragen und diese kann dennoch in Teilen nicht substanziiert genug oder widersprüchlich wirken. In der Praxis ist dies auch nicht unüblich, eine monotone und auch bei Wiederholung exakt gleiche Erzählung deutet umgekehrt eher auf eine auswendig gelernte und damit unwahre Erzählung hin.[995] Daher dürfen Widersprüche an sich nicht automatisch zu einer Qualifizierung des Vortrags als offensichtlich unbegründet führen.[996] Erst wenn der Vortrag insgesamt und in den wesentlichen (also den schutzbegründenden) Aspekten widersprüchlich ist, darf diese Rechtsfolge eintreten.[997] Dann hat der Asylbewerber seine Pflicht zum wahrheitsgemäßen Vortrag regelmäßig auch verletzt und § 30 AsylG greift als Sanktion ein.[998]

Dies gilt auch für die Fälle, in denen der Asylbewerber „gefälschte oder verfälschte“ Beweismittel vorlegt (§ 30 Abs. 3 Nr. 1 3. Alt.), da er gem. §§ 15; 25 AsylG die Pflicht hat, zur Wahrheitsfindung im Verfahren beizutragen. Umstritten ist jedoch, ob er die gefälschten oder verfälschten Beweismittel auch vorsätzlich

994 *Heusch* (Fn. 991), § 30 AsylG, Rn. 30.
995 *Heusch* (Fn. 991), § 30 AsylG, Rn. 38.
996 *Marx*, in: ders. (Hrsg.), AsylG, 10. Aufl., 2019, § 30 AsylG, Rn. 47.
997 *Hailbronner*, in: dass. (Hrsg.), AuslR, 98. Erg.-Lfg. (Okt. 2016), § 30 AsylG, Rn. 68.
998 Den Sanktionscharakter betonend auch *Hailbronner* (Fn. 997), § 30 AsylG, Rn. 70; *Marx* (Fn. 996), § 30 AsylG, Rn. 47.

vorgelegt haben muss.[999] Es wäre hier jedenfalls ein zu enges Verständnis, nur die bewusste und absichtliche Verwendung gefälschter Unterlagen, anzuerkennen. Der Antragsteller muss Dokumente zumindest anhand einer Plausibilitätsprüfung auf ihre Echtheit prüfen. Entstehen dadurch bei ihm Anhaltspunkte dafür, dass Dokumente ge -oder verfälscht wurden und legt er diese dennoch der Behörde vor, so ist es naheliegend, den Antrag als offensichtlich unbegründet abzulehnen.[1000] Dies gilt jedenfalls für einen verständigen durchschnittlichen Erwachsenen. Es kann im Einzelnen Fälle geben, etwa bei Analphabeten oder Personen, die zuvor in ihrem Leben noch nicht in Kontakt mit Behörden standen oder über offizielle Dokumente verfügten, bei denen ein bewusstes Inkaufnehmen gefälschter Unterlagen nicht unterstellt werden kann. Daher darf aus der Unechtheit von Beweismitteln nicht pauschal auf eine missbräuchliche Handlung i.S.d. § 30 Abs. 3 Nr. 1 AsylG und damit auf eine offensichtliche Unbegründetheit des Antrags geschlossen werden.

bb) Täuschung über die Identität oder Staatsangehörigkeit (Abs. 3 Nr. 2)

Ein verschärfter Maßstab gilt jedoch für die Angabe einer falschen Identität oder das bewusste Verweigern dieser Angaben (§ 30 Abs. 3 Nr. 2 AsylG). Hier ist tatsächlich eine vorsätzliche Täuschungs- oder Verschweigens*absicht* erforderlich.[1001] Allerdings kann dem Antragsteller die Angabe seiner wahren Identität dann nicht abverlangt werden, wenn er zuvor bereits falsche Angaben und sich damit gem. § 95 Abs. 2 AufenthG strafbar gemacht hat. Denn dann würde die Angabe der wahren Identität mittelbar zur eigenen Bestrafung beitragen und damit den Nemo-Tenetur-Grundsatz verletzen.[1002] Diese Wertung schlägt letztlich auch auf § 30 Abs. 3 Nr. 3 AsylG durch.[1003] Denn wäre der Antragsteller trotz der Gefahr einer Strafverfolgung weiterhin verpflichtet, wahre Angaben zu machen, um so der Sanktion des „offensichtlich unbegründeten“ Asylantrags zu entgehen, so würde ihn der Gesetzgeber damit vor eine unzumutbare Wahl stellen: Offenbart er seine wahre Identität und gibt die Lüge zu, so setzt er sich

---

999 So *Marx* (Fn. 996), § 30 AsylG, Rn. 51 mit dem Argument, der Antragsteller erhalte Dokumente häufig über Dritte aus dem Heimatland und könne daher die Herkunft nur begrenzt überprüfen. Wenn es sich bei den Dritten um Verwandte oder Bekannte handle, liege aufgrund des Vertrauens zudem regelmäßig guter Glaube vor.

1000 *Hailbronner* (Fn. 997), § 30 AsylG, Rn. 73.

1001 *Hailbronner* (Fn. 997), § 30 AsylG, Rn. 75.

1002 *LG Berlin*, 17.02.2015 – (572) 252 Js 3536/13, InfAuslR (2015), 323 (324).

1003 So auch *Marx* (Fn. 996), § 30 AsylG, Rn. 52.

der Gefahr der Strafverfolgung aus. Schweigt er dagegen weiterhin zum eigenen Schutz und wird dies aufgedeckt, so wird sein Antrag als „offensichtlich unbegründet" abgelehnt.

cc) *Weitere Asylanträge unter Angabe einer anderen Identität (Abs. 3 Nr. 3)*

Die Sanktion des § 30 AsylG tritt ebenfalls ein, wenn der Ausländer unter Angabe anderer Personalien einen weiteren Asylantrag stellt (Abs. 3 Nr. 3), da dies in der Regel ernsthafte Zweifel an der Glaubwürdigkeit des zunächst gestellten Antrags aufwirft.[1004] Die Sanktion bezieht sich jedoch nicht auf einen Folgeantrag, sondern nur auf parallel zum Erstantrag gestellte Anträge. Sanktionsgrund ist insoweit der Versuch einer missbräuchlichen Erschleichung eines mehrfachen Bleiberechts, inklusive aller sozialrechtlichen Vorteile.[1005] Offensichtlich unbegründet ist in diesen Fällen der zuerst gestellte Asylantrag, jeder weitere gilt als unzulässig, da es bereits an einem Sachbescheidungsinteresse fehlt.[1006]

dd) *Asylantragstellung zur Verhinderung einer Aufenthaltsbeendigung (Abs. 3 Nr. 4)*

Auch eine Asylantragstellung zur Abwendung einer drohenden Aufenthaltsbeendigung löst die Sanktion des § 30 AsylG aus. Da der Wortlaut hier davon spricht, dass der Antragsteller den Antrag gestellt haben muss, *um* eine drohende Aufenthaltsbeendigung *abzuwenden*, ist der Nachweis der Absicht des Antragstellers erforderlich.[1007] Aus der Tatsache, dass der Antragsteller nach Wegfall eines anderen Aufenthaltsrechts einen Asylantrag stellt, kann dies nicht per se geschlossen werden. Denn solange er über einen anderen Aufenthaltstitel verfügt, besteht oftmals kein Anlass, um Asyl nachzusuchen.[1008] Erst wenn also nach Wegfall des ursprünglichen Aufenthaltsrechts kein Asylantrag gestellt wird und der Antragsteller hier vielmehr so lange zögert, bis aufenthaltsbeendende Maßnahmen (aus seiner Sicht[1009]) tatsächlich drohen, kann daraus unter Umständen auf eine missbräuchliche Asylantragstellung geschlossen werden.

1004 *Schröder*, in: Hofmann (Hrsg.), AuslR, 2. Aufl., 2016, § 30 AsylG, Rn. 27.
1005 *Bergmann* (Fn. 990), § 30 AsylG, Rn. 14.
1006 *Schröder* (Fn. 1004), § 30 AsylG, Rn. 27.
1007 *Bergmann* (Fn. 990), § 30 AsylG, Rn. 15; *Schröder* (Fn. 1004), § 30 AsylG, Rn. 29.
1008 *Bergmann* (Fn. 990), § 30 AsylG, Rn. 15; *Schröder* (Fn. 1004), § 30 AsylG, Rn. 30; *Heusch* (Fn. 991), § 30 AsylG, Rn. 45.
1009 *Heusch* (Fn. 991), § 30 AsylG, Rn. 46.

Auch dann muss das BAMF aber prüfen, ob ggf. andere Gründe für die verzögerte Antragstellung vorliegen, bspw. eine kurzfristige Änderung der politischen Verhältnisse im Heimatstaat.[1010]

ee) Gröbliche Verletzung von Mitwirkungspflichten gem. § 13 Abs. 3 Nr. 2, § 15 Abs. 2 Nr. 3-5 oder § 25 Abs. 1 AsylG (Abs. 3 Nr. 5)

§ 30 Abs. 5 AsylG sanktioniert die Verletzung mehrerer asylverfahrensrechtlicher Mitwirkungspflichten. Darunter fällt zunächst die Pflicht eines Asylbewerbers, gem. § 13 Abs. 3 S. 2 AsylG unverzüglich nach dem Grenzübertritt um Asyl nachzusuchen.[1011] Die offensichtliche Unbegründetheit des Antrags schlussfolgert der Gesetzgeber hier aus der Tatsache, dass eine unverzügliche Antragstellung vor allem im Sinne des Asylbewerbers selbst sei, soweit dieser denn tatsächlich Verfolgung zu befürchten habe.[1012] Diese Schlussfolgerung verkennt jedoch, dass nicht jeder Asylbewerber über das Wissen verfügt, wann er an welcher Stelle seinen Antrag stellen kann und muss. Findet ein Asylbewerber daher nicht sofort den Weg zur nächsten Polizeidienststelle oder sonstigen zuständigen Behörde, so muss dies nicht zwingend auf eine vorsätzliche Verschleppung des Verfahrens hindeuten.

Ebenfalls sanktioniert wird die Verletzung der Mitwirkungspflichten aus § 15 Abs. 2 Nr. 3 bis 5 AsylG, also die Verletzung der Pflicht, sich nach Aufforderung bei bestimmten Behörden zu melden (§ 15 Nr. 3 AsylG)[1013], sowie der Pflicht, den Behörden seinen Pass (§ 15 Nr. 4 AsylG)[1014] und weitere entscheidungserhebliche Dokumente auszuhändigen (§ 15 Nr. 5 AsylG)[1015]. Da diese Pflichten zur schnellen und effizienten Durchführung des Verfahrens beitragen, kann man die Sanktion des § 30 AsylG in diesem Fall aus der Perspektive des Gesetzgebers auch als „Abkürzung“ des Verfahrens und damit als Restitution eines effizienten Verwaltungsverfahrens begreifen: Trägt der Asylbewerber nicht in zumutbarem Maße zur schnellen und effizienten Durchführung eines Verfahrens bei, so kann dies durch die Annahme der offensichtlichen Unbegründetheit ersetzt und das Verfahren beendet werden. Darüber hinaus hat die Sanktion aber auch in diesen Fällen präventiv-abschreckende Wirkung, indem ihre Androhung den

1010 *Heusch* (Fn. 991), § 30 AsylG, Rn. 45.
1011 Siehe dazu S. 108 ff.
1012 *Heusch* (Fn. 991), § 30 AsylG, Rn. 47.
1013 Siehe S. 115.
1014 Siehe S. 116 f.
1015 Siehe S. 117 f.

Asylbewerber zur Einhaltung seiner Pflichten anhalten soll. Dieser verhaltenssteuernde Aspekt wird durch die Tatsache gestützt, dass der Gesetzgeber gem. § 30 Abs. 3 Nr. 5 2. HS AsylG nur die Verletzung jener Mitwirkungspflichten sanktioniert, die der Asylbewerber auch zu vertreten hat.[1016]

ff) Schwerwiegende Straftaten (Abs. 3 Nr. 6)

Außerhalb der Pflichtverletzungen im Asylverfahren sanktioniert § 30 Abs. 3 Nr. 6 AsylG auch schwerwiegendes kriminelles oder sicherheitsgefährdendes Fehlverhalten, welches zu einer vollziehbaren Ausweisung gem. §§ 53; 54 AufenthG führt.[1017] Da die Sanktion des § 30 AsylG im Ergebnis zu einer Verkürzung bzw. Beschleunigung des Verfahrens führt, kann Nr. 6 als Umsetzung von Art. 31 Abs. 8 lit. j) der AsylverfahrensRL 2013/32/EU verstanden werden. Dieser erlaubt ausdrücklich beschleunigte Verfahren, wenn die betroffene Person aus schwerwiegenden Gründen der öffentlichen Sicherheit zwangsweise ausgewiesen wurde.[1018]

gg) Missbräuchliche Asylantragstellung für einen handlungsunfähigen Asylbewerber (Abs. 3 Nr. 7)

Auch § 30 Abs. 3 Nr. 7 AsylG stellt eine Sanktion dar, da dieser Tatbestand Anträge des Vormunds für Minderjährige als offensichtlich unbegründet fingiert, nachdem zuvor die Anträge der Eltern unanfechtbar abgelehnt wurden. Ziel des Gesetzgebers ist es also, eine „Stückelung" der Anträge einzelner Familienmitglieder zur missbräuchlichen Verlängerung des Asylverfahrens zu sanktionieren.[1019] Die Norm steht in enger Beziehung zu § 14a Abs. 2 AsylG, wonach die Eltern verpflichtet sind, dem Bundesamt unverzüglich mitzuteilen, wenn ihr Kind nach ihrer Asylantragstellung nach Deutschland einreist oder sogar

---

1016 *Hailbronner* (Fn. 997), § 30 AsylG, Rn. 85.

1017 So *Heusch* (Fn. 991), § 30 AsylG, Rn. 49, wonach diese Sanktion zumindest mittelbar in einer Beziehung zu einem Fehlverhalten im Asylverfahren steht, da jeder Asylbewerber mit berechtigtem Asylinteresse jedwedes Verhalten unterließe, das zu einer sicherheitsbegründeten Ausweisung führe. Dieser Zusammenhang erscheint jedoch nicht zwingend, da durchaus ein asyl- oder flüchtlingsrechtlicher Verfolgungsgrund, also ein berechtigtes Asylinteresse, vorliegen, die Person sich aber gleichwohl zu einer Gefahr für die öffentliche Sicherheit entwickeln kann (bspw. islamistisch gesinnte Personen, die vor Verfolgungshandlungen eines säkularen Regimes des Heimatstaates geflohen sind).

1018 *Schröder* (Fn. 1004), § 30 AsylG, Rn. 35.

1019 *Heusch* (Fn. 991), § 30 AsylG, Rn. 52.

erst auf die Welt kommt, da in diesen Fällen das Kind nicht bei der Antragstellung der Eltern in deren Verfahren berücksichtigt werden kann. § 30 Abs. 3 Nr. 7 AsylG sanktioniert letztlich die Verletzung dieser Mitwirkungspflicht zur Durchführung eines einheitlichen Familienasylverfahrens.[1020]

b) *Schwerwiegende Straftaten gem. § 60 Abs. 8 AufenthG oder § 3 Abs. 2 AsylG (Abs. 4)*

Ähnlich wie § 30 Abs. 3 Nr. 6 AsylG sanktioniert auch § 30 Abs. 4 AsylG gefahrenabwehrrechtliches Fehlverhalten, indem er die offensichtliche Unbegründetheit des Asylantrags für Fälle anordnet, in denen Antragstellern aufgrund schwerwiegender Verbrechen gegen die Menschlichkeit oder Kriegsverbrechen die Flüchtlingseigenschaft gem. § 3 Abs. 2 AsylG zu versagen ist. Gleiches gilt, wenn einem Antragsteller gem. § 60 Abs. 8 S. 1 AufenthG keine Duldung erteilt wird, weil er aus schwerwiegenden Gründen bzw. aufgrund einer Verurteilung zu einer Freiheitsstrafe von mindestens 3 Jahren als eine Gefahr für die Sicherheit der Bundesrepublik oder für die Allgemeinheit anzusehen ist. Die Vorschrift dient damit auch der Beschleunigung eines ohnehin aussichtslosen Verfahrens, bei dem schwerwiegende Straftaten einem Aufenthaltsrecht a priori entgegenstehen. Im Unterschied zu § 30 Abs. 3 AsylG setzt § 30 Abs. 4 AsylG jedoch keine Unbegründetheit des Antrags voraus. Der Gesetzgeber fingiert in den Fällen des Abs. 4 also auch die Unbegründetheit selbst und nicht nur deren Offensichtlichkeit. Im Ergebnis tritt daher an die Stelle der asylrechtlichen Sachprüfung zunächst die Frage, ob dem Antragsteller gem. § 3 Abs. 2 AsylG aufgrund von Verbrechen gegen die Menschlichkeit die Flüchtlingseigenschaft bzw. gem. § 60 Abs. 8 AufenthG eine Duldung versagt bleiben muss.[1021] Ist dies der Fall, so kürzt die Annahme der offensichtlichen Unbegründetheit das Verfahren ab.

c) *Die Rechtsfolgen des § 30 AsylG: Verfahrensbeschleunigung, verkürzter Rechtsschutz und Titelsperre*

Grundsätzlich enthält die Rechtsfolge der „offensichtlichen Unbegründetheit" eine eigenständig belastende Sanktionswirkung, die über die Ablehnung als „unbegründet" hinausgeht.[1022] Diese besteht zum einen in der verkürzten Ausreisefrist von einer Woche gem. § 36 Abs. 1 S. 1 AsylG. Die Sanktion des § 30

1020 *Marx* (Fn. 996), § 30 AsylG, Rn. 65.

1021 *Hailbronner* (Fn. 997), § 30 AsylG, Rn. 103.

1022 Daher kann die Entscheidung auch als solche eigenständig gerichtlich angefochten werden, *Hailbronner* (Fn. 997), § 30 AsylG, Rn. 106.

AsylG weist damit eine restitutive Zielrichtung auf, da sie zur Beschleunigung der Ausreise und damit dem Abschluss des asyl- und aufenthaltsrechtlichen Verfahrens beiträgt.[1023] Gleiches gilt für den Rechtsschutz. Dieser ist de facto auf den einstweiligen Rechtsschutz gem. § 80 Abs. 5 VwGO beschränkt, ein diesbezüglicher Antrag ist gem. § 36 Abs. 3 S. 1 AsylG binnen einer Woche zu stellen, was ebenfalls der Verfahrensbeschleunigung dient.

Präventiv wirkt dagegen die Rechtsfolge der Titelsperre: Gem. § 10 Abs. 3 S. 2 AufenthG darf dem Antragsteller, dessen Antrag aufgrund von Mitwirkungspflichtverletzungen gem. § 30 Abs. 3 Nr. 1–6 AsylG abgelehnt wurde, kein sonstiger Aufenthaltstitel erteilt werden. Der Gesetzgeber möchte damit vermeiden, dass ein Ausländer, der seine Mitwirkungspflichten verletzt hat, durch Erlangen eines anderen Aufenthaltstitels für seine mangelhafte Kooperation letztlich „belohnt" wird. Eine Ausnahme besteht hier gem. § 10 Abs. 3 S. 3 AufenthG lediglich bei einem Anspruch auf Erteilung eines Aufenthaltstitels, z.B. als Ehegatte einer deutschen Staatsbürgerin.[1024]

3. *Beschleunigte Verfahren in sogenannten AnKER-Zentren (§ 30a AsylG)*

§ 30a AsylG ordnet in bestimmten Fällen die Unterbringung in besonderen Aufnahmeeinrichtungen gem. § 5 Abs. 5 AsylG an, in denen Asylverfahren beschleunigt durchgeführt werden.[1025] Der Grundgedanke des § 30a AsylG basiert dabei auf einer Priorisierung bestimmter Asylanträge anhand objektiver Kriterien, was zu einer schnelleren Bearbeitung führen soll.[1026] Dies wird in der Literatur teilweise vor dem Hintergrund kritisiert, dass eine „Typisierung" von Asylanträgen die individuellen Aspekte eines jeden Verfolgungsschicksals unterlaufen und ggf. zu einer einseitigen Verschiebung der Beweislast zulasten der Asylbewerber führen könne.[1027]

Die Priorisierung bestimmter Anträge kann sich auch aufgrund des vom Gesetzgeber missbilligten Verhaltens des Antragstellers ergeben, weshalb hier

---

1023 *Pietzsch*, in: Kluth/Heusch (Hrsg.), BeckOK AuslR, 28. Ed. (01.10.2020), § 36 AsylG, Rn. 3.

1024 *Hailbronner*, in: dass. (Hrsg.), AuslR, 108. Erg.-Lfg. (Jan. 2019), § 10 AufenthG, Rn. 27.

1025 Der Gesetzgeber hat diese Norm erst mit dem „Asylpaket II" in Reaktion auf die Flüchtlingskrise eingeführt, vgl. BGBl. 2016, S. 390.

1026 *Bergmann*, in: Bergmann/Dienelt (Hrsg.), AuslR, 13. Aufl., 2020, § 30a AsylG, Rn. 2.

1027 *Farahat*, Die Verwaltung 2019, 311 (324 f.).

von einer Sanktionswirkung gesprochen werden kann. Dennoch handelt es sich bei der Entscheidung für ein beschleunigtes Verfahren nicht um einen eigenständigen Verwaltungsakt, sodass diese Entscheidung nicht gerichtlich angefochten werden kann.[1028]

a) Sanktioniertes Verhalten (Abs. 1 Nr. 1-7)

Ähnlich wie § 30 AsylG enthält auch § 30a AsylG einen Katalog an Sanktionstatbeständen. Dieser zählt überwiegend ein missbilligtes Verhalten als Sanktionsgrund auf. Lediglich § 30a Abs. 1 Nr. 1 und Nr. 4 AsylG dienen allein der Verfahrensökonomie, da sie an die Staatsangehörigkeit eines sicheren Herkunftsstaates (Nr. 1) bzw. an die Stellung eines Folgeantrags (Nr. 4) anknüpfen.[1029]

aa) Verschweigen oder Täuschen über wesentliche Tatsachen (Nr. 2)

Dagegen zählt § 30a Abs. 1 Nr. 2 AsylG konkrete vorwerfbare Handlungen auf: das Täuschen der Behörden durch Verschweigen wichtiger Informationen, durch das Zurückhalten von Dokumenten oder durch falsche Angaben oder gefälschte Dokumente. Dieses Verhalten impliziert zugleich eine Verletzung von Pflichten gem. § 15 Abs. 2 AsylG. Die Tatbestände sind im Wesentlichen identisch mit § 30 Abs. 3 Nr. 1 und 2 AsylG[1030], weshalb für weitere Ausführungen auf diese verwiesen werden kann.[1031] Die Nähe der beiden Sanktionstatbestände verdeutlicht auch, dass es sich bei § 30a AsylG um eine Art „formelles Äquivalent" zu § 30 AsylG handelt: Sowohl die materielle offensichtliche Unbegründetheit als auch die formelle Durchführung eines beschleunigten Verfahrens dient einerseits der Verfahrensökonomie und hat andererseits verhaltenssteuernde Wirkung.

1028 Diese Möglichkeit ergibt sich nur mittelbar durch eine Anfechtung der Weiterleitungsanordnung gem. § 20 Abs. 1 bzw. § 22 Abs. 1 AsylG, in dessen Rahmen die Durchführung des beschleunigten Verfahrens inzident geprüft werden kann, vgl. *Marx*, in: ders. (Hrsg.), AsylG, 10. Aufl., 2019, § 30a AsylG, Rn. 4.

1029 So auch *Heusch*, in: Kluth/Heusch (Hrsg.), BeckOK AuslR, 28. Ed. (01.01.2021), § 30a AsylG, Rn. 6.

1030 *Marx* (Fn. 1028), § 30a AsylG, Rn. 6.

1031 Siehe dazu S. 262 ff.

bb) Vernichtung oder Beseitigung von Identitäts- und Reisedokumenten (Nr. 3)

Auch die Vernichtung oder Beseitigung von Identitäts- oder Reisdokumenten zählt gem. § 30a Abs. 1 Nr. 3 AsylG zum sanktionierten Verhalten. Diese muss jedoch „mutwillig" geschehen, also in der Absicht, die Identität zu verschleiern.[1032] Der bloße (fahrlässige) Verlust der Dokumente reicht daher nicht aus, ebenso wenig die Tatsache, dass ein Schlepper die Papiere konfisziert hat.[1033] Daher muss der 2. HS, dass die Sanktion auch eintritt, wenn die Umstände „offensichtlich" darauf schließen lassen, dass der Asylbewerber die Papiere vernichtet hat, eng ausgelegt werden. Es reicht hierbei bspw. nicht aus, dass der Asylbewerber ohne Papiere angetroffen wird und keine schlüssige Erklärung für deren Fehlen darlegen kann. Vielmehr muss der Verdacht der mutwilligen Vernichtung offensichtlich sein, es müssen also konkrete und eindeutige Indizien dafür existieren.

cc) Antragstellung zur Verzögerung aufenthaltsbeendender Maßnahmen (Nr. 5)

Während § 30a Abs. 1 Nr. 4 AsylG bereits für die Stellung eines Folgeantrags ein beschleunigtes Verfahren vorsieht, knüpft § 30a Abs. 1 Nr. 5 AsylG diese Rechtsfolge an die Stellung eines Asylantrags, *um* dadurch aufenthaltsbeendende Maßnahme *zu verzögern* oder *zu behindern*. Damit gehen die Anforderungen von Nr. 5 deutlich über die von Nr. 4 hinaus. Das Bundesamt muss nachweisen, dass der Antragsteller den Antrag nur gestellt hat, um eben diese Verzögerungswirkung zu erreichen.

dd) Verweigerung der Abnahme von Fingerabdrücken (Nr. 6)

Auch die Abnahme von Fingerabdrücken dient der Identifizierung des Antragstellers, in diesem Fall zur Prüfung der möglichen Zuständigkeit eines anderen EU-Mitgliedstaates nach der Dublin-III-VO. Die Erhebung von Fingerabdrücken ist auch unabhängig von dieser Prüfung gem. § 16 AsylG möglich, fällt aber in der Praxis mit dieser zusammen, da stets eine Zuständigkeitsprüfung durchgeführt wird.[1034] Auch die Nichtmitwirkung an der Abnahme von Fingerabdrücken ist durch eine „subjektive Tendenz"[1035] gekennzeichnet: Der Gesetzgeber

---

1032 *Thym* (Fn. 295), S. 410; *Bergmann* (Fn. 1026), § 30a AsylG, Rn. 5; *Marx* (Fn. 1028), § 30a AsylG, Rn. 10.

1033 *Marx* (Fn. 1028), § 30a AsylG, Rn. 10.

1034 *Marx* (Fn. 1028), § 30a AsylG, Rn. 14.

1035 *Heusch* (Fn. 1029), § 30a AsylG, Rn. 7.

unterstellt in diesem Sinne, dass Personen, die nicht ordnungsgemäß an der Identifizierung des zuständigen Mitgliedstaates durch Abgabe der Fingerabdrücke mitwirken, kein Anrecht auf ein Asylverfahren in Deutschland haben, weshalb der Aufenthalt durch eine möglichst schnelle Durchführung des Verfahrens verkürzt werden soll.

ee) Sicherheitsrechtliche Gefährdungen (Nr. 7)

§ 30a Abs. 1 Nr. 7 AsylG bildet die verfahrensrechtliche Ergänzung zu § 30 Abs. 3 Nr. 6 AsylG. Ein Asylantrag kann nicht nur als „offensichtlich unbegründet" abgelehnt, sondern auch im Wege eines beschleunigten Verfahrens bearbeitet werden, wenn der Antragsteller aus schwerwiegenden Gründen der öffentlichen Sicherheit und Ordnung ausgewiesen wurde oder er aus schwerwiegenden Gründen eine Gefahr für die öffentliche Sicherheit und Ordnung darstellt. Die Bearbeitung im beschleunigten Verfahren dient insofern vor allem staatlichen Sicherheitsinteressen: Wer eine Gefahr für die öffentliche Sicherheit darstellt, soll das Land möglichst schnell wieder verlassen. Zugleich enthält die Rechtsfolge aber eine präventiv sanktionierende Wirkung, indem Personen vor sicherheitsgefährdenden Handlungen abgeschreckt werden.[1036]

b) Rechtsfolgen des § 30a AsylG

§ 30a AsylG entfaltet seine Rechtswirkung im Grundsatz auf zwei Ebenen. Zum einen soll das beschleunigte Verfahren auf einer *abstrakten* generalpräventiven Ebene künftige Asylbewerber ohne Bleibeperspektive durch eine gezielte Reduzierung von „Fehlanreizen" von der Stellung eines Antrags abschrecken.[1037] Zum anderen zielt die Norm auf den *individuellen* Asylantragsteller ab. Der Zweck der beschleunigten Beendigung des Verfahrens liegt hierbei laut Gesetzesbegründung vor allem auf der Verkürzung der Aufenthalte von Personen, die kein Recht auf Asyl oder sonstigen Schutz und damit keine längerfristige Bleibeperspektive haben.[1038] Ihr Aufenthalt soll sich daher in keiner Weise gegen den Willen des Gesetzgebers „verfestigen".[1039] Dieses Ziel verfolgt § 30a AsylG unter Anordnung dreier Rechtsfolgen:

1036 *Heusch* (Fn. 1029), § 30a AsylG, Rn. 7.

1037 Eine „Instrumentalisierung" des einzelnen Asylbewerbers, indem dessen individuelles Schicksal andere potenzielle Schutzsuchende abschreckt, sieht darin *Farahat* (Fn. 1027), S. 331.

1038 BT-Drs. 18/7538, S. 18.

1039 Dazu distanziert sich der Gesetzgeber auch vom Konzept der „frühzeitigen Integration" im noch laufenden Asylverfahren, vgl. *Farahat* (Fn. 1027), S. 327.

aa) Wohnsitznahmepflicht

§ 30a Abs. 3 AsylG ordnet für die Dauer des Verfahrens eine Wohnsitznahmepflicht in besonderen Aufnahmeeinrichtungen an. Dies dient einerseits der besseren Erreichbarkeit der Antragsteller sowie nach Abschluss des Verfahrens einer vereinfachten Rückführungsmöglichkeit.[1040] Darüber hinaus liegt jedoch auch die Vermutung nahe, dass der Gesetzgeber damit auch eine soziale Verfestigung des Aufenthalts verhindern möchte. Denn ohne individuellen Wohnsitz sind der Kontakt zur heimischen Bevölkerung und der Aufbau sozialer Kontakte im Alltag wesentlich erschwert. Die Verkürzung unerwünschter Aufenthalte vollzieht sich in diesem Licht betrachtet nicht nur durch eine verfahrensbedingte Unterbringung in Aufnahmeeinrichtungen, sondern auch durch eine gewisse gesellschaftliche „Isolation". Darin ist letztlich ein zusätzlicher Rechtsnachteil der Betroffenen zu sehen, welcher die Sanktionswirkung des § 30a AsylG verstärkt.

bb) Verkürzte Verfahrensdauer

Das beschleunigte Verfahren soll gem. § 30a Abs. 2 S. 1 AsylG innerhalb einer Woche ab der Asylantragstellung abgeschlossen sein. Dies hat auf den ersten Blick keinen sanktionierenden Charakter, man könnte sogar argumentieren, ein schneller Verfahrensabschluss sei im Interesse des Antragstellers, da dieser so zeitnah Rechtssicherheit erlangen könne.[1041] Diese Argumentation greift jedoch nur bei Personen, denen ein schneller Verfahrensabschluss auch das gewünschte Aufenthaltsrecht verschafft. Dies ist bei dem von § 30a AsylG erfassten Personenkreis jedoch regelmäßig nicht der Fall, dieser hat gerade keine Bleibeperspektive. In diesen Fällen verhindert eine verkürzte Verfahrensdauer zugleich die rechtliche und soziale Verfestigung des Aufenthaltes und damit auch die Etablierung von „Abwehrstrategien" gegen die Aufenthaltsbeendigung.[1042] Damit erweist sich eine verkürzte Verfahrensdauer für die Betroffenen im Regelfall als rechtlicher Nachteil und entfaltet somit Sanktionswirkung.

cc) Verbot der Erwerbstätigkeit

Zuletzt statuiert § 61 Abs. 1 AsylG für die Dauer der Unterbringung in einer Aufnahmeeinrichtung auch ein Arbeitsverbot. In der gesetzestypischen Idealvorstellung, in der das beschleunigte Verfahren inklusive Rechtsschutz- und

---

1040 Eben da.

1041 So *Heusch* (Fn. 1029), § 30a AsylG, Rn. 1.

1042 Dies gilt insbesondere für die praktische Erreichbarkeit eines Rechtsbeistands, vgl. *Thym* (Fn. 295), S. 410 m.w.N.

gerichtlicher Entscheidungsfrist nur drei Wochen dauern soll[1043], ist die Aufnahme einer Erwerbstätigkeit ohnehin kaum realistisch. Kann das beschleunigte Verfahren jedoch nicht innerhalb des gesetzlich vorgesehen Zeitraums abgeschlossen werden, so wird dieses gem. § 30a Abs. 2 S. 2 AsylG als nicht beschleunigtes Verfahren fortgeführt. Die Wohnsitznahmepflicht und damit das Verbot der Erwerbstätigkeit bleibt dann gleichwohl bestehen.[1044] Die Sanktionswirkung für den Betroffenen liegt hierbei nicht nur im Entzug der wirtschaftlichen Verdienstmöglichkeiten, sondern auch der Verhinderung einer sozialen Aufenthaltsverfestigung durch Kontaktmöglichkeiten am Arbeitsplatz. Diese Maßnahme kann also nicht nur die Aufenthaltsbeendigung für die Ausländerbehörden erleichtern, sondern Asylantragsteller auch vor der Verletzung von Mitwirkungspflichten abschrecken.

4. Die Rücknahmefiktion bei fehlender Fortführungsanzeige als Sanktion? (§ 32a Abs. 2 AsylG)

Die Vorschrift regelt die Konstellation, dass ein Asylbewerber nach der Stellung seines Asylantrags eine humanitäre Aufenthaltserlaubnis gem. § 24 AufenthG erhält. Letztere ist unabhängig von einem gestellten Asylantrag und erfolgt als politische Entscheidung der EU-Mitgliedstaaten in Reaktion auf einen Massenzustrom von Schutzsuchenden, für welchen die Europäische Union ein gemeinsames Verteilungsverfahren in Art. 5 der RL 2001/55/EG („Massenzustromrichtlinie") geregelt hat.[1045] § 24 AufenthG setzt diese in nationales Recht um.

Durch eine solche Entscheidung wird ein zuvor aufgrund eines Asylantrags eingeleitetes Verfahren gem. § 32a Abs. 1 AsylG in eine Art „Ruhezustand" versetzt. Entfällt dann aber die nach § 24 AufenthG gewährte Aufenthaltserlaubnis, so muss der Asylbewerber ausdrücklich innerhalb eines Monats anzeigen, dass er am ursprünglich gestellten Asylantrag festhalten will. Tut er dies nicht, gilt sein Antrag als zurückgenommen. Den Willen zur Fortführung des Verfahrens anzuzeigen, erweist sich daher als Obliegenheit. Der Antragsteller wird hierzu in § 32a AsylG nicht verpflichtet, dieser regelt vielmehr nur die Rechtsfolge der Nichtanzeige. Daher verfolgt die Norm auch keinen abschreckenden oder gar strafenden Sanktionszweck. Sie dient lediglich der Verfahrensökonomie, indem

---

1043 Zweifelnd an dieser Vorgabe auch *Thym* (Fn. 295), S. 410.
1044 Kritisch dazu *Farahat* (Fn. 1027), S. 329.
1045 Siehe dazu ausführlich *Schmidt*, ZAR 2015, 205 (209).

sie das Bundesamt von der Bearbeitung von Anträgen entlastet, an denen der Antragsteller kein Interesse mehr hat. Gerade dieser Schluss darf jedoch kein Automatismus sein. Angesichts der gravierenden Folgen bis hin zur Abschiebung, die die Beendigung des Verfahrens mit sich bringen kann, muss der Asylbewerber in jedem Fall Kenntnis davon haben, welche Folge sein Nichthandeln hat. Daher ist die in § 24 Abs. 7 AufenthG normierte Belehrung über die „Rechte und Pflichten" dieser Rechtsposition dahin gehend auszulegen, dass diese auch den Hinweis auf die Rechtsfolgen umfasst, die eintreten können, wenn er den Willen zur Fortsetzung des Verfahrens nicht deutlich macht.[1046]

5. *Die Rücknahmefiktion bei Nichtbetreiben des Verfahrens (§ 33 AsylG)*

Ähnlich wie § 32a AsylG verfolgt auch § 33 AsylG den restitutiven Zweck, das Bundesamt von der Bearbeitung solcher Asylanträge zu entlasten, bei denen der Antragsteller aus Sicht des Gesetzgebers kein Interesse an der Bearbeitung zeigt.[1047] Die Norm stellt eine Umsetzung des Art. 28 der AsylverfahrensRL 2013/32/EU dar, welcher den Mitgliedstaaten die Möglichkeit der Verfahrenseinstellung für Fälle gibt, in denen anzunehmen ist, dass der Antragsteller seinen Antrag stillschweigend zurückgenommen hat. Aus Sicht des Gesetzgebers handelt es sich um die Rechtsfolge einer Obliegenheitsverletzung: Wirkt der Antragsteller nicht hinreichend am Verfahren mit, so verliert er dadurch die Chance auf die Bearbeitung seines Antrags, also auf eine für ihn günstige Rechtsfolge.

a) Sanktioniertes Verhalten

Im Gegensatz zu § 32a AsylG, welcher eine rein verfahrensökonomische Rechtsfolge darstellt, knüpft § 33 AsylG direkt an die Verletzung verfahrensrechtlicher Mitwirkungspflichten an. Die Norm erfasst in Abs. 2 Nr. 1-3 zusammengefasst die Verletzung zweier verschiedener Kategorien von Mitwirkungspflichten. Dazu arbeitet der Gesetzgeber an dieser Stelle mit einer Fiktion: Verletzt der Asylbewerber eine der genannten Mitwirkungspflichten, so „wird vermutet", dass er das Verfahren nicht mehr betreibt. Die staatliche Sanktionierung kleidet

---

1046 *Heusch*, in: Kluth/Heusch (Hrsg.), BeckOK AuslR, 28. Ed. (01.01.2021), § 32a AsylG, Rn. 10 mit Verweis auf *Hailbronner*, in: dass. (Hrsg.), AuslR, 98. Erg.-Lfg. (Okt. 2016), § 32a AsylG, Rn. 13.

1047 BT-Drs. 17/7538, S. 16 f.

sich also in das Gewand einer aktiven bzw. bewussten Entscheidung des Asylbewerbers, das Verfahren zu beenden.

aa) Verletzung von verfahrensbezogenen Mitwirkungspflichten (Abs. 2 Nr. 1)

Dass der Asylbewerber kein Interesse an der Fortführung des Verfahrens hat, nimmt der Gesetzgeber unter anderem an, wenn dieser einer „Aufforderung zur Vorlage für den Antrag wesentlicher Informationen gemäß § 15“ nicht nachgekommen ist. Unklar ist, welche Pflichten des umfangreichen Katalogs des § 15 AsylG[1048] damit genau gemeint sind. Nach dem Wortlaut des § 33 Abs. 2 Nr. 1 AsylG („Aufforderung zur Vorlage von für den Antrag wesentlichen Informationen“) fällt darunter jedenfalls die Vorlage, ergo physische Aushändigung der einschlägigen Pass- und Reisedokumente. Der Begriff der „Informationen“ deutet aber an, dass neben verkörperten, auch sonstige Informationen, also Aussagen und Angaben, gemeint sind. Zwar kann der Antragsteller diese nicht gemäß dem Wortlaut „vorlegen“. Jedoch spricht § 33 Abs. 2 Nr. 1 AsylG von Informationen „gemäß § 15“ ohne zwischen den dortigen Pflichten zu differenzieren. Dies spricht dafür, dass jedenfalls die aktive Pflicht zur Darlegung von Informationen gem. § 15 AsylG allgemein umfasst ist. Anders verhält es sich mit der Pflicht zur Duldung der Abnahme von Fingerabdrücken gem. § 15 Abs. 2 Nr. 7 AsylG[1049]. Der aktive Wortlaut der „Vorlage“ würde überdehnt, wenn auch diese passive Duldungspflicht darunter subsumiert würde. Dies gilt folglich auch für die Pflicht, im Vorfeld des Verfahrens alles zu unterlassen, was eine Lesbarkeit der Fingerabdrücke beeinträchtigen könnte. Da bereits § 15 AsylG eine derart exzessive Ausdehnung der Mitwirkungspflicht vor das Asylverfahren nicht abdeckt[1050], darf ein solches Verhalten konsequenterweise auch nicht im Wege der Nichtbetreibensfiktion gem. § 33 AsylG sanktioniert werden.[1051]

Eine Verletzung der Pflicht nach § 25 AsylG wird dagegen sanktioniert, wenn der Asylbewerber erst gar nicht zum festgesetzten Anhörungstermin erscheint. Dagegen fällt eine Wahrnehmung der Anhörung, welche der Asylbewerber dann

1048 Siehe dazu S. 112 ff.

1049 Siehe dazu S. 121 f.

1050 Eben da.

1051 a.A. *Heusch*, in: Kluth/Heusch (Hrsg.), BeckOK AuslR, 28. Ed. (01.01.2021), § 33 AsylG, Rn. 17, der eine Sanktionierung zumindest dann für tatbestandlich hält, wenn der Asylbewerber über das Manipulationsverbot zuvor belehrt wurde.

aber abbricht, nicht unter § 33 Abs. 2 Nr. 1 2. Alt.[1052] Entscheidend ist also das vollständige Fernbleiben von dem angeordneten Termin.

bb) Verletzung von räumlichen Mitwirkungspflichten durch „Untertauchen" und durch die Verletzung der „Residenzpflicht" (Abs. 2 Nr. 2 und 3)

Da zur erforderlichen Mitwirkung auch die Erreichbarkeit im Verfahren gehört, sanktioniert § 33 Abs. 2 Nr. 2 und 3 AsylG auch die Verletzung räumlicher Aufenthaltsgebote.[1053] Zum einen umfasst dies die Sanktionierung eines „Untertauchens" des Asylbewerbers (Nr. 2). Dies meint allerdings nicht schon jede Form der zeitweiligen Nichterreichbarkeit.[1054] Anknüpfungspunkt dieser qualifizierten Nichterreichbarkeit ist die Wochenfrist des § 66 Abs. 1 Nr. 2 AsylG, wonach ein Ausländer zur Aufenthaltsermittlung ausgeschrieben werden kann, wenn er die Aufnahmeeinrichtung verlassen hat und innerhalb einer Woche nicht zurückgekehrt ist.[1055] Ein eigenständiges, subjektives Element im Sinne eines Vorsatzes, sich den Behörden aktiv zu entziehen, ist dagegen nicht erforderlich. Vielmehr darf die Behörde aus der Tatsache, dass der Asylbewerber gem. § 10 I AsylG sicherzustellen hat, dass er jederzeit für die Behörden erreichbar ist, schließen, dass die länger andauernde Nichterreichbarkeit zumindest eine billigende Inkaufnahme der Nichtauffindbarkeit beinhaltet.[1056]

§ 33 Abs. 2 Nr. 3 AsylG wiederum sanktioniert die Verletzung der „Residenzpflicht" gem. § 56 AsylG, also des Gebots, sich nur im Bezirk der Aufnahmeeinrichtung aufzuhalten. Da § 33 Abs. 2 Nr. 3 AsylG diese Pflicht in den Kontext des § 30a AsylG stellt, wird dadurch deutlich, dass es bei dieser Sanktionierung um Personen im beschleunigten Verfahren gem. § 30a AsylG geht. Aus Sicht des Gesetzgebers sind deren Erreichbarkeit und räumliche Verfügbarkeit aufgrund der vorgesehenen kurzen Verfahrensdauer im beschleunigten Verfahren besonders wichtig, sodass die Verletzung dieser Pflicht zur Fiktion des Nichtbetreibens des Verfahrens und damit zur Verfahrenseinstellung führt.[1057]

1052 *Heusch* (Fn. 1051), § 33 AsylG, Rn. 18.

1053 BT-Drs. 17/7538, S. 16 f.

1054 *Bergmann*, in: Bergmann/Dienelt (Hrsg.), AuslR, 13. Aufl., 2020, § 33 AsylG, Rn. 4.

1055 *VGH München*, 19.07.2018 – 4 B 18.30514, BeckRS (2018), 17233, Rn. 19; *Brauer*, ZAR 2019, 256 (258); *Heusch* (Fn. 1051), § 33 AsylG, Rn. 21.

1056 So auch *Brauer* (Fn. 1055), S. 259.

1057 *Heusch* (Fn. 1051), § 33 AsylG, Rn. 1.

cc) *Die Rückreise in das Heimatland (Abs. 3)*

Reist der Antragsteller während des Verfahrens in den Heimatstaat zurück, so ist das aus Sicht des Gesetzgebers Ausdruck einer derart geringen Verfolgungsfurcht, dass dies die Einstellung des Verfahrens begründet.[1058] Allerdings gebietet die wichtige Bedeutung des Art. 16a GG eine verfassungskonforme enge Auslegung und eine genaue Prüfung der Beweggründe des Asylbewerbers.[1059] Ergibt sich daher aus den Umständen der Reise, dass diese in keinem Fall Ausdruck einer mangelnden Verfolgung des Asylbewerbers ist, so darf daraus auch nicht auf ein mangelndes Interesse am Verfahren geschlossen werden. Dies gilt vor allem für Kurzbesuche[1060], die aus einem derart dringenden Grund erfolgen, dass der Antragsteller dafür die Verfolgungsgefahr im Heimatstaat in Kauf nimmt, z.B. der Besuch schwer erkrankter Angehöriger.

b) *Rechtsfolgen des Nichtbetreibens: Einstellung des Verfahrens unter der Möglichkeit der Wiederaufnahme*

Die zentrale Rechtsfolge der Norm ist die Einstellung des Verfahrens gem. § 33 Abs. 5 S. 1 AsylG. Dies hat zur Folge, dass der Antrag gem. § 33 Abs. 1 AsylG als zurückgenommen gilt, wodurch gem. § 67 Abs. 1 Nr. 3 AsylG seine Aufenthaltsgestattung erlischt und er gem. § 50 Abs. 1 AufenthG ausreisepflichtig wird. Mit der Einstellung des Verfahrens wirkt die Sanktion vor allem restitutiv für die Verfahrensökonomie des Bundesamtes, indem sie die Behörde von einem „aussichtslosen" Verfahren entlastet[1061], an dem selbst der Antragsteller offensichtlich kein Interesse mehr hat (so jedenfalls die Annahme des Gesetzgebers). Allerdings schreibt das Unionsrecht in Art. 28 Abs. 2 der AsylverfahrensRL die Möglichkeit vor, dass der Antragsteller gem. Abs. 5 S. 2 die Wiederaufnahme des Verfahrens beantragen können muss. Auch dies verdeutlicht, dass es bei § 33 AsylG nicht um eine repressiv „strafende" Sanktionswirkung geht. Zugleich enthält die „Drohung" mit der Möglichkeit der Verfahrenseinstellung bei unzureichender Mitwirkung aber auch eine präventiv abschreckende Komponente, was insbesondere durch die Pflicht der Behörde, den Antragsteller gem. Abs. 4 über diese Rechtsfolge zu belehren, verwirklicht wird. Aus § 33 Abs. 5 AsylG geht jedoch auch hervor, dass die Geduld des Gesetzgebers bei der Möglichkeit der Wiederaufnahme Grenzen kennt. So ist das Verfahren gem. § 33 Abs. 6 S. 6

1058 *Marx*, in: ders. (Hrsg.), AsylG, 10. Aufl., 2019, § 33 AsylG, Rn. 19.
1059 *Heusch* (Fn. 1051), § 33 AsylG, Rn. 28.
1060 *Bergmann* (Fn. 1054), § 33 AsylG, Rn. 6.
1061 So auch die Gesetzesbegründung, BT-Drs. 17/7538, S. 16.

Nr. 1 AsylG nicht wieder aufzunehmen, wenn der Antrag auf Wiederaufnahme erst neun Monate nach Einstellung des Verfahrens gestellt wurde. Gleiches gilt, wenn das Asylverfahren bereits zuvor eingestellt und wieder aufgenommen worden war. Der Gesetzgeber möchte damit ein missbräuchliches Verlängern des Verfahrens durch ein „Ping-Pong-Spiel" zwischen Einstellung und Wiederaufnahme verhindern. Auch dieser Sicherungsmechanismus gegen die rechtsmissbräuchliche Nutzung der Wiederaufnahme entstammt Art. 28 Abs. 2 der AsylverfahrensRL.

6. *Die Rücknahme humanitären Schutzes bei Täuschung über oder Verschweigen von wichtigen Tatsachen (§§ 73 Abs. 2; 73b Abs. 3 Alt. 2 AsylG)*

Die §§ 73 Abs. 2 und 73b Abs. 3 AsylG regeln die Umstände unter denen die gewährte Anerkennung als Asylberechtigter oder als Flüchtling (§ 73 AsylG) bzw. als subsidiär Schutzberechtigter (§ 73b AsylG) zurückzunehmen ist.

a) Die Rücknahme als Sanktion?

Neben dem Wegfall der Verfolgungsgründe kann ein ursprünglich bewilligter humanitärer Schutzstatus auch entfallen, wenn der Antragsteller Tatsachen falsch angegeben oder verschwiegen hat. Umgesetzt ist dies in § 73 Abs. 2 AsylG (für den Asylstatus und die Flüchtlingseigenschaft gem. §§ 2 und 3 AsylG) bzw. § 73b Abs. 3 AsylG (für den subsidiären Schutz gem. § 4 AsylG). Die Norm folgt dabei der Systematik des VwVfG, das ebenfalls für rechtmäßige Verwaltungsakte den Widerruf (§ 49 VwVfG) und für rechtswidrige Verwaltungsakte (§ 48 VwVfG) die Rücknahme vorsieht.[1062] Daher stellt § 73 AsylG nach h.M. auch keine abschließende Regelung für die Rücknahme des Schutzstatus auf, sondern kann durch § 48 VwVfG ergänzt werden.[1063] Gleiches gilt insoweit auch für § 73b Abs. 3 AsylG.[1064]

Ob es sich bei der Rücknahme aber um eine Sanktion handelt, ist nicht leicht zu bestimmen. Jedenfalls in Konstellationen, bei denen der Asylbewerber vorsätzlich getäuscht oder geschwiegen hat, um so einen Schutzstatus zu erlangen, enthalten die §§ 73 und 73b AsylG eine klare Sanktionswirkung: Der Entzug des

---

1062 *Hocks/Leuschner*, in: Hofmann (Hrsg.), AuslR, 2. Aufl., 2016, § 73 AsylG, Rn. 5.

1063 *Bergmann*, in: Bergmann/Dienelt (Hrsg.), AuslR, 13. Aufl., 2020, § 73 AsylG, Rn. 21.

1064 *Fleuß*, in: Kluth/Heusch (Hrsg.), BeckOK AuslR, 28. Ed. (01.01.2021), § 73b AsylG, Rn. 12.

Schutzstatus erfolgt dann als Reaktion auf ein rechtsmissbräuchliches Verhalten. Darüber hinaus ist der Schutzstatus nach § 73 Abs. 2 AsylG nicht nur zurückzunehmen, wenn der Antragsteller aktiv und bewusst über Tatsachen getäuscht oder geschwiegen hat, sondern auch dann, wenn dies aus Unkenntnis der Fall war. Daran zeigt sich, dass die Norm nur teilweise Sanktionscharakter hat: Sie will jedenfalls nicht ausschließlich vor Falschangaben präventiv abschrecken oder diese gar repressiv durch den Entzug des Schutzstatus bestrafen, sondern sie dient vor allem auch der objektiven Herstellung eines tatbestandskonformen Zustands. Dies zeigt sich auch daran, dass die fehlerhaften Angaben oder das Verschweigen gem. Abs. 2 2. HS *kausal* für die Zuerkennung des Schutzstatus sein müssen. Liegen unabhängig davon weitere Schutzgründe vor, tritt die Rücknahme nicht ein („wenn [...] der Ausländer auch aus anderen Gründen nicht anerkannt werden könnte"), selbst wenn der Asylbewerber zuvor getäuscht hat. Dies zeigt, dass es dem Gesetzgeber zumindest nicht allein darum ging, Fehlverhalten zu ahnden, sondern um das Vorliegen der materiellen Voraussetzungen humanitären Schutzes. Gleichsam haben §§ 73 und 73b AsylG damit aber restitutiven Charakter, indem sie einen rechtmäßigen Zustand wiederherstellen.

b) Rechtsfolge der Rücknahme des Schutzstatus: Verlust des Aufenthaltsrechts

Die Rechtsfolge der Rücknahme des humanitären Schutzes besteht mittelbar im Verlust des Aufenthaltsrechts, welches sich aufgrund der ursprünglichen fehlerhaften Anerkennung als Schutzberechtigter aus § 25 AufenthG ergeben hatte, und damit der Ausreisepflicht. Denn bei anerkannten Asylbewerbern, Flüchtlingen und subsidiär schutzberechtigten Personen ist deren Aufenthalt gem. § 26 AufenthG auf maximal drei Jahre zu befristen. Ebenso hat das Bundesamt gem. § 73 Abs. 2a AsylG spätestens nach drei Jahren zu überprüfen, ob die Voraussetzungen für eine Rücknahme vorliegen. Ist dies der Fall, so kann der humanitäre Aufenthaltstitel nicht verlängert werden. Ohne gültigen Aufenthaltstitel wird die Person gem. § 50 Abs. 1 AufenthG ausreisepflichtig.

7. *Sanktionierung der Verletzung einer Teilnahmepflicht an Integrationskursen (§ 44a Abs. 3 AufenthG) durch Nichtverlängerung des Aufenthaltsrechts (§§ 8–9a AufenthG)*

Zwar bedient sich der Gesetzgeber zu Sanktions*zwecken* nicht des Entzugs integrationsfördernder Leistungen.[1065] Als Sanktions*grund* sieht er die Verletzung der integrationsbezogenen Pflichten dagegen durchaus an, und hat daher in § 44a Abs. 3 AufenthG die Rechtsfolgen festgelegt, welche eintreten, wenn der Ausländer die Pflicht zur Teilnahme an einem Integrationskurs verletzt.

Gem. § 8 Abs. 3 S. 2 AufenthG ist der Umstand, dass ein Ausländer seine Teilnahmepflicht an einem Integrationskurs verletzt hat, bei der Verlängerung eines Aufenthaltstitels im Wege des Ermessens zu berücksichtigen. Verletzt er diese Pflicht mehrfach und gröblich, so soll die Verlängerung abgelehnt werden (§ 8 Abs. 3 S. 3 AufenthG). Die Verlängerung kann abgelehnt werden, wenn der Ausländer nicht nachweist, dass seine Integration „anderweitig“ erfolgt ist (§ 8 Abs. 3 S. 4 AufenthG). Dies verdeutlicht, dass der Integrationskurs für den Gesetzgeber nicht das einzig legitime Mittel einer gelungenen Integration darstellt. Zwar besteht für die Teilnahme zum Integrationskurs in bestimmten Fällen eine Pflicht. Deren Verletzung ist aber nur durch die Nichtverlängerung des Aufenthaltstitels sanktioniert, wenn dadurch auch ein „Schaden“ für die Integration entsteht. Dadurch erweist sich die Teilnahme an einem Integrationskurs nicht als Selbstzweck, sondern der Gesetzgeber berücksichtigt, wenn Personen diesen Anforderungen anderweitig gerecht werden, bspw. durch Lernerfolge während einer Erwerbstätigkeit oder im Privatleben. Zudem hat die Behörde bei ihrer Entscheidung über die Nichtverlängerung des Aufenthaltes, dessen Dauer sowie eine „schutzwürdige Bindung“ des Ausländers an das Bundesgebiet und die Folgen einer Aufenthaltsbeendigung für seine rechtmäßig im Bundesgebiet lebenden Familienangehörigen zu berücksichtigen (§ 8 Abs. 3 S. 5 AufenthG). Diese Aspekte als „Gegengewicht“ zum Ausweisungsinteresse des Staates rühren maßgeblich aus dem Menschenrecht des Art. 8 Abs. 1 EMRK auf Achtung des Privat- und Familienlebens, welche der Gesetzgeber (auch als Reaktion auf die Rechtsprechung des EGMR) an dieser Stelle berücksichtigt.[1066] Zugleich ordnet § 8 Abs. 3 S. 6 AufenthG aber an, dass die Verlängerung des Aufenthaltstitels auf

---

1065 Siehe S. 257.

1066 *Hofmann*, in: Kluth/Heusch (Hrsg.), BeckOK AuslR, 28. Ed. (01.10.2020), Art. 8 EMRK, Rn. 2, 27 ff. Zur Bedeutung des Art. 8 EMRK für das Migrationsrecht siehe auch *Markard*, ZAR 2019, 236 (237), sowie *Kluth*, ZAR 2020, 326 (329).

höchstens ein Jahr zu befristen ist, solange der Nachweis des Integrationskurses oder der auf andere Weise erfolgten Integration nicht erbracht wurde. Dies zeigt wiederum, dass die eigene und familiäre Bindung an die Bundesrepublik alleine nicht von der Integrationspflicht dispensiert.

Ähnliche, wenn auch nicht gleich umfassend geregelte Konsequenzen hat die Verletzung der Teilnahmepflicht auch für die Erteilung einer Niederlassungserlaubnis (§ 9 Abs. 2 S. 2 bis 5 AufenthG) sowie auf die Erteilung der unionsrechtlichen Daueraufenthaltserlaubnis (§ 9a Abs. 2 S. 2 AufenthG). Für diese sind jeweils ausreichende Kenntnisse der deutschen Sprache sowie Grundkenntnisse der Rechts- und Gesellschaftsordnung erforderlich. Nimmt der Ausländer an einem Integrationskurs teil, gelten diese Anforderungen als erfüllt (§ 9 Abs. 2 S. 2 AufenthG).

8. *Das Verbot der politischen Betätigung (§ 47 AufenthG)*

§ 47 Abs. 1 S. 1 AufenthG stellt zunächst klar, dass Ausländer sich „im Rahmen der allgemeinen Rechtsvorschriften" politisch betätigen dürfen. Diese Formulierung ist insbesondere interessant, da diese (durch den Verweis auf die „allgemeinen Rechtsvorschriften") nur deklaratorische Norm ihrem Wortlaut nach wie eine Erlaubnis von einem grundsätzlichen Verbot anmutet. Tatsächlich genießen aber auch Ausländer den Schutz der Meinungsfreiheit in Art. 5 GG als wichtigstem Grundrecht der politischen Betätigung.[1067] Und auch wenn Art. 8 GG die Versammlungsfreiheit bei einem weiteren, sehr bedeutsamen politischen Grundrecht durch seinen Wortlaut auf Deutsche beschränkt,[1068] so ist dies in der Praxis nicht mehr von Bedeutung, da alle Versammlungsgesetze des Bundes und der Länder, sowie auch Art. 11 der EMRK, das Versammlungsgrundrecht als Jederman-Grundrecht formulieren.[1069] Daher ist die Systematik des § 47 AufenthG nicht (wie dessen Abs. 1 S. 1 andeutet) als begünstigende Erlaubnis zu verstehen, die folglich auch ebenso einfach wieder entzogen werden kann. Die politische Betätigung von Ausländern unterliegt vielmehr im Grundsatz der gleichen grundrechtlichen Systematik wie bei Deutschen: Nicht der Bürger hat sich für die Ausübung seiner grundrechtlichen Freiheiten zu rechtfertigen, sondern der Staat für deren Einschränkung. Relevant bei § 47 AufenthG ist daher

---

1067 *Grabenwarter*, in: Herzog/Maunz/Dürig (Hrsg.), GG, 92. Erg-Lfg. (Aug. 2020), Art. 5 GG, Rn. 23.

1068 *Schneider*, in: Epping/Hillgruber (Hrsg.), BeckOK GG, 46. Ed. (15.02.2021), Art. 8 GG, Rn. 23.

1069 *Dürig-Friedl*, in: Dürig-Friedl/Enders (Hrsg.), VersG, 2016, Einleitung, Rn. 20.

nicht die deklaratorische Erlaubnis der politischen Betätigung, sondern die Möglichkeiten, diese gem. Abs. 1 S. 2 einschränken zu können. § 47 AufenthG unterscheidet hierbei zwischen einem Verbot politischer Betätigung qua Ermessen der Ausländerbehörde (Abs. 1) und einem zwingenden Verbot (Abs. 2).

a) Gründe eines Verbots der politischen Betätigung

Gem. § 47 Abs. 1 S. 2 Nr. 1 AufenthG kann die politische Tätigkeit beschränkt oder verboten werden, wenn diese „die politische Willensbildung in der Bundesrepublik Deutschland oder das friedliche Zusammenleben von Deutschen und Ausländern oder von verschiedenen Ausländergruppen im Bundesgebiet, die öffentliche Sicherheit und Ordnung oder sonstige erhebliche Interessen der Bundesrepublik Deutschland beeinträchtigt oder gefährdet". Gem. § 47 Abs. 1 S. 2 Nr. 2 AufenthG kann die politische Betätigung auch eingeschränkt oder verboten werden, wenn durch diese außenpolitische Interessen oder völkerrechtliche Verpflichtungen der BRD gefährdet werden. Nr. 3 wiederum knüpft an eine Verletzung der Rechtsordnung der BRD an, womit nicht nur die Strafgesetze, sondern sämtliche Normen, die öffentliche und private Rechtsgüter und Interessen schützen.[1070] Daher gibt es hier partielle Überschneidungen mit der „öffentlichen Sicherheit und Ordnung" in Nr. 1.[1071] Schließlich verbietet Nr. 4 die politische Betätigung, wenn diese darauf abzielt, Organisationen im Ausland zu fördern, deren Ziele oder Mittel mit einer die Menschenwürde achtenden staatlichen Ordnung unvereinbar sind. Dazu zählen folglich terroristische Gruppierungen, aber auch sonstige Gruppen (z.B. auch Parteien), deren Ideologie grundlegenden Menschenrechten fundamental zuwiderläuft. Die Ablehnung bestimmter Elemente der Staatsordnung der BRD ist dagegen für sich genommen noch nicht ausreichend, dieses Kriterium zu erfüllen.[1072]

In § 47 Abs. 2 AufenthG hat der Gesetzgeber die Gründe normiert, die zu einem zwingenden Verbot der politischen Betätigung führen. Dies ist der Fall, wenn diese die freiheitlich demokratische Grundordnung oder die Sicherheit der BRD gefährdet oder den kodifizierten Normen des Völkerrechts widerspricht (Abs. 2 Nr. 1), wenn sie Gewaltanwendung als legitimes Mittel zur Durchsetzung politischer, religiöser oder sonstiger Belange öffentlich befürwortet, unterstützt

1070 So *Samel*, in: Bergmann/Dienelt (Hrsg.), AuslR, 13. Aufl., 2020, § 47 AufenthG, Rn. 15.

1071 Eben da.

1072 *Hruschka*, in: Kluth/Heusch (Hrsg.), BeckOK AuslR, 28. Ed. (01.07.2020), § 47 AufenthG, Rn. 13.1.

oder hervorzurufen bezweckt (Abs. 2 Nr. 2) oder wenn er „Vereinigungen, politische Bewegungen oder Gruppen innerhalb oder außerhalb des Bundesgebiets unterstützt, die im Bundesgebiet Anschläge gegen Personen oder Sachen oder außerhalb des Bundesgebiets Anschläge gegen Deutsche oder deutsche Einrichtungen veranlasst, befürwortet oder angedroht haben". Die Tatbestände des § 47 Abs. 2 AufenthG, welche zwingend zu einem Verbot der politischen Betätigung führen, weisen noch einmal eine deutlich größere Nähe zu schweren strafrechtlichen Delikten auf (§ 129a und b StGB).[1073]

b) Vereinbarkeit mit der Meinungsfreiheit gem. Art. 5 GG und Art. 10 EMRK

Die Regelung greift tief in das Grundrecht der Meinungsfreiheit ein. Ob ein solch schwerwiegender Eingriff auch verhältnismäßig ist, ist nicht ohne Weiteres gesagt. Das Verbot einer politischen Betätigung, welche „erhebliche Interessen" (§ 47 Abs. 1 Nr. 1) oder „außenpolitische Interessen" (Abs. 1 Nr. 2) der BRD gefährdet, führt letztlich immer zu einem Verbot einer *bestimmten* politischen Meinung, welche der aktuellen politischen Position der Bundesregierung quasi als „korrespondierendes Negativ" entgegensteht.[1074] Denn bei den „erheblichen" bzw. „außenpolitischen" Interessen der BRD handelt es sich nicht um objektiv bestimmte Inhalte. Daher gibt es auch keine Norm, welche diese Interessen konkret definiert, da sich die außenpolitischen Interessen der BRD durch einen Regierungswechsel stetig wandeln können und dies, bspw. in Fragen der Verteidigung oder geheimdienstlicher Belange, häufig auch für den Bürger nicht immer transparent nachvollziehbar ist. Damit erweist sich das Verbot der politischen Betätigung aber im Lichte des Bestimmtheitsgebots als problematisch.

Unbestimmt ist neben dem zu schützenden Rechtsgut aber auch die sanktionierte Handlung der „politischen Betätigung", bei der im Einzelfall ebenfalls nicht hinreichend klar ist, welches Verhalten darunterfällt und demnach auch verboten oder beschränkt werden kann. So kann grundsätzlich auch ein Verhalten der Sphäre der politischen Tätigkeit zugeordnet werden, welches an sich der Freizeitgestaltung entstammt, aber gleichsam auch als Statement in der politischen Auseinandersetzung dient.[1075] Die Grenzziehung des öffentlichen

1073 *Beichel-Benedetti*, in: Huber (Hrsg.), AufenthG, 2. Aufl., 2016, § 47 AufenthG, Rn. 3.

1074 *Samel* (Fn. 1070), § 47 AufenthG, Rn. 9.

1075 Wer bspw. an katholischen Feiertagen demonstrativ öffentlich Musik hört oder zu Partys einlädt, positioniert sich damit immer auch in der politischen Debatte über die Rolle der Religion in der Gesellschaft.

politischen Raumes zum apolitisch privaten Raum ist daher abstrakt nicht möglich, sodass letztlich eine Vielzahl von Verhaltensweisen vom abstrakten Verbot einer „politischen Betätigung“ des § 47 AufenthG bedroht ist.

Das Schutzgut der Meinungsfreiheit findet sich neben dem Grundgesetz auch in Art. 10 EMRK. Gem. Art. 16 EMRK[1076] können die Konventionsstaaten jedoch ausdrücklich die „politische Betätigung“ von Ausländern und damit auch die Meinungs- und Versammlungsfreiheit (Art. 11 EMRK) beschränken. Der Begriff der „politischen Tätigkeit“ zielt dabei allerdings auf das innere demokratische System der Konventionsstaaten ab.[1077] Nur wenn eine Person auch (als Staatsbürger) berechtigt ist, am demokratischen Prozess durch Wahlen zu partizipieren, soll sie diesen auch durch eine politische Tätigkeit beeinflussen dürfen.[1078] Daher kann die politische Tätigkeit von Ausländern in Übereinstimmung mit der EMRK beschränkt werden, wenn diese die freie demokratische Willensbildung in einem Konventionsstaat beeinträchtigt. Problematisch im Licht dieser Rechtsprechung ist daher insbesondere § 47 Abs. 1 S. 2 Nr. 2 AufenthG, wonach die politische Betätigung eines Ausländers auch eingeschränkt werden kann, wenn diese „den außenpolitischen Interessen oder den völkerrechtlichen Verpflichtungen der Bundesrepublik Deutschland zuwiderlaufen kann“. Ohne einen Bezug einer solchen politischen Betätigung auf konkrete innerstaatliche Vorgänge der Demokratie entspricht ein solches Verbot jedenfalls nicht der Schrankenregelung des Art. 16 EMRK.

9. *Die Duldung als Sanktionsinstrument (§§ 60a; 60b AufenthG)*

Eine wichtige Funktion für den Rechtsstatus von Personen ohne Aufenthaltsrecht nimmt die Duldung ein.[1079] Sie dient als rechtliche Regularisierung eines an sich illegalen Aufenthalts, der jedoch aus rechtlichen oder tatsächlichen Gründen nicht beendet werden kann, und daher im Rahmen eines „rechtlichen Minimums“ staatlich als solcher anerkannt wird.[1080] Zugleich möchte

---

1076 *EGMR*, 15.10.2015 – 27510/08, NJW (2016), 3353.

1077 *EGMR*, 15.10.2015 – 27510/08, NJW (2016), 3353 (3354, Rn. 122).

1078 *Vasek*, DÖV 2016, 429 (430).

1079 So hatten im April 2020 von 803.575 Ausländern ohne Aufenthaltstitel 203.540 eine Duldung inne, also ca. 25%, siehe dazu https://www.destatis.de/DE/Themen/Gesellschaft-Umwelt/Bevoelkerung/Migration-Integration/Tabellen/auslaendische-bevoelkerung-aufenthaltsrechtlicherstatus.html

1080 *Wittmann*, ZAR 2020, 183 (183); *Göbel-Zimmermann/Eichhorn et al.* (Fn. 309), Rn. 918 f.; Huber/Eichenhofer/Endres de Oliveira (Hrsg.), Aufenthaltsrecht, 2017, Rn. 1193.

der Gesetzgeber aber vermeiden, dass aus diesem „letzten Strohhalm", an dem der Aufenthalt rechtlich noch hängt, wieder eine dauerhafte Verwurzelung des Aufenthaltes erwächst. Dies zeigt sich bereits daran, dass der Gesetzgeber die Duldung in § 60a AufenthG offiziell als „vorübergehende Aussetzung der Abschiebung" benannt hat. Er geht also erkennbar davon aus, dass es sich um einen bloß vorübergehenden Zustand handelt, der zudem nur in einer Aussetzung des *Vollzugs* der Aufenthaltsbeendigung besteht.

In der Praxis sind Ausreisehindernisse oftmals jedoch nicht nur temporär, sondern bleiben über Jahre oder Jahrzehnte bestehen. [1081] Durch die Duldung bleibt der Betroffene aber stets am Rand der Legalität seines Aufenthaltes, sodass ihm langfristige Integrationsperspektiven verwehrt bleiben. Diesen Zustand hat der Gesetzgeber in jüngerer Zeit als unbefriedigend wahrgenommen und daher eine duale Neukonzeption der Duldung vorgenommen. Zum einen ermöglichen die Instrumente der Ausbildungs- und Beschäftigungsduldung (§§ 60c und 60d AufenthG) eine ökonomisch konnotierte Verfestigung des Aufenthalts zum Zwecke der Ausbildung bzw. Erwerbstätigkeit. Der Gesetzgeber ermöglicht damit einen „Spurwechsel" im Aufenthaltsrecht: weg von der Beendigung eines ursprünglich asylrechtlichen Aufenthaltszwecks und hin zu einem Aufenthalt zum Zwecke der Erwerbstätigkeit.[1082] Das komplementäre Gegenstück dazu bildet dagegen die Duldung bei ungeklärter Identität gem. § 60c AufenthG. Im Gegensatz zu den §§ 60c und 60d „belohnt" diese den Duldungsinhaber nicht mit der Möglichkeit der Aufenthaltsverfestigung zum Zwecke von Ausbildung und Erwerbstätigkeit, sondern „bestraft" ihn vielmehr durch negative Rechtsfolgen.[1083]

a) Die Duldung für „Personen mit ungeklärter Identität" (§ 60b AufenthG)

Zentraler Scheidepunkt zwischen den „positiven" Duldungen der §§ 60c; 60d und der „negativen" Duldung des § 60b ist die Verletzung von Mitwirkungspflichten, insbesondere bei der Identitätsklärung. Der Sanktionszweck bildet

1081 Bei der fortgesetzten Verlängerung der Duldung handelt es sich dann um sogenannte Kettenduldungen, vgl. dazu bereits *Heinhold*, Kettenduldungen abgeschafft?, in: Barwig/Beichel-Benedetti/Brinkmann (Hrsg.), Perspektivwechsel im Ausländerrecht?, 2007, S. 502; *Wittmann* (Fn. 1080), S. 185.

1082 *Dietz*, NVwZ Extra 2019, 1 (3).

1083 Zur Unterscheidung in „gute" und „schlechte" Geduldete siehe auch *Nachtigall*, ZAR 2020, 271 (276 ff.).

dabei nicht nur einen Nebenaspekt, sondern ist die eigentliche Funktion des § 60b AufenthG. Dieser enthält über die Sanktionierung hinaus keine eigenständige Regelung, sondern „entzieht" der regulären Duldung nur bestimmte rechtliche Vorteile. Verwaltungsrechtsdogmatisch handelt es sich daher um eine unselbstständige Nebenbestimmung gem. § 36 Abs. 1 VwVfG zu § 60a AufenthG, was auch durch die Formulierung des Gesetzgebers in § 60b Abs. 1 S. 1 AufenthG verdeutlicht wird, wonach die „Duldung im Sinne des § 60a *als* Duldung für Personen mit ungeklärter Identität [§60b]" erteilt wird.[1084]

aa) Sanktioniertes Verhalten

Die Norm benennt zusammengefasst zwei verschiedene Kategorien von Mitwirkungspflichtverletzungen im Rahmen der Identitätsklärung.

Zum einen sanktioniert sie die Täuschung über Identität oder Staatsangehörigkeit sowie die Angabe falscher Informationen. Diese müssen aber ebenfalls in einem sachlichen Kontext zur Beseitigung der „ungeklärten Identität" als Normzweck stehen.[1085] Daher fallen falsche Angaben zu sonstigen ausreisehindernden Umständen (z.B. zum Gesundheitszustand) nicht darunter.[1086]

Den Kern des § 60b AufenthG bildet aber die Sanktionierung der Verletzung, der in § 60b Abs. 3 ausführlich normierten, wenn auch bereits in weiten Teilen bereits bekannten[1087], Mitwirkungspflichten bei der Passbeschaffung.[1088] Zwar existieren mit § 48 Abs. 3 AufenthG i.V.m. § 56 Abs. 1 AufenthV bereits Normen, welche den Grundsatz der Passbeschaffungspflicht regeln.[1089] Systematisch hätte eine (an sich begrüßenswerte Regelung der einzelnen zumutbaren Handlungen) an dieser Stelle daher nähergelegen. Ein möglicher Grund, die Pflichten bei der Passbeschaffung dennoch zusammen mit der korrespondierenden Sanktion in § 60b AufenthG gemeinsam zu regeln, könnte aber die Betonung eben dieses Zusammenhangs sein: Durch die demonstrative Verknüpfung von Pflicht und Sanktion in einer neuen Norm sendet der Gesetzgeber das rechtspolitische Signal, dass Pflichtverletzungen künftig enger mit einer Sanktion verbunden sind, also schärfer „bestraft" werden. Durch die kombinierte Regelung mit dem

---

1084 *Wittmann/Röder*, ZAR 2019, 362 (363).

1085 *Wittmann*, in: Decker/Bader/Kothe (Hrsg.), BeckOK MigR, 4. Ed. (01.04.2020), § 60b AufenthG, Rn. 21.

1086 So aber *Kluth* (Fn. 603), § 60b AufenthG, Rn. 14.

1087 *Wittmann/Röder* (Fn. 1084), S. 366.

1088 Siehe dazu im Einzelnen S. 163 ff.

1089 Siehe dazu S. 161 ff.; *Bergmann* (Fn. 347), § 15 AsylG, Rn. 9.

Sanktionsregime des § 60b AufenthG entsteht eine gestufte Regelung: Grundsätzlich ist jeder Ausländer gem. § 48 Abs. 3 AufenthG zur Mitwirkung bei der Passbeschaffung verpflichtet. Ist er darüber hinaus aber auch vollziehbar ausreisepflichtig, so trifft ihn eine eigene geregelte und sanktionierte Mitwirkungspflicht.[1090] Darüber hinaus bedeutet die Normierung der konkretisierten Pflichten aus § 56 AufenthV im neuen § 60b AufenthG auch die „Hochstufung" der Regelbeispiele von einer Rechtsverordnung zu einem parlamentarischen Gesetz[1091], was ebenfalls verdeutlicht, dass die Mitwirkungshandlungen bei der Passbeschaffung aus Sicht des Gesetzgebers an Bedeutung gewinnen.

Mit der erneuten Normierung der Passbeschaffungspflicht hat der Gesetzgeber in § 60b Abs. 2 S. 2 AufenthG aber auch den in Literatur und Rechtsprechung bereits seit Langem anerkannten Grundsatz[1092] klargestellt, dass die Passbeschaffungspflicht für Asylbewerber im laufenden Verfahren grundsätzlich *nicht* gilt. Damit weicht er zugunsten von Asylbewerbern von Teilen der Literatur ab, welche die Passbeschaffungspflicht im laufenden Verfahren nur dann als unzumutbar ansehen, wenn das Asylbegehren durch die Kontaktaufnahme mit der Botschaft des Heimatstaates zum Zwecke der Passbeschaffung gefährdet wird.[1093]

bb) Rechtsfolgen: Erwerbstätigkeitsverbot, Wohnsitzauflage und Verbot der Anrechnung von Vorduldungszeiten

Die sanktionierenden Rechtsfolgen der Mitwirkungspflichtverletzung bestehen zunächst in der bereits bekannten Pflicht zur Wohnsitznahme an einem vorgegebenen Ort gem. §§ 60b Abs. 5 S. 3; 61 Abs. 1d AufenthG.[1094] Daneben verbietet § 60b Abs. 5 S. 2 AufenthG auch strikt die Ausübung einer Erwerbstätigkeit. Letzteres ist aber ebenfalls keine gänzlich neue Regelung, da die Verletzung einer Mitwirkungspflicht bei der Passbeschaffung zugleich den Tatbestand des „selbst zu vertretenden Abschiebehindernisses" gem. § 60a Abs. 6 S. 1 Nr. 2 AufenthG erfüllt, welcher ebenfalls ein Erwerbstätigkeitsverbot anordnet.[1095]

1090 *Wittmann/Röder* (Fn. 1084), S. 366.

1091 *Dollinger* (Fn. 599), § 60b AufenthG, Rn. 15.

1092 *Koch* (Fn. 347), § 15 AsylG, Rn. 20; *Houben* (Fn. 282), § 15 AsylG, Rn. 13c; *Bergmann* (Fn. 347), § 15 AsylG, Rn. 11; *VGH München*, 10.12.2001 – 24 B 01.2059, BeckRS (2001), 25305, Rn. 16.

1093 *Bergmann* (Fn. 347), § 15 AsylG, Rn. 11 mit Verweis auf *Hailbronner* (Fn. 344), § 15 AsylG, Rn. 27–30.

1094 Siehe dazu S. 213.

1095 Siehe dazu S. 290, sowie *Wittmann/Röder* (Fn. 1084), S. 364.

Die wesentliche neue Sanktionswirkung des § 60b AufenthG besteht in der Nichtanrechnung von „Vorduldungszeiten" gem. § 60b Abs. 5 S. 1 AufenthG. Im System der Ausbildungs- und Beschäftigungsduldung bezeichnet dieser Rechtsbegriff jene Zeiträume, über welche ein Ausländer Inhaber eines bestimmten aufenthaltsrechtlichen Status (in diesem Fall einer Duldung gem. § 60a AufenthG) gewesen sein muss, um danach einen privilegierteren Aufenthaltsstatus zu erhalten. Für die Beschäftigungsduldung sind dies drei Monate (§ 60c Abs. 2 Nr. 2 AufenthG), bei der Ausbildungsduldung sogar zwölf Monate (§ 60d Abs. 1 Nr. 2 AufenthG). Kann der Ausländer also mangels Pass nicht abgeschoben werden und erhält er deshalb eine Duldung, so konnte er nach alter Rechtslage die notwendige Frist von drei bzw. zwölf Monaten durch Verweigerung der Mitwirkung „aussitzen" und direkt im Anschluss durch die Mitwirkung und das Erlangen eines Passes das meist fehlende notwendige Kriterium der Identitätsklärung für die Ausbildungs- bzw. Beschäftigungsduldung (§ 60c Abs. 2 Nr. 3; § 60d Abs. 1 Nr. 1 AufenthG) nachholen und sich damit einen sichereren Aufenthalt zum Zwecke der Ausbildung bzw. Erwerbstätigkeit verschaffen. Nach neuer Rechtslage ist diese „taktische Option"[1096] nun gesperrt. Für den Zeitraum der Duldung bei ungeklärter Identität wird der Stand der Vorduldungszeiten vielmehr „eingefroren". Zwar ermöglicht der Gesetzgeber dem Ausländer, durch Nachholung der Mitwirkungshandlung den Makel der „negativen" Duldung nach § 60b Abs. 4 AufenthG wieder zu verlieren. Durch die Sperrung der Vorduldungszeiten begibt er sich dadurch jedoch in die Gefahr, abgeschoben zu werden. Denn das erfolgreiche Bemühen um einen Pass eröffnet zwar grundsätzlich den Weg in die Erwerbstätigkeit oder Ausbildung. Fehlt es für diese jedoch an den entsprechen Vorduldungszeiten, so eröffnet der Pass dem Staat vor allem auch die Möglichkeit, den Ausländer in sein Heimatland abzuschieben, solange die Vorduldungszeiten noch nicht erfüllt sind. Sie eröffnet den Ausländerbehörden somit ein Zeitfenster, in dem Sie die gesetzlich vorgesehene Beendigung des Aufenthalts durchsetzen können.

Damit erweist sich die Regelungssystematik des § 60b AufenthG aber mit Blick auf das Ziel, Ausländer zur Mitwirkung an der Passbeschaffung anzuhalten, als problematisch, da sie dem mitwirkungsverweigernden Ausländer die rettende Brücke in einen Aufenthalt mit beruflicher Zukunft versperrt. Für den Betroffenen bestehen keine Anreize mehr, an der Identitätsklärung mitzuwirken, ganz im Gegenteil setzt er sich damit nunmehr nur dem Risiko der Abschiebung aus. Diese rechtliche Situation kann auf Dauer möglicherweise einen ungewollten

1096 So *Wittmann/Röder* (Fn. 1084), S. 365.

neuen Nährboden für Kettenduldungen schaffen. Ein Ausländer, der nicht abgeschoben werden kann und der für eine konstruktive Mitwirkung keinerlei positive Rechtsfolgen zu erwarten hat, klammert sich über die Jahre möglicherweise umso fester an den „letzten Strohhalm" seiner ungeklärten Identität, der ihn noch vor einer Abschiebung schützt. Potenziell kann eine solche Situation über Jahre und Jahrzehnte andauern. Denn die Sperre der Vorduldungszeiten wirkt sich nicht nur auf die „positiven" Duldungen der §§ 60c und 60d AufenthG, sondern auch auf die Erteilung eines Aufenthaltstitels aus humanitären Gründen gem. § 25 Abs. 5 S. 2 AufenthG aus, welcher 18 Monate Vorduldungszeit voraussetzt.[1097] Gleiches gilt für den Aufenthaltstitel für gut integrierte Jugendliche und Erwachsene (§ 25a AufenthG), welcher vier Jahre eines legalen (gestatteten, erlaubten oder geduldeten) Aufenthalts voraussetzt[1098] sowie ebenso für den Aufenthaltstitel bei nachhaltiger Integration (25b AufenthG). Hierfür muss der Ausländer sich aber im Regelfall sogar acht Jahre gestattet, erlaubt oder geduldet im Land aufhalten.[1099] Hat er dauerhaft eine Duldung nach § 60b AufenthG inne, so ist für ihn die Erreichung dieser nötigen Voraussetzungen unmöglich. Daraus resultiert ein immer stärkeres Spannungsfeld zwischen dem staatlichen Abschiebe- und dem individuellen Bleibeinteresse, da Letzteres in der Regel durch faktische soziale Verwurzelung, welche auch durch Art. 8 EMRK geschützt ist, stetig zunimmt.[1100]

Die Sanktionswirkung des § 60b AufenthG zielt insgesamt vor allem darauf ab, den Ausländer zur Passbeschaffung zu bewegen, indem sie ihm rechtliche Vorteile anderer Duldungsformen vorenthält. Damit wirkt die Norm zum einen präventiv abschreckend, da sie dem Ausländer verdeutlicht, dass eine Verweigerung der Mitwirkung für ihn keinerlei rechtliche Vorteile mit sich bringt. Die

---

1097 *Fränkel* (Fn. 427), § 25 AsylG, Rn. 81. Allerdings kommt es für diesen Aufenthaltstitel nicht nur auf die Zeiten im Vorfeld an. Kriterium ist vielmehr auch, dass der Ausländer nicht für die Unmöglichkeit der Abschiebung verantwortlich ist, bspw. weil er seine Mitwirkungspflichten bei der Passbeschaffung verletzt hat, siehe dazu *Maaßen/Kluth*, in: Kluth/Heusch (Hrsg.), BeckOK AuslR, 28. Ed. (01.01.2021), § 25 AufenthG, Rn. 43 f. Daher ist die Sperrung der Vorduldungszeiten für diesen Aufenthaltstitel in der Praxis nur von nachrangiger Bedeutung, da in der Regel bereits diese Voraussetzung nicht erfüllt ist.

1098 *Göbel-Zimmermann*, in: Huber (Hrsg.), AufenthG, 2. Aufl., 2016, § 25a AufenthG, Rn. 8.

1099 *Röcker*, in: Bergmann/Dienelt (Hrsg.), AuslR, 13. Aufl., 2020, § 25b AufenthG, Rn. 11 f.

1100 *Nachtigall* (Fn. 1083), S. 279.

Neuschaffung dieser Norm kann in diesem Sinne auch als Reaktion auf die alte Rechtslage gesehen werden, bei der es möglich war, sich durch „taktisches Aussitzen" die nötigen Vorduldungszeiten für eine begünstigende Duldung nach §§ 60c oder d zu verschaffen. Zum anderen ist ihre Zielrichtung restitutiver Art, da sie der Erlangung von Passpapieren und damit einer unerlässlichen Voraussetzung der Aufenthaltsbeendigung und damit auch -steuerung dient. Ob die Norm dafür jedoch auch geeignet ist, muss bezweifelt werden, da sie über die pönalisierende Wirkung und das Vorenthalten von rechtlichen Vorteilen für den Ausländer hinaus keinerlei Motivation mit sich bringt, seine passrechtlichen Mitwirkungspflichten zu erfüllen. Zu befürchten ist daher eher ein noch stärkeres „Einigeln" von Mitwirkungsverweigerern anstelle einer konstruktiven Zusammenarbeit mit den Behörden.

b) Das Verbot der Erwerbstätigkeit im Rahmen der Duldung (§ 60a Abs. 6 AufenthG)

Bereits nach alter (und auch weiterhin gültiger) Rechtslage vor der Einführung der §§ 60b, 60c und 60d AufenthG ordnet § 60a Abs. 6 Nr. 1 AufenthG ein striktes Verbot der Erwerbstätigkeit an, wenn der Asylbewerber sich nach Deutschland begeben hatte, um Leistungen nach dem Asylbewerberleistungsgesetz zu erhalten. Die Norm sanktioniert damit die Einreise mit dem Ziel, Sozialleistungen zu erhalten, auch wenn dies nicht das Einzige, aber ein prägendes Motiv der Einreise war.[1101] Darüber hinaus ordnet § 60a Abs. 6 Nr. 2 ein Verbot der Erwerbstätigkeit an, „wenn aufenthaltsbeendende Maßnahmen bei ihm [dem Antragsteller] aus Gründen, die er selbst zu vertreten hat, nicht vollzogen werden können". Unter das Vertretenmüssen fällt gem. Abs. 6 S. 2 insbesondere die Täuschung über die Identität und Staatsangehörigkeit sowie die Angabe falscher Informationen. Der Ansatz einer Sanktionierung von Mitwirkungspflichtverletzungen im Zuge einer Duldung, welche rechtliche Vorteile entzieht, war damit bereits in § 60a AufenthG angelegt.

II. Räumliche Sanktionen

Auch die Einschränkung der physischen Fortbewegungsfreiheit, sowie der räumlichen Reichweite des erlaubten Aufenthalts werden vom Gesetzgeber als Sanktionsinstrumente für Pflichtverletzungen eingesetzt.

1101 *Kluth/Breidenbach* (Fn. 258), § 60a AufenthG, Rn. 53 mit Verweis auf *BVerwG*, 04.06.1992 – B 5 C 22/87, NVwZ (1992), 484 (485).

1. *Die Ausweisung als räumliche Sanktion (§ 53 AufenthG)*

Das Aufenthaltsrecht insgesamt dient seit seiner Entstehung als tradiertes Instrument der Gefahrenabwehr und damit als Sanktion für Verhalten, welches die öffentliche Sicherheit und Ordnung bedroht. Zentrales Steuerungsinstrument ist hier die Ausweisung inklusive ihrer Durchsetzung.[1102] Das Aufenthaltsrecht basiert gegenüber dem allgemeinen Gefahrenabwehrrecht auf der Besonderheit seines speziellen Adressatenkreises, welcher es dem Staat ermöglicht, die Gefahr als solche nicht beseitigen zu müssen, sondern sie lediglich vom eigenen Staatsgebiet zu trennen, was bei den eigenen Staatsangehörigen gerade nicht möglich ist. Anders gesagt: Ein Gefährder, der in sein Heimatland abgeschoben wird, bleibt ein Gefährder, auch wenn er (vorerst) keinen Anschlag mehr in Deutschland ausführen kann. Dass die Gefahr als solche aber bestehen bleibt, führt im Rahmen der Durchsetzung der Gefahrenabwehr zu Folgeproblemen. So hat der Heimatstaat eines Gefährders oder anderer krimineller Personen verständlicherweise kein besonders ausgeprägtes Interesse daran, die Person zurückzunehmen und sie dadurch zum „eigenen Problem" zu machen, was sich in einer mangelnden Kooperation des Herkunftsstaates bei der Rückführung äußern kann.[1103] Auch ist die Beseitigung einer Gefahr mittels räumlicher Verbringung der Person außer Landes nicht immer eine dauerhaft stabile Lösung, da auch ein ausgewiesener Ausländer potenziell jederzeit wieder einreisen kann.[1104] Trotz dieser Schwächen hält der Gesetzgeber aber nach wie vor an der Ausweisung als zentralem Sanktionsinstrument im Bereich der Gefahrenabwehr fest.

a) *Das „überwiegende Ausweisungsinteresse" als Ergebnis sanktionierbaren Fehlverhaltens (§ 54 AufenthG)*

Nach der Rechtslage des aktuellen Ausweisungsrechts ist ein Ausländer gem. § 53 Abs. 1 AufenthG auszuweisen, wenn sein Aufenthalt die öffentliche Sicherheit und Ordnung, die freiheitlich demokratische Grundordnung oder sonstige

1102 Dazu ausführlich *Bast* (Fn. 94), S. 75 ff.

1103 Siehe dazu exemplarisch die Pressemitteilung des Landes NRW vom 21.08.2019, abrufbar unter https://www.land.nrw/de/pressemitteilung/top-gefaehrder-nach-marokko-abgeschoben.

1104 Für öffentliches Aufsehen sorgte 2019 bspw. die Wiedereinreise und erneute Abschiebung des aufgrund von Delikten im Bereich der organisierten Kriminalität vorbestraften Bremers Ibrahim Miri, *dpa via zeit.de*, Clan-Mitglied Miri wieder in den Libanon abgeschoben vom 23.11.2019.

erhebliche Interessen der BRD gefährdet[1105] und das staatliche Interesse an der Ausweisung das Bleibeinteresse des Ausländers überwiegt. Es handelt sich bei dieser Abwägung zwischen Bleibe- und Ausweisungsinteresse um eine Umsetzung der Vorgaben des EGMR, wonach eine Ausweisung nicht mehr auf einem zwingenden Ausweisungsinteresse des Aufnahmestaates basieren dürfe, sondern dabei auch immer Raum für die menschenrechtlich fundierten Bleibeinteressen des Ausländers verbleiben muss.[1106] Diese Vorgaben hat der deutsche Gesetzgeber in ein abwägendes System aus Bleibe- und Ausweisungsinteressen gegossen, für welche er in den §§ 54 (Ausweisungsinteresse) und 55 (Bleibeinteresse) AufenthG jeweils Regelbeispiele in den unterschiedlich zu gewichtenden Kategorien „schwer" und „besonders schwer" geschaffen hat.

Die Ausweisung selbst ist ein Verwaltungsakt, welcher ein bestehendes Aufenthaltsrecht aufhebt.[1107] Verglichen mit anderen Sanktionen, die mittelbar oder unmittelbar zu einer Ausreisepflicht des Ausländers führen, erweist sich die Ausweisung daher als besonders „scharfes Schwert", da sie nicht bloß das Entstehen eines Aufenthaltsrechts in einem frühen Stadium des Verwaltungsverfahrens verhindert (so die Rechtsfolge bspw. der Einstellung des Asylverfahrens gem. § 33 AsylG[1108]), sondern prinzipiell jeden noch so stark verfestigten und rechtlich gesicherten Aufenthalt beenden kann. § 54 AufenthG normiert mit den Tatbestandsmerkmalen des Ausweisungsinteresses somit jene Verhaltensweisen, die der Gesetzgeber durch den *aktiven Entzug* des bereits bestehenden Aufenthaltsrechts sanktioniert.

aa) Besonders schwerwiegende Ausweisungsgründe

Als besonders schwerwiegende Ausweisungsgründe definiert der Gesetzgeber dabei in § 54 Abs. 1 AufenthG schwerwiegende Straftaten, deren Verurteilung zu mindestens zwei Jahren Freiheitsstrafe führt (§ 54 Abs. 1 Nr. 1 AufenthG) bzw. zu einem Jahr Freiheitsstrafe, wenn es sich um Taten gegen gewichtige Rechtsgüter

1105 Umstritten ist, ob für eine Gefährdung der öffentlichen Sicherheit eine konkrete Gefahr durch die Ausländer vorliegen muss, oder ob auch auf ein früheres Fehlverhalten gestützte generalpräventive Gründe ausreichend sind, so *BVerwG*, 12.07.2018 – 1 C 16/17, NVwZ (2019), 486 (488, Rn. 17); kritisch dazu *Albert*, ZAR 2021, 95, (97 ff.)

1106 *Funke*, ZAR 2016, 209 (209) m.w.N.; dazu auch bereits *Bast* (Fn. 147), S. 198 ff.; *Deibel*, ZAR 2009, 121 (122 f.); *Bergmann*, ZAR 2007, 128 (129 ff.).

1107 *Tanneberger/Fleuß*, in: Kluth/Heusch (Hrsg.), BeckOK AuslR, 25. Ed. (01.11.2019), § 53 AufenthG, Rn. 1.

1108 Siehe dazu S. 277 f.

wie das Leben, die körperliche Unversehrtheit oder die sexuelle Selbstbestimmung handelt (§ 54 Abs. 1 Nr. 1a AufenthG). Auch mehrfacher Betrug zulasten eines Sozialleistungsträgers oder Betäubungsmitteldelikte führt der Gesetzgeber ausdrücklich als besonders schwerwiegende Ausweisungsgründe auf (§ 54 Abs. 1 Nr. 1b AufenthG), ebenso wie politische Straftaten oder Handlungen gegen die freiheitlich-demokratische Grundordnung (§ 54 Abs. 1 Nr. 2 bis 5 AufenthG).

Bei der ersten Gruppe dieser Tatbestände (§ 54 Abs. 1 Nr. 1 bis 1b AufenthG) handelt es sich nicht um die Sanktionierung spezifisch ausländerrechtlicher Bedrohungslagen. Vielmehr nutzt der Gesetzgeber die Ausweisung hier zur Bekämpfung allgemeiner Kriminalität. Etwas anders verhält es sich mit den Tatbeständen des § 54 Abs. 1 Nr. 2 bis 5 AufenthG. Diese knüpfen an die Bedrohung der freiheitlich demokratischen Grundordnung an, bspw. durch terroristische Straftaten (§ 54 Abs. 1 Nr. 2 AufenthG) oder durch politische Agitation (§ 54 Abs. 1 Nr. 4 und 5 AufenthG). Zwar können auch derlei Handlungen durch deutsche Staatsbürger begangen werden, insbesondere im Bereich des politischen Extremismus. Allerdings weisen sie häufig auch einen Bezug ins Ausland bzw. zu ausländischen politischen Gruppierungen und deren Ideologie auf und tragen politische Konflikte aus dem Ausland in die BRD.[1109]

bb) Schwerwiegende Ausweisungsgründe

In einer abgestuften Systematik normiert § 54 Abs. 2 AufenthG jene Ausweisungsgründe, welche aus Sicht des Gesetzgebers zwar nicht „besonders schwer", aber immer noch „schwer" wiegen.[1110] Die § 54 Abs. 2 Nr. 1–4 AufenthG sanktionieren ebenfalls eine strafrechtliche Verurteilung, vor allem bei Straftaten nach dem Betäubungsmittelgesetz (§ 54 Abs. 2 Nr. 3 AufenthG) bzw. den Konsum von Betäubungsmitteln (§ 54 Abs. 2 Nr. 4 AufenthG). Auch diese Verhaltensweisen enthalten für sich betrachtet zunächst keinen direkten Bezug spezifisch migrationsbedingter Gefahren, das Ausweisungsinteresse liegt ihr vielmehr in einer Bekämpfung einer allgemeinen Erscheinungsform von Kriminalität begründet.

Anders verhält es sich dagegen mit § 54 Abs. 2 Nr. 5 AufenthG, welcher es sanktioniert eine andere Person „in verwerflicher Weise, insbesondere unter Anwendung oder Androhung von Gewalt" von der wirtschaftlichen, kulturellen oder gesellschaftlichen Teilhabe an der Gesellschaft abzuhalten. Es handelt

---

1109 Dies gilt insbesondere für den islamistischen Terrorismus, vgl. dazu *Bundesamt für Verfassungsschutz*, Verfassungsschutzbericht, Juli 2019, S. 192.

1110 *Tille*, GSZ 2019, 157 (159).

sich hierbei um die Sanktionierung einer „Nötigung zur Nichtintegration“[1111] und damit um ein Verhalten speziell im Migrationskontext. Der Tatbestand ist aber insgesamt wenig bestimmt.[1112] Dass der Gesetzgeber mit der Norm versucht, eine „offene Geisteshaltung“ gegenüber der Mehrheitsgesellschaft vor dem negativen Einfluss durch Dritte zu schützen, fügt sich grundsätzlich in das Konzept einer aktiven Integrationspolitik ein. Jedoch muss die Norm eng ausgelegt werden, um nicht eine ablehnende innere Geisteshaltung gegenüber der „Mehrheitsgesellschaft“ als solche zu sanktionieren. Das Tatbestandsmerkmal der „verwerflichen Weise“ dient in diesem Sinne als Schutzmechanismus vor einer überschießenden staatlichen „Meinungskontrolle“ und lässt den Ausweisungsgrund erst eingreifen, wenn die freie Meinungsbildung der anderen Person bedroht ist.

§ 54 Abs. 2 Nr. 6 AufenthG sanktioniert zum einen die (versuchte) Nötigung zur Eingehung der Ehe und zum anderen die religiöse Trauung durch einen Geistlichen, wenn einer der Ehepartner jünger als 16 Jahre ist. Damit reagiert die Norm ebenfalls auf ein spezifisch „integrationsfeindliches“ Verhalten, da Zwangs- und Kinderehen aus Sicht des Gesetzgebers[1113] häufig im Kontext von Migrationsbewegungen stattfinden, bspw. im Heimatland der Eltern der Braut.[1114]

§ 54 Abs. 2 Nr. 7 AufenthG sanktioniert wiederum Falschangaben bei einer sogenannten Sicherheitsbefragung zu früheren Aufenthalten in Deutschland oder anderen Staaten (Var. 1) oder über Verbindungen zu Personen oder Organisationen, die der Unterstützung des Terrorismus verdächtig sind (Var. 2). Eine solche Sicherheitsbefragung findet in der Regel vor der Erteilung eines Aufenthaltstitels statt, die Norm schützt somit präventiv die Sicherheitsinteressen der BRD bereits vor der Einreise. Sanktioniert wird die Täuschung als solche. Nicht erforderlich ist, dass diese auch zu einer konkreten Sicherheitsgefährdung geführt hat. Vielmehr reicht nach der Rechtsprechung die Verheimlichung

---

1111 *Fleuß*, in: Kluth/Heusch (Hrsg.), BeckOK AuslR, 28. Ed. (01.01.2021), § 54 AufenthG, Rn. 214; *Kluth*, § 5 Aufenthaltsbeendigung/Abschiebung/Sicherheit, in: Kluth/Hund/Maaßen (Hrsg.), Handbuch Zuwanderungsrecht, 2. Aufl., 2017, Rn. 107.

1112 So auch *Bauer*, in: Bergmann/Dienelt (Hrsg.), AuslR, 13. Aufl., 2020, § 54 AufenthG, Rn. 78.

1113 BT-Drs. 18/12086, S. 25 f.

1114 *dpa via sueddeutsche.de*, Teenager-Zwangsehen - Sommerferien als Risiko vom 15.06.2019.

selbst bereits aus, um dem Ausländer sicherheitsgefährdende Motive für diese zu unterstellen.[1115]

Darüber hinaus sanktioniert § 54 Abs. 2 Nr. 8 AufenthG aber Falschangaben, die zur Erlangung eines Aufenthaltsrechts führen, auch dann, wenn diese nicht direkt mit einer Sicherheitsgefährdung einhergehen. So geht der Gesetzgeber nach einer Ansicht davon aus, dass Falschangaben sowie mangelnde Mitwirkung in ausländerrechtlichen Verwaltungsverfahren Indiz für eine grundsätzliche fehlende Rechtstreue des Ausländers seien.[1116] Wie auch bei den Falschangaben bei der Sicherheitsbefragung ist diese Annahme in ihrer Pauschalität problematisch und kann zu unverhältnismäßigen Ergebnissen führen. Denn für falsche Angaben oder unzureichende Mitwirkung kann es situationsbezogene individuelle Gründe geben, sodass ein pauschaler Rückschluss auf eine grundsätzliche fehlende Rechtstreue zu weit ginge.

Zuletzt kommt § 54 Abs. 2 Nr. 9 AufenthG eine Auffangfunktion[1117] in dem Sinne zu, als dass die Norm nicht näher definierte „Verstöße gegen Rechtsvorschriften oder gerichtliche oder behördliche Entscheidungen oder Verfügungen“ sanktioniert, soweit diese nicht nur „vereinzelt oder geringfügig“ sind. Darin spiegelt sich der grundsätzliche Gedanke der Rechtstreue des Ausländers als wesentlicher Bedingung eines rechtmäßigen Aufenthalts wider.[1118] Der weite Umfang dieser Regelung erschwert die Bestimmung ihres genauen Inhalts, insbesondere im Verhältnis zu anderen Normen. So ist etwa fraglich, ob das in § 54 Abs. 2 Nr. 1 und 2 AufenthG als Kriterium eines schwerwiegenden Ausweisungsinteresses festgelegten Strafmaßes im Umkehrschluss bedeutet, dass Strafen unterhalb dieser Grenze *nicht* als schwerwiegender Ausweisungsgrund gewertet werden.[1119] Klar ist jedenfalls nur, dass der Gesetzgeber vor

1115 *VGH Mannheim*, 16.11.2007 – 11 S 695/07, BeckRS (2008), 30072, Rn. 5; kritisch dazu *Beichel-Benedetti*, in: Huber (Hrsg.), AufenthG, 2. Aufl., 2016, § 54 AufenthG, Rn. 29 der darauf hinweist, dass der Nachweis anderer nachvollziehbarer Gründe für die nicht Offenlegung dieser Informationen nicht ignoriert werden darf und die Frage aufwerfen muss, ob tatsächlich noch ein sicherheitsbegründetes Ausweisungsinteresse besteht.

1116 *Tanneberger/Fleuß*, in: Kluth/Heusch (Hrsg.), BeckOK AuslR, 25. Ed. (01.08.2019), § 54 AufenthG, Rn. 103.

1117 *Fleuß* (Fn. 1111), § 54 AufenthG, Rn. 310.

1118 *Kluth* (Fn. 1111), Rn. 93.

1119 So *Cziersky-Reis*, in: Hofmann (Hrsg.), AuslR, 2. Aufl., 2016, § 54 AufenthG, Rn. 69, der zur Auffangfunktion der Nr. 9 besonders kritisch formuliert: „Der Gesetzgeber zeigt damit nur, dass er sein eigenes neues Ausweisungssystem nicht verstanden hat.“ (Rn. 70).

einer abschließenden Aufzählung konkreter Gründe für ein schwerwiegendes Ausweisungsinteresse abgesehen hat und zugleich Sorge hatte, ohne einen diesbezüglichen Auffangtatbestand Lücken für bestimmte missbilligte Verhaltensweisen zu hinterlassen.[1120] Die Beantwortung der Frage, welche Rechtsverstöße konkret unter § 54 Abs. 2 Nr. 9 AufenthG zu fassen sind, wollte der Gesetzgeber aber der Rechtspraxis überlassen.[1121] Darüber hinaus spricht aber auch einiges dafür, auch weitere schwere Straftaten mit aufzunehmen, z.B. die weibliche Genitalverstümmelung gem. § 226a StGB.[1122] Denn Sinn und Zweck von § 54 Abs. 2 Nr. 9 AufenthG ist, dass ein missbilligtes Verhalten auch dann als Normverstoß in die Ausweisungs- und Bleibeabwägung einfließt, wenn das Verhalten im Ausland nicht strafbewehrt ist.[1123]

cc) *Ausweisungsgründe zwischen allgemeiner Gefahrenabwehr und migrationspolitischem Statement*

Insgesamt nutzt der Gesetzgeber die Ausweisung als ausländerrechtliches Sanktionsinstrument nicht exklusiv für Bedrohungslagen im Migrationskontext, sondern grundsätzlich auch für allgemeine schwerwiegende Gefahren für die öffentliche Sicherheit und Ordnung, wenn diese von Ausländern ausgehen. Allerdings hat er mit der Herausstellung bestimmter Straftaten gegen die freiheitlich demokratische Grundordnung, welche im Ausländerrecht vor allem auch auf die Bekämpfung des politischen Islamismus abzielt[1124], sowie der Sanktionierung einer Nötigung zur Nichtintegration oder zu einer Zwangsehe bestimmte Verhaltensweisen als (besonders) schwerwiegende Ausweisungsgründe kategorisiert und diese Phänomene damit in einen direkten Kontext zu Migrationsbewegungen gesetzt. Ihre Bekämpfung im Aufenthaltsrecht zu suchen, kann

---

1120 BT-Drs. 18/4199, S. 6.

1121 BT-Drs. 18/4199, S. 6. Ebenfalls von Nr. 9 erfasst werden Handlungen, die im Ausland begangen wurden und im Bundesgebiet als vorsätzliche schwere Straftat zu ahnden *wären*. Im Sinne der Normbestimmtheit fallen darunter jedenfalls jene Straftaten, die in § 100a Abs. 2 StPO als schwere Straftaten legaldefiniert sind, so *Beichel-Benedetti* (Fn. 1115), § 54 AufenthG, Rn. 35.

1122 *Bauer* (Fn. 1112), § 54 AufenthG, Rn. 100.

1123 Als Beispiel führt der Gesetzgeber die gewalttätige „Züchtigung" der Ehefrau an, *Tanneberger/Fleuß* (Fn. 1116), § 54 AufenthG, Rn. 122 mit Verweis auf die Gesetzesbegründung in BT-Drs. 18/4097, S. 52. Dies spricht dafür, dass auch bestimmte schwere Fälle von Körperverletzungsdelikten unter Nr. 9 fallen sollen.

1124 So benennt der Gesetzesentwurf zu § 54 explizit die gewaltbereite salafistische Szene sowie „Hassprediger" als Adressaten der Norm, vgl. BT-Drs. 18/4097, S. 51.

daher möglicherweise zu einer Stigmatisierung von Ausländern als besonderer Gefahr bspw. für die Selbstbestimmung über Sexualität und Privatleben führen. Dadurch geraten die strukturellen Gründe für diese Straftaten in den Hintergrund, was ihre Bekämpfung insgesamt erschwert. Denn der Gesetzgeber suggeriert damit den verkürzten Fehlschluss, dass sich die Bundesrepublik nur der Täter im Wege der Abschiebung zu entledigen brauche, um sich des Problems als solchem zu entledigen. Tiefer gehende Ursachen dieser Taten, etwa patriarchale Strukturen in Familien[1125], könnten dadurch zugunsten einer solchen (teils vorwiegend symbolischen[1126]) migrationspolitischen „Law and Order"-Positionierung in den Hintergrund treten. Kritisch zu sehen ist neben dem symbolhaften Charakter mancher Tatbestände des Ausweisungsrechts aber auch, dass die Ausweisung ihr gefahrenabwehrrechtliches Potenzial nicht nur restitutiv entfaltet, indem mögliche (Wiederholungs)Täter das Bundesgebiet verlassen müssen. Die Norm trägt vielmehr auch deutlich repressive Züge in sich, indem sie an vergangenes strafrechtlich relevantes Fehlverhalten anknüpft.[1127] Bleibt das in § 54 AufenthG normierte Fehlverhalten in der Vergangenheit also der einzige Anlass für die Ausweisung, so besteht die Gefahr, dass das Ausweisungsrecht systemwidrig als „Ergänzungsstrafrecht" missbraucht wird.[1128]

b) *Die Wiedereinreisesperre als flankierende Sanktionsmaßnahme der Ausweisung (§ 11 AufenthG)*

Die Ausweisung als solche könnte ihre Regelungskraft nicht wirksam entfalten, wenn der ausgewiesene bzw. abgeschobene Ausländer anschließend jederzeit in das Bundesgebiet zurückkehren könnte. Daher hat der Gesetzgeber diese Maßnahme in § 11 Abs. 1 AufenthG zusätzlich mit einem Verbot der Wiedereinreise versehen. Dieses ist gem. § 11 Abs. 2 AufenthG nach behördlichem Ermessen zu befristen, wobei die Dauer 5 Jahre nur im Fall einer Ausweisung aus Gründen des Schutzes der öffentlichen Sicherheit und Ordnung überschreiten darf. Bei

---

1125 Siehe dazu *Brantl/Stein et al.*, Früh- und Zwangsehen in Europa als Problem der Fluchtmigration: Wahrnehmung und Wirklichkeit?, in: Stein/Steenkamp/Weingraber (Hrsg.), Flucht. Migration. Pädagogik, 2019, S. 429 (440).

1126 So kann bspw. die Ausländerbehörde bei dem Verdacht einer Zwangsehe kaum nachweisen, ob die Ehe tatsächlich durch Androhung von Gewalt oder „nur" unter sozialem Druck zustande kam, sodass die Norm in der Praxis eher symbolische Wirkung hat, vgl. *Bauer* (Fn. 1112), § 54 AufenthG, Rn. 79.

1127 *Albert* (Fn. 1105), S. 99.

1128 *Albert* (Fn. 1105), S. 99.

besonders schwerwiegenden Ausweisungsgründen kann von einer Befristung aber auch ganz abgesehen werden (§ 11 Abs. 5 AufenthG).

Darüber hinaus kann die Wiedereinreisesperre aber gem. § 11 Abs. 6 AufenthG auch angeordnet werden, wenn der Ausländer seiner Ausreisepflicht[1129] nicht rechtzeitig nachkommt. Hierbei handelt es sich um eine „echte" Sanktion, da die Maßnahme in diesem Fall an ein eigenständiges Fehlverhalten des Ausländers (die versäumte fristgerechte Ausreise) anknüpft. Dies zeigt sich auch daran, dass der Gesetzgeber die Sanktion nicht greifen lässt, wenn der Ausländer „unverschuldet" an der rechtzeitigen Ausreise gehindert war.

Wiederum anders verhält es sich mit § 11 Abs. 7 AufenthG, wonach die Einreisesperre auch verhängt werden kann, wenn der Antragsteller aus einem sicheren Herkunftsstaat kommt und sein Asylantrag deshalb gem. § 29a Abs. 1 AsylG als offensichtlich unbegründet abgelehnt wurde. Gleiches gilt für Antragsteller von Asylfolge- oder Zweitanträgen. Auch in diesen Fällen ist die Einreisesperre keine Sanktion für ein Fehlverhalten, sondern ein Instrument der Reduzierung des Verwaltungsaufwands. Denn wer aus einem sicheren Drittstaat kommt oder wer erfolglos bereits mehrere Asylanträge gestellt hat, bei dem geht der Gesetzgeber davon aus, dass auch künftig kein legitimes Interesse an einer erneuten Einreise (zum Zwecke eines weiteren Asylverfahrens) besteht und dass sich deshalb Verwaltungsaufwand reduzieren lässt, wenn diese Personen nicht erneut nach Deutschland einreisen.

c) *Die (elektronische) Aufenthaltsüberwachung als flankierende Sanktionsmaßnahme der Ausweisung (§§ 56; 56a AufenthG)*

Die Ausweisung aus besonders schwerwiegenden Gründen gem. § 54 Abs. 1 Nr. 2 bis 5 AufenthG geht mit einer Überwachung seines Aufenthaltes bis zum Zeitpunkt der Ausreise einher. Der Gesetzgeber verhindert damit, dass ein als erhebliches Sicherheitsrisiko eingestufter Ausländer in der Zeit zwischen der Ausweisungsentscheidung und der tatsächlichen Ausreise Straftaten begehen kann. Zu diesem Zweck ordnen die §§ 56 und 56a AufenthG diverse räumliche Melde- und Aufenthaltspflichten an.[1130]

1129 Siehe dazu S. 206 f.

1130 Zu § 56 AufenthG siehe S. 208; zu § 56a AufenthG siehe S. 210.

d) *Die Beschränkung des räumlichen Aufenthalts gem. § 12 Abs. 2 S. 2 AufenthG*

Der Gesetzgeber hat die „Residenzpflicht" auch als akzessorische Sanktionsmöglichkeit strafrechtlicher Verurteilungen vorgesehen[1131], wenn diese besonders schwerwiegende Ausweisungsgründe gem. § 54 Abs. 1 Nr. 1 oder 1a AufenthG[1132] darstellen. Als zusätzliche Tatbestandsvoraussetzung muss die Beschränkung des erlaubten Aufenthaltsbereichs aber gem. § 12 Abs. 2 S. 2 AufenthG auch erforderlich sein „um den Ausländer aus einem Umfeld zu lösen, welches die wiederholte Begehung erheblicher Straftaten begünstigt". Mit einem Herauslösen meint der Gesetzgeber vor allem eine Verschiebung des räumlichen Lebensmittelpunktes.[1133] Bei der Verhältnismäßigkeit dieser Maßnahme ist zum einen die Schwere möglicher künftiger Straftaten zu beachten.[1134] Andererseits kann die räumliche Aufenthaltsbeschränkung des § 12 AufenthG aber auch einen erheblichen Eingriff in das soziale und familiäre Umfeld bedeuten, gerade bei Personen, die sich schon lange in Deutschland aufhalten und faktisch entsprechend verwurzelt sind.[1135] Daher hängt die Verhältnismäßigkeit der Maßnahme vor allem auch von Art. 8 EMRK ab, welcher die faktischen sozialen und familiären Bindungen von Ausländern unter besonderen Schutz stellt.[1136]

2. *Die Abschiebung als Sanktion (§ 58 AufenthG)*

Reist ein ausreisepflichtiger Ausländer innerhalb der Ausreisefrist nicht freiwillig aus[1137], so kann er gem. § 58 Abs. 1, Abs. 3 Nr. 2 AufenthG abgeschoben werden.[1138] Die Abschiebung ist nicht nur bloßes Durchsetzungsmittel für die Ausreisepflicht, sondern sie hat auch eigenständigen Sanktionscharakter. Denn zum einen wirkt sie als präventive Sanktion, indem sie einen ausreisepflichtigen Ausländer davor abschrecken soll, seine Ausreisepflicht zu verletzen, da ihn die Behörden ansonsten zwangsweise außer Landes bringen, eine Verweigerung der Ausreise führ ihn also keinen Vorteil bringt. Zum anderen wirkt sie aber auch

---

1131 BGBl. 2019 Teil I Nr. 31, 1294 (1297).
1132 Siehe dazu S. 292 f.
1133 *Maor* (Fn. 287), § 12 AufenthG, Rn. 12a.
1134 *Maor* (Fn. 287), § 12 AufenthG, Rn. 12a.
1135 *Nußberger*, NVwZ 2013, 1305 (1309).
1136 *Hofmann* (Fn. 1066), Art. 8 EMRK, Rn. 22; siehe dazu auch *Nachtigall* (Fn. 1083), S. 1111.
1137 Siehe zur Ausreisepflicht S. 206 f.
1138 *Hocks*, in: Hofmann (Hrsg.), AuslR, 2. Aufl., 2016, § 58 AufenthG, Rn. 1.

restitutiv, indem sie die Vorgaben des Ausweisungsrechts umsetzt und damit erst einen rechtmäßigen Zustand wiederherstellt, wenn der Ausländer diesen die Ausreisepflicht verletzt hat. Am Beispiel der Abschiebung wird daher der sekundierende Charakter von Sanktionen besonders deutlich: Ohne die Abschiebung wäre die Ausreisepflicht eine „lex imperfecta", da der Ausreisepflichtige trotz Pflichtverletzung im Land verbleiben könnte. Damit könnte er seinen Aufenthalt zwar nicht de jure, aber doch de facto trotz Normbruch erhalten. Als Maßnahme des unmittelbaren Zwangs[1139] enthält die Abschiebung aber auch eine eigenständige belastende Sanktionswirkung, da sie zum einen durch den physischen Zwang in die Freiheit der Person[1140] (Art. 2 Abs. 2 S. 2 GG), sowie die allgemeine Handlungsfreiheit (Art. 2 Abs. 1 GG) eingreift.[1141] Zum anderen knüpft sie aber auch an bereits durch die Ausreisepflicht begründete Grundrechtseingriffe an und verstärkt diese bzw. führt sie fort, bspw. einen Eingriff in grundrechtlich geschützte Bindungen zwischen Familienmitgliedern (Art. 6 GG; Art. 8 EMRK), die durch die erzwungene Ausreise beeinträchtigt werden.[1142] Zudem ermöglicht die Abschiebung der vollziehenden Behörde ggf. auch, in die Wohnung eines ausreisepflichtigen Ausländers einzudringen, wodurch zusätzlich ein Eingriff in Art. 13 GG, sowie in Art. 7 GRCh und Art. 8 EMRK möglich ist.[1143]

Die Abschiebung fungiert aber nicht nur als Sanktionierung der Verletzung der Ausreisepflicht. § 58 Abs. 3 AufenthG nennt vielmehr weitere Verhaltenspflichtverstöße von Ausländern, bei denen eine „Überwachung der Ausreise" und damit gem. § 58 Abs. 1 AufenthG eine Abschiebung angezeigt ist. So führen bspw. Normverstöße, aufgrund derer ein besonders schweres Ausweisungsinteresse gem. § 54 Abs. 1 AufenthG[1144] vorliegt, gem. § 58 Abs. 3 Nr. 3 AufenthG

1139 *Masuch/Gordzielik*, in: Huber (Hrsg.), AufenthG, 2. Aufl., 2016, § 58 AufenthG, Rn. 2.

1140 Aus Sicht der Rechtsprechung handelt es sich dabei jedoch nicht um eine Freiheitsentziehung, die unter einem Richtervorbehalt steht, da es primär um die Durchsetzung der Ausreisepflicht gehe und der (kurzzeitige) Freiheitsentzug nur Mittel zum Zweck sei, vgl. *BVerwG*, 23.06.1981 – 1 C 93/76, NJW (1982), 536 (536).

1141 *Kluth* (Fn. 265), § 58 AufenthG, Rn. 4.

1142 Eben da.

1143 Der Gesetzgeber hat dazu 2019 mit § 58 Abs. 5 bis 10 AufenthG detaillierte Regelungen geschaffen, die das Betreten der Wohnung regeln. Bspw. darf eine Wohnung zur Nachtzeit gem. Abs. 7 nur betreten werden, wenn Tatsachen die Annahme rechtfertigen, dass die Ergreifung des Ausländers ansonsten verhindert wird. Vgl. dazu umfassend *Dollinger*, in: Bergmann/Dienelt (Hrsg.), AuslR, 13. Aufl., 2020, § 58 AufenthG, Rn. 36 ff.

1144 Siehe dazu S. 292 f.

auch dazu, dass seine Ausreise zu überwachen ist. Aber auch ein nicht vorhandener Pass kann gem. § 58 Abs. 3 Nr. 5 AufenthG diese Rechtsfolge auslösen, woraus folgt, dass auch die Verletzung von Mitwirkungspflichten bei der Passbeschaffung mittelbar zu einer Abschiebung führen kann. Gleiches gilt gem. § 58 Abs. 3 Nr. 6 AufenthG für die Angabe falscher Informationen zum Zweck der Täuschung oder die Verweigerung von Angaben.[1145] Denn aus diesen Verhaltensweisen schlussfolgert der Gesetzgeber, dass der Ausreisepflichtige sich auch weiterhin nicht rechtstreu verhalten und seiner Ausreisepflicht nachkommen wird.[1146]

a) *Die Abschiebungshaft als Sanktion (§ 62 AufenthG)*

Die Abschiebung kann auch mit einer Inhaftnahme im Vorfeld einhergehen. Der Gesetzgeber unterscheidet hier zwischen der Abschiebungshaft (§ 62 AufenthG) und dem Abschiebungsgewahrsam (§ 62b AufenthG). Die Abschiebungshaft ermöglicht es den Behörden, Ausländer bis zu 18 Monate in Haft zu nehmen. Sie ist jedoch keine Strafhaft, sondern dient vielmehr ausschließlich der Sicherstellung des Vollzugs der Abschiebung, indem sie den Behörden den räumlichen Zugriff auf den Ausländer ermöglicht.[1147] Gleichwohl hat der Gesetzgeber Verhaltensweisen als Gründe für die Abschiebungshaft festgelegt, die direkt an eine Pflichtverletzung anknüpfen. Auch die Dauer der Abschiebungshaft hängt vom Verhalten des Ausländers ab. So ist die Abschiebungshaft im Regelfall gem. § 62 Abs. 4 S. 1 AufenthG auf sechs Monate begrenzt. Kann die Abschiebung aber „aus vom Ausländer zu vertretenden Gründen", also aufgrund der Verletzung von Mitwirkungspflichten[1148], nicht vollstreckt werden, so kann die Behörde die Haftdauer auf bis zu 18 Monate verlängern (§ 62 Abs. 4 S. 2 AufenthG). Dabei gilt die Formel: Je stärker das Abschiebehindernis in der Verantwortungssphäre des Ausländers liegt, desto länger darf die Behörde Abschiebungshaft anordnen.[1149] Grundsätzlich ist das zentrale Kriterium für die Anordnung der Abschiebungshaft gem. § 62 Abs. 3 Nr. 1 AufenthG das Vorliegen von Fluchtgefahr, also die

---

1145 In diesem Fall bezeichnet auch *Kluth* (Fn. 265), § 58 AufenthG, Rn. 35 die Rechtsfolge des § 58 AufenthG ausdrücklich als Sanktion.

1146 So § 58.3.3.6 der allgemeinen VwV zum AufenthG.

1147 *Huber*, E. Begründung der Ausreisepflicht und Erlöschen eines Aufenthaltstitels (§§ 50 bis 625 AufenthG), in: Huber/Eichenhofer/Endres de Oliveira (Hrsg.), Aufenthaltsrecht, 2017, Rn. 1264.

1148 *Winkelmann*, in: Bergmann/Dienelt (Hrsg.), AuslR, 13. Aufl., 2020, § 62 AufenthG, Rn. 106.

1149 *OLG München*, 04.02.2005 – 34 Wx 007/05, 34 Wx 7/05, BeckRS (2005), 1637, Rn. 11.

Gefahr, dass sich der Ausländer der Abschiebung entzieht.[1150] Für deren Vorliegen hat der Gesetzgeber ein abgestuftes System an Vermutungstatbeständen (§ 62 Abs. 3a AufenthG) und konkreten Anhaltspunkten (§ 62 Abs. 3b AufenthG) normiert.

aa) Die Vermutung der Fluchtgefahr aufgrund von Pflichtverletzungen (Abs. 3a)

Der Gesetzgeber vermutet das Vorliegen von Fluchtgefahr zum einen, wenn der Ausländer über seine Identität „oder in einer für ein Abschiebungshindernis erheblichen Weise und in zeitlichem Zusammenhang mit der Abschiebung getäuscht hat und die Angabe nicht selbst berichtigt hat, insbesondere durch Unterdrückung oder Vernichtung von Identitäts- oder Reisedokumenten oder das Vorgeben einer falschen Identität".[1151] Dass hier eine bewusste und vorsätzliche Täuschung erforderlich ist, zeigen die Regelbeispiele der Unterdrückung oder Vernichtung von Dokumenten bzw. das Vorgeben einer falschen Identität (§ 62 Abs. 3a Nr. 1 AufenthG). Daher ist eine „fahrlässige" oder ungenaue Falschangabe jedenfalls nicht ausreichend. Zielführend wäre de lege ferenda daher eine Klarstellung, ab wann eine Täuschung für eine Abschiebung wesentlich ist sowie eine Belehrung des Ausländers darüber.

Eine solche Belehrung hat der Gesetzgeber bspw. für die Pflicht des Ausländers vorgesehen, zu einer Gesundheitsuntersuchung (über die Reisefähigkeit) gem. § 82 Abs. 4 S. 1 AufenthG zu erscheinen. Auch die Verletzung dieser Pflicht begründet die Vermutung der Fluchtgefahr (§ 62 Abs. 3a Nr. 2 AufenthG). Gleiches gilt für den Wechsel des Wohnortes, ohne die Ausländerbehörde darüber in Kenntnis zu setzen (§ 62 Abs. 3a Nr. 3 AufenthG). Auch hier ist eine Belehrung erforderlich. Auch die Einreise in die BRD entgegen einem verhängten Einreiseverbot gem. § 11 Abs. 1 S. 2 AufenthG begründet die (widerlegliche) Fluchtgefahr (§ 62 Abs. 3a Nr. 4 AufenthG). In diesem Fall unterstellt der Gesetzgeber, dass aus dem Willen des Ausländers rechtswidrig einzureisen auch der Wille folgt, sich rechtswidrig einer Abschiebung zu entziehen. Gleiches gilt folglich für den Umstand, dass sich der Ausländer in der Vergangenheit bereits einer

---

1150 *Kluth*, in: Kluth/Heusch (Hrsg.), BeckOK AuslR, 28. Ed. (01.01.2021), § 62 AufenthG, Rn. 16.

1151 Die Identitätstäuschung muss allerdings in einem zeitlichen und sachlichen Zusammenhang zur Abschiebung stehen. Zeitlich weit zurückreichende oder aus erkennbar anderen Motiven erfolgte Falschangaben dürfen in der Regel nicht zur Vermutung von Fluchtgefahr führen, vgl. *Winkelmann* (Fn. 1148), § 62 AufenthG, Rn. 106.

Abschiebung entzogen (§ 62 Abs. 3a Nr. 5 AufenthG) bzw. angekündigt hat, sich nun der Abschiebung entziehen zu wollen (§ 62 Abs. 3a Nr. 6 AufenthG).

Liegt einer der genannten Tatbestände vor, so wird die Fluchtgefahr widerleglich vermutet (§ 62 Abs. 3a S. 1 AufenthG). Die Beweislast kippt dann zulasten des Ausländers und muss glaubhaft machen, dass trotz des Vorliegens der Vermutungsgründe keine Fluchtgefahr vorliegt, sodass ausnahmsweise von diesem abgesehen werden kann (§ 62 Abs. 3 S. 2 AufenthG). Dieser Mechanismus zur Verhinderung eines „Haftautomatismus" trägt auch dem Grundsatz der Abschiebungshaft als Ultima Ratio und damit dem Verhältnismäßigkeitsgebot Rechnung.

bb) Anhaltspunkte für Fluchtgefahr aufgrund von Pflichtverletzungen (Abs. 3b)

Die Pflichtverletzungen des § 62 Abs. 3b AufenthG führen im Gegensatz zu Abs. 3a zwar nicht zu einer Vermutung des Tatbestands der Fluchtgefahr, fließen jedoch bei der Gesamtbetrachtung über die Frage, ob Fluchtgefahr vorliegt, mit ein.[1152] Sie verlagern somit die Beweislast (anders als die Vermutungstatbestände) nicht gänzlich auf den Ausländer und stellen daher eine weniger scharfe Sanktion dar. § 62 Abs. 3b Nr. 1 AufenthG erfasst zunächst genau wie § 62 Abs. 3a Nr. 1 AufenthG die Täuschung über die Identität, allerdings bereits im Vorfeld der Abschiebung und ohne direkten Bezug zu dieser. Vielmehr ist hier jede Identitätstäuschung des Ausländers ein Indiz für den Haftgrund der Fluchtgefahr, soweit diese einer *aktiven* Behinderung des Verfahrens entspricht und nicht aus sonstigen (fahrlässigen) Motiven geschieht.[1153] § 62 Abs. 3a Nr. 2 AufenthG nennt dagegen die Tatsache, dass der Ausländer für seine illegale Einreise erhebliche Geldbeträge aufgewendet hat, sodass davon auszugehen ist, dass er sich der Abschiebung entzieht, damit diese Aufwendungen nicht vergeblich waren. Die Zahlungen erfassen insbesondere auch solche „an einen Dritten für dessen Handlung nach § 96 AufenthG", womit die Bezahlung von Schleusern gemeint ist.[1154] Darüber hinaus können aber auch sonstige Zahlungen die unerlaubte Einreise ermöglichen, bspw. für einen gefälschten Pass.[1155] In diesen Fällen kann zugleich eine Identitätstäuschung vorliegen, sodass auch der Tatbestand

1152 *Winkelmann* (Fn. 1148), § 62 AufenthG, Rn. 123 mit Verweis auf die Gesetzesbegründung in BT-Drs. 19/10047, S. 40.
1153 *Winkelmann* (Fn. 1148), § 62 AufenthG, Rn. 125.
1154 *Kluth* (Fn. 1150), § 62 AufenthG, Rn. 27.
1155 *Winkelmann* (Fn. 1148), § 62 AufenthG, Rn. 128.

von § 62 Abs. 3b Nr. 1 AufenthG erfüllt sein kann. Letztlich kommt es für die Erheblichkeit einer solchen Zahlung bei der Beurteilung der Fluchtgefahr aber darauf an, welchen Umfang diese „Investition“ für den Ausländer relativ gesehen hatte, was insbesondere auch an seinem Vermögen und am Lebensstandard des Herkunftsstaates zu messen ist.[1156]

Für die Fluchtgefahr und damit für eine Inhaftierung spricht aus Sicht des Gesetzgebers auch, wenn von ihm eine erhebliche Gefahr für Leib und Leben Dritter oder bedeutender Rechtsgüter der inneren Sicherheit ausgeht. Diese Schlussfolgerung ist an sich überzeugend, wenn man davon ausgeht, dass eine zu schweren Straftaten bereite Person zum einen grundsätzlich nicht „rechtstreu“ ist und zum anderen ihre Tat auch umsetzen, einer vorherigen Abschiebung also unbedingt entgehen möchte. Dennoch besteht bei diesem Tatbestand die Gefahr, dass die Ausländerbehörden die Abschiebungshaft bei Gefährdern als Präventivhaft zur Verhinderung schwerer Straftaten missbrauchen. Diese Befürchtung besteht gleichsam auch bei der Abschiebungshaft als Begleitmaßnahme einer sogenannten Abschiebungsanordnung gem. § 62 Abs. 3 Nr. 3 i.V.m. § 58a AufenthG. Eine Abschiebungsanordnung meint eine besondere Form der Abschiebung aufgrund einer besonderen Gefahr für die Bundesrepublik Deutschland oder einer terroristischen Gefahr, welche sofort vollziehbar ist.[1157] Bestehen aufgrund der mangelnden Rechtsschutzmöglichkeiten bereits Zweifel an der Verfassungsmäßigkeit dieses Rechtsinstruments[1158], so tritt durch die Möglichkeit der Abschiebungshaft noch die Frage hinzu, ob bei der Gefahr von derlei schweren Straftaten auch immer zwingend auf Fluchtgefahr geschlossen werden kann. Diese Zweifel gelten gleichsam für die Annahme der Fluchtgefahr aufgrund in der Vergangenheit liegender Straftaten (§ 62 Abs. 3b Nr. 4 AufenthG). Bei der Fluchtgefahr handelt es sich um einen Umstand, der konkret zum Zeitpunkt der Abschiebung vorliegen muss und nicht pauschal aus in der Vergangenheit vorgefallenen Ereignissen geschlossen werden darf. Nur wenn die Abschiebungshaft zur Durchführung der Abschiebung zwingend erforderlich ist, darf diese in

---

1156 *Winkelmann* (Fn. 1148), § 62 AufenthG, Rn. 127.

1157 Zur genauen verwaltungsrechtlichen Dogmatik der Abschiebungsanordnung siehe *Dollinger*, in: Bergmann/Dienelt (Hrsg.), AuslR, 13. Aufl., 2020, § 58a AufenthG, Rn. 8 f.

1158 *Erbslöh*, NVwZ 2007, 155 (161), a.A. *BVerfG*, 24.07.2017 – 2 BvR 1487/17, NVwZ (2017), 1526.

Übereinstimmung mit Art. 15 der europäischen Rückführungsrichtlinie 2008/115/EG (RückführungsRL) angeordnet werden.[1159]

Auch die Durchsetzung von Mitwirkungspflichten darf nicht durch die Androhung oder durch die Durchführung der Abschiebungshaft als „Beugehaft" erfolgen.[1160] Dies gilt insbesondere für die Annahme des Gesetzgebers in § 62 Abs. 3b Nr. 5 AufenthG, bei der Nichtmitwirkung bei der Passbeschaffung handele es sich um einen Anhaltspunkt für Fluchtgefahr. Dies mag im Einzelfall ein Indiz dafür sein, dass sich der Ausländer einer Abschiebung aktiv entzieht. Allerdings liegt hier zugleich die Vermutung nicht fern, der Gesetzgeber habe diesen Tatbestand auch geschaffen, um Ausländer durch die Drohung mit der Abschiebungshaft zur Mitwirkung bei der Passbeschaffung zu „animieren". Ein derartiger Missbrauch der Abschiebungshaft als Mittel der Durchsetzung oder Förderung von Mitwirkungshandlungen ist vom Zweck der Sicherung der Abschiebung jedenfalls nicht mehr gedeckt. Gleiches gilt für § 62 Abs. 3b Nr. 6 AufenthG, wonach der wiederholte Verstoß gegen die nach § 61 AufenthG mit der Duldung einhergehenden Residenzpflicht als Indiz für eine Fluchtgefahr gewertet wird. Auch hier liegt der Verdacht nahe, dass der Gesetzgeber die Androhung der Abschiebungshaft auch als Disziplinierungsinstrument zur Einhaltung dieser Aufenthaltsgebote einsetzt.

Als letztes Indiz für das Vorliegen von Fluchtgefahr zählt schließlich der Umstand, dass ein ursprünglich legal eingereister, aber nun vollziehbar ausreisepflichtiger Ausländer „dem behördlichen Zugriff entzogen [ist], weil er keinen Aufenthaltsort hat, an dem er sich überwiegend aufhält" (§ 62 Abs. 3b Nr. 7 AufenthG). Diese Schlussfolgerung erscheint allerdings wenig überzeugend. Denn allein die Tatsache, dass eine Person keinen festen Aufenthaltsort hat, sagt noch nichts über ihre Motivation aus, sich aktiv der Ausreisepflicht entziehen zu wollen. Zugleich ist aber die Intention des Gesetzgebers hinter der Norm nachvollziehbar: Personen ohne ständigen Aufenthaltsort sind für die Behörden rein *objektiv* schwer greifbar. Daraus lässt sich jedoch kein Rückschluss auf die *subjektiv* motivierte Fluchtgefahr zu ziehen, sodass diese als Grund der Abschiebungshaft

---

1159 *Beichel-Benedetti*, in: Huber (Hrsg.), AufenthG, 2. Aufl., 2016, § 62 AufenthG, Rn. 14. Eine Anwendung der Abschiebungshaft über die Sicherstellung der Abschiebung hinaus ist mit der RückkehrRL nicht vereinbar, vgl. *Hörich* (Fn. 97), S. 156 f. Zum Ultima-Ratio-Charakter der Abschiebungshaft siehe auch *Kluth* (Fn. 1150), § 62 AufenthG, Rn. 8.

1160 *Beichel-Benedetti* (Fn. 1159), § 62 AufenthG, Rn. 5; *Winkelmann* (Fn. 1148), § 62 AufenthG, Rn. 7.

hier ausscheidet. Eventuell könnte aber alternativ der zweite Haftgrund für die Abschiebungshaft gem. Art. 15 Abs. 1 lit. b) der RückführungsRL herangezogen werden. Demnach ist die Haft neben der Fluchtgefahr auch zulässig „wenn die betreffenden Drittstaatsangehörigen die Vorbereitung der Rückkehr oder das Abschiebungsverfahren umgehen oder behindern". Allerdings ist fraglich, ob die bloße Tatsache, keinen ständigen Aufenthaltsort zu haben, bereits ein „umgehen oder behindern" darstellt. Der Wortlaut dieser Handlungen deutet eher auf eine aktive und bewusste Handlung hin. Solange aber keine Pflicht eines dauerhaften Aufenthaltsortes besteht, fehlt es hier an einer aktiven Pflichtverletzung.[1161] Damit scheidet auch dieser Haftgrund letztlich aus. Die Wertung des Umstands eines fehlenden ständigen Aufenthaltsortes als Indiz für Fluchtgefahr ist daher mit Art. 15 der RückführungsRL nicht vereinbar.

cc) Versäumnis eines Botschaftstermins als Grund für die „Mitwirkungshaft" (Abs. 6)

Der gesetzgeberische Ansatz, Mitwirkungspflichten im Asylverfahren mit dem Mittel der Haft durchzusetzen, findet sich explizit in § 62 Abs. 6 AufenthG. Demnach kann ein Ausländer für maximal 14 Tage in Haft genommen werden, wenn er einer Vorladung zur Botschaft seines (mutmaßlichen) Heimatstaates ferngeblieben ist (§ 62 Abs. 6 S. 1 Nr. 1 AufenthG) oder zu einem Termin bei der Ausländerbehörde zur Vorbereitung einer solchen Vorsprache bei der Botschaft nicht erschienen ist (§ 62 Abs. 6 S. 1 Nr. 2 AufenthG).

Diese neue Möglichkeit der Inhaftnahme stellt ausweislich der Gesetzesbegründung eine Umsetzung des Haftgrunds aus Art. 15 Abs. 1 lit. b) der RückführungsRL dar (siehe oben).[1162] Daher vermag auch die Ansicht nicht zu überzeugen, es handle sich „in der Sache […] nicht um einen Fall der Abschiebehaft" und die strengen Voraussetzungen der Durchführung der Haft, welche die RückführungsRL vorgibt, seien hier nicht anwendbar.[1163] Vielmehr hat der Gesetzgeber in § 62 S. 4 AufenthG klargestellt, dass Ausländer auch für die Mitwirkungshaft gem. § 62a Abs. 1 AufenthG (in Übereinstimmung mit Art. 16 der

1161 Von der Notwendigkeit einer Mitwirkungspflichtverletzung spricht in diesem Kontext auch *Hörich* (Fn. 97), S. 520.

1162 BT-Drs. 19/10047, S. 43.

1163 So aber *Kluth* (Fn. 1150), § 62 AufenthG, Rn. 40, der darauf abstellt, dass die Mitwirkungshaft vielmehr „eine besondere Form der Ersatzzwangshaft" gem. § 16 Verwaltungsvollstreckungsgesetz ist.

RückführungsRL) in speziellen Hafteinrichtungen getrennt von Strafgefangenen unterzubringen sind.

Bei der Mitwirkungshaft handelt es sich um eine der Durchführung der eigentlichen Abschiebung zeitlich vorgelagerte Maßnahme, da der Besitz eines Passes Voraussetzung ist, um eine Abschiebung in den Heimatstaat überhaupt initiieren zu können. Gerade aufgrund dieses Zusammenhangs mit der Abschiebung muss diese aber auch tatsächlich durchführbar sein.[1164] Die Mitwirkungshaft darf daher nicht grundsätzlich als Instrument der Durchsetzung der Passbeschaffungspflicht missbraucht werden, sondern in Übereinstimmung mit Art. 15 der RückführungsRL nur, wenn die Abschiebung auch tatsächlich realisierbar ist und durch die Passbeschaffung vorbereitet werden kann. Dies ist bspw. nicht der Fall, wenn die Abschiebung aus anderen (bspw. gesundheitlichen) Gründen nicht möglich ist.

b) *Der Ausreisegewahrsam als „mildere Form der Abschiebungshaft" (§ 62b AufenthG)*

Als mildere Form der Abschiebungshaft (oder auch als „kleine Sicherungshaft"[1165]) hat der Gesetzgeber den Ausreisegewahrsam vorgesehen. Dieser erlaubt eine Inhaftierung von bis zu zehn Tagen[1166], wenn die Abschiebung unmittelbar bevorsteht und es um die Sicherstellung der Durchführbarkeit einer konkreten Abschiebungshandlung geht.[1167] Insbesondere bei Abschiebungen per Flugzeug sind diese mit einem erheblichen Aufwand und großen finanziellen Lasten verbunden und können in bestimmte Staaten auch nur in sehr unregelmäßigen Abständen durchgeführt werden.[1168] Ist der Ausländer zum Zeitpunkt des Abflugs nicht räumlich verfügbar, kann dies die Ausreise daher über lange Zeiträume verzögern, wovon bei Sammelabschiebungen immer auch andere Ausländer betroffen sind.[1169]

1164 *Winkelmann* (Fn. 1148), § 62 AufenthG, Rn. 232 f.

1165 *Winkelmann*, in: Bergmann/Dienelt (Hrsg.), AuslR, 13. Aufl., 2020, § 62b AufenthG, Rn. 2.

1166 Diese Höchstfrist wurde erst 2015 mit dem Gesetz zu Neubestimmung des Bleiberechts und der Aufenthaltsbeendigung vom 27.07.2015 (BGBl. I 2015, 1386) eingeführt, zuvor waren nur maximal vier Hafttage zulässig, siehe dazu *Hörich/Tewocht* (Fn. 400), S. 1155.

1167 *Winkelmann* (Fn. 1165), § 62b AufenthG, Rn. 2.

1168 BT-Drs. 18/4097, S. 55 f.

1169 BT-Drs. 18/4097, S. 56.

Die Anforderungen an die Anordnung des Abschiebegewahrsams fallen dabei deutlich niedriger aus als bei der Abschiebungshaft. So kann Abschiebegewahrsam nicht erst bei Fluchtgefahr, sondern gem. § 62b Abs. 1 Nr. 3 AufenthG bereits dann angeordnet werden, „wenn der Ausländer ein Verhalten gezeigt hat, das erwarten lässt, dass er die Abschiebung erschweren oder vereiteln wird." Hierfür hat der Gesetzgeber zusätzlich Vermutungstatbestände (ähnlich wie in § 62 Abs. 3a AufenthG) geschaffen, darunter die Verletzung von Mitwirkungspflichten (§ 62b Abs. 3a Nr. 1 AufenthG) und die Täuschung über die Identität oder Staatsangehörigkeit (§ 62b Abs. 3a Nr. 2 AufenthG), aber auch die Verurteilung zu einer Straftat (§ 62b Abs. 3a Nr. 3 AufenthG), sowie die Überschreitung der Ausreisefrist um mehr als dreißig Tage (§ 62b Abs. 3a Nr. 4 AufenthG). Die Formulierung eines Verhaltens „das erwarten lässt, dass er die Abschiebung erschweren oder vereiteln wird" ist überaus weit gefasst. Auch die Tatsache, dass die bereits einmalige[1170] Verletzung von Mitwirkungspflichten für eine Inhaftnahme ausreichen soll, weckt Zweifel an der Verhältnismäßigkeit der Norm und ihrer Vereinbarkeit mit dem Ultima-Ratio-Prinzip der RückführungsRL.[1171] Diese Zweifel werden auch verstärkt durch den Umstand, dass der Gesetzgeber es dem Ausländer nicht leicht macht, die Vermutung einer Erschwerung oder Vereitelung der Abschiebung zu entkräften, da er dies gem. Abs. 3 S. 2 „glaubhaft" machen muss. Da die Vermutung aber rein auf einem in der Vergangenheit liegenden Verhalten (der Mitwirkungspflichtverletzung) fußt, welches der Ausländer nicht rückgängig machen kann, bleibt unbeantwortet, wie ihm diese Glaubhaftmachung in der Praxis gelingen soll.[1172] Ebenso unklar bleibt die Formulierung, dass auf den Abschiebegewahrsam zu verzichten sei, wenn „offensichtlich" sei, dass der Ausländer sich pflichtgemäß verhalte. Auch hier fehlt für das abstrakte Kriterium der „Offensichtlichkeit" jedweder Maßstab, was ebenfalls Zweifel an der ausreichenden Bestimmtheit der Norm weckt. Gleiches gilt für die Durchführung des Abschiebgewahrsams „im Transitbereich eines

---

1170 *Winkelmann* (Fn. 1165), § 62b AufenthG, Rn. 10.

1171 *Beichel-Benedetti*, in: Huber (Hrsg.), AufenthG, 2. Aufl., 2016, § 62b AufenthG, Rn. 3; *Hörich/Tewocht* (Fn. 400), S. 1155 f.; *Neundorf/Brings*, ZRP 2015, 145 (146); *Hörich*, And now to something completely different: Ausreisegewahrsam, juwiss.de vom 26.03.2015.

1172 So auch *Beichel-Benedetti* (Fn. 1171), § 62b AufenthG, Rn. 3, der insbesondere auch auf fehlende empirische Daten zur Frage hinweist, ob die Verletzung von Mitwirkungspflichten einen Rückschluss auf ihren Willen zulässt, sich der Abschiebung entziehen zu wollen.

Flughafens oder in einer Unterkunft“ gem. Abs. 2. Auch diese Formulierung ist zu weit gefasst und folglich nicht bestimmt genug.[1173]

c) *Zwischenfazit: Haft als Instrument der Durchsetzung von Mitwirkungspflichten*

Der Gesetzgeber nutzt die räumliche Beschränkung im Zuge der Abschiebungshaft und des Abschiebegewahrsams vor allem, um den Zugriff auf den Ausländer zum Zweck der Abschiebung sicherzustellen. Es handelt sich folglich um eine präventive Sanktion, die jedoch nicht durch Abschreckung wirkt, sondern vielmehr vorbeugend den Zugriff auf den Ausländer sicherstellt für den Fall, dass er sich der Abschiebung entziehen *könnte.* Genau dieser Konjunktiv und die Anordnung aufgrund der bloßen Möglichkeit eines Entzugs machen das Instrument aber verfassungsrechtlich problematisch. Denn letztlich schließt der Gesetzgeber aus der Verletzung vergangener Pflichten auf eine Verletzung in der Zukunft, ohne für diesen Zusammenhang belastbare Beweise zu erbringen. Das BVerfG hat aber in jüngerer Zeit für derart gravierende Grundrechtseingriffe, wie sie auch eine Inhaftnahme darstellt, strenge Anforderungen an das Gebot der Erforderlichkeit aufgestellt. Diese lassen sich unter der Formel zusammenfassen: Je stärker eine Maßnahme in ein Grundrecht eingreift, desto eher muss der Gesetzgeber nachvollziehbar und auf Basis valider Tatsachen darlegen, dass die Maßnahme das mildeste effektive Mittel ist.[1174] Dem wird insbesondere der pauschale Rückschluss von einer bereits einmaligen Mitwirkungspflichtverletzung auf eine künftige Absicht, sich der Abschiebung zu entziehen, nicht gerecht. Für die Erforderlichkeit der Maßnahme müsste der Gesetzgeber empirisch belegen, dass vergangene Pflichtverletzungen statistisch mit einer hinreichenden Wahrscheinlichkeit auf eine Untertauchensabsicht schließen lassen und die Haft daher erforderlich ist. Gleiches folgt auch aus dem Ultima-Ratio-Prinzip in Art. 15 Abs. 1 der RückführungsRL, wonach die Haft nur für den Fall angeordnet werden darf „dass keine anderen ausreichenden, jedoch weniger intensiven Zwangsmaßnahmen wirksam angewandt werden können“. Mildere Mittel in diesem Sinne können bspw. die Begrenzung des räumlichen Aufenthalts auf bestimmte Gebiete, regelmäßige Meldepflichten oder aber auch elektronische Überwachungsmaßnahmen („elektronische Fußfessel“) sein.[1175] Eine

1173 *Beichel-Benedetti* (Fn. 1171), § 62b AufenthG, Rn. 5, wonach es einen gewichtigen Unterschied ausmacht, ob der Ausländer sich im Transitbereich frei bewegen darf oder dort bspw. in einer Zelle festgehalten wird.

1174 *BVerfG*, 05.11.2019 – 1 BvL 7/16, NJW (2019), 3703 (3713 f., Rn. 193-200).

1175 *Hörich* (Fn. 97), S. 168 f.

verfassungs- und europarechtskonforme Auslegung der Norm gebietet daher eine einzelfallbezogene Darlegung, warum die Abschiebung ohne die Inhaftnahme scheitert und dass der Ausländer die Abschiebung auch tatsächlich vereiteln will. Eine pauschale Vermutung dieses Umstands allein aufgrund in der Vergangenheit liegender Mitwirkungspflichtverletzungen wird diesem Maßstab jedenfalls nicht gerecht.

3. *Durchsetzung einer räumlichen Aufenthaltspflicht mittels unmittelbaren Zwangs, Ingewahrsamnahme und Haft (§ 59 AsylG)*

Die räumlichen Pflichten des § 12 Abs. 1, 3 AufenthG, die den erlaubten Aufenthalt auf einen bestimmten Teil des Bundesgebiets beschränkt, kann gem. § 59 Abs. 1 AsylG auch ohne vorherige Androhung mittels unmittelbaren Zwangs durchgesetzt werden. Die Einhaltung der gesetzlich festgelegten Weiterleitungs- und Verteilungsprozesse von Asylbewerbern kann so sichergestellt werden.[1176] Systematisch auffällig ist jedoch, dass zwar die Aufenthaltspflichten selbst im AufenthG (§ 12 AufenthG) normiert sind und potenziell für jeden Ausländer (außer Unionsbürger) angeordnet werden können, die besondere Durchsetzung dieser Norm aber im AsylG (§ 59 AsylG) und damit nur für Asylbewerber angeordnet wird. Dies erklärt sich vor dem Hintergrund der besonderen Bedeutung des Asylverfahrens: Für dessen Durchführung ist, anders als bei den aufenthaltsrechtlichen Verfahren sonstiger Ausländer, die Mitwirkung und damit auch die räumliche Erreichbarkeit, besonders entscheidend.[1177] Dementsprechend dringt der Gesetzgeber bei Asylbewerbern auf eine schärfere Durchsetzung der räumlichen Aufenthaltspflichten. Beschränkt wird das Instrument des unmittelbaren Zwangs jedoch durch die Formulierung „soweit erforderlich“ in § 59 Abs. 1 AsylG. Dazu muss die zuständige Behörde im Wege des Ermessens prognostizieren, ob der Betroffene seiner Verlassenspflicht eventuell auch freiwillig nachkommt.[1178] § 12 Abs. 2 AufenthG sieht daneben als „Ultima ratio“ auch die Möglichkeit der zeitweiligen Inhaftnahme vor. Da es sich dabei aber um einen noch stärkeren Eingriff in die körperliche Fortbewegungsfreiheit gem. Art. 2 Abs. 2 S. 2 GG handelt, darf diese nur durch einen Richter und auch nur angeordnet werden,

---

1176 *Marx*, in: ders. (Hrsg.), AsylG, 10. Aufl., 2019, § 59 AsylG, Rn. 1 mit Verweis auf die Gesetzesbegründung in BT-Drs. 12/2062, S. 37.

1177 Dies zeigt sich bspw. auch an den zentralen inhaltlichen Mitwirkungsregelungen der §§ 15 und 25 AsylG. Siehe dazu S. 111 ff. und S. 123 ff.

1178 *Neundorf*, in: Kluth/Heusch (Hrsg.), BeckOK AuslR, 28. Ed. (01.01.2021), § 59 AsylG, Rn. 4.

wenn sie zur Durchsetzung der Verlassenspflicht auch zwingend erforderlich ist.[1179] Es müssen konkrete Anzeichen dafür vorliegen, dass der Betroffene trotz Aufforderung seiner Verlassenspflicht nicht nachkommt.[1180]

Die Durchsetzung der räumlichen Aufenthaltspflicht mittels unmittelbaren Zwangs und der Möglichkeit der Inhaftnahme dient zum einen der restitutiven Wiederherstellung eines aufenthaltsrechtskonformen Zustands. Zum anderen kann die scharfe Rechtsfolge der Haft aber auch vor einer Verletzung der Residenzpflicht abschrecken.[1181] Die Sorge des Gesetzgebers vor einem „Untertauchen" der Betroffenen und einer mangelnden Kontrolle darüber, wer sich wann wo genau im Land aufhält, kann ein Erklärungsansatz für die scharfe Sanktionierung verletzter Aufenthaltspflichten bis hin zur Haft sein.

4. *Die Verlängerung der Residenzpflicht als Sanktion (§ 59b AufenthG)*

Gem. § 56 AsylG unterliegt jeder Asylbewerber der Pflicht, sich nur im Zuständigkeitsbereich der für ihn zuständigen Ausländerbehörde aufzuhalten.[1182] Diese Pflicht besteht regulär gem. § 59a Abs. 1 AsylG für die Dauer von drei Monaten und darüber hinaus, solange der Asylbewerber in einer Aufnahmeeinrichtung untergebracht ist. Durch § 59b AsylG kann dieser Zeitraum als Reaktion auf ein Fehlverhalten des Ausländers verlängert werden.

§ 59b Abs. 1 Nr. 1 AsylG ordnet diese Rechtsfolge für die Verurteilung aufgrund einer Straftat an. Erfasst werden aber nur „allgemeine" Straftatbestände, die nicht ausschließlich von Ausländern begangen werden können (wie z.B. die illegale Einreise oder der illegale Aufenthalt gem. § 95 AufenthG). Sinn und Zweck der verlängerten Residenzpflicht ist die Verhinderung künftiger Straftaten an bestimmen Orten.[1183] Es erscheint jedoch zweifelhaft, ob die Beschränkung des Aufenthaltsgebiets per se die Begehung von Straftaten verhindern kann. Die grundsätzliche Geeignetheit der Maßnahme zur Erreichung dieses Zwecks muss die Ausländerbehörde daher darlegen und darf diese nicht pauschal als gegeben annehmen.[1184]

1179 *BVerfG*, 02.07.2008 – 2 BvR 1073/06, BeckRS (2009), 38587, Rn. 20.

1180 *Winkelmann*, in: Bergmann/Dienelt (Hrsg.), AuslR, 13. Aufl., 2020, § 59 AsylG, Rn. 8.

1181 Die räumliche Kontrolle und Verfügbarkeit über Asylbewerber ist ein zentraler Baustein der Steuerung von Fluchtmigration, siehe dazu S. 197 ff.

1182 Siehe dazu S. 197 ff.

1183 *Neundorf* (Fn. 966), § 59b AsylG, Rn. 3.

1184 *Marx* (Fn. 966), § 59b AsylG, Rn. 4.

Die Notwendigkeit einer solchen Erforderlichkeitsprognose wirft auch für den zweiten Sanktionsgrund (§ 59b Abs. 1 Nr. 2 AsylG) Fragen auf. Demgemäß kann die Ausländerbehörde die Residenzpflicht auch ohne Verurteilung bereits dann anordnen, wenn „Tatsachen die Schlussfolgerung rechtfertigen, dass der Ausländer gegen Vorschriften des Betäubungsmittelgesetzes verstoßen hat". Unter „Tatsachen" ist nach h.M. zwar mehr zu verstehen als vages „Hörensagen", ein hinreichender Tatverdacht (also die überwiegende Wahrscheinlichkeit einer Verurteilung[1185]), ist dagegen nicht erforderlich.[1186] Besteht jedoch im strafprozessualen Sinn keine hinreichende Wahrscheinlichkeit einer Verurteilung, so schlägt dies auch auf das Kriterium der Erforderlichkeit bei § 59b Abs. 1 Nr. 2 AsylG durch. Besteht hier aufgrund eines Informationsdefizits keine klare Prognosemöglichkeit, die sich entsprechend auch strafprozessual in einer Verurteilungswahrscheinlichkeit äußert, fehlt es an den Voraussetzungen einer Anordnung der Residenzpflicht.[1187]

Noch früher, also ohne Wahrscheinlichkeit einer bereits begangenen Straftat, setzt § 59b Abs. 1 Nr. 4 AsylG an, demgemäß die Residenzpflicht auch angeordnet werden kann „wenn von dem Ausländer eine erhebliche Gefahr für die öffentliche Sicherheit und Ordnung ausgeht". Die Norm wurde im Gesetzgebungsprozess unter dem Schlagwort „Residenzpflicht für Gefährder" diskutiert[1188] und ist damit Ausdruck eines „Einsickerns" terrorismusspezifischer Gefahrenabwehr in das Migrationsrecht.[1189]

In der Gesamtschau kommt § 59b AsylG damit vor allem ein präventiver Sanktionszweck zu. Die Norm soll mittels eines verkleinerten Bewegungsradius Kriminalität vorbeugen. Die direkte Anknüpfung an strafrechtliche Verurteilungen bzw. einen konkreten Tatverdacht wirft jedoch die Frage auf, ob der Gesetzgeber mit der Anordnung der Residenzpflicht nicht auch repressives Strafrecht im Gewand des Migrationsrechts geschaffen hat, welches sich insoweit auch an den verfassungsrechtlichen Anforderungen des Strafrechts messen lassen müsste.[1190] Dabei gilt es jedoch zu beachten, dass nicht jede repressive bzw. im

---

1185 *Moldenhauer*, in: Hannich (Hrsg.), 8. Aufl., 2019, § 170 StPO, Rn. 3.

1186 *Stahmann*, in: Hofmann (Hrsg.), AuslR, 2. Aufl., 2016, § 59b AsylG, Rn. 6; *Bergmann*, in: Bergmann/Dienelt (Hrsg.), AuslR, 13. Aufl., 2020, § 59b AsylG, Rn. 2; *Neundorf* (Fn. 966), § 59b AsylG, Rn. 2, die ganz auf eine Orientierung an strafprozessualen Maßstäben verzichten will und einen eigenständigen verwaltungsrechtlichen Maßstab fordert.

1187 In diesem Sinne auch *Marx* (Fn. 966), § 59b AsylG, Rn. 6.

1188 *Neundorf* (Fn. 966), § 59b AsylG, Rn. 8a.

1189 Siehe dazu S. 254.

1190 Ähnlich für das Sanktionsinstrument der Ausweisung *Albert* (Fn. 1105), S. 99.

Ergebnis strafend wirkende Maßnahme eine präventive Norm in das Strafrecht „kippen" lässt. Entscheidend ist, ob die Sanktionsnorm vorrangig der Verhinderung künftiger Verletzungen der öffentlichen Sicherheit dient oder der Ahndung vergangenen Unrechts.[1191] Nach der Konzeption des Gesetzgebers stellt die Residenzpflicht keine Strafe dar, sondern dient aus dessen Sicht vielmehr der Gefahrenabwehr, aber auch sozial- und integrationspolitischen Zwecken.[1192] Auch wenn sie also unmittelbar an strafrechtliche Tatbestände anknüpft, ist dies für sich genommen noch kein ausreichender Grund, die räumliche Beschränkung des § 59b AsylG als Strafe zu qualifizieren.[1193]

III. Straf- und ordnungsrechtliche Sanktionen

Eine besondere Sanktionskategorie im Asyl- und Aufenthaltsrecht bildet das Strafrecht. Dieses unterscheidet sich von anderen Sanktionsinstrumenten nicht zwingend durch seine Rechtsfolgen, denn insbesondere die Beschränkung räumlicher Fortbewegungsfreiheit mittels Haft ist, wie die Betrachtung der Abschiebungshaft gezeigt hat, kein strafrechtliches Alleinstellungsmerkmal.[1194] Das Strafrecht definiert sich im Kern vielmehr über einen auf einem besonders schwerwiegenden Unrechtsgehalt basierenden Schuldvorwurf.[1195] Daher soll im Folgenden ein besonderes Augenmerk auf die Fragen gerichtet werden, welches Fehlverhalten der Gesetzgeber als „besonders verwerflich" sanktioniert, welche Ziele er damit verfolgt und an welche rechtlichen Grenzen er dabei stößt.

1. Straf- und ordnungsrechtliche Sanktionen im AsylG (§§ 85 Nr. 1–4; 86 Abs. 1 AsylG)

Auch die strafrechtlichen Sanktionen im Asyl- und Aufenthaltsrecht sind nicht zentral geregelt, sondern verteilen sich über das AufenthG und das AsylG. Im AsylG hat der Gesetzgeber die Verletzung mehrerer, vor allem räumlicher, Verhaltenspflichten von Asylbewerbern mit einer Freiheitsstrafe bis zu einem Jahr oder mit Geldstrafe bewehrt. Dazu zählt zunächst gem. § 85 Nr. 1 AsylG die Nichtbefolgung einer Zuweisungsentscheidung zur Weiterverteilung im

---

1191 *BVerfG*, 14.01.2004 – 2 BvR 564/95, BVerfGE 110, 1 (17).

1192 *Rosenstein*, ZAR 2015, 226 (226 f.).

1193 So zur Sicherungsverwahrung bereits *BVerfG*, 05.02.2004 – 2 BvR 2029/01, NJW (2004), 739 (746).

1194 Siehe zur Abschiebungshaft S. 301 ff., sowie zu den weniger einschneidenden räumlichen Beschränkungen S. 290 ff.

1195 Siehe dazu S. 249 ff.

Anschluss an die Erstaufnahmeeinrichtung gem. § 50 Abs. 6 AsylG.[1196] Ebenso sanktioniert die Norm gem. § 85 Nr. 2 und 3 AsylG eine *wiederholte* Verletzung der räumlichen Residenzpflicht während des Asylverfahrens gem. § 56 AsylG[1197] bzw. einer Residenzpflicht, die aus Gründen der Gefahrenabwehr gem. § 59b[1198] AsylG angeordnet wurde. Eine einmalige Verletzung dieser Pflichten ist dagegen „nur" als Ordnungswidrigkeit gem. § 86 Abs. 1 AsylG bußgeldbewehrt. Neben der Residenzpflicht erfasst § 85 Nr. 3 AsylG aber auch die Verletzung der Pflicht zur Wohnsitzname gem. § 60 Abs. 2 AsylG[1199]. Zuletzt stellt § 82 S. 1 Nr. 4 AsylG noch die Aufnahme einer Erwerbstätigkeit unter Strafe, solange der Ausländer gem. § 61 Abs. 1 AsylG verpflichtet ist, in einer Aufnahmeeinrichtung zu wohnen.

Betrachtet man die Zusammenhänge zwischen dieser straf- und ordnungsrechtlichen Sanktionsnorm und anderen Pflichten und Sanktionsnormen, so wird deutlich, dass auch das Strafrecht zu mehrgliederigen Ketten[1200] aus Pflichten und Sanktionen beiträgt. So wirkt bspw. die verschärfte Aufenthaltspflicht des § 59b AufenthG als negative Rechtsfolge für polizei- bzw. strafrechtlich relevantes Fehlverhalten und damit als Sanktion.[1201] Zugleich besteht deren Rechtsfolge aber in der Anordnung neuer (räumlicher) Aufenthaltspflichten, welche nun ihrerseits durch § 85 AsylG sanktioniert werden.

2. *Straf- und ordnungsrechtliche Sanktionen im AufenthG (§ 95 AufenthG)*

Wie auch die spezielleren Tatbestände des Asylgesetzes, kennt auch das AufenthG Strafnormen, die neben Ausländern im Gültigkeitsbereich des Asylgesetzes auch sonstige Drittstaatsangehörige adressieren. Auch diese Straftatbestände sind verwaltungsakzessorisch, sie dienen also auch als verwaltungsrechtliche

---

1196 Als Verstoß gegen die Zuweisungsentscheidung definiert es der Gesetzgeber, wenn sich der Asylbewerber nicht „unverzüglich", also ohne schuldhaftes Zögern, an den ihm zugewiesenen Ort begibt. Siehe dazu auch S. 196 f., sowie bei *Schmidt-Sommerfeld*, in: Joecks/Miebach (Hrsg.), MüKo StGB, 3. Aufl., 2018, § 85 AsylG, Rn. 26 f.; *Hadamitzky/Senge*, in: Erbs/Kohlhaas (Hrsg.), 231. Erg.-Lfg. (Jul. 2020), § 85 AsylG, Rn. 6.

1197 Siehe S. 197 ff.

1198 Siehe S. 311 f.

1199 Siehe S. 199.

1200 Siehe dazu S. 213.

1201 Siehe S. 311 ff.

Durchsetzungsinstrumente.[1202] § 95 AufenthG gliedert die Straftatbestände nicht nach inhaltlichen Kriterien, sondern nach dem möglichen Strafmaß. Gem. § 95 Abs. 1 Nr. 1 AufenthG wird ein Ausländer mit einem Jahr Freiheitsstrafe oder mit Geldstrafe bestraft. Die in § 95 Abs. 2 AufenthG enthaltenen Delikte werden dagegen mit bis zu drei Jahren Freiheitsstrafe bestraft. Dieses im Vergleich zu Abs. 1 deutlich erhöhte Strafmaß zeigt, dass der Gesetzgeber den Tatbeständen des Abs. 2 einen deutlich höheren Unwertgehalt beimisst bzw. aus verwaltungsakzessorischer Perspektive die Durchsetzung bestimmter Verhaltenspflichten als besonders dringlich ansieht und daher deren Verletzung entsprechend härter sanktioniert.

a) *Die Strafbarkeit der Verletzung der Pass- bzw. Passbeschaffungspflicht (Abs. 1 Nr. 1)*

Strafbar ist zunächst der Aufenthalt ohne gültigen Pass im Bundesgebiet. Die Norm gilt allerdings nicht für Asylbewerber, da diese mit dem AsylG und dem darin vorgesehenen Ankunftsnachweis (§ 63a AsylG) und der Aufenthaltsgestattung (§ 55 AsylG) bzw. der Bescheinigung über die Aufenthaltsgestattung (§ 63 AsylG) einem gesonderten Rechtsregime der Aufenthaltslegitimierung unterliegen.[1203] Schutzzweck der Norm ist letztlich die Sicherstellung der geklärten Identität und der Rückkehrmöglichkeit, da der Pass wesentliche Voraussetzung der Berechtigung zur Rückreise in den Heimatstaat ist.[1204] Besitzt ein Ausländer keinen Pass, so folgt aus § 48 Abs. 2 AufenthG, dass er sich in zumutbarer Weise zu bemühen hat, einen solchen zu erlangen.[1205] Ist ihm die Passbeschaffung dagegen unzumutbar, so verhindert dies gleichsam eine strafrechtliche Verurteilung nach § 95 Abs. 1 Nr. 1 AufenthG.[1206] Daraus folgt also, dass die Norm als

---

1202 *Hohoff* (Fn. 542), § 95 AufenthG, vor Rn. 1 mit Verweis auf die Verwaltungsakzessorietät im Umweltstrafrecht, vgl. dazu bei *Heger*, in: Lackner/Kühl (Hrsg.), 29. Aufl., 2018, Vorbemerkung zum 29. Abschnitt: Straftaten gegen die Umwelt (§ 324 - 330d StGB), Rn. 3 ff.

1203 *Winkelmann/Stephan*, in: Bergmann/Dienelt (Hrsg.), AuslR, 13. Aufl., 2020, § 95 AufenthG, Rn. 21; *Fahlbusch*, in: Hofmann (Hrsg.), AuslR, 2. Aufl., 2016, § 95 AufenthG, Rn. 4.

1204 *Hörich*, in: Huber (Hrsg.), AufenthG, 2. Aufl., 2016, § 95 AufenthG, 3 mit Verweis auf *BVerfG*, 12.09.2005 – 2 BvR 1361/05, NVwZ (2006), 80 (80).

1205 Zur Passbeschaffungspflicht siehe S. 163 ff. Nicht zumutbar ist es unter anderem, entgegen der eigenen religiösen Überzeugung für ein Passfoto ein Kopftuch anlegen zu müssen (siehe dazu S. 166 ff.) oder eine falsche Erklärung über der Freiwilligkeit der Ausreise abgeben zu müssen (siehe dazu S. 169 ff.).

1206 *OLG München*, 20.02.2006 – 4 St RR 20/06, NStZ (2006), 529 (530).

Druckmittel und abschreckende Sanktion dient, die Mitwirkungspflicht bei der Passbeschaffung durchzusetzen.[1207]

b) Die Strafbarkeit der Nichtausreise (Abs. 1 Nr. 2)

Ist der Ausländer gem. § 50 Abs. 1 AufenthG ausreisepflichtig, so stellt § 95 Abs. 1 Nr. 2 AufenthG auch die Nichterfüllung dieser Ausreisepflicht unter Strafe, wenn die Ausreisefrist abgelaufen und die Abschiebung auch nicht ausgesetzt ist, also auch keine Duldung erteilt wurde.

Sanktioniert wird dabei in Form eines Unterlassungsdelikts nicht das illegale Verweilen im Land, sondern das Unterlassen der Ausreise.[1208] Uneinigkeit besteht aber über die Frage, was ein „erforderlicher" Aufenthaltstitel ist. Die verwaltungsrechtliche Literatur und Rechtsprechung gehen davon aus, dass damit der materiell erforderliche, also für den jeweiligen Aufenthaltszweck vorgesehene Aufenthaltstitel gemeint ist.[1209] In diesem Sinne reicht also nicht *irgendein* Aufenthaltstitel, sondern dieser muss zu dem tatsächlichen Zweck des Aufenthalts passen. Die strafrechtliche Rechtsprechung stellt dagegen im Sinne des Bestimmtheitsgebots und einer strengen formellen Verwaltungsakzessorietät rein auf die formelle Erlaubnis des Aufenthalts ab.[1210] Wurde dem Ausländer also ein formell gültiger Aufenthaltstitel erteilt, scheidet eine Strafbarkeit gem. § 95 Abs. 1 Nr. 2 AufenthG grundsätzlich aus.

Eine Strafbarkeit scheidet darüber hinaus nicht nur aus, wenn die Abschiebung ausgesetzt und dem Ausländer eine Duldung erteilt wurde, sondern auch, wenn der *hypothetische Anspruch* auf eine Duldung bestanden hätte und die Behörde diese dennoch nicht erteilt hat.[1211] Dies gilt jedenfalls dann, wenn die Nichtausstellung der Duldung nicht dem Verhalten des Ausländers zuzurechnen war, bspw. weil sich der Ausländer jeglichem Kontakt mit den Behörden verweigert hat.[1212] Dann kann der illegale Aufenthalt auch gem. § 95 Abs. 2 Nr. 2 AufenthG bestraft werden, obwohl der Anspruch auf eine Duldung bestanden hätte. Über diesen Umweg sanktioniert die Norm somit nicht nur den illegalen

---

1207 So sinngemäß auch *BVerfG*, 12.09.2005 – 2 BvR 1361/05, NVwZ (2006), 80 (81).

1208 *Hörich* (Fn. 1204), § 95 AufenthG, Rn. 29 mit Verweis auf *BGH*, 06.10.2004 – 1 StR 76/04, BeckRS (2004), 11740.

1209 *Hohoff* (Fn. 542), § 95 AufenthG, Rn. 15 m.w.N.

1210 *BGH*, 27.04.2005 – 2 StR 457/04, NJW (2005), 2095 (2097) m. w. N.

1211 *BVerfG*, 06.03.2003 – 2 BvR 397/02, NStZ (2003), 488 (488, Rn. 5 ff.).

1212 *BGH*, 06.10.2004 – 1 StR 76/04, BeckRS (2004), 11740.

Aufenthalt an sich, sondern auch das „Untertauchen" vor den Behörden, welches die Erteilung einer strafbefreiend wirkenden Duldung verhindert.

c) Die Strafbarkeit der illegalen Einreise (Abs. 1 Nr. 3)

Strafbar gem. § 95 Abs. 1 Nr. 3 AufenthG macht sich auch ein Ausländer, der gem. § 14 Abs. 1 Nr. 1 AufenthG ohne Pass oder gem. § 14 Abs. 1 Nr. 2 AufenthG ohne gültigen Aufenthaltstitel[1213] in das Bundesgebiet einreist.[1214]

Die Strafbarkeit der illegalen Einreise ohne Pass oder Aufenthaltstitel findet jedoch keine Anwendung auf Asylbewerber, die an der Grenze um Asyl nachsuchen, da diese mit der Aufenthaltsgestattung einem aufenthaltsrechtlichen Sonderregime unterliegen.[1215] Dieses bringt eine aufenthaltsrechtliche Legalisierung des Aufenthalts zum Zwecke der Durchführung des Asylverfahrens mit sich. Da der Tatbestand des § 95 Abs. 1 Nr. 3 AufenthG aber streng verwaltungsakzessorisch ist, liegt in diesen Fällen schon tatbestandlich keine illegale Einreise vor. Eine Strafbarkeit scheidet für Flüchtlinge nach der Genfer Flüchtlingskonvention (GFK) darüber hinaus auch aus völkerrechtlichen Gründen aus, da diese gem. Art. 31 GFK nicht aufgrund einer unrechtmäßigen Einreise bestraft werden dürfen, wenn sie unmittelbar aus einem Gebiet eingereist sind, in dem ihr Leben oder ihre Freiheit bedroht war.[1216] Unter Art. 31 GFK fallen neben Flüchtlingen

---

1213 Wie bereits bei der Strafbarkeit des illegalen Aufenthalts ist hier im Sinne der strafrechtlichen Rechtsprechung von einem formellen Verständnis des Aufenthaltstitels auszugehen. Der Ausländer macht sich demnach nicht strafbar, wenn er über einen formell gültigen, wenn auch nicht dem tatsächlichen Zweck seines Aufenthalts entsprechenden Aufenthaltstitel verfügt, vgl. dazu Fn. 1210.

1214 Eingereist ist der Ausländer gem. § 13 Abs. 2 S. 1 AufenthG erst, wenn er einen offiziellen Grenzübergang überschritten und die dazugehörige Grenzkontrollstelle passiert hat und er auch nicht mehr mit weiteren Kontrollen rechnen muss. Da die Bundespolizei gem. § 23 Abs. 1 Nr. 3 BPolG im Grenzgebiet bis zu einer Tiefe von 30 km in das Inland hinein zu Grenzkontrollen befugt ist, ist der Tatbestand im Zweifel also erst erfüllt, wenn der Ausländer diesen Korridor passiert hat. Reist er allerdings über die „grüne Grenze", also außerhalb der offiziellen Grenzübergangsstellen, in das Bundesgebiet ein, so ist die Einreise gem. § 13 Abs. 2 S. 3 AufenthG bereits mit dem Eintritt in das Bundesgebiet vollendet, vgl. *Hohoff* (Fn. 542), § 95 AufenthG, Rn. 30.

1215 *Winkelmann/Stephan* (Fn. 1203), § 95 AufenthG, Rn. 41; *Hörich* (Fn. 1204), § 95 AufenthG, Rn. 33.

1216 Das Merkmal der Unmittelbarkeit ist dabei jedoch weit zu verstehen. Da Art. 31 GFK keine Einreiseart bevorzugen will, ist es nicht notwendig, unmittelbar (bspw. mit dem Flugzeug) aus dem Herkunfts- in den Zielstaat zu reisen, vielmehr ist auch die

im Sinne der GFK und anerkannten Asylberechtigten auch Asylbewerber.[1217] Voraussetzung, sich auf Art. 31 GFK berufen zu können, ist also nicht der positive Abschluss eines Asylverfahrens und die Zuerkennung des Asylstatus oder der Flüchtlingseigenschaft. Auch ein formeller Asylantrag ist keine Voraussetzung, vielmehr reicht hier bereits die informelle Äußerung eines Asylgesuchs „bei der ersten sich bietenden Gelegenheit“[1218] aus. Im Regelfall besteht daher für den Schutzsuchenden eine „Frist“ von bis zu zwei Tagen nach Grenzübertritt, innerhalb derer es möglich und zumutbar ist, bei einer deutschen Behörde um humanitären Schutz nachzusuchen.[1219]

d) *Die Strafbarkeit des Verstoßes gegen ein Ausreiseverbot und gegen das Verbot politischer Betätigung (Abs. 1 Nr. 4)*

Strafbewehrt ist auch der Verstoß gegen ein Ausreiseverbot gem. § 46 Abs. 2 S. 1 AufenthG i.V.m. § 10 Abs. 1 und 2 des Passgesetzes.[1220] Ebenso strafbar ist auch der Verstoß gegen das Verbot politischer Betätigung, welches bereits selbst eine Sanktion darstellt.[1221] Auch hier zeigt sich wieder ein „Ketteneffekt“ des Sanktionsregimes, bei dem der Bruch einer als Sanktion verhängten Verhaltensregel zu einer weiteren Sanktion führt.

e) *Strafbarkeit der Verletzung der Mitwirkungspflichten bei der Identifizierung (Abs. 1 Nr. 5 und 6)*

Auch die mangelhafte Mitwirkung bei der Feststellung der Personalien[1222] oder der Anfertigung von Lichtbildern und Fingerabdrücken[1223] ist strafbewehrt.

Durchreise durch andere Staaten auf dem Landweg unschädlich, soweit der Schutzsuchende dort nicht länger verweilt oder sich zeitweilig niederlässt, vgl. *BVerfG*, 08.12.2014 – 2 BvR 450/11, NVwZ (2015), 361 (363, Rn. 31); *Fischer-Lescano/Horst*, ZAR 2011, 81 (88 ff.).

1217 *BVerfG*, 08.12.2014 – 2 BvR 450/11, NVwZ (2015), 361 (363, Rn. 27).

1218 *BVerfG*, 08.12.2014 – 2 BvR 450/11, NVwZ (2015), 361 (363, Rn. 27).

1219 *Winkelmann/Stephan* (Fn. 1203), § 95 AufenthG, Rn. 115; *BayObLG*, 27.05.1980 – RReg 4 St 120/80, via juris, Rn. 9.

1220 Dieses kann vor allem aus Gründen der Gefahrenabwehr bzw. Prävention von Straftaten verhängt werden, vgl. dazu *Hruschka* (Fn. 788), § 46 AufenthG, Rn. 28 ff.; *Winkelmann/Wunderle* (Fn. 790), § 46 AufenthG, Rn. 12; *Beichel-Benedetti*, in: Huber (Hrsg.), AufenthG, 2. Aufl., 2016, § 46 AufenthG, Rn. 3.

1221 Siehe dazu S. 281 ff.

1222 Siehe dazu S. 176 f.

1223 Siehe dazu S. 177.

Dabei handelt es sich um ein weiteres Beispiel, bei dem der Gesetzgeber das Strafrecht als verwaltungsakzessorisches Druckmittel zur Durchsetzung von Mitwirkungspflichten einsetzt.

f) Strafbarkeit der Verletzung räumlicher Melde- und Aufenthaltspflichten (Abs. 1 Nr. 6a und 7)

§ 95 Abs. 1 Nr. 6a AufenthG normiert die Strafbarkeit auch für die Verletzung räumlicher Melde- und Aufenthaltspflichten, die gem. § 56 AufenthG aufgrund einer Ausweisung aus Gründen der inneren Sicherheit angeordnet wurden.[1224] Hier dient die Strafbarkeit der Verletzung dieser Pflichten daher auch dem Zweck der Gefahrenabwehr. Gleiches gilt gem. § 95 Abs. 1 Nr. 7 AufenthG für die Residenzpflicht ausreisepflichtiger Ausländer gem. § 61 Abs. 1c AufenthG[1225] aus Gründen der Kriminalprävention bzw. Gefahrenabwehr sowie für die „allgemeine" Residenzpflicht für sonstige ausreisepflichtige Ausländer gem. § 61 Abs. 1 AufenthG.[1226]

g) Strafbarkeit der Mitgliedschaft in einem „geheimen Ausländerverein" (Abs. 1 Nr. 8)

Strafbar ist schließlich auch die Mitgliedschaft in einer „überwiegend aus Ausländern bestehenden Vereinigung oder Gruppe […], deren Bestehen, Zielsetzung oder Tätigkeit vor den Behörden geheim gehalten wird, um ihr Verbot abzuwenden.". Die Norm ist ein ausländerrechtliches „Überbleibsel" des 1968 gestrichenen Straftatbestands der „Geheimbündelei" (ehemals § 128 StGB), welcher die Tathandlung auch bei Deutschen unter Strafe stellte.[1227] Der Gesetzgeber hatte sich seinerzeit jedoch ausdrücklich dafür entschieden, eine entsprechende Ersatzvorschrift exklusiv für Ausländer zu schaffen, da entsprechende aus Ausländern bestehende Geheimgesellschaften der Bundesrepublik außenpolitisch schweren Schaden zugefügt hätten.[1228] Damit erhält der Straftatbestand nach § 95 Abs. 1 Nr. 8 AufenthG eine ähnliche Zielrichtung wie die Strafbarkeit des Verstoßes gegen ein Verbot politischer Betätigung gem. § 95 Abs. 1 Nr. 4 AufenthG: Schutzgut ist die außenpolitische Integrität der Bundesrepublik. Zugleich dient die Norm aber, wie auch § 95 Abs. 1 Nr. 4 und Nr. 6a AufenthG, der Abwehr

---

1224 Siehe zu den diesbezüglichen Pflichten im Einzelnen S. 208 ff.

1225 Siehe S. 212.

1226 Siehe S. 211.

1227 *Winkelmann/Stephan* (Fn. 1203), § 95 AufenthG, Rn. 77.

1228 BT-Drs. 5/2860, S. 32.

von Gefahren innerhalb der BRD, die durch die bewusste Geheimhaltung (und damit der Abwehr eines Verbots) einer Personenvereinigung entstehen können. In der Praxis ist die Norm dennoch bisher von keiner erkennbaren Relevanz, sodass auch keine einschlägige Rechtsprechung zu den einzelnen Tatbestandsmerkmalen und ihrer Funktion vorliegt.[1229]

h) Strafbarkeit des Verstoßes gegen ein Einreise- und Aufenthaltsverbot (Abs. 2 Nr. 1)

Gem. § 11 AufenthG kann gegen einen Ausländer ein Verbot der Wiedereinreise und des erneuten Aufenthalts verhängt werden.[1230] Der Verstoß gegen dieses Verbot ist wiederum gem. § 95 Abs. 2 Nr. 1 strafbewehrt. Auch dieser Straftatbestand ist somit verwaltungsakzessorisch und dient der präventiven Abschreckung vor einer Verletzung des Wiedereinreiseverbots. Im Vergleich zu § 95 Abs. 1 AufenthG findet jedoch das deutlich erhöhte Strafmaß von bis zu drei Jahren Freiheitsstrafe Anwendung.

i) Strafbarkeit des Verstoßes gegen die Mitwirkungspflichten bei der elektronischen Aufenthaltsüberwachung gem. § 56a AufenthG (Abs. 2 Nr. 1a)

Gleichsam strafbar ist der Verstoß gegen die aus § 56a Abs. 1 AufenthG folgenden Pflichten, eine elektronische Fußfessel zu tragen, und deren Funktionsfähigkeit nicht zu beeinträchtigen.[1231] Dies gilt jedoch nur, wenn der Ausländer dadurch die „kontinuierliche Feststellung seines Aufenthaltsortes" durch die zuständigen Stellen verhindert. Die Strafbarkeit sanktioniert also nicht bereits die bloße Mitwirkungspflichtverletzung, sondern nur, wenn dadurch die dauerhafte Überwachung auch tatsächlich unterbrochen wird.[1232] Daher bedarf es gem. § 95 Abs. 7 AufenthG für die Strafbarkeit auch eines Antrags der überwachenden zuständigen Stelle. Insgesamt wird so eine unverhältnismäßige Sanktionierung unbedeutender Pflichtverletzungen vermieden, was im Lichte des hohen Strafmaßes des § 95 Abs. 2 AufenthG auch angemessen erscheint.[1233]

1229 *Fahlbusch* (Fn. 1203), § 95 AufenthG, Rn. 169; *Hörich* (Fn. 1204), § 95 AufenthG, Rn. 184.
1230 Zu den Fallgruppen und ihren Voraussetzungen im Einzelnen siehe S. 297 f.
1231 Siehe dazu S. 210.
1232 *Hohoff* (Fn. 542), § 95 AufenthG, Rn. 89a.
1233 *Winkelmann/Stephan* (Fn. 1203), § 95 AufenthG, Rn. 97.

j) *Strafbarkeit unrichtiger oder unvollständiger Angaben zur Erlangung eines Aufenthaltstitels oder einer Duldung bzw. deren Gebrauch (Abs. 2 Nr. 2)*

Schließlich ist auch die Angabe oder Nutzung unrichtiger oder unvollständiger Informationen strafbar, wenn sie mit der Absicht erfolgt, dadurch einen Aufenthaltstitel oder eine Duldung zu erlangen oder auf diese Weise das Erlöschen oder eine nachträgliche Beschränkung abzuwenden. Der Straftatbestand erfordert zumindest bedingten Vorsatz.[1234] Ausreichend sind also keine „fahrlässig ungenauen" Angaben, der Täter muss vielmehr davon ausgehen, dass seine Angaben auch tatsächlich zur Erteilung eines Aufenthaltstitels oder einer Duldung führen können.[1235] Entscheidend ist daher ein Bewusstsein für die möglichen Auswirkungen der Unrichtigkeit oder Unvollständigkeit seiner Angaben. Geht der Ausländer dagegen davon aus, dass eine bestimmte Information nicht entscheidungserheblich ist, so handelt er, wenn überhaupt, fahrlässig und damit nicht strafbar. Der Vorsatz ist allerdings nicht deshalb ausgeschlossen, weil der Täter davon ausgeht, dass andere Gründe (z.B. die inhaltliche Unbegründetheit seines Asylantrags) die Erteilung ohnehin verhindern werden und er deshalb im Ergebnis folgenlos falsche Angaben machen könne.[1236] Der gleiche Maßstab gilt insgesamt auch für die zweite Tatbestandsalternative, wonach auch der „wissentliche" Gebrauch der so erlangten Urkunde zur Täuschung im Rechtsverkehr strafbar ist. Auch hier reicht ein „fahrlässiger" Gebrauch nicht aus, erforderlich ist vielmehr die Absicht, bewusst über die Rechtmäßigkeit der so erlangten Urkunde zu täuschen.[1237] Eine bloße verwaltungsakzessorische „Ermahnung zur Genauigkeit" mithilfe der abschreckenden Wirkung des Strafrechts ist daher nicht mehr von der Norm gedeckt. Grundsätzlich nicht anwendbar ist der Straftatbestand im Übrigen auf Asylbewerber, da das AsylG in seinem spezielleren Strafrechtskatalog des § 84 AsylG bewusst auf eine Strafbarkeit der Falschangabe im Asylverfahren verzichtet.[1238]

1234 *Senge*, in: Erbs/Kohlhaas (Hrsg.), 232. Erg.-Lfg. (Aug. 2020), § 95 AufenthG, Rn. 60.

1235 *Hörich* (Fn. 1204), § 95 AufenthG, Rn. 257.

1236 *Senge* (Fn. 1234), § 95 AufenthG, Rn. 60 mit Verweis auf *BGH*, 15.11.2006 – 2 StR 157/06, NStZ (2007), 289 (290).

1237 *Senge* (Fn. 1234), § 95 AufenthG, Rn. 59.

1238 *Winkelmann/Stephan* (Fn. 1203), § 95 AufenthG, Rn. 100; *Hohoff* (Fn. 542), § 95 AufenthG, Rn. 93; *Senge* (Fn. 1234), § 95 AufenthG, Rn. 58.

3. *Die Vereinbarkeit des Ausländerstrafrechts mit dem Ultima-Ratio-Prinzip*

Bei einigen der strafrechtlich sanktionierten Pflichtverstöße verwundert es zunächst, dass der Gesetzgeber diese als strafrechtlich sanktionierungswürdig und damit als „in besonderer Weise sozialschädlich und für das geordnete Zusammenleben der Menschen unerträglich“[1239] qualifiziert. Denn es handelt sich bspw. bei der Verletzung der Residenz- und Meldepflicht um kein Verhalten, welches die Rechtsgüter Dritter schädigt und dadurch für sich betrachtet besonderes Unrecht hervorruft.[1240] Hier fehlt es an eben jenem Vorwurf eines besonders „unethischen Verhaltens“, den das BVerfG zur Abgrenzung des Strafrechts vom Ordnungsrecht als bloßem Instrument der „Ermahnung zur Einhaltung einer Pflicht“ heranzieht.[1241] Auch der Verstoß gegen ein Beschäftigungsverbot in § 85 S. 1 Nr. 4 AufenthG mag grundsätzlich dem staatlichen Interesse an der Kontrolle über die Teilnahme von Ausländern am Arbeitsmarkt widersprechen, bedeutet aber für sich genommen noch keine Verletzung oder Gefährdung von Rechtsgütern Dritter.[1242] Für die strafrechtliche Sanktionierung dieser Pflichten ist daher zu konstatieren, dass die gesetzgeberische Motivation hier wohl eher in der ordnungsrechtlichen Durchsetzung migrationsrechtlicher Pflichten lag.

Dieser *ordnungsrechtliche* Einsatz *strafrechtlicher* Sanktionen[1243] zum Zwecke der Migrationssteuerung ist aber vor dem Hintergrund des strafrechtlichen Ultima-Ratio-Prinzips[1244] umstritten.[1245] Allerdings betrachtet die

---

1239 So das BVerfG zur Frage, wann Strafrecht als „Ultima ratio“ durch den Gesetzgeber eingesetzt wird, vgl. *BVerfG*, 28.05.1992 – 2 BvF 2/90, 4, 5/92, BVerfGE 88, 203 (258).

1240 Ähnlich auch *Hohoff* (Fn. 542), § 95 AufenthG, vor Rn. 1, der die Sozialschädlichkeit des sanktionierten Verhaltens nicht im Unrecht des Einzelnen, sondern erst in der Gesamtwirkung aller Pflichtverletzungen bei einer Vielzahl von Ausländern sieht.

1241 *BVerfG*, 21.06.1977 – 2 BvR 70/75, 2 BvR 361/75, BVerfGE 45, 272 (288 f.).

1242 So verhält es sich aber bspw. bei der strafrechtlichen Sanktionierung eines gerichtlich verhängten Berufsverbots in § 145c StGB, welches vor Straftaten schützen soll, die zur Anordnung des Berufsverbots gem. § 70 StGB geführt haben, vgl. *Stoll*, in: Heintschel-Heinegg (Hrsg.), 49. Ed. (01.02.2021), § 145c StGB, Rn. 1.

1243 *Schmidt-Sommerfeld* (Fn. 1196), § 85 AsylG, Rn. 10.

1244 Demnach hat der Gesetzgeber das Strafrecht als sein „schärfstes Schwert“ zurückhaltend zu gebrauchen, vgl. *BVerfG*, 10.05.1957 – 1 BvR 550/52, BVerfGE 6, 390 (433); *BVerfG*, 25.02.1975 – 1 BvF 1, 2, 3, 4, 5, 6/74, BVerfGE 39, 1 (45); *BVerfG*, 10.04.1997 – 2 BvL 45/92, BVerfGE 96, 10 (25 f.); dazu auch ausführlich *Gärditz*, JZ 2016, 641 (643 ff.).

1245 Kritisch *Hohoff*, in: Kluth/Heusch (Hrsg.), BeckOK AuslR, 28. Ed. (01.01.2021), § 85 AsylG, Rn. 2; sowie in der älteren Literatur *Aurnhammer*, Spezielles

verfassungsgerichtliche Rechtsprechung die strafrechtliche Sanktionierung räumlicher Pflichtverletzungen im Ergebnis als einen legitimen „Grenzbereich zwischen kriminellem Unrecht und Ordnungsrecht“[1246]. Der Gesetzgeber ist verfassungsrechtlich nicht daran gehindert „unkontrollierte Bewegungen der in großer Zahl in der Bundesrepublik Deutschland befindlichen Asylbewerber zu verhindern und sicherzustellen, daß sie sich jederzeit zur Verfügung der Behörden und Gerichte halten [...]. In einem solchen Fall liegt das mit der Anwendung des Strafrechts ausgesprochene sozialethische Unwerturteil nicht außerhalb des dem Gesetzgeber eingeräumten weiten Spielraums eigenverantwortlicher Bewertung“[1247]. Nach dieser Lesart bleibt eine Ultima Ratio als *letzte Lösung* eben doch eine verfassungsrechtlich zulässige Lösung, die nicht an zwingenden *absoluten* Grenzen zu messen ist, sondern die nur die *relative* Grenze im Verhältnis zu anderen Instrumenten bildet, die dem Gesetzgeber zur Verfügung stehen. Damit entspricht diese Rechtsfigur im Ergebnis dem verfassungsdogmatischen Kriterium der Erforderlichkeit[1248]: Als schärfstes Schwert darf das Strafrecht nur zum Einsatz kommen, wenn sich kein milderes, gleich effektives Mittel finden lässt, wobei dem Gesetzgeber bei dieser Einschätzung grundsätzlich ein weiter Spielraum zukommt.

4. *Die Vereinbarkeit des Ausländerstrafrechts mit der Rückführungsrichtlinie: Die Kollision zweier Sanktionsmechanismen*

Probleme ergeben sich bei der Anwendbarkeit des deutschen Ausländerstrafrechts auch im Lichte der europäischen Rückführungsrichtlinie 2008/115/EG. Diese verfolgt das Ziel, „eine wirksame Rückkehr- und Rückübernahmepolitik in Bezug auf illegal aufhältige Drittstaatsangehörige zu schaffen“.[1249] Dazu gehört auch, dass Maßnahmen der Mitgliedstaaten die Rückführung eines

---

Ausländerstrafrecht, 1996, S. 87 ff.; *Pfaff*, in: Marx/Strate/Pfaff (Hrsg.), 2. Aufl., 1987, § 34 AsylVerfG, Rn. 2; gegenüber dem Ultima-Ratio-Prinzip als verfassungsrechtlicher Schranken-Schranke dagegen grundsätzlich kritisch *Gärditz* (Fn. 1244), S. 45.

1246 *BVerfG*, 10.04.1997 – 2 BvL 45/92, BVerfGE 96, 10 (26 f.)

1247 Eben da, mit Verweis auf die Gesetzesbegründung in BT-Drs. 9/875, S. 26; kritisch dazu *Hohoff* (Fn. 1245), § 85 AsylG, Rn. 2.

1248 Siehe dazu auch *Gärditz* (Fn. 1244), S. 643, der in der Rechtsprechung des BVerfG zum Ultima-Ratio-Prinzip keinen über das Verhältnismäßigkeitsprinzip hinausgehenden verfassungsrechtlichen Gehalt sieht.

1249 *Hörich* (Fn. 97), S. 283 mit Verweis auf *EuGH*, 28.04.2011 – C-61/11, via juris, Rn. 11 und w.N.

illegal aufhältigen Ausländers in den Herkunftsstaat nicht verzögern dürfen.[1250] Ein Strafverfahren, und vor allem eine daran anschließende Strafhaft, können dieses Prinzip jedoch unterlaufen.[1251] Dies gilt bspw. für die Strafbarkeit des illegalen Aufenthalts gem. § 95 Abs. 1 Nr. 2 AufenthG. Dieser Straftatbestand erfasst vollziehbar ausreisepflichtige Ausländer und droht ihnen für den Verbleib im Inland eine Haftstrafe von bis zu einem Jahr an. Genau dieser Personenkreis soll aber im Sinne der Rückführungsrichtlinie möglichst zeitnah und effizient zurückgeführt werden. Letztlich kollidieren hier also zwei Sanktionsmechanismen verschiedener Gesetzgeber: Während der unionale Gesetzgeber ein möglichst effizientes Rückkehrverfahren und damit die restitutive Wirkung in Bezug auf die Steuerung unrechtmäßiger Migration anstrebt, bedient sich der deutsche Gesetzgeber dem repressiven Instrument des Strafrechts. Zwar verfolgt auch dieses zugleich eine präventive Abschreckungswirkung, welche im besten Fall den ausreisepflichtigen Ausländer zu einer freiwilligen Ausreise „animiert". Kehrseite des strafrechtlichen Sanktionsinstruments ist jedoch, dass der Ausländer, wenn die präventive Abschreckungswirkung der Strafandrohung fehlgeht, letztlich in Strafhaft genommen wird, was der restitutiven Zielrichtung der Rückführungsrichtlinie, die Migrationssteuerung restitutiv durchsetzen soll, entgegensteht. Aufgrund des Vorrangs des Unionsrechts und der bestmöglichen Umsetzung von dessen Zweck verbietet sich daher eine Anwendung des § 95 Abs. 1 Nr. 2 AufenthG auf den bloßen illegalen Aufenthalt als solchen, da dies die effektive und zeitnahe Rückführung verzögern würde.[1252] Es verbleibt allerdings ein Restanwendungsbereich für Fälle, in denen das Rückkehrverfahren aufgrund eines Verhaltens des Ausländers zum Erliegen kommt (bspw. wenn dieser nicht ausreichend an der Passbeschaffung mitwirkt).[1253] Denn in diesen Fällen endet das Rückkehrverfahren (vorläufig) und damit entfällt die zu vollstreckende Rückführung als „Schutzgut" der Rückkehrrichtlinie. Diese steht dann einer Strafhaft nicht mehr entgegen.[1254] Dieses Beispiel zeigt, dass die Kohärenz der Sanktionsmechanismen, ihre Wirkung und ihre Zielrichtung, zwischen dem deutschen und dem europäischen Gesetzgeber nicht immer gewahrt wird. Aufgrund des

1250 *Hörich* (Fn. 97), S. 283.

1251 *EuGH*, 28.04.2011 – C-61/11, via juris, Rn. 59, 60.

1252 *Hörich* (Fn. 97), S. 289.

1253 *OLG München*, 21.11.2012 – 4 StRR 133/12, NStZ (2013), 484 (485) mit Verweis auf *EuGH*, 28.04.2011 – C-61/11, via juris, Rn. 51.

1254 *Hörich* (Fn. 97), S. 288 f.

Vorrangs des Unionsrechts muss in diesen Fällen ein nationaler Sanktionsmechanismus hinter die europäischen Mechanismen zurücktreten.

IV. Sozialrechtliche Sanktionen im AsylbLG

Die Rolle der Sozialleistungen beim Thema Migration, und insbesondere bei der irregulären Migration, ist seit jeher Gegenstand kontroverser Debatten. Die grundlegende Auseinandersetzung dreht sich dabei um die Frage, ob und wie stark Sozialleistungen als Anreiz und Motivation einer konkreten Migrationsentscheidung wirken.[1255] Befürworter dieser These sprechen sich dafür aus, Sozialleistungen für (irregulär) zugewanderte Personen möglichst gering zu halten oder fordern zumindest, die nationalen Sozialleistungsniveaus innerhalb der EU möglichst anzugleichen, um Binnenwanderung zwischen den Mitgliedstaaten zu vermeiden.[1256] Kritiker stellen dagegen zum einen die grundsätzliche Anreizwirkung von Sozialleistungen infrage[1257] und argumentieren zum anderen damit, dass selbst bei einer belegten „Sogwirkung“ von Sozialleistungen die Gefahr bestünde, dass Staaten ihre Leistungen im Wettbewerb um das schlechteste Sozialleistungsniveau immer weiter absenken könnten, um so zu verhindern, dass Migranten bei ihnen einwandern.[1258] In der EU und insbesondere in Deutschland äußert sich das politische Argument einer humanen Sozialpolitik auch für Migranten auch auf einer verfassungsrechtlichen Ebene. Sowohl das Grundgesetz als auch die Europäische Grundrechtecharta kennen mit dem Grundrecht auf ein menschenwürdiges Existenzminimum gem. Art. 1 i.V.m. Art. 20 I GG[1259] bzw. mit der Menschenwürde aus Art. 1

1255 *Brankovic*, Sozialleistungen locken Zuwanderer, faz.net vom 19.11.2019. Das European Asylum Support Office (EASO) geht in einer Untersuchung von 2014 bspw. davon aus, dass die während des Verfahrens gewährten Sozialleistungen (in Form von Bargeld) auf Bürger der Westbalkanstaaten einen „großen Reiz“ ausüben und so eine wichtige Motivation für eine irreguläre Migrationsentscheidung darstellen, vgl. *European Asylum Support Office*, Asylanträge aus den westlichen Balkanstaaten, 2014, S. 10. Auch eine Studie der Universität Princeton kam 2019 zu dem Ergebnis, dass eine Reduzierung der Sozialleistungen in Dänemark um bis zu 50% die Zahl der irregulär eingereisten Personen drastisch senkte, vgl. *Agersnap/Jensen et al.*, The Welfare Magnet Hypothesis: Evidence From an Immigrant Welfare Scheme in Denmark, Okt. 2019, S. 13.

1256 *Dörig/Langenfeld*, NJW 2016, 1 (4).

1257 *Angeli*, Das Märchen von der Sogwirkung, spiegel.de vom 25.08.2019.

1258 *Agersnap/Jensen et al.* (Fn. 1255), S. 13.

1259 *BVerfG*, 05.11.2019 – 1 BvL 7/16, NJW (2019), 3703; *BVerfG*, 18.07.2012 – 1 BvL 10/10, BVerfGE 132, 134; *Janda* (Fn. 26), S. 291.

GRCh[1260] Grundrechte, die eine soziale Mindestversorgung auch für Ausländer garantieren. Dem Gesetzgeber sind daher bei dem Ansatz, Migration durch die Gewährung keiner oder nur sehr geringer Sozialleistungen einzuschränken, verfassungsrechtliche Grenzen gesetzt.

Über die Frage der Rechtmäßigkeit grundsätzlich niedriger Sätze für Sozialleistungen hinaus besteht jedoch eine weitere Ebene der Bedeutung von Sozialleistungen für die Migrationssteuerung, welche sich mit einzelfall- bzw. anlassbezogenen Kürzungen von Sozialleistungen für Ausländer befasst. Denn der Gesetzgeber kann geringe Sozialleistungen potenziell nicht nur für eine abstrakte migrationspolitische Abschreckung einsetzen. Er kann vielmehr auch zunächst eine Leistung gewähren und diese dann bei bestimmten Umständen und vor allem Verhaltensweisen im Einzelfall kürzen oder ganz entziehen. Auch diesen Mechanismus nutzt der Gesetzgeber im Asylbewerberleistungsgesetz. Dessen § 1a normiert mehrere Tatbestände, aufgrund derer die (ohnehin niedrig angesetzten) Sozialleistungen des AsylbLG noch weiter gekürzt werden.

1. Der Leistungsumfang des AsylbLG als Ausgangspunkt einer sozialrechtlichen Sanktion

Um die Wirkung der Rechtsfolgen einer Kürzung von Sozialleistungen einordnen zu können, ist zunächst deren Umfang vor einer Kürzung zu betrachten. Das AsylbLG gewährt gem. § 3 Abs. 1 AsylbLG zum einen eine Grundleistung, die sich aus dem „notwendigen Bedarf" für Ernährung, Unterkunft, Heizung, Kleidung, Gesundheitspflege sowie Haushaltsverbrauchsgütern (§ 3 Abs. 1 S. 1 AsylbLG) sowie dem „notwendigen persönlichen Bedarf" für „Bedürfnisse des täglichen Lebens" (§ 3 Abs. 1 S. 2 AsylbLG) zusammensetzt. Darunter fallen bspw. Kosten für Verkehr, Nachrichtenübermittlung, Freizeit, Kultur und Bildungswesen.[1261] Letztere Leistungen firmieren auch unter dem Begriff der „soziokulturellen" Leistungen[1262] bzw. des soziokulturellen Existenzminimums[1263]. Die Höhe dieser Leistungen ist jedoch nicht dauerhaft starr, sondern wird im Hinblick auf

1260 *EuGH*, 12.11.2019 – C-233/18, via juris; *Kanalan*, Existenzminimum nach Luxemburger Art, verfassungsblog.de vom 04.12.2019.

1261 Das AsylbLG enthält hier keine eigene Definition dieser Bedarfe, sondern orientiert sich an den relevanten Verbrauchsausgaben, welche die §§ 5;6 des Regelbedarfsermittlungsgesetzes definieren, vgl. dazu *Leopold*, in: Grube/Wahrendorf/Flint (Hrsg.), 7. Aufl., 2020, § 3 AsylbLG, Rn. 6.

1262 *Siefert*, in: dies. (Hrsg.), 2018, § 3 AsylbLG, Rn. 16.

1263 *BVerfG*, 09.02.2010 – 1 BvL 1, 3, 4/09, BVerfGE 125, 175 (223).

steigende Lebenshaltungskosten vom Gesetzgeber regelmäßig zum 01. Januar eines Jahres angepasst (§ 3a Abs. 4 AsylbLG). Zum 01.01.2021 betrug die Leistung für den notwendigen Bedarf eines alleinstehenden und nicht in einer Sammelunterkunft lebenden Erwachsenen 202 Euro, während sich der notwendige persönliche Bedarf auf 162 Euro belief.[1264] Insgesamt hatten diese Personen so 364 Euro an Grundleistungen zur Verfügung. Für Paare mit gemeinsamer Wohnung, für Jugendliche sowie Kinder fielen die Leistungen entsprechend geringer aus.[1265] Ergänzend dazu können im Einzelfall gem. § 6 Abs. 1 AsylG Leistungen gewährt werden, wenn diese zur Sicherung des Lebensunterhalts oder der Gesundheit unerlässlich oder für die Deckung der Bedürfnisse von Kindern oder die Erfüllung von Mitwirkungspflichten unerlässlich sind.[1266]

Neben diesen Leistungen können gem. § 2 Abs. 1 AsylbLG aber auch weitergehende Ansprüche bestehen, wenn sich der Anspruchsberechtigte bereits seit 18 Monaten im Bundesgebiet aufhält. Diese Leistungen orientieren sich in Art und Umfang an der der Sozialhilfe des SGB XII, sodass hier von „Analogleistungen“ gesprochen wird.[1267] Sie beruhen auf dem Grundgedanken, dass das AsylbLG auch deshalb niedrige Leistungen vorsieht, weil die Empfänger (nach der Vorstellung des Gesetzgebers) nur kurze Zeit unter dessen Anwendungsbereich fallen und anschließend entweder ausreisen oder bei einem anschließenden rechtmäßigen Aufenthalt in die Erwerbstätigkeit oder das reguläre Sozialrecht wechseln.[1268] Tritt dieser Umstand jedoch nicht ein und verbleibt ein Ausländer längere Zeit in einem „Schwebestatus“ (etwa aufgrund eines länger andauernden Asylverfahrens), so entfällt diese Begründung der Kürze des Aufenthalts als Grundlage dafür, Leistungen im Vergleich zu regulären Sozialleistungen niedriger zu halten.[1269] Bei der Höhe der Sozialleistungen werden Ausländer während eines längeren Aufenthalts folglich Sozialleistungsempfängern gleichgestellt. Die Höhe der Regelbedarfsstufe 1 der Sozialhilfe beläuft sich gem. der Anlage zu §

1264 BGBl. I 2020, 2855 (2859).

1265 Für eine Übersicht über die Höhe der Grundleistungen des AsylbLG siehe folgende Tabelle bei *Frerichs*, in: Coseriu/Siefert (Hrsg.), AsylbLG, 3. Aufl., 2020, § 3a AsylbLG, Rn. 77.1.

1266 Dies umfasst bspw. die Erstattung von Fahrtkosten zum Konsulat zum Zwecke der Beantragung eines neuen Passes, vgl. *Korff*, in: Rolfs/Giesen/Kreikebohm et al. (Hrsg.), 58. Ed. (01.09.2020), § 6 AsylbLG, Rn. 16.

1267 *Krauß*, in: Siefert (Hrsg.), 2018, § 2 AsylbLG, Rn. 5.

1268 BT-Drs. 13/2746, S. 12.

1269 *Krauß* (Fn. 1267), § 2 AsylbLG, Rn. 5.

28 SGB XII für einen alleinstehenden Erwachsenen seit dem 01.01.2021 auf 446 Euro.[1270]

Die Kosten für den Lebensunterhalt und die persönlichen Bedürfnisse bewegen sich um AsylbLG (ggf. in analoger Anwendung des SGB XII) somit zwischen 364 bis 446 Euro für einen alleinstehenden Erwachsenen. Dieser ohnehin äußerst geringe Betrag bildet die Ausgangsbasis für daran anschließende sanktionierende Leistungskürzungen. Wie niedrig nach einer solchen Kürzung dann noch der verbleibende Restbetrag ausfällt, ist ein wesentliches Kriterium bei der Beurteilung der Verhältnismäßigkeit einer Leistungskürzung.[1271]

2. *Der Umfang der gekürzten Leistungen im AsylbLG*

Seit dem 15.08.2019 führen alle Kürzungstatbestände des § 1a AsylbLG zur selben Rechtsfolge.[1272] Diese ist in § 1a Abs. 1 AsylbLG normiert und schließt zunächst gem. § 1a Abs. 1 S. 1 AsylbLG die regulären Leistungen des AsylbLG nach den §§ 2, 3 und 6 (siehe dazu oben) aus. Stattdessen erhalten Leistungsempfänger nur noch Leistungen zur Deckung ihres Bedarfs an Ernährung und Unterkunft, einschließlich Heizung sowie Körper- und Gesundheitspflege. Im Ergebnis entfällt das gesamte soziokulturelle Existenzminimum in Höhe von 153 Euro und damit bereits ca. 45% der Regelleistungen gem. § 3 Abs. 1 AsylG.[1273] Darüber

---

1270 Dieses Leistungsniveau fällt wiederum bei Personen, die in einer Gemeinschaftsunterkunft oder einer Aufnahmeeinrichtung leben, gem. § 2 Abs. 1 S. 4 Nr. 1 AsylbLG mit der Regelbedarfsstufe 2 des SGB XII (401 Euro) noch geringer aus. Gleiches gilt gem. § 2 Abs. 1 S. 4 Nr. 2 AsylbLG für ledige Erwachsene unter 25 Jahren, die mit einem Elternteil zusammenleben. Für sie gilt die Regelbedarfsstufe 3 des SGB XII (357 Euro).

1271 Auch das SG Düsseldorf hält eine Unterschreitung dieses Regelsatzniveaus mit dem Grundrecht auf ein menschenwürdiges Existenzminimum für unvereinbar, wenn der Gesetzgeber für Personen in einer Gemeinschaftsunterkunft niedrigere Regelsätze vorsieht, da diese bezüglich bestimmter Posten „aus einem Topf wirtschaften" könnten. Siehe zum Vorlagebeschluss an das Bundesverfassungsgericht gem. Art. 100 Abs. 1 GG *SG Düsseldorf*, 13.04.2021 – S 17 AY 21/20, via juris, Rn. 148 ff.

1272 Zuvor differenzierte die Norm zwischen einer Kürzung auf genau bestimmte und aufgezählte Leistungen (Ernährung, Unterkunft, Heizung sowie Körper- und Gesundheitspflege) einerseits und einer abstrakt definierten Kürzung „auf das im Einzelfall nach den Umständen unabweisbar Gebotene", vgl. dazu *Oppermann*, in: Coseriu/Siefert (Hrsg.), AsylbLG, 3. Aufl., 2020, § 1a AsylbLG, Rn. 146; zur Kritik an der unzureichenden Höhe der „unabweisbar gebotenen" Leistungen siehe *Kanalan* (Fn. 979), S. 642 f.

1273 *Brings/Oehl* (Fn. 979), S. 23.

hinaus entfallen bei den gekürzten Leistungen des § 1a Abs. 1 AsylbLG im Vergleich zu den Regelleistungen die Leistungen für Kleidung und Verbrauchsgüter des Haushalts. Für Empfänger der Analogleistungen gem. § 2 Abs. 1 AsylbLG fällt die Kürzung im Ergebnis sogar noch wesentlich höher aus, da sie mit 446 Euro deutlich mehr als die Regelleistungen erhalten, ihr Bedarf gem. § 1a Abs. 1 AsylbLG aber ebenfalls auf die dort genannten Leistungen gekürzt wird.

3. § 1a AsylbLG: Hintergrund und Entstehungsgeschichte

Die Leistungskürzungen im AsylbLG hat der Gesetzgeber mit § 1a AsylbLG im Wesentlichen in einer zentralen Norm gebündelt. Die Gesetzgebungshistorie der Norm zeigt auf, dass diese bei ihrer Einführung 1998[1274] zunächst nur zwei Fallgruppen umfasste. Zum einen sanktionierte der Gesetzgeber mit der Leistungseinschränkung die Einreise mit dem alleinigen bzw. weit überwiegenden Ziel, Sozialleistungen zu erhalten[1275] (§ 1a S. 1 Nr. 1 AsylbLG aF). Dies war auf die zunehmende Beobachtung zurückzuführen, dass eine immer größere Zahl von Ausländern illegal in die BRD einreiste, ohne einen Asylantrag zu stellen und nur mit dem Ziel, während des Aufenthalts Sozialleistungen zu erhalten.[1276] Bereits dieser erste Kürzungstatbestand knüpfte somit an den Ansatz der generellen Absenkung von Leistungen an, um so abstrakt Fehlanreize für die Zuwanderung zu vermeiden. Zum anderen schuf die ursprüngliche Fassung des § 1a AsylbLG aber auch bereits die Möglichkeit Leistungen zu kürzen, wenn aufenthaltsbeendende Maßnahmen „aus von ihnen [den Ausländern] zu vertretenden Gründen nicht vollzogen werden können“ (§ 1a S. 1 Nr. 2 AsylbLG aF). Darunter fällt jede Form eines pflichtwidrigen Tuns, Duldens oder Unterlassens, welches in die Verantwortungssphäre des Ausländers fällt, bspw. das Vernichten von Passpapieren, die Täuschung über die Identität, aber auch die mangelhafte Mitwirkung bei der Beschaffung eines neuen Passes sowie das „Untertauchen“ oder die Inanspruchnahme von Kirchenasyl.[1277] Die ursprüngliche Version des § 1a AsylbLG beinhaltete daher mit ihren beiden Sanktionstatbeständen bereits beide Steuerungsebenen der Leistungskürzung: Eine *generelle* Absenkung von Leistungen zur Abschreckung von Personen, für welche die Leistungen den Grund der Einreise darstellen, sowie eine *konkrete* Absenkung der Leistungen als Reaktion auf die Verletzung bestimmter Verhaltenspflichten. Beide Ebenen

1274 BGBl. 1998, S. 2505.
1275 *Siefert*, in: dies. (Hrsg.), 2018, § 1a AsylbLG, Rn. 6.
1276 *Oppermann* (Fn. 1272), § 1a AsylbLG, Rn. 2.
1277 *Cantzler* (Fn. 979), § 1a AsylbLG, Rn. 69 ff. m.w.N.

wurden ab 2015 durch die Asylpakete I und II sowie 2019 durch das Geordnete-Rückkehr-Gesetz weiter ausgebaut.[1278] Der Gesetzgeber schloss dazu zum einen Personen von den Leistungen des AsylbLG grundsätzlich aus, wenn diese bereits in einem anderen EU-Mitgliedstaat als Schutzberechtigte anerkannt wurden (§ 1 Abs. 4 AsylbLG nF).[1279] Für diese Personen sieht die Norm schon von vorneherein keinen Bedarf an Sozialleistungen vor, da sie diese in einem anderen Mitgliedstaat erhalten können. Dieser Leistungsausschluss wirkt aber auch generell abschreckend und soll, ähnlich wie § 1a S. 1 Nr. 1 AsylbLG aF, verhindern, dass Personen nur für höhere Sozialleistungen aus einem anderen EU-Mitgliedstaat in die BRD einreisen.[1280]

a) Die Kürzungstatbestände (Sanktionsgründe) des § 1a Abs. 1 bis 7 AsylbLG

Darüber hinaus hat der Gesetzgeber aber auch neue Tatbestände für die Sanktionierung bestimmter Verhaltenspflichtverletzungen geschaffen, sodass sich § 1a AsylbLG in seiner aktuellen Ausgestaltung als vielschichtiges Werkzeug der Migrationssteuerung durch den gezielten Einsatz sozialrechtlicher Kürzungen bzw. Nichtgewährung von Leistungen darstellt.[1281]

aa) Die Sanktionierung der Nichtausreise (Abs. 1)

Bei der fristgerechten Ausreise nach Ablauf oder Entzug eines Aufenthaltsrechts handelt es sich um eine aufenthaltsrechtliche Pflicht.[1282] Ist ein Ausländer vollziehbar ausreisepflichtig, so ist er gem. § 1 Abs. Nr. 5 AsylbLG in dieser Zeit grundsätzlich leistungsberechtigt nach dem AsylbLG. Dieser Anspruch entfällt nun, wenn er der Ausreisepflicht nicht fristgerecht nachkommt. Voraussetzung dafür ist aber, dass ein Ausreisetermin wirksam festgesetzt wurde[1283] und auch eine tatsächliche Ausreisemöglichkeit besteht. Letzteres ist nicht der Fall, wenn

---

1278 *Oppermann* (Fn. 1272), § 1a AsylbLG, Rn. 20.

1279 *Dollinger*, ZRP 2019, 130 (131).

1280 *Leopold*, in: Grube/Wahrendorf/Flint (Hrsg.), 7. Aufl., 2020, § 1 AsylbLG, Rn. 85.

1281 *Oppermann* (Fn. 1272), § 1a AsylbLG, Rn. 20.

1282 Siehe dazu S. 206 f.

1283 Dieses Datum muss mithin positiv feststehen, der bloße Ablauf der Ausreisefrist genügt hierfür nicht, vgl. *Cantzler* (Fn. 979), § 1a AsylbLG, Rn. 43 mit Verweis auf *LSG Bayern*, 11.11.2016 – L 8 AY 29/16 B ER, via juris, Rn. 38 und *LSG Hessen*, 23.08.2016 – L 4 AY 4/16 B ER, L 4 AY 5/15 B, via juris, Rn. 11; a.A. *Siefert* (Fn. 1275), § 1a AsylbLG, Rn. 26.

bereits faktisch keine Möglichkeit der Ausreise besteht, etwa wenn an diesem Tag kein Flug in den Heimatstaat stattfindet, aber auch, wenn der Ausreisepflichtige durch Krankheit an der Ausreise gehindert ist.[1284] Die Norm wirkt damit präventiv abschreckend, indem sie den Aufenthalt des Adressaten in Deutschland über den Ausreisetermin hinaus in finanzieller Hinsicht möglichst unattraktiv gestaltet. Lässt der Ausreisepflichtige die Ausreisefrist dennoch verstreichen, so wirkt die Norm auch restitutiv, da sie den ökonomischen Druck durch die anhaltende Leistungskürzung dauerhaft aufrechterhält um so den Ausländer weiterhin zur Ausreise zu „motivieren" und so einen rechtskonformen Zustand wiederherzustellen.

bb) Die Sanktionierung der Einreise mit dem Ziel des Leistungsbezugs (Abs. 2)

Gem. § 1a Abs. 2 AsylbLG erhält ein Ausländer[1285] ebenfalls nur geminderte Leistungen gem. § 1a Abs. 1 AsylbLG, wenn er nach Deutschland eingereist ist, um Leistungen nach dem AsylbLG zu erhalten. Entscheidendes Kriterium ist in diesem Fall also die subjektive Motivation zum Zeitpunkt der Einreise.[1286] Dieses Kriterium ist unstrittigerweise erfüllt, wenn der Ausländer ausschließlich oder primär mit dem Ziel des Leistungsbezugs eingereist ist.[1287] Problematisch ist allerdings bereits die Frage, ob aus objektiv schlechten Chancen des Ausländers auf dem Arbeitsmarkt auch automatisch auf eine subjektive Motivation des Leistungsbezugs geschlossen werden kann.[1288] Dies ist zu verneinen, da andernfalls eine Beweislastumkehr zulasten des Ausländers droht, dem es faktisch unmöglich ist, seine subjektive Motivation zu beweisen und damit objektive

---

1284 Letzteres ist jedoch gem. § 60 Abs. 7 S. 2 AufenthG nur noch bei schwerwiegenden Erkrankungen der Fall, vgl. dazu auch *Korff*, in: Rolfs/Giesen/Kreikebohm et al. (Hrsg.), 58. Ed. (01.09.2020), § 1a AsylbLG, Rn. 9.

1285 Der personelle Anwendungsbereich der Norm ist jedoch begrenzt auf Inhaber einer Duldung (§ 1 Abs. 1 Nr. 4 AsylbLG), vollziehbar ausreisepflichtige Personen (§ 1 Abs. 1 Nr. 5 AsylbLG), sowie jeweils deren Familienangehörige (§ 1 Abs. 1 Nr. 6 AsylbLG). Vgl. dazu *Leopold*, in: Grube/Wahrendorf/Flint (Hrsg.), 7. Aufl., 2020, § 1a AsylbLG, Rn. 35 ff.

1286 *Oppermann* (Fn. 1272), § 1a AsylbLG, Rn. 50.

1287 Diese Konstellation war auch vor der Einführung des § 1a AsylbLG durch das BVerwG bei der Auslegung des damaligen § 120 Abs. 3 Bundessozialhilfegesetz anerkannt, vgl. *BVerwG*, 04.06.1992 – B 5 C 22/87, NVwZ (1993), 484 (485).

1288 So *Oppermann* (Fn. 1272), § 1a AsylbLG, Rn. 58, die daraus „hinreichende Indizien" für die subjektive Motivation ableiten will; a.A. *Siefert* (Fn. 1275), § 1a AsylbLG, Rn. 6.

Kriterien wie eine mangelnde Erfolgsaussicht bei der Arbeitssuche zu widerlegen. Im Ergebnis verbietet sich daher auch eine Bildung abstrakter Fallkategorien, aus denen dann auf die Motivation der Einreise geschlossen werden kann. Es ist vielmehr stets eine vom Grundsatz der Amtsermittlung getragene Einzelfallprüfung notwendig. Nur, wenn diese zu dem Ergebnis kommt,[1289] dass der Sozialleistungsbezug das einzige oder zumindest das dominierende Motiv der Einreise war, ist der Sanktionstatbestand erfüllt.[1290] Damit zeigt die Norm insgesamt einen repressiven Sanktionscharakter.[1291] Zwar wirkt sie auch präventiv-abschreckend und soll Ausländer vor einer durch Sozialleistungen motivierten Einreise abschrecken. Konkreter Anknüpfungspunkt der Sanktionswirkung ist jedoch ein „vollständig in der Vergangenheit liegendes Tun"[1292]. Dem Betroffenen sind auch sämtliche Wege verschlossen, diese Sanktionswirkung durch Anpassung oder Änderung seines Willens zu beenden: Auch wenn er während des Aufenthaltes keine Leistungen mehr beziehen *will*, sondern sich bspw. um Arbeit bemüht, ändert dies nichts an der zwingenden Rechtsfolge des § 1a Abs. 2 AsylbLG.[1293]

cc) Die Sanktionierung der Vereitelung aufenthaltsbeendender Maßnahmen (Abs. 3)

Ähnlich wie § 1a Abs. 1 AsylbLG sanktioniert auch § 1a Abs. 3 AsylbLG, dass ein Ausländer die BRD nicht verlässt, obwohl er rechtlich dazu verpflichtet ist. Im Unterschied zu Abs. 1 bezieht sich die Sanktionierung jedoch nicht mehr nur auf die freiwillige Ausreise des Ausländers selbst. Abs. 3 sanktioniert vielmehr den Umstand, dass ein Verhalten des Ausländers dazu führt, dass auch die Behörden den Aufenthalt nicht durch Verwaltungsmaßnahmen beenden können. Als solche zählen die Abschiebung gem. § 58 AufenthG, also die zwangsweise Durchsetzung der Ausreise sowie die Zurückschiebung gem. § 57 AufenthG und die

1289 Laut *Cantzler* (Fn. 979), § 1a AsylbLG, Rn. 27 muss dies „zur vollen Überzeugung des Gerichts" (oder der Behörde) feststehen.

1290 So auch *Siefert* (Fn. 1275), § 1a AsylbLG, Rn. 9, die jedoch auch darauf hinweist, dass eine mangelnde Mitwirkung des Ausländers gem. § 9 Abs. 4 AsylbLG i.V.m. § 60 SGB I ff. (vgl. dazu S. 144 ff.) bei dieser Prüfung der Einreisemotivation wiederum nicht zu einer Sanktionierung führen darf.

1291 *LSG Hessen*, 31.03.2020 – L 4 AY 4/20 B ER, via juris, Rn. 43.

1292 *LSG Hessen*, 31.03.2020 – L 4 AY 4/20 B ER, via juris, Rn. 43.

1293 Eben da.

Ausweisung gem. § 53 AufenthG.[1294] Bei diesen Maßnahmen handelt es sich bereits selbst um Sanktionen bzw. deren Durchsetzungsmechanismen.[1295] § 1a AsylbLG greift hier nur ein, wenn der Ausländer durch sein Verhalten bzw. durch von ihm zu vertretende Gründe verhindert, dass der Aufenthalt beendet, die Sanktion also vollzogen werden kann. Dies ist bspw. der Fall, wenn er Identitätspapiere vernichtet und er dadurch eine eindeutige Identifizierung des Heimatstaates verhindert.[1296] In diesem Sinne kann man die Leistungskürzung des § 1a Abs. 3 AsylbLG, ähnlich wie bereits bei der Sanktionierung der Nichtausreise gem. Abs. 1, als eine Art „Ersatzsanktion" begreifen: Den Behörden ist die Durchsetzung der Migrationssteuerung mittels verwaltungsrechtlicher Pflichten und Sanktionen in diesen Fällen nicht möglich. Daher versucht der Gesetzgeber, diese Steuerungslücke mithilfe des Sozialrechts „aufzufüllen". In diesem Sinne wirkt die Sozialleistungskürzung in derlei Fällen präventiv abschreckend und soll zugleich restitutiv die Steuerungsleistung staatlicher Migrationsverwaltung wiederherstellen.

dd) Die Zuständigkeit eines anderen Staates als Sanktionsgrund? (Abs. 4)

§ 1a Abs. 4 AsylbLG nennt als Grund der sozialrechtlichen Leistungskürzung die Zuständigkeit eines anderen Staates für das Asylverfahren (S. 1) bzw. den Umstand, dass ein anderer zuständiger Staat bereits Schutz gewährt hat (S. 2). Betroffen sind davon aber nicht die nach Deutschland eingereisten Asylbewerber, für die eigentlich ein anderer Mitgliedstaat nach den Regeln der Dublin-III-VO zuständig wäre. Vielmehr greift die Norm ihrem Wortlaut nach nur „abweichend von der Regelzuständigkeit" nach der Dublin-III-VO und bezieht sich auf Asylbewerber, für deren Asylverfahren nach einem sogenannten Relocationsbeschluss des Rates der EU[1297] ein anderer Mitgliedstaat zuständig ist. Diese Personen erhalten in Deutschland gem. § 1a Abs. 4 AsylbLG nur noch

---

1294 *Oppermann* (Fn. 1272), § 1a AsylbLG, Rn. 74 ff.; *Korff* (Fn. 1284), § 1a AsylbLG, Rn. 17.

1295 Die wiederum selbst mit weiteren Sanktionsmaßnahmen verbunden sein können, siehe bspw. zur Abschiebungshaft S. 301–309. Auch hier findet sich das Phänomen miteinander verbundener Sanktionsketten, siehe dazu S. 213.

1296 *Janda* (Fn. 879), S. 345.

1297 Siehe dazu bspw. die Beschlüsse 2015/1523 und 2015/0209 des Rates der EU zur Entlastung der Mitgliedstaaten Italien und Griechenland, die durch ihre Lage an den EU-Außengrenzen mit vergleichsweise hohen Einreisezahlen von Asylbewerbern konfrontiert waren und sind.

die gekürzten Sozialleistungen des § 1a Abs. 1 AsylbLG. Anknüpfungspunkt für die Sanktion ist dem Wortlaut nach daher die bloße Zugehörigkeit zu einer bestimmten Personengruppe innerhalb des europarechtlichen Verteilungssystems für Asylbewerber. Es fehlt hier somit an einem konkret vorwerfbaren Fehlverhalten des Ausländers selbst.[1298] Damit steht infrage, ob es sich bei der Regelung überhaupt um eine Sanktion, also um die Rechtsfolge eines konkreten und individuellen Fehlverhaltens handelt oder ob der Normzweck nicht vielmehr in einer generellen Abschreckung unerwünschter Migrationsbewegungen liegt. Ein konkretes Fehlverhalten lässt sich jedenfalls aus der bloßen Weiterreise entgegen der europarechtlichen Zuständigkeit nicht ableiten. Hinzutreten muss vielmehr, dass diese Weiterreise auch tatsächlich vorwerfbar bzw. rechtsmissbräuchlich war, dass der Antragsteller in dem eigentlich zuständigen Staat also nicht nur *formell*, sondern auch *tatsächlich* Schutz erhalten könnte bzw. bereits erhalten hat. Dies ist jedenfalls dann nicht der Fall, wenn die Asylverwaltung des zuständigen Staates aufgrund hoher Antragszahlen überlastet ist und das Asylverfahren de facto gar nicht bewerkstelligen kann oder wenn eine menschrechtskonforme Unterbringung und Mindestversorgung gem. Art. 3 EMRK nicht gewährleistet werden kann.[1299] Denn eine Leistungskürzung für den Fall der bloßen Zuständigkeit eines anderen Mitgliedstaates, und damit einer Frage der internen Verwaltungsorganisation der EU-Mitgliedstaaten, die völlig losgelöst von einem Fehlverhalten des Individuums ist, wäre mit Blick auf das Sozialrecht jedenfalls systemfremd.[1300]

ee) Die Sanktionierung der Verletzung von Mitwirkungspflichten im Asylverfahren (Abs. 5)

Während des Asylverfahrens treffen den Asylbewerber zahlreiche Mitwirkungspflichten. Deren Verletzung führt nicht nur zu einem ggf. nachteiligen Ausgang des Verfahrens, sondern kann neben weiteren Einschränkungen auch gem. § 1a

---

1298 So auch *Oppermann* (Fn. 1272), § 1a AsylbLG, Rn. 124 mit Verweis auf *LSG Bayern*, 17.09.2018 – L 8 AY 13/18 B ER, via juris, Rn. 27; ebenfalls kritisch *Seidel*, ZESAR 2020, 213 (251 f.).

1299 *SG Stuttgart*, 23.02.2020 – S 11 AY 458/20 ER, via juris.

1300 *LSG Bayern*, 17.09.2018 – L 8 AY 13/18 B ER, via juris, Rn. 27; siehe zur Zumutbarkeit des Aufenthalts in dem zuständigen Staat auch *LSG Hessen*, 02.06.2020 – L 4 AY 7/20 B ER, via juris, Rn. 27 sowie *SG Karlsruhe*, 23.10.2020 – S 12 AY 3018/10 ER, via juris, Rn. 10, welches auch auf die momentan prekäre Situation von Asylbewerbern in Griechenland aufgrund der Corona-Pandemie hinweist; *Oppermann* (Fn. 1272), § 1a AsylbLG, Rn. 125.1 ff. m.w.N.

Abs. 5 AsylbLG zu einer Kürzung der Sozialleistungen führen. Im Einzelnen knüpft die Norm dazu an verschiedene Pflichten im Asylverfahren an. Zunächst ist dies die Pflicht zur Stellung eines Asylgesuchs gem. § 13 Abs. 3 AsylG.[1301] Der Gesetzgeber sanktioniert gem. § 1a Abs. 5 Nr. 1 AsylbLG ein verspätetes oder überhaupt nicht vorgebrachtes Asylgesuch, da dies die Effizienz und Geschwindigkeit der Durchführung des Verfahrens hemmt.[1302] Die Norm wirkt daher zugleich präventiv abschreckend und soll restitutiv die Durchführung des Verfahrens beschleunigen bzw. ermöglichen, indem sie für den Ausländer ein „Aussitzen" der Antragstellung (und der daraus folgenden missbräuchlichen Verlängerung des Aufenthalts in einem „Schwebezustand") möglichst unattraktiv gestaltet.

Dieser Gedanke der Verfahrenseffizienz trägt auch die Tatbestände der § 1a Abs. 5 Nr. 2 bis 5 AsylbLG. Diese beziehen sich auf die verfahrensrechtlichen Mitwirkungspflichten des § 15 AsylG und damit auf jene Norm, welche die wichtigsten Mitwirkungspflichten des Asylbewerbers im Verfahren bündelt.[1303] Dabei sanktioniert der Gesetzgeber aber nicht alle Mitwirkungspflichten des § 15 Abs. 1 AsylG, sondern nur die Nr. 4 bis 7.[1304] Diese Pflichten umfassen die Vorlage und Aushändigung des Passes (§ 15 Abs. 1 Nr. 4) sowie aller erforderlichen Urkunden und sonstigen Unterlagen (§ 15 Abs. 1 Nr. 5).[1305] Darüber hinaus ist auch die Nichtmitwirkung bei der Beschaffung eines neuen Passes (§ 15 Abs. 1 Nr. 6) sanktionsbewehrt. Auffällig ist aber, dass die in § 1a Abs. 5 Nr. 3 und 4 AsylbLG sanktionierten Mitwirkungspflichten (die Aushändigung relevanter Dokumente sowie die Mitwirkung an der Passbeschaffung) durch das Bundesamt für Migration und Flüchtlinge aktiv festgestellt werden müssen, während die Sanktionswirkung bei allen anderen Tatbeständen bereits aus der Pflichtverletzung selbst folgt.[1306] Dies erklärt sich vor dem Hintergrund, dass der Gesetzgeber mit der Sanktionierung in § 1a Abs. 5 Nr. 3 und 4 AsylbLG

1301 Siehe zu dieser Mitwirkungspflicht und ihrem Umfang S. 108 ff.

1302 Die Bedeutung dieser Pflichtverletzung lässt sich auch daran erkennen, dass auch der europäische Gesetzgeber die verspätete oder fehlende Antragstellung in Art. 20 Abs. 2 der AufnahmeRL 2013/33/EU ausdrücklich als sozialrechtlichen Sanktionsgrund nennt.

1303 Siehe dazu S. 111 ff.

1304 Siehe dazu S. 116 ff.

1305 Für diese werden in § 15 Abs. 3 AsylG die wichtigsten Beispiele definiert, siehe dazu auch S. 117 f. sowie bei *Leopold* (Fn. 1285), § 1a AsylbLG, Rn. 99.

1306 *Leopold* (Fn. 1285), § 1a AsylbLG, Rn. 100.

zugleich Art. 20 Abs. 1 lit. b) der AufnahmeRL 2013/33/EU umsetzt[1307], welcher den Entzug von Sozialleistungen als Sanktion zwar grundsätzlich ermöglicht, allerdings gem. Art. 20 Abs. 5 AufnahmeRL nur nach einer „objektiven" und „unparteiischen" Einzelfallprüfung. In diesem Sinne muss das Bundesamt die Pflichtverletzung zunächst aktiv feststellen. Fraglich ist aber, ob Art. 20 Abs. 1 lit. b) der AufnahmeRL die Sanktionierung dieser Mitwirkungspflichtverletzungen trägt. Denn dem Wortlaut nach ermöglicht er Leistungskürzungen nur bei der Verletzung von „Melde- und Auskunftspflichten oder Aufforderungen zu persönlichen Anhörungen". Dies spricht dafür, dass der europäische Gesetzgeber nur mündlich oder schriftlich geäußerte Aussagen erfassen wollte, aber nicht die Herausgabe oder gar Beschaffung von Dokumenten.[1308]

§ 1a Abs. 5 Nr. 5 AsylbLG wiederum sanktioniert die Verletzung der Pflicht zur Duldung erkennungsdienstlicher Maßnahmen gem. § 15 Abs. 1 Nr. 7 AsylG.[1309] Eine sanktionierbare Pflichtverletzung liegt vor, wenn der Verpflichtete sich bspw. durch körperlichen Widerstand der Abnahme von Fingerabdrücken widersetzt, aber auch dann, wenn er im Vorfeld der Maßnahme seine Fingerkuppen willentlich manipuliert, sodass diese unverwertbar werden.[1310] Darüber hinaus hat er aber nicht grundsätzlich für die „Qualität" bzw. Lesbarkeit seiner Fingerabdrücke oder anderer Identitätsmerkmale einzustehen.

§ 1a Abs. 5 Nr. 6AsylbLG sanktioniert im Gegensatz dazu die Verletzung einer *aktiven* Pflicht zur Wahrnehmung eines Termins für die Stellung eines formellen Asylantrags.[1311] Hier bestehen insbesondere Zweifel an der Verhältnismäßigkeit der Sanktion, wenn es sich um eine nur geringfügige Verspätung handelt. Dabei ist auch zu bedenken, dass § 1a Abs. 5 Nr. 6 AsylbLG nur eine einheitliche Rechtsfolge kennt und somit Personen, die sich bloß geringfügig verspätet

---

1307 *Oppermann* (Fn. 1272), § 1a AsylbLG, Rn. 138; *Seidel* (Fn. 1298), S. 217.

1308 Dafür spricht auch, dass Art. 20 Abs. 1 UAbs. 2 der AufnahmeRL anordnet, dass die gekürzten Sozialleistungen neu zu bescheiden sind, wenn der Antragsteller „aufgespürt wird" oder „sich freiwillig meldet". Dies deutet an, dass sich die „Melde- und Auskunftspflichten" auf Informationen über die Verfügbarkeit oder Erreichbarkeit des Antragstellers beziehen, nicht aber auf die Aushändigung von Dokumenten. Vgl. dazu *Genge*, Beilage zum AsylMagazin 2019, 14 (20), der die Sanktionstatbestände des § 1a Abs. 5 Nr. 3 bis 5 AsylbLG daher für europarechtswidrig hält; ähnlich auch *Seidel* (Fn. 1298), S. 217.

1309 Siehe dazu S. 121 f.

1310 *BVerwG*, 05.09.2013 – BVerwG 10 C 1.13, ZAR (2014), 166 (166).

1311 Diese ist in § 23 Abs. 1 AsylG normiert (siehe dazu S. 193 f.), wenngleich der Gesetzgeber in diesem Fall auf einen Verweis in das AsylG verzichtet.

haben, genauso hart „bestraft“ würden wie Personen, die gar nicht zum Termin erscheinen. Das BAMF mag zwar, gerade in Zeiten hoher Fallzahlen, auf ein termingenaues Erscheinen der Antragsteller angewiesen sein, damit es zu keinen Verzögerungen im Verfahrensablauf kommt. Derlei organisatorische Anforderungen dürfen jedoch nicht auf die Antragsteller abgewälzt werden.[1312]

Zuletzt nennt § 1a Abs. 5 Nr. 7 AsylbLG noch die Verweigerung von Angaben über die Identität oder die Staatsangehörigkeit als Sanktionsgrund. Dazu knüpft die Norm an § 30 Abs. 3 Nr. 2 AsylG an, der dieses Verhalten ebenfalls sanktioniert, indem er den Asylantrag dann als „offensichtlich unbegründet“ ansieht.[1313] Antragsteller, die entsprechende Informationen verweigern, sind somit nicht nur von Sozialleistungskürzungen bedroht, sondern auch von verkürzten Rechtsmittelfristen. Auch darf ihnen kein sonstiger Aufenthaltstitel erteilt werden.[1314]

§ 1a Abs. 5 AsylbLG begrenzt die Sozialleistungskürzung jedoch auf Konstellationen, in denen der Ausländer die Mitwirkungspflichtverletzung oder das Versäumnis eines Termins zu vertreten hat. Sind daher bereits bestimmte Handlungen im Rahmen asylrechtlicher Mitwirkungspflichten unzumutbar, dann fehlt es im Ergebnis auch an einer zu vertretenden Pflichtverletzung. Ist dem Antragsteller die Wahrnehmung der Mitwirkungspflicht zumutbar, muss sie darüber hinaus aber auch möglich sein.[1315]

Der Sanktionszweck des § 1a Abs. 5 AsylbLG ist vor allem restitutiver Natur. Die Norm soll Asylbewerber dazu bringen, ihren Mitwirkungspflichten nachzukommen. Dies lässt sich vor allem daran erkennen, dass gem. Abs. 5 S. 2 die Leistungseinschränkung erlischt, sobald die Mitwirkungshandlung nachgeholt wurde oder der Termin wahrgenommen wurde. Es geht dem Gesetzgeber daher primär nicht um eine präventive Abschreckung mittels eines niedrigen Leistungsniveaus oder gar um eine repressive Bestrafung von Fehlverhalten.

1312 Ähnlich auch *Oppermann* (Fn. 1272), § 1a AsylbLG, Rn. 140 die auch darauf hinweist, dass die Norm grundsätzlich auch Personen erfassen kann, die an sich eine gute Bleibeperspektive haben und daher bereits früh im Verfahren integriert werden müssten. Eine Kürzung der Leistungen kann in diesen Fällen einer Integration entgegenwirken. Damit geht die Durchsetzung verwaltungsrechtlicher Pflichten letztlich zulasten der Ziele der Integrationspolitik.

1313 Siehe S. 263.

1314 Zu den Rechtsfolgen des offensichtlich unbegründeten Asylantrags siehe auch S. 267 f.

1315 *Oppermann* (Fn. 1272), § 1a AsylbLG, Rn. 142.

Die Sanktion erfolgt vielmehr nur solange, bis die entsprechende Handlung vorgenommen wurde.

ff) Die Sanktionierung des Verschweigens eigenen Vermögens (Abs. 6)

Seit dem Gesetz zur besseren Durchsetzung der Ausreisepflicht vom August 2019 sanktioniert der Gesetzgeber auch die Verletzung der Pflicht zur Angabe von Vermögen gem. § 60 Abs. 1 Nr. 1 und 2 SGB I.[1316] Dieses hat der Leistungsempfänger gem. § 7 Abs. 1 S. 1 AsylbLG vor dem Eintritt der Sozialleistungen zu verbrauchen. Folglich ist es konsequent, dass der Gesetzgeber Leistungen so lange vorenthält, bis die zu verbrauchenden eigenen Mittel auch tatsächlich genutzt wurden. Fraglich ist aber, ob die Kürzung der Mittel auch darüber hinaus andauern kann. Gem. § 14 Abs. 1 AsylbLG sind die Anspruchseinschränkungen des § 1a AsylbLG auf sechs Monate zu befristen, hier besteht kein Ermessen für die Behörde. Es kann also vorkommen, dass ein Antragsteller bspw. über Barmittel von 100 Euro verfügt, diese verschweigt und anschließend aufgrund der Sanktion des § 1a Abs. 6 AsylbLG sechs Monate lang Leistungskürzungen in einem wesentlich höheren Umfang als die zu kompensierenden 100 Euro erfährt. Die Sanktion wäre in dieser Lesart dann mehr als ein bloßer restitutiver Ausgleich von zu Unrecht erhaltenen Sozialleistungen. Hierfür würde eine Leistungskürzung von 100 Euro ausreichen. Eine pauschale sechsmonatige Kürzung stellt dann vielmehr eine präventiv abschreckende bzw. repressiv wirkende „Strafe“ für das Verschweigen von Vermögen dar.[1317] Es ist aber fraglich, ob eine solche Auslegung mit Art. 20 Abs. 3 der AufnahmeRL vereinbar ist. Dieser bildet ausweislich der Gesetzesbegründung die Grundlage für die Sanktion des § 1a Abs. 6 AsylbLG[1318] und erlaubt eine Leistungseinschränkung nur, wenn der Antragsteller die Leistung „zu Unrecht“ erhalten hat. Darüber hinaus ordnet Art. 20 Abs. 5 AufnahmeRL an, dass jede Sanktionierung „für den Einzelfall getroffen und begründet“ werden muss. Beides spricht dafür, dass nur die im Einzelfall zu Unrecht erhaltenen Leistungen gekürzt werden dürfen, nicht aber ein pauschaler Betrag für eine pauschale Dauer von sechs Monaten.[1319] Diese

1316 Diese Pflichten sind durch den Verweis aus § 9 Abs. 3 AsylbLG auch bei der Anwendung des AsylbLG zu beachten, vgl. dazu S. 146 f.

1317 Dies suggeriert auch die Gesetzesbegründung, welche Abs. 6 als „verhaltenslenkende Maßnahme“ bezeichnet, vgl. BT-Drs. 19/10047, S. 52.

1318 BT-Drs. 19/10047, S. 52.

1319 Zu den pauschalen Leistungskürzungen ebenfalls kritisch *Janda* (Fn. 879), S. 349; *Voigt*, AsylMagazin 2017, 436 (444 f.); *Seidel* (Fn. 1298), S. 217.

Auslegung fügt sich letztlich auch in die deutsche Umsetzung von Art. 20 Abs. 3 AufnahmeRL ein, denn auch nach dem Wortlaut des § 1a Abs. 6 AsylbLG muss der Empfänger die Leistungen „zu Unrecht" erhalten haben.

gg) Die Zuständigkeit eines anderen Dublin-Staates als Sanktionsgrund? (Abs. 7)

Durch das Gesetz zur besseren Durchsetzung der Ausreisepflicht hat der Gesetzgeber seit 2019 die Kürzung von Sozialleistungen auch für Asylbewerber vorgesehen, deren Asylantrag aufgrund der Zuständigkeit eines anderen EU-Mitgliedstaates für das Asylverfahren nach der Dublin-III-VO gem. § 29 Abs. 1 Nr. 1 i.V.m. § 31 Abs. 6 AsylG als unzulässig abgelehnt wurde und für die eine Abschiebung in den zuständigen Mitgliedstaat gem. § 34a Abs. 1 S. 1 AsylG angeordnet wurde. Wie bereits bei der Zuständigkeit eines anderen Staates nach einem Verteilungsbeschluss gem. § 1a Abs. 4 AsylbLG liegt auch hier die Vermutung nahe, dass es sich bei der Sozialleistungskürzung in diesen Fällen nicht um eine Sanktion im Sinne einer Reaktion auf ein (bewusstes) Fehlverhalten handelt, sondern um eine allgemeine Leistungsabsenkung aus Gründen einer generellen migrationspolitischen Abschreckung vor einer innereuropäischen Sekundärmigration. Eine verfassungskonforme Auslegung der Vorschrift gebietet daher ein vorwerfbares Fehlverhalten als ungeschriebenes Tatbestandsmerkmal.[1320] Die bloße Zuständigkeit eines anderen Dublin-Staates und die daraus folgende Unzulässigkeit des Asylantrags stellen kein Fehlverhalten dar. Hinzutreten muss vielmehr eine konkrete gesetzlich normierte Verhaltenspflicht, von der der Antragsteller auch Kenntnis haben muss.[1321] Allein die Tatsache, dass der Antragsteller nicht ausreist, nachdem er von der Zuständigkeit eines anderen Staates für sein Verfahren erfahren hat, ist für sich genommen noch keine sanktionierbare Pflichtverletzung.[1322] Denn § 1a Abs. 7 AsylbLG spricht die Kenntnis oder Unkenntnis des Antragstellers bzw. auch sonstige subjektive Aspekte überhaupt nicht an. Die Norm knüpft einzig an der objektiven Unzulässigkeit des Asylantrags an. Dies ist für eine subjektive und vorwerfbare Pflichtverletzung mithin nicht ausreichend.

1320 *SG München*, 10.02.2020 – S 42 AY 82/19 ER, via juris, Rn. 37 mit Verweis auf *SG Landshut*, 28.01.2020 – S 11 AY 3/20 ER, via juris, Rn. 48.

1321 *SG München*, 10.02.2020 – S 42 AY 82/19 ER, via juris, Rn. 38.

1322 So aber *SG Osnabrück*, 29.01.2020 – S 44 AY 76/19 ER, via juris, Rn. 30 ff.; kritisch dagegen *Oppermann* (Fn. 1272), § 1a AsylbLG, Rn. 145.3.

b) *Die Dauer der Sanktion gem. § 14 AsylbLG und ihre Wirkung auf das Steuerungsinstrument der sozialrechtlichen Leistungskürzung*

Dem Wortlaut nach ordnet § 14 Abs. 1 AsylbLG die Dauer der Sanktion gem. § 1a AsylbLG zwingend und ohne behördliches Ermessen für sechs Monate an. Nach dieser Lesart hätte die Norm rein präventiv-abschreckenden bzw. repressiv-strafenden Charakter, da sie es dem Betroffenen unmöglich macht, durch eine Erfüllung seiner Pflicht sein Fehlverhalten abzustellen und damit wieder in den Genuss der vollen Leistungen zu kommen. Eine Wiederherstellung der pflichtgemäßen Mitwirkung des Betroffenen wird damit verfehlt. Es fragt sich, ob der Gesetzgeber wirklich auf dieses Ergebnis abzielte. Betrachtet man die Leistungskürzung des § 1a AsylbLG nicht als bloßen Selbstzweck, sondern vor allem als Instrument zur Durchsetzung asyl- und aufenthaltsrechtlicher Mitwirkungspflichten, so liegt es nahe, § 14 AsylbLG nicht als *Mindest-*, sondern als *Höchstbefristungsdauer* für die erstmalige Anordnung der Sanktion zu sehen. Dies folgt (bei verfassungskonformer Auslegung der Norm) auch aus dem Gebot der Verhältnismäßigkeit und vor allem der Erforderlichkeit: Starre Sanktionsfristen, die eine Leistungskürzung auch noch vorsehen, obwohl das sanktionsbegründende Verhalten abgestellt wurde, erhalten ihre Existenzberechtigung allein aus einer vergrößerten präventiven Abschreckungswirkung. Dies allein vermag nach der Rechtsprechung des BVerfG im sensiblen Bereich der existenzsichernden Mindestleistungen aber keine Absenkung über einen längeren Zeitraum zu rechtfertigen.[1323]

c) *Das Grundrecht auf ein menschenwürdiges Existenzminimum gem. Art. 20 Abs. 1 i.V.m. Art. 1 Abs. 1 GG als verfassungsrechtliche Grenze der Leistungskürzung*

Die Sanktionen des § 1a AsylbLG finden ihre verfassungsrechtlichen Grenzen vor allem im Grundrecht auf ein menschenwürdiges Existenzminimum aus Art. 20 Abs. 1 i.V.m. Art. 1 Abs. 1 GG.[1324] Aus diesem leitet sich ein subjektives Recht auf die finanziellen bzw. materiellen Mittel ab, die für ein würdiges Leben notwendig

---

1323 *BVerfG*, 05.11.2019 – 1 BvL 7/16, NJW (2019), 3703 (3712, Rn. 187); so auch *Oppermann*, in: Coseriu/Siefert (Hrsg.), AsylbLG, 3. Aufl., 2020, § 14 AsylbLG, Rn. 17.

1324 Dieses erkennt das BVerfG seit seinem Regelsatzurteil 2010 an, vgl. dazu *BVerfG*, 09.02.2010 – 1 BvL 1, 3, 4/09, BVerfGE 125, 175 (222); siehe zur Entwicklung des Grundrechts auch *Kreßel* (Fn. 979), S. 732.

sind.[1325]

aa) *Der materielle Gehalt des Grundrechts auf ein menschenwürdiges Existenzminimum*

Da sich das Grundrecht aus der Menschenwürde in Art. 1 Abs. 1 GG in Verbindung mit dem Sozialstaatsprinzip in Art. 20 Abs. 1 GG ableitet, knüpft sein personeller Schutzbereich nicht an der deutschen Staatsbürgerschaft, sondern am Menschsein an sich an.[1326] Ein pauschaler Ausschluss von Ausländern von sozialen Leistungen wäre mit der Menschenwürde nicht vereinbar.[1327] Jedoch ergibt sich der sachliche Gehalt des Grundrechts, also die genaue Höhe und Art dessen, was der Staat zur Wahrung einer menschenwürdigen Existenz zu gewähren hat, nicht unmittelbar aus dem Grundrecht selbst. *Wie groß* der Umfang dessen ist, was der Mensch im zur Sicherung eines menschenwürdigen Lebens mindestens braucht, hängt auch maßgeblich von den konkreten Lebensumständen ab.[1328] Daher ist es zunächst kein Verstoß gegen dieses Grundrecht, wenn der Gesetzgeber die Leistungshöhe für bestimmte Personengruppen aufgrund deren spezieller Lebenslage unterschiedlich bemisst.[1329] Diese Differenzierung darf jedoch nicht pauschal am Aufenthaltsstatus eines Ausländers anknüpfen.[1330] Zulässig ist allein eine Bemessung eines ggf. verminderten Bedarfs aufgrund eines sachlichen Grundes wie bspw. eine kurze Aufenthaltsdauer, die sich auf die Durchführung des Asylverfahrens beschränkt.[1331] Grundsätzlich ist es daher auch mit dem Grundrecht auf ein menschenwürdiges Existenzminimum vereinbar, zunächst pauschal davon auszugehen, dass Asylbewerber nur eine kurze Aufenthaltszeit in Deutschland haben und daher bspw. bestimmte Leistungen

---

1325 *BVerfG*, 09.02.2010 – 1 BvL 1, 3, 4/09, BVerfGE 125, 175 (222 ff.); *Janda* (Fn. 26), S. 122; *Herdegen*, in: Herzog/Maunz/Dürig (Hrsg.), GG, 92. Erg.-Lfg. (Aug. 2020), Art. 1 GG, Rn. 121.

1326 *Schreiber*, SR 2018, 181 (182); *Isensee*, § 87 Würde des Menschen, in: Merten/Papier (Hrsg.), Handbuch der Grundrechte Band IV, 2011, S. 43 (158, Rn. 196).

1327 *BVerfG*, 18.07.2012 – 1 BvL 10/10, BVerfGE 132, 134 (159, Rn. 63); *Dietz* (Fn. 979), S. 729 f.

1328 *BVerfG*, 09.02.2010 – 1 BvL 1, 3, 4/09, BVerfGE 125, 175 (224).

1329 *BVerfG*, 11.07.2006 – 1 BvR 293/05, BVerfGE 116, 229 (239).

1330 *BVerfG*, 18.07.2012 – 1 BvL 10/10, BVerfGE 132, 134 (164, Rn. 73).

1331 *BVerfG*, 18.07.2012 – 1 BvL 10/10, BVerfGE 132, 134 (164, Rn. 74); *Schreiber* (Fn. 1326), S. 185. Liegt ein solcher sachlicher Grund für eine niedrigere Leistungsbemessung bei einer bestimmten Personengruppe vor, so handelt es sich daher auch nicht um einen Verstoß gegen Art. 3 GG, vgl. *Leopold* (Fn. 1285), § 1a AsylbLG, Rn. 8.

zum Zwecke der Integration oder der Teilhabe am sozialen Leben geringer ausfallen können.[1332] Zeigt sich jedoch, dass in Einzelfällen diese prognostizierte Aufenthaltsdauer doch wesentlich länger ausfällt als ursprünglich angenommen, so entfällt damit auch der sachliche Grund der Leistungsminderung.[1333]

bb) Sozialrechtliche Sanktionen im Lichte des menschenwürdigen Existenzminimums

Grundsätzlich verfassungswidrig ist daher auch eine Bemessung der Höhe der existenzsichernden Leistungen, die nicht von den sachlichen Gründen ausgeht, sondern bei der die Leistungshöhe grundsätzlich niedrig gehalten wird, um Personen vor einer Migration nach Deutschland abzuschrecken.[1334] Das BVerfG hat diesen Grundsatz prägnant zusammengefasst: „Die in Art. 1 Abs. 1 GG garantierte Menschenwürde ist migrationspolitisch nicht zu relativieren“[1335].

(1) Die Verfassungsmäßigkeit der Sanktionierung von Mitwirkungspflichtverletzungen als Ausdruck des Nachranggrundsatzes

Nicht geklärt ist dadurch freilich die Frage, ob es über das grundsätzliche Verbot einer Leistungsabsenkung aus *generellen* migrationspolitischen Erwägungen hinaus legitime Gründe geben kann, Leistungen *konkret* im Einzelfall aufgrund eines bestimmten Verhaltens abzusenken. Diesen Weg geht der Gesetzgeber bei der überwiegenden Zahl der Sanktionstatbestände des § 1a AsylbLG. Abgesehen von dessen Absätzen 4[1336] und 7[1337], bei denen die Leistungskürzung dem Wortlaut nach an die bloße Zuständigkeit eines anderen Staates für das Verfahren anknüpft, habe alle Tatbestände des § 1a AsylbLG einen Bezug zu einem individuell vorwerfbaren Verhalten. Ob eine solche Leistungskürzung, deren Zweck zum einen die Abschreckung vor einem bestimmten Verhalten ist, und die zum anderen dazu „motivieren“ soll, Mitwirkungspflichten zu erfüllen, mit den verfassungsrechtlichen Garantien des Grundrechts auf ein menschenwürdiges Existenzminimum vereinbar ist, hat das BVerfG für das AsylbLG noch nicht

1332 Diesen Ansatz nennt der Gesetzgeber auch ausdrücklich in der Begründung des AsylbLG, vgl. dazu BT-Drs. 12/4451, S. 5.
1333 *BVerfG*, 18.07.2012 – 1 BvL 10/10, BVerfGE 132, 134 (165, Rn. 76).
1334 *BVerfG*, 18.07.2012 – 1 BvL 10/10, BVerfGE 132, 134 (173, Rn. 95).
1335 *BVerfG*, 18.07.2012 – 1 BvL 10/10, BVerfGE 132, 134 (173, Rn. 95).
1336 Siehe S. 333 f.
1337 Siehe S. 339.

entschieden. Das BSG vertritt hierzu die Ansicht, dass die strengen Vorgaben des BVerfG zu einem Verbot migrationspolitischer Leistungsabsenkung einer einzelfallbezogenen Leistungskürzung als Sanktion für eine bestimmte vorwerfbare Pflichtverletzung nicht entgegenstehen.[1338] Dazu führt das Gericht auch aus, dass das AsylbLG von Beginn an nicht bloß als sozialrechtliche Gewährleistung der Existenzsicherung, sondern zugleich auch als Regelung gedacht sei, welche der Steuerung von Migration und damit auch der Durchsetzung von Mitwirkungspflichten diene, weshalb die Verknüpfung migrationsrechtlicher Mitwirkungspflichten mit den Sanktionen des AsylbLG verfassungsrechtlich nicht zu beanstanden sei.[1339] Diese Rechtsauffassung ist bereits in der Literatur auf ein geteiltes Echo gestoßen.[1340] Und auch die jüngste Rechtsprechung des Bundesverfassungsgerichts zu den Sanktionen des SGB II[1341] weckt zumindest Zweifel daran, ob die Durchsetzung beliebiger Mitwirkungspflichten mithilfe sozialrechtlicher Leistungskürzungen mit dem Grundgesetz vereinbar ist. Die Karlsruher Richter hatten in ihrem Urteil zu den Sanktionen des SGB II bei der Verletzung von Mitwirkungspflichten entschieden, dass Sanktionen dann möglich sind, wenn die Mitwirkungspflichtverletzung dazu führt, dass der Leistungsempfänger nicht selbst für sein Auskommen sorgen kann. Der Gesetzgeber sei nicht daran gehindert, das Grundrecht auf ein menschenwürdiges Existenzminimum an den Nachranggrundsatz zu binden.[1342] Dies sei eine zulässige Ausgestaltung des Grundrechts.[1343] Die Verpflichtung, vorhandene Möglichkeiten zur Eigenversorgung zu nutzen, bevor staatliche Hilfen in Anspruch genommen werden, sei daher zulässig.[1344] Dies umfasse nicht nur, bereits vorhandenes Vermögen aufzubrauchen, sondern sich auch um künftiges Vermögen zu bemühen und so an der dauerhaften Überwindung der eigenen Hilfsbedürftigkeit mitzuwirken.[1345] Diesen Ausführungen folgend ist die Frage, ob die staatliche Pflicht zur Gewährung von existenzsichernden Sozialleistungen an Mitwirkungspflichten

1338 *BSG*, 12.05.2017 – B 7 AY 1/16 R, EZAR 87 (2018), Nr. 25, S. 8 f.

1339 *BSG*, 12.05.2017 – B 7 AY 1/16 R, EZAR 87 (2018), Nr. 25, S. 9 mit Verweis auf die Gesetzesbegründung in BT-Drs. 12/4451, S. 5.

1340 Dem BSG zustimmend *Leopold* (Fn. 1285), § 1a AsylbLG, Rn. 6; kritisch dagegen *Kanalan* (Fn. 979), S. 645; *Janda* (Fn. 879), S. 349; *Seidel* (Fn. 1298), S. 215.

1341 *BVerfG*, 05.11.2019 – 1 BvL 7/16, NJW (2019), 3703–3715.

1342 *BVerfG*, 05.11.2019 – 1 BvL 7/16, NJW (2019), 3703 (3705, Rn. 123).

1343 *BVerfG*, 05.11.2019 – 1 BvL 7/16, NJW (2019), 3703 (3705, Rn. 124).

1344 *BVerfG*, 05.11.2019 – 1 BvL 7/16, NJW (2019), 3703 (3705, Rn. 125).

1345 *BVerfG*, 05.11.2019 – 1 BvL 7/16, NJW (2019), 3703 (3705, Rn. 126).

des Antragstellers zur Überwindung der Hilfsbedürftigkeit geknüpft werden darf, im Grundsatz zu bejahen.

(2) *Die Verfassungswidrigkeit der Sanktionierung von Mitwirkungspflichtverletzungen außerhalb des Nachranggrundsatzes*

Dies beantwortet jedoch noch nicht die Frage, welche Mitwirkungspflichten über den Nachranggrundsatz hinaus zulässig sind bzw. mit einer Sozialleistungskürzung verknüpft werden dürfen. Denn die Mitwirkungspflichten des § 1a AsylbLG zielen, anders als die des SGB II, gerade nicht auf die Überwindung der Hilfsbedürftigkeit, sondern auf die Mitwirkung im asyl- oder aufenthaltsrechtlichen Verwaltungsverfahren. Sie sind kein Ausdruck des Nachranggrundsatzes, da ihre Erfüllung höchstens mittelbar dazu führen kann (und dies nicht zwangsläufig), dass das asylrechtliche Verwaltungsverfahren in den Fällen der Mitwirkungspflichten des § 1a Abs. 5 AsylG positiv beendet wird und der Antragsteller als anerkannter Schutzberechtigter dem Arbeitsmarkt zur Verfügung steht. In den Fällen der Absätze 1, 2, 3, 4 und 7 geht es dagegen nicht einmal mittelbar um eine Eingliederung des Betroffenen in eine Erwerbstätigkeit, sondern rein um die Beendigung des Aufenthalts in Deutschland, sei es aufgrund der Zuständigkeit eines anderen Staates für ein Asylverfahren oder aufgrund eines fehlenden Aufenthaltsrechts. Hier ist die sozialrechtliche Sanktion des § 1a AsylbLG allein Durchsetzungshebel staatlicher Migrationssteuerung. Anders ausgedrückt: Es geht in diesen Fällen nicht darum, dass der Betroffene kein Fall mehr für den Sozialstaat ist, sondern nur, dass er kein Fall mehr für den *deutschen* Sozialstaat ist.[1346]

Ob die Sanktionen des § 1a AsylbLG in diesem Lichte betrachtet mit den Vorgaben des BVerfG vereinbar sind, ist zweifelhaft.[1347] Denn neben dem Nachranggrundsatz als legitimem Ausgangspunkt der Leistungsbeschränkung äußerte sich das Gericht auch zu den Gründen, die *nicht* als rechtmäßige Begründung einer Leistungskürzung angesehen werden können. Demnach dürfen sozialrechtliche Sanktionen nicht als Instrument der „Besserung“ oder der „Erziehung“ des Adressaten zu einem vernünftigen Verhalten missbraucht werden.[1348] Es gäbe keine „Vernunfthoheit“ staatlicher Organe über den Grundrechtsträger, vielmehr fordere das Grundgesetz Respekt vor autonomen Entscheidungen des

1346 *Ganter*, ZESAR 2020, 113 (116).

1347 So aber *BSG*, 12.05.2017 – B 7 AY 1/16 R, EZAR 87 (2018), S. 8; kritisch dagegen *Brings/Oehl* (Fn. 979), S. 31; *Voigt*, AsylMagazin 2020, 12 (18).

1348 *BVerfG*, 05.11.2019 – 1 BvL 7/16, NJW (2019), 3703 (3705 f., Rn. 127).

Einzelnen.[1349] Gemäß dieser Ausführungen dürfen sozialrechtliche Sanktionen nicht als Instrument eingesetzt werden, den Willen eines rechtlich Verpflichteten zu brechen. Das Grundgesetz verlangt vielmehr, auch die Unwilligkeit des Individuums zu respektieren. Ein „Aushungern" als verwaltungsrechtliches Vollstreckungsinstrument ist mit dem Grundrecht auf ein menschenwürdiges Existenzminimum nicht vereinbar. Dies gilt selbst dann, wenn das pflichtwidrige Verhalten für andere Personen oder die Gesellschaft mit Nachteilen verbunden ist. Denn die dem Grundrecht inhärente Menschenwürde sei dem Grunde nach unverfügbar und ginge selbst durch vermeintlich „unwürdiges" Verhalten nicht verloren.[1350] Wenn demnach selbst Straftäter oder Terroristen einen Anspruch auf eine materielle Mindestversorgung haben, dann muss dies erst recht für Mitwirkungsverweigerer im Asyl- oder Aufenthaltsrecht gelten.

Denn die Mitwirkungspflichten des Asyl- und Aufenthaltsrechts lassen sich auch nicht anderweitig als Ausdruck des Nachranggrundsatzes interpretieren. Stimmen, die in diese Richtung gehen, argumentieren bspw. bei der Erfüllung der Ausreisepflicht mit einer Eigenverantwortlichkeit der Leistungsempfänger.[1351] Diese seien freiwillig in die BRD eingereist, also sei es auch zumutbar, diese wieder zu verlassen.[1352] Diese Ansicht verkennt aber, dass es nicht um die Zumutbarkeit der Erfüllung der Mitwirkungspflicht selbst geht. Diese ist in den allermeisten Fällen zumutbar. Es geht vielmehr um die Unzumutbarkeit der Sanktion als Rechtsfolge nicht erfüllter Mitwirkungspflichten. Beides sind streng zu trennende Fragen. Denn hinge die Verfassungsmäßigkeit der Sanktion nur von der Zumutbarkeit der zuvor verletzten Pflicht ab, dann ließe sich bspw. die Verletzung strafrechtlicher Pflichten auch durch schwerste Körperstrafen oder Folter sanktionieren. Denn strafrechtliche Verbote nicht zu verletzen, ist dem Sinn und Zweck des Strafrechts nach ebenfalls zumutbar. Eine solche, auf die Eigenverantwortlichkeit des Individuums abzielende, Beurteilung der Verhältnismäßigkeit einer Sanktion ist auch mit den Vorgaben des BVerfG nicht vereinbar, wonach Vernunft und Eigenverantwortung gerade keine Bedingungen des Grundrechts auf ein menschenwürdiges Existenzminimum sind.[1353]

Darüber hinaus existiert eine weitere Interpretation des Nachranggrundsatzes, die versucht, asyl- und aufenthaltsrechtlichen Mitwirkungspflichten in

1349 *BVerfG*, 05.11.2019 – 1 BvL 7/16, NJW (2019), 3703 (3706, Rn. 127).
1350 *BVerfG*, 05.11.2019 – 1 BvL 7/16, NJW (2019), 3703 (3704 f., Rn. 120).
1351 Dazu kritisch *Schreiber* (Fn. 1326), S. 191.
1352 *Ulmer*, DVBl. 2017, 482 (483).
1353 *BVerfG*, 05.11.2019 – 1 BvL 7/16, NJW (2019), 3703 (3704, Rn. 120).

dessen Legitimationskreis zu ziehen. Demnach seien deutsche Sozialleistungen auch dann als nachrangig bzw. subsidiär zu verstehen, wenn eigentlich die Solidargemeinschaft im Heimatstaat für den Betroffenen verantwortlich sei.[1354] In der Tat sieht es auch die verfassungsgerichtliche Rechtsprechung als grundsätzlich verfassungsgemäß an, vor dem deutschen Sozialstaat zunächst eine andere „Quelle der Solidarität" in Anspruch zu nehmen, konkret in Gestalt des Ehepartners oder enger Angehöriger.[1355] Die vorrangige Heranziehung anderer Solidargemeinschaften hängt jedoch davon ab, ob diese die Unterstützung des Betroffenen auch tatsächlich leisten können.[1356] Daher reicht es nicht aus, die Zumutbarkeit der sozialrechtlichen Sanktionen pauschal mit dem Verweis auf den Heimatstaat als zuständiger Solidargemeinschaft zu legitimieren. Es wäre zumindest erforderlich zu überprüfen, ob der Heimatstaat oder eine dortige Gemeinschaft (bspw. die Familie) dazu rechtlich oder faktisch in der Lage ist.[1357] Nur dann ließe sich in Übereinstimmung mit der Rechtsprechung des BVerfG überhaupt argumentieren, dass der Nachranggrundsatz gerade durch eine Reise in den Heimatstaat gewahrt bleibe. Es ist aber auch zweifelhaft, ob sich dieser Nachweis seitens der Verwaltung in der Praxis erbringen ließe.

Die Anwendung sozialrechtlicher Sanktionen zur Durchsetzung verwaltungsrechtlicher Mitwirkungspflichten lässt sich daher insgesamt nur in den sehr engen Grenzen verfassungsmäßig gestalten, in denen die verwaltungsrechtliche Mitwirkungspflicht zumindest mittelbar einen Bezug zur Selbstversorgung und damit zum sozialrechtlichen Nachranggrundsatz hat. Dieser ist das notwendige Bindeglied zwischen Mitwirkungspflicht und sozialrechtlicher Sanktion.[1358] Verfassungsgemäß wäre in diesem Lichte § 1a Abs. 6 AsylbLG.[1359] Denn dieser

1354 *Dietz* (Fn. 979), S. 733.

1355 *BVerfG*, 27.07.2016 – 1 BvR 371/11, BVerfGE 142, 354 (371, Rn. 39).

1356 Eben da.

1357 Dabei weist *Schreiber* (Fn. 1326), S. 191 auch darauf hin, dass es in einigen Staaten nach der Rückreise erst die Wiederherstellung einer anspruchsbegründenden Verbindung zum Heimatstaat bedarf, sodass in der Zeit nach der Wiedereinreise eine Lücke der Existenzsicherung entstehen kann.

1358 So hat das BVerfG betont, dass eine Sanktion „die Anforderungen aus Art. 1 I i.V.m Art. 20 I GG wahren [kann], wenn sie nicht darauf ausgerichtet ist, repressiv Fehlverhalten zu ahnden, sondern darauf, dass Mitwirkungspflichten erfüllt werden, *die gerade dazu dienen*, die existenzielle Bedürftigkeit zu vermeiden oder zu überwinden", vgl. dazu *BVerfG*, 05.11.2019 – 1 BvL 7/16, NJW (2019), 3703 (3706, Rn. 131), sowie *Ganter* (Fn. 1346), S. 115.

1359 Siehe dazu S. 338.

sanktioniert mit dem Leistungsentzug die Tatsache, dass der Betroffene Vermögen nicht angegeben und für die Eigenversorgung verbraucht hat. Hier ist daher der notwendige Bezug zum Nachranggrundsatz gegeben. Jedoch hat der Gesetzgeber hier allgemeine Instrumente des Sozialrechts in Gestalt von §§ 48 und 50 SGB X vorgesehen, die eine Rückforderung von Leistungen ermöglichen, die erbracht wurden, obwohl der Empfänger aufgrund eigenen Vermögens nicht bedürftig war. Damit ist die Leistungskürzung des § 1a AsylbLG hier gerade nicht restitutiver, sondern vor allem repressiver Art und damit unverhältnismäßig.[1360]

Ein Abstellen auf ein migrationsrechtlich rechtsmissbräuchliches Verhalten vermag dagegen die Leistungskürzung verfassungsrechtlich nicht zu rechtfertigen. Trotz Ausreisepflicht nicht auszureisen oder an der Beschaffung des Passes nicht mitzuwirken mag einen rechtswidrigen Zustand herbeiführen der auch kausal dazu führt, dass ein Ausländer in der BRD verbleibt und hier materiell bedürftig bleibt. Dieser Umstand kann aber nicht die rein bedarfsorientierte Bemessung des menschenwürdigen Existenzminimums beeinflussen.[1361] Denn nach dieser Logik müsste der Gesetzgeber stets das rechtswidrige Vorverhalten eines Antragstellers betrachten und diesem letztlich die Sozialleistung verwehren, wenn er durch eine eigenverantwortliche Entscheidung gegen das Recht seine Bedürftigkeit und Abhängigkeit vom deutschen Sozialstaat herbeigeführt hat. Man stelle sich hier bspw. vor, ein Drogensüchtiger würde von Sozialleistungen ausgeschlossen, weil er sich ursprünglich freiwillig für einen Verstoß gegen das Betäubungsmittelgesetz und den Konsum und damit letztlich für eine daraus resultierende Arbeitsunfähigkeit entschieden hat. Dies zeigt: Der Verweis auf die Rechtsmissbräuchlichkeit des Verhaltens eines Ausländers, der seine Mitwirkungspflichten verletzt, setzt im Ergebnis ebenfalls bei dem Argument der Eigenverantwortlichkeit für die eigene Bedürftigkeit (in Deutschland) an. Diese vermag das Grundrecht auf ein menschenwürdiges Existenzminimum jedoch nur in den engen Grenzen des Nachranggrundsatzes zu beschränken.[1362]

(3) Die empirische Geeignetheit der Sozialleistungskürzung als Bedingung der Verfassungsmäßigkeit

Neben der Einschränkbarkeit des Grundrechts auf ein menschenwürdiges Existenzminimum durch den Nachranggrundsatz ging das BVerfG in seiner Rechtsprechung aber auch auf die Frage ein, welche empirische Bringschuld den

---

1360 So schon *Janda*, info also 2020, 103 (110); *Voigt* (Fn. 1347), S. 18.
1361 *Janda* (Fn. 879), S. 349.
1362 Im Ergebnis auch *Mülder*, SGb 2020, 30 (34).

Gesetzgeber in der Frage der Geeignetheit der Sanktion trifft. Denn die Geeignetheit ist wesentlicher Bestandteil der Verhältnismäßigkeit[1363] einer Sanktion und grundsätzlich in vollem Umfang gerichtlich überprüfbar.[1364] Zwar muss der Gesetzgeber hier nicht den Beweis einer besonders effizienten Wirksamkeit des eingesetzten Mittels bei der Zweckerreichung erbringen. Es genügt vielmehr, dass die Sanktion die Zweckerreichung fördert.[1365] Allerdings hebt das BVerfG hervor, dass der Gesetzgeber bei der Beschränkung des Grundrechts auf ein menschenwürdiges Existenzminimum in einem derart sensiblen Bereich operiert, dass hier der ansonsten weite Einschätzungsspielraum hinsichtlich der Geeignetheit deutlich begrenzt ist.[1366] Zwar sind Sanktionen, die in dieses Grundrecht eingreifen, nicht per se als ungeeignet zu qualifizieren. Jedoch verlangt das Gebot der Geeignetheit, dass der Gesetzgeber es zumindest im Einzelfall, in dem eine Geeignetheit der Sanktion zur Zielerreichung offensichtlich nicht gegeben ist, ermöglicht, von einer Sanktion abzusehen.[1367] Eine Kürzung der Sozialleistungen als *zwingende* Rechtsfolge ohne Ermessensspielraum, wie sie § 1a AsylbLG vorsieht, ist mit dieser Vorgabe daher unvereinbar. Zwar sieht § 1a Abs. 1 S. 3 AsylbLG vor, dass, wenn „im Einzelfall besondere Umstände" vorliegen, trotz der Sanktion Leistungen gem. § 3 Abs. 1 S. 1 AsylbLG erbracht werden können. Dies umfasst jedoch nur die Leistungen des notwendigen Bedarfs, nicht aber das soziokulturelle Existenzminimum.[1368] Dieses, sowie darüber hinaus auch Leistungen für bspw. chronisch kranke Personen[1369], müssen

1363 So bereits *Petersen*, ZfSH/SGB 2014, 661 (674).

1364 *Huster/Rux*, in: Epping/Hillgruber (Hrsg.), BeckOK GG, 46. Ed. (15.02.2021), Art. 20 GG, Rn. 195.

1365 *Grzeszick*, in: Herzog/Maunz/Dürig (Hrsg.), GG, 92. Erg.-Lfg. (Aug. 2020), Art. 20 GG, Rn. 120.

1366 *BVerfG*, 05.11.2019 – 1 BvL 7/16, NJW (2019), 3703 (3706, Rn. 134).

1367 *BVerfG*, 05.11.2019 – 1 BvL 7/16, NJW (2019), 3703 (3711, Rn. 176).

1368 Dass dieses durch die Sanktion vollständig entfällt, ist bereits für sich genommen nicht mit den Vorgaben des BVerfG zu vereinbaren, da dieses das menschenwürdige Existenzminimum stets als einheitlichen Komplex aus materiell und sozial notwendigen Bedarfen verstanden hat (vgl. dazu *BVerfG*, 18.07.2012 – 1 BvL 10/10, BVerfGE 132, 134 (160, Rn. 64)). Das soziokulturelle Existenzminimum lässt sich daher im Wege einer Sanktion nicht einfach vom Gesamtgrundrecht „abspalten", denn der Mindestgehalt des Grundrechts lässt sich nicht allein durch den materiell-existenziellen Teil erhalten. Vgl. dazu auch *Brings/Oehl* (Fn. 979), S. 25 f.; sowie *Janda* (Fn. 1360), S. 111.

1369 *Janda* (Fn. 1360), S. 110.

starr und ohne jede Ermessensmöglichkeit gekürzt werden, was den Vorgaben des BVerfG zur Geeignetheit im Einzelfall nicht gerecht wird.

Darüber hinaus wird das Gebot der Geeignetheit auch durch die Tiefe des Grundrechtseingriffs verschärft: Je stärker der Gesetzgeber Sozialleistungen kürzt, desto eher ist er in der Pflicht, den Nutzen dieser Maßnahme für die Zweckerreichung auch zu beweisen. Da der Gesetzgeber diesen Nachweis für die Sozialleistungskürzung im SGB II um 60% der Leistungshöhe nicht erbringen konnte, hat das BVerfG diese als nicht mehr verfassungsgemäß angesehen.[1370] Auch die Sanktion des § 1a AsylbLG kürzt die Sozialleistungen um mindestens 50%.[1371] Für das AsylbLG fehlt es zudem ebenfalls an einem empirischen Nachweis seitens des Gesetzgebers, dass die Leistungskürzungen auch tatsächlich dazu führen, dass mitwirkungspflichtige Personen ihre Mitwirkungshandlungen aufgrund einer Sanktion nachholen oder es zumindest aufgrund der Drohung mit einer Sanktion zu weniger Pflichtverletzungen insgesamt kommt.[1372] Gemäß der Vorgaben des BVerfG zum Maßstab der Geeignetheit bei derart gravierenden Sozialleistungskürzungen kann die Rechtsfolge des § 1a AsylbLG daher momentan nicht mehr als verfassungsgemäß angesehen werden. Dies gilt jedenfalls so lange, bis der Gesetzgeber durch empirisch validierte Untersuchungen nachweist, dass die Sanktion des § 1a AsylbLG die Durchsetzung der dort normierten Mitwirkungspflichten tatsächlich fördert.

(4) Das menschenwürdige Existenzminimum im Unionsrecht (Art. 1 GRCh)

Neben dem Grundgesetz beinhaltet auch die Europäische Grundrechtecharta die Menschenwürde in Art. 1 GRCh als grundlegenden Wert. Wenn die Mitgliedstaaten im Rahmen des gemeinsamen Europäischen Asylsystems Recht anwenden, dann sind sie dabei gem. Art. 51 der Grundrechtecharta auch an deren Vorgaben gebunden. Art. 1 GRCh beinhaltet ebenfalls das Grundrecht auf ein menschenwürdiges Existenzminimum[1373] und damit die Mindestgarantie

---

1370 *BVerfG*, 05.11.2019 – 1 BvL 7/16, NJW (2019), 3703 (3713, Rn. 193).

1371 Bei Empfängern von Analogleistungen gem. § 2 AsylbLG fällt dieser Betrag sogar noch höher aus, siehe dazu S. 329.

1372 *Wissenschaftlicher Dienst des Bundestages*, Sanktionen nach dem Asylbewerberleistungsgesetz, WD 3 – 3000 – 054/20, 13.03.2020, S. 18 f.; *Janda* (Fn. 1360), S. 109.

1373 *Frenz*, in: Pechstein/Nowak/Häde (Hrsg.), GRCh, 2017, Art. 1 GRCh, Rn. 41 mit Verweis auf *Jarass*, in: ders. (Hrsg.), 4. Aufl., 2021, Art. 1 GRCh, Rn. 11.

einer menschenwürdigen Grundversorgung für Asylbewerber.[1374] Zwar ist es mit der Menschenwürde in Art. 1 der GRCh grundsätzlich vereinbar, Leistungen auch als Sanktionsmaßnahme bei Fehlverhalten des Empfängers zu kürzen. Dies äußert sich bspw. in Art. 20 Abs. 4 der AufnahmeRL, wonach ein Leistungsentzug etwa bei groben Verstößen gegen Verhaltenspflichten in einer Aufnahmeeinrichtung möglich ist. Allerdings darf der Betroffene durch die Sanktion nicht derart umfassend getroffen werden, dass ihm nicht einmal mehr die Erfüllung elementarster Grundbedürfnisse wie die Ernährung, Hygiene oder ein Schlafplatz möglich sind.[1375] Eine derart scharfe Kürzung steht bei der Rechtsfolge des § 1a AsylbLG aktuell aber nicht zu befürchten. Die gekürzten Leistungen des § 1a Abs. 1 AsylbLG beinhalten immer noch solche für Ernährung, Unterkunft, Heizung und Hygiene. Sie erfüllen damit den menschenwürdigen Mindeststandard des Art. 1 GRCh.[1376] Wesentlich engere Grenzen setzt im Vergleich dazu Art. 1 Abs. 1 i.V.m. Art. 20 Abs. 1 GG aufgrund der engen Bindung verfassungsgemäßer Sanktionen an den Nachranggrundsatz.

4. *Weitere Sanktionstatbestände im AsylbLG*

Neben § 1a AsybLG hat der Gesetzgeber weitere Verhaltensweisen im AsylbLG normiert, die zu einer Leistungskürzung führen.

a) *Die Sanktionierung arbeits- und integrationsbezogener Mitwirkungspflichten (§§ 5 Abs. 4; 5a Abs. 3 und 5b Abs. 2 AsylbLG)*

Zu einer Leistungskürzung mit der Rechtsfolge des § 1a AsylbLG führt auch die Verletzung einer Pflicht zur Wahrnehmung einer Arbeitsgelegenheit in der Unterkunft gem. § 5 Abs. 4 AsylbLG[1377] sowie die Verletzung einer Pflicht zur Teilnahme an Maßnahmen, die gem. § 5a Abs. 2 AsylbLG[1378] der Vorbereitung auf den Arbeitsmarkt dienen. Gleiches gilt für eine Verletzung der Pflicht zur Teilnahme an einem Integrationskurs §§ 5b Abs. 2 AsylbLG i.V.m. § 44 Abs. 4 AufenthG[1379]. Anders als die Sanktionierung asyl- bzw. aufenthaltsrechtlicher

---

1374 *EuGH*, 27.02.2014 – C-79/13 (Saciri u. a.), EZAR NF 87 (Nr. 18), S. 5; *Bergmann*, in: Bergmann/Dienelt (Hrsg.), AuslR, 13. Aufl., 2020, Art. 1 GRCh, Rn. 3.

1375 *EuGH*, 12.11.2019 – C-233/18, via juris, Rn. 45; zur Verhältnismäßigkeit siehe auch *Jarass* (Fn. 1373), Art. 1 GRCh, Rn. 11.

1376 *Janda* (Fn. 1360), S. 111; *Ganter* (Fn. 1346), S. 118, a.A. *Kanalan* (Fn. 1260).

1377 Siehe zu dieser Mitwirkungspflicht S. 224 ff.

1378 Siehe dazu S. 226 f.

1379 Siehe dazu S. 227.

Mitwirkungspflichten enthalten diese Pflichten jedoch zumindest eine grundlegende Verbindung zum Nachranggrundsatz.[1380] Zwar vermag keine der in §§ 5 bis 5b AsylbLG genannten Pflichten den Lebensunterhalt der Leistungsempfänger vollumfänglich zu sichern. Allerdings dienen diese dem Grundsatz nach auch nur als erster Anknüpfungspunkt der Integration in den Arbeitsmarkt bzw. im Falle des Integrationskurses in die Gesellschaft. Nach den Vorgaben des BVerfG darf das Grundrecht auf ein menschenwürdiges Existenzminimum innerhalb bestimmter verfassungsrechtlicher Grenzen auch davon abhängig gemacht werden, dass der Empfänger an der langfristigen Beseitigung seiner Bedürftigkeit mitwirkt.[1381] Dies ist bei den §§ 5 bis 5b AsylbLG der Fall.[1382]

b) Die Sanktionierung der Verletzung räumlicher Aufenthaltspflichten und der Mitwirkungspflichten bei der Stellung eines Asylgesuchs (§ 11 Abs. 2; Abs. 2a AsylbLG)

§ 11 AsylbLG bündelt zwei weitere Sanktionstatbestände: die Verletzung räumlicher Aufenthaltsgebote (Abs. 2) sowie den Umstand, dass der Asylbewerber sich nicht zeitnah um einen Ankunftsnachweis bemüht (Abs. 2a).

aa) Leistungskürzungen aufgrund der Verletzung der Residenzpflicht (Abs. 2)

Gem. § 11 Abs. 2 AsylbLG führt die Verletzung der Residenzpflicht[1383] sowie der Pflicht zur Wohnsitznahme an einem bestimmten Ort[1384] dazu, dass dem Betroffenen an seinem tatsächlichen Aufenthaltsort durch die dort zuständige Behörde keine Leistungen gewährt werden dürfen, außer einer Beihilfe zur Rückreise in das vorgesehen Aufenthaltsgebiet. Darüber hinaus können nur im Einzelfall bei besonderen Umständen auch weitergehende Leistungen gewährt werden, wenn die sofortige Rückreise bspw. aus gesundheitlichen Gründen oder aufgrund der Gefahr häuslicher Gewalt durch den Ehepartner unzumutbar ist.[1385]

1380 Für die §§ 5a und 5b AsylbLG ähnlich auch *Voigt* (Fn. 1347), S. 19.
1381 *BVerfG*, 05.11.2019 – 1 BvL 7/16, NJW (2019), 3703 (3705, Rn. 126).
1382 *Ganter* (Fn. 1346), S. 117.
1383 Siehe dazu S. 197 ff.
1384 Siehe dazu S. 199.
1385 *Groth*, in: Coseriu/Siefert (Hrsg.), AsylbLG, 3. Aufl., 2020, § 11 AsylbLG, Rn. 51 f.; *Korff*, in: Rolfs/Giesen/Kreikebohm et al. (Hrsg.), 58. Ed. (01.09.2020), § 11 AsylbLG, Rn. 9.

Auf den ersten Blick ließe sich die Norm als bloße Regel der örtlichen Zuständigkeit der Sozialbehörde interpretieren, wonach ein Leistungsberechtigter den vollen Umfang der ihm zustehenden Leistungen nur bei der Behörde erhält, die für ihn örtlich zuständig ist.[1386] In der Rechtswirkung fungiert sie jedoch primär als „erzieherische Maßnahme",[1387] die den Adressaten dazu bewegen soll, an den ihm zugewiesenen Aufenthaltsbereich oder Wohnsitz zurückzukehren. Sie soll auf diese Weise unerwünschte Binnenwanderung verhindern.[1388] Es erscheint fraglich, ob diese Zielsetzung mit dem Grundrecht auf ein menschenwürdiges Existenzminimum vereinbar ist. Denn eine Sanktion mittels Sozialleistungskürzung darf gerade nicht als Instrument der „Bevormundung, Erziehung oder Besserung" missbraucht werden.[1389] Auch muss eine Sanktion darüber hinaus zur Zweckerreichung erforderlich sein. Den Behörden steht hier aber das Instrument des Verwaltungszwangs zur Verfügung, sie können Personen auch mittels unmittelbaren Zwangs gem. § 59 AsylG[1390] an einen bestimmten Ort zurückbringen.[1391]

bb) Leistungskürzungen aufgrund unzureichender Mitwirkung bei der Ausstellung des Ankunftsnachweises (Abs. 2a)

Der Sanktionstatbestand des § 11 Abs. 2a AsylbLG knüpft nicht wie Abs. 2 an die Verletzung räumlicher Aufenthaltsgebote an. Die Norm sanktioniert letztlich die Verletzung der Mitwirkung zu Beginn des Asylverfahrens: Gem. § 11 Abs. 2a AsylbLG erhalten Ausländer nur die gekürzten Leistungen des § 1a Abs. 1 AsylbLG, wenn ihnen noch kein Ankunftsnachweis gem. § 63a AsylG ausgestellt wurde. Jedoch verzichtet die Norm gem. § 11 Abs. 2a S. 2 AsylbLG auf die Kürzung der Leistung, wenn der Antragsteller erkennungsdienstlich behandelt und in die zuständige Aufnahmeeinrichtung verteilt wurde und der Ausländer die Verzögerung der Ausstellung des Ankunftsnachweises nicht zu vertreten hat. Zu vertreten hat er gem. § 11 Abs. 2a S. 3 AsylbLG insbesondere Mitwirkungspflichtverletzungen gem. § 15 AsylG.[1392] Es hätte daher nahegelegen, die

---

1386 So *Groth* (Fn. 1385), § 11 AsylbLG, Rn. 56; a.A. *LSG NRW*, 27.10.2006 – L 20 B 52/06 AY ER, via juris, Rn. 20; *OVG Lüneburg*, 11.08.1998 – 4 M 3575/98, via juris, Rn. 16; *Wahrendorf*, in: Grube/Wahrendorf/Flint (Hrsg.), 7. Aufl., 2020, § 11 AsylbLG, Rn. 4.

1387 *Voigt* (Fn. 1347), S. 19.

1388 *Leopold*, in: Grube/Wahrendorf/Flint (Hrsg.), 7. Aufl., 2020, § 11 AsylbLG, Rn. 6.

1389 *BVerfG*, 05.11.2019 – 1 BvL 7/16, NJW (2019), 3703 (3707, Rn. 141).

1390 Siehe dazu S. 310 f.

1391 Ebenfalls in diese Richtung argumentierend, allerdings für das Ausländerstrafrecht als Sanktion, *Hörich* (Fn. 97), S. 289, Fn. 1041.

1392 Siehe zu deren Inhalt und Analyse S. 111 ff.

Verletzung dieser Mitwirkungspflichten auch in diesem Fall als weiteren Tatbestand in § 1a AsylbLG zu normieren.[1393] Warum der Gesetzgeber die Sanktion des § 11 Abs. 2a AsybLG stattdessen gemeinsam mit der Sanktionierung räumlicher Pflichten in einem gemeinsamen § 11 als „ergänzende Bestimmungen" gefasst hat, bleibt unklar.

c) *Die Sanktionierung mangelnder Mitwirkung im Verfahren zur Gewährung von Sozialleistungen (§ 9 Abs. 3 S. 1 AsylbLG i.V.m. § 66 SGB I)*

Durch den Verweis des § 9 Abs. 3 S. 1 AsylbLG, der die Vorschriften der §§ 60-67 SGB I für entsprechend anwendbar erklärt, können Antragsteller auch durch Kürzungen oder den Entzug von Leistungen nach dem AsylbLG sanktioniert werden. Im Unterschied zu den Sanktionen des § 1a AsylbLG zielen diese nicht auf die mangelhafte Mitwirkung im Asylverfahren ab, sondern auf die mangelhafte Mitwirkung im sozialrechtlichen Verwaltungsverfahren zur Erlangung von Leistungen nach dem AsylbLG. Insoweit ist streng zu unterscheiden, *welche* Behörde zu *welchem* Zweck eine Mitwirkung von einem Ausländer verlangt.[1394] Geht es um die Durchsetzung asyl- oder aufenthaltsrechtlicher Mitwirkungspflichten, kann die Pflichtverletzung daher nur durch § 1a AsylbLG und nicht durch § 66 SGB I sanktioniert werden. Im Ergebnis führen aber die durch die verfassungsrechtliche Rechtsprechung entwickelten Grenzen der Kürzung von Sozialleistungen ohnehin dazu, dass ein vollständiger Ausschluss von den existenzsichernden Leistungen des AsylbLG, wie ihn der Wortlaut von § 66 Abs. 1 S. 1 SGB I vorsieht (die Behörde kann Leistungen „ganz" entziehen), regelmäßig nicht mit dem Grundrecht auf ein menschenwürdiges Existenzminimum vereinbar sein wird.[1395] Eine verfassungsgemäße Leistungskürzung gem. § 66 SGB I kommt daher im Ergebnis einer verfassungsgemäßen Kürzung nach § 1a AsylbLG in der Rechtsfolge gleich.

5. *Zwischenfazit*

Die Durchsetzung asyl- und aufenthaltsrechtlicher Mitwirkungspflichten mittels der Kürzung oder des vollständigen Entzugs von Sozialleistungen begegnet

1393 So auch *Groth* (Fn. 1385), § 11 AsylbLG, Rn. 64.

1394 *Groth*, in: Coseriu/Siefert (Hrsg.), AsylbLG, 3. Aufl., 2020, § 9 AsylbLG, Rn. 53; a.A. *Siefert* (Fn. 503), § 9 AsylblG, Rn. 21, wonach sich die Behörde jeweils individuell entscheiden kann, auf welche Rechtsgrundlage sie eine Leistungskürzung stützt.

1395 *Siefert* (Fn. 503), § 9 AsylblG, Rn. 21.

erheblichen verfassungsrechtlichen Bedenken. Dies liegt nicht nur daran, dass der Regelsatz des AsylbLG bereits für sich genommen sehr niedrig ausfällt und weitergehende Kürzungen hier das Maß dessen unterschreiten können, was der Mensch für eine materielle Existenz, aber vor allem für eine soziale Teilhabe in der Gesellschaft benötigt. Problematisch an den sozialrechtlichen Sanktionen des AsylbLG ist auch ihr tragender Grundgedanke, den Unwillen einer Person mittels einer materiellen Schlechterstellung zu brechen. Zwar erhält § 1a AsylbLG auch bei gekürzten Leistungen gerade so noch ein Leistungsniveau, bei dem der Betroffene nicht verhungert oder aufgrund von Obdachlosigkeit ernsthafte Schäden für Leib und Leben drohen. Jedoch ist bereits der Entzug des soziokulturellen Bestandteils ein schwerwiegender Eingriff in das menschenwürdige Existenzminimum[1396], der einzig mit dem Ziel erfolgt, den Willen des Betroffenen der staatlichen Migrationssteuerung zu unterwerfen. Ein derart autoritäres Staatsverständnis ist dem Grundgesetz fremd.[1397] Zwar ist der Impetus des Gesetzgebers nachvollziehbar und legitim, die Effizienz des Verwaltungsvollzugs gerade dort zu erhöhen, wo staatlichen Stellen aufgrund der zwingenden Mitwirkung der Betroffenen die Hände gebunden sind. Es mag aus Sicht des Gesetzgebers frustrierend sein, bspw. Abschiebungen über Jahre nicht vollziehen zu können, weil der Betroffene an der Beschaffung seines Passes nicht mitwirkt. Auch dass dies im öffentlichen Diskurs das Bild eines „schwachen Staates“ erzeugen und der Gesetzgeber so unter massiven politischen Druck geraten kann, leuchtet ein. All dies vermag aber die Vorgaben des Grundgesetzes zu den Grenzen einer Einschränkbarkeit des menschenwürdigen Existenzminimums nicht aufzuwiegen.[1398] Dazu trägt auch bei, dass die Wirksamkeit scharfer sozialrechtlicher Sanktionen als Durchsetzungsinstrument des Asylrechts bisher nicht empirisch belegt ist. Als bloße „Symbolgesetzgebung“ ohne nachgewiesene Wirksamkeit vermag ein solches System aber die verfassungsrechtlichen Vorgaben erst recht nicht zu erfüllen. Schließlich lassen sich die Sanktionen des AsylbLG auch nicht durch einen Vergleich mit denen des SGB II rechtfertigen. Denn diese können, trotz ihrer schwerwiegenden Beeinträchtigung des menschenwürdigen Existenzminimums, ihre Verfassungsmäßigkeit überhaupt nur deshalb wahren, weil sie einen engen Konnex zwischen der vorrangigen Möglichkeit der Selbsthilfe des Betroffenen und der Sanktion herstellen. Dieser bildet das notwendige Scharnier zwischen Pflicht und Sanktion, eben an diesem

1396 *BVerfG*, 05.11.2019 – 1 BvL 7/16, NJW (2019), 3703 (3704, Rn. 119).
1397 *BVerfG*, 05.11.2019 – 1 BvL 7/16, NJW (2019), 3703 (3705 f., Rn. 127).
1398 Kritisch dazu *Dietz* (Fn. 979), S. 732.

fehlt es im AsylbLG. Eine Ausnahme gilt hier lediglich für die Sanktionen der §§ 5; 5a und 5b AsylbLG, welche einen ersten Einstieg in die Teilhabe von Asylbewerbern am Arbeitsmarkt ermöglichen sollen und damit Ausdruck des Nachranggrundsatzes sind.

V. Der Verzicht auf einen Abschiebestopp als Sanktion: Priorisierungen bei der Abschiebepraxis

Eine zusätzliche Sanktionsmöglichkeit, die jedoch nicht explizit im Asyl- oder Aufenthaltsrecht normiert ist, ergibt sich aus den großzügigen staatlichen Ermessensregelungen bei der Erteilung von Duldungen. So kann die oberste Landesbehörde gem. § 60a Abs. 1 AufenthG aus völkerrechtlichen bzw. humanitären Gründen oder zur Wahrung politischer Interessen der Bundesrepublik von einem Vollzug der Abschiebung absehen. Dabei handelt es sich letztlich um eine politische Entscheidung, welche der Exekutive einen weiten Spielraum darüber überlässt, wie sie mit Ausländern, die keinen Anspruch auf eine Duldung oder gar einen Aufenthaltstitel haben, verfährt.[1399] Klassische Anwendungsfälle sind Menschen aus Krisenregionen, bei denen das BAMF bzw. ein Verwaltungsgericht festgestellt hat, dass die individuelle Bedrohungslage nicht derart hoch ist, dass diese einen Anspruch auf eine Duldung oder einen Aufenthaltstitel verschafft. Die Landesregierungen verzichten in derlei Fällen aus politischen Gründen dennoch oftmals auf eine Abschiebung gem. § 60a Abs. 1 AufenthG. Bis ca. 2016 war Afghanistan das prominenteste Beispiel dieser Praxis. Seitdem nehmen jedoch Abschiebungen nach Afghanistan wieder zu.[1400] Dies betrifft jedoch nicht grundsätzlich alle Afghanen, vielmehr haben die Länder gerade zu Beginn der Wiederaufnahme der Abschiebungen vor allem „Gefährder, Straftäter und hartnäckige Mitwirkungsverweigerer" abgeschoben.[1401] Mit dem Verzicht auf bzw. durch eine restriktivere Nutzung politisch intendierter Duldungen gem. § 60a Abs. 1 AufenthG verfügt der Gesetzgeber somit über ein weiteres Sanktionsinstrument für die Verletzung von Mitwirkungspflichten.

Dieses erweist sich aus rechtsstaatlicher Sicht für die Betroffenen aber als problematisch. Denn anders als bei den Sanktionen, die im Asyl-, AufenthG- oder AsylbLG normiert sind, fehlt es bei Sanktionen im Wege des politischen Ermessens an einer gewissen Vorhersehbarkeit, da sie lediglich von der aktuellen

1399 *Kluth/Breidenbach* (Fn. 258), § 60a AufenthG, Rn. 3.
1400 *Luther*, Ausgerechnet Afghanistan, ZEIT online vom 28.10.2015.
1401 *Geuther*, Unklare Gemengelage, deutschlandfunk.de vom 13.09.2017.

politischen Meinung der jeweiligen Landesregierungen abhängen. Ein gesetzlich normierter und damit transparenter Kriterienkatalog fehlt hier. Daher ist ein solcher Abschiebestopp als politische Entscheidung auch kaum gerichtlich überprüfbar.[1402] Der gerichtliche Rechtsschutz beschränkt sich allenfalls auf willkürliche oder diskriminierende Kriterien (wenn bspw. nur Angehörige einer bestimmten Religion keine Duldung erhielten).[1403] Darüber hinaus sind die Länder aber frei in der Wahl ihrer Kriterien und können daher auch „Mitwirkungsverweigerer" mit der Nichtgewährung einer solchen Duldung sanktionieren.[1404] Denn da es sich bei dieser Art Duldung nicht um eine Anspruchsduldung handelt, muss sich der Staat nicht rechtfertigen, wenn er eine Duldung *nicht* gewährt. Die Betroffenen sind damit der Exekutive aber weitgehend ausgeliefert und können nur auf deren „politische Mildtätigkeit" hoffen. Ob dies einer transparenten, rechtsstaatlichen Normierung von Regel und Sanktion entspricht, ist zweifelhaft.

1402 *Masuch/Gordzielik*, in: Huber (Hrsg.), AufenthG, 2. Aufl., 2016, § 60a AufenthG, Rn. 9.
1403 *Dollinger*, in: Bergmann/Dienelt (Hrsg.), AuslR, 13. Aufl., 2020, § 60a AufenthG, Rn. 9.
1404 Zu den unklaren Kriterien und der daraus folgenden Intransparenz kritisch *Ruttig*, Im Kreis der Intransparenz, taz.de vom 25.04.2018.

V. Teil: Ausblick und Fazit

A. „Den Rechtsstaat durchsetzen“: Das Vollzugsdefizit im Migrationsrecht und die politische Bedeutung der Rolle des Individuums im Verfahren

Die Untersuchung hat gezeigt, dass sich Mitwirkungspflichten und die mit ihnen korrespondierenden Sanktionen wie ein Netz durch das gesamte Asyl- und Aufenthaltsrecht ziehen. Von der Einreise über das Asylverfahren bis hin zur Ausreise und deren Durchsetzung werden Ausländer, und insbesondere Asylbewerber, in vielfältiger Weise in die staatliche Migrationssteuerung eingebunden und an zahlreichen Stellen zu einem Handeln, Dulden oder Unterlassen verpflichtet. Der wesentliche Grund dafür liegt sicherlich im starken Interesse des Staates begründet, seine ideale Vorstellung von der Steuerung von Migration auch in die Praxis umzusetzen.[1405] Gerade die Rückführung von Ausländern ohne Aufenthaltsrecht leidet an einem Vollzugsdefizit.[1406] Dies liegt (neben der fehlenden Kooperation der Herkunftsstaaten[1407]) auch daran, dass Identitätspapiere nicht vorhanden sind und die Herkunftsstaaten ihre Staatsbürger ohne diese nicht anerkennen.[1408] Die Beschaffung eines neuen Identitätspapiers wiederum hängt von der Mitwirkung des Ausländers ab, weshalb gerade die mangelhafte Mitwirkung bei der Passbeschaffung ein zentraler Grund des Vollzugsdefizits bei der Aufenthaltsbeendigung ist.[1409] Aber auch das Asylverfahrensrecht leidet an einem Vollzugsdefizit, was die Länge der Verfahren betrifft. So dauerten 2019 Asylverfahren immer noch sechs Monate, obwohl die Bundesregierung hier den Ansatz verfolgt, die Verfahrensdauer auf drei Monate zu verkürzen.[1410] Auch im Asylverfahren ist die Mitwirkung der Antragsteller essentiell. Äußern diese

---

1405 Siehe dazu grundlegend bereits *Thym* (Fn. 14), S. 324 ff.

1406 *Thym* (Fn. 295), S. 412.

1407 *ProAsyl*, Das angebliche »Abschiebungsvollzugsdefizit«: Statistisch fragwürdig, aber gut für Schlagzeilen, 14.07.2020.

1408 *Wissenschaftlicher Dienst des Bundestages* (Fn. 586), S. 3.

1409 *Bund-Länder Unterarbeitsgruppe Vollzugsdefizite*, Bericht über die Ergebnisse der Evaluierung des Berichts über die Probleme bei der praktischen Umsetzung von ausländerbehördlichen Ausreiseaufforderungen und Vollzugsmaßnahmen vom April 2011, April 2015, S. 11.

1410 *epd*, Dauer der Asylverfahren auf sechs Monate gesunken, tagesspiegel.de vom 11.02.2019.

bspw. an der Grenze nicht zeitnah ein Asylgesuch oder erscheinen sie nicht zu dem vorgegebenen Termin für die Stellung des Asylantrags, so verhindert dies einen möglichst effizienten und schnellen Verfahrensablauf. Zwar hängt die Dauer auch von anderen Gründen ab, bspw. der personellen Ausstattung des BAMF sowie der Höhe der Antragszahlen in einem bestimmten Zeitraum. Auch wenn die Ursachen des Vollzugsdefizits daher im Einzelnen umstritten sind und jedenfalls nicht monokausal auf die mangelhafte Mitwirkung der Betroffenen zurückgeführt werden können[1411], zeigen insbesondere die zahlreichen neuen Mitwirkungspflichten und deren Sanktionierung in den Asylreformgesetzen der letzten Jahre[1412], dass jedenfalls der Gesetzgeber die Mitwirkung als wichtige Stellschraube sieht, wenn es um die effizientere Durchsetzung migrationsrechtlicher Vorgaben geht.

Der mangelhafte Vollzug von Recht ist für sich genommen jedoch kein exklusives Phänomen des Migrationsrechts und konfrontiert die Gesellschaft auch nicht per se mit einem unhaltbaren oder unerträglichen Zustand. Auch in anderen Lebensbereichen werden rechtliche Vorgaben nicht immer stringent eingehalten und durchgesetzt, gerade wenn es dabei um die Mitwirkung der Bürger selbst geht. Bspw. kann der Staat nicht jedes Übertreten einer roten Fußgängerampel oder jeden Geschwindigkeitsverstoß mit einem Kraftfahrzeug flächendeckend überwachen und sanktionieren. Doch gerade im Bereich des Asylrechts fällt auf, dass es im politischen Diskurs der letzten Jahre mehr und mehr Appell gab, den „Rechtsstaat durchzusetzen“, womit in aller Regel auch eine effizientere Durchführung von Asylverfahren und Abschiebungen angesprochen war.[1413] Geht man nun davon aus, dass aus Sicht des Gesetzgebers die mangelhafte Mitwirkung der Asylbewerber ein zentraler Steuerungsansatz bei der Beseitigung dieses Vollzugsdefizits ist, so liegt es auf der Hand, dass sich der migrationspolitische Handlungsimpuls, den „Rechtsstaat durchzusetzen“ auch darin äußert, dass Ausländer verstärkt in die Pflicht genommen und schärfer sanktioniert werden. Mitwirkungspflichten und Sanktionen im Asyl- und Aufenthaltsrecht

---

1411 *ProAsyl* (Fn. 1407).

1412 Bspw. BT-Drs. 179/17, S. 20 f.; BT-Drs. 19/10047, S. 37 ff.

1413 Siehe dazu bspw. *CSU*, Rechtsstaat durchsetzen!, 18.05.2018 (abrufbar unter https://www.csu.de/aktuell/meldungen/mai-2018/rechtsstaat-durchsetzen/); *CDU*, Recht und Gesetz entschlossen durchsetzen, 04.05.2018 (abrufbar unter https://www.cdu.de/system/tdf/media/dokumente/180504_gesetz_und_recht.pdf?file=1&type=field_collection_item&id=14359); *FDP*, Wir brauchen Politiker, die den Rechtsstaat durchsetzen, 18.07.2018 (abrufbar unter https://www.fdp.de/asylpolitik_wir-brauchen-politiker-die-den-rechtsstaat-durchsetzen).

können daher nicht losgelöst von dieser migrationspolitischen Diskussion der letzten Jahre betrachtet werden. Dies wirft auch die Frage auf, inwieweit Sanktionen, die gerade im Bereich der sozialrechtlichen Leistungskürzung auch dem empirischen Kriterium der verfassungsrechtlichen Geeignetheit unterliegen[1414], dieses aus Sicht des Gesetzgebers überhaupt erfüllen sollen bzw. müssen oder ob Sanktionen im Asyl- und Aufenthaltsrecht nicht auch als migrationspolitische Symbolgesetzgebung fungieren, mit der der Staat vermeintliche Durchsetzungskraft und Handlungsfähigkeit in einem politisch aufgeheizten Feld signalisiert.

Eine solche Lesart des Begriffs der „Durchsetzung des Rechtsstaats" ist jedoch problematisch, da sie diesen inhaltlich einseitig verkürzt.[1415] Denn sicherlich ist es Teil des Rechtsstaats, dass die Verwaltung den gesetzlichen Handlungsauftrag der Legislative auch umsetzen kann und dies nicht an faktischen Hindernissen scheitert. Auch das Vertrauen der Bürger in die Funktionsfähigkeit des Staates lebt davon.[1416] Doch ist dies nicht die einzige Ebene der Rechtsstaatlichkeit. Das Prinzip umfasst mit der Bindung der Exekutive an Recht und Gesetz gem. Art. 20 Abs. 3 GG auch und insbesondere die Beachtung der Grundrechte der von staatlichen Maßnahmen betroffenen Personen.[1417] Scheitert eine Abschiebung an einem fehlenden Pass, so mag dies aus Sicht der aufenthaltsrechtlichen Verwaltung misslich sein. Der Grund dafür, dass ein Ausländer nur in bestimmten Grenzen zur Mitwirkung an der Passbeschaffung gezwungen werden kann, liegt jedoch im Schutz seiner Grundrechte und damit ebenfalls in einem tragenden Gedanken des Rechtsstaatsprinzips.[1418] Gleiches gilt für das Unionsrecht: Auch dieses ist Teil der normierten rechtsstaatlichen Ordnung und steht einer einseitigen Anwendung deutschen Verwaltungsrechts mitunter entgegen.[1419] Verzichtet die Verwaltung also auf Maßnahmen, welche die Grundrechte der Betroffenen verletzen oder europäische Vorgaben entgegen stehen würden, so handelt sie nicht *gegen*, sondern gerade als *Teil* des Rechtsstaates. Gleiches gilt für Verwaltungsgerichte, welche behördliche Entscheidungen korrigieren und auch für Anwälte, die im Verfahren auf die Rechte der Betroffenen

1414 Siehe dazu S. 347 ff.

1415 *Pichl*, Gefährliche Rede vom „Rechtsstaat", lto.de vom 27.02.2019; *Weidenbach*, Der neue Law-and-Order-Fetischismus, ZEIT online vom 25.05.2018.

1416 *Ahlswede*, ZAR 2019, 245 (246).

1417 *Huster/Rux* (Fn. 1364), Art. 20 GG, Rn. 169; *Grzeszick* (Fn. 1365), Art. 20 GG, Rn. 60; *Schulze-Fielitz*, in: Dreier (Hrsg.), GG, 3. Aufl., 2015, Art. 20 GG, Rn. 93.

1418 Siehe dazu etwa S. 167 ff.; S. 342 ff.

1419 *Voßkuhle*, NJW 2018, 3154 (3156 f.).

hinweisen. Sie sind kein Teil einer „Anti-Abschiebe-Industrie",[1420] sondern tragen letztlich zur Rechtsfindung im Einzelfall und damit zum Schutz des Rechtsstaats insgesamt bei.

B. Fördern statt fordern? Das Potenzial positiver Anreize als Steuerungsinstrument im Asyl- und Aufenthaltsrecht

Die Tatsache, dass die Durchsetzung von Mitwirkungspflichten mithilfe negativer (belastender) Sanktionen an grundrechtliche und faktische Grenzen stößt, wirft die Frage auf, ob zu einer Migrationssteuerung mittels Befehl und Sanktion mögliche Alternativen bestehen, deren Ergebnisse auch von den Betroffenen selbst stärker akzeptiert werden.[1421] Denn auch wenn man dem Gesetzgeber einen großen Spielraum bei der Sanktionierung von Mitwirkungspflichten im Asyl- und Aufenthaltsrecht mithilfe des Leistungsentzugs zubilligt,[1422] so verbleiben dennoch Fälle, in denen sich die Betroffenen trotz dieser Einschränkungen hartnäckig weigern ihren Mitwirkungspflichten nachzukommen.[1423] In diesen Fällen fehlt es dann nicht nur offensichtlich am verfassungsrechtlichen Kriterium der Geeignetheit der Sanktion[1424], sondern den staatlichen Stellen sind im Ergebnis bei der Migrationssteuerung auch die Hände gebunden. Für die Betroffenen bedeutet dies wiederum ein dauerhaftes Leben in einem aufenthaltsrechtlich[1425] und sozial prekären Zustand. Ein solches Ergebnis kann jedenfalls nicht im Sinne einer funktionalen Migrations- und Integrationssteuerung sein.

1420 So aber wörtlich der damalige Vorsitzende der CSU-Landesgruppe im Bundestag, Alexander Dobrindt. Siehe dazu *dpa via spiegel.de*, Dobrindt beklagt „Anti-Abschiebe-Industrie", spiegel.de vom 06.05.2018.

1421 Siehe zur Akzeptanz als verwaltungsrechtlichem Faktor *Zeccola*, DÖV 2019, 100 (107); speziell zur Akzeptanz der Ergebnisse eines Asylverfahrens *Hruschka*, Das Schweizer Asylverfahren, Jan. 2019, S. 4.

1422 So *BSG*, 12.05.2017 – B 7 AY 1/16 R, EZAR 87 (2018), S. 8.

1423 So weigerte sich der Kläger im Ausgangsfall der in Fn. 1422 zitierten BSG-Entscheidung über acht Jahre lang an der Passbeschaffung mitzuwirken, obwohl ihn die Ausländerbehörde insgesamt 19 Mal (!) dazu aufforderte, vgl. dazu *SG Cottbus*, 23.06.2016 – S 21 AY 98/13, via juris, Rn. 2.

1424 *Petersen* (Fn. 1363), S. 674.

1425 Diesen Effekt hat der Gesetzgeber jüngst mit der Duldung für Personen mit ungeklärter Identität (§ 60b AufenthG) noch einmal verstärkt, siehe dazu S. 285 ff.

I. Positive Anreize durch Rückkehrprogramme

Bund und Länder setzen für eine freiwillige Einbindung von Ausländern in die Migrationssteuerung zum einen auf finanziell unterstützende Rückkehrprogramme, auf die Empfänger von Leistungen nach dem AsylbLG gem. § 11 Abs. 1 AsylbLG hinzuweisen sind und auf deren Inanspruchnahme durch die Behörden in geeigneten Fällen hinzuwirken ist. Die Programme sehen eine Beratung und finanzielle Förderung bei der Ausreise und dem Ankommensprozess im Heimatstaat vor.[1426] Zu diesem Zweck statten die Länder bspw. Wohlfahrtsverbände[1427] mit finanziellen Mitteln aus[1428], damit diese Ausländer über die Unterstützungsmöglichkeiten für ihre Rückkehr in ihr Heimatland informieren und beraten können.[1429] Zudem unterstützt der Bund rückkehrwillige Ausländer im Rahmen des Programms „REAG/GARP"[1430] (teilweise ergänzt durch das Programm „Starthilfeplus"[1431]) direkt mit finanziellen Mitteln. Der Bund übernimmt in diesen Fällen die Reise- bzw. Flugkosten und zahlt pro Einzelperson bis zu 1000 Euro „Starthilfe" im Heimatstaat (bzw. maximal 3500 Euro pro Familie).[1432] Das Programm „Starthilfeplus" verdeutlicht diesen steuernden Anreizcharakter noch stärker, indem es speziell für Asylbewerber mit niedrigen

---

1426 Dies darf jedoch nicht darüber hinwegtäuschen, dass das Ziel der Beratung und Rückkehrförderung nicht das subjektive Interesse der Ausländer, sondern die Effizienzsteigerung bei der Rückführung und damit das staatliche Migrationssteuerungsinteresse ist, vgl. *Groth* (Fn. 1385), § 11 AsylbLG, Rn. 32.

1427 Siehe für das Beispiel der Caritas etwa unter https://www.caritas-karlsruhe.de/hilfen-und-beratung/menschen-mit-migrationsgeschichte/der-oekumenische-migrationsdienst/rueckkehrberatung-und-rueckkehrhilfen/rueckkehrberatung-und-rueckkehrhilfen.

1428 Rechtsgrundlage dieser Finanzierung ist bspw. in Baden-Württemberg die Richtlinie des Innenministeriums für die Gewährung von Zuwendungen zur Förderung der freiwilligen Rückkehr (Zuwendungsrichtlinie Rückkehrförderung) in Verbindung mit den einschlägigen haushaltsrechtlichen Rechtsgrundlagen, siehe dazu unter https://www.foerderdatenbank.de/FDB/Content/DE/Foerderprogramm/Land/Baden-Wuerttemberg/landesfoerderung_freiwillige_Rueckkehr.html.

1429 Siehe für eine Übersicht der Programme *Groth* (Fn. 1385), § 11 AsylbLG, Rn. 37 ff.

1430 Reintegration and Emigration Programme for Asylum-Seekers in Germany (REAG) / Government Assisted Repatriation Programme (GARP).

1431 Siehe dazu unter https://www.bamf.de/DE/Themen/Rueckkehr/StarthilfePlus/starthilfeplus-node.html.

1432 Vgl. dazu die Förderrichtlinie des Programms REAG/GARP unter https://www.foerderdatenbank.de/FDB/Content/DE/Foerderprogramm/Bund/BAMF/reag-garp-programm-2019.html.

Erfolgsaussichten im Verfahren eine höhere Unterstützung (1200 Euro pro Person ab 12 Jahren) gewährt, wenn die Person bereits im laufenden Verfahren und nicht erst nach Verfahrensabschluss wieder ausreist.[1433] Eine erste Evaluation dieses Programms lässt jedoch Zweifel an der Bedeutung der finanziellen Anreize für die Ausreisemotivation aufkommen. Demnach vermag eine finanzielle Unterstützung bei der Rückreise nur in seltenen Fällen einen grundsätzlichen Ausreiseimpuls zu setzen. Sie kann zwar bei Personen, die eine Ausreise bereits in Erwägung ziehen, deren Entscheidung verfestigen.[1434] Wichtigstes Motiv für die Rückreise war jedoch insgesamt eine mangelnde Bleibeperspektive, gefolgt von einem Gefühl, sich „nicht zu Hause zu fühlen".[1435] Gesetzgeber und Verwaltung, die an einer Durchsetzung der Ausreise interessiert sind, stellen diese Befunde vor ein Dilemma. Denn sie legen nahe, dass primär die gezielte Schaffung prekärer Aufenthaltssituationen letztlich einen Ausreiseimpuls setzen kann. Eine solche Strategie beinhaltet jedoch die Gefahr, dass die Betroffenen trotz systematischer und gezielter Verschlechterung ihrer Bleibeperspektive nicht ausreisen und sich daraus dann jene prekäre Aufenthaltsperspektive weiter verfestigt, die weder im Sinne staatlicher Migrationssteuerung, noch der Interessen der betroffenen Ausländer selbst sein kann (siehe oben).

II. Positive Anreize am Beispiel der Ausbildungsduldung

Dies wirft die Frage auf, ob neben negativ wirkenden Sanktionen und einer positiven Förderung der Ausreise möglicherweise auch positiv wirkende Anreize für die asyl- und aufenthaltsrechtliche Mitwirkung gesetzt werden können, die nicht auf eine Beendigung des Aufenthalts abzielen. Diesen Ansatz hat der Gesetzgeber in jüngerer Zeit mit der Ausbildungsduldung des § 60c AufenthG verfolgt. Er verkörpert die Möglichkeit der Transformation des Aufenthaltszwecks nach erfolglos abgeschlossenem Asylverfahren in einen Aufenthalt zum Zwecke der Erwerbstätigkeit.[1436] Allerdings hält der Gesetzgeber weiterhin auch stark an negativ wirkenden Sanktionen fest, bspw. mit der zeitgleich eingeführten Duldung für Personen mit ungeklärter Identität gem. § 60b AufenthG.[1437]

1433 https://www.bmi.bund.de/SharedDocs/pressemitteilungen/DE/2017/01/starthilfe-plus.html.

1434 *Schmitt/Bitterwolf et al.*, Geförderte Rückkehr aus Deutschland: Motive und Reintegration, 2019, S. 5.

1435 *Schmitt/Bitterwolf et al.* (Fn. 1434), S. 40 f.

1436 *Kluth*, ZAR 2019, 1305 (1309).

1437 Siehe S. 285 ff.

Diese beiden Duldungsformen stehen auch sinnbildlich für eine Strategie von „Zuckerbrot und Peitsche".[1438] Denn eine Ausbildungsduldung kann nicht erlangen, wer gem. § 60c Abs. 2 Nr. 1 i.V.m. § 60a Abs. 6 AufenthG über seine Identität oder Staatsangehörigkeit getäuscht hat oder bei wem gem. § 60c Abs. 2 Nr. 3 AufenthG die Identität nicht geklärt ist. Letzteres Kriterium ist jedoch unschädlich, wenn der Betroffene alle ihm zumutbaren Maßnahmen zur Identitätsklärung unternommen hat. Von ihm wird also nicht der Erfolg der Identitätsklärung verlangt, sondern nur, dass er sich darum bemüht.[1439] Beide Ausschlusstatbestände zeigen, dass das Konzept der Ausbildungsduldung die aktive Mitwirkung und Bemühung um die Identitätsklärung mit einem Zugang zu einer Ausbildung belohnt. Spiegelbildlich dazu sanktioniert die Duldung für Personen mit ungeklärter Identität (§ 60b AufenthG) die Verletzung von Mitwirkungspflichten, indem sie eine Erwerbstätigkeit strikt verbietet und zugleich die Anrechnung von „Vorduldungszeiten" sperrt, die der Ausländer benötigt, um aus der Duldung heraus einen besseren Rechtsstatus erlangen zu können.[1440] Beide Normen ergänzen sich somit, indem sie den Betroffenen durch die Kombination positiver und negativer Anreize zu einer Mitwirkung bei der Passbeschaffung bzw. Identitätsklärung bewegen sollen.

III. Das Dilemma der Betroffenen: Die Mitwirkungsverweigerung als „rettender Strohhalm"

Diese Kombination aus positiven und negativen Anreizen für die Mitwirkung erscheint grundsätzlich schlüssig. Sie sieht sich aber mit einem entscheidenden Problem konfrontiert. Denn der Ausbildungsduldung und auch der Duldung als solcher ist inhärent, dass die Person kein Aufenthaltsrecht besitzt und weiterhin ausreisepflichtig ist, der Aufenthalt aber aus faktischen oder rechtlichen Gründen nicht beendet werden kann. Das heißt, das ursprüngliche gesetzliche Ziel in diesen Fällen ist die Beendigung des Aufenthalts, der aber an der fehlenden Mitwirkung des Betroffenen scheitert. Um diese Mitwirkung zu erreichen, muss das Recht entsprechende Anreize in Gestalt einer Aufenthaltsperspektive setzen. Dies widerspricht jedoch dem eigentlichen Ziel der Aufenthaltsbeendigung. All

1438 Siehe zu dieser binären Ausdifferenzierung der Duldung *Nachtigall* (Fn. 1083), S. 276.

1439 Siehe dazu auch *Dollinger*, in: Bergmann/Dienelt (Hrsg.), AuslR, 13. Aufl., 2020, § 60c AufenthG, Rn. 33 ff., wonach es sich dabei um einen Ausdruck des Verhältnismäßigkeitsprinzips handelt, da von niemandem ein Erfolg verlangt werden dürfe, wenn dieser nicht in allein in seinem Einflussbereich liegt.

1440 Siehe dazu S. 287 f.

dies weiß auch der betroffene Ausländer, sodass sich für ihn die paradoxe Situation ergibt, dass er nur durch die Mitwirkung an der Identitätsklärung eine Bleibeperspektive erreichen kann, sich damit aber zugleich der Gefahr einer Abschiebung aussetzt. Gleichzeitig erweist es sich aus Sicht der staatlichen Migrationssteuerung aber auch als problematisch, ab dem Moment der Mitwirkung gänzlich auf eine Durchsetzung der Aufenthaltsbeendigung zu verzichten. Denn dies liefe im Ergebnis darauf hinaus, dass ein Ausländer ohne jedwede Bleibeperspektive sich diese durch die bloße Mitwirkungsverweigerung und das anschließende Nachholen der Mitwirkung „erzwingen" könnte. Dies wiederum stellt die staatliche Migrationssteuerung vor ein Dilemma: Will man die Mitwirkung hartnäckiger Mitwirkungsverweigerer erreichen, indem man diesen eine Aufenthaltsperspektive als „Belohnung" in Aussicht stellt, so mag dies zwar die unbefriedigende Situation perspektivloser Kettenduldungen beenden. Zugleich verbleibt als Kriterium der Migrationssteuerung dann aber allein der Umstand, dass eine Person mitwirkt. Eine staatliche Entscheidungshoheit anhand inhaltlicher Kriterien, sowie die klassische Trennung zwischen Asyl- und Erwerbsmigration, wird dagegen geschwächt. Auch stellt der Staat mit dieser Herangehensweise unter Umstände im Ergebnis Mitwirkungsverweigerer besser als jene Ausländer, die keine Bleibeperspektive haben, dennoch pflichtgemäß am Verfahren mitwirken und somit direkt abgeschoben werden können. Das migrationspolitische Signal und der Anreiz,[1441] der von einer solchen Praxis ausgeht, könnte also sein: Wenn ein Ausländer es nur irgendwie nach Deutschland schafft, die Passbeschaffung verweigert und diese anschließend nachholt, so ist dies erfolgsversprechender als eine Befolgung der Regeln von Beginn an.

Eine Verbesserung der individuellen Mitwirkung im Verfahren mithilfe positiver Anreize sieht sich daher insgesamt mehrerer Bedenken ausgesetzt. Sinnvoll erscheint es daher, auch andere Hindernisse bei der Aufenthaltsbeendigung in den Blick zu nehmen, vor allem die mangelnde Kooperation der Herkunftsstaaten. Denn hier lässt sich durchaus mit positiven Anreizen ansetzen. So sind bspw. Abkommen mit den Herkunftsstaaten denkbar, welche diesen für eine zuverlässige Kooperation bei der Rückführung Einreisekontingente für deren Staatsbürger in Aussicht stellen.[1442] Bspw. könnte Deutschland für jeden zurückgeführten

1441 So hat sich bereits in der Vergangenheit gezeigt, dass Asylbewerber ihre „Strategien" im behördlichen Verfahren anhand der Frage anpassen, welches Verhalten am meisten Erfolg bei der Sicherung des Aufenthalts verspricht, vgl. *Thym* (Fn. 14), S. 326.

1442 Siehe dazu *Knaus*, Welche Grenzen brauchen wir?, 2020, S. 226 ff. am Beispiel Gambias.

Staatsbürger ein Visum zum Zwecke der beruflichen Ausbildung in Deutschland vergeben. Dies löst freilich nicht das Dilemma der Menschen, die sich bereits in Deutschland befinden und nur durch die Verweigerung der Mitwirkung ihre Abschiebung verhindern. Es kann aber möglicherweise Personen, die sich mit einem Auswanderungswunsch nach Europa tragen, dazu ermutigen, eher den Weg der regulären Zuwanderung mit einer längerfristigen Ausbildungs- und Bleibeperspektive einzuschlagen.

C. Zu den möglichen Auswirkungen einer europäischen Asylverfahrensverordnung auf die Mitwirkungspflichten und Sanktionen

Eine Debatte über eine grundlegende Reform des Asylrechts, die über eine punktuelle Ergänzung einzelner Normen hinausgeht, wird aktuell vor allem auf der Ebene des Unionsrechts geführt. Bereits 2016 legte die EU-Kommission den Entwurf einer neuen Asylverfahrensverordnung vor[1443], mit der die bisherige AsylverfahrensRL 2013/32/EU durch einen unmittelbar anwendbaren und damit einheitlicheren Rechtsakt ersetzt werden sollte. Dieser Entwurf hat 2020 weitere Ergänzungen erfahren.[1444] Hier stellt sich die Frage, inwieweit er auch Vorschläge für weitere Mitwirkungspflichten und Sanktionen enthält.

Bereits die aktuelle AsylverfahrensRL 2013/32/EU hat in Art. 13 mehrere Mitwirkungspflichten normiert, darunter die Pflicht zum Erscheinen bei einer zuständigen Behörde (Art. 13 Abs. 2 lit. a) AsylverfahrensRL) und die Pflicht zur Aushändigung verfahrensrelevanter Dokumente (Art. 13 Abs. 2 lit. b) AsylverfahrensRL).[1445] Letztere hat der deutsche Gesetzgeber in § 15 AsylG umgesetzt.[1446] Auch die Pflicht zum pünktlichen Erscheinen bei den zuständigen Behörden findet sich in mehreren Normen des AsylG.[1447] Der Entwurf der Asylverfahrensverordnung greift die Pflichten zur Aushändigung von Dokumenten

---

1443 Vorschlag für eine VERORDNUNG DES EUROPÄISCHEN PARLAMENTS UND DES RATES zur Einführung eines gemeinsamen Verfahrens zur Gewährung internationalen Schutzes in der Union und zur Aufhebung der Richtlinie 2013/32/EU (2016/0224) (13.07.2016).

1444 Amended proposal for a REGULATION OF THE EUROPEAN PARLIAMENT AND OF THE COUNCIL establishing a common procedure for international protection in the Union and repealing Directive 2013/32/EU (2016/0224) (23.09.2020).

1445 Siehe zu Art. 13 AsylverfahrensRL auch S. 96 f.

1446 Siehe dazu S. 116 ff.

1447 Siehe dazu S. 186 ff.

ebenfalls auf (Art. 7 Abs. 2 des Entwurfs einer AsylverfahrensVO 2016/0224), ebenso wie die Pflicht zur Meldung des räumlichen Aufenthalts in Art. 13 Abs. 2 lit. c) AsylverfahrensRL, die sich nun in Art. 7 Abs. 4 AsylverfahrensVO 2016/0224 findet. Neu ist dagegen eine ausdrücklich normierte Pflicht, seinen Asylantrag im Staat der Ersteinreise zu stellen (Art. 7 Abs. 1 AsylverfahrensVO 2016/0224). Auch statuiert der Entwurf eine ausdrückliche Pflicht, in diesem Staat auch zu verbleiben (Art. 7 Abs. 5 AsylverfahrensVO 2016/0224) und sich dort bei den Behörden regelmäßig zu melden (Art. 7 Abs. 6 AsylverfahrensVO 2016/0224). Der europäische Gesetzgeber zeigt mit diesen neuen Pflichten, dass er künftig die Asylbewerber selbst auch verstärkt bei der Bekämpfung der innereuropäischen Sekundärmigration einbinden möchte.

Im Bereich der Sanktionen enthält der Entwurf in Art. 39 AsylverfahrensVO 2016/0224 ebenfalls die bereits aus Art. 28 der AsylverfahrensRL bekannte und in § 33 AsylG umgesetzte Beendigung des Asylverfahrens aufgrund des „Nichtbetreibens".[1448] Diese Sanktion führt zu einer Einstellung des Verfahrens, wenn der Asylbewerber keinen formellen Asylantrag stellt (Art. 39 Abs. 1 lit. a) AsylverfahrensVO 2016/0224), nicht ausreichend mit den Behörden kooperiert (Art. 39 Abs. 1 lit. c) AsylverfahrensVO 2016/0224) oder auch seiner Meldepflicht im für sein Verfahren gem. Art. 7 Abs. 5 AsylverfahrensVO 2016/0224 zuständigen Mitgliedstaat nicht nachkommt (Art. 39 Abs. 1 lit. f) AsylverfahrensVO 2016/0224). All diese Tatbestände finden sich aber bereits heute in § 33 Abs. 2 AsylG. Auch hier führt die Verletzung von verfahrensrechtlichen Mitwirkungspflichten oder räumlichen Aufenthaltspflichten zur Einstellung des Asylverfahrens (§ 33 Abs. 5 S. 1 AsylG).

Für das deutsche Asylverfahrensrecht bringt der Entwurf einer neuen Asylverfahrensverordnung der EU daher nach aktuellem Stand (April 2021), abgesehen von einer stärkeren Mitwirkung zur Vermeidung von Sekundärmigration, keine wesentlichen Änderungen der Mitwirkungspflichten und ihrer Sanktionierung mit sich. Gleichwohl wirft die Transformation der AsylverfahrensRL in die Rechtsform der Verordnung die Frage auf, ob die Rechtsprechung des EuGH künftig einheitlichere Standards zwischen den Mitgliedstaaten bei der Anwendung des Asylverfahrensrechts herausbilden wird.

1448 Siehe dazu S. 274 ff.

D. Zusammenfassung der Ergebnisse

Mitwirkungspflichten und Sanktionen sind ein zentrales Element staatlicher Migrationssteuerung. Ihre Aktualität und Bedeutung ergibt sich nicht zuletzt aus dem rechtspolitischen Diskurs im Zuge der sogenannten Flüchtlingskrise 2015/2016, welche den Gesetzgeber auch dazu gebracht hat, zahlreiche neue Mitwirkungs- und Sanktionsnormen zu schaffen. Diese Entwicklungen waren Anlass mit der vorliegenden Arbeit danach zu fragen, was der Gesetzgeber von Ausländern bei der Migrationssteuerung im Einzelnen verlangt, mit welchen Sanktionen er Pflichtverletzungen ahndet, aber auch, an welche Grenzen er dabei stößt.

- Der Vollzug und die effiziente Umsetzung asyl- und aufenthaltsrechtlicher Vorgaben stehen zunächst in einer inhaltlichen Nähe zum verfassungsrechtlichen Auftrag des Staates, die öffentliche Sicherheit und Ordnung zu schützen. Die Erfüllung von Mitwirkungspflichten als Voraussetzung der Migrationssteuerung berührt daher elementare Sicherheitsinteressen von Staat und Gesellschaft. Auch die historische Genese des Aufenthaltsrechts als Teil des Gefahrenabwehrrechts bestätigt diese Standortbestimmung der dort normierten Mitwirkungspflichten. Das Aufenthalts- und Asylrecht ist in weiten Teilen immer noch prototypisch für die Ordnungsverwaltung. Versteht man die Gewährung von Aufenthaltsrechten darüber hinaus aber auch als staatlich zu vergebende Ressource, so lassen sich im Aufenthalts- und insbesondere im Asylverfahrensrecht auch Elemente der Leistungsverwaltung ausmachen. Mitwirkungspflichten dienen daher nicht nur polizeilicher Kontrolle und damit der Gefahrenabwehr, sondern vor allem im Asylverfahren auch der Förderung der Verfahrenseffizienz, indem der Asylbewerber bspw. Informationen und Beweismittel beiträgt und durch seinen Sachvortrag überhaupt erst eine valide Tatsachenbasis für die behördliche Entscheidung über die Begründetheit des Asylantrags schafft. Mitwirkungspflichten im Asyl- und Aufenthaltsrecht bewegen sich somit in einem weiten Spektrum zwischen Verfahrenseffizienz und Gefahrenabwehr.
- Die Rolle der Mitwirkungspflichten steht in einem wechselseitigen Verhältnis zum Amtsermittlungsgrundsatz. Dieser bildet das verfassungs- und unionsrechtlich begründete Fundament der Tatsachenermittlung im Verwaltungsverfahren und damit auch im Asyl- und Aufenthaltsrecht. Zugleich stößt der Amtsermittlungsgrundsatz jedoch an faktische und rechtliche Grenzen. Auch wenn die Behörde als „Herrin des Verfahrens“ die grundlegende Verantwortung für die Sachverhaltsaufklärung und generell die Durchführbarkeit des

Verfahrens trägt, so kann sie doch in bestimmten Aspekten auf die Mitwirkung des Beteiligten angewiesen sein.

- Mitwirkung stellt insbesondere im Asylverfahren nicht nur eine Pflicht, sondern auch ein subjektives Recht der betroffenen Personen dar. Erst durch die Möglichkeit eines subjektiven Anspruchs darauf, ein Verfolgungsschicksal im Rahmen eines formellen Verfahrens vortragen und untermauern zu können, lassen sich materielle Rechte auf humanitären Schutz realisieren.
- Systematisierend lassen sich Mitwirkungspflichten im Asyl- und Aufenthaltsrecht in drei Kategorien unterteilen. Die erste Kategorie bilden die verfahrensbezogenen Mitwirkungspflichten. Diese umfassen jedes Handeln, Dulden oder Unterlassen, das zur Schaffung einer Beweis- und Entscheidungsgrundlage im aufenthalts- und vor allem asylrechtlichen Verfahren beiträgt. Sie machen quantitativ den größten Anteil der Mitwirkungspflichten im aus. Die zweite Kategorie bilden räumliche Ge- und Verbote, mit denen der Gesetzgeber den Aufenthaltsort von Ausländern innerhalb des Bundesgebiets steuert. Jedoch beinhalten auch einige verfahrensbezogene Pflichten räumliche Gebote, etwa dann, wenn ein Ausländer sich für eine Antragstellung zu einer bestimmten Behörde begeben muss. Beide Kategorien lassen sich daher nicht immer trennscharf unterscheiden. Eine dritte, quantitativ weniger bedeutsame Kategorie bilden Pflichten bei der Integration.
- Eine zentrale Funktion der verfahrensbezogenen Pflichten ist die Informationsbeschaffung aus der Sphäre des Ausländers. Im Asylverfahren gilt dies vor allem für die Gründe, die zur Flucht geführt haben und letztlich darüber entscheiden, ob eine begründete Furcht vor Verfolgung gegeben ist. Da es sich beim Asylverfahren um ein Antragsverfahren handelt, ist die Mitwirkung des Antragstellers zudem erforderlich, um überhaupt ein Verfahren einzuleiten. Aber auch das aufenthaltsrechtliche Verfahrensrecht ist auf Informationen angewiesen, die aus dem Wissensmonopol des Antragstellers stammen. Dies betrifft bspw. Nachweise über die berufliche Eignung für ein Visum zum Zwecke der Erwerbstätigkeit oder auch Informationen über Familienbeziehungen für ein Visum zum Zwecke des Ehegattennachzugs. Da das AufenthG aber auch die Aufenthaltsbeendigung regelt und diese in der Praxis oft an fehlenden Passpapieren scheitert, ist zudem die Mitwirkung bei der Passbeschaffung ein wichtiges Anwendungsfeld von Mitwirkungspflichten im Verwaltungsverfahren. Diese können jedoch teilweise mit deutschem Verfassungsrecht kollidieren, bspw. bei dem Zwang zur Abgabe einer Erklärung über die

Freiwilligkeit der Ausreise oder dem Zwang, für ein Passbild entgegen der eigenen religiösen Überzeugung ein Kopftuch anlegen zu müssen.

- Räumliche Pflichten verfolgen überwiegend das Ziel der Möglichkeit eines behördlichen Zugriffs auf Ausländer. Dies dient zum einen der Verfahrenseffizienz. Nur wenn die zuständige Behörde Kenntnis vom Aufenthaltsort eines Ausländers hat, kann sie ihn bei der Durchführung eines (Asyl-)Verfahrens mit einbeziehen. Räumliche Pflichten kommt in diesen Fällen eine flankierende Funktion für die verfahrensbezogenen Mitwirkungspflichten zu, deren Erfüllung ohne räumliche Verfügbarkeit der Verpflichteten oft nicht möglich ist. Ein weiterer wichtiger Zweck räumlicher Pflichten ist die Gefahrenabwehr. Gerade im Ausweisungsrecht sieht der Gesetzgeber die Möglichkeit strengerer Aufenthaltspflichten vor, die den erlaubten Aufenthalt eines Ausländers auf einen bestimmten begrenzten Teil des Bundesgebiets ermöglichen. Dies dient zum einen der erleichterten polizeilichen Überwachung bis zum Zeitpunkt der Ausreise, sodass räumliche Aufenthaltspflichten (gerade in Fällen einer Ausweisung aufgrund schwerwiegender Gefahren für die öffentliche Sicherheit) auch durch Meldepflichten oder elektronische Fußfesseln kontrolliert werden können. Zugleich erfüllen räumliche Pflichten aber auch eine kriminalpräventive Funktion, wenn der Aufenthalt an bestimmten kriminalitätsbelastenden Orten unterbunden wird.

- Die integrationsbezogenen Mitwirkungspflichten konzentrieren sich im Wesentlichen auf die verpflichtende Teilnahme an einem Integrationskurs sowie (im Falle von Asylbewerben) auf niedrigschwelligen Arbeitsgelegenheiten. Beide Maßnahmen sollen eine verbesserte Möglichkeit zur Teilhabe von Ausländern am sozialen und wirtschaftlichen Leben in der Bundesrepublik ermöglichen. Im Fall der Integration durch die verpflichtende Vermittlung gesellschaftlicher Werte stößt die Integrationssteuerung mittels Mitwirkungspflichten jedoch an Grenzen. Zwar kann der Gesetzgeber Ausländer zur Teilnahme an entsprechenden Kursen verpflichten und das dort vermittelte Wissen auch mittels verpflichtender Tests abfragen. Er kann dadurch jedoch keine *innere Mitwirkung* im Sinne eines Bewusstseins- bzw. Meinungswandels erzwingen. Die gesetzgeberische Möglichkeit integrationsbezogener Mitwirkungspflichten beschränkt sich daher auf Pflichten, die eine Integration *nach außen erkennbar* nachweisen sollen.

- Neben spezifischen Grenzen der Mitwirkung im jeweiligen konkreten Regelungsbereich existieren aber auch übergeordnete limitierende Prinzipien bei der Bestimmung der Reichweite von Mitwirkungspflichten. Dies betrifft zum einen die subjektive Zumutbarkeit der Mitwirkung. Anders als das Strafprozessrecht kennt das Migrationsrecht keinen allgemeinen Grundsatz der Unzumutbarkeit des Zwangs, an negativen Rechtsfolgen gegen sich selbst mitwirken zu müssen. Der Gedanke, dass ein solcher Zwang gegen den eigenen „Selbsterhaltungstrieb" verstößt, ist jedoch im Rahmen der Zumutbarkeit der Mitwirkung zu berücksichtigen, etwa dann, wenn der Betroffene an der eigenen Abschiebung mitwirken soll und dies für ihn objektiv nachweisbar eine schwerwiegende psychische Belastung darstellt. Zum anderen können sich grundsätzliche Probleme aber auch aus einer divergierenden Interpretation unbestimmter Rechtsbegriffe ergeben. Im Verwaltungsverfahren als Kommunikationsakt zwischen Behörde und Verpflichtetem ist daher auch eine besondere Sensibilität für die unterschiedlichen kulturellen Hintergründe und dadurch bedingten Vorannahmen der Beteiligten erforderlich.

- Unter dem Begriff der Sanktion versteht die vorliegende Arbeit einen aufgrund eines bestimmten Verhaltens anzuordnenden Rechtsnachteil. Jedoch lässt sich das Verhältnis von Mitwirkungspflichten zu Sanktionen nicht immer trennscharf abgrenzen. So können Sanktionen, die als Folge einer Pflichtverletzung angeordnet werden, ihrerseits neue Pflichten beinhalten oder bereits bestehende Pflichten verschärfen, auf deren Verletzung als Sanktion wiederum weitere Pflichten und Gebote folgen. Daher bedingen Pflichtverletzungen nicht nur einseitig Sanktionen. Beide Normtypen sind vielmehr in einem komplexen wechselseitigen Geflecht miteinander verbunden.

- Sanktionen lassen sich (ähnlich wie Mitwirkungspflichten) anhand ihres Wirkungsbereichs in übergeordnete Kategorien einteilen. Demnach existieren zum einen verfahrensbezogene Sanktionen, deren Wirkung in einer für den Betroffenen negativen Rechtsfolge in einem asyl- oder aufenthaltsrechtlichen Verwaltungsverfahren besteht. Die zweite Kategorie bilden räumliche Sanktionen, welche die räumliche Fortbewegungsfreiheit aufgrund eines Fehlverhaltens beschränken. Als weiteres Sanktionsinstrument bedient sich das Asyl- und Aufenthaltsrecht auch verschiedener Straftatbestände. Eine besonders umstrittene Sanktionskategorie bilden schließlich die sozialrechtlichen Sanktionen, welche als Rechtsfolge eine Kürzung sozialer Leistungen anordnen. Neben ihrem Wirkungsbereich lassen sich Sanktionsnormen aber auch anhand ihres Zwecks systematisieren. Dabei ist zwischen präventiven, repressiven und restitutiven Sanktionen zu unterscheiden. Während präventive Sanktionen vor einem Normbruch abschrecken sollen, wirken repressive Sanktionen als abstrakter „Schuldausgleich" nach einem Normbruch. Sie unterscheiden sich dadurch wiederum von restitutiven Sanktionen, deren

Zweck in der konkreten Wiederherstellung eines rechtskonformen Zustands oder der Entlastung staatlicher Verwaltungsressourcen besteht.

- Verfahrensbezogene Sanktionen finden vor allem im Asylverfahren umfangreich Anwendung. Der Gesetzgeber sieht zum einen verschiedene Möglichkeiten vor, ein Asylverfahren „abzukürzen" oder vorzeitig zu beenden, etwa indem er den Asylantrag als unzulässig oder offensichtlich unbegründet einstuft. Diese Sanktionen sollen den Antragsteller nicht nur präventiv vor einer Verletzung seiner Mitwirkungspflichten abschrecken, sondern auch restitutiv Kapazitäten in der Verwaltung wiederherstellen, indem diese von Verfahren, deren Fortführung an der fehlenden Mitwirkung des Asylbewerbers scheitert, entlastet wird. Die negativen Rechtsfolgen können jedoch auch erst nach dem Verfahrensabschluss ansetzen, wenn es um einen daran anschließenden Rechtsstatus geht. Beispiel dafür ist die Sanktionierung mittels einer rechtlich nachteilhaften Duldung für Personen mit ungeklärter Identität (§ 60b AufenthG).
- Räumliche Sanktionen im AsylG und im AufenthG knüpfen teilweise an zuvor bestehende räumliche Aufenthaltspflichten an und sanktionieren deren Verletzung durch verschärfte Maßnahmen wie Haft oder unmittelbarem Zwang. Für Letzteren ist die Abschiebung (§ 58 AufenthG) prominentestes Beispiel, welche die Ausreisepflicht durch physischen Zwang umsetzt und damit zugleich deren Verletzung sanktioniert. Im Kontext der Abschiebung hat der Gesetzgeber weitergehende räumliche Sanktionen in Form von Abschiebehaft und Abschiebegewahrsam vorgesehen. Diese kann ergänzend zur Abschiebung angeordnet werden und ihrerseits wiederum durch Pflichtverletzungen des Ausländers begründet sein. Als schärfstes räumliches Sanktionsinstrument kann dagegen die Ausweisung angesehen werden, durch die ein bestehendes Aufenthaltsrecht aufgrund eines (sicherheitsrelevanten) Fehlverhaltens vollständig entzogen wird. Im Ausweisungsrecht besteht folglich ein mehrschichtiges System räumlicher Sanktionen, welche die Bewegungs- und Aufenthaltsfreiheit in Abhängigkeit von vorwerfbaren Pflichtverletzungen stark oder weniger stark begrenzen.
- Strafrechtliche Sanktionen zeichnen sich im Asyl- und Aufenthaltsrecht vor allem dadurch aus, dass sie (anders als im Kriminalstrafrecht) keinen Vorwurf eines besonders schwerwiegenden Unrechts beinhalten. Sie sollen ein solches demnach auch nicht repressiv ahnden oder ausgleichen. Sie erfüllen vielmehr eine präventiv-abschreckend wirkende Schutzfunktion für die Ziele der asyl- und aufenthaltsrechtlichen Migrationssteuerung, indem sie die

Verletzung verfahrensbezogener oder räumlicher Mitwirkungspflichten unter Strafe stellen. Aus diesem Grund sind sie auch streng verwaltungsakzessorisch auszulegen.

- Die sozialrechtlichen Sanktionstatbestände hat der Gesetzgeber überwiegend in § 1a AsylbLG gebündelt. Die Norm sanktioniert vor allem die Verletzung verfahrensbezogener Mitwirkungspflichten, bspw. im Asylverfahren, aber auch bei der Passbeschaffung zur Vorbereitung der Aufenthaltsbeendigung. Aber auch die Verletzung räumlicher Pflichten, wie der Ausreisepflicht oder einer Wiedereinreisesperre, wird durch Leistungskürzung sanktioniert. Diese reduziert in der Rechtsfolge die gewährten sozialen Leistungen des AsylbLG auf ein Minimum an Sachleistungen für Ernährung, Obdach und Hygiene. Leistungen für die soziokulturelle Teilhabe entfallen vollständig. Diese Rechtsfolge ist verfassungsrechtlich bereits dem Umfang nach äußerst kritisch zu sehen. Denn das Grundrecht auf ein menschenwürdiges Existenzminimum gem. Art. 1 Abs. 1 GG i.V.m. Art. 20 Abs. 1 GG garantiert nicht nur ein staatlich zu gewährleistendes physisches, sondern auch ein soziokulturelles Existenzminimum.
- Die Sanktionierung asyl- und aufenthaltsrechtlicher Mitwirkungspflichten mithilfe des Entzugs sozialer Leistungen gem. § 1a AsylbLG lässt sich nicht mit den verfassungsrechtlichen Vorgaben zu Sanktionen im sensiblen Bereich des menschenwürdigen Existenzminimums vereinbaren. Denn Leistungskürzungen sind nur dort zulässig, wo die sanktionierte Pflichtverletzung in einem inhaltlichen Bezug zur Möglichkeit der Selbstversorgung steht. Der Gesetzgeber ist gemäß dem Nachranggrundsatz nur dann nicht zu einer sozialen Mindestversorgung verpflichtet, wenn der Leistungsempfänger seinerseits zumutbare Pflichten der Eigenversorgung verletzt. Denn dann fehlt es im Ergebnis bereits an einer Bedürftigkeit, da der Betroffene seine Versorgung jederzeit durch eigene Mitwirkung sichern könnte. Dieser Konnex zwischen Sanktion und Selbstversorgung fehlt jedoch in § 1a AsylbLG. Denn hier ist es nicht das Ziel der Mitwirkung, dass der Betroffene seinen Unterhalt selbst sichert. Er soll durch die Leistungskürzung vielmehr nur zur Mitwirkung bei der staatlichen Migrationssteuerung bewegt werden. Damit entfällt das rechtfertigende Argument, es liege keine Bedürftigkeit vor, der nicht durch Mitwirkung abgeholfen werden könnte. Im Lichte dieser Vorgaben ist § 1a AsylbLG daher nicht mit dem Grundrecht auf Gewährleistung eines menschenwürdigen Existenzminimums vereinbar.

- Der Gesetzgeber unterliegt in Fragen der Mitwirkung von Ausländern im Verfahren insbesondere im Asylrecht einem hohen politischen Handlungsdruck. Um diesen abzubauen, greift er immer noch überwiegend zu imperativen Steuerungsinstrumenten. Allerdings bestehen alternativ auch Ansätze einer positiven Förderung der Mitwirkung. Bei der Aufenthaltsbeendigung vollzieht sich dies zum einen in Form von Rückkehrberatungsprogrammen und finanzieller Unterstützung. Zum anderen hat der Gesetzgeber aber bspw. mit der Ausbildungsduldung (§ 60c AufenthG) auch einen Anreiz geschaffen, aus einem aufenthaltsrechtlich prekären Status heraus an der Identitätsklärung und Passbeschaffung mitzuwirken, die letztlich mit der Möglichkeit einer Berufsausbildung in Deutschland „belohnt“ wird. Diese verhindert jedoch zugleich die Aufenthaltsbeendigung als eigentlichen Zweck der Identitätsklärung und Passbeschaffung. Für den Gesetzgeber besteht somit das strukturelle Dilemma, dass er die Mitwirkung des Ausländers nur erreichen kann, wenn er dadurch zugleich von dem Ziel einer Durchsetzung der Aufenthaltsbeendigung (zumindest zeitweise) abrückt.

Literaturverzeichnis

A. Gedruckte Quellen

Agersnap, Ole/*Jensen*, Amalie/*Kleven*, Henrik, The Welfare Magnet Hypothesis: Evidence From an Immigrant Welfare Scheme in Denmark, Okt. 2019.

Ahlswede, Johannes, Konsequente Rückführungen von ausreisepflichtigen Ausländern aus der Bundesrepublik Deutschland – eine Pflicht des Rechtsstaates, ZAR 2019, S. 245–256.

Albert, Jahn-Rüdiger, Generalpräventive Ausweisung? – Zum Erfordernis der konkreten Gefahr als Tatbestandsvoraussetzung der Ausweisung nach § 53 AufenthG, ZAR 2021, S. 95–100.

Althaus, Hans Peter/*Henne*, Helmut/*Wiegand*, Herbert Ernst (Hrsg.), Lexikon der germanistischen Linguistik, 2. Aufl., Tübingen, 1980.

Amjahid, Mohamed/*Middelhoff*, Paul, Feind hört mit, Werden Asylbewerber von Dolmetschern der Flüchtlingsbehörde bedrängt und bespitzelt?, Die Zeit vom 23.11.2017, S. 11.

Arendt, Hannah, Elemente und Ursprünge totaler Herrschaft, 2. Aufl., Frankfurt a. M., 1962.

Aurnhammer, Katharina, Spezielles Ausländerstrafrecht, Baden-Baden, 1996.

Aydemir, Fatma/*Yaghoobifarah*, Hengameh (Hrsg.), Eure Heimat ist unser Albtraum, Berlin, 2019.

Bader, Johann, Sichere Herkunftsstaaten?, infoalso 2015, S. 69–71.

Bader, Johann/*Ronellenfitsch*, Michael (Hrsg.), Beck'scher Online-Kommentar VwVfG, 50. Ed. (Stand: 01.01.2021), München.

Baer, Susanne, "Der Bürger" im Verwaltungsrecht, Tübingen, 2006.

Baer, Susanne/*Lepsius*, Oliver/*Schönberger*, Christoph/*Waldhoff*, Christian/*Walter*, Christian (Hrsg.), Jahrbuch des öffentlichen Rechts der Gegenwart, Tübingen, 2018.

Bärlein, Michael/*Pananis*, Panos/*Rehmsmeier*, Jörg, Spannungsverhältnis zwischen der Aussagefreiheit im Strafverfahren und den Mitwirkungspflichten im Verwaltungsverfahren, NJW 2002, S. 1825–1830.

Barwig, Klaus/*Beichel-Benedetti*, Stephan/*Brinkmann*, Gisbert (Hrsg.), Perspektivwechsel im Ausländerrecht?, Rechtskonflikte im Spiegel politischer und gesellschaftlicher Umbrüche in Deutschland und Europa, Baden-Baden, 2007.

Bast, Jürgen, Aufenthaltsrecht und Migrationssteuerung, Tübingen, 2011.

– Vom subsidiären Schutz zum europäischen Flüchtlingsbegriff, ZAR 2018, S. 41–46.

Bathe, Volker, Asylverfahren – Theorie und Praxis, in: Haedrich, Martina (Hrsg.), Flucht, Asyl und Integration aus rechtlicher Perspektive, Tübingen, 2017, S. 55–68.

Bäumler, Helmut, Datenschutz für Ausländer, NVwZ 1995, S. 239–243.

Becker, Kerstin/*Saborowski*, Nadja, Die Unzumutbarkeit der Passbeschaffung, AsylMagazin 2018, S. 16–23.

Beimowski, Joachim/*Gawron*, Sylwester (Hrsg.), Passgesetz/Personalausweisgesetz, München, 2018.

Bergmann, Jan, Aufenthaltserlaubnis auf Grund von »Verwurzelung«, ZAR 2007, S. 128–132.

Bergmann, Jan/*Dienelt*, Klaus (Hrsg.), Ausländerrecht, 13. Aufl., München, 2020.

Bergmann, Marcus/*Eichenhofer*, Johannes/*Hörich*, Carsten/*Janda*, Constanze, et al., Einwanderungsgesetz, Hallescher Entwurf zur Neuordnung der Dogmatik des Aufenthaltsrechts, Tübingen, 2019.

Berlit, Uwe, Migration und ihre Folgen – Wie kann das Recht Zuwanderung und Integration in Gesellschaft, Arbeitsmarkt und Sozialordnung steuern? (Teil 1), ZAR 2018, S. 229–238.

Bitter, Stephan, Die Sanktion im Recht der Europäischen Union, Heidelberg, 2011.

Böckenförde, Ernst-Wolfgang, Staat, Gesellschaft, Freiheit, Studien zur Staatstheorie und zum Verfassungsrecht, Berlin, 1976.

Bode, Matthias, Hochschulzugang für Flüchtlinge: Bildungsrechte im entstehenden Integrationsverwaltungsrecht, ZAR 2018, S. 46–56.

Bolat, Hacer, Integration als Leitbild im deutschen Migrationsrecht, Baden-Baden, 2016.

Brankovic, Maja, Sozialleistungen locken Zuwanderer, faz.net vom 19.11.2019.

Brantl, Isabelle/*Stein*, Margit/*Völschow*, Yvette, Früh- und Zwangsehen in Europa als Problem der Fluchtmigration: Wahrnehmung und Wirklichkeit?, in: Stein, Margit/Steenkamp, Daniela/Weingraber, Sophie (Hrsg.), Flucht. Migration. Pädagogik, Willkommen? Aktuelle Kontroversen und Vorhaben, Bad Heilbrunn, 2019, S. 429–442.

Brauer, Daniel, „Untergetaucht" und „flüchtig": zur Fixierung des Nichtgreifbaren, ZAR 2019, S. 256–263.

Bringewat, Peter, Sozialrechtliche Mitwirkungs„pflichten" und Sozial(leistungs)betrug, NStZ 2011, S. 131–136.

Brings, Tobias/*Oehl*, Maximilian, Verfassungswidrige Kürzungen und nachgeschobene Berechnungen, ZAR 2016, S. 22–31.

Bronisch, Thomas, Akute Dekompensation von ausreisepflichtigen Personen, ZAR 2020, S. 369–373.

Buchholtz, Gabriele, Reformimpulse für die Integration Geflüchteter, NVwZ 2017, S. 756–761.

– Die Herausforderungen der „integrationsverwaltung" im Spiegel der neuen Verwaltungsrechtswissenschaft, Der Staat 2018, S. 407–442.

Bukow, Wolf-Dietrich/*Cudak*, Karin, Zur Entwicklung von institutionellem Rassismus: Rassistische Routinen in der kommunalen Praxis, in: Fereidooni, Karim/El, Meral (Hrsg.), Rassismuskritik und Widerstandsformen, Heidelberg, 2017, S. 385–403.

Burgi, Martin, Das werdende Integrationsverwaltungsrecht und die Rolle der Kommunen, DVBl. 2016, S. 1015–1022.

Callies, Christian/*Ruffert*, Matthias (Hrsg.), EUV/AEUV, 5. Aufl., München, 2016.

Cantzler, Constantin (Hrsg.), AsylblG, Baden-Baden, 2019.

Cassee, Andreas, Globale Bewegungsfreiheit – Ein philosophisches Plädoyer für offene Grenzen, Berlin, 2016.

Coseriu, Pablo/*Siefert*, Jutta (Hrsg.), juris PraxisKommentar SGB XII, Sozialgesetzbuch Zwölftes Buch (SGB XII) Sozialhilfe / Asylbewerberleistungsgesetz, 3. Aufl., Saarbrücken, 2020.

Creienfels, Carl, Rechtswörterbuch, 22. Aufl., München, 2017.

Dahlkamp, Jürgen/*Stark*, Holger, Achse der Aussitzer, der Spiegel vom 06.11.2006, S. 36 ff.

Danwitz, Thomas von, Europäisches Verwaltungsrecht, Berlin, 2008.

Darowska, Lucyna/*Lüttenberg*, Thomas/*Machold*, Claudia (Hrsg.), Hochschule als transkultureller Raum?, Kultur, Bildung und Differenz in der Universität, Bielefeld, 2010.

Decker, Andreas/*Bader*, Johann/*Kothe*, Peter (Hrsg.), BeckOK Migrations- und Integrationsrecht, 7. Ed. (Stand: 01.01.2021), München.

Deibel, Klaus, Die Ausweisung von Ausländern unter Berücksichtigung der Rechtsprechung des Europäischen Gerichtshofs für Menschenrechte, ZAR 2009, S. 121–126.

– Die Freiwilligkeitserklärung im Strafrecht, im Ausländerrecht und im Sozialrecht, ZAR 2014, S. 312–316.

Denninger, Erhard, D. Polizeiaufgaben, in: Lisken, Hans/Denninger, Erhard (Hrsg.), Handbuch des Polizeirechts, Gefahrenabwehr, Strafverfolgung, Rechtsschutz, 6. Aufl., München, 2018, S. 217–318.

Denninger, Erhard/*Hoffmann-Riem*, Wolfgang/*Schneider*, Hans-Peter/*Stein*, Ekkehart (Hrsg.), Kommentar zum Grundgesetz für die Bundesrepublik Deutschland, 3. Aufl., Neuwied, 2001.

Depenheuer, Otto/*Grabenwarter*, Christoph (Hrsg.), Der Staat in der Flüchtlingskrise, Zwischen gutem Willen und geltendem Recht, 1. Aufl., Paderborn, 2016.

Dietz, Andreas, Die Reichweite ausländerrechtlicher Mitwirkungspflichten am Beispiel der Passbeschaffung, EuGRZ 2011, S. 365–374.

– Leistungseinschränkungen nach § 1 a AsylbLG für Asylbewerber aus sicheren Herkunftsstaaten, DÖV 2015, S. 727–734.

– Ausländer- und Asylrecht, Einführung, 3. Aufl., Baden-Baden, 2019.

– „Spurwechsel" für abgelehnte Asylbewerber und ausreisepflichtige Ausländer, NVwZ Extra 2019, S. 1–18.

Dollinger, Franz-Willhelm, Geordnete-Rückkehr-Gesetz, Unions-, konventions- und verfassungsrechtliche Kurzanalyse, ZRP 2019, S. 130–133.

Dörig, Harald/*Langenfeld*, Christine, Vollharmonisierung des Flüchtlingsrechts in Europa, NJW 2016, S. 1–5.

Dose, Nicolai/*Voigt*, Rüdiger (Hrsg.), Kooperatives Recht, Baden-Baden, 1995.

Dreier, Horst (Hrsg.), Grundgesetz: Band I, Kommentar, 3. Aufl., Tübingen, 2013.

Dreier, Horst (Hrsg.), Grundgesetz: Band II, Kommentar, 3. Aufl., Tübingen, 2015.

Dreier, Horst (Hrsg.), Grundgesetz: Band III, Kommentar, 3. Aufl., Tübingen, 2018.

Drohsel, Franziska, Sanktionen nach dem SGB II und das Grundrecht auf ein menschenwürdiges Existenzminimum, NZS 2014, S. 96–103.

Dürig-Friedl, Cornelia/*Enders*, Christoph (Hrsg.), Versammlungsrecht, Die Versammlungsgesetze des Bundes und der Länder, München, 2016.

Ehlich, Konrad/*Rehbein*, Jochen, Sprache in Institutionen, in: Althaus, Hans Peter/Henne, Helmut/Wiegand, Herbert Ernst (Hrsg.), Lexikon der germanistischen Linguistik, 2. Aufl., Tübingen, 1980, S. 338–346.

Eichenhofer, Johannes, Begriff und Konzept der Integration im Aufenthaltsgesetz, Baden-Baden, 2013.

– Die „Integration von Ausländern" als Verwaltungsaufgabe, DÖV 2014, S. 776–785.

–Integrationsgesetzgebung, 2016, S. 251–262.

– § 4 Aufenthalt (Voraussetzungen, Aufenthaltszwecke, Integration) C. Integrationskurse, in: Kluth, Winfried/Hund, Michael/Maaßen, Hans-Georg (Hrsg.), Handbuch Zuwanderungsrecht, Allgemeines Zuwanderungs- und Aufenthaltsrecht nach deutschem und europäischem Recht, 2. Aufl., München, 2017.

Engländer, Armin, Kommentar zu BGH, Urt. v. 9.6.2015 – 1 StR 606/14, NStZ 2015, S. 577–579.

Epping, Volker/*Hillgruber*, Christian (Hrsg.), Beck'scher Online-Kommentar Grundgesetz, 46. Ed. (Stand: 15.02.2021), München.

Erbs, Georg/*Kohlhaas*, Max (Hrsg.), Strafrechtliche Nebengesetze, 233. Erg.-Lfg. (Stand: Okt. 2020), München.

Erbslöh, Andrea, Bestenfalls überflüssig – Überlegungen zur Abschiebungsanordnung (§ 58a AufenthG), NVwZ 2007, S. 155–161.

Ezli, Özkan (Hrsg.), Das neue Deutschland, von Migration und Vielfalt, Konstanz, 2014.

Fahrmeir, Andreas, Staatliche Abgrenzungen durch Passwesen und Visumzwang, in: Oltmer, Jochen (Hrsg.), Handbuch Staat und Migration in Deutschland seit dem 17. Jahrhundert, Berlin, 2015, S. 221–244.

Farahat, Anuscheh, Inklusion in der superdiversen Einwanderungsgesellschaft, Verfassungsrechtliche Eckpunkte, in: Baer, Susanne/Lepsius, Oliver/Schönberger, Christoph u. a. (Hrsg.), Jahrbuch des öffentlichen Rechts der Gegenwart, Tübingen, 2018, S. 437–469.

– Die Objektivierung des Asylverfahrens aus Verwaltungsrechtswissenschaftlicher Sicht, Die Verwaltung 2019, S. 311–336.

Fehling, Michael/*Kastner*, Berthold/Störmer/Rainer (Hrsg.), Verwaltungsrecht, Handkommentar, 5. Aufl., Baden-Baden, 2021.

Fereidooni, Karim/*El*, Meral (Hrsg.), Rassismuskritik und Widerstandsformen, Heidelberg, 2017.

Fischer-Lescano, Andreas/*Horst*, Johan, Das Pönalisierungsverbot aus Art. 31 I GFK., ZAR 2011, S. 81–90.

Frank, Reinhard, Festschrift für die Juristische Fakultät in Giessen zum Universitäts-Jubiläum, Gießen, 1907.

Franßen-de la Cerda, Boris, Die Verpflichtung des Ausländers zur Mitwirkung (§ 82 AufenthG), ZAR 2010, S. 81–90.

Franz, Fritz, Das Asylrecht der politisch verfolgten Fremden nach internationalem und deutschem Recht, Köln, 1961.

Franzius, Claudio, Die neue Verwaltungsrechtswissenschaft – eine vorläufige Bilanz, Jahrbuch des Öffentlichen Rechts 2017, S. 441–455.

Frenz, Walter, Handbuch Europarecht Band IV: Europäische Grundrechte, Heidelberg, 2009.

Frister, Helmut, F. Polizeihandeln im Strafverfahren, in: Lisken, Hans/Denninger, Erhard (Hrsg.), Handbuch des Polizeirechts, Gefahrenabwehr, Strafverfolgung, Rechtsschutz, 6. Aufl., München, 2018, S. 643–761.

Fritz, Roland/*Vormeier*, Jürgen (Hrsg.), Gemeinschaftskommentar zum Asylverfahrensgesetz, 96. Erg.-Lfg., Neuwied, 2012.

Fuerst, Anna-Miria, Rechtsschutz gegen offensichtlich unbegründete Asylanträge, NVwZ 2012, S. 213–216.

Funke, Andreas, Die Normstruktur im neuen Ausweisungsrecht, ZAR 2016, S. 209–217.

Ganter, Jonas, Das menschenwürdige Existenzminimum zwischen Karlsruhe und Luxemburg, ZESAR 2020, S. 113–119.

Ganter, Jonas/*Zeißler*, Leonie, „Hysterie? Recht und öffentlicher Diskurs in Zeiten der ‚Flüchtlingskrise'", DÖV 2018, S. 447–450.

Gärditz, Klaus F., Die Verwaltungsdimension des Lissabon-Vertrags, DÖV 2010, S. 453–465.

– Demokratizität des Strafrechts und Ultima Ratio-Grundsatz, JZ 2016, S. 641–650.

– Die Entwicklung des Umweltrechts in den Jahren 2016–2018: Rechtsschutz, Klimaschutz und Diesel in Zeiten politischer Polarisierung, ZfU 2019, S. 369.

Genge, Joachim, Das geänderte Asylbewerberleistungsgesetz, Beilage zum Asyl-Magazin 2019, S. 14–22.

Genrich, Lutz, Gilt für die Annahme, daß einem Asylbewerber aus einem "sicheren Herkunftsstaat" abweichend von der allgemeinen Lage politische Verfolgung droht, der gleiche Maßstab wie für die politische Verfolgung in anderen Ländern, ist insbesondere die Berufung auf Gruppenverfolgung möglich?, VBlBW 1994, S. 182–183.

Gierlichs, Hans Wolfgang/*van Keuk*, Eva/*Greve*, Claudia/*Wenk-Ansohn*, Mechthild, et al., Grenzen und Möglichkeiten klinischer Gutachten im Ausländerrecht, ZAR 2005, S. 158–163.

Gieß, Moritz, Prinzipien der Sachverhaltsermittlung im Asylverfahren, ZAR 2017, S. 406–412.

Gitter, Wolfgang, Die Mitwirkung des Leistungsberechtigten im Sozialrecht, in: Töpper, Bernhard (Hrsg.), Wie würden Sie entscheiden?, FS für Gerd Jauch, München, 1990, S. 79–92.

Göbel-Zimmermann, Ralph/*Eichhorn*, Alexander/*Beichel-Benedetti*, Stephan, Asyl- und Flüchtlingsrecht, München, 2018.

Göbel-Zimmermann, Ralph/*Masuch*, Thorsten, Das Asylrecht im Spiegel der Entscheidungen des Bundesverfassungsgerichts, infoalso 1996, S. 404–417.

Grabitz, Eberhard/*Hilf*, Meinhard/*Nettesheim*, Martin (Hrsg.), Das Recht der Europäischen Union, Band I: EUV/AEUV, 71. Erg.-Lfg. (Stand: Aug. 2020), München.

Graebsch, Christine M., Krimmigration: Die Verwobenheit strafrechtlicher mit-migrationsrechtlicher Kontrolle unter besonderer Berücksichtigung des Pre-Crime-Rechts für „Gefährder", KrimOJ 2019, S. 75–103.

Graulich, Kurt, E. Das Polizeihandeln, in: Lisken, Hans/Denninger, Erhard (Hrsg.), Handbuch des Polizeirechts, Gefahrenabwehr, Strafverfolgung, Rechtsschutz, 6. Aufl., München, 2018, S. 319–633.

Grimm, Dieter, Recht und Politik, JuS 1969, S. 501–510.

Groeben, Hans von der/*Schwarze*, Jürgen/*Hatje*, Armin (Hrsg.), Europäisches Unionsrecht, 7. Aufl., Baden-Baden, 2015.

Groß, Thomas, Das Ausländerrecht zwischen obrigkeitsstaatlicher Tradition und menschenrechtlicher Herausforderung, AöR 2014, S. 420–445.

Grube, Christian/*Wahrendorf*, Volker/*Flint*, Thomas (Hrsg.), SGB XII, Sozialhilfe mit AsylblG, 7. Aufl., München, 2020.

Gundelach, Lasse, Die Rechtsprechung zur medizinischen Altersfeststellung – eine Anmerkung, NVwZ 2018, S. 1849–1852.

Gusy, Christoph, Asylrecht und Asylverfahren in der Bundesrepublik Deutschland, Königstein im Taunus, 1980.

– § 23 Informationsbeziehungen zwischen Staat und Bürger, in: Hoffmann-Riem, Wolfgang/Schmidt-Aßmann, Eberhard/Voßkuhle, Andreas (Hrsg.), Grundlagen des Verwaltungsrechts Band II: Informationsordnung, Verwaltungsverfahren, Handlungsformen, 2. Aufl., München, 2012, S. 235–320.

Gutmann, Rolf, Die ausländerrechtliche Duldung, NJW 2010, S. 666–667.

Haedrich, Martina (Hrsg.), Flucht, Asyl und Integration aus rechtlicher Perspektive, Tübingen, 2017.

Haefeli, Fulvio, Steuerung der Migrationsströme und Non-refoulement-Prinzip gemäss GFK und EMRK, ZAR 2020, S. 25–33.

Hailbronner, Kay, Rückübernahme eigener und fremder Staatsangehöriger, Heidelberg, 1996.

– Asyl- und Ausländerrecht, 4. Aufl., Stuttgart, 2017.

Hailbronner, Kay (Hrsg.), Ausländerrecht, Kommentar, 118. Erg.-Lfg. (Stand: März 2021), Heidelberg, 2017.

–D. Staatsangehörigkeit und Völkerrecht, in: Hailbronner, Kay/Maaßen, Hans-Georg/Hecker, Jan u. a. (Hrsg.), Staatsangehörigkeitsrecht, 6. Aufl., München, 2017.

Hailbronner, Kay/*Maaßen*, Hans-Georg/*Hecker*, Jan/*Kau*, Marcel (Hrsg.), Staatsangehörigkeitsrecht, 6. Aufl., München, 2017.

Hailbronner, Kay/*Thym*, Daniel (Hrsg.), EU immigration and Asylum Law, A Commentary, 2. Aufl., München, Baden-Baden, 2016.

Hannich, Rolf (Hrsg.), Karlsruher Kommentar zur StPO, 8. Aufl., München, 2019.

Hanschmann, Felix, „Gefährder" – eine neue alte Figur im Öffentlichen Recht, KJ 2017, S. 434–447.

Harbou, Frederik von, Das Integrationsgesetz Meilenstein oder Etikettenschwindel?, NVwZ 2016, S. 1193–1199.

Härter, Karl, Grenzen, Streifen, Pässe und Gesetze. Die Steuerung von Migration im frühneuzeitlichen Territorialstaat des Alten Reiches (1648–1806), in: Oltmer, Jochen (Hrsg.), Handbuch Staat und Migration in Deutschland seit dem 17. Jahrhundert, Berlin, 2015, S. 45–86.

Hassemer, Winfried, Ultra posse nemo obligatur, ZRP 2011, S. 192.

Hau, Wolfgang/*Poseck*, Roman (Hrsg.), Beck'scher Onlinekommentar BGB, 57. Ed. (Stand: 01.02.2021), München.

Haubl, Rolf/ *Wirth*, Hans-Jürgen, Grenzerfahrungen, Migration, Flucht, Vertreibung und die deutschen Verhältnisse, 2019.

Haubner, Petra/*Kalin*, Maria, Einführung in das Asylrecht, Baden-Baden, 2017.

Heckmann, Friedrich, Integration von Migranten, Einwanderung und neue Nationenbildung, Berlin, 2015.

Heinhold, Hubert, Unter welchen Umständen ist eine freiwillige Rückkehr für Geduldete möglich und zumutbar?, ZAR 2003, S. 218–225.

– Kettenduldungen abgeschafft?, in: Barwig, Klaus/Beichel-Benedetti, Stephan/ Brinkmann, Gisbert (Hrsg.), Perspektivwechsel im Ausländerrecht?, Rechtskonflikte im Spiegel politischer und gesellschaftlicher Umbrüche in Deutschland und Europa, Baden-Baden, 2007, S. 502–514.

– Passpflicht für ausländische Staatsangehörige, AsylMagazin 2018, S. 7–15.

Heintschel-Heinegg, Bernd von (Hrsg.), Beck'scher Online-Kommentar StGB, 49. Ed. (Stand: 01.02.2021), München.

Herzog, Roman/*Maunz*, Theodor/*Dürig*, Günter (Hrsg.), Grundgesetz, Kommentar, 92. Erg.-Lfg. (Stand: Aug. 2020), München, 2020.

Heusch, Andreas/*Haderlein*, Nicola/*Schönenbroicher*, Klaus, Das neue Asylrecht, München, 2016.

Hobbes, Thomas, Leviathan, Stuttgart, 2013.

Hobsbawm, Eric J., Nationen und Nationalismus, Mythos und Realität seit 1780, 3. Aufl., Frankfurt a. M., 2005.

Hoerder, Dirk, Humane Einwanderungspolitik – ist sie zu schaffen?, Von der Ankunft über die Teilhabe zur Integration, 2019.

Hoffmann-Riem, Wolfgang/*Schmidt-Aßmann*, Eberhard/*Voßkuhle*, Andreas (Hrsg.), Grundlagen des Verwaltungsrechts Band I: Methoden, Maßstäbe, Aufgaben, Organisation, 2. Aufl., München, 2012.

Hoffmann-Riem, Wolfgang/*Schmidt-Aßmann*, Eberhard/*Voßkuhle*, Andreas (Hrsg.), Grundlagen des Verwaltungsrechts Band II: Informationsordnung, Verwaltungsverfahren, Handlungsformen, 2. Aufl., München, 2012.

Hofmann, Rainer M. (Hrsg.), Ausländerrecht, AufenthG, AsylG (AsylVfG), GG, FreizügG/EU, StAG, EU-Abkommen, Assoziationsrecht, 2. Aufl., Baden-Baden, 2016.

Holtmann, Everhard, Verwaltungsstrukturen und Bürgerorientierung, in: Kluth, Winfried (Hrsg.), Verwaltungskultur, Baden-Baden, 2001, S. 57–74.

Hopt, Klaus J./*Kumpan*, Christoph/*Merkt*, Hanno/*Roth*, Markus (Hrsg.), Handelsgesetzbuch, Mit GmbH & Co., Handelsklauseln, Bank- und Börsenrecht, Transportrecht (ohne Seerecht), 40. Aufl., München, 2021.

Hörich, Carsten, Abschiebungen nach europäischen Vorgaben, Baden-Baden, 2015.

Hörich, Carsten/*Tewocht*, Hannah, Zum Gesetz zur besseren Durchsetzung der Ausreisepflicht, NVwZ 2017, S. 1153–1160.

Hörnle, Tatjana, Straftheorien, 2. Aufl., Tübingen, 2017.

Hruschka, Constantin, Fristen in Dublin-Verfahren, ZAR 2018, S. 281–287.

Hruschka, Constantin/*Löhr*, Tillmann, Der Prognosemaßstab für die Prüfung der Flüchtlingseigenschaft nach der Qualifikationsrichtlinie, ZAR 2007, S. 180–185.

Huber, Bertold, Das Asylrecht nach der Grundgesetzänderung, NVwZ 1993, S. 736–743.

Huber, Bertold (Hrsg.), Aufenthaltsgesetz, mit Freizügigkeitsgesetz/EU, ARB 1/80 und §§ 2-4 AsylG, 2. Aufl., München, 2016.

–E. Begründung der Ausreisepflicht und Erlöschen eines Aufenthaltstitels (§§ 50 bis 625 AufenthG), in: Huber, Bertold/Eichenhofer, Johannes/Endres de Oliveira (Hrsg.), Aufenthaltsrecht, München, 2017.

Huber, Bertold/*Eichenhofer*, Johannes/Endres de Oliveira (Hrsg.), Aufenthaltsrecht, München, 2017.

Huber, Peter M./*Voßkuhle*, Andreas (Hrsg.), Grundgesetz, Band 3, 7. Aufl., München, 2018.

Huck, Winfried, Das System des rechtlichen Gehörs im europäisch geprägten Verwaltungsverfahren, EuZW 2016, S. 132–136.

Instituto de Investigaciones de Juridicas (Hrsg.), Memoria del X congresso mundial ordinario de filosofia del derecho y filosofia social, Ciudad Universitaria, 1982.

Irmscher, Philipp Florian, Öffentlichkeit als Sanktion, Tübingen, 2019.

Isay, Ernst, Das deutsche Fremdenrecht, Ausländer und Polizei, Berlin, 1923.

Isensee, Josef, § 191 Das Grundrecht als Abwehrrecht und als staatliche Schutzpflicht, in: Isensee, Josef/Kirchhof, Paul (Hrsg.), Handbuch des Staatsrechts Band V, Allgemeine Grundrechtslehren, 3. Aufl., Heidelberg, 2011, S. 413–567.

– § 87 Würde des Menschen, in: Merten, Detlef/Papier, Hans-Jürgen (Hrsg.), Handbuch der Grundrechte Band IV, Heidelberg, 2011, S. 43–175.

Isensee, Josef/*Kirchhof*, Paul (Hrsg.), Handbuch des Staatsrechts Band V, Allgemeine Grundrechtslehren, 3. Aufl., Heidelberg, 2011.

Jaber, Layla Kristina, Die Bedeutung des Sprachmittlers im Asylverfahren, ZAR 2017, S. 318–323.

Janda, Constanze, Migranten im Sozialstaat, Tübingen, 2012.

– § 1a AsylblG und Recht auf Sicherung einer menschenwürdigen Existenz: Bedarfsdeckung nur bei Rechtstreue?, SGb 2018, S. 344–350.

– Migration und ihre Folgen – Wie kann das Recht Zuwanderung und Integration in Gesellschaft, Arbeitsmarkt und Sozialordnung steuern?, JZ 2018, S. 816–824.

– Das „Sanktionsurteil“ des Bundesverfassungsgerichts und die Leistungseinschränkungen im AsylbLG – Welche Grenzen setzt das Recht auf Existenzsicherung?, info also 2020, S. 103–111.

Jarass, Hans (Hrsg.), Charta der Grundrechte der Europäischen Union, 4. Aufl., München, 2021.

Jarass, Hans/*Kment*, Martin (Hrsg.), Grundgesetz für die Bundesrepublik Deutschland, Kommentar, 16. Aufl., München, 2020.

Jasch, Michael, Neue Sanktionspraktiken im präventiven Sicherheitsrecht, KJ 2014, S. 237–248.

Joecks, Wolfgang/*Miebach*, Klaus (Hrsg.), Münchener Kommentar zum StGB: Band 8, Nebenstrafrecht III, 3. Aufl., München, 2018.

Johler, Reinhard/*Lange*, Jan, Konfliktfeld Fluchtmigration, Historische und ethnographische Perspektiven, 2019.

Kanalan, Ibrahim, Rechtstreue als Voraussetzung für den Anspruch auf die Gewährleistung eines menschenwürdigen Existenzminimums, NZS 2018, S. 641–646.

Kaspar, Johannes, Strafrecht Allgemeiner Teil, 2. Aufl., Baden-Baden, 2017.

Kaufhold, Sylvia, Zugang zum europäischen Asylrecht steuern und verbessern, ZRP 2017, S. 69–73.

Kelsen, Hans, Hauptprobleme der Staatsrechtslehre, 2. Aufl., Aalen, 1984.

–Reine Rechtslehre, Studienausgabe der 2. Auflage, Tübingen, 2017.

Kindhäuser, Urs/*Neumann*, Ulfrid/*Paeffgen*, Hans-Ullrich (Hrsg.), Strafgesetzbuch, 5. Aufl., Baden-Baden, 2017.

Klein, Anne, Altersschätzung bei unbegleiteten minderjährigen Flüchtlingen: Gefährdung des Kindeswohls?, KJ 2015, S. 405–420.

Kluth, Winfried (Hrsg.), Verwaltungskultur, Baden-Baden, 2001.

– Das Asylpaket II – eine Gesetzgebung im Spannungsfeld zwischen politischen Versprechen und rechtlich-administrativer Wirklichkeit, ZAR 2016, S. 121–131.

–Grundlagen und Strukturen eines Migrationsfolgenrechts, DVBl. 2016, S. 1081–1088.

– § 5 Aufenthaltsbeendigung/Abschiebung/Sicherheit, in: Kluth, Winfried/Hund, Michael/Maaßen, Hans-Georg (Hrsg.), Handbuch Zuwanderungsrecht, Allgemeines Zuwanderungs- und Aufenthaltsrecht nach deutschem und europäischem Recht, 2. Aufl., München, 2017.

– Next Steps: Die Gesetze des Migrationspakets 2019 folgen jeweils eigenen Pfaden, ZAR 2019, S. 1305–1313.

– Die Entwicklung des Rechts der Ausweisung und Rückführung im Zeitraum 1980 bis 2020 als Ausdruck der Konstitutionalisierung des Ausländerrechts, ZAR 2020, S. 326–333.

Kluth, Winfried/*Heusch*, Andreas (Hrsg.), Beck'scher Online-Kommentar Ausländerrecht, 28. Ed. (Stand: 01.01.2021), München.

Kluth, Winfried/*Hund*, Michael/*Maaßen*, Hans-Georg (Hrsg.), Handbuch Zuwanderungsrecht, Allgemeines Zuwanderungs- und Aufenthaltsrecht nach deutschem und europäischem Recht, 2. Aufl., München, 2017.

Kment, Martin/*Berger*, Anja, Obliegenheiten im öffentlichen Recht, VerwArch 2019, S. 121–142.

Knack, Joachim/*Henneke*, Hans-Günter (Hrsg.), Verwaltungsverfahrensgesetz (VwVfG), Kommentar, 11. Aufl., Köln, 2019.

Knaus, Gerald, Welche Grenzen brauchen wir?, München, 2020.

Knickrehm, Sabine/*Kreikebohm*, Ralf/*Waltermann*, Raimund (Hrsg.), Kommentar zum Sozialrecht, VO (EG) 883/2004, SGB I bis SGB XII, SGG, BEEG, Kindergeldrecht (EStG), UnterhaltsvorschussG, 6. Aufl., München, 2019.

Köbler, Gerhard, Juristisches Wörterbuch, Für Studium und Ausbildung, 17. Aufl., München, 2018.

Kobor, Hagen, Kooperative Amtsermittlung im Verwaltungsrecht, Mitwirkungspflichten und Informationshilfe im Lichte des verfassungsdiregierten Leitbildes des Untersuchungsgrundsatzes, Baden-Baden, 2009.

Koch, Philipp, Naming and shaming im Kapitalmarktrecht, Die Veröffentlichung von Verstößen als repressive Sanktion, Baden-Baden, 2019.

König, Klaus, Verwaltungskulturen und Verwaltungswissenschaften, in: König, Klaus/Reichard, Christoph (Hrsg.), Theoretische Aspekte einer managerialistischen Verwaltungskultur, Speyer, 2007, S. 1–24.

Kopp, Ferdinand/*Ramsauer*, Ulrich (Hrsg.), VwVfG, Kommentar, 21. Aufl., München, 2020.

Körner, Anne/*Leitherer*, Stephan/*Mutschler*, Bernd/*Rolfs*, Christian (Hrsg.), Kasseler Kommentar Sozialversicherungsrecht, 112. Erg.-Lfg. (Stand: Dez. 2020), München.

Kossen, David, Die Tatsachenfeststellung im Asylverfahren, Baden-Baden, 1999.

Krämer, Walter, Datenschutz im Ausländerrecht, VBlBW 1999, S. 325–332.

Kreft, Ursula, Die Kommunalverwaltung aus dem Blickwinkel der Bürgerinnen und Bürger mit Migrationshintergrund, in: Uske, Hans/Scheitza, Alexander/Düring-Hesse, Suse u. a. (Hrsg.), Interkulturelle Öffnung der Verwaltung, Konzepte, Probleme, Beispiele, Duisburg, 2013, S. 15–23.

Kreßel, Eckhard, Mitwirkungspflichten und Sanktionen bei der Inanspruchnahme von Grundsicherungsleistungen, NZS 2019, S. 730–738.

Krey, Volker, Deutsches Strafrecht Allgemeiner Teil, 3. Aufl., Stuttgart, 2008.

Lackner, Karl/*Kühl*, Christian (Hrsg.), Strafgesetzbuch, 29. Aufl., München, 2018.

Lahusen, Christian/*Schneider*, Stephanie (Hrsg.), Asyl verwalten, Zur bürokratischen Bearbeitung eines gesellschaftlichen Problems, Bielefeld, 2017.

Lampe, Ernst-Joachim, Verhaltensnormen und Sanktionsnormen, in: Instituto de Investigaciones de Juridicas (Hrsg.), Memoria del X congresso mundial ordinario de filosofia del derecho y filosofia social, Ciudad Universitaria, 1982, S. 113–122.

Lang, Heinrich, Die Eingliederungsvereinbarung zwischen Autonomie und Bevormundung – Rechts- und Verfassungsfragen des SGB II, NZS 2006, S. 176–184.

Leicht, Robert, Von der Bürde und Würde eines Amtes, ZAR 2004, S. 43–45.

Leisner, Walter, „Nation" und Verfassungsrecht, Der Staat 2016, S. 213–234.

Leisner-Egensperger, Anna, Polizeirecht im Umbruch: Die drohende Gefahr, DÖV 2018, S. 677–688.

Leser, Norbert (Hrsg.), Reine Rechtslehre und marxistische Rechtstheorie, Symposium, abgehalten am 9. und 10. Mai 1975 im Kleinen Festsaal des Bundesministeriums für Justiz, Wien, 1978.

Leven, Benedikt/*Strahl*, Sören, Anmerkung zu: Bayerischer Verfassungsgerichtshof, Entscheidung vom 3.12.2019, Vf. 7-VIII-17 Vf. 7-VIII-17, ZAR 2020, S. 36–43.

Liebsch, Burkhard, Europäische Ungastlichkeit und „identitäre" Vorstellungen, Fremdheit, Flucht und Heimatlosigkeit als Herausforderungen des Politischen, Hamburg, 2019.

Lilge, Werner/*Gutzler*, Stephan (Hrsg.), SGB I, 5. Aufl., Berlin, 2019.

Lipsky, Michael, Street-level bureaucracy, Dilemmas of the individual in public services, New York, 1980.

Lisken, Hans/*Denninger*, Erhard, C. Die Polizei im Verfassungsgefüge, in: Lisken, Hans/Denninger, Erhard (Hrsg.), Handbuch des Polizeirechts, Gefahrenabwehr, Strafverfolgung, Rechtsschutz, 4. Aufl., München, 2007, S. 69–150.

Lisken, Hans/*Denninger*, Erhard (Hrsg.), Handbuch des Polizeirechts, Gefahrenabwehr, Strafverfolgung, Rechtsschutz, 4. Aufl., München, 2007.

Lisken, Hans/*Denninger*, Erhard (Hrsg.), Handbuch des Polizeirechts, Gefahrenabwehr, Strafverfolgung, Rechtsschutz, 6. Aufl., München, 2018.

Lübbe-Wolff, Gertrud, Das Asylgrundrecht nach den Entscheidungen des Bundesverfassungsgerichts vom 14. Mai 1996, DVBl. 1996, S. 829–836.

Ludewig, Revital/*Tavor*, Daphna/*Baumer*, Sonja, Wie können aussagepsychologische Erkenntnisse Richtern, Staatsanwälten und Anwälten helfen?, AJP 2011, S. 1415–1435.

Luft, Stefan, Die Flüchtlingskrise, Ursachen, Konflikte, Folgen, 2. Aufl., München, 2017.

Mangold, Hermann von/*Klein*, Friedrich/*Starck*, Christian (Hrsg.), Grundgesetz, 7. Aufl., München, 2018.

Mann, Thomas/*Sennekamp*, Christoph/*Uechtritz*, Michael (Hrsg.), Verwaltungsverfahrensgesetz, Großkommentar, 2. Aufl., Baden-Baden, 2019.

Marburger, Horst, Mitwirkungspflichten der Leistungsberechtigten gegenüber den Sozialleistungsträgern, VR 2015, S. 400–405.

Markard, Nora, Die Bedeutung der Menschenrechte für Migrant*innen in Europa, ZAR 2019, S. 236–241.

Martini, Mario/*Wenzel*, Michael, »Once only« versus »only once«: Das Prinzip einmaliger Erfassung zwischen Zweckbindungsgrundsatz und Bürgerfreundlichkeit, DVBl. 2017, S. 749–758.

Marx, Reinhard, Probleme der Kommunikation und Darstellung der Lebenswirklichkeit von Flüchtlingen im Asylverfahren, ZAR 2012, S. 417–424.

–Aufenthalts-, Asyl- und Flüchtlingsrecht, 6. Aufl., Baden-Baden, 2017.

Marx, Reinhard (Hrsg.), AsylG, Kommentar zum Asylverfahrensrecht, 10. Aufl., Köln, 2019.

Marx, Reinhard/*Strate*, Gerhard/*Pfaff*, Victor (Hrsg.), Asylverfahrensgesetz, 2. Aufl., Frankfurt a. M., 1987.

Maurer, Hartmut/*Waldhoff*, Christian, Allgemeines Verwaltungsrecht, 19. Aufl., München, 2017.

Meier-Braun, Karl-Heinz, Medien und Flüchtlingspolitik, ZAR 2016, S. 288–292.

Merten, Detlef/*Papier*, Hans-Jürgen (Hrsg.), Handbuch der Grundrechte Band IV, Heidelberg, 2011.

Metzner, Matthias, Anmerkung zu: Bayerischer Verfassungsgerichtshof, Entscheidung v. 3.12.2019 – VF.6-VIII.17, VF.7-VIII.17, GSZ 2020, S. 38–45.

Möllers, Christoph, Die Möglichkeit der Normen, Berlin, 2018.

Möstl, Markus, Rechtsstaatlicher Rahmen der Terrorabwehr – eine Stellungnahme, DVBl. 2020, S. 160–166.

Möstl, Markus/*Schwabenbauer*, Thomas (Hrsg.), BeckOK Polizei- und Sicherheitsrecht Bayern, 15. Ed. (Stand: 01.11.2020), München.

Mrozynski, Peter (Hrsg.), SGB I, 6. Aufl., München, 2019.

Mühe, Marie Luise, Rassistische Diskurse im Einwanderungsland Deutschland, Das Aushandeln von Flucht und Asyl über soziale Medien im lokalen Raum, 2017.

Mülder, Marje, Licht am Ende des verfassungswidrigen Tunnels?, SGb 2020, S. 30–34.

Müller, Matthias, Vergeltungsstrafe und Gerechtigkeitsforschung, Tübingen, 2019.

Müller-Heidelberg, T./*Finckh*, U./*Steven*, E./*Pelzer*, M., et al. (Hrsg.), Grundrechte-Report, Zur Lage der Bürger- und Menschenrechte in Deutschland, Frankfurt a. M., 2011.

Münch, Ingo von/*Kunig*, Philip (Hrsg.), Grundgesetz-Kommentar, 7. Aufl., München, 2021.

Musielak, Hans-Joachim/*Voit*, Wolfgang (Hrsg.), Zivilprozessordnung, mit Gerichtsverfassungsgesetz, 18. Aufl., München, 2021.

Nachtigall, Rhea, Die Ausdifferenzierung der Duldung, ZAR 2020, S. 271–279.

Nehls, Jürgen, Die Rechtsprechung des BSG zur Anhörung, NVwZ 1982, S. 494–496.

Nettesheim, Martin, Migration im Spannungsfeld von Freizügigkeit und Demokratie, AöR 2019, S. 358–424.

Neundorf, Kathleen, Verlängerte Wohnverpflichtung in Erstaufnahmeeinrichtungen – zur Umsetzung des § 47 I b AsylG in den Bundesländern, ZAR 2018, S. 437–443.

Neundorf, Kathleen/*Brings*, Tobias, Neubestimmung des Bleiberechts und der Aufenthaltsbeendigung, ZRP 2015, S. 145–148.

Niedobitek, Matthias, Rechtsbindung der Verwaltung und Effizienz des Verwaltungsverfahrens, DÖV 2000, S. 761–768.

Niehaus, Holger/*Achelpöhler*, Wilhelm, Anmerkung zu BVerfG, Beschl. v. 30.04.2007 – 1 BvR 1090/06, StV 2008, S. 71–75.

Niggemann, Ulrich, ›Peuplierung‹ als merkantilistisches Instrument: Privilegierung von Einwanderern und staatlich gelenkte Ansiedlungen, in: Oltmer, Jochen (Hrsg.), Handbuch Staat und Migration in Deutschland seit dem 17. Jahrhundert, Berlin, 2015, S. 171–218.

Nußberger, Angelika, Menschenrechtsschutz im Ausländerrecht, NVwZ 2013, S. 1305–1311.

Oltmer, Jochen, Migration und Politik in der Weimarer Republik, Göttingen, 2005.

Oltmer, Jochen (Hrsg.), Handbuch Staat und Migration in Deutschland seit dem 17. Jahrhundert, Berlin, 2015.

Palmer, Boris, Wir können nicht allen helfen, Ein Grüner über Integration und die Grenzen der Belastbarkeit, 4. Aufl., München, 2017.

Papier, Hans-Jürgen, Asyl und Migration als Herausforderung für Staat und EU, NJW 2016, S. 2391–2396.

Patella, Stefan, Die Vollstreckung der Pflicht zur Herausgabe des Führerscheins nach Entziehung der Fahrerlaubnis, NVwZ 1992, S. 247–249.

Pechstein, Matthias/*Nowak*, Carsten/*Häde*, Ulrich (Hrsg.), Frankfurter Kommentar zu EUV, GRC und AEUV, Tübingen, 2017.

Pelzer, Marei/*Pichl*, Maximilian, Wohnsitzauflage und Residenzpflicht: Aktuelle Einschränkungen der Freizügigkeit von Flüchtlingen, ZAR 2016, S. 96–101.

Petersen, Volkert, Das unabweisbare Gebotene im Sinne des § 1a AsylbLG – neu justiert, ZfSH/SGB 2014, S. 661–680.

Pietzker, Jost, Selbstbindungen der Verwaltung, NJW 1981, S. 2087–2093.

Raiser, Thomas, Grundlagen der Rechtssoziologie, 6. Aufl., Tübingen, 2013.

Reinhardt, Markus/*Kluth*, Winfried, § 2 Die Entwicklung des Zuwanderungsrechts einschließlich rechtstatsächlicher sowie internationalrechtlicher Bezüge, in: Kluth, Winfried/Hund, Michael/Maaßen, Hans-Georg (Hrsg.), Handbuch Zuwanderungsrecht, Allgemeines Zuwanderungs- und

Aufenthaltsrecht nach deutschem und europäischem Recht, 2. Aufl., München, 2017, S. 5–19.

Rengier, Rudolf, Strafrecht Allgmeiner Teil, München, 2009.

Renner, Günter, Ausländerrecht in Deutschland, München, 1998.

–Asylverfahrensrichtlinie, ZAR 2004, S. 305–310.

Ritgen, Klaus, Die rechtliche Steuerung von Zuwanderung und Integration in Gesellschaft, Arbeitsmarkt und Sozialordnung, ZAR 2018, S. 409–423.

Rogall, Klaus, Der Beschuldigte als Beweismittel gegen sich selbst, Ein Beitrag zur Geltung des Satzes "Nemo tenetur seipsum prodere" im Strafprozeß, Berlin, 1977.

Röhl, Klaus F./*Röhl*, Hans Christian, Allgemeine Rechtslehre, 3. Aufl., Köln, 2008.

Rolfs, Christian/*Giesen*, Richard/*Kreikebohm*, Ralf/*Meßling*, Miriam/*Udsching*, Peter (Hrsg.), BeckOK Sozialrecht, 60. Ed. (Stand: 01.03.2021), München.

Römer, Peter, 4. Die Kelsensche Lehre vom Zwangscharakter des Rechts, in: Leser, Norbert (Hrsg.), Reine Rechtslehre und marxistische Rechtstheorie, Symposium, abgehalten am 9. und 10. Mai 1975 im Kleinen Festsaal des Bundesministeriums für Justiz, Wien, 1978, S. 66–86.

Rosenstein, Jan, Neuregelung der Residenzpflicht – Die Analyse des Gesetzes aus der Sicht der ausländerbehördlichen Praxis, ZAR 2015, S. 226–231.

Rosenstein, Jan/*Koehler*, Ulrich, Beschäftigungsduldung – eine Bewertung der Neuregelung aus der Sicht der Praxis, ZAR 2019, S. 222–228.

Rostalski, Tony, Alternativ legitimierte Verhaltensnormen, Tübingen, 2019.

Roxin, Claus, Strafrecht Allgemeiner Teil I, München, 1997.

Ruge, Kay, Residenzpflicht als Voraussetzung für Integration, ZAR 2016, S. 85–96.

Rüthers, Bernd/*Fischer*, Christian/*Birk*, Axel, Rechtstheorie, mit juristischer Methodenlehre, 10. Aufl., München, 2018.

Ruttig, Thomas, Im Kreis der Intransparenz, taz.de vom 25.04.2018.

Sachs, Michael (Hrsg.), Grundgesetz, Kommentar, 8. Aufl., München, 2018.

Sachs, Michael (Hrsg.), Grundgesetz, Kommentar, 9. Aufl., München, 2021.

Sailer, Wolfgang, D. Gefahrenabwehr durch Ordnungsverwaltung Teil I: Ausländerrecht, in: Lisken, Hans/Denninger, Erhard (Hrsg.), Handbuch des Polizeirechts, Gefahrenabwehr, Strafverfolgung, Rechtsschutz, 4. Aufl., München, 2007, S. 151–169.

Sauerland, Thomas, Die Einbehaltung ausländischer Passpapiere auf dem Prüfstand des Artikels 25 GG, ZAR 2000, S. 122–127.

Scharnowski, Susanne, Heimat, Geschichte eines Missverständnisses, 2019.

Scherschel, Karin/*Binner*, Kristina (Hrsg.), Fluchtmigration und Gesellschaft, Von Nutzenkalkülen, Solidarität und Exklusion, Weinheim, 2020.

Scheube, Jan, Die Auftraggebermitwirkung im VOB/B-Bauvertrag – Obliegenheit oder Pflicht?, Berlin, 2003.

Schmidt, Adela, Die vergessene Richtlinie 2001/55/EG für den Fall eines Massenzustroms von Vertriebenen als Lösung der aktuellen Flüchtlingskrise, ZAR 2015, S. 205–212.

Schmidt-Aßmann, Eberhard, Das allgemeine Verwaltungsrecht als Ordnungsidee, Grundlagen und Aufgaben der verwaltungsrechtlichen Systembildung, 2. Aufl., Berlin, 2006.

–Verwaltungsverfahren und Verwaltungskultur, NVwZ 2007, S. 40–44.

– Verwaltungsrechtliche Dogmatik, Eine Zwischenbilanz zu Reform, Entwicklung und künftigen Aufgaben, Tübingen, 2013.

Schmidt-Bleibtreu, Bruno/*Klein*, Franz/*Hofmann*, Hans/*Henneke*, Hans-Günter (Hrsg.), GG Kommentar zum Grundgesetz, 14. Aufl., Köln, 2017.

Schmitt, Martin/*Bitterwolf*, Maria/*Baraulina*, Tatjana, Geförderte Rückkehr aus Deutschland: Motive und Reintegration, Eine Begleitstudie zum Bundesprogramm StarthilfePlus, 2019.

Schneider, Stephanie/*Wottrich*, Kristina, „Ohne 'ne ordentliche Anhörung kann ich keine ordentliche Entscheidung machen…", Zur Organisation von Anhörungen in deutschen und schwedischen Asylbehörden, in: Lahusen, Christian/Schneider, Stephanie (Hrsg.), Asyl verwalten, Zur bürokratischen Bearbeitung eines gesellschaftlichen Problems, Bielefeld, 2017, S. 81–115.

Schönberger, Christoph, Die Unionsbürgerschaft als Sozialbürgerschaft, ZAR 2006, S. 226–231.

Schönberger, Sophie, Mehr Wissenschaft wagen!, Die uneingelösten Versprechen der Neuen Verwaltungsrechtswissenschaft, Jahrbuch des Öffentlichen Rechts 2017, S. 511–531.

Schönke, Adolf/*Schröder*, Horst (Hrsg.), StGB, 30. Aufl., München, 2019.

Schreiber, Frank, Die Reichweite der Gewährleistung des menschenwürdigen Existenzminimums aus Art. 1 Abs. 1 GG iVm. Art. 20 Abs. 1 GG als Menschenrecht, SR 2018, S. 181–194.

Schüle, Christian, Heimat, Ein Phantomschmerz, München, 2017.

Schulze Zumkley, Georg, Delegationsbesuch – praktische und rechtliche Fragen im Zusammenhang mit der Identitätsfeststellung eines Ausländers gem. § 82 IV AufenthG, ZAR 2008, S. 289–295.

Schulze-Fielitz, Helmuth, Kooperatives Recht im Spannungsfeld von Rechtsstaatsprinzip und Verfahrensökonomie, in: Dose, Nicolai/Voigt, Rüdiger (Hrsg.), Kooperatives Recht, Baden-Baden, 1995, S. 225–256.

– § 12 Grundmodi der Aufgabenwahrnehmung, in: Hoffmann-Riem, Wolfgang/ Schmidt-Aßmann, Eberhard/Voßkuhle, Andreas (Hrsg.), Grundlagen des Verwaltungsrechts Band I: Methoden, Maßstäbe, Aufgaben, Organisation, 2. Aufl., München, 2012, S. 823–902.

Seidel, Julian, Die Leistungskürzungen des AsylbLG unter dem Damoklesschwert der Verfassungswidrigkeit, ZESAR 2020, S. 213–217.

Shirvani, Foroud, Paradigmenwechsel im Polizeirecht? – Die neue Rechtsfigur der »drohenden Gefahr«, DVBl. 2018, S. 1393–1398.

Siefert, Jutta (Hrsg.), AsylblG, München, 2018.

Siering, Lea Maria, Die negative Religionsfreiheit und ihre Bedeutung bei aufenthaltsbeendenden Maßnahmen, Berlin, 2011.

Simon, Eric, Einschränkung des Notwehrrechts bei unvermeidbar irrendem Angreifer – BSGE 84, 54, JuS 2001, S. 639–643.

Singer, Jörg, Das Bundesverfassungsgericht und das Zitiergebot, DÖV 2007, S. 496–503.

Smeddink, Ulrich, Psycho-Regulierung, DÖV 2020, S. 253–263.

Sommer, Ulrich/*Tsambikakis*, Michael, § 3 Strafrechtliche Arzthaftung, in: Terbille, Michael/Clausen, Tilman/Schroeder-Printzen, Jörn (Hrsg.), Münchener Anwaltshandbuch Medizinrecht, 2. Aufl., München, 2013.

Space, International Women*, Als ich nach Deutschland kam, Gespräche über Vertragsarbeit, Gastarbeit, Flucht, Rassismus und feministische Kämpfe, 2019.

Spilker, Bettina, Behördliche Amtsermittlung, Tübingen, 2015.

Statistisches Bundesamt, Bevölkerung und Erwerbstätigkeit, Bevölkerung mit Migrationshintergrund – Ergebnisse des Mikrozensus 2013 –, 14.11.2014.

Stein, Margit/*Steenkamp*, Daniela/*Weingraber*, Sophie (Hrsg.), Flucht. Migration. Pädagogik, Willkommen? Aktuelle Kontroversen und Vorhaben, Bad Heilbrunn, 2019.

Steinwede, Jacob, Verbindend, nicht trennend, Die Zeit vom 16.05.2019, S. 66.

Stelkens, Paul/*Bonk*, Joachim/*Sachs*, Michael (Hrsg.), Verwaltungsverfahrensgesetz, Kommentar, 9. Aufl., München, 2018.

Stern, Klaus/*Becker*, Florian (Hrsg.), Grundrechte-Kommentar, 3. Aufl., Köln, 2019.

Stober, Rolf, § 4 Tätigkeitstypen und Tätigkeitsfelder der öffentlichen Verwaltung, in: Stober, Rolf/Kluth, Winfried/Müller, Martin u. a. (Hrsg.), Verwaltungsrecht I, ein Studienbuch, 2. Aufl., München, 2007, S. 39–57.

Stober, Rolf/*Kluth*, Winfried/*Müller*, Martin/*Peilert*, Andreas (Hrsg.), Verwaltungsrecht I, ein Studienbuch, 2. Aufl., München, 2007.

Stockmann, Sophia, Übersicht: Mitwirkungspflichten von Asylsuchenden, Schutzberechtigten und geduldeten Personen im Zusammenhang mit der Passbeschaffung, AsylMagazin 2018, S. 15.

Streinz, Rudolf (Hrsg.), EUV/AEUV, 3. Aufl., München, 2018.

Stumpf, Gerrit Helmuth, Der Ruf nach der „Rückkehr zum Recht" bei der Bewältigung der Flüchtlingskrise, DÖV 2016, S. 357–368.

Terbille, Michael/*Clausen*, Tilman/*Schroeder-Printzen*, Jörn (Hrsg.), Münchener Anwaltshandbuch Medizinrecht, 2. Aufl., München, 2013.

Thielen, Mark, Freies Erzählen im totalen Raum? – Machtprozeduren des Asylverfahrens in ihrer Bedeutung für biografische Interviews mit Flüchtlingen, FQS 2009,

Thym, Daniel, Migrationsverwaltungsrecht, Tübingen, 2012.

–Die Auswirkungen des Asylpakets II, NVwZ 2016, S. 409–415.

– Migrationssteuerung im Einklang mit den Menschenrechten – Anmerkungen zu den migrationspolitischen Diskursen der Gegenwart, ZAR 2018, S. 193–200.

– Rolle des EuGH in der Migrationspolitik: zwischen „Verwaltungsethos" und „Verfassungsimagination", EuR 2018, S. 672–694.

– Vom „Fremdenrecht" über die „Denizenship" zur „Bürgerschaft", Gewandeltes Selbstverständnis im deutschen Migrationsrecht, Der Staat 2018, S. 77–117.

Thym, Daniel/*Schieber*, Julia, Aufenthaltstitel, in: Ezli, Özkan (Hrsg.), Das neue Deutschland, von Migration und Vielfalt, Konstanz, 2014, S. 211–213.

Tiemann, Axel, Der Schutzbereich des Art. 2 II 2 GG Zum Grundrecht auf Bewegungsfreiheit im Asylverfahrensrecht, NVwZ 1987, S. 11–15.

Tille, Enrico, Generalpräventive Gründe zur Begründung eines Ausweisungsinteresses, GSZ 2019, S. 157–161.

Töpper, Bernhard (Hrsg.), Wie würden Sie entscheiden?, FS für Gerd Jauch, München, 1990.

Ulmer, Matthias, Menschenwürde im Kontext der EU-Binnenmigration, DVBl. 2017, S. 482–485.

Uske, Hans/*Scheitza*, Alexander/*Düring-Hesse*, Suse/*Fischer*, Sabine (Hrsg.), Interkulturelle Öffnung der Verwaltung, Konzepte, Probleme, Beispiele, Duisburg, 2013.

Vasek, Markus, § 47 Aufenthaltsgesetz nach Perinçek, DÖV 2016, S. 429–432.

Voigt, Claudius, Asylbewerberleistungsgesetz: Feindliche Übernahme durch das Ausländerrecht, infoalso 2016, S. 99–107.

– §1a AsylbLG: Jetzt erst recht verfassungswidrig, AsylMagazin 2017, S. 436–446.

– Gesetzlich minimierte Menschenwürde, Das Sanktions-Urteil des Bundesverfassungsgerichts und seine Auswirkungen auf das AsylbLG, AsylMagazin 2020, S. 12–21.

Volkmann, Uwe, Polizeirecht als Sozialtechnologie, NVwZ 2009, S. 216–222.

Voßkuhle, Andreas, § 1 Neue Verwaltungsrechtswissenschaft, in: Hoffmann-Riem, Wolfgang/Schmidt-Aßmann, Eberhard/Voßkuhle, Andreas (Hrsg.), Grundlagen des Verwaltungsrechts Band I: Methoden, Maßstäbe, Aufgaben, Organisation, 2. Aufl., München, 2012, S. 1–63.

–Rechtsstaat und Demokratie, NJW 2018, S. 3154–3159.

Wagner, Regine/*Knittel*, Stefan (Hrsg.), Soziale Krankenversicherung Pflegeversicherung, 109. Erg.-Lfg. (Stand: Jan. 2021), München.

Waldhoff, Christian, Staat und Zwang, Paderborn, 2008.

Wapler, Friederike, J. Gefahrenabwehr durch Ordnungsverwaltung Teil I: Aufenthaltsrecht, in: Lisken, Hans/Denninger, Erhard (Hrsg.), Handbuch des Polizeirechts, Gefahrenabwehr, Strafverfolgung, Rechtsschutz, 6. Aufl., München, 2018, S. 1179–1212.

Weber, Kai, Suizid in Abschiebungshaft, in: Müller-Heidelberg, T./Finckh, U./ Steven, E. u. a. (Hrsg.), Grundrechte-Report, Zur Lage der Bürger- und Menschenrechte in Deutschland, Frankfurt a. M., 2011, S. 61–65.

Wefing, Heinrich, Zu viel Geduld, Die Zeit vom 28.02.2019, S. 1.

Welsch, Wolfang, Was ist eigentlich Transkulturalität?, in: Darowska, Lucyna/ Lüttenberg, Thomas/Machold, Claudia (Hrsg.), Hochschule als transkultureller Raum?, Kultur, Bildung und Differenz in der Universität, Bielefeld, 2010, S. 39–66.

Wenglorz, Georg/*Ryan*, S. Patrick, »Die Katze in der Mikrowelle?« Anmerkungen zum US-amerikanischen System der punitive damages, RIW 2003, S. 598–610.

Werther, Marco, Anmerkung zu BSG, Urt. v. 12.05.2017 – B 7 AY 1/16 R, InfAuslR 2017, S. 461–463.

Wissenschaftlicher Dienst des Bundestages, Sanktionen nach dem Asylbewerberleistungsgesetz, WD 3 – 3000 – 054/20, Auswirkungen der Entscheidung des Bundesverfassungsgerichts zu SGB II-Sanktionen, Berlin, 13.03.2020.

Wittmann, Philipp, Vom migrationspolitischen Mindeststandard zum „Bleiberecht im Duldungsgewand“ – Entwicklungslinien der deutschen

Migrations- und Integrationsgesetzgebung im Bereich der Duldung, ZAR 2020, S. 183–192.

Wittmann, Philipp/*Röder*, Sebastian, Aktuelle Rechtsfragen der Duldung für Personen mit ungeklärter Identität gem. § 60 b AufenthG, ZAR 2019, S. 362–369.

Wolff, Heinrich Amadeus/*Brink*, Stefan (Hrsg.), BeckOK Datenschutzrecht, 35. Ed. (Stand: 01.02.2021), München, 2018.

Wollenschläger, Michael, Erster Teil: Rechtsgeschichtlicher Überblick und ausländerpolitische Entwicklung, in: Wollenschläger, Michael (Hrsg.), Handbuch des Ausländerrechts der Bundesrepublik Deutschland, 57. Erg-Lfg. (Stand: Dez. 2012), Köln.

Wollenschläger, Michael (Hrsg.), Handbuch des Ausländerrechts der Bundesrepublik Deutschland, 57. Erg-Lfg. (Stand: Dez. 2012), Köln.

–, III. Erläuterungen, in: Wollenschläger, Michael (Hrsg.), Handbuch des Ausländerrechts der Bundesrepublik Deutschland, 57. Erg-Lfg. (Stand: Dez. 2012), Köln.

Zeccola, Marc, Die Akzeptanz im Verwaltungsverfahren, DÖV 2019, S. 100–107.

Ziekow, Jan, Über Freizügigkeit und Aufenthalt, Tübingen, 1997.

Zimmermann, Till, Besprechung von OLG Hamm, Beschl v. 3. 5. 2009 – 3 Ss 180/09, JR 2010, S. 363–365.

B. Online Quellen

Seehofer: „Es ist eine Herrschaft des Unrechts", sueddeutsche.de vom 9.2.2016, http://www.sueddeutsche.de/bayern/fluechtlinge-seehofer-es-ist-eine-herrschaft-des-unrechts-1.2856699 (22.5.2018).

„Mehr Duldungen wegen fehlender Papiere", sueddeutsche.de vom 26.03.2018, https://www.sueddeutsche.de/politik/asyl-abschiebungen-duldungen-1.3921369.

Warum 2100 Dolmetscher nicht mehr für das Bamf arbeiten dürfen, sueddeutsche.de vom 21.04.2018, https://www.sueddeutsche.de/politik/asyl-warum-dolmetscher-nicht-mehr-fuer-das-bamf-arbeiten-duerfen-1.3954387.

Angeli, Oliviero, Das Märchen von der Sogwirkung, spiegel.de vom 25.08.2019, https://www.spiegel.de/politik/deutschland/migration-das-maerchen-von-der-sogwirkung-gastbeitrag-a-1283331.html.

Austin, John, Lectures on Jurisprudence, the philosophy of positive law, New York, 1875.

BMI, Instrumente des Rechtsstaats im Einklang: Rückkehr und Rückführungen, https://www.bmi.bund.de/DE/themen/migration/rueckkehrpolitik/rueckkehr-und-rueckfuehrungen/rueckkehr-und-rueckfuehrungen-artikel.html.

Bundesamt für Migration und Flüchtlinge, Umgang mit abgelehnten Asylbewerbern in Deutschland, Fokusstudie der deutschen nationalen Kontaktstelle für das Europäische Migrationsnetzwerk (EMN), 2016.

*Bundesamt für Migration und Flüchtlinge*Erstverteilung der Asylsuchenden (EASY), http://www.bamf.de/DE/Fluechtlingsschutz/AblaufAsylv/Erstverteilung/erstverteilung-node.html (03.07.2018).

Bundesamt für Verfassungsschutz, Verfassungsschutzbericht, Berlin, Juli 2019.

Bundesministerium für Justiz und Verbraucherschutz, Behördenhandeln um die Person des Attentäters vom Breitscheidplatz Anis AMRI, Berlin, Feb. 2017.

Bund-Länder Unterarbeitsgruppe Vollzugsdefizite, Bericht über die Ergebnisse der Evaluierung des Berichts über die Probleme bei der praktischen Umsetzung von ausländerbehördlichen Ausreiseaufforderungen und Vollzugsmaßnahmen vom April 2011, April 2015.

Burmeister, Christian, Seehofer hat als "Heimatminister" nur ein einziges Gesetz erarbeitet, rnd.de vom 14.03.2020, https://www.rnd.de/politik/seehofer-hat-als-heimatminister-nur-ein-einziges-gesetz-erarbeitet-Z6JJO7T36FB67EWEFV3ZTJI4VI.html.

CDU, Recht und Gesetz entschlossen durchsetzen, 04.05.2018.

CDU/CSU/SPD, Deutschlands Zukunft gestalten: Koalitionsvertrag zwischen CDU, CSU und SPD in der 18. Legislaturperiode, Berlin, 17.12.2013.

– Ein neuer Aufbruch für Europa Eine neue Dynamik für Deutschland Ein neuer Zusammenhalt für unser Land, Koalitionsvertrag zwischen CDU, CSU und SPD 19. Legislaturperiode, Berlin, 12.03.2018.

Ciesinger, Ruth, „Das Schlimmste ist ein fußballspielender, ministrierender Senegalese", tagesspiegel.de vom 18.09.2016, https://www.tagesspiegel.de/politik/csu-generalsekretaer-zu-asylpolitik-das-schlimmste-ist-ein-fussballspielender-ministrierender-senegalese/14562838.html.

CSU, Rechtsstaat durchsetzen!, 18.05.2018.

dpa via spiegel.de, Dobrindt beklagt „Anti-Abschiebe-Industrie", spiegel.de vom 06.05.2018, https://www.spiegel.de/politik/deutschland/alexander-dobrindt-csu-landesgruppenchef-beklagt-anti-abschiebe-industrie-a-1206430.html.

dpa via sueddeutsche.de, Teenager-Zwangsehen – Sommerferien als Risiko vom 15.06.2019, https://www.sueddeutsche.de/politik/migration-teenager-zwangsehen-sommerferien-als-risiko-dpa.urn-newsml-dpa-com-20090101-190615-99-655875.

dpa via tagesspiegel.de, Duldung für abgelehnte Asylbewerber meist wegen fehlender Papiere vom 27.04.2019, https://www.tagesspiegel.de/politik/abschiebung-ausgesetzt-duldung-fuer-abgelehnte-asylbewerber-meist-wegen-fehlender-papiere/24263348.html.

dpa via zeit.de, Clan-Mitglied Miri wieder in den Libanon abgeschoben vom 23.11.2019, https://www.zeit.de/news/2019-11/23/clan-mitglied-miri-wieder-in-den-libanon-abgeschoben (30.07.2020).

epd, Dauer der Asylverfahren auf sechs Monate gesunken, tagesspiegel.de vom 11.02.2019, https://www.tagesspiegel.de/politik/bundesinnenministerium-dauer-der-asylverfahren-auf-sechs-monate-gesunken/23973358.html.

European Asylum Support Office, Asylanträge aus den westlichen Balkanstaaten, Luxemburg, 2014.

FDP, Wir brauchen Politiker, die den Rechtsstaat durchsetzen, 18.07.2018.

Frank, Jablonka, Herders Kugelmodell der Kultur die Kugel geben – eine runde Sache, tabularasa vom 19.02.2015, https://www.tabularasamagazin.de/herders-kugelmodell-der-kultur-die-kugel-geben-eine-runde-sache-2/.

Geuther, Gundula, Unklare Gemengelage, deutschlandfunk.de vom 13.09.2017, https://www.deutschlandfunk.de/abschiebung-nach-afghanistan-unklare-gemengelage.1783.de.html?dram:article_id=395809.

Hailbronner, Kay, Asyl in Europa – wenn, wie, wann, wo?, faz.net vom 12.10.2015, https://www.faz.net/aktuell/politik/die-gegenwart/fluechtlinge-asyl-in-europa-wenn-wie-wann-wo-13851277.html.

Hille, Peter, Asyl: Pass weg – keine Abschiebung?, Deutsche Welle vom 28.03.2018, https://www.dw.com/de/asyl-pass-weg-keine-abschiebung/a-43165727.

Hörich, Carsten, And now to something completely different: Ausreisegewahrsam, juwiss.de vom 26.03.2015, https://www.juwiss.de/26-2015/.

Hruschka, Constantin, Das Schweizer Asylverfahren, Ein Zukunftsmodell für Europa?, Budapest, Jan. 2019.

– The border spell: Dublin arrangements or bilateral agreements? Reflections on the cooperation between Germany and Greece / Spain in the context of control at the German-Austrian border, eumigrationlawblog.eu vom 26.02.2019, http://eumigrationlawblog.eu/the-border-spell-dublin-arrangements-or-bilateral-agreements-reflections-on-the-cooperation-between-germany-and-greece-spain-in-the-context-of-control-at-the-german-austrian-border/?fbclid=IwAR14R4HMaAsbqNsiGtCowKoFzabYwds32LqgLj43QtDlDMOs-kaeeYhRtjXU.

Kanalan, Ibrahim, Existenzminimum nach Luxemburger Art, verfassungsblog.de vom 04.12.2019, https://verfassungsblog.de/existenzminimum-nach-luxemburger-art/#comments.

König, Klaus/*Reichard*, Christoph (Hrsg.), Theoretische Aspekte einer managerialistischen Verwaltungskultur, Speyer, 2007.

Leicht, Robert, Der Fremde in uns, Die Zeit vom 20.12.2000, https://www.zeit.de/2000/52/Der_Fremde_in_uns/komplettansicht.

Luther, Carsten, Ausgerechnet Afghanistan, ZEIT online vom 28.10.2015, https://www.zeit.de/politik/ausland/2015-10/abschiebung-fluechtlinge-afghanistan sicherheitslage.

Mittler, Dietrich/*Schnell*, Lisa, Wenn die Angst vor Abschiebung in den Suizid treibt, sueddeutsche.de vom 09.01.2018, https://www.sueddeutsche.de/bayern/fluechtlinge-wenn-die-angst-vor-abschiebung-in-den-suizid-treibt-1.3816767.

Pichl, Maximilian, Gefährliche Rede vom „Rechtsstaat", lto.de vom 27.02.2019, https://www.lto.de/recht/justiz/j/rechtsstaat-sicherheit-gewaltmonopol-polizei-begriff-bedeutung/.

ProAsyl, Was im Asylverfahren passiert – und was dabei alles falsch läuft, 15.02.2016.

– Das angebliche »Abschiebungsvollzugsdefizit«: Statistisch fragwürdig, aber gut für Schlagzeilen, 14.07.2020.

Röhling, Marc, Die Angst vor dem Hotspot Asylbewerberheim, spiegel.de vom 24.10.2020, https://www.spiegel.de/politik/deutschland/corona-krise-werden-asylbewerberheime-zu-hotspots-a-91300dcd-2b73-412a-96f0-5b4939c9a3f3.

Schreiber, Daniel, Deutschland soll werden, wie es nie war, ZEIT online vom 10.02.2018, https://www.zeit.de/kultur/2018-02/heimatministerium-heimat-rechtspopulismus-begriff-kulturgeschichte.

Scupin, Philip, Nur ein Gesetz in zwei Jahren, ntv.de vom 14.03.2020, https://www.n-tv.de/politik/Nur-ein-Gesetz-in-zwei-Jahren-article21638737.html.

Steinbeis, Maximilian, Das Minus zum Minimum: Hartz-IV-Sanktionen vor dem Bundesverfassungsgericht, verfassungsblog.de vom 15.01.2019, https://verfassungsblog.de/das-minus-zum-minimum-harz-iv-sanktionen-vor-dem-bundesverfassungsgericht/.

Weidenbach, Verena, Der neue Law-and-Order-Fetischismus, ZEIT online vom 25.05.2018, https://www.zeit.de/kultur/2018-05/rechtsstaat-begriff-cdu-csu-alexander-dobrindt-horst-seehofer-10nach8.

Wissenschaftlicher Dienst des Bundestages, Zur Möglichkeit der Abschiebung ohne Ausweisdokumente, WD 3 – 3000 – 335/18, Berlin, 21.09.2018.

www.ingramcontent.com/pod-product-compliance
Ingram Content Group UK Ltd.
Pitfield, Milton Keynes, MK11 3LW, UK
UKHW020715041026
15590UKWH00002B/676

9 783631 876534